E 125

Class   F
Section   1
Book No.   746
Accession No.

CASUS CONSCIENTIAE.

Class __F__
Section __1__
Book No. __746__
Accession No. _____

CASUS CONSCIENTIAE

AD USUM CONFESSARIORUM COMPOSITI ET SOLUTI

AB

AUGUSTINO LEHMKUHL,
SOCIETATIS IESU SACERDOTE.

II.

CASUS DE SACRAMENTIS

QUI RESPONDENT FERE „THEOLOGIAE MORALIS" EIUSDEM AUCTORIS VOLUMINI ALTERI.

CUM APPROBATIONE REVMI ARCHIEP. FRIBURG. ET SUPER. ORDINIS.

FRIBURGI BRISGOVIAE.
SUMPTIBUS HERDER,
TYPOGRAPHI EDITORIS PONTIFICII.
MCMII.
VINDOBONAE, ARGENTORATI, MONACHII, S. LUDOVICI AMERICAE.

Cum opus, cui titulus est „Casus conscientiae, De sacramentis", a P. *Augustino Lehmkuhl*, nostrae Societatis sacerdote, compositum aliqui eiusdem Societatis revisores, quibus id commissum fuit, recognoverint et in lucem edi posse probaverint, facultatem concedimus, ut typis mandetur, si ita iis, ad quos pertinet, videbitur.

In quorum fidem has litteras manu nostra subscriptas et sigillo muneris nostri munitas dedimus.

Exaeten, die 10 Martii 1901.

(L. S.)   **P. C. Schaeffer S. J.**

Imprimatur.

Friburgi Brisgoviae, die 1. Februarii 1902.

☩ **Thomas**, Archiepps.

Omnia iura reservantur.

Typis Herderianis Friburgi Brisgoviae.

Lectori salutem.

Non semel ab iis quibus theologiae candidatorum institutio incumbit rogatus sum ut *casus conscientiae* conscriberem, quibus ea quae in „Theologia morali" magis scientifice evolveram, etiam magis proponerem ad praxim accommodata et exemplis illustrata. Quod ut aggrederer tandem in animum induxi; sed quominus perficerem aliae curae laboresque impediebant.

Cum demum bonam partem operis praeparassem, accidit ut ab aliquibus ipsa consueta tractandae theologiae moralis ratio ut humilior et nimis casuistica acriter impugnaretur, altiore nobilioreque docendi methodo commendata, quasi nostra tempora et scientiarum progressus eam omnino postularent. Quae si vera essent, ab incepto studio debebant me revocare.

At semper mihi persuasum erat moralem theologiam numquam recte tradi, maxime non quando dirigitur ad efformandos confessarios, nisi, post principia ad eum modum quem exigit scientia diligenter exposita, descendatur — id quod casuistica facit — ad singularia et ad actiones humanas diversissimis circumstantiis distinctas. Quare non solum non putavi mutandum esse modum quem tenui in priore opere „Theologia moralis" inscripto, theoreticam expositionem cum practica coniungens, sed etiam id quod in eo inest casuisticum alio opere *casuum conscientiae* duxi complendum. Nemo enim eorum qui in ipsa cura animarum versatus sit atque noverit et qua scientia et qua prudentia atque dexteritate confessarii excellere debeant, infitias ibit umquam magnae utilitatis esse quasi per exempla experimentum sumpsisse de scientiae principiis applicandis.

Itaque ea quae iam praeparaveram, securus prelo committenda curavi; sunt autem quae ad doctrinam moralem de sacramentis spectant. Quae reliquam theologiam moralem respiciunt, ita sunt disposita ut sperare liceat versus finem novi anni etiam alterum tomum esse proditurum.

Ut pauca dicam de modo quem tenui in hac casuum collectione: curae mihi non fuit ut colligerem casus factos; quamquam multos habebam ex disiunctissimis maximeque diversis locis ad me delatos, eosque non ex Europa tantum, sed etiam ex Africa, America, Australia. Nam ex iis summum ansam sumpsi ad alios casus componendos; qui, sicut eos proposui, fere omnes ficti sunt seu a me confecti, ita tamen ut ea quae re ipsa accidere soleant, lucem et solutionem facilem inde accipiant. Hoc modo primum paucioribus exemplis plura potui illustrare; dein lectorem in istis rebus minus versatum melius potui instituere, ne — id quod interdum obicitur — mechanice applicet casus lectos ad casus re vera orituros, sed ut discat res perpendere, et ea quae occurrerint secundum principia scientiae rite resolvere. Propterea etiam numquam me continui in nuda danda solutione, sed eam semper ad rationes revocavi, atque principia quibus solutio nitatur numquam non adiunxi, immo modo brevius modo fusius ea evolvi.

Quo successu re ipsa auxilio sim iis qui ad diiudicandos mores humanos se aptos atque in dies magis aptos reddere studeant, aliorum est iudicare. Sufficit mihi sincere in id laborasse ut non tantum theologiae studiosos in addiscenda theologia morali, sed etiam confratres sacerdotes in exercendo confessariorum munere iuvarem, de cetero vero Deum orare ut, quod viribus meis deest, immo in quo vires quaelibet deficiunt humanae, gratia sua dignetur supplere.

Scribebam *Valkenbergi* in collegio S. Ignatii, die festo S. Ioannis Evang. 27 Dec. 1901.

AUCTOR.

INDEX SYNOPTICUS
CASUUM CONSCIENTIAE VOL. (II) DE SACRAMENTIS.

	Pag.
De sacramentis generatim	1
De sacramento baptismi	38
De sacramento confirmationis	58
De ss. eucharistia	68
De ss. eucharistia, ut sacramentum est	68
De ss. eucharistia, ut est sacrificium	101
De sacramento paenitentiae	163
Sacramenti paenitentiae materia remota et proxima, forma	163
Sacramenti paenitentiae minister	239
Ministri potestas	239
Ministri officia et munera	284
Speciale officium servandi secreti sacramentalis	300
Ministri munus diversum erga diversa genera paenitentium	334
De indulgentiis et iubilaeo	359
De sacramento extremae unctionis	378
De sacra ordinatione	388
De conferendis ordinibus	388
De impedimentis ordinum suscipiendorum et exercendorum, seu de irregularitatibus	415
De oneribus sacris ordinibus annexis	435
De sacramento matrimonii	471
De rebus matrimonio praeviis: sponsalibus et bannis	471
De matrimonio contrahendo eiusque vinculo	500
De matrimonii impedimentis:	
a) impedientibus	522
b) dirimentibus	535
Addenda	570
Index alphabeticus	571

DE SACRAMENTIS GENERATIM.

DISTINCTIO SACRAMENTORUM. — REVIVISCENTIA.

Casus. (1)

Callistus in conferentia sacerdotum, cum de sacramentis dissereret, distinctionem inter sacramenta vivorum et mortuorum dixit esse inanem, siquidem pro quolibet sacramento dispositionem eam et requiri et sufficere, qua quis conaretur ex sua parte sese cum Deo reconciliare; reviviscentiam quam vocant sacramentorum esse putat otiosam theologorum inventionem, quae fundamento careat, cum valida quidem at sacrilega susceptio nihil operetur nisi characterem neque alius effectus subsequens possit probari.

Quaeritur 1° quid iudicandum sit de Callisti opinione.
          2° quid valeat *practice* distinctio inter sacramenta mortuorum et vivorum.
          3° quae sit practica utilitas doctrinae de sacramentorum reviviscentia.

Solutio.

Ad quaesitum 1^m R. 1. Quod Callistus dicit vanam esse distinctionem inter sacramenta mortuorum et vivorum est error intolerabilis, quo Callistus se sapientiorem habet omnibus catechismis, qui hanc distinctionem ut rem magni momenti omnibus fidelibus inculcant.

R. 2. Cum sola sacramenta baptismi et paenitentiae sint proprie sacramenta mortuorum, Callistus contendit ab omni adulto baptizando et ab omni paenitente confessuro qui gravis peccati commissi sibi conscius sit requiri conatum eliciendi actus perfectae caritatis et contritionis: quae opinio haeresis quidem non est, ducit tamen legitime ad errores in fide.

R. 3. Similiter quod putat in reliquis sacramentis sufficere *conatum* contritionis, universim defendi plane nequit. Nam 1° requiritur in omnibus sacramentis vivorum status gratiae re ipsa exsistens; ideoque, ut ea sacramenta suscipere liceat, *subiectiva persuasio* de statu gratiae. Et licet haec persuasio niti possit in serio conatu actus perfectae contritionis, tamen ille conatus non sufficit *qua conatus*. 2° In suscipienda autem ss. eucharistia sufficere, excepto casu necessitatis, solam contritionem sollemniter condemnatum est a *Conc. Trid.* s. 13, can. 11; ac declaratum omnino necessarium esse ut ii quos conscientia peccati mortalis gravet sacramentalem confessionem praemittant.

Quapropter, si Callistus istam suam doctrinam relate ad ss. eucharistiam doceat vel publice disputando defendat vel pertinaciter asserat, subiacet excommunicationi *ibid.* a *Trid.* statutae.

R. 4. Quamquam doctrina de reviviscentia sacramentorum neque in eodem sensu neque cum consensu unanimi ab omnibus theologis docetur, tamen nullam cuiuspiam effectus sacramentalis reviviscentiam admittere vix non ducit in errores, sicut in R. 2 dictum est. Cf. Sasse, *De sacramentis* I, 250 sqq.; Pesch, *Prael. dogm.* VI, 314 sqq.; S. Thom., *Summa theol.* 3, q. 69, a. 10.

AD QUAESITUM 2^m R. 1. Quoad sacramenta vivorum verum quidem est sufficere ad ea suscipienda, si ss. eucharistia excipitur, perfectam contritionem. Sed praxis communis est praemittere confessionem sacramentalem et absolutionem. Eaque retinenda et fovenda est, tum quia sic pro ipsis sacramentis procuratur dispositio melior et securior, tum quia plerumque cum omnibus aliis sacramentis s. communio coniungitur.

R. 2. Quatenus dispositio *melior* respicitur, hanc utique optimum est pro posse procurare; proinde etiam ante sacramentalem confessionem paenitentes excitare ad dolorem peccatorum seu contritionem quam perfectissimam. Nam pro dispositione meliore melior et maior erit effectus sacramenti. Sed nihilominus etiam ei qui infra talem dispositionem haeret, seu in quo omnis conatus excitandi ad contritionem perfectam fallit, sacramentalis absolutio danda est, cum *sufficiens* dispositio sit ea qua peccata sincere et efficaciter odio habeantur, etiamsi hoc fiat per eam quae dicitur *attritio*.

R. 3. Sacramenta autem vivorum ei non licet suscipere qui post peccatum mortale commissum attritionis tantum sibi conscius est, nisi sacramentaliter fuerit absolutus; qui vero huius defectus in sua dispositione sibi conscius non est, quamquam re ipsa eo est affectus, is *per accidens* potest etiam per sacramenta vivorum fructum sacramentalem seu divinam gratiam recipere; idque, si extremam unctionem excipias, non certo quidem at probabiliter. Sasse l. c. thes. 15.

AD QUAESITUM 3^m R. 1. Reviviscentia sacramentorum in eo consistit, ut, qui propter defectum dispositionis sacramentum valide quidem sed sine fructu gratiae suscepit, postea, cum defectum suppleverit, plenum sacramenti fructum recipiat. Quod locum non habet in ss. eucharistia; possitne contingere in sacramento paenitentiae valde dubium est. Neque in his sacramentis id multum refert; cum enim pro arbitrio suscipi saepius possint, damnum ex infructuosa susceptione ortum facile reparatur. In aliis autem sacramentis, quae aut nunquam possunt secunda vice recipi aut repeti in certis tantum possunt adiunctis, reviviscentia magni est momenti, ne videlicet is qui semel sine fructu sacramentum recepit privatus maneat sacramentali gratia.

R. 2. Praeprimis summi momenti esse potest reviviscentia in sacramento extremae unctionis, videlicet in iis circumstantiis in quibus aegrotus est in summa necessitate.

Sume aegrotum sensibus destitutum, qui post lapsum in peccatum grave ne attritionem quidem elicere potuit, sed generalem intentionem christiano more moriendi semper retinuit. Is a sacerdote vocato, qui dispositionem eiusque defectum scire nequit, condicionate absolvitur, sed re vera invalide; etiam ungitur, idque valide quidem sed sine fructu. Post longius tempus, quod exspectare sacerdos non potuit, per breve intervallum aegrotus ad sui conscientiam redit, sed, antequam sacerdos denuo accedere possit, moritur. Homo ille intervallo hoc uti quidem *debet* ad eliciendos actus caritatis perfectae et contritionis; sed si *re ipsa* eo usus est ad eliciendam saltem attritionem de peccatis commissis, *valde probabiliter* extrema unctio quoad effectum gratiae reviviscit, atque aegrotus vi sacramenti in statum gratiae restituitur, alias mansurus in statu peccati, aeternae damnationi obnoxius.

DE SACRAMENTI COLLATIONE CUM INTENTIONE CONDICIONATA.

Casus. (2)

(Ex conferentiis Romae habitis annis 1893—1894.)

Titius parochus, dum in eo est ut infantulum baptizet, ab obstetrice admonetur eundem vix in lucem editum fuisse a se baptizatum. Illius pater Caius, qui adest, id infitiatur, cum quotquot sunt e familia huiuscemodi factum prorsus ignorent. Verum subiungit mulier se puerum, cui iam mors imminere videbatur, in ipso puerperae dormientis cubiculo, ubi sola versabatur, baptizasse. Tunc pater: Numquam id credam, immo, licet baptizaveris, inducere in animum numquam potero te rite baptismum contulisse. Hinc parochus obstetricem interpellat de ratione collati sacramenti et animadvertit nullum adfuisse defectum. Nihilominus pater instantius urget se velle filium a parocho baptizari, quia obstetrix tamquam mulier rudis et dubiae famae vulgo habebatur. Probe noscens Titius Caium virum potentem in oppidulo esse, ne hunc sibi infensum habeat, puerulum sub condicione baptizat, qua ratione tota lis statim composita fuit.

Paulo post vocatus Titius ad sacramenta cuidam aegroto conferenda de sua agendi ratione anxius exstat, timens ne forte irregularitatem contraxerit. Hinc ad viciniorem parochum accedens ex eo quaerit solutionem, scil.:

QUAERITUR 1° *utrum et quando sacramenta conferri possint vel debeant sub condicione.*
    2° *quid iudicandum de sua agendi ratione.*
    3° *quid sibi modo faciendum.*

Solutio.

Casum tractaturis opus est eius substantiam denuo ante oculos habere. Nimirum Titius parochus sub condicione rebaptizat infantem baptizatum ab obstetrice, in cuius baptismo defectum ipse quidem non deprehendit; pater infantis vero confidere non vult, cum sit mulier rudis et dubiae famae. Titius nunc timet de irregularitate contracta. Sit igitur solutio:

Ad quaesitum 1ᵐ R. Sacramenta aliquando posse et debere conferri sub condicione extra omne dubium est, cum in Rituali Romano in aliquibus casibus id iubeatur. Si quaeritur de regula, respondeo verbis fere *Th. m.* II, 29:

I. *Non absolute* sacramentum conferendum est, sed, si conferatur, condicionate tantum, quando rationabile dubium adest num valide conferri possit sacramentum, v. g. si agatur de repetendo sacramento ex se non iterabili, quando dubium est utrum iam valide sit collatum annon.

II. *Debet* autem, quamquam condicionate, sacramentum conferri, si eius denegatio hominem magno periculo spirituali exponat vel magno bono privet.

Hinc consequens est ut in sacramentis quae iterari possunt et frequenter suscipiuntur minor sit ratio conferendi condicionate (siquidem fieri potest ut *absolute* repetantur), quam in sacramentis quae indelebilem characterem imprimunt atque iterari re ipsa nequeunt. Haec igitur, si de sacramentis maxime necessariis agitur, scil. de baptismo dato, de extrema unctione hominis moribundi sensibus destituti, de ordine presbyteratus vel episcopatus, *repeti possunt* condicionate, si dubium de priore collatione horum sacramentorum non est aperte vanum vel plane nullum; atque tum fere etiam repeti sub condicione *debent*. Nihilominus etiam tum tam levis et futilis esse potest ratio dubitandi de priore valore, ut repetitio sacramenti debita non sit, non adeo tamen aperte nulla, ut repetitio gravi crimini verti debeat. Cf. *Th. m.* II, 18. 19; Lugo, *Resp. mor.* lib. 1, dub. 33.

Si autem ratio de valore sacramenti iam collati dubitandi est nullatenus probabilis, ne leviter quidem, valebit canon professionis fidei Tridentinae: „baptismum, confirmationem et ordinem sine sacrilegio reiterari non posse." De condicionata absolutione eiusque causis non est hic locus disputandi. Cf. S. Alph. VI, 27 sq.; Reuter, *Th. m.* IV, 59; Marc, *Instit. Alphons.* n. 1407 sq.; Aertnijs, *Th. m.* 6, 15; Ballerini-Palm. tr. 10, s. 1, n. 29.

5 Ad quaesitum 2ᵐ R. 1. Ex dictis patet Titium non potuisse in solam gratiam patris praepotentis, qui iterationem baptismi filioli urgebat, eam peragere, ne condicionate quidem, si nulla probabilis ratio dubitandi aderat de valore baptismi ab obstetrice collati. Nam, si eiusmodi ratio nulla adest, condicio apposita non facit ut tentamen illud repetendi sacramenti non sit inane et ludicrum, aliis verbis sacrilegum.

Verum si leve dubiolum de valore prioris baptismi aderat, eiusmodi quidem quod parochus potuerit spernere, non ita tamen nullum ut spernere debuerit: potuit licite fieri ut parochus in gratiam patris ad condicionatam repetitionem procederet. Quare molestus scrupulus, non aperte omnino irrationabilis, qui sedari non possit, a gravissimis auctoribus habetur pro causa, ex qua liceat sacramenta necessaria, alioqui non iterabilia, repetere sub condicione. Cf. Lugo l. c.

R. 2. Ad casum igitur nostrum, si parochus in examine obstetricis vere et certo animadvertit nullum adfuisse defectum, sane non licuit propter patris preces importunas vel minas baptismum repetere. Attamen propter instantiam patris non videtur ratio abfuisse cur parochus susceperit aliquam suspicionem de suo examine. Si enim fuit mulier non solum rudis, sed etiam *dubiae famae,* facile licuit parocho sibi dicere non satis de baptismo rite collato constare, nisi accedat testis fide dignior, quam sit mulier illa sola.

AD QUAESITUM 3^m R. 1. Quod Titius parochus mox vocatus ad alia sacramenta moribundo administranda timeat de *peccato commisso,* consulere debuit suam conscientiam, scilicet utrum bona an mala fide baptismi repetitionem peregerit. Quodsi mala fide egerit, debet sese saltem cum Deo reconciliare sive per confessionem sacramentalemque absolutionem sive per contritionem perfectam, antequam alia sacramenta conferre audeat, nisi forte urgente necessitate et exorta perplexitate impediatur.

R. 2. Quod autem timet de irregularitate, hac in re potest esse securus. Quamquam enim Bened. XIV, *De syn. dioec.* l. 7, c. 6, censet etiam condicionatam baptismi repetitionem, si temere seu sine causa fiat, inducere irregularitatem contra rebaptizantes statutam, tamen:

1) non sufficit subiective graviter esse peccatum, sed debuit certo etiam obiective quaelibet causa repetendi baptismi abesse — id quod ex dictis in nostro casu certum non est.

2) Illa Benedicti XIV opinio ipsa non est certa. Nam S. Alphonsus VI, 356 tenet contrariam sententiam: „Rebaptizans vel rebaptizatus ex metu sine intentione, vel *sub condicione etsi temere et culpabiliter fiat,* probabiliter non fiunt irregulares." Verum S. Alphonsi sententiam sequi licet et generatim in odiosis favorabiliora sunt accipienda.

3) Insuper probabile est ex illustrissimo d'Annibale, *Summula* I, n. 410, (ed. 3), irregularitatem ex iterato baptismo non contrahi „nisi ex notorio utroque, i. e. dato et iterato"; sed in nostro casu baptismus primum datus non fuit notorius.

Denique 4) addendum est, etiamsi irregularitatis poena ex hoc capite rebaptizationis esset contracta, ne tum quidem, praeter peccatum commissum, parocho exortum esse aliquod obstaculum, quominus sacras functiones sacerdotales tuto prosequi posset. Nam haec irregularitas non est irregularitas pleno sensu sed solum quoad *ordines* ulteriores *suscipiendos,* non quoad susceptos exercendos. d'Annibale l. c. ita habet: „Haec irregularitas prohibet a sola ordinum susceptione, atque ideo verius a susceptorum exercitio non prohibet." Haec est etiam doctrina Busenbaum, cui tacite consentit S. Alphonsus l. c. Cf. *Th. m.* II, 1006.

CONDICIONATA REPETITIO.

Casus. (3)

Inter Dacianum et Decium parochos vicinos contentio orta est atque ex diversa eorum praxi populorum admiratio, videlicet circa baptismi ab haereticis collati repetitionem condicionatam, quando, qui sic baptizati sunt, postea redeant in gremium Ecclesiae.

Dacianus enim ex generali regula quod tot committantur ab heterodoxis defectus sive in applicanda materia sive in forma sive in intentione, indiscriminatim omnes rebaptizat, atque nuper etiam eum, quem ipse pater, minister acatholicus sed vir gravis et sincerae mentis simul cum filio nunc rediens ad Ecclesiam, baptizaverat, et quem a se essentialiter rite et valide baptizatum esse certo testabatur. Decius vero innixus alio principio, quod fides baptizantis nihil facit et quod ministri etiam Christi divinitatem negantes soleant se ritui publice praescripto conformare, putat baptismos moraliter certo esse validos neque plus quam moralem certitudinem requiri, ut sub reatu sacrilegii baptismi repetitio etiam condicionata debeat interdici.

QUAERITUR 1° sintne omnes ab heterodoxis baptizati sub condicione iterum baptizandi.

2° qualis certitudo baptismi requiratur et sufficiat ut condicionata repetitio omitti possit vel debeat.

3° quis in proposito casu recte egerit, Dacianus an Decius.

Solutio.

AD QUAESITUM 1ᵐ R. 1. Eo quod acatholicus fuerit qui baptizaverit, nullatenus licet repetere baptismum, si modo ceteroquin omnia recte peregerit. Nam fide certum est omnem hominem ratione utentem per se posse valide baptizare, sive catholicus sive acatholicus, sive ipse baptizatus sive non sed infidelis. Hinc etiam decretum S. Officii d. d. 20. Nov. 1878:

„Utrum conferri debeat baptismus sub condicione haereticis qui ad catholicam fidem convertuntur, *de quocumque loco proveniant* et *ad quamcumque sectam pertineant.*" R. „Negative; sed in conversione haereticorum, a quocumque loco et a quacumque secta venerint, inquirendum est de validitate baptismi in haeresi suscepti. Instituto igitur in singulis casibus examine, si compertum fuerit aut nullum aut nulliter collatum fuisse, baptizandi sunt absolute; si autem, pro temporum et locorum ratione investigatione peracta, nihil sive pro validitate sive pro invaliditate detegatur aut adhuc probabile dubium de baptismi validitate supersit, tum sub condicione secreto baptizentur. Demum si constiterit validum fuisse, recipiendi erunt tantummodo ad abiurationem seu professionem fidei."

R. 2. Facilius tamen ex eo quod baptizans fuerit acatholicus, dubium concipi potest an aliquid essentiale omissum sit.

AD QUAESITUM 2ᵐ R. 1. Generalem regulam de sacramentis condicionate repetendis habes in casu priore. Baptismum autem qui est sacramentum summe necessarium ex datis regulis repetere sub condicione licet:

a) in dubio *iuris*, quando opinio, quae habeat illum et illum baptizandi modum pro invalido vel dubio, non est aperte falsa; b) in dubio *facti*, si dubium, quo timetur ne aliquis essentialis in ritu defectus commissus sit, ratione aliqua nititur quae non est merus seu inanis scrupulus. *Th. m.* II, 16; alios auctores supra laudatos n. 4.

R. 2. Si baptismum repetere sub condicione *licet*, generatim etiam eum repetere potius debes quam pro libitu omittere.

AD QUAESITUM 3^m R. 1. Dacianus recte non egit quod indiscriminatim et sine inquisitione baptismos repetiverit. In singulis enim casibus inquirendum est. Solummodo si propter necessitatem baptizandi seu securius baptizandi in mortis periculo tempus inquirendi deest, vel si ex circumstantiis colligitur inquisitionem nullam posse certitudinem efficere, statim ad repetendum baptismum potest procedi. Nam S. Officium modo laudatum non praescribit investigationem aliam nisi „pro tempore et locorum ratione".

R. 2. Omnino egit illicite Dacianus rebaptizans eum quem rite a se baptizatum pater ipse testatus sit. Nam pater neo-conversus et homo excultus in hoc casu erat testis omni exceptione maior, qui, cum gravissimum hoc negotium edoctus esset, certe noluit rem dubiam pro certa affirmare, eique credendum erat, cum affirmaret se plane certo recordari baptismi a se collati. — Hinc obiective sacrilegium grave commisit Dacianus, et si sollemniter fecit vel publice, timent quidem complures ne irregularis evaserit; sed illa irregularitas neque est completa neque certa, eo quod rebaptizans condicionem apposuit, ut supra in priore casu dictum est. *Th. m.* II, 1006.

R. 3. Minus etiam recte egit Decius. Nam ut cotidiana experientia docet, multi ministri acatholici neque materiam neque formam essentialiter servant, iique etiam qui in Christum credunt aliquando in debita materiae applicatione satis incurii reperiuntur. Neque adeo temeraria est dubitatio, num forte ii qui Christi divinitatem negant *atque oderunt*, etsi servaverint materiam et formam, in intentione debita defuerint. — Interrogetur igitur ipse convertendus quid de ministro et de suo baptismo sentiat, atque aliis modis inquiratur.

Hinc puto, 1) si scitur baptismi ministrum fuisse Christi *osorem*, ulteriore inquisitione etiam omissa, baptismum sub condicione esse iterandum;

2) etsi minister acatholicus fuerit homo, qui alioquin sincere procedat, cuius tamen personalis cognitio, quae dubitationem omnem auferat, non habeatur, baptismum sub condicione iterandum esse, nisi haberi possint *testes* iique fide digni (generatim nonnisi catholici), qui de hoc singulari baptismo eiusque ritu essentialiter recte peracto dicant testimonium.

Et re vera, quamquam Romanae congregationes damnant baptismi repetitionem *eo titulo* factam quod prior sit ab haeretico collatus, practice tamen eas exigunt probationes baptismi rite collati, ut hae vix umquam in baptismo haeretico haberi possint.

Concilium prov. Westmonasteriense I, sicut Romae approbatum est, decernit (d. XVI, n. 7; *Coll. Lac.* III, col. 929) baptismum ab heterodoxis collatum repetendum esse, quando aliquis ad fidem catholicam convertatur, „nisi *certissime* constet in ipsorum baptismo omnia rite esse peracta quoad materiae et formae applicationem".

S. Congr. de Prop. Fide in instructione ad vicarios ap. Indiarum Orientalium postulat testimonium *duorum* testium fiducia dignorum, qui rite testari possint de baptismo a catechistis collato; alioquin missionarium *teneri* baptismum repetere. Quod quidem duo testes requiruntur, ratio aliqua quaerenda est in ruditate et levitate istorum hominum; at concludere sane licebit in nostro casu requirendum esse saltem unius testis omni fide digni testimonium clarum et certum. *Th. m.* II, 19, not.

MUTATIO RITUS ESSENTIALIS ET ACCIDENTALIS.

Casus. (4)

Zacharias sacerdos, qui habet linguam nonnihil impeditam, in administrandis sacramentis saepius verba corrumpit. Hinc scrupuli de valore:

Baptizando non raro dicit: „Ego te ba*ttizo* in no*me* Patris etc."; absolvendo: „Ego te a*ss*olvo"; ungendo: „... indul*get* tibi Dominus quidquid per *manum* del*qui*sti." In ss. eucharistiae confectione: „Hoc est co*pus* meu*n*; *ic es* cali*s* sanguim*is* mei etc.", aliove modo syllabas corripit vel transilit.

Aliquoties in baptismo addidit: „Ego te baptizo in nomine Patris et Filii et Spiritus *Sancti et B. Virginis Mariae*"; in absolutione sacramentali: Ego te absolvo a peccatis tuis *in nomine Christi et Apostolorum*.

QUAERITUR 1° quaenam sit mutatio formae essentialis, quae accidentalis.

2° quid iudicandum de mutationibus Zachariae.

Solutio.

AD QUAESITUM 1ᵐ R. 1. Mutatio essentialis est quae verba ita mutat ut non amplius servent sensum a Christo intentum et praescriptum, ita scilicet ut in humano commercio apud audientes sensum illum non amplius faciant.

Accidentalis est mutatio, si sensus ille illaesus maneat.

R. 2. Facilius fit mutatio sive corruptio essentialis, si quando corruptio fit ex industria, quam si casu. Nam quando primum fit, *si* haec corruptio ut *ex industria facta* audientibus *apparet*, certe sensus rectus gigni non potest; sed etsi non appareat, *intentio* proferentis verba non est recta et integra, ideoque ex hac sola ratione defectus adest essentialis. De quibus omnibus cf. S. Thom. Aq., *Summa theol.* III, q. 60 a. 7 ad 3; Reuter l. c. n. 13.

AD QUAESITUM 2ᵐ R. 1. Si modo recta est intentio, illa corruptio vocis „ba*ttizo*" pro „baptizo" nullo modo est essentialis; neque alia corruptio „in no*me*" loco „in nomine"; homines enim audientes certissime percipiunt verum sensum.

R. 2. Idem dici debet quoad vocem „a*ssolvo*" pro „absolvo".

R. 3. Circa corruptionem „indulg*et* tibi Dominus" loco „idulg*eat*" moveri quidem potest dubium ex eo quod extrema unctio exigat orationem seu deprecationem, vox autem „indulget" non sit verbum deprecantis sed asserentis. Nihilominus, si modo recta adfuerit intentio, haec mutatio tanta non est ut apud audientes sensum deprecatorium excludere debeat, saltem si attenditur ad verba antecedentia: „per suam piissimam misericordiam". Quod eo magis valet quia etiam praxis in antiquo ritu Ambrosiano usitata erat, ut adhiberent formam verbis per se assertoriam, precatoriam sensu et intentione. Quare censeo mutationem non fuisse essentialem.

Minus etiam essentialis est corruptio vel correptio vocis „deliquisti" in „delquisti". Nam corruptiones minimae, si sensum novum et falsum non faciunt, sine industria factae accidentales haberi debent. — Aliud, si loco „deliquisti" pronuntietur „dereliquisti"; nam cum haec vox sensum quidem faciat, sed novum et falsum, eiusmodi mutatio etiam sine industria facta formam reddit *dubiam,* ex industria facta certo invalidam. *Th. m.* II, 14.

Quod autem dictum sit „per manum" loco „per tactum", corruptio quidem plane illicita est; verum non censeo eam esse essentialem, siquidem manus est principale instrumentum tactus. Nihilominus cum manus non identificetur cum „sensu tactus", res aliquantulum dubia manet, ita ut *licitam* habeam repetitionem unctionis propter hunc defectum, immo *debitam* pro casu quo extrema unctio esset medium unicum salutis securum vel aliis sacramentis securius: nimirum si ageretur de moribundo sensibus destituto.

R. 4. Defectus in consecratione commissi caveri quidem debent, atque Zacharias diligentior debet esse in pronuntiatione; attamen nullum defectum ex recensitis habeo pro essentiali; nam in ordinaria inter homines conversatione nemo esset qui non conciperet sensum rectum et verum. Atque propterea etiam concludi debet propter eiusmodi corruptionem consecrationem repeti nullatenus posse. Cf. S. Alph. VI, 224.

R. 5. Circa *additiones* istas non ita simplex et absoluta dari potest responsio. Ante omnia attende doctrinam S. Thomae Aq. in *Summa theol.* III, q. 60, a. 8, ubi imprimis docet ex duplici capite mutationem fieri posse essentialem: 1) propter intentionem ministri, 2) propter debiti sensus ablationem; quod applicat mutationi quae fiat sive per diminutionem verborum sive per additionem. En eius verba:

„Circa omnes istas mutationes, quae possunt in formis sacramentorum contingere, duo videntur esse consideranda: unum quidem ex parte eius qui profert verba, cuius intentio requiritur ad sacramentum. Et ideo si intendat per eiusmodi additionem vel diminutionem alium ritum inducere, qui non sit ab Ecclesia receptus, non videtur perfici sacramentum, quia non videtur, quod intendat facere id quod facit Ecclesia [quod intellige non de ritu accidentali, sed de ipso illo ritu qui est sacramentum a Christo institutum et Ecclesiae concreditum]. Aliud tamen est considerandum ex parte significationis verborum. Cum enim verba operantur in sacramentis, quantum ad sensum quem faciunt, ... oportet considerare utrum per talem mutationem tollatur debitus sensus verborum; quia, si sic, manifestum est, quod tollitur veritas sacramenti.

... Circa additionem etiam contingit aliquid apponi quod est corruptivum debiti sensus, puta si aliquis dicat: ‚Ego te baptizo in nomine Patris maioris et Filii minoris,‘ sicut Ariani baptizabant; et ideo talis additio tollit veritatem sacramenti.

Si vero sit talis additio quae non auferat debitum sensum, non tollitur sacramenti veritas. Nec refert utrum talis additio fiat in principio an in medio an in fine, ut si aliquis dicat: ‚Ego te baptizo in nomine Dei Patris omnipotentis et Filii eius Unigeniti et Spiritus Sancti Paracliti,‘ erit verum baptisma; et similiter si quis dicat: ‚Ego te baptizo in nomine Patris et Filii et Spiritus Sancti; et Beata Virgo te adiuvet,‘ erit verum baptisma.

Forte autem, si diceret: ‚Ego te baptizo in nomine Patris et Filii et Spiritus Sancti, et B. Virginis Mariae‘, non esset baptismus.

... Hoc verum est, si *sic* intellegatur in nomine B. Virginis baptizari sicut in nomine Trinitatis, quo baptismus consecratur; talis enim sensus esset contrarius verae fidei et per consequens tolleret veritatem sacramenti. Si vero sic intellegatur quod additur: ‚et in nomine B. Virginis,‘ non quasi nomen B. Virginis aliquid operaretur in baptismo, sed ut eius intercessio prosit baptizato ad conservandam gratiam baptismalem, non tollitur perfectio sacramenti."

Pro nostro igitur casu concludendum est: si Zacharias catholice senserit et intenderit, baptismus valet quidem; at importuna illa additione Zacharias peccavit.

Circa formam *absolutionis* imprimis notari debet ibi verba haec „In nomine Patris" etc. non pertinere ad formae essentiam, sicut pertinent in baptismo; hinc omissio expressionis S. Trinitatis absolutionem non reddit invalidam; sed neque invalidam reddit additio a Zacharia facta, quae prava et haeretica mente vix facta esse potest. Verba addita non ingerunt sensum falsum, sed sumi possunt plane sensu vero. Nam nomine Christi rectissime absolvitur, immo absolvi plane debet, etiamsi verbis non exprimatur; omnis enim sacramentorum minister non nisi nomine Christi et in eius persona agit. Aliquo etiam sensu vero nomine apostolorum dici potest absolutio dari, eo quod sacerdotes horum sunt successores et locum tenentes. Nihilominus tali additione arbitraria peccatur idque per se graviter.

UNIO INTER FORMAM ET MATERIAM.

Casus. (5)

Agritius in extrema unctione conferenda praecipitanter agens modo ungit ad verba „per istam s. *unctionem*", modo ad pronuntiationem sensus „quidquid per *visum* deliquisti; accidit etiam ut celeriter agens iam sit post unctos oculos in ungendis auribus, cum absolvat formulam „per visum deliquisti."

In baptizando accidit ut inciperet formam „Ego te baptizo", dum interim minister hauriret aquam, quam porrigeret, et, forma iam absoluta, dum addat „Amen", incipit aquam infundere.

Alia vice pronuntiatis verbis „Ego te baptizo" versus ad ministrum dicit „cito affer mihi aquam", qua accepta pergit „in nomine Patris etc." Alia vice, cum dixisset „Ego te baptizo", errans pergit „per Dominum nostrum . . ." Quo audito adstans minister acclamat „in nomine Patris"; quod resumens Agritius dicit „utique in nomine Patris etc." atque ita complet baptismum.

Quaeritur 1° quae requiratur unio tum inter ipsius formae singulas partes tum inter formam et materiam.

2° quid iudicandum de collato sacramento in casibus propositis.

Solutio.

Ad quaesitum 1ᵐ R. 1. Forma ipsa ita continuate pronuntiari debet ut apud audientes possit certo facere suum sensum, scilicet ea cohaesio adesse debet quae sufficiat in humana conversatione ad sententiam indubie efformandam.

R. 2. Brevissima mora interiecta post aliqua verba sine pronuntiatione verborum extraneorum facilius relinquit sensum integrum, quam si fit per interiectionem alicuius extranei dicti; interruptio per verba extranea, si *ut extranea* per actionem loquentis se produnt, facilius intactum relinquunt sensum formae, quam si aequo tenore cum reliquis proferuntur; interiectio vel interruptio post finita aliqua verba non tam facile nocet sensui formae quam interruptio et interiectio inter unius eiusdemque verbi syllabas.

R. 3. Quoad unionem seu coniunctionem formae cum materia ea coniunctio omnino necessaria est qua materia per formam determinetur atque signum aliquod moraliter unum efficiat. Hinc non eadem coniunctio in omnibus sacramentis necessaria est; in paenitentia et matrimonio minor quam in reliquis. In his vero sacramentis quae fiunt ritu aliquo sacro circa hominem, optima est et practice debet esse ea cohaesio ut applicatio materiae fiat eo tempore quo verba formae pronuntiantur seu antequam finiantur. Alias facile aliquod dubium potest oriri. S. Alph. VI, 9 sq; Reuter l. c. n. 10; Baller.-Palm. l. c. n. 5 sq.; Marc n. 1402; Aertnijs 6, 6.

Ad quaesitum 2ᵐ R. 1. Sine dubio ad valorem plane sufficit, sive ad vocem „unctionem" sive ad vocem „visum" unctio fit: in utroque enim casu habetur unio ea qua intimiorem Ecclesia non postulat. Etsi enim in sacramento unctionis Ritualia per signum † ad vocem *unctionem* significent *ibi*, i. e. ubi actio ministri exprimitur, esse sensum ungendum: tamen in sacramento baptismi expresse monetur non ad vocem „*baptizo*", sed ad vocem, „*Patris*" etc. aquam esse fundendam; ergo applicatio materiae etiam post verbum quo actio ministri significatur omnino est sufficiens.

R. 2. Unctio illa in qua sub voce „per visum deliquisti" minister iam transierit ad ungendas aures *non est valida pro sensu auditus, attamen minister validam fecit unctionem oculorum;* quamquam enim materiae applicationem iam absolverat ante formae finem, tamen tota forma iungebatur satis superque cum unctione oculorum, etsi in actione praepropere minister iam ultra progressus erat. Dubia etiam mansit unctio aurium, si Agritius sistendo in unctionibus *post unctas aures huic* addiderit formulam unctioni correspondentem. Si vero unam quidem aurem unxit ad vocem „*visus*", sed, pergens in pronuntiatione formae pro unctione aurium, interea alteram aurem unxit, de sacramentali unctione rite peracta nequit dubitari.

R. 3. Si Agritius pronuntians formam baptismi continuando sine ulla mora subiunxit „Amen" et ad hanc vocem aquam infudit, censeo baptismum valere. Quamquam enim in rigore „*Amen*" non pertinet ad formam neque in Rituali invenitur, nihilominus formam quodammodo reassumit et cum materiae applicatione ita connectit ut haec duo elementa in signum unum coalescant.

Si vero morula aliqua fuerit interiecta, iam dubium aliquod circa valorem movetur; et quoniam baptismi sacramentum sit adeo necessarium, sacra actio potius sub condicione esset iteranda. *Th. m.* II, 13.

R. 4. In penultimo casu, si alia mora non est interiecta, sed statim accepta aqua Agritius formam complevit aquamque fudit, validus dici debet baptismus. Nam 1) *mora* inter partes formae erat minima; 2) verba interiecta eaque pauca plane apparebant ut extranea neque ipsius formae sensum corruperunt vel mutaverunt. *Th. m.* II, 14.

R. 5. In ultimo casu, si Agritius incepit tantum „per Dominum" et statim sese corrigens rectam formam complevit, illa paucula verba etiam cum voce illa „utique", quae ne tum quidem si per loquentem ad formam traherentur sensum essentialiter mutarent, mea sententia valori sacramenti non obstant; quare censeo baptismum non esse iterandum. — Fateor tamen convenientius futurum fuisse si Agritius, cum adverteret errorem, totam formam baptismi ab initio resumpsisset.

ATTENTIO MINISTRI ET INTENTIO.

Casus. (6)

Amalricus in administrandis sacramentis, ne erret, semper accurate legit ex Rituali; sed hoc ipso ab habenda attentione impeditur et post peractum sacrum ritum plane non recordatur utrum re vera formam sacramenti pronuntiaverit necne, indeque concipit dubium de valore actus, num humano modo, i. e. cum cognitione seu attentione et voluntate, actum posuerit.

Aliqua vice complures infantes afferuntur baptizandi; numeravit sex et accurate fecit Amalricus intentionem eos singulos baptizandi. Plures tamen caerimoniae in communi faciendae praescribuntur, aliae in singulos speciatim: quod Amalricus observat; sed cum velit peracto ritu singulos adnotare, afferuntur 7 infantes ut baptizati. Quod grave dubium Amalrico ingerit num re vera, deficiente intentione, septimum infantem baptizaverit.

QUAERITUR 1° qualis requiratur in sacramentis *attentio*.
 2° qualis debeat esse ministri intentio.
 3° quid ad casus respondendum.

Solutio.

AD QUAESITUM 1^m R. 1. Attentio ad licitam quidem administrationem necessaria est eatenus quatenus quaelibet voluntaria mentis distractio peccatum sit, verum ex se peccatum veniale, licet ex gravioribus; mortale fit si in missae celebratione distractio plene voluntaria diu protrahitur in canone, vel etiam in quolibet sacramento si periculum fit errandi in substantialibus.

R. 2. Ad validam administrationem non alia requiritur attentio ac quae sufficit ut ritus sacer cum debita intentione ponatur: quod cum plena distractione non est impossibile. *Th. m.* II, 21.

AD QUAESITUM 2^m R. 1. Intentio, considerata *ut actio,* non sufficit habitualis (excepto aliquatenus matrimonio), neque requiritur actualis, sed sufficit virtualis, quae in aliis quoque negotiis actum facit sufficienter humanum.

R. 2. Quoad *obiectum* intentionis sufficit et requiritur ut minister ritum sacramentalem, aliquo modo saltem reductive ut in persona Christi vel ut ritum sacrum, ponere velit.

Aliis verbis: Non requiritur ut minister credat effectum sacramenti; neque ut ipse eum habeat pro sacro a Christo instituto; neque ut velit expresse se conformare Ecclesiae catholicae: sed sufficit ut eum cognoscat ut ritum quem alii pro sacro habent, et ut eum *ut talem* iis velit applicare; vel sufficit ut velit peragere et peragat *id quod v. g. baptizandus petit.*

R. 3. Haec intentio ritus *ut sacri* modo ita reductivo concepta sufficit, si tamen contraria intentio praevalens non adfuerit. Nam si quis ante omnia noluerit se ut Christi ministrum exhibere vel Ecclesiae catholicae se conformare vel ritum ut gratiae efficacem ponere: quidquid demum voluerit, sacramenti nihil operabitur.

Circa haec *Quaesita* cf. S. Thom. l. c. q. 64 a. 8; S. Alph. VI, 14—25; Baller.-Palm. l. c. n. 14—23.

AD QUAESITUM 3^m R. 1. In *primo* casu Amalricus rationabile dubium habere nequit. Nam recitans *ex* Rituali, si modo legere scivit, certe recte formam pronuntiavit idque humano plane modo, sciens et volens. Quod autem distractus et alienis cogitationibus abreptus non amplius recordetur verborum quae protulit, nulla est ratio contra actus valorem.

R. 2. In secundo casu Amalricus in ipso actu baptizandi fortasse non habuit intentionem actualem et reflexam; habuit tamen intentionem saltem virtualem, immo vix non actualem directam. Eaque intentio sine ulla dubitatione etiam extendebatur ad septimum infantem, qui videtur antea non annuntiatus, sed subito ad ecclesiam delatus. Nam Amalricus, cum aquam infunderet formamque baptismi pronuntiaret, quid aliud voluit et intendit nisi baptismum? Ergo de valore septimi quoque baptismi plane securus esse debet.

Aliter tamen, si ab initio secum statuisset se intentione nunc a baptismo plane excludere eos qui non antea annuntiati et a se descripti fuerint. Quodsi ita secum statuisset, baptismus septimi infantis casu allati saltem esset dubius et necessario repetendus. Verum ita intentionem restringere plane absonum est, ita ut sic factum esse non possit sumi, nisi plane probetur.

DE INTENTIONE QUAE DICITUR „EXTERNA".

Casus. (7)

1. Fabricius sacerdos, qui infeliciter societati secretae se adiunxit fidemque interne abiecit, pergit externe exercere munera sacerdotalia; verum in sacramentis, etsi externum ritum in materia et forma exacte et decore observat, intus in animo intendit nullatenus facere quod facit Ecclesia quodque Christus instituit.

2. Alius sacerdos vocatus ad moribundum, cum ss. eucharistiam pro viatico non habeat, accingit se ad celebrandum; sed quia deest aptus locus ad ss. eucharistiam asservandam, et moribundus fortasse iam decesserit antequam viatico potuerit muniri, felicem modum se invenisse putat quo se expediat, nimirum consecrat particulam sub condicione: „si tempus habuero ad moribundum satis tempestive accedendum."

Quaeritur quid dicendum sit de valore sacramentorum in casu.

Solutio.

Ad quaesitum R. 1. In *primo* casu attende thesin 28 ab Alex. VIII damnatam: „Valet baptismus collatus a ministro qui omnem ritum externum formamque baptizandi observat, intus vero in corde suo apud se resolvit: Non intendo quod facit Ecclesia." Quae quidem condemnatio non plane evincit rem, ut fateor; nam 1) non theses illae damnantur in globo neque omnes ut erroneae, sed ut „temerariae, scandalosae ... erroneae haereticae respective"; 2) contendunt aliqui damnata hac thesi comprehendi imprimis casum illum quod quis iocose et irrisorie ritum sacrum peragat; ex eo autem quod ille nihil efficiat validum, non sequi idem esse cum eo qui ritum externum omnino serio peragat.

Nihilominus ista opinio, quae in nostro casu sacramentum valere putat, teste Bened. XIV ex illa damnatione „grave vulnus accepit" atque hodiedum habetur fere pro derelicta. Idque merito; nam certissimum est sacramentum nullum valide confici posse, nisi minister agat non suo nomine sed nomine Christi ut eius minister et deputatus. At quilibet homo in eo liber est utrum, quando alter ei aliquid committere vult, velit *huius* nomine agere an proprio; quodsi alieno nomine agere *nolit,* neque alieno nomine agit. Verum qui ritum sacramentalem suo proprio nomine peragit, sistendo in hoc, plane incapax est sacramentalem effectum producendi seu sacramentum valide ponendi, quoniam sacramenta ex eo vim suam haurire debent quod *sint actiones Christi* ut principaliter agentis. Cf. Pesch, *Praelectiones dogm.* VI, 279 sqq.; Sasse, *De sacr.* thes. 25.

Ergo dicendum est: In nostro casu sacramenta a Fabricio collata *sunt nulla,* ita ut *absolute* repetenda sint. Immo etiam ii auctores, qui contrariam opinionem sequuntur, *debent saltem* fateri opinionem suam non esse certam ac proin sacramenta, utpote saltem dubia, repetenda esse, etsi ipsi putaverint repetitionem faciendam esse condicionate.

R. 2. In *secundo* casu sacerdos arte illa non indigebat, cum Ecclesia satis providerit atque in difficultatibus valde magnis permittat ut sacerdos etiam postea s. speciem consumat. Sed de hac re hic non est locus accuratius dicendi.

Ars autem a sacerdote adhibita re ipsa erat pessima, cum intentio condicionata, si condicio est de futuro, sacramentum, si excipias matrimonium, reddat aut nullum aut pro re nata dubium. Nullum certe est si condicionata intentio effectum sacramentalem vult suspendere vel eum dependentem facere a condicione libere contingente; practice dubium etiam tum sacramentum est quando condicio est de re necessario futura vel ad eam reducitur. *Th. m.* II, 28; S. Alph. VI, 26. Ratio autem est quia ipse minister debet ritum quem ponit determinare ad ritum gratiae efficacem; non potest hanc determinationem alteri causae committere.

Hinc in nostro casu consecratio particulae pro moribundo reddita est omnino *dubia.* Ratio cur dubia, non certe nulla dicatur consecratio, haec est quod auctores non pauci iique graves non sine ratione putent sacramenta valida esse, si pro condicione apponatur scientia Dei de futuro contingente: hanc enim esse condicionem potius *de praesenti* quam *de futuro;* condicionem autem de praesenti, prout verificetur aut non verificetur, reddere sacramentum statim aut validum aut invalidum. Haec probabilia sunt. Atque condicio casus nostri *sic* fortasse concepta est.

DE PROBITATE MINISTRI.

Casus. (8)

(Ex conferentiis Romae habitis ut supra.)

Titius, qui viceparochi munere fungebatur, gravissimo patrato peccato non nisi post triduum ad confessionem accessit. Interrogatus a confessario num per id temporis sacra mysteria obiisset haec subiungit:

„A sacri quidem celebratione abstinui et solum diaconatus officio in missa sollemni perfunctus sum. Interdum postulantibus fidelibus eucharistiam ministravi. Vocatus ad baptismum conferendum infanti, qui e sinu demortuae matris extrahebatur, paratus equidem eram, quia non agebatur de sollemni baptismi administratione. Verum melius duxi illam chirurgo committere, quia, licet vir pravus, non erat tamen minister consecratus sed potius necessitatis. Nec infitior me una et altera vice baptismum contulisse et sacro oleo unxisse infirmum, sed hoc iubente parocho et quin tempus contritionis actum eliciendi suppeteret. Omnia haec peregi quidem in statu lethalis peccati; sed puto graviter me non deliquisse, cum in unoquoque casu adsit probabilis theologorum sententia gravem culpam excludens."

His auditis confessarius has omnes sententias nimis laxas esse proclamat.

QUAERITUR 1° *num probitas ministri requiratur ad validam et licitam sacramentorum administrationem.*
2° *quid de singulis Titii functionibus iudicandum.*
3° *quid in posterum Titio faciendum.*

Solutio.

Functiones sacrae in casu enarratae reducuntur ad haec: Titius vice parochi fungens in statu peccati 1) diaconatus munere functus est in missa sollemni; 2) una alterave vice contulit baptismum et extremam unctionem, sed iussus a parocho et in casibus urgentibus, ut ait, ita ut tempus eliciendae contritionis non suppeteret; 3) in casu baptismi privati, ne in statu peccati hoc sacramentum administraret, id reliquit chirurgo ceteroquin impio, sed qui saltem non erat minister consecratus. Quibus notatis sit responsum ad quaestiones propositas:

AD QUAESITUM 1ᵐ R. 1. Probitas de qua hic sermo est intelligi debet status gratiae. Porro hunc ad valorem sacramentorum non requiri est de fide catholica definita. *Conc. Trid.* sess. 7, can. 12, *de sacramentis in genere* ita dicit: „Si quis dixerit ministrum in peccato mortali exsistentem, modo omnia essentialia quae ad sacramentum conficiendum aut conferendum pertinent servaverit, non conficere aut conferre sacramentum: anathema sit." Et hoc quidem sequitur ex alia catholica doctrina sacramenta ex meritis et institutione Christi vim suam haurire, non ex meritis ministri, eaque non ex opere operantis sed ex opere operato gratiam conferre. Pesch l. c. n. 246 sqq.; Sasse l. c. thes. 23.

R. 2. Exploratum tamen est per se peccatum committi ab eo qui sacras functiones, maxime sacramenta, in statu peccati peragat, cum res sacras indigne tractet atque sacrilegium committat.

R. 3. Si vero iam quaeritur non num administratio sacramenti in statu peccati utcumque peccatum sit, sed num et quando sit *mortale* peccatum, dici debet: Ut constet de mortali peccato requiritur a) ut administratio fiat a ministro *consecrato,* b) ut fiat eo modo qui ministro *qua consecrato* competit, c) ut non adsint eae angustiae temporis et necessitatis quae a praevia reconciliatione cum Deo excusent. Alias de mortali peccato non constat. Cf. *Th. m.* II, 32 sq.

R. 4. Sufficit quidem generatim ministro infeliciter lapso ut per actum contritionis sese in statum gratiae restituat, etsi confessio est consulenda; pro celebratione autem ss. eucharistiae graviter praecipitur ut, modo non desit confessarius, confessio praecedat. Ita expresse *Conc. Trid.* sess. 13, c. 7. Ceterum de reliquis sacramentis loquens Rituale Romanum titulo *De ss. sacramentorum administratione* haec habet: „Etsi sacramenta ab impuris coinquinari non possint neque a pravis ministris eorum effectus impediri: impure tamen et indigne ea ministrantes in aeternae mortis reatum incurrunt. Sacerdos ergo, si fuerit peccati mortalis sibi conscius (quod absit), ad sacramentorum administrationem non audeat accedere nisi prius corde paeniteat; sed si habeat copiam confessarii et tempus locique ratio ferat, convenit confiteri."

AD QUAESITUM 2^m R. 1. Diaconatus munere fungi in missa sollemni non est alicuius sacramenti confectio. Nisi ergo in eo munere Titius ss. eucharistiam sumpserit et sacrilega communione peccaverit, sola functione diaconi veniale quidem peccatum idque ex gravioribus commisit, non tamen mortale. Sufficit adduxisse testimonium S. Alphonsi VI, 37. 38: „Hinc infertur esse probabile quod non peccent graviter diaconi et subdiaconi, qui in mortali altari ministrant."

Accidere autem potest in tali ministerio ut sacerdos, qui diaconi munere fungitur, distribuat s. communionem fidelibus. Quodsi fit in statu peccati mortalis, multi, inter quos S. Alphonsus, id habent pro novo peccato mortali, non toties quidem multiplicato quot personis ss. eucharistia detur, sed toties quoties distincta vice ss. eucharistia distribuetur sive uni sive pluribus. Verum alii, inter quos Lugo, Salmanticenses, Lacroix, id negant vel id satis constare negant, eo quod neque immediate concurratur ad effectum sacramenti, neque actio ponatur nomine Christi: quare in dubio Titius ius habuit sese benigniori sententiae conformandi neque, si ita s. communionem distribuit, se gravis peccati reum fecit.

R. 2. Baptismum sollemnem conferre vel extremam unctionem in statu peccati sine dubio est pro ministro per se peccatum mortale. Videri tamen debet num rationes, quas Titius pro se affert, eum excusaverint. Quod egerit iussus a parocho ex se non excusat: alioquin etiam quaelibet petitio fidelium ratio esset cur minister in statu peccati sacramenta ministrare posset non quaerens antea reconciliationem cum Deo, atque vix umquam sacrilega administratio esset possibilis. Necessitas et angustia temporis excusare quidem potest; si enim periculum instat ne quis ante sacramentum susceptum moriatur, ante omnia curari debet ut quam citissime sacramentum conferatur, neque ministro crimini vertitur si non potuerit tam cito se antea cum Deo reconciliare (S. Alph. l. c. n. 33). Attamen minister obligatus erat, quantum circumstantiae permiserint, ad conatum contritionis: quam etiam in accessu ad moribundum elicere non tanti est negotii neque homini sincere procedenti per Dei gratiam adeo difficile. Hinc timendum est ne Titius angustias temporis praetendens fucum faciat; idque etiam relate ad extremam unctionem. Multo magis relate ad baptismos collatos putaverim practice eum a gravi peccato excusari non posse.

R. 3. Baptismum privatum necessitatis committens viro laico, eique impio, evitavitne vere peccatum mortale, quod ministrando baptismum commisisset?

Fateor, si agebatur de baptizando infante inter ipsam matris sectionem, eo quod de vita illico periclitabatur, rationem habendam fuisse pudori, et ex hac causa tum potius chirurgo quam sacerdoti committendam esse baptismi collationem. Id expresse dicit Lacroix l. 6, p. 1, n. 277 de praeferenda femina: „Denique si infans necdum totaliter egressus ex utero sit baptizandus, mulier praeferenda est cuicumque viro, etiam proprio parocho, sic enim exigit honestas"; quam sententiam S. Alph. VI, 117 facit suam. Ex pari ratione, quod dicunt de femina, dixerim in nostra suppositione de chirurgo, si modo confidi possit, fore ut rite omnia praestet quae ad validum baptismum sint necessaria.

Verum hanc rationem pudoris Titius nullatenus tetigit. Unde concludendum videtur locum habuisse baptismum infantis plene nati, neque adfuisse periculum emoriendi ante nativitatem perfectam. Quare valere debuit regula Ritualis circa baptismum necessitatis: „Si adsit sacerdos, diacono praeferatur, diaconus subdiacono, clericus laico, et vir feminae, etc."; de qua regula notat S. Alph. l. c., ex sententia omnino communi, eam praescripti ordinis perversionem qua laicus prae sacerdote baptizet esse *peccatum mortale:* „et ideo etiam sacerdos graviter peccaret, si laico administrationem cederet." Ergo praxis Titii non erat via evadendi sed incurrendi peccati mortalis reatum.

Ceterum in nostro casu non aderat tanta causa quaerendi hoc effugium, quo evitaretur peccatum grave. Minime enim constat administrari baptismum privatum necessitatis ab eo, qui in statu peccati est, esse ex se novum peccatum grave. Atque in hac re tum Titius tum chirurgus in aequali condicione probabiliter versabantur. Frustra igitur chirurgus praeferebatur Titio. Nimirum S. Alph. l. c. n. 32 praefert quidem opinionem, quae tenet obiective graviter peccari sive a laico sive a sacerdote, qui in statu peccati exsistens baptismum etiam privatum tantum conferat; verum probabilem dicit contrariam sententiam. Quam sententiam, quae est S. Thomae Aquinatis, sane propter solam auctoritatem Titius practice assumere potuit. Verba Doctoris Angelici sunt haec (*Summa theol.* 3, q. 64, a. 6, ad 3): „In articulo tamen necessitatis non peccaret [sacerdos] baptizando *in casu in quo etiam posset laicus baptizare;* sic enim patet, quod non se exhiberet ministrum Ecclesiae, sed subveniret necessitatem patienti."

AD QUAESITUM 3^m ex dictis patet responsum. Breviter:

R. 1. Caute vivat, ne umquam recidat in peccatum mortale.

R. 2. Si tamen tristis lapsus acciderit, *quam primum* studeat sive per confessionem sive per perfectam contritionem in statum gratiae redire neque per unam horam sinat se in statu peccati haerere. Secundum Rituale Rom. „meminisse debet se omni fere temporis momento ad tam sanctae administrationis officium paratum esse oportere".

R. 3. Si post lapsum infelicem ante recuperatum statum gratiae ex inopinato ad sacramenta conferenda vocetur, quantum fert tempus et necessitas, conetur saltem in via actum contritionis elicere Deumque ad id gratiae auxilium ex corde rogare: quod si faciat, non est timendum ne se novo peccato coinquinet; nam secundum S. Alph. l. c. n. 34 satis est „elici contritionem probabiliter existimatam", quod homini *sincere ad Deum redire volenti* impossibile non est, eo quod Deus homini petenti et facienti quod est in se gratia sua non desit.

Ex iis quae modo fusius dicta sunt facile solves *casum* sequentem.

MINISTER IN STATU PECCATI EXSISTENS.

Casus. (9)

Carus parochus infeliciter lapsus per tres annos haesit in peccato suo. Interim tamen omnia munera parochialia et sacerdotalia obivit celebrando, sacramenta ministrando, contionando, exercitia devotionis pomeridiana habendo etiam exposito ss. sacramento, matrimoniis assistendo, benedictiones varias agendo.

Nunc demum, gratia tactus, sese cum Deo reconciliare cupit; sed *quaeritur* quomodo explicare et enumerare debeat sacrilegia sua, ut praecepto confessionis satisfaciat?

Solutio.

AD QUAESITUM R. 1. Cum dicatur Carus mansisse in peccato suo, inutiliter quaeritur num ante sacramentorum administrationem saltem per contritionem perfectam sese cum Deo reconciliaverit. Quod quidem in rigore sufficit, si excipitur ss. missae sacrificium eucharistiaeque sumptio. Sed cum Carus etiam celebrare sine confessione perrexerit, id satis ostendit neque contritionis conatum adfuisse neque veram et sinceram contritionem, utpote quae sit impossibilis sine vera voluntate cavendi in posterum a quovis peccato gravi: nam grave peccatum est per se celebrare post peccatum grave commissum ante receptam sacramentalem absolutionem.

R. 2. Ex antea dictis satis probabile est mortale sacrilegium ab eo qui in statu peccati exsistens sacras functiones peragat non committi, nisi agatur de confectione sacramentorum a ministro *qua* consecrato oriunda. Hinc a mortali sacrilegio probabiliter immunes sunt:
  a) liturgici actus variarum benedictionum;
  b) exercitia pietatis publica, etiam cum exposito ss. sacramento;
  c) immo ipsa sacrae communionis distributio;
  d) contiones sacraeve instructiones;

e) assistentia matrimoniis ineundis praestita;
f) demum ipse baptismus necessitatis sine caerimoniis peractus.

R. 3. Probabilius tot peccata committuntur a ministro peccatore quot sacramenta administrantur seu conficiuntur; idque in reliquis quidem certum est, in sacramentali absolutione non ita certum ut non sit etiam probabile peccatum numero unum committi ab eo qui in sacro tribunali pro iudicio sedet sive unum sive plures audiat et absolvat.

Practice igitur in nostro casu Carus indicare debet: 1) quoties in statu peccati celebraverit; 2) quoties sacramentum aliquod administrando confecerit. (Potest tamen dicere: toties sedi ad excipiendas confessiones sacramentales ac toties alia sacramenta administravi.)

DE OBLIGATIONE SACRAMENTI MINISTRANDI.

Casus. (10)

(Ipsi *casus* 10—12 sunt ex conferentiis Romae habitis ut supra.)

Titius, qui primo paroeciam assecutus magno zelo saluti animarum incumbebat, succedentibus annis a pristino fervore non parum declinavit. Cum enim satis assidue sollemnioribus festis in tribunali paenitentiae adsit, si aliis diebus ad confessiones audiendas vocetur, se morosum exhibet erga illos praesertim qui frequenter ad sacramenta accedere solent, inquiens excessum etiam in spiritualibus vitiosum esse. Relate vero ad infirmos graviter decumbentes ita se gerit ut quam citissime illorum confessiones excipiat, viaticum et extremam unctionem iisdem praebeat, data etiam benedictione in articulo mortis, quos deinde divinae misericordiae committit, neque amplius ad illos redit.

Grassante quodam morbo contagioso intra suae paroeciae fines, Titius sibi timens fugam arripuit, relicto tamen idoneo vicario. Sed iussus ab episcopo sub comminatione suspensionis ad paroeciam redire, obtemperat quidem, sed, dum sibi sanorum curam reservat, infirmorum assistentiam vicario relinquit.

QUAERITUR 1° *an et quanta sit obligatio ministri quoad sacramenta conferenda.*
2° *quandonam sacramenta etiam cum vitae periculo ministrare teneatur.*
3° *an in omnibus de quibus in casu Titius peccaverit.*

Solutio.

AD QUAESITUM 1ᵐ R. 1. Quoad obligationem conferendi sacramenta distingui debet inter ministrum qui ex officio curam animarum habet et eum qui non habet. Posterior non tenetur nisi ex caritate et secundum regulas caritatis. Quare *sub gravi* is tenetur, 1) etiam cum gravi immo cum vitae periculo, quando proximus in extrema vel quasi-extrema necessitate versatur, et ad ea sacramenta conferenda quibus *haec* necessitas sublevetur; 2) in necessitate proximi ordinarie gravi, si ipse sine incommodo gravi sacramenta conferre potest. Alias propria obligatione non tenetur vel saltem non gravi obligatione.

R. 2. Prior vero, sume parochum relate ad suos parochianos (nam relate ad extraneos parochus non magis tenetur quam ille qui non ex officio sed ex sola caritate tenetur), tenetur ex iustitia sacramenta administrare, quoties subditi rationabiliter petunt: quae obligatio ex se gravis est, admittit tamen parvitatem materiae, ita ut extra necessitatem una alterave vice sacramenta recusare ei qui frequenter ea suscipit non sit gravis materia, quippe quod sit damnum quod facile reparari possit.

Ad quaesitum 2^m R. 1. De eo qui ex officio curam animarum non habet iam supra dictum est. De parocho autem vel de eo qui ex officio habet curam animarum dicendum est simpliciter eum etiam cum vitae periculo debere subditis suis conferenda curare *sacramenta necessaria*, i. e. in periculo mortis sacramentalem absolutionem, vel ei qui baptizatus nondum esset baptismum, ei vero qui sensibus destitutus est praeprimis etiam extremam unctionem. Reliqua sacramenta conferendi stricta obligatio non est; suadendum tamen omnino ut praebeatur viaticum saltem; immo etiam sub brevi forma omnibus s. unctio (quam brevem formulam, cum non sit omnino certe valida, adhibere apud eum qui sensibus destitutus sacramentalem absolutionem condicionate tantum recipere potest mea sententia non licebit).

R. 2. Consulto dixi esse gravem obligationem ut parochus sacramenta necessaria *conferenda curet*, non ut ipse conferat. Si enim vicarium habet qui conferat mortis periculum minus timens, non ipse personaliter sacramenta tenetur conferre, nisi forte ex gravi causa aliquis parochianus parochum personaliter postulaverit. Ita etiam Benedictus XIV in opere *De syn. dioec.* l. 13, c. 19, n. 2. Ratio cur hoc liceat non tam est parochi ignavia quaedam et timiditas, sed quia hac distributione laboris utrisque melius consulitur, et aegrotis et sanis, cum posteriores illi aliter timerent contagionem per parochum.

R. 3. Nihilominus parocho, etsi vicarium idoneum habeat, non licebit tempore contagionis ex parochia simpliciter recedere. Quod sequitur ex natura suscepti muneris. Cum enim ideo constitutus sit et ex iustitia id agere debeat, ut parochiani mediorum a Christo institutorum, ad quae per baptismum et fidei verae professionem ius acquisiverunt, re ipsa participes evadant, debet illis maxime tum praesto esse quando mediis salutis maxime indigent, i. e. in periculo mortis, praesertim si periculum illud per contagiosum morbum evaserit commune. Quo vero omnis dubitatio tollatur, habemus decretum S. Congregationis Concilii d. d. 6. Dec. 1576, immo eodem tempore ipsius summi pontificis decretum quod videre licet apud S. Alph. VI, 233, his verbis: „Sanctitatem suam decrevisse parochos tempore pestis omnino teneri residere in suis ecclesiis, posse tamen per alium idoneum ministrare sacramenta baptismi et paenitentiae; et si non resederint, contra eos procedendum esse, servata forma Tridentini sess. 23, c. 1."

Ad quaesitum 3^m R. 1. Timendum est ne Titius excessum vitiosum adesse sumat, ubi non est. Sane, si qui sunt qui sine debita praeparatione et dispositione frequenter velint ad sacramenta accedere: hos monendo et cohibendo non peccat. Attamen generatim solum ob *frequentiam* sacramenti recipiendi quempiam repellere iniustum est ex parte parochi; et quando hoc saepius fit, etiam erga solos devotos, grave ipsi peccatum est, magis etiam si hac agendi ratione et morositate sua in causa est cur reliqui quoque fideles iique qui reconciliatione cum Deo indigent accedere non audeant.

R. 2. Quoad graviter infirmos etiam optime facit si quam citissime omnia sacramenta iis administrat, ne scilicet protrahendo in causa sit cur demum in extremis aegroto iam sensibus destituto sacramenta conferantur.

31 Quando vero periculum mortis adeo probabile est ut viaticum et extrema unctio conferri possint, nihil quoque obstat quin benedictio apostolica aegroto conferatur, praesertim cum haec interim suspendat effectum suum, qui demum in vero articulo mortis seu ultimo vitae momento producitur vi benedictionis antea datae. De qua re iam dubitari non potest. Habetur enim responsum S. Congr. Indulg. a summo pontifice Leone XIII approbatum die 19 Dec. 1885 (v. *Acta S. Sedis* XVIII, 414):

„Sequens dubium patribus cardinalibus dirimendum fuit propositum: „Utrum benedictio apostolica cum indulgentia plenaria in articulo mortis dari possit post collata extrema sacramenta, cum periculum quidem mortis adest, non tamen imminens? E^{mi} et R^{mi} patres in generali congregatione habita die 18 Dec. 1885 in aedibus Vaticanis responderunt: „Affirmative," quam responsionem ex rei natura pro omnibus aegrotis christifidelibus in mortis periculo constitutis valere dixerunt... Die insequenti... SS. D. N. Leo PP. XIII responsionem adprobavit."

32 R. 3. Verum quod Titius postea non amplius ad aegrotum redeat est omnino male actum. Atque si haec Titii consuetudo est, ita ut fideles vereantur parochum denuo ad aegrotum vocare, maxime si mortis articulus instat, censeo omnino Titium graviter peccare.

Nimirum *Rituale Rom.* monet: „Ingravescente morbo parochus infirmum frequentius visitabit et ad salutem diligenter iuvare non desinet; *monebitque instante periculo se confestim vocari, ut in tempore praesto sit morienti.*" De quo S. Congr. interrogata sitne haec obligatio, eaque gravis a qua sola impossibilitas vel gravior aliorum necessitas excusaret, die 23 Martii 1878 respondit: „Standum praescriptionibus Ritualis Romani, in reliquis consulat probatos auctores." Vide *Acta S. Sedis* XI, 188 sqq.

Noluit igitur S. Congregatio de gravitate huius praecepti deque causis excusantibus decretum ferre; et merito, quia non una est aegrotis necessitas neque una parochis opportunitas: qui enim populo quinque milium animarum solus praeest, sane singulis eam curam impendere nequit, quam ille qui pro parochia mille animarum subsidium coadiutoris habet. Nihilominus necessitas in articulo mortis, etiam post suscepta sacramenta, gravissima esse potest: quare si erga sanos parochus se ita exhibere debet ut fideles sine molestia, immo facile et libenter ad sacramenta accedant, multo magis iteratam sacramenti receptionem atque sacerdotale auxilium aegrotis et moribundis *facilia* reddere debet. Saltem igitur vocatus libenter debet ad aegrotos accedere si potest, immo pro circumstantiis etiam non vocatus; et si periculum est quominus ipse omnibus praesto esse possit, pro posse instruere debet alios etiam laicos, qui aegroto assistant, ut sciant cum aegroto actus necessarios, praesertim caritatem erga Deum et contritionem eamque perfectam elicere. Hoc est gravissimum parochi officium, cuius notabilis neglectus non potest non esse mortale peccatum. Quare hac in re Titius a gravi peccato non videtur esse immunis.

R. 4. Titius tempore contagiosi morbi fugiens graviter laesit officium suum; sed cum monitus rediit, in eo excusatur quod curam sanorum sibi reservat, si vicarius aegrotorum curam, quantum necessaria est, gerit.

DE OBLIGATIONE DENEGANDI SACRAMENTA INDIGNIS.

Casus. (11)

Infirmatur graviter Bertha apud Caium virum divitem et caelibem, qui eam cum magno viciniae scandalo non tam ut famulam, prout asserebat, sed potius tamquam concubinam domi retinet. Vocatur Titius parochus, qui pluries eos ab invicem separare frustra curaverat, ut statim ad infirmam viaticum deferat. Stupens domum Berthae petit eamque primo interrogat num iam confessa sit. Exhibetur ab ipso viro, qui prope lectum ad latus infirmae adstabat, schedula confessionis peractae apud presbyterum qui non optima penes superiores gaudebat fama. Rogat Titius adstantes ut paulisper recedant. Renuit herus et simul respondet infirma se hoc unum quaerere ut viaticum statim recipiat. Tunc parochus gravi sermone ab iis sciscitatur num confessarius aliquid ad publici scandali reparationem praescripserit. Nil respondent herus et mulier subridentes. Postulat parochus ut Caius, durante saltem mortis periculo, domo discedat; sed frustra. Inde conversus ad Bertham eam apprecatur ut ad id consilii virum adducat. Sed illa: „Ex hoc iudicia vulgi confirmabuntur." Subiungit parochus indignabundus: „Et ego viaticum non deferam"; et his dictis discedit.

Post aliquot horas accurrit ad parochum famulus rogans ut celeriter ad Bertham, iamiam morientem, viaticum deferat. Dum Titius in eo est ut Berthae domum ingrediatur, admonetur eam iam mortuam esse. Quo audito ad ecclesiam cum ss. sacramento revertitur.

Quaeritur 1° *quid de obligatione denegandi sacramenta indignis petentibus iudicandum sit.*

2° *num bene se gesserit parochus negando prius et postea viaticum deferendo.*

3° *quid ei nunc agendum.*

Solutio.

Ad quaesitum 1ᵐ R. Quoad deneganda sacramenta generalis regula est peccatori occulto quidem deneganda esse sacramenta si occulte petat, non deneganda si publice petat; peccatori autem publico sacramenta deneganda esse, sive occulte sive publice petat, idque tam diu quamdiu non dederit publico aliquo modo signa emendationis.

Quare qui publicum scandalum dare pergit, a sacramentis generatim excludendus est donec publicum scandalum reparaverit. Pro articulo mortis autem, saltem relate ad absolutionem, manet regula absolutionem dandam esse, condicionate saltem, *quamdiu non constat de indignitate.* — Cf. S. Alph. VI, 43 sqq.; Ballerini-Palm. tr. 10, s. 1, n. 52 sqq.; Lacroix l. 6, p. 1, n. 137—143.

34 AD QUAESITUM 2^m. Supponitur nunc, in casu allato, Bertham et Caium noluisse vel non potuisse inire matrimonium. Ex hac suppositione dabo *hic* responsum.

R. igitur 1. Recte igitur egit Titius parochus negando viaticum. Agitur enim de publica peccatrice, quae scandalum reparare proximamque occasionem removere non vult. Neque satis est exhibere schedulam confessionis peractae. Per eam enim in nostro casu scandalum nullatenus reparatur. Attestatio confessionis peractae nondum est signum absolutionis receptae; neque de ea in confessionis testificatione sermo esse potest. Verum, etsi absolutio data esset, esset temere data, neque propterea parochus impediretur quominus postulare posset et deberet publici scandali remotionem, antequam de viatico ageretur.

Rituale Romanum loquens de communione infirmorum haec habet: „Viaticum sacratissimi Corporis D. N. I. C. summo studio ac diligentia aegrotantibus opportuno tempore procurandum est, ne forte contingat illos tanto bono parochi incuria privatos decedere. Cavendum autem imprimis est ne ad indignos cum aliorum scandalo deferatur; *quales sunt publici usurarii, concubinarii,* notorie criminosi . . . nisi sese prius sacra confessione purgaverint *et publicae offensioni, prout de iure, satisfecerint.*"

R. 2. Quare ne postea quidem, cum Titius ad Bertham iamiam morituram vocaretur, viaticum administrandum erat, nisi Bertha signa dedisset se ex sua parte velle abrumpere concubinatum seque eum nunc detestari. Nisi enim hoc aliquo modo probari potuerit, erat et manet scandalum viaticum ad Bertham deferre. Id unum potuit Titius facere ut Berthae, quae nullum signum mutatae voluntatis iam dare poterat, sed *fortasse* re ipsa se mutaverat, *sub condicione* absolutionem daret vel etiam si sensibus erat destituta s. unctionem, admonito populo effectum quidem esse valde dubium, nihilominus in casu tam desperato Ecclesiam, piam matrem, non prohibere quin extrema etiam tententur.

R. 3. Si autem voluntas Berthae mutata per unum alterumve testem probari poterat, Titio licuit s. viaticum ad aegrotam deferre eique etiam sensibus destitutae, praemissa ad cautelam condicionata absolutione, s. viaticum praebere. Quodsi enim Berthae resipiscentia publica nondum fuerit, poterat tamen per testes brevi publica fieri. Quod in articulo mortis sufficere debet, ut sacramenta administrentur.

Ad quaesitum 3^m R. 1. Manente suppositione quaesiti secundi, sola res quae agitur est num Bertha ecclesiasticae sepulturae exsequiarumque particeps fieri possit. Si enim quaeris num *debeat* ecclesiastica sepultura donari, respondeo non debere eam catholice sepeliri. Nam fuit hucusque publica peccatrix, quae excludenda est ab ecclesiastica sepultura, neque paulo ante mortem a parocho admonita sese emendare voluit; quare merito privata censebitur iure ecclesiasticae sepulturae, nisi post repulsam parochi indubia signa melioris vitae eam dedisse constiterit: quod sane non obtinuit.

R. 2. Si autem quaeritur num summo iure ecclesiastica sepultura donari *possit*, videtur dicendum ad hoc sufficere ut quaedam positiva etsi dubia signa mutatae in melius voluntatis post repulsam parochi adfuerint, eaque talia ut per testes probari atque publica fieri possint. Quae num re vera data sint indagandum est. At si nihilominus dubium manet quid summo iure liceat, quid prudentia suadeat, parochus episcopum consulere debet neque eo inconsulto in hac re quidquam decernere. — Cf. Marc n. 1387; Ballerini-Palm. tr. 11, n. 594 et 595; d'Annibale I, 114.

SUPPLETUR QUAESTIO SECUNDA.

Addo nunc ad Quaes. 2^m et 3^m quo tota res compleatur: Ex casu enarrato non patet matrimonium inter Bertham et Caium esse impossibile. Si igitur possibile est, habetur medium auferendae occasionis proximae peccati et abolendi scandali. Illud medium sane temptandum est. Prior confessarius videtur ad id non attendisse; sed eo magis parochus debet ad hoc attendere. Res summo pontifici adeo gravis visa est ut relate ad eos, qui vel civili tantum matrimonio coniuncti sint vel alias in concubinatu vivant, Ordinariis amplissimam facultatem tribuerit eamque aliis, parochis etiam habitualiter, communicabilem, dispensandi ab impedimentis matrimonii ecclesiasticis aliter dispensatu difficillimis, quo nimirum possibilitas abolendae proximae peccati occasionis in gravi mortis periculo amplissime extenderetur. Quodsi velint matrimonium inire, parochus statim curet ut coram testibus negotium perficiatur: sed antea, audita denuo confessione, Bertham rite disponat, absolvat, dein reliquis sacramentis muniat, defunctam ecclesiastico ritu sepeliat.

DE SIMULATIONE SACRAMENTORUM.

Casus. (12)

Titius parochus excipiens confessionem duorum qui mox matrimonium contracturi erant, accipit a viro eum pluries et praecedenti etiam nocte cum sponsa letaliter peccasse; itemque gravem pecuniae summam esse furatum, quam tamen se restituturum saltem promittere recusat. Eum utpote absolutione indignum hortatur parochus ut a communione abstineat; sed frustra. Itaque conveniunt de particula consecrata illius ori tantum admovenda et in pyxidem statim reponenda; quod reapse peractum est. Facto crucis signo, ut moris est, sponsum inabsolutum Titius dimittit.

Excipit deinde parochus confessionem sponsae quae de turpibus cum sponso commissis ne verbum quidem habet. Ex habito colloquio Titius novit eam apud alium non potuisse confiteri. Prudenter hortatur ut praeteritae vitae peccata in statu coniugali suscipiendo sincere manifestet; at nihil inde proficit. Quare, ne sacrilegium fiat, loco formae sacramentalis aliquas preces submisse recitat. Insuper in sacro faciendo particulam ab aliis seiunctam minime consecrare intendit eamque praebet sponsae.

QUAERITUR 1° *quid sit sacramentum simulare.*
2° *num aliquando id liceat.*
3° *quid de parochi agendi ratione quoad singula, prout in casu, censendum sit.*

Solutio.

37   AD QUAESITUM 1ᵐ R. 1. Simulare seu fingere generatim dicitur is qui non sincere, sine animo aliquid agit, quod agere videtur. Sic etiam fictio seu simulatio sacramenti habetur quando ritus quidem sacramentalis externe adhibetur, ita tamen ut a sciente committatur occultus defectus, qui reddat sacramentum nullum. — Habes ergo imprimis fictionem sacramenti in eo qui cum sacramenti materia formam quidem coniungit, sed contraria seu vitiosa intentione; attamen etiam in aliis casibus quibus modo imperceptibili essentialis sacramenti defectus committitur, ita ut alii, quorum interest, in errorem et deceptionem inducantur. *Th. m.* II, 44.

R. 2. A fictione seu simulatione omnino distingui debet dissimulatio, in qua nulla fit fictio, sed solummodo denegatio sacramenti tegitur seu occultatur. Ita v. g. qui paenitentem monet se absolvere non posse, sed, ne adstantes quidquam animadvertant, super eum signum crucis efformat, dissimulat negatum sacramentum. *Th. m.* II, 45.

38   AD QUAESITUM 2ᵐ R. 1. Licet aliquando dissimulare in collatione sacramentorum, immo id aliquando fieri debet, ne aliter laedatur sigillum sacramentale vel aliena fama in periculum inducatur.

R. 2. Evenire potest ut in matrimonio liceat consensum fictum ponere, v. g. si quis ex gravi metu ad ineundum matrimonium cogeretur. In quantum igitur haec consensus fictio redundat in sacramentum, fictio *huius* sacramenti licita esse potest, quia matrimonii sacramentum sequitur in omnibus naturam contractus. Recte autem negatur in tali casu esse proprie *sacramenti* fictionem. Matrimonium enim, etsi inter christianos *re simul* sit contractus et sacramentum, *ratione prius* est contractus et, quatenus contractus, sacramentum. Fictio autem seu simulatio in eiusmodi casu matrimonium respicit sub ipsa ratione contractus, quem simulans inire non vult, et ex gravi causa non vult. Internum igitur vitium, cuius culpabilis causa simulans non est, cum rationem contractus essentialiter afficiat, fictio contractus quidem recte dicitur, non sacramenti. Cf. S. Alph. VI, 62.

Neque haec fictio in casu gravis metus necessario est mendacium; potest enim ita fieri ut serventur limites iustae restrictionis non pure mentalis.

R. 3. In aliis casibus quaelibet sacramenti fictio gravissimum peccatum est, cum sit abusus sanctissimae rei divinitus institutae et mendacium reale per sanctissimas res commissum. Adiunguntur autem saepe aliae malitiae, v. g. damnosa aliorum deceptio, in ss. eucharistia simulata vel idololatrica adoratio.

Circa hoc est thesis ab Innocente XI damnata (29): „Urgens metus gravis est causa iusta sacramentorum administrationem simulandi." De qua proscriptione S. Alph. VI, 59 dicit: „Quamvis praefata propositio non loquatur de quocumque metu, tamen commune est apud doctores non licere administrationem sacramenti simulare etiam ob metum mortis."

AD QUAESITUM 3^m R. 1. In *primo* casu simulatio non habetur, neque in conficiendo neque in conferendo. Habetur enim particula vere consecrata, neque simulate Titius aliquid confert sponso impaenitenti; verba in porrigenda sacra particula usitata verum sensum retinent, etiamsi proferantur super eum qui sacram hostiam non sumit, sed solum adorat. *Dissimulat* autem Titius quod sponsum impaenitentem in distribuenda s. communione praetereat: quod in se illicitum non est neque in praxi vituperandum, si ex gravi causa ita convenitur; verum res non est adeo tuta, cum praeteritio ab aliis animadverti possit ac proin effugium difficulter et in magnis tantum angustiis consulendum. Licere sic agere habes etiam ex S. Alphonso, qui VI, 61 dicit: „In casu quo aliquis non poterit se disponere ad communionem posset aliquando convenire cum parocho, ad infamiam vel scandalum vitandum, ut hic dicat tantum super ipso verba *Corpus Domini nostri etc.*, et non praebeat hostiam."

R. 2. Quod autem *secundo* dicitur, Titium, *facto crucis signo*, sponsum non absolutum dimisisse, omnino recte actum est; immo sic agi plane debuit. Non enim licuit impaenitentem absolvere neque aperta absolutionis denegatione eum infamare cum sigilli sacramentalis laesione; nihil ergo reliquum erat nisi ut declararetur paenitenti absolutionem dari non posse, et ut dein coram aliis haec denegatio tegeretur seu dissimularetur: quod fit efformando signum crucis, cum loco absolutionis aliae preces recitantur. Cf. S. Alph. VI, 59.

R. 3. *Tertio* similiter egit cum sponsa, quae peccata certo commissa tacet, ita tamen ut ipsam non moneat: monere enim minime potuit. Si Titius, ut hic supponitur, *plane certus* erat de sacrilega sponsae confessione, *potuit* ita agere, sed *obligatus non erat*, neque hoc modo ullum peccatum impedivit. Breviter dabo eorum quae hic dixi rationem:

1. Potuit sic dissimulando absolutionis formam omittere. Nam quoniam certus erat absolutionem fore nullam, non tenebatur inutile aliquid facere. Neque adest talis usus notitiae confessionis qui vel peccatum aliquod manifestet vel gravamen aliquod paenitentibus afferat.

2. Neque tamen hoc modo ullum peccatum impedivit. Sponsam enim de neganda absolutione monere nullatenus licuit, ne laedatur sigillum. Nam eius denegandae ratio non poterat sumi nisi ex notitia

quam Titius habuit ex priore confessione sponsi. Mulier igitur sacrilege petiit absolutionem et secundum suam persuasionem et voluntatem recepit. Quare ex eius parte omnia completa erant neque impediri poterant quae ad sacrilegam susceptionem sacramenti paenitentiae requiruntur. Hinc:

3. Titius obligatus non erat, absolutionis formam omittere. Sola ratio cur videri possit esse obligatus, ea est quod non videatur ei licere verba sacramentalia *scienter* frustra pronuntiare. Verum haec regula in nostro casu fallit. Illud *scienter* in nostro casu non omnino recte dicitur. Titius enim scientiam habet tantum sacramentalem; haec autem est ac si non adesset; rarissime erit obligatio extra ipsius paenitentis confessionem hac scientia utendi, sed pro *regula* est: „Confessarium ex rebus in confessione auditis non obligari sive intra sive extra confessionem aliquid facere vel omittere ad quod non obligaretur, si confessionem nullam umquam excepisset" (cf. *Th. m.* II, 429 et Gobat, *Theol. experim.* tract. 7, n. 875). Quod sane intellegitur de actione intra confessionem alicuius tertii, non de confessione eiusdem hominis; nam fieri potest, ut possim et debeam ex priore confessione sequentes eiusdem paenitentis confessiones dirigere.

Quodsi Titius istam scientiam ex confessione sponsi haustam *pro nulla* habet, non potest non pronuntiare absolutionem in sponsam; ergo sic saltem agere *licet*. Quod autem hanc rationem attinet absolutionem effectu suo frustrari: id permittitur et pro multis casibus permitti debet, cum certe semper exsistere possint vel exsistant paenitentes, qui et se et confessarium fallant.

Addo nunc: Quoniam confessario in similibus casibus licet verba absolutionis proferre, magis inclinare debet in id ut proferat et *condicionate* absolvat quam ut omittat. Omittere enim periculosum esse potest, si hanc praxim et consuetudinem confessarius sibi statuat. Videri enim ei potest aliquando certum paenitentem sacrilege aliquid tacere, et nihilominus falli potest. Si autem fallitur, fallitur in magnum damnum paenitentis; aliter, si solet potius absolutionis formam proferre.

Demum *quarto* Titius gravissime fallitur atque ob solam inscitiam, si adfuit, excusari in eo potest quod particulam non consecratam sponsae insciae pro communione praebet. Nam subiectivam malitiam sacrilegae communionis nullatenus in ea impedit, causat vero materialem idololatriam, cum feminam inducat ad adorandam particulam non consecratam. Verum neque potuisset cum femina sciente et consentiente sic agere: commisisset enim idololatriam simulatam. S. Alph. VI, 61.

SUBIECTUM SACRAMENTORUM. INTENTIO.

Casus. (13)

Hilarion missionarius tempore morbi contagiosi visitans domus paganorum, ex periculose decumbentibus et infantes, et eos adultos quos sensibus destitutos invenit, baptizat: ex quibus maxima pars brevi moriuntur, aliqui ad usum rationis et vitam revocati gaudent de actione missionarii, maxime ob recuperatam valetudinem, alii actionem ut religiosam respuunt.

Cum christianis vero sparsim inter paganos habitantibus similiter agit quoad extremam unctionem, si quos reperit qui aetatem rationis evolutae attigerunt: inter quos similiter post recuperatum usum rationis aliqui de praestito auxilio gratias agunt, alii aegre ferunt, cum stulte putent se sic morti devoveri.

Iam de valore collati sacramenti dubium excitatur seu:

QUAERITUR 1° quae intentio necessaria sit in suscipiente sacramentum.
2° quid iudicari debeat de agendi ratione Hilarionis, de valore eiusque certitudine atque maiore forte securitate procuranda.

Solutio.

AD QUAESITUM 1ᵐ R. 1. Pro iis qui usum rationis numquam attigerunt nulla necessaria est intentio, iique sacramenta, quorum capaces sunt, recipere possunt valide sola intentione ministri: quod salva fide divina et catholica negari non potest, cum semper Ecclesia infantes baptizaverit eosque hoc solo modo aeternam vitam consequi posse docuerit.

R. 2. Pro iis qui rationis usum umquam adepti sunt requiritur ea intentio qua sacramenti fiat *voluntaria susceptio*. Deus enim non vult dare sua dona nisi volenti. Sed talis intentio etiam *sufficit*. Unde patet, si excipias ea sacramenta in quibus subiectum sacramenti non sit mere suscipiens sed etiam agens, sufficere pro subiecto intentionem habitualem, i. e. habitam neque retractatam, non requiri actualem neque virtualem.

R. 3. Sed haec habitualis intentio etiam *aliquo saltem modo* requiritur; nihilominus pro diversis sacramentis sufficere potest gradu diverso. Nam aliquando voluntas recipiendi sacramenti satis certo continetur in alia aliqua voluntate: quod si obtinet, necesse non est ut voluntas habita sit expressa circa hoc et illud sacramentum, sed sufficit ut sacramentum illud *implicite* obiectum voluntatis exstiterit. Aliquando vero sacramentum suscipiendum non satis certo continetur in alio obiecto voluntatis eiusque actu: quare tum, saltem ut certus sit valor sacramenti, necesse est ut suscipiens habuerit aliquando voluntatem suscipiendi sacramenti expressam. In priore casu hanc implicitam intentionem quae sufficiat complures vocant *interpretativam;* dicerem melius *habitualem implicitam*, alteram habitualem explicitam.

R. 4. Illa sacramenta quorum susceptio in se continet novi status vitae susceptionem novamque obligationem, ut certo sint valida, exigunt intentionem explicitam, ita baptismus, ordo, matrimonium (matrimonium etiam ex alia ratione explicitam voluntatem exigit, et fortasse etiam sacramentum ordinis): quamquam, ut dubie sacramentum sit validum, voluntas vel pro baptismo necessaria etiam ea esse potest quae in alio actu contineatur implicite.

Illa sacramenta quae solum vitae iam voluntarie susceptae complementum sunt, ut confirmatio, extrema unctio, ad valorem non requirunt nisi implicitam voluntatem seu intentionem quam supra dixi interpretativam.

Idem, maiore tamen restrictione, dici potest aliquando de ss. eucharistia et de absolutione sacramentali: quod suis locis magis declarabitur.

Ad quaesitum 2ᵐ R. 1. Videri potest alicui Hilarionem facilius baptizasse infantes paganorum, cum *imminens* mortis periculum seu articulum mortis non exspectaverit, ac proin complures baptizaverit qui superstites postea ethnicae superstitioni inhaesuri sint. — Verum de hac re postea, ubi mitior praxis a S. Officio approbata referetur. Id unum hic adnoto, infantes sic baptizatos pro posse notandos esse et observari debere, num, si convaluerint et adoleverint, de suscepto baptismo non possint moneri atque de catholica educatione iis provideri non possit.

R. 2. Relate ad adultos sensibus destitutos Hilarion levius egit Nam ut liceat sacramenti collationem temptare, debet adesse aliqua ratio positiva iudicandi sacramentum hoc valide et cum fructu conferri. Quod iudicium quoad homines christianos et catholicos nititur in rationabili praesumptione quod velint in vitae periculo supernaturalibus bonis Ecclesiae, quantum possint, frui; quoad homines ab Ecclesia seiunctos niti non potest nisi in positivo signo quo ostenderint desiderium Ecclesiae sese iungendi. Hinc S. Officium d. d. 30 Martii 1898 approbante Leone XIII dicit: „De Mahumedanis moribundis et sensibus destitutis respondendum est ut in decr. S. Officii 18 Septembris 1850 ad episcopum Perthensem, id est: *Si antea dederint signa velle baptizari, vel in praesenti statu aut nutu aut alio modo eandem dispositionem ostenderint, baptizari posse sub condicione,* **quatenus tamen missionarius, cunctis rerum adiunctis inspectis, ita prudenter iudicaverit.**" Ergo eos tantum condicionate baptizare Hilarion potuit de quorum voluntate pia vel dispositione bona positivum signum vel positivam aliquam prudentem coniecturam habuit. Reliquos divino iudicio divinaeque misericordiae debuit relinquere.

R. 3. Rem levius esse peractam eventus probavit. Nam qui ostendunt postea displicentiam de baptismo sibi administrato, satis probant se necessariam intentionem numquam habuisse vel non habuisse non-retractatam. Quare hi invalide baptizati sunt.

Quibus autem baptismi ritus placuit ob recuperatam valetudinem, ii non illico ostendunt se re vera intentionem sufficientem baptismi recipiendi habuisse; sed examinandi sunt accuratius. Nisi igitur *certo* constet eos et *expresse* habuisse voluntatem recipiendi baptismi neque hanc voluntatem retractasse, sub condicione rebaptizandi sunt.

R. 4. Quoad extremam unctionem christianis collatam longe facilius de valore satis constabit. Pro illa enim sine ullo dubio sufficit intentio implicita, quae insit in ea voluntate qua quis vult christiano more mori. Quare de valore s. unctionis eorum qui postea de ea gaudent et gratias agunt, non est dubitandum. Neque de nullitate constat quoad eos qui postea ex stulta apprehensione eius administrationem minus approbant: quamquam quoad eos res facillime dubia erit, atque si periculum mortis persistat hi dedocendi sunt stultam istam opinionem et ad cautelam denuo sub condicione ungi possunt vel etiam debent. Quodsi convaluerint, de repetenda quidem unctione sermo esse nequit; dedoceri tamen debent et moneri ne forte postea, novo recurrente periculo, reprehensibili sua intentione extremae unctionis valorem dubium denuo reddant.

INTENTIO EIUSQUE DEFECTUS.

Casus. (14)

Conradus, cum sacrum subdiaconatus ordinem recepturus esset, accessit ad ecclesiam sine ulla elicita intentione recipiendi ordinis; immo postea subita perturbatione perculsus se indignum putavit neque sibi licere accedere ratus est et ideo sibi secum constituisse videtur retractare intentionem „si fuerit indignus". Postea rem pandens confessario ab hoc severe reprehenditur, sed securus redditur de sua vocatione et de ordinis valore, serio tamen adiuncto monito ne similiter se gereret in aliis ordinibus recipiendis; quod etiam promittit, secum statuens ne similis retractatio in perturbatione valeat. — Subsequentibus diebus privilegio apostolico alios ordines sacros recipit. Verum in ordinatione presbyteri, antequam incipiat manuum impositio, eadem recurrit perturbatio qua toto tempore impositionis manuum mente volvit sibi non licere in suam ordinationem consentire. Reliqua prosequitur quidem de more, sed gravissimum dubium habet num liceat sibi cum aliis proximo die primam missam celebrare.

QUAERITUR 1° *qualiter* formetur vel vitietur intentio suscipiendi sacramenti.
            2° num defuerit intentio necessaria ex eo quod Conradus se conferens ad ecclesiam intentionem non elicuerit.
            3° quid de perturbationibus et voluntatibus contrariis Conradi dicendum sit.

Solutio.

AD QUAESITUM 1^m R. Ad praesentem intentionem quae sufficiat non plus requiritur, immo minus, quam quod requiritur ut aliqua actio hominis dici possit humana, i. e. cum cognitione et voluntate posita. Hinc necesse non est ut aliquis reflexe attendat et reflexe sibi dicat: Volo hoc facere; sed sufficit plane ut quis directe cognoscat quid agat vel secum agatur et volens faciat vel fieri sinat.

Cur autem dixi *immo minus* requiri, ex eo est quod in genere facilius dici possit me aliquid voluntarie recepisse, quam me voluntarie aliquid egisse: versamur autem hic in sacramentis *recipiendis*.

AD QUAESITUM 2^m R. Omnino stulte aliquis dubitaverit de intentione ex eo quod in via ad ecclesiam vel in ecclesia intentionem sibi videatur non elicuisse. Nam certissime elicuit, fortasse non cum cognitione reflexa, sed cum cognitione directa. Qui enim a diuturno tempore se praeparavit vel exspectavit certum diem quo recipiat ordinem, non semel sed saepe elicuit intentionem — id quod superabundanter sufficit ut adfuerit intentio. Dein quando ipso die candidatus se confert ad ecclesiam, vestibus sacris se induit, evocatus respondit — quo fine haec omnia facit nisi fine suscipiendi ordinis; ergo toties concepit vel renovavit intentionem recipiendi ordinis, ita ut plane impossibile sit sic non habere hanc intentionem, nisi haec omnia aliquis facere velit solius exercitii vel ludibrii causa. Ergo hactenus Conradus habuit et retinuit sufficientissimam intentionem. Nunc vero

49 AD QUAESITUM 3ᵐ R. 1. Tota quaestio in eo versatur num Conradus perturbationibus illis priorem intentionem recipiendi ordinis retractaverit. Primo examinandus est modus procedendi in subdiaconatu.

Ad quem noto: 1) ut re vera adsit retractatio efficax quae priorem destruat intentionem, non sufficit apprehensio et ex ea orta *velleitas*, sed requiritur cognitio et iudicium rationis de inconvenientia recipiendae ordinationis atque vera hoc nixa voluntas. Quae non videtur adfuisse. 2) Immo si adfuerit *voluntas*, haec imprimis ea erat apud Conradum, ne forte accedens indignus grave peccatum committeret. At longe gravius commisisset ficta ordinis susceptione. Ergo condicio illa „si fuerit indignus" saltem sensu quo concepta est a Conrado non erat verificata.

Hinc concludo, recte confessarium reddidisse Conradum securum de suscepto subdiaconatu. Nam sufficiens dubitandi ratio non adest. Immo etsi sumam mansisse leviorem aliquam dubitationem, haec non sustulit eam moralem certitudinem quae sufficiat ad subdiaconatus ordinem non repetendum, cum sequentium ordinum valor ab eo non dependeat.

50 R. 2. Cum eadem dicatur fuisse perturbatio in recipiendo presbyteratu, etiam circa illius valorem ex ipsa illa perturbatione *in se spectata* rationabilis causa dubitandi oriri vix potest.

Quodsi re ipsa spectatis personalibus adiunctis levior dubitandi ratio quae non sit plane nulla remanserit, presbyteratus ordo, a quo tot sacramenta aliis ministranda atque ipsum ss. missae sacrificium pendet, potius sub condicione repetendus esset.

Attamen hic in favorem presbyteratus valide collati fortior ratio occurrit, scilicet ipsa illa praecedente die in subdiaconatu suborta perturbatio eiusque per confessarium et ipsum Conradum facta exclusio. Conradus ipse secum statuerat ne voluntas retractans intentionem recipiendae ordinationis quidquam valeret, si haec in perturbatione a se fieret. Qua re hoc ipsum decretum prius debebat revocare; aliter hoc obstabat quominus pugna illa cogitationum et velleitatum, quibus voluisse et noluisse videtur susceptionem ordinis, efficaciter revocaret intentionem recipiendi sacramenti ordinis prius habitam. Verum hoc decretum non revocavit, ut nunc sumo. Aliunde per voluntatem seu potius velleitatem, quae comitabantur illam apprehensionem qua sibi videbatur sibi non licere ordines suscipere, non posuit actum positivum quo *nollet* recipere ordinationem. Atque hinc aestimo *nullam* esse rationem dubitandi de valore ac proin locum non esse condicionatae repetitioni presbyteratus.

Ceterum abs re non est communicare responsum S. Officii a Leone XIII approbatum circa simile dubium seu circa perturbatam in ordinatione intentionem.

N. N. exposuerat in sua ad presbyteratum ordinatione se hoc modo se gessisse: Dubitans utrum ad presbyteratum idoneus sit annon dubius haesit, ex una parte volens excludere intentionem, ex altera parte ponere. Tandem apud se dixit: „Facio illam intentionem quam in decursu ordinationis pro certa determinaturus sim." Ita dubius recepit primam et secundam manuum impositionem [i. e. impositionem cum subsequenti manuum extensione]; tum demum cum ad consecrationem manuum res devenit, secum constituit sacerdotium re vera recipere. Nunc vero, anxius in conscientia, quaerit num valida sit ordinatio sic recepta.

S. Congr. Off. d. 26 Ianuarii 1898 responderi mandavit „*Acquiescat*"; quam resolutionem d. 28 eiusdem m. Leo XIII approbavit. Cf. *Anal. eccl.* VI, 56.

DISPOSITIO IN SUSCIPIENTE NECESSARIA.

Casus. (15)

Maglorius, missionarius apud Indos, incidit in infideles moribundos qui de fide quidem christiana audierunt, sed hucusque eam amplectendi voluntatem non ostenderunt. Interrogati num christiani fieri vellent frigide affirmant, verum missionarium in gravi dubio relinquunt, qui graviter suspicatur se pro mutata interrogandi ratione aeque facile negativum responsum recipere posse. Quare eos baptizat sub condicione: „si es dispositus".

QUAERITUR 1° quae dispositionis certitudo requiratur ut quis ad sacramenta admitti possit.

2° rectene egerit Maglorius in casu proposito.

Solutio.

AD QUAESITUM 1ᵐ R. 1. In omnibus quidem sacramentis administrandis minister, ut fidelis sit in dispensandis bonis a Christo sibi creditis, *prudens iudicium* ferre debet de digna suscipientis dispositione, ne „margaritas proiciat ante porcos"; verum hoc iudicium diversum est pro sacramentorum diversitate.

Nam 1) a sacramentis vivorum, quae pro omnibus christianis instituta sunt seu ad quae christifideles ex statu suo ius quoddam habent, excludi nequeunt nisi qui ut indigni noti sunt, si ipsi sua sponte sacramentum postulant. Id valet praecipue de ss. eucharistia, sed eadem ratione pro modo suo de confirmatione et extrema unctione.

2) Ad sacramenta mortuorum, quibus homo peccator Deo reconciliatur, non sunt admittendi nisi qui positive ostendunt se dispositos ad reconciliationem recipiendam. Id maxime valet de absolutione sacramentali, idque ex hac etiam causa quod hoc sacramentum per modum iudicii institutum est. Valet tamen etiam de *baptismo*, tum ex priore ratione data tum quod baptizandus novum vitae statum suscipit ad quem suscipiendum se debet antea probare idoneum.

3) Ad sacramenta igitur quibus novus vitae status suscipitur ea positiva probatio praecedere debet quae ostendat candidatum officiis seu oneribus novi status ferendis parem esse. Hoc, praeterquam de baptismo, valet maxime de sacris ordinibus et de matrimonio. Cf. Marc n. 1424; S. Alph. VI, 43; Lacroix l. 6, p. 1, n. 137.

R. 2. Quando igitur minister sacramenti incidit in eum qui, sacramentum volens recipere, dispositionem sufficientem non habet, disponendus est antequam sacramentum ei administretur; quod si non succedit, *dimittendus* est sine sacramento. Quando eius qui sacramentum suscipere vult dispositio dubia apparet, ille iuvandus est, ut certius disponatur; alias regulariter *differendus* est. Ita quidem in ordinariis circumstantiis.

R. 3. Quando vero agitur de homine in articulo mortis constituto atque de sacramento omnino necessario, scilicet de baptismo in homine nondum baptizato, de absolutione hominis christiani adulti vel etiam de extrema unctione in casu moribundi sensibus destituti: ex una quidem parte, quantum possibile est, temptari omnino debet ut dispositio procuretur *quam certissima;* ex altera autem parte, si haec certitudo nequit procurari, sacramentum saltem condicionate dari debet, quamdiu de eius qui vult vel voluit sacramentum recipere indispositione non constat. Nam sacramenta sunt propter homines. In hac extrema necessitate sacramentum denegatum vel dilatum causa esse potest cur aliquis pereat aliter salvandus in aeternum. Cf. Lacroix l. c. n. 143.

Ad quaesitum 2ᵐ R. 1. Maglorius *primum* omnem lapidem movere debuit ut moribundos illos ad sinceram voluntatem perduceret, dein debuit nisi constiterit eos satis instructos esse, veritates maxime necessarias eos docere vel iis in memoriam revocare atque cum iis actum verae fidei supernaturalis elicere; tandem post actus aliarum virtutum theologicarum rite elicitos maxime debuit sincerum dolorem de peccatis cum proposito vitae christianae, si Deus dies vitae prolongaverit, in moribundis excitare atque sic demum baptizare.

R. 2. Si haec impossibilia fuerint vel post omnem conatum dispositio dubia manserit, baptismus nihilominus dandus erat, utique sub condicione.

R. 3. Condicio autem non debuit esse „si es dispositus", sed „si es capax". Nam qui baptizatur „si es dispositus", neque re ipsa dolorem sufficientem habuerit ante baptismum, re baptizatus non erit neque fructus baptismi umquam evasurus est particeps.

Qui vero dolorem quidem sufficientem non habuit, habuit tamen voluntatem baptismi, si baptizatur cum condicione „si es capax", valide baptizatur. Nunc quidem fructum baptismi, peccatorum dico remissionem, non recipit; attamen, si postea, quocumque vitae tempore, dolor de peccatis accesserit, fructus sacramenti particeps evadet. Quo fit ut is salvari possit *vi baptismi*, praesertim si conscientiam sacrilegae baptismi susceptionis non habuit; e contra ille qui invalide baptizatus sit salutem non assequatur.

R. 4. Si vero moribundus supervixerit, casus accuratius discutiendus est, atque remanente quocumque probabili dubio de baptismi valore baptismus post procuratam certam dispositionem sub condicione iterandus est.

Quoad R. 3ᵐ exstat iudicium S. Congr. de Prop. Fide, quae 6 Iunii 1860 de hac re interrogata respondit: „In dubio, utrum ipse vere intendat baptismum suscipere, si praevio diligenti examine de hac intentione adhuc dubitetur, baptismus conferri debet sub condicione *dummodo sit capax baptismi*. ... Nec bene se gessit missionarius, quando baptismum conferens sub condicione intendit se non baptizare sepositis bonis dispositionibus in suscipiente baptismum; nam in casu missionarius *debet tantum intendere* se baptizare *quatenus suscipiens sit capax baptismi, i. e. illum* sincere suscipere velit" (ex „Collectan. S. Congr. de Prop. Fide" n. 589).

SUSCEPTIO A MINISTRO INDIGNO.
Casus. (16)

Caesarius solitus quavis hebdomada ad sacramenta accedere, ex eo in angustias conicitur quod compererit sacerdotem, qui solus est in loco, commisisse grave peccatum atque occultam incurrisse excommunicationem. Quare ex una parte timet ne illi praebeat occasionem augendi peccata; ex altera parte sibi grave est non confiteri, quia ipse dubius est de suo statu gratiae.

Immo, cum postea incidisset in grave vitae periculum, praesto non erat nisi sacerdos neo-protestans: ad quem nihilominus misit ut sibi omnia morientium sacramenta ministrarentur.

QUAERITUR 1° liceatne petere sacramenta a ministro indigno.
2° quid de Caesario in utroque casu.

Solutio.

AD QUAESITUM 1ᵐ R. 1. Ab indigno ministro eatenus non licebit petere sacramenta quatenus non licebit sine sufficienti causa alteri ansam dare ad novum peccatum committendum; siquidem sacramenti administratio ab indigno facta est ipsi peccatum.

R. 2. Verum indignitas est diversa. Aliquando consistit in solo statu peccati; aliquando in ecclesiastica censura vi cuius sacramenti administratio fiat ministro illicita.

Attamen ecclesiastica censura qua talis, si occulta est, obstaculum non creat ministro quin administret sacramenta *petenti*; prohibet, quominus sponte se in administranda sacramenta ingerat. Si vero publica est censura, maxime si minister sit vitandus, censura obstat quominus alii fideles in sacris cum illo vitando possint communicare, si excipias casum extremae necessitatis.

Status peccati ex se quidem obstat quominus in tali statu liceat ministro administrare sacramenta: verum quolibet tempore in eius potestate est per actum perfectae contritionis cum auxilio divinae gratiae sese e statu peccati eripere. Quare qui petit ab eo sacramenti administrationem, non petit aliquid quod minister sine peccato praestare non possit, utut aliquid quod verisimiliter sine peccato non sit facturus. — Hinc ita petere absolute illicitum non est; sed ex causa aliqua graviore est licitum. *Th. m.* II, 53.

Ad quaesitum 2ᵐ. Primo statuamus quid licuerit Caesario, quid non licuerit, in articulo mortis.

Quare R. 1. In eo articulo quemlibet sacerdotem, etiam utcumque excommunicatum et vitandum, constat posse valide absolvere. Unde fit ut per se etiam licite advocetur in casu necessitatis, i. e. si alius sacerdos deest et moribundus timet ne sit in statu peccati. Sed haec facultas adeundi ministri alioquin vitandi, cum sit propter solam necessitatem, etiam restringitur ad sacramenta *necessaria*. S. Alph. VI, 560; *Th. m.* II, 53 et 54.

R. 2. Publice haereticus vel schismaticus, etsi non sit sensu canonico „vitandus", nisi fuerit ut excommunicatus denuntiatus, tamen relate ad sacramentorum receptionem eodem modo vitari debet; atque immo in ipso periculo mortis, si solus videatur esse qui possit ferre subsidium, generatim eius advocatio propter perversionis tentamen quod facturus sit maius periculum secum feret quam lucrum, et proin praestabit cum actu contritionis perfectae moribundum sese misericordiae divinae committere: nam minister ille acatholicus moribundum, nisi erroribus consenserit, valde probabiliter sacramentis non muniet.

R. 3. Peccatum vero quod sacerdos ille excommunicatus commissurus sit, si non adhibeat conatum per actum perfectae contritionis sese cum Deo reconciliare antequam sacramentum administret, a moribundo permitti potest ex sola ratione maioris securitatis suae: nam istud peccatum quod ab excommunicato facile evitari potest, si re non vitatur, ipsi excommunicato ministro soli imputandum est.

Dixi facile hoc peccatum evitari posse; nam in eiusmodi temporum angustiis certe necessaria non est persuasio sacerdotis qua moraliter certo iudicet se actum perfectae contritionis elicuisse; sed sufficit serius conatus, ut sine novo peccato sacramenta necessaria administret. Immo si necessitas instet nec tempus contritionis eliciendae fuerit, nihilominus illico sacramentum administrari debet neque peccatur a ministro.

R. 4. Caesarius excusatur quidem quod voluerit recipere etiam, si necessarium fuerit, a neo-protestante absolutionem sacramentalem, *si modo rationem habuit non timendi perversionem;* quod periculum, ut dixi, communiter adesse solet ex tali ministro, immo etiam aliorum scandalum. Verum si haec demum abfuerunt atque etiam absolutio data est, post absolutionem receptam necessaria adeo non erant sacramenta extremae unctionis et viatici; neque praeceptum urget cum tanto incommodo ea recipiendi ab homine haeretico. Hinc ea sacramenta iam per se Caesario non licuit petere ab haeretico.

R. 5. Attamen si Caesarius sensibus fuisset destitutus, advocari sane potuit, immo per se debuit, sacerdote alio deficiente sacerdos etiam haereticus, ut meliore quo fieri posset modo moribundo per extremam unctionem succurreretur, quae in tali casu securiorem habet effectum quam absolutio.

Viaticum autem peti potuit tantum in eo casu a ministro haeretico quando moribundus sensibus destitutus neque satis tuto poterat absolvi neque propter s. olei defectum donari unctione. Viaticum autem intellego rite consecratum.

Ratio cur solum in defectu absolutionis a sacerdote haeretico vel vitando sacramenta unctionis vel viatici peti possint est ea quam supra indicavi, scilicet solum in defectu securae absolutionis haec sacramenta evadere pro moribundo simpliciter necessaria.

R. 6. Cum Caesarius esset extra periculum mortis, licite omnino adiit sacerdotem illum qui peccatum quidem commiserat, sed nulla censura ecclesiastica erat impeditus. Nam supponi debuit eum interim sibi consuluisse atque cum Deo reconciliationem quaesivisse. Ita saltem si sacerdos ille habuit ex officio curam animarum. Grave enim esset onus fidelibus impositum si tenerentur in eiusmodi casu a consueta etiam non necessaria receptione sacramentorum abstinere. Si agatur de sacerdote curae animarum ex munere non addicto, quem certo sciam in statu peccati esse, gravior ratio *accedere* debet cur eum adeam.

DE BAPTISMO.

DEFECTUS IN MATERIA ET FORMA BAPTISMI.

Casus. (17)

Eutropius ab haeresi ad fidem catholicam conversus inquiritur de baptismo. Dicit se baptizatum esse a ministro acatholico qui volens mutare ritum catholicum, quem corruptum putabat, consueverit uti forma „te baptizo in nomen Patris etc." seu: „op ten naam", „auf den Namen"; quoad aquae autem applicationem illum saepe intinxisse digitum in aquam et hoc digito madefacto tetigisse frontem vel maxillam vel verticem baptizandi, aliquando etiam manum; neque abesse exempla in quibus aquam rosaceam vel etiam vinum pro baptismo adhibuerit.

Quaeritur 1° quae sint essentialia in materia remota et proxima baptismi.
2° quae sint essentialia in forma.
3° quid de modis baptizandi quos ille minister adhibere consueverit et de Eutropii baptismo sit iudicandum.

Solutio.

Ad quaesitum 1^m R. 1. Materia remota est aqua naturalis, sive consecrata vel benedicta sive non. Parva autem alterius materiae immixtio, quae secundum humanam aestimationem integram relinqueret denominationem aquae, valori non obstat. Quod si certum est, materia manet certo valida; si dubium est, evadit materia dubia.

R. 2. Applicatio aquae ita fieri debet ut aliquo modo fluat vel saltem diffundatur, quo significari possit *lotio;* quae non habetur si v. g. unica gutta immobilis in parte corporis maneat.

R. 3. Lotio illa, ut certus sit baptismus, fieri debet in membro principaliore, immo in capite, quo dici possit *homo* lotus, non in solo membro aliquo secundario. *Rituale Rom.*

In aliis casibus baptismus non certo quidem invalidus sed dubius est.

Ad quaesitum 2^m R. Debet exprimi 1) actio baptizandi et persona baptizanda; 2) SS. Trinitas eiusque tres personae singulae quarum nomine baptismus conferatur. Quaelibet hac in re mutatio, nisi fiat in vocem omnino synonymam, vel omissio corrumpit formam eamque aut invalidam aut dubiam facit.

Ad quaesitum 3ᵐ K. 1. Quoad intentionem quam minister habuit in mutanda forma haec erat quidem intentio mutandi ritum Ecclesiae catholicae, et videri potest abfuisse „intentio faciendi quod facit Ecclesia", adeoque sacramentum esse invalidum. — Verum non ita esse censeo. Minister habuit principaliter et expresse intentionem faciendi quod faciat *vera* Christi Ecclesia Christique institutioni sese plane conformandi: atque in hoc tantum erravit quod putaverit Ecclesiam romano-catholicam corrupisse formam. Quare de *intentione* sufficienti dubium moveri nequit.

R. 2. Neque quoad sensum discrimen est notabile vel essentiale; sed sensus *realis* idem est, sive dicis „in nomine" sive „in nomen", etsi grammaticalis sensus parvam quandam patitur modificationem. Utroque modo exprimitur baptismum fieri mandato et auctoritate Dei unius et trini, ut ei baptizandus specialiter devinciatur. Ministri formula translatio est de verbo ad verbum formulae quam s. scriptura graece exhibet εἰς τὸ ὄνομα, quae quidem expressio, cum a lingua Latina satis aliena sit, Latine in authentica versione constanter exhibetur per verba: „in nomine".

R. 3. Magis dubia est aquae applicatio. Nam gutta aliqua tantum tangere partem corporis dubia est lotio. Nisi igitur pluribus guttis in digitis haerentibus vel ex iis defluentibus baptizandum madefecerit seu in frontem aliquas aquae guttas diffuderit, baptismus ex hac parte est *dubius*. S. Alph. VI, 107, q. 6.

S. Officium interrogatum de baptismis collatis „per modum unctionis in fronte cum pollice in aqua baptismali madefacto" d. 14 Dec. resp.: „Curandum ut iterum baptizentur privatim sub condicione ... *et ad mentem*". Mens est ut attentio ordinarii revocetur speciali modo in eos ex ita baptizatis, si qui fuerint postea promoti ad sacros ordines: videlicet ut imprimis horum baptismus et horum ordinatio per condicionatam repetitionem in tuto collocetur. Cf. *Analecta eccl.* VII, 61.

R. 4. Quod aquam applicaverit sive in fronte sive in maxilla sive in vertice (modo cutem, non crines tantum abluerit) quoad baptismi valorem idem est, neque ex hoc esset dubius, si sufficientem aquae copiam adhibuisset; nam sive hoc sive alio modo fiat, fit ablutio hominis in capite: qui modus certissime est validus.

R. 5. Si quando autem solam manum aqua tetigerit, etsi plenissime abluat, nihilominus dubius manet baptismus, quoniam manus non est membrum hominis adeo principale ut per eius ablutionem *homo* dicatur ablutus. Verum in casu necessitatis talis baptizandi modus adhiberi sane debet sub condicione, postea tamen, si possibile est, sub condicione in capite repetendus baptismus. Quod Rituale Romanum notat faciendum esse, si baptismus necessitatis in partu difficili collatus fuerit in quocumque alio membro quam in capite. Cf. S. Alph. VI, 107; *Th. m.* II, 62.

R. 6. Aqua rosacea quae habetur per destillationem super rosas factam non videtur per hoc evadere materia dubia, quamquam est illicita. Sed si notabilior fit mixtio cum aliena materia, valor facile erit dubius, etsi longe maxima pars sit aqua naturalis. Nam in tali compositione seu mixtura non solum videri debet sitne aqua vera pars praeponderans, sed etiam num mixtura illa communi hominum aestimatione censeatur *aqua*. Hinc nullum est dubium mixtionem parvae quantitatis salis, ferri, luti non reddere materiam invalidam neque dubiam. Attamen si sumpseris iusculum, cerevisiam, coffeum, etsi tenuia, ita ut longe maxima pars certissime aqua constiterit, nihilominus communi aestimatione non habes aquam; hinc in omnibus illis casibus dubius censendus est baptismus tali materia collatus. Quo fit ut in defectu verae aquae in casu necessitatis illa dubia materia adhiberi quidem debeat, sed illico sit curandum ut sub condicione repetitio fiat in materia certa.

R. 7. Magis etiam valor baptismi corrumpitur, si vinum sumitur pro materia. Nemo enim aquam cum vino confundit, etsi chimica compositio ea sit ut maxima vini pars aqua constet. Hinc ne dubie quidem, sed certe invalidus est baptismus vino collatus. Cf. S. Alph. VI, 102 et 103; Th. m. II, 58 sqq.

R. 8. Concludi igitur debet baptismum Eutropii manere omnino dubium adeoque necessario sub condicione repetendum, nisi testis fide omnino dignus adducatur qui testetur in hoc ipso Eutropii baptismo se vidisse baptismum collatum esse aqua naturali eamque in sufficienti copia in caput Eutropii esse infusam sub verbis illis, quae minister ille acatholicus consueverit pronuntiare. Quodsi talis testis adsit fidissimus, qui haec omnia testetur, censeo de baptismo ita constare ut eum sub condicione repetere non liceat.

OBSTETRICIS BAPTIZANTIS INTENTIO.

Casus. (18)

Apollonia obstetrix a parocho monita est ne baptizet infantes nisi in periculo positos. Quod alta mente retinens, cum nuper assisteret partui difficili neque satis tutum videretur baptismum infantis differre, ita secum statuit: „Non intendo baptizare nisi verum exsistat periculum", atque hac voluntate baptizat. Post aliquot horas infans apparet clare extra periculum esse. Gratulatur sibi Apollonia quod tam scrupulose obtemperaverit monitis parochi et infantem ut non baptizatum exhibere possit. Verum re comperta parochus aliter sentit neque vult rebaptizare, arguit autem obstetricem stultae agendi rationis.

Quare Apollonia alia vice aliter se gerit atque sic intendit: „Volo ut valeat baptismus si infans ex hoc periculo moriturus est; alias non valebit." Ex duobus sic baptizatis unus re vera mortuus est, alter servatus.

Quaeritur 1° quid iudicandum sit de valore talium baptismatum.

2° quandonam et quomodo obstetrix condicionate baptizare debeat.

Solutio.

Ad quaesitum 1ᵐ R. 1. Condicio in primo casu apposita est de praesenti. Quae natura sua non obstat sacramento rite conferendo;

sed illud reddit illico aut validum si condicio re ipsa verificatur, aut invalidum si condicio verificata non est.

Etsi igitur a conferente tum temporis dignosci nequeat sitne condicio apposita vera necne, ac proin valor sacramenti non possit dignosci; nihilominus, si postea compertum fuerit condicionem fuisse veram, constabit certo de valore; si compertum fuerit condicionem non fuisse verificatam, constabit de nullitate sacramenti.

R. 2. Proin *si* Apollonia *re vera ita* intentionem efformavit, baptismus verus aut nullus fuit, prout periculum vitae tempore baptismi exstiterit aut non exstiterit. Sed si de hoc ipso debeat dubitari, baptismi valor manet dubius.

Hinc videtur facilius parochus sumpsisse certitudinem veri periculi. Nam nisi de hoc plene omnino constiterit, debuit et debet adhuc sub condicione baptismum repetere.

R. 3. Immo examinari omnino obstetrix debet num fortasse paulo aliter intenderit ac verba per se sonent. Fortasse enim illud „verum periculum" intellexit de futuro eventu. Quod si fecerit, etiam magis dubium redditum est baptisma; nam reducitur ad modum quem observavit in secundo casu.

R. 4. In secundo igitur casu imprudentius etiam egit obstetrix. 65 Apposuit condicionem de futuro. Quae si est de liberis contingentibus, certe invalidum reddit sacramentum, ut supra dictum est n. 7; sed etiam quando est de contingentibus ex causa naturali et necessaria, reddit sacramentum dubium.

Quare infans ille qui cum tali baptismo defunctus est non certo sed probabiliter tantum est baptizatus, sepeliendus tamen ut baptizatus. Qui vero supervixit infans, rebaptizandus quidem est, at condicionate.

AD QUAESITUM 2ᵐ R. 1. In eiusmodi periculis quae *putat* obstetrix 66 exsistere tenetur utique baptizare, idque absolute, non sub condicione „si verum fuerit periculum" vel „si se postea ut mortiferum manifestaverit". Ita enim dubius redditur baptismus et sine ratione inducitur tum periculum ne infans sine baptismo vero decedat, tum necessitas postea repetendi sacramenti.

R. 2. Unica ratio ob quam obstetrix condicionem adicere potest vel debet est obiectiva impossibilitas baptismi cum certitudine conferendi, scilicet a) si quando non constat utrum infans etiam nunc vivat an iam sit mortuus; b) si attingi nequit caput infantis iam eminens quod aqua abluatur: in utroque casu condicio esse debet „si es capax" vel „si baptismus possibilis est", in secundo vero casu, quam primum caput egrediatur, sub condicione repeti baptismus debet.

BAPTISMUS UBI CONFERENDUS.

Casus. (19)

Rupertus parochus reperit in sua parochia antiquam consuetudinem qua parentes nobiles et divites, si longius distant ab ecclesia, postulant ut infans neo-natus domi baptizetur, maxime tempore hiemali quo infantes longiori itineri et frigori exponere non audent, at neque cupiunt per aliquot hebdomadas baptismum differri. Attamen Rupertus hunc abusum esse declarat et cum offensione multorum parochianorum negat se umquam baptizandi causa in domum privatam venturum esse.

Quaeritur 1° qui sit locus ubi baptismus sit conferendus.

2° quid de consuetudine illa eiusque abrogatione cum offensione facta sit iudicandum.

Solutio.

67   Ad quaesitum 1ᵐ R. 1 cum Rituali Romano: „Proprius baptismi administrandi locus est ecclesia in qua sit fons baptismalis, vel certe baptisterium prope ecclesiam." *De bapt.* tit. II, n. 28.

R. 2 cum eodem Rituali: „Necessitate excepta in privatis locis nemo baptizari debet, nisi forte sint regum aut magnorum principum filii, id ipsis ita deposcentibus, dummodo id fiat in eorum capellis seu oratoriis et in aqua baptismali de more benedicta." Ibid. n. 29; cf. *Th. m.* II, 68.

R. 3. In baptismo autem condicionato, scilicet in condicionata baptismi pro securitate repetitione convenit quidem per se idem servare; verum si causa est quae aliter suadeat, quilibet locus honestus potest eligi. *Th. m.* II, 66.

68   Ad quaesitum 2ᵐ R. 1. Si summum ius spectamus, usus ille in casu indicatus abusus quidem est. Attamen si re ipsa est vetusta consuetudo, lex non ita urget ut cum offensione et scandalo illico consuetudo illa penitus abrogari debeat. Sufficit ut caute et cum prudentia via complanetur qua usus ille in desuetudinem abeat; ad tempus enim aliquid hac in re tolerari potest. Cf. *Concilia recentiora Prag. et Vienn. in Collect. Lacensi* V, 161. 596; *Th. m.* II, 68.

R. 2. Si re vera propter frigus periculum creatur infantibus neonatis, praestat conferre domi baptismum privatum per parochum, omissis caerimoniis saltem baptismum praecedentibus, easque postea in ecclesia supplere. Cf. *Instr. pastor. Eystettensis* c. 1, § 1.

CONDICIONATUS BAPTISMUS ET CAERIMONIAE.

Casus. (20)

Rocho missionario complures offeruntur sub condicione rebaptizandi: 1) infantes ab obstetrice dubie baptizati; 2) etiam vir iam 30 annos natus quem ab ancilla valde dubie baptizatum esse nunc repertum est; 3) iuvenis cum caerimoniis a sacerdote baptizatus, cuius baptismus propter ministri impietatem dubius est; 4) conversi a secta protestantica ad fidem catholicam tum pueri tum adulti. Missionarius, cui tempus non abundat, vult omnes simul baptizare, sed difficultatem habet in eligendis caerimoniis quae pro omnibus aptae sint.

QUAERITUR 1° in baptismo condicionato sintne caerimoniae consuetae adhibendae.
2° quid in diversis hisce baptizandorum generibus fieri debeat.

Solutio.

AD QUAESITUM 1^m R. 1. Si in primo baptismo dubio caerimoniae adhibitae non sunt, in repetitione condicionata ex lege communi caerimoniae fieri debent. Si in primo baptismo factae sunt, *necesse non est* repetantur caerimoniae; *licet* tamen repetere. S. Alph. VI, 144.

R. 2. Lege communi sumendae sunt caerimoniae pro baptismo adultorum, si adultus est qui condicionate rebaptizatur quando prior baptismus non erat catholicus, seu quando rebaptizandus convertitur ab haeresi; sumendae sunt caerimoniae ex baptismo infantium, si rebaptizandi sunt 1) infra aetatem usus rationis, aut 2) si est adultus catholicus cuius baptismus detegitur invalidus vel dubius (S. R. C. 27 Aug. 1836; *S. Off.* 12 Febr. 1851; v. *Collectanea S. C. de Prop. Fide ed.* 1893, n. 620 et 625).

R. 3. Aliquando tamen indulgetur vi privilegii S. Sedis, ut etiam, quando ex lege communi sumendae sint caerimoniae ex baptismo adultorum, nihilominus sumi liceat caerimonias ex baptismo infantium; — vel ut caerimoniae penitus omittantur: quod ex gravi causa in casu particulari videtur etiam episcopus indulgere posse. *Th. m.* II, 69.

AD QUAESITUM 2^m R. 1. In *primo* casu adhibendae sunt caerimoniae eaeque ex baptismo infantium.

R. 2. In *secundo* casu similiter sumendae sunt caerimoniae ex baptismo infantium, cum agatur de viro qui semper catholicam fidem professus est.

R. 3. In *tertio* casu videri potest in arbitrio baptizandi vel ministri positum esse utrum velit repetere caerimonias necne. Si enim in priore baptismo adhibitae sunt, quando baptismus ille dubius est, fieri quidem *potest* cum repetitione rei principalis etiam repetitio rerum accessoriarum, i. e. caerimoniarum; sed *obligatio* est tantum ea repetendi quae omissa vel dubie facta sunt. — Nihilominus, in *hoc* casu cum dubitetur de recta intentione ministri impii, si ille noluit agere nomine Christi et Ecclesiae in ipso baptismo conferendo, idem noluit quoque ita agere in perficiendis caerimoniis, ac proin satis probabiliter eas ut Ecclesiae caerimonias non adhibuit adeoque vi et efficacia eas privavit. Quapropter censeo, nisi gravior causa obstet, in *hoc* casu caerimonias non pro libitu sed omnino esse simul cum baptismo repetendas, utique caerimonias ex baptismo infantium, siquidem supponitur iuvenis qui catholicam fidem semper est professus.

In *quarto* casu caerimoniae per se nunc adhibendae sunt, et eae quidem ex baptismo infantium pro iis qui annos discretionis nondum attigerunt, vel saltem sectam haereticam personaliter nondum sunt professi (quae professio fieri solet in ea quam vocant „confirmatione"); ex baptismo adultorum pro iis qui antea haereticam sectam erant professi. Quodsi hae caerimoniae offensionem creare possunt, curandum est ut obtineatur privilegium S. Sedis vel pro particulari casu dispensatio Ordinarii, qui praescribat, prout sibi visum fuerit, vel caerimoniarum *omissionem,* vel usum earum quae occurrant in baptismo infantium. *Th. m.* II, 69.

BAPTISMI SACRILEGA ITERATIO IMPEDIENDA.

Casus. (21)

Thecla iniit matrimonium mixtum cum cautelis ab Ecclesia praescriptis. Verum, nato primo infante puero, pater non vult promissis stare, sed instat vehementer ut minister protestans conferat baptismum, ita ut omnia timenda sint nisi uxor acquiescat. Quae cum angustias suas exponeret vicinae, haec non impigra statim sumit aquam et ipsa puerulum baptizat. Attonita Thecla etiam maiores patitur angustias; nam, si hoc viro suo manifestaverit, in furorem vertetur; si siluerit, videtur sibi rea esse sacrilegae baptismi iterationis quam per ministrum acatholicum postea peracturus sit.

Quaeritur 1° num recte actum sit cum acatholico baptismo per baptismum privatum sit praeventum.

2° num ipsa Thecla ita agere potuerit.

3° utrum debeat baptismum manifestare an silere possit.

Solutio.

Ad quaesitum 1ᵐ R. 1. Sine ullo dubio ius erat infantem catholice baptizandi, idque, si vocari non poterat sacerdos neque infans in ecclesiam transferri, etiam baptismo privato.

R. 2. Ius autem erat apud parentes, in nostro casu apud matrem; quae si annuit et catholicam educationem pro posse procurare voluit, quilibet eius votum poterat implere. Hinc vicina illa paulo celerius quidem zelo abrepta rem exsecuta est; attamen bene egit, si de consensu matris iam certa solummodo ita rem acceleravit ne tempus perderet neve tricas patris fortasse intrantis pateretur.

Ad quaesitum 2ᵐ R. Lege ecclesiastica cautum est ne parentes, excepto casu summae necessitatis, propriam prolem baptizent atque ut hoc ipso inter se cognationem spiritualem contrahant, quae matrimonio eiusve usui sit impedimento. Nihilominus, quia non constat re ipsa etiamnunc creari impedimentum quo *post legitimum matrimonium* abstinendum sit ab eius usu, si alius satis tuto ad baptizandum vocari vel exspectari nequit, parenti sine ullo scrupulo suam prolem licebit baptizare. Quod in casu nostro facile poterat accidere, maxime si forte praestabat rem omnino secretam tenere neque Theclam quemquam habere qui rei esset conscius.

Ad quaesitum 3ᵐ R. 1. Per se quidem manifestari debet baptismus rite collatus. Atque hoc imprimis urgebit si forte ab eo pendeat catholica infantis educatio futura; sed etiam ne ansa detur sacrilegae repetitionis baptismi.

R. 2. Attamen si educatio prolis nullatenus inde dependet neque decisio circa educationem iam instat: tenetur Thecla quidem baptismo protestantico resistere, idque tum quia ex se est illegitimus, tum quia in hoc casu esset sacrilega iteratio; verum si grave omnino damnum timet, ad positivam facti declarationem non tenetur, maxime si forte ne haec quidem declaratio impediret patrem quominus ministrum protestanticum adiret ut is nihilominus suo ritu baptizaret.

Nam silentium Theclae, si reprobat baptismum ministri protestantis, non est formalis cooperatio, immo ne ulla quidem cooperatio positiva, sed sola negativa seu est „non impedire peccatum alienum". Verum peccatum re ipsa impedire Thecla vix poterit, immo fortasse augebit sua declaratione, ita ut sacrilegium baptismi iterati, quod alias esset marito et protestantico ministro materiale tantum, factura esset formale.

Lacroix l. 6, p. 1, n. 280 haec habet accurate ad nostrum casum: „Si mater sit catholica et pater acatholicus, qui velit infantem post aliquod tempus baptizari a suo praedicante, *Lessius* dicit matrem posse facere ut infans antea privatim baptizetur catholice, etiam a muliere si alius desit, quia mater ius habet ad talem baptismum prolis suae, maxime si diu esset exspectandus baptismus praedicantis cum periculo ne moreretur infans. Putat tamen *Verjuys* patrem postea esse admonendum de baptismo iam collato, ne secunda vice baptizari faciat. *Quodsi esset iusta ratio id reticendi, posset permitti secundus baptismus.* Quodsi etiam parentes catholici [ambo] non possent sine gravissimo incommodo talem baptismum manifestare [scilicet si quando iniquae leges cogerent ut omnes pueri a ministro haeretico baptizarentur], *Arsdekin* dicit posse silere, ostendendo tamen quod sibi non placeat secundus baptismus. Si autem certo praeviderent hoc futurum [scilicet secundum baptismum], Lugo De fide disp. 14, n. 164 dicit melius esse ut infans prius non baptizetur a catholico, quia videtur minus malum quod infans baptizetur ab haeretico, quam quod rebaptizetur."

Quod vero ultimum notatur a Lugo dictum, in nostro casu neglegi potest, quia 1) haec opinio non est certa sed probabilis tantum, quae obligationem non imponat; 2) haec opinio proficiscitur ex sumptione haereticum ministrum certo baptizaturum esse valide: quod cum nostra aetate raro extra dubium fuerit, ratio nova adest cur statim ab initio per matrem provideatur baptismo catholico qui certo sit validus.

BAPTISMUS ADULTI.

Casus. (22)

Ioannes parochus Iuditham, puellam hebraeam viginti circiter annorum, exemplo Annae sororis baptismum petentem diligenter in rebus fidei instruit instructamque, sumpto frugali prandio, circa tertiam horam pomeridianam sollemniter baptizat, assumptis duobus patrinis: Andrea, qui iam prius sponsalia cum Iuditha contraxerat, et Iacobo eius fratre. Peractis caerimoniis intellegunt patrini ex parocho impedimentum matrimonii cum baptizata contractum. Itaque Andreas, amore a Iuditha neo-baptizata ad Annam converso, hanc ducit, assistente eodem Ioanne parocho.

Quaeritur 1° num recte fecerit Ioannes baptizans vespere.
    2° num peccaverit adhibendo duos patrinos.
    3° potuitne matrimonio coniungere Andream et Annam.

Solutio.

74   Ad quaesitum 1ᵐ R. 1. Baptismum adultorum non convenit conferre vespere post prandium; sed mane ita ut a ieiuno suscipiatur. Atque sane pia est consuetudo ut adulti simul cum baptismo recipiant s. communionem, quae omnino exigit naturale ieiunium.

R. 2. Nihilominus peccatum proprie dictum commissum non est, cum praeceptum Ecclesiae severum non exsistat.

75   Ad quaesitum 2ᵐ R. 1. Adhibendo duos patrinos parochus peccavit; nam *Trident.* sess. 24 de ref. matr. cap. 2 expresse statuit (id quod *Rituale Romanum* quoque monet de bapt. tit. II, n. 23) „ut *unus tantum,* sive vir sive mulier, vel ad summum *unus et una*" pro patrinis sumantur; idque statutum est ne tot multiplicentur impedimenta matrimonii, quoniam inter patrinos et baptizatum eiusque parentes cognatio spiritualis oritur quae matrimonii impedimentum est dirimens.

R. 2. Hinc censetur legem Ecclesiae *in re gravi* violasse: S. Alph. VI, 155; *Th. m.* II, 71. Aliter, si duas feminas pro matrinis sumpsisset: videlicet si duo patrini eiusdem sexus sunt cum baptizando, laesio illius legis censetur veniale, quia finis legis eodem modo, immo melius attingitur, ac si unus et una assumantur.

76   Ad quaesitum 3ᵐ R. Difficultas seu dubium moveri non potest ex cognatione spirituali: haec enim sistit relate ad patrinos in ipsa persona baptizata eiusque parentibus, non extenditur ad fratres et sorores. Sed moveri potest dubium ex impedimento publicae honestatis ex sponsalibus oriundo, quod dirimit matrimonium inter sponsum et sponsae consanguineos in primo gradu, et vice versa. Verum requiruntur sponsalia vera et valida. At sponsalia inter Andream et Iuditham, sororem Annae, non erant valida, cum esset illa puella hebraea; neque evaserunt valida per illius baptismum; nam, praeterquam quod non ipso facto baptismi sponsalia renoventur, in nostro casu, si valida fuissent, baptismus in quo sponsus fuit patrinus ea dissolvisset, quia fecit matrimonium impossibile. Ergo nulla est ratio cur Andreas Annam in matrimonium ducere non possit; ac proin parochus potuit eos matrimonio iungere.

COGNATIO SPIRITUALIS EX BAPTISMO CONTRACTA.

Casus. (23)

Inter perturbationes bellicas in domum christianam quattuor ethnici obtinuerunt refugium: miles, mulier ceteroquin nullo vinculo militi coniuncta, duae huius mulieris filiae nubiles. Quarum una gravi morbo afflicta petit baptismum; quem miles, iam catechumenus, propter necessitatem instantem confert, imposito nomine Mariae. Baptismo vix suscepto a morbo convalescit; quo miraculo commotae etiam soror et mater volunt baptizari. A parocho instructi omnes baptizantur sollemniter, primo miles, secundo soror Mariae cui filius hospitis est patrinus, tertio mater cui sicut etiam militi hospes ipse patrinus exsistit. Brevi post miles petit Mariam uxorem; coniunguntur a parocho; hospitis filius petit sororem, sed a parocho repellitur; petit matrem et admittitur.

QUAERITUR 1° rectene miles aegrotam baptizaverit. An potuisset, altero baptizante, esse patrinus.

2° potueritne postea hanc Mariam uxorem ducere, an prohibeatur per cognationem spiritualem.

3° rectene filius ille prohibitus sit a matrimonio cum Mariae sorore, admissus ad matrimonium cum eius matre ineundum.

Solutio.

AD QUAESITUM 1^m R. 1. Si miles modo rite aquam naturalem et consuetam baptismi formam adhibuit, de sacramenti valore nequit dubitari, siquidem *de fide* est quemlibet hominem ratione utentem valide baptizare posse.

R. 2. Ut autem liceret, debuit abesse quilibet *fidelis* qui rite posset baptizare. Si ergo praesens erat homo catholicus, sive vir sive femina, huic grave peccatum fuit permittere ut loco sui vir infidelis (quamquam catechumenus) baptizaret; *Th. m.* II, 67. Verum si quae perturbatio erat atque catholicus qui adfuerit haerebat vel tuto non poterat baptizare, facile catechumenus poterat praeferri.

R. 3. Patrinus esse miles non poterat. Constans est doctrina Ecclesiae non-baptizatum non solum non licere assumi ad munus patrini, sed eum invalide assumi (c. 102, *dist. 4 de consecr.*; S. Alph. VI, 146).

AD QUAESITUM 2^m R. Ecclesia quidem statuit cognationem spiritualem quae sit impedimentum matrimonii dirimens inter baptizantem et baptizatum eiusque parentes. Verum haec non ligat eos qui non vel sunt ipsi baptizati vel actu ipso baptizantur. Cum igitur miles, etsi catechumenus, tamen nondum esset baptizatus, non contraxit eam cum Maria cognationem spiritualem quae matrimonium prohibeat vel dirimat. *Th. m.* II, 758; Sanchez, *De matrim.* l. 9, disp. 62, n. 6 et 7.

AD QUAESITUM 3^m R. 1. Recte prohibebatur filius ille a ducenda Mariae sorore, cuius ipse fuerat patrinus. Nam cum ipse christianus esset rite baptizatus, cum illa sorore ex munere patrini contraxit cognationis spiritualis impedimentum.

R. 2. Cognatio illa extenditur ad ipsam personam baptizatam et ad eius parentes. Attamen in nostro casu, cum soror Mariae baptizaretur, eius mater baptizata nondum erat; ergo ex supra dictis filius ille cum ea cognationem non contraxit. At videri potest brevi post, cum mater illa ipsa quoque baptizaretur, cognatio illa exorta esse. Verum id recte non sustinetur, cum efficientia actus, quo quis patrinus fit, ipsa actione finiatur. Sanchez l. c.; Schmalzgrueber l. 4, tit. 11, n. 62—65; Gury-Ballerini II, n. 805.

PATRINI ACATHOLICI.

Casus. (24)

Caio parocho affertur baptizandus puer ex matrimonio mixto ortus cum patrino protestantico et catholica eius uxore ut matrina. Priorem cum impedire velit parochus ne inter baptismum infantem tangat, ipsa pueroli mater assistens protestatur contra hanc, ut ait, parochi intolerantiam; alibi similiter fieri; quodsi parochus nolit acquiescere, se sumpturam esse infantem et eum pastori protestantico baptizandum oblaturam esse. Quo audito parochus acquiescit.

Quaeritur 1° quae sint leges Ecclesiae circa condiciones patrinorum.

2° quid de agendi ratione Caii censendum sit.

Solutio.

Ad quaesitum 1ᵐ R. 1. Leges Ecclesiae continentur iis quae a Rituali R. notantur tit. II, n. 23—26: „Patrinus unus tantum, sive vir sive mulier, vel ad summum unus et una adhibeantur, ex decreto Concilii Trid., sed simul non admittantur duo viri aut duae mulieres, neque baptizandi pater aut mater.

Hos autem patrinos saltem in aetate pubertatis ac sacramento confirmationis consignatos esse convenit.

Sciant praeterea parochi ad hoc munus non esse admittendos infideles aut haereticos aut publice excommunicatos aut interdictos, non publice criminosos aut infames, nec praeterea qui sana mente non sunt, neque qui ignorant rudimenta fidei. Haec enim patrini spirituales filios suos quos de baptismi fonte susceperunt, ubi opus fuerit, opportune docere tenentur.

Praeterea ad hoc etiam admitti non debent monachi vel sanctimoniales neque alii cuiusvis ordinis regulares a saeculo segregati."

R. 2. Nihilominus quoad notorie quidem censuris ecclesiasticis obstrictos sed non vitandos generatim non ita urgetur lex eos repellendi, ut non stet apud episcopum iudicare num ad maiora mala impedienda melius sit eos admittere quam reicere: ita *S. Paenit.* 10 Dec. 1860.

R. 3. Quam declarationem non esse extendendam ad haereticos, sed praestare in casibus difficilibus baptismum sine patrino administrare, quam cum patrino haeretico: *S. Offic.* resp. 3 Maii 1893, ut habetur *Act. S. Sedis* XXVI, 448.

Ad quaesitum 2ᵐ R. 1. Recte conatus est parochus patrinum protestanticum impedire quominus tangeret infantem; quod si obtinuisset, impedivisset quominus ille fieret et esset patrinus. Atque ita re ipsa facere expedit, et fieri sine magna difficultate posse solet maxime tum quando loco illius advocari possit vel aliter praeter eum adsit patrinus catholicus. Sed ex dicto decreto etiam in aliis difficilioribusque casibus, ubi acatholicus solus est qui sit patrinus designatus vel qui designari possit, impediri debet quominus omnia ad constituendum patrinum essentialia agat, ita ut solummodo ut baptismi testis admittatur.

In hunc sensum iam locutus est La croix l. 6, p. 1, n. 173, postquam dixit non licere adhibere patrinum sectae haereticae: „Duae tamen praxes licitae sunt: prima est ut baptizans in tali necessitate omittat omnia quae patrinum concernunt, et infantem baptizatum reddat obstetrici. Altera est aliorum in quibusdam urbibus acatholicis usurpata, ut baptizans praeter haereticum designet alium catholicum ex voluntate parentum qui puerum tangat, assistente haeretico quasi ad honorem, et tum inscribat libro baptismali verum patrinum catholicum, notet autem haereticum fuisse tantum testem."

R. 2. Si ad nostrum casum decretum S. Officii modo laudatum applicamus, parochus recte egisse non videtur cedendo minis. Malum quidem magnum erat puerum deferre ad ministrum acatholicum eumque periculo acatholicae educationis exponere; verum haec mala non possunt parocho imputari, atque — si demum haereticum pro patrino adhibere *in omni casu* malum est — valere debet principium: Non licet facere mala ut eveniant bona.

R. 3. Nihilominus non puto ex S. Officii decretis id effici, ut actio parochi *in omni casu* atque *in se necessario* debeat dici mala. Ratio enim cur S. Officium dixerit *non licere,* esse potest quia 1) communiter loquendo talis actio in se continet aliquid ex se mali vel eius periculum, et quia 2) propterea talem actionem voluit lex ecclesiastica simpliciter esse prohibitam. — Sed quod communiter loquendo et propter periculum committendi aliquod malum est illicitum, licitum evadere potest in singularibus circumstantiis (exemplum habes in matrimonio mixto), et quod *positiva* lege prohibetur, propter gravissima mala avertenda a prohibitione eximitur. Quod eo magis in nostro casu videtur posse attendi, cum decreta S. Officii in nostra re lata omnia fuerint particularia, universalia nulla.

NB. Quo clariora haec fiant quoad ea quae liceant, quae non liceant, communicabo *responsa* et *decreta* S. Officii, quae nostram rem spectant.

1. Facta interrogatione: „In aliqua paroecia Hungariae accidit ut mater a fide catholica apostatavisset, quia parochus in baptizanda eiusdem prole patrinum haereticum inhaerendo legibus Ecclesiae reiecerit. Cum vero ex declaratione S. Paenitentiariae die 10 Dec. 1860 ad 19 notorie censuratus ad munus patrini admitti possit, si ex eius reiectione gravia damna imminere videantur; ac inde quaeritur: Utrum haec declaratio etiam ad patrinos haereticos extendi possit, an vero praestet, sicut nonnulli volunt, in huiusmodi casibus difficilibus baptismum sine patrino administrare:" S. R. et U. I. fer. IV

die 3 Maii 1893 respondit: „Negative, et praestare ut baptismum conferatur sine patrino, si aliter fieri non possit."

Ex quo responso non clare quidem sequitur in nostro casu Caium male egisse, siquidem responsum illud agere videtur de iis adiunctis in quibus mala illa quae timentur removeri potuerint per baptismum sine ullo patrino conferendum — quod in casu Caii certo fieri non potuit.

Quod idem videtur observari posse de recentiore decreto *S. Officii* d. d. 27 Iunii 1900 a Leone XIII approbato die 28 eiusdem, cum ne in eo quidem specialia adiuncta narrentur. Quaerit enim archiepiscopus N. N. „num possit permittere ut vir protestanticus agat patrinum in baptismo catholice conferendo cuidam filiae coniugum mixti matrimonii, qui coram uno ministro haeretico contraxerunt". Cui resp.: *„Permitti non posse."* Cf. *Acta S. Sedis* XXXIII, 372.

85 2. Verum difficilius est ita explicare responsum S. Officii iam diu antea datum, ex quo patet S. Officium in ipsa admissione patrini haeretici notare aliquid ex se intrinsecus mali, saltem communiter loquendo. Nam anno 1763 instructio data est ad praef. Min. Trip. (v. Collect. S. C. de Prop. Fide, n. 606), in qua haec occurrunt:

„Alter [haereticus] aderit ut testis, *non ut patrinus*. ... Sed si haereticus nihilominus se ingesserit et expresse munus patrini velit exercere: debet [sacerdos] abstinere ab administrando sacramento, neque propterea angi quod potuerit fieri profanatio sacramenti baptismi quem forte sacerdos schismaticus vel vir protestans administraturus sit. Nam minister catholicus huic rei non cooperatur; sed per admissionem haeretici patrini ne evitatur quidem sacramenti profanatio et committitur cooperatio ad peccatum alienum quod committere non licet."

Ergo S. Officium tenet in haeretici patrini admissione esse illicitam quandam communicationem in sacris atque sacramenti profanationem.

Quod enucleatius dicitur in alia instructione S. Officii d. d. 8 Iunii (l. c. n. 1843) in qua inter alia haec habentur: „Illicitum est in sacris functionibus haereticos in chorum invitare, alternis psallere, dare iis pacem, sacros cineres, candelas et palmas benedictas aliaque id genus externi cultus, quae interioris vinculi ac consensionis indicia iure meritoque existimantur, tam in sensu activo, nimirum similia iis dando, quam passivo ab iis in eorum sacris accipiendo."

Unde patet a) pro re intrinsecus mala hic notari quodlibet signum quo significetur consensus hominis catholici cum acatholico in religionis professione vel cultu religioso, ac si inter utramque denominationem, catholicam et acatholicam, essentiale discrimen non adfuerit; insuper patet S. Officium b) admissionem haeretici patrini *per* se inter illa signa consensus collocare re ipsa.

86 Universim quaelibet eiusmodi signa exhibere esse intrinsecus malum omnino fatendum est. At dubitare licet num haereticum patrinum admittere in *quibuslibet adiunctis* et *quibuslibet temporibus* pro tali signo haberi debeat. Quodsi ita esse dixeris, id eruere debes vel ex natura rei vel ex aestimatione hominum. Ex natura rei non

quaelibet communicatio cum haeretico in ritu catholico est eiusmodi signum consensus: secus in *nullo* casu matrimonium mixtum licitum evadere potest. Eiusmodi communicatio saepe non indicat nisi haeretici persuasionem in *hoc* saltem ritu catholicos bene sentire atque recte agere. Ex aestimatione autem hominum ad munus patrini admitti nostris temporibus fere habetur pro honore mere civili, praesertim pro civili honore tantum si diversa est patrini et baptizandi religiosa professio. Quando igitur omne signum consensus pravi ab admissione haeretici patrini exsulat, decretum S. Officii in compluribus causis singularibus latum obstare non videtur quin ex gravi causa parochus haereticum admittat, si impossibile est eum impedire. Interrogationes vero et responsa in ritu baptismali a patrino danda curet parochus, ut vel ipse det vel ut ea det obstetrix aliave persona catholica: quod eo facilius obtinebit quia vir acatholicus in ritibus catholicis non est versatus.

CONDICIONATUS BAPTISMUS ET PATRINI.

Casus. (25)

Paulus natum sibi filium valde debilem in absentia parochi privatim fecit baptizari, abhibito patrino Ioanne. Parochus re examinata deprehendit adhibitam esse aquam rosaceam. Quapropter infantem sub condicione denuo baptizat, patrino eodem Ioanne: qui, defuncto Paulo, eius coniugem superstitem in matrimonium ducit.

Quaeritur 1° num recte fecerit parochus, cum baptizaret sub condicione.
    2° contraxeritne Ioannes primo vel secundo baptismo cognationem spiritualem quae dirimat matrimonium inter se et uxorem Pauli.
    3° quid, si parochus absolute baptizasset denuo.

Solutio.

Ad quaesitum 1ᵐ R. De hac re cf. *supra* n. 62. Aqua rosacea, quamquam est materia valde probabiliter valida, tamen, si succus ex rosis expressus admixtus est, pro maiore quantitate succi admixti evadere potest dubia; proin baptismus in ea collatus potius sub condicione repetendus est, nisi constet ex succo rosarum parum fuisse admixtum. Cf. S. Alph. VI, 104. — In sequentibus responsis supponitur, illum baptismum fuisse dubie collatum. 87

Ad quaesitum 2ᵐ R. 1. Duae sunt rationes ex quibus exsistentia 88 impedimenti dirimentis in quaestionem vocari possit: una quod baptismus fuerit privatus, altera quod fuerit dubie validus.

Quoad quaestionem posteriorem ex doctrina S. Alphonsi concludi debet ex dubio baptismo non oriri impedimentum cognationis spiritualis (cf. VI, 151), cum dicat „cum communi DD. bene posse contrahi matrimonium, quando post adhibitam diligentiam nullum impedimentum certo adesse probatur".

R. 2. Quoad priorem quaestionem tempore S. Alphonsi valebat sententia „communior et probabilior": in baptismo privato qui patrinum non postulet, si nihilominus adhibeatur, ab eo non contrahi impedimentum spiritualis cognationis (S. Alph. VI, 149), eo quod leges Ecclesiae, quando loquantur de spirituali cognatione, non obscure *sollemnem baptismum* indicent. Verum S. Congregatio Concilii decretis suis e parte eorum stat, qui severioris sententiae sunt (*Th. m.* II, 758).

R. 3. Si secundus baptismus a parocho *sub condicione* repetitus pro se solo sumitur, etiamsi fuerit sollemniter collatus, non inducit cognationem spiritualem quae matrimonium inter Ioannem et viduam Pauli dirimat: ut videre est apud S. Alph. l. c., qui negat ex condicionato baptismo impedimentum cognationis spiritualis oriri, siquidem *constare debeat* de munere patrini in valido baptismo.

R. 4. Verum in nostro casu in utroque baptismo idem Ioannes munere patrini functus est. Quoniam autem alteruter baptismus sine dubio verus et validus est, certissimum est Ioannem evasisse verum patrinum ex baptismo valido, quamquam dubium sit ex utro baptismo, ex privato an ex sollemni. Quod eo magis ex eo patet quod baptismum alterum alterius complementum sumere debeamus, neque aliter secundo baptismum administrare licuerit, nisi ut ex duobus ritibus *unus* oriatur baptismus *certus*.

Si ergo — id quod, quando quaestio oritur ante ineundum matrimonium, agendi norma esse debeat — privatus baptismus sufficit ut cognatio spiritualis et impedimentum matrimonii dirimens inducatur, hoc impedimentum inter Ioannem et Pauli viduam exsistit; ac proin male fecit parochus sine dispensatione habita eos matrimonio iungens.

Quodsi privatus baptismus ad inducendum impedimentum illud non sufficiat, ut S. Alphonso visum est, etiam in nostro casu cognatio spiritualis atque impedimentum in ea fundatum maneat dubium seu practice nullum.

Practice igitur in ea sum sententia ut saltem pro cautela petatur dispensatio fiatque consensus matrimonialis renovatio (de qua cf. infra *De matrim.*). Interim tamen optimum quidem erit, si sese contineant; verum, cum quaestio hic agitetur post initum matrimonium, ausus non sim obligationem imponere, eo quod nullitas matrimonii non sit adeo clara et certa.

Ad quaesitum 3^m R. Illa casus mutatio per suppositionem: parochum infantem post baptismum in aqua rosacea receptum non condicionate sed absolute baptizasse, putando priorem baptismum esse certo nullum, non mutat rem. Manet enim baptismus ille necessario condicionatus, etsi parochus condicionem non apposuit. Nam prior baptismus re ipsa non fuit certo nullus sed *dubius tantum*, immo valde probabiliter validus. Verum post baptismum probabiliter iam collatum impossibile est aliter ac condicionate baptizare secundo. Hinc ille baptismus ex se solo non sufficit ut inducatur impedimentum dirimens cognationis spiritualis.

BAPTISMUS INFANTIUM INFIDELIUM.

Casus. (26)

Mechtildis, a missionario inter catechistas assumpta, magno zelo incumbit in baptizandos infantes. Quare specie alicuius negotii percursitat domos atque infantes infidelium quos reperit aegrotos, quasi medicinam daret, ut effugiat parentum attentionem, clam baptizat; fidentius etiam eos quos mater ethnica consentit insigniri caerimonia religiosa, etsi christiana; vel eos quorum mater fidem suscepit, sed quos pater persistens in infidelitate valde probabiliter in ethnica superstitione postea instituet. Quae pericula defectionis eo minus Mechtildis graviter aestimat quod maior pars infantium ante annos discretionis soleat mori. — Quapropter etiam tempore alicuius morbi contagiosi qui inter infantes grassabatur sine ullo discrimine, quotquot potest, baptizat, rata longe maximam partem brevi morituros — id quod ferventi prece etiam pro iis se exoraturam sperat qui alias essent sanitatem recuperaturi.

QUAERITUR 1° quando possint vel debeant infantes infidelium baptizari.
2° quid de praxi Mechtildis dicendum.

Solutio.

AD QUAESITUM 1ᵐ R. 1. Possunt et debent filii infidelium usum rationis nondum habentes baptizari, si parentes vel alteruter eorum consentiunt atque etiam saltem alteruter consentiat in catholicam educationem pro eaque caveat.

R. 2. Etiam invitis parentibus baptizandi sunt, si ius parentum in filios fuerit exstinctum vel usu impossibile evaserit atque catholicae educationi sit cautum.

R. 3. Possunt et per se *debent* demum baptizari, si imminet mortis periculum vel mors moraliter certo secutura est. (S. Officium de 28 Ian. 1637 addiderat: „si tamen id fiat sine *scandalo*", quod intellego de gravioribus malis, quae causae religionis catholicae aliquando excitari possunt ex oppositione infidelium. Cf. Collect. S. C. de Prop. Fide n. 542.)

R. 4. Verum ut *liceat* baptizare, necesse non est ut mors adeo immineat; nam S. Officium interrogatum „an baptizari possint filii infidelium qui constituti sint *in periculo, non vero in articulo mortis*", et „si valde prudenter dubitetur quod ex infirmitate qua actu afficiantur ... moriantur ante aetatem discretionis" [adeoque morte ipsa etiam longe distante], resp. d. 18 Iulii 1894 „Affirmative": ex periodico fol. Bombay Pastoral Gazette v. 21, p. 65.

R. 5. Idem *licet,* si alteruter parentum infantem, ut baptizetur, offerat, etiamsi periculum aliquod seu generale, non tamen speciale vel grave, futurae perversionis exsistat. Nimirum habes resp. S. Officii ex anno 1867: „Remittendum prudenti arbitrio et conscientiae missionariorum, audito, si fieri possit, praefecto apostolico, qui in expositis circumstantiis baptizare possint pueros a parentibus non baptizatis oblatos, dummodo in singulis casibus non praevideatur ullum adesse grave perversionis periculum, et dummodo non constet parentes ob superstitionem filios offerre baptizandos." — Immo longe gravius futurae defectionis periculum praesenti baptismo non obstare, si alteruter parentum ipse sit baptizatus, docemur per S. Officium d. 12 Oct. 1600, seu potius per responsum ipsius summi pontificis Clem. VIII; „Proposito dubio an filii mulierum christianarum et patris Turcae . . . sint baptizandi, instante patre vel matre, cum pater in progressu aetatis illos instruat in secta mahometana, et filii timeant se profiteri christianos: Sanctissimus auditis votis *decrevit ut baptizentur . . . si non adsit certitudo apostasiae, baptizentur;* si adsit, iterum proponatur." Cf. *Th. m.* II, 82. 83.

93 R. 6. Si vero agitur de filiis qui usum rationis sufficientem iam adepti sunt, hi *sui iuris* exsistunt quoad ea quae sunt ad salutem necessaria, atque etiam contra parentum voluntatem, si modo bene praeparati sunt, baptizari possunt et debent.

Nihilominus, si gravia timenda sunt incommoda, extra periculum mortis res nonnihil differri deque filii constantia diutius experimentum sumi potest, instructione facta de actu perfectae caritatis et contritionis. Lucem affert hac in re resp. S. Officii d. 21 Iulii 1880 ad vicarium ap. Bengal. (ex Bomb. Pastoral Gazette v. 21, p. 91): „An tuto admitti possit ad fidei catholicae professionem puella decem annorum in monasterio degens, eiusdem patre haeretico invito." *Resp.:* „Curet prius vicarius ap. totis viribus consensum patris puellae obtinere: si consensus non obtineatur, perpendat serio incommoda quae ex talis puellae admissione in Ecclesiam provenire praevideantur, tum quoad periculum proximum perversionis puellae, tum quoad grave damnum scholae ac missionis catholicae; et quatenus nulla aut spernenda incommoda praevideantur, eandem admittat sine mora. Quatenus vero gravia praevideantur incommoda futura, eiusdem admissionem ad formalem et publicam professionem fidei catholicae differat, nisi periculum mortis immineat; et interim curet eam hortari ut in bono proposito perseveret atque Deum precetur ut obstacula omnia auferre dignetur, simulque curet ut ipsa in monasterio manere pergat et tali modo suam educationem catholicam compleat et perficiat."

In qua re id solum animadverto in filio infideli admittendo hanc rationem etiam potiorem esse posse quae suadeat admissionem, quod hic ne baptizatus quidem sit, filii haereticorum probabiliter baptismum rite acceperint. Cf. *Th. m.* II, 80.

94 AD QUAESITUM 2ᵐ R. 1. Mechtildis in eo quod indiscriminatim, quotquot invenerit aegrotos infantes, baptizaverit, zelo nimio et imprudenti usa est. Debuit saltem, si parentes inviti erant, adesse grave periculum mortis seu dubium valde probabile de morte re ipsa secutura.

Si igitur tempore morbi contagiosi omnes qui contagione affecti erant baptizaverit, in hoc culpanda non erit; nam ex iis longe maximam partem mortem subituram esse valde probabiliter iudicavit. Sed etiamtum sanos baptizare ob solam probabilitatem quod etiam sani fortasse morbo corriperentur atque morituri essent erat excessus.

R. 2. Quod aegrotos illos infantes in quorum baptismum mater ethnica consensit baptizaverit, etiamsi graviter non aegrotaverunt, non egit male; immo optime egit, si pro posse probabilem cautionem receperit futurae educationis catholicae pro casu quod filii superstites manserint.

R. 3. Si mater erat fidelis, bene egit filios baptizans, etsi futurae perversionis aderat periculum non leve. Nam certitudinem moralem apostasiae vix umquam habuit; neque spernenda tum erat ratio quod omnium infantium maior pars ante annos discretionis consueverit obire. De cetero *monenda* tamen erat mater ut pro futuro maternum officium catholicae instructionis et educationis ne neglegeret.

BAPTISMUS FOETUS ABORTIVI.

Casus. (27)

Amalia uxor repentino casu correpta, sacramentis celeriter munita mox decessit. Marito absente parochus urget medicum ut sectionem faciat, cum Amalia sit a sex fere mensibus gravida. Medicus haesitat, ne forte a marito accusetur homicidii in femina nondum certo mortua patrati. Instante parocho demum acquiescit, invenit foetum dubie vivum quem in secundina adhuc exsistentem baptizat: cum maritus, vir infidelis, subito adveniens ira incensus et medicum et parochum eiicit eosque violati sui iuris accusat.

QUAERITUR 1° foetus humani sintne et quomodo baptizandi.

2° quod sit parochi officium in procurandis foetuum baptismis.

3° rectene actum sit in casu proposito.

Solutio.

AD QUAESITUM 1^m R. 1. Foetus humanus, quam primum homo 95 est, baptismi est capax, si modo aqua ablui potest.

R. 2. Valde probabiliter in ipso utero materno, si medio instrumento foetus aqua attingitur, valide baptizatur: quod in partu artificiali attendi debet. Nihilominus res non ita certa est; quare post partum est denuo sub condicione baptizandus etiam foetus ille qui, nondum egressus, videatur certo in ipso capite ablutus esse: ita S. C. C. in *Sutrina* 12 Iulii 1794 et in *Mediol.* 16 Mart. 1897. *Th. m.* II, 74; *Anal. eccl.* V, 105.

R. 3. Cum probabile sit foetum statim a conceptione anima rationali animari ideoque essentialiter esse hominem, foetus etiam minimus, de cuius exstinctione vel *putrefactione* non indubie constat, baptizandus est sub condicione.

R. 4. Verum cum membranae illae quibus foetus circumvolvi- 96 tur non sint propriae partes foetus, valde dubius est baptismus in ovo humano non aperto collatus. Hinc tantum si timetur ne forte foetus interea emoriatur, primo temptandus est baptismus in membranas foetus; sed illico aperiendum est involucrum, ut quam primum repetatur baptismus sub condicione in ipsum foetum patefactum: qui si primis a conceptione temporibus propter parvitatem bene discerni non possit, ovum apertum lente immittatur in aquam tepefactam lenteque educatur, dum interim pronuntiet agens verba baptismi condicionati: „si nondum baptizatus, at capax es, ego te baptizo etc." Cur autem *lente* peragenda sit immersio et emersio ea maxime est ratio ut interim effluat liquor amnii, qui foetum circumdat, atque ab ipsa aqua foetus attingatur: Th. m. II, 75 ex Capellmann, *Medicina pastoralis*.

Ad Quaesitum 2^m R. 1. Parochus attentos reddere debet medicos qui solent partui adesse vel in morbis muliebribus consuluntur, ne ipsi omittant foetus humani baptismum, vel etiam ut ipsi matres instruant.

R. 2. Coram obstetricibus clare et aperte hanc rem tractare potest et debet, ut illae calleant modum rite baptizandi in periculo et modum baptizandi foetus in casu abortuum, qui non adeo raro accidere solent.

R. 3. Quamquam, si satis tuto fieri possit, expedit ut matres circa hanc rem edoceantur ab obstetrice vel a medico, nihilominus post matrimonium initum, si mater conceperit, nihil impedit quominus data occasione mater de tali casu infortunii et de auxilio foetui adhuc ferendo a parocho instruatur.

R. 4. Hinc patet, si mater gravida mortua fuerit neque de prole seu foetu etiam iam emortuo *certo* constet, in se obligationem gravem esse faciendae sectionis, ut foetui, quantum possibile sit, per baptismum provideatur seu vita aeterna supernaturalis procuretur. Verum de foetus exstinctione, etiamsi saepe multum timeri debet, admodum raro certo constat; neque facilius fidendum est medicis parum meticulosis, qui citius foetus mortem affirmant, cum nihil minus quam certa est mors iam secuta.

R. 5. Attamen parocho seu sacerdoti generatim sufficit serio monuisse eos ad quos spectat; tum legis positivae gravissima poena tum indecentia rei ipsius plerumque eos prohibere debet quominus ipsi sese in eam rem immediate ingerant cuius exitus erit valde dubius, certum grave odium. Nota prohibitionem *Pii VI* per *S. Officium* d. 15 Febr. 1780 missioni Sutchuensi datam, etsi haec non possit haberi pro norma et lege generali. Pro illa scilicet regione propter singulares causas prohibuit summus pontifex haec: „ne missionarii in casibus particularibus se ingerant in demandanda sectione, multoque minus in ea peragenda; sat fuerit illis notitiam edidisse curasseque ut eius perficiendae rationem perdiscant, qui chirurgicis intendunt, laici homines, tum vero, cum casus tulerit, eiusdem praxim ipsorum oneri ac muneri reliquisse". *Coll. S. C. de Prop. Fide* n. 573.

Ad quaesitum 3^m R. 1. Recte egit parochus serio monens medicum ne omittat sectionem, quam primum mors matris erat certa.

R. 2. Recte etiam egit medicus cedens monitis parochi; praesumere enim potuit et debuit consensum mariti quem hic iure naturali et divino dare tenebatur. Si vero secundum legem magistratus consensus requirebatur, consultum erat illuc mittere; sed si tempus utile eam dilationem non patiebatur, recte actum est consensum praesumendo vel sine consensu tentamen faciendo.

R. 3. Recte quidem egit medicus foetum condicionate baptizans, sed recte non egit baptizans seu aquam infundens in solam membranam: necessarium plane fuit post apertum ovum sub condicione baptismum repetere.

R. 4. Pessime egit maritus vituperans parochum vel medicum, quia uterque egerat quod agere debuit; neque de violato iure mariti sermo esse potest, ubi agitur de servando iure supremo vitae aeternae.

Attamen si maritus praesens sectionem impediat neque lex praebeat recursum ad magistratum contra impiam viri voluntatem, neque medicus neque parochus aliud agere potest nisi monita addere Deoque rem commendare.

DE CONFIRMATIONE.

OBLIGATIO CONFIRMANDI. — MATERIA.

Casus. (28)

Episcopus in civitate ubi a quindecim annis confirmationis sacramentum non erat collatum complura milia confirmaturus accedit, tum adultos et coniugatos tum iuvenes et pueros, immo etiam infantes simul cum eorum matribus quae bracchiis eos tenent, parocho subministrante s. oleo, atque alio sacerdote locum inunctum in singulis abstergente. — Verum cum aliquot centenos episcopus iam unxerit, parochus animadvertit se loco chrismatis manibus tenere oleum catechumenorum; insuper notat alium sacerdotem adstantem tam cito quandoque abstersisse ut locus iam abstersus esset, antequam episcopus in forma sacramentali pervenisset ad verba „et confirmo te...."

QUAERITUR 1° quis sit subiectum confirmationis.

2° quoties urgeat obligatio confirmationis conferendae.

3° quae sit materia remota et proxima.

4° rectene in casu omnes diversi generis et aetatis admissi sint.

5° quid post animadversos illos defectus sit faciendum.

Solutio.

AD QUAESITUM 1^m R. 1. Subiectum confirmationis, si de valida agitur susceptione, est quilibet homo christianus seu baptizatus, cui saltem interpretative voluntaria sit eius susceptio. Quare valide confirmantur infantes, atque etiam moribundi sensibus destituti catholici qui catholice vivere et mori voluerunt.

R. 2. Absoluta lex quae vetet confirmari infantes ante usum rationis non exsistit; immo alicubi hos confirmandi consuetudo est, quam retinere licet, immo ne singulis quidem abrogare vel violare fas erit. — Nihilominus secundum hodiernam praxim in Ecclesia latina generatim exspectatur aetas rationis, atque in plerisque locis, quando satis frequenter occasio recipiendae confirmationis praebetur, exspectari solet aetas sacrae communionis. *Th. m.* II, 101. 102.

AD QUAESITUM 2^m R. 1. Episcopi dioecesani est providere ut intervallo aliquot annorum per dioecesim occasio recipiendae confirmationis praebeatur. Quod si in singulis parochiis facere potest, bene facit; nihilominus, si hoc ipsi gravius fuerit, sufficit ea loca eligere et satis mature designare in quae ex vicinia sine graviore incommodo fideles possint confluere.

R. 2. Ut hac in re propter neglegentiam graviter peccetur, requiritur ut per spatium 8—10 annorum omittatur confirmatio, etsi occasio praeberi potuerit et possit.

R. 3. Singulis autem qui confirmari nondum potuerint in periculo mortis confirmationem administrare obligatio non est: cum ex una parte sacramentum hoc non sit inter necessaria, ex alia parte episcopo, si omnibus annuere vellet, gravissimum onus imponeretur, si quibusdam tantum, hoc studio partium facile tribueretur.

AD QUAESITUM 3ᵐ R. 1. Materia remota est chrisma ab episcopo benedictum: atque ita quidem ut *certum sit* requiri 1) oleum olivarum, 2) episcopi benedictionem, nisi forte summus pontifex sacerdoti simplici id commiserit, id quod hodiedum saltem fieri non solet.

R. 2. Probabiliter etiam requiritur ad valorem 1) ut adsit commixtio balsami, 2) magis etiam ut benedictio fuerit illa quae est chrismati specialis, non benedictio oleorum infirmorum vel catechumenorum. Quare, si quid horum deest, confirmatio est *saltem dubia*.

R. 3. Ad valorem quidem non requiritur chrisma recens, i. e. ipso illo anno consecratum (consecratio fit fer. V in Cena Domini); verum ad liceitatem id sub gravi requiritur, nisi in regionibus missionum simplicibus sacerdotibus S. Sedes amplius aliquid indulserit.

R. 4. Materia proxima est unctio 1) in fronte, 2) per modum crucis, 3) non medio instrumento sed ipsa manu episcopi, quo verificetur quaedam manus impositio: ita ut defectus in qualibet ex his condicionibus enumeratis vel certe invalidam vel dubiam reddat confirmationem. *Th. m.* II, 93.

AD QUAESITUM 4ᵐ R. 1. Absolute reprehendi non potest in ulla re admissio tot diversarum personarum. — Plane admitti debebant adulti, etiam coniugati qui confirmationem utcumque nondum acceperant; atque etiam male actum esset si quis eorum exclusus esset qui s. communionem iam acceperant.

R. 2. Si satis certum erat post aliquot annos denuo fore occasionem recipiendae confirmationis, generali praxi magis consentaneum erat infantes qui usum rationis nondum attigerant non admittere.

R. 3. Relate ad eos qui aetatem rationis quidem habebant atque etiam necessaria instructione praediti erant, sed ad primam communionem nondum admissi, rectius agebatur per admissionem quam per dilationem, ut ex litteris Leonis XIII ad ep. Massiliensem d. d. 27 Iun. 1897 elucet. Ubi habentur haec: „Abrogata quae toto fere saeculo inoleverat consuetudine, visum tibi est in mores dioecesis tuae inducere ut pueri, *antequam* divino eucharistiae epulo reficiantur, christianum confirmationis sacramentum almo inuncti chrismate suscipiant. . . . Propositum igitur tuum laudamus cum maxime. . . . *Quae a te sapienter sunt constituta, optamus ut fideliter perpetuoque serventur.*" Cf. *Analecta eccl.* VII, 378; *Th. m.* II, 102.

AD QUAESITUM 5ᵐ R. 1. Quod numerus frequens confirmatus erat oleo catechumenorum, defectus est qui reddebat sacramentum valde dubium. Quare dubitari nequit quin omnes illi revocandi fuerint, ut denuo sub condicione confirmarentur. Quodsi ad aliquos haec monitio pervenire non potuerit, hi utique in bona pace relinquendi, cum non agatur de sacramento per se necessario. Immo, si revocatio utcumque fuerit valde difficilis, puto obligationem imponi non posse [1].

R. 2. Quod sacerdos assistens adeo properaverit in abstergendo chrismate, male quidem egit, atque monendus est ut episcopum sinat perficere formam, antequam ipse incipiat abstergere. Nihilominus valor sacramenti per hunc defectum non tangitur. Omnibus enim fatentibus sufficit materiam et formam sic iungi ut applicatio materiae incipiat vel fiat, postquam pronuntiatio formae incepta sit et antequam finiatur; neque necesse est toto tempore quo pronuntietur forma applicetur materia. Ergo si adhibitum fuerit s. chrisma, hic assistentis sacerdotis defectus certissime valori non obstat. Cf. *Th. m.* II, 13.

RITUS ESSENTIALES. — PRAEPARATIO DEBITA.

Casus. (29)

Cum diu in regione collatum non sit sacramentum confirmationis atque a locis vicinis per aliquot leucas in circuitu in civitatem convenire debeant ad recipiendam confirmationem:

1) aliqui parochi eos confirmandos qui ad primam communionem nondum accesserint hortantur ad dolorem de peccatis, qui sufficiat loco confessionis;

2) aliis suadent s. communionem, necessariam eam tamen non esse;

3) nemo tamen, nisi forte devotiores ex ipsa civitate, ieiunus confirmationem suscipit;

4) cum satis magna esset confirmandorum multitudo, quo commodius praeberetur spatium neque diutius in ecclesia consistere oporteret, aliis confirmatis alii succedunt et recedunt, neque initium neque finem sacrarum caerimoniarum exspectantes.

Quaeritur 1° quae sit forma et caerimonia essentialis in confirmatione.

2° quae requiratur praeparatio animi et corporis.

3° quid de singulis casus nostri circumstantiis sit dicendum.

Solutio.

Ad quaesitum 1ᵐ R. 1. Satis certum est in ritu Latino ad essentiam confirmationis nihil aliud requiri nisi caerimoniam illam unctionis, quae in Pontificali habetur, cum verbis comitantibus. Quod colligitur ex encyclica Benedicti XIV *„Ex quo primum“*, in qua negat quidem se controversias theologorum velle dirimere, nihilominus

---

[1] Atque ita re ipsa iudicavit S. Officium approbante Leone XIII, d. 21 Nov. 1899, ut tota res silentio premeretur, cum episcopo cuidam accidisset ut ex aliquot centenis hominum qui confirmandi erant magnam eorum partem oleo catechumenorum ungeret; qui error postea detectus et consilii capiendi causa Romam delatus erat. *Anal. eccles.* VIII. 4.

addit: „Quod igitur extra controversiam est, hoc dicatur, nimirum in Ecclesia Latina confirmationis sacramentum conferri adhibito sacro chrismate seu oleo olivarum balsamo immixto et ab episcopo benedicto ductoque signo crucis per sacramenti ministrum in fronte suscipientis, dum idem verba formae profert."

R. 2. Si quae igitur manuum impositio essentialis est — ut negari vix potest — haec ea sola est quae fit cum ipse minister sacramenti frontem confirmandi manu sua tangat.

Atque certum esse debet priorem illam manuum extensionem, qua episcopus sacram actionem exordiens in omnes gratiam Spiritus Sancti implorat, non pertinere ad essentiam sacramenti, sed esse ritum accidentalem.

R. 3. Certum non est in forma sacramenti invocationem SS. Trinitatis non esse essentialem. Quare, cum Graeci in ipsa unctione hanc non exprimant, probabiliter asseritur in eorum ritu praeviam SS. Trinitatis invocationem ad essentiam sacramenti pertinere.

AD QUAESITUM 2^m R. 1. Sacramentum confirmationis, cum sit sacramentum vivorum ut licite et cum fructu suscipiatur, praerequirit in subiecto statum gratiae. Quare qui in adulta aetate (i. e. post usum rationis) illud suscipit, si forte peccati mortalis reus fuerit, antea ab eius reatu se liberandum curare debet.

R. 2. Quae quidem peccati remissio ut per confessionem et absolutionem obtineatur consulendum est, immo pro iis plane necessarium erit qui de perfecta contritione rationabiliter dubitant. Ceteroquin non absolute praescribitur confessio, sed contentus esse homo potest actu contritionis perfectaeque caritatis quem se elicuisse prudenter putaverit. Pontificale Romanum ita habet: „Adulti *deberent* prius peccata confiteri et postea confirmari; vel saltem de mortalibus, si in ea inciderint, *conterantur.*"

R. 3. Si, ut pius usus fert et ab Ecclesia optatur, ss. eucharistiae susceptio confirmationem praecedit, necesse plane est ut ille qui peccati mortalis sibi conscius fuerit illud confessione et absolutione deleverit. Usus ille laudandus et promovendus est.

R. 4. Ieiunum accedere ex Pontificali Romano consilium decentiae est, non debitum propriae obligationis. Hinc nemo ad id obligari potest ut ieiunus maneat; atque si ratio itineris aliave ratio obstat, parochus positive monere potest ne quis putet se ieiunum *debere* accedere.

AD QUAESITUM 3^m R. 1. Quod parochus indirecte avertat iuniores personas a confessione praemittenda laudabile non est. Potius debuit ita agere ut obligationem confitendi stricte dictam et pro omnibus indiscriminatim exsistentem negaret quidem, omnibus tamen suaderet ne quis sua conscientia nimis fisus indignus accederet.

Atque plane vituperandum est et male actum quod parochi sine meliore declaratione solum de dolore circa peccata mentionem fecerint, cum necessario debuerint insistere in dolore *perfectae contritionis*, si qui peccati mortalis rei confessionem maluerint omittere.

R. 2. Quod iis qui s. communionis iam participes facti aliquando fuerint s. communionem suadeat atque negans strictam obligationem suadeat tantum parochus recte omnino egit.

R. 3. Neque vituperandus est parochus qui pro circumstantiis putaverit insistendum in eo ut declaret ieiunii naturalis obligationem nullam esse; etsi hac ratione efficiat ut multi, alias ieiuni mansuri, ientaculum sumant. Nam nihil nisi quod vero consonat dixit. Pro circumstantiis tamen poterat ieiunium, etsi non imponere, tamen commendare; maxime cum Pontificale a verbis obligantibus quidem abstineat, ieiunium tamen pro regula proponat dicens: „Confirmandi *deberent* esse ieiuni."

108   R. 4. In eo quod alii aliis succedunt in ecclesia non per se quidem illicite, tamen non est actum laudabiliter. Immo si quando episcopus severe prohibeat quominus confirmandi ante finem totius sacrae actionis recedant, huic praecepto standum est: ad quod praeceptum edendum episcopum non teneri colliges ex Benedicti XIV *De syn. dioec.* l. 13, c. 29, n. 17, qui praxim illam qua alii aliis succedant atque in eorum locum ecclesiam intrent sine vituperatione ut late vigentem commemorat. Nihilominus Pontificale monet: „Nullus confirmatus discedat nisi benedictione accepta quam pontifex post omnium confirmationem dabit."

CONFIRMATIO NON-SUBDITIS COLLATA. — PATRINUS.

Casus. (30)

Confirmante episcopo in certa civitate ex vicinis dioecesibus in quibus antistites rarius praebent opportunitatem non raro homines accedunt: quorum aliquos parochus, cum pro peregrinis agnoverit, repellit, alii incogniti felici successu se confirmationem recepisse gloriantur.

Similiter praefectus apostolicus, qui simplex sacerdos ab Apostolica Sede pro suo districtu potestatem confirmandi accepit, confirmat undique advenientes atque in vicina praefectura praefectum aegrotum iuvat pro eo supplens; in itinere demum, cum in Europa suos visitaret, nepoti moribundo solatii causa praeter alia sacramenta etiam confirmationem administrat, omisso patrino, utpote qui in moribundo sit inutilis.

Quaeritur 1° quis sit minister confirmationis tum quoad valorem tum quoad liceitatem, sive ordinarius sive extraordinarius.

2° qua necessitate requirantur patrini.

3° quid de casibus propositis sit dicendum.

Solutio.

109   Ad quaesitum 1ᵐ R. 1. Minister confirmationis *ordinarius* est solus episcopus: v. *Trid.* sess. 7, can. 3 de *confirm.*

R. 2. Quamquam qui episcopali charactere insignitus est quoslibet ubilibet valide confirmat, licite tamen confirmare potest solus episcopus dioecesanus in sua dioecesi vel alius *ex eius concessione vel mandato.* — In sua dioecesi vero ex consuetudine confirmare potest quosvis advenas et peregrinos, hisque accedere licebit, nisi episcopus proprius positive contradixerit.

R. 3. Minister extraordinarius ex commissione summi pontificis est quilibet sacerdos secundum limites suae commissionis.

R. 4. Simplex igitur sacerdos qui ex commissione facultatem confirmandi habet non solum illicite sed etiam invalide agit, si facultatis suae limites excedit.

AD QUAESITUM 2^m R. 1. Per se quidem sub gravi patrinus, isque unus tantum, est adhibendus. Attamen facilius quam in baptismo omitti potest. Hinc, si haberi nequit, scrupulus non est faciendus. *Th. m.* II, 100. 110

R. 2. De cetero in patrino confirmationis eadem requiruntur, quae in patrino baptismi; immo addi debet non posse esse patrinum confirmationis nisi confirmatum.

Instructio Ritualis Romani de confirmatione haec habet:

„Quamquam de necessitate huius sacramenti non sit ut in eo recipiendo patrinus vel matrina adhibeatur; id tamen laudabilis Ecclesiae consuetudo suadet sacrique canones praescribunt. — Ab hoc vero munere excluduntur tum minores annis quattuordecim, tum qui sacramentum confirmationis nondum receperunt. Verum quia contingere potest ut in locis missionum nullus adsit qui antea confirmatus fuerit, permittitur in hoc casu ut aliqui sine patrino confirmentur, qui postea patrini ceterorum esse poterunt."

AD QUAESITUM 3^m R. 1. Advenae et peregrini videntur tuto potuisse admitti, cum prohibitionis sui episcopi, si exstiterit — cuius ceteroquin nulla fit mentio — conscii sibi certe non fuerint. Quare parochus severius egit eos repellens. 111

R. 2. Praefectus apostolicus inspicere plane debuit suas facultates. Generatim enim sacerdotes non recipiunt facultatem nisi pro suo territorio. Hinc timendum est ne invalide egerit, saltem cum in aliena praefectura — etsi cum consensu eius superioris — confirmationem dare praesumpsit. Num in *sua* praefectura alienos advenas confirmare potuerit ex instrumento pariter patere debet: in quo nisi facultas clare restricta sit, in hoc casu valide et consequenter licite egit [1].

---

[1] In *alieno* territorio sacramentum confirmationis dare possunt sane ii qui episcopali charactere insigniti sunt ex licentia episcopi ordinarii loci. Verum iis qui, episcopali charactere non insigniti, ex privilegio S^{ae} Sedis confirmandi potestatem acceperunt, ut extra suum districtum etiam ex consensu episcopi loci confirmare possint non solet concedi. Ita abbati *nullius*, qui usum pontificalium habebat atque confirmationis suis subditis conferendae potestate donatus erat, concessum quidem est ut etiam advenas in suo territorio exsistentes, ut consuetudo erat, confirmare posset (decr. *S. C. Epp. et Reg.* d. 30 Martii 1855): „Affirmative, de consensu saltem tacito ordinariorum, retento authentico regesto in archivio monasterii ac servatis alias de iure servandis"; sed *Pius IX* id approbans d. 20 Apr. 1855

R. 3. Invalide egit similiter praefectus, cum in itinere Europaeo cognatum confirmaverit; nam eo usque talis delegata potestas non solet extendi.

R. 4. Quod vero in isto casu patrinum omittendum putaverit male iudicavit. Si enim valide potuisset confirmare, debuisset etiam patrinum adhibere; nam sumi nequit defuisse qui eiusmodi munus susceperit. Quodsi autem periculum erat in mora, i. e. moribundus morti tam proximus ut tuto advocari non posset patrinus, recte egisset confirmans sine patrino: nam, etsi confirmatio sacramentum necessarium non est, tamen praestat hoc sacramentum conferre quam propter defectum patrini ab eo abstinere.

SACERDOS SCHISMATICUS MINISTER CONFIRMATIONIS.

Casus. (31)

Cleomenes schismaticus, qui diu munus gessit Monachii in legatione russiaca, ibidem a sacerdote suo schismatico confirmatus est. Postea conversus ad catholicam fidem ad sacerdotium adspirat: ancipites haerent sitne confirmatio eius valida an repetenda.

Similiter Cleomenis amicus, ex Graecis tamen unitis oriundus, putat se posse suo ritu, cum unitum sacerdotem non habeat, a schismatico confirmari; quod cum a Latino sacerdote graviter illicitum sibi fore audit, obstinatus respondet se malle carere confirmatione quam Latino ritu eam suscipere.

Quaeritur 1° sitne confirmatio Cleomenis valida habenda.

2° potueritne amicus Cleomenis valide et licite a schismatico sacerdote confirmari.

3° peccaveritne et quomodo cum nollet confirmationem recipere.

Solutio.

Ad quaesitum 1ᵐ R. 1. In Graeca ecclesia est antiqua praxis, a Romanis pontificibus agnita et approbata, qua presbyteri loco episcopi confirmationem conferant. Quam praxim inter Graecos unitos etiam nunc persistere et valere extra dubium est.

R. 2. Sunt tamen regiones pro quibus Romani pontifices hanc confirmandi facultatem presbyteris Graecis expresse abstulerint, ut in

---

iussit addi: „excepto tamen quoad futurum usu administrandi confirmationem extra territorium abbatiae, etiamsi abbas ab ordinariis respectivis vocetur."
Idem in simili causa abbati Cavensi responsum est a *S. Officio* d. d. 19 Apr. 1899, additione facta ex iussu *Leonis XIII* „ut, si forte orator certe sciat aliquem episcopum nolle ut proprii subditi ab aliis confirmentur, ab iis confirmandis se abstineat." Verum eidem abbati etiam constanter denegata est facultas confirmandi alienos subditos in aliena dioecesi ex episcoporum consensu. (Cf. *Anal. eccles.* VII, 283 sq.).

Unde patet in territorio seu districtu *proprio* advenas confirmare longe facilius concedi iis qui ex privilegio apostolico subditos confirmandi facultatem acceperunt quam extra proprium districtum.

Italia et insulis adiacentibus: quare hos valide confirmare suos amplius non posse etiam extra dubium est.

R. 3. Magis dubitari potuerit per se quid iuris sit relate ad 113 presbyteros *schismaticos*. Nam etsi Romanus pontifex non expresse istam facultatem abstulit, ea videri poterit eo ipso cessare quod Romanus pontifex eam non positive contulerit; schismaticos enim extra mortis articulum omni iurisdictione carere in confesso esse debet, cum 1) publica ab Ecclesia defectione et ab ea per excommunicationem exclusione iurisdictio, si quae adfuerit, cesset; 2) nemo sit qui schismaticis iurisdictionem umquam valide dederit.

Verum potestas illa confirmandi, quae presbyteris conferri vel potius in iis compleri potest, datur quidem per supremam in Ecclesia iurisdictionem, at non est in presbytero iurisdictio, sed *ordinis potestatis* complementum. Eam autem potestatem seu potestatis completionem, generaliter et universim per ipsum ritum Orientalem presbyteris Graecae ecclesiae collatam per schisma non auferri pro certo habemus ex declaratione S. Officii d. d. 15 Ian. 1766.

Decretum est hoc: „SS. Dominus N. Clemens PP. XIII, auditis votis E^{morum} PP. cardinalium, censuit non expedire quod confirmati a sacerdotibus schismaticis denuo liniantur post reditum ad unitatem; et ad mentem: Mens est quod in casibus particularibus inquirendum est quo in loco conversi ad fidem fuerint confirmati. Etenim, ubicumque haec facultas fuit expresse adempta, denuo confirmari debent absolute; *si vero confirmati fuerint . . . ubicumque haec facultas non fuit expresse revocata, valide confirmati fuerunt.*" Cf. *Collect. concil. Lacensis* VI, 569 sqq.

R. 4. Concludo igitur confirmationem Cleomenis a presbytero schismatico datam esse validam. Nam etsi Monachii non sit territorium ecclesiae Graecae, tamen aedes legationis Russiacae quodammodo pro territorio Russiaco habentur, ita saltem ut omnes illi qui ad familiam legati imperialis pertinent et ritu ecclesiastico Graeco utuntur, *legibus* Graeci ritus regantur; neque schisma ratio est cur hisce ritualibus legibus destituantur.

AD QUAESITUM 2^m R. 1. Cleomenis amicus recte monebatur sibi 114 non licere confirmationis recipiendae causa schismaticum presbyterum adire — est enim communicatio in sacris graviter illicita: videtur tamen fuisse valida, quia generalis ista commissio, quae etiam in schismaticis presbyteris perdurat, non videtur restricta esse ad certum hominum numerum qui sub cura spirituali confirmantis sint constituti, quippe quos rite ille habeat *nullos*.

R. 2. Cum non agatur de sacramento per se necessario, licuit sane confirmationem differre atque etiam diutius exspectare, si spes erat postea habendi sacerdotem Graeco-unitum a quo recipi posset confirmatio. Nam Ecclesia ne in ipsis quidem fidelibus laicis optat ritus permisceri.

R. 3. Nihilominus, si per longum tempus spes illa non aderat, melius omnino erat amico illi recipere sacramentum ritu Latino quam illo carere. Et quamquam hanc rituum permixtionem Ecclesia hucusque ad casus necessitatis restrinxerat, diuturna carentia necessitatem quandam constituit. Nunc vero, cum *Leo XIII* quoad confessionem et communionem eam etiam ad solos casus devotionis extenderit, quando cum difficultate tantum ecclesia proprii ritus possit adiri, id similiter de confirmatione sumere plane licebit. Cf. Const. „Orientalium dignitas" d. d. 30 Nov. 1894, n. II in *Acta S. Sedis* XXVII, 58. 260.

115   Ad quaesitum 3ᵐ R. Casus ille comprehenditur ex paritate causae iis quae tractat Benedictus XIV in Const. *Etsi pastoralis* circa obstinationem aliquot Graeco-Italorum potius carendi confirmatione quam eam non accipiendi a *suis presbyteris,* quibus videlicet summus pontifex potestatem abstulerat. „Monendi sunt," ait, „ab ordinariis locorum eos gravis peccati reatu teneri, si, cum possunt ad confirmationem accedere, illam renuunt ac neglegunt." Quod Cleomenis amico applicandum est. Eiusmodi enim agendi ratio contemptum continet gravem ecclesiasticae auctoritatis et legis: quapropter in hoc casu peccatum mortale aestimari debere satis patet.

OBLIGATIO SUSCIPIENDAE CONFIRMATIONIS.

Casus. (32)

Leodegarius parochus, instante occasione confirmationis ab episcopo administrandae, inquirit qui nondum sint confirmati. Inter quos complures vetulas matronas, viros adultos et spectatos, qui, cum monentur ut etiam se praeparent et accedant, pudore suffunduntur quod inter pueros debeant incedere atque etiam cum illis — id quod parochus postulat — instructionibus praeviis assistere: quare renuunt ad confirmationem accedere, volunt tamen ss. eucharistiam sumere. Verum ob hanc causam parochus eos non absolutos dimittit.

Quaeritur 1° quae sit obligatio suscipiendae confirmationis.
2° rectene parochus egerit.

Solutio.

116   Ad quaesitum 1ᵐ R. 1. Distingui potest obligatio per se et obligatio per accidens. Per accidens gravis potest esse obligatio, si neglectus suscipiendae confirmationis aut scandalum generat aut contemptum vel Ecclesiae vel tanti sacramenti sapiat, ut modo dictum est casu praecedenti in fine. Praeterea in theoria similiter gravis obligatio statuitur pro eo qui propter animi debilitatem atque externa fidei et virtutum pericula singulare auxilium gratiae per confirmationem accipiendum sibi necessarium esse iudicat. Verum, cum alia etiam media ac praesertim generale orationis medium adsit, id practice vix obtinebit.

R. 2. Obligatio quae *per se* dicitur sitne gravis convertitur, esse aliquam saltem levem obligationem omnes fatentur. Negant gravem obligationem S. T h o m a s 3, q. 72, a. 1. 8 aliique multi, cum ex sua institutione non sit sacramentum necessarium neque de *positiva* lege gravi constet. Affirmant S. Bonaventura aliique, cum hoc sacramentum non sine causa a Christo sit institutum atque grave sit, se ipsum temere tanto bono spirituali privare: quam sententiam sequitur instructio S. Congr. de Prop. Fide in appendice Ritualis Romani apposita. — Dixerim igitur de *gravi* obligatione ex se oriunda non satis constare. *Th. m.* II, 103.

AD QUAESITUM 2ᵐ R. 1. Parochus bene egit hortando et monendo omnes nondum confirmatos, ut occasione data sacramentum ne neglegerent.

R. 2. De *gravi* peccato mentionem facere censeo non fuisse satis prudenter actum. Nam etsi ipse putaverit rem esse sub gravi praeceptam, tamen 1) scire debuit id non esse extra omnem controversiam; 2) immo, etsi obiective certum esset, debebat perpendere sitne consultum eos, quos videat difficulter moveri posse, ex bona fide exturbare et in mala fide constituere, ceteroquin nihil lucraturus. Atque propterea censeo eum male egisse eos qui ex pudore nolebant ad confirmationem accedere ab absolutione repellendo. Etsi enim pudor ille rationabilis non sit, praestat nihilominus infirmos sustinere iisque indulgere quam calamum quassatum conterere.

R. 3. Vituperandus graviter est in hoc quod voluerit viros illos spectatos cogere ut cum pueris assistant instructionibus praeviis. Nam humiliatio illa fere heroica viris illis non est imponenda sine absoluta necessitate. Verum necessaria non erat. Poterant enim vel ipsi lectione instrui vel a parocho instrui separatim et privatim, idque etiam cum praetextu fundato eos profundiore modo instruendi, quam ferat captus puerorum.

DE SS. EUCHARISTIA.

DE SS. EUCHARISTIA, UT SACRAMENTUM EST.

SACRAMENTI EUCHARISTIAE MATERIA.

Casus. (33)

Ascanius sacerdos accinxerat se die Dominica ad celebrandum coram conferta multitudine. Sine perturbatione rem divinam peregerat usque ad communionem, cum ex gustu animadvertit se habuisse panem corruptum dubitatque plane de valida consecratione.

Sed eo maior evadit difficultas quod hanc solam hostiam secum sumpserat neque possit aliam habere. Haesitabundus demum mittit in domum vicinam ut frustum panis usualis sibi afferatur; qui cum sit ex secali mixto tritico, condicionate consecrat. At nova difficultas oritur in sumptione sanguinis, cum similem defectum vini animadvertat: pro remedio mittit aliquem qui ex caupona scyphum vini afferat.

Quaeritur 1° quae sit materia apta ad consecrationem.

2° rectene egerit Ascanius, an aliud ei erat faciendum.

Solutio.

Ad quaesitum 1ᵐ R. 1. Fide certum est materiam validam debere esse panem et vinum de vite: debere esse panem *triticeum* certum est neque potest sine temeritate negari. Cf. Matth. 26, 26. 29; *Instruct. pro Armenis* apud Denzinger n. 593.

R. 2. Quamdiu igitur habes materiam quae secundum usum humanum recte dicatur adhuc panis triticeus vel vinum naturale de vite, tamdiu habes materiam quae valide consecretur.

R. 3. Si panis fuerit coctus ex farina aliorum granorum quae alterius omnino speciei sunt, est materia certo inepta; quodsi dubium est num ad eandem speciem reducantur, materia dubia est; similiter inepta est farina non cocta, vel puls, vel subacta non aqua sed sat magna copia lactis vel ovorum; aut panis plene corruptus. Alias, si mutatio minima est, est materia valida; si maior, facile evadet dubia.

R. 4. Idem dicendum est de vino, scilicet: succum expressum ex uvis maturis etiam sine defaecatione materia est valida (item succus exprimi potest ex uvis passis affusa modica aqua turgentibus); vinum arte ex alia materia quoad magnam partem compositum materia est invalida, pro maiore minoreve mixtione dubia; vinum acescens, si parum incepit acescere, materia valida; si multum, fieri potest dubia vel etiam certo invalida materia.

R. 5. Verum ut liceat consecrare, non tantum debet esse materia indubia sed etiam decenter pura, nisi necessitas hac in re aliquantulum excuset. Hinc si vinum vel panis iam notabiliter coepit corrumpi, etsi non ita ut valor in dubium vocari debeat, „conficitur sacramentum, sed conficiens graviter peccat," ut dicit rubrica Missalis (De defectibus in celebr. missae occurrentibus IV, 2); quod tamen intellege, si fiat sine necessitate; si vero paululum coepit vinum acescere vel panis deterior fieri, ex minore necessitate celebrans excusari potest, quando non est penes ipsum materiam consecrationis procurare. S. Alph. VI, 207; Th. m. II, 118 sqq.

R. 6. Hostiae, sive maiores sive pro populo minores, quando assumuntur ad consecrationem, recentes esse debent; atque particulae consecratae frequenter sunt renovandae. In qua re ut vitetur omne irreverentiae peccatum rubricisque satisfiat, hostiae, cum consecrantur, numquam adhibendae sunt, si iam ultra mensem sunt confectae vel non bene conservatae; consecratae renovandae sunt infra 15 dies, nisi condicio temporis et loci frequentiorem renovationem faciat necessariam. — Si renovatio ultra mensem differtur locusque corruptioni aptus est, facile peccatur graviter. Th. m. II, 120.

R. 7. Vinum sumi debet ab hominibus omnino fidis, immo multis locis praescribitur ut a solis iuratis venditoribus ematur, eo quod hodiedum artes innumerae adhibentur in vinis adulterandis. — Pro meliore tamen conservatione ex decreto S. Off. d. 31 Iul. 1890 a Leone XIII approbato licet vino valde recenti admiscere aliquam quantitatem alcoholicam, si modo 1) spiritus alcoholicus extractus fuerit ex genimine vitis; 2) tota quantitas, i. e. ea quae iam in vino continetur et ea quae admiscetur simul sumptae, non excedat proportionem 12 % vel, si naturaliter quantitas alcoholica maior est, non ultra 17—18 %. Cf. Th. m. II, 120.

AD QUAESITUM 2^m R. 1. Ante consecrationem quidem quaevis ratio fundata dubitandi sufficit ut exsistat obligatio securiorem materiam procurandi; sed post consecrationem vel communionem, nisi *valde rationabiliter* etiam post experimentum sumptionis dubitetur, potius dubium spernendum est, maxime si non privatim celebratur sed publice coram populo isque in admirationem et fortasse in scandalum adducatur. Ergo nisi omnino gravis ratio dubitandi erat, Ascanius debuit progredi.

R. 2. Sed exsistente re ipsa gravi dubio, sane debuit assumi materia certa eaque *sub condicione* consecrari: S. Alph. VI, 206. Quare si deerat alia materia, potuit et debuit Ascanius assumere frustum panis usualis tritici. Nam etsi haec forma alias est ex lege Ecclesiae graviter illicita, in casu *perficiendi sacrificii* praevalet lex divina et deficiente alia materia sumi debet quaecumque sit valida. — Idem dicendum est, si haberi non poterat panis pure triticeus, si modo mixtio cum secali erat modica.

121   R. 3. Si vero mixtio cum secali vel altera specie erat notabilis, materia erat vel dubia vel certo invalida; hinc inepta ad sacrificium dubium complendum; quare in eo casu, etsi dubia tantum fuerit materia, Ascanio non licuit eam assumere, sed, meliore quo poterat modo, suam missam absolvere et sacrificium in eo statu eaque condicione relinquere debuit quo erat. Si igitur Ascanius *secundo* assumpsit materiam *dubiam* et ob hanc rationem *condicionate* consecravit, male egit, cum deberet omnem consecrationem omittere; sed condicionate consecrare debuit, non absolute, si habuit materiam certam, ex hac causa quod de nullitate prioris consecrationis non constabat, *secundo* autem consecrare non licuit, sed tantum in hypothesi quod prima vice consecratio fuerit invalida seu *nulla*, licuit nunc demum consecrationem peragere.

R. 4. Quoad defectum vini similiter dicendum est. In quo si defectus oriebatur ex vini corruptione seu acescentia, non ex eo quod loco vini alius plane liquor assumptus erat, valde dubito num dubium Ascanii ita fuerit fundatum ut de valore consecrationis *legitime* dubitaret; nam ut desinat esse vinum, non sufficit aliqua etiam notabilior acescentia, sed omnino magnus gradus requiritur. — Quod multo magis observare debuit, quia vinum ex caupona allatum vix erat securius.

R. 5. Immo in hodiernis condicionibus existimo, nisi caupo possit certo fidem dare vinum suum esse vere de vite substantialiter integrum, tantum exsistere dubium de valore eiusmodi vini, ut non liceat in eo consecrare, atque in casu dubii nostri Ascanii consultius fuisse, immo obligationem rem, ut erat, relinquere, non vero dubio dubium addere seu consecrationem duplici dubio involvere.

MATERIA IN NECESSITATE.

Casus. (34)

Sebastianus parochus cum sat magno numero parochianorum peregrinationem ad certum sanctuarium instituit, ubi omnes optant sacro interesse. Sed deest panis et vinum pro sacrificio. Solummodo inveniuntur orbiculi, quibus uti solent ad sigillandas litteras, et aliquot uvae maturae. Sebastianus statuit assumere unam ex illis orbiculis, et unius uvae succum exprimere in calicem, quo populi devotioni satisfaciat.

Quaeritur 1° num recte Sebastianus egerit.

2° quid, si inter peregrinantes aliquis succubuerit et in periculo mortis viaticum cupiat recipere.

Solutio.

122   Ad quaesitum 1ᵐ R. 1. Quod pertinet ad orbiculos illos sigillandis litteris destinatos, si fuerint colore tincti, erant hoc ipso materia dubia ac proin graviter illicita. Idem dic, si, utcumque fuerint confecti, non erat extra dubium positum num fuerint confecti ex farina tritici an pomorum terrestrium.

R. 2. Solum si constabat eos, colore non tinctos, esse confectos ex triticea farina, licuit experimentum sumere, num constet de non-corruptione; nam si a longo tempore confecti erant, de corruptione rationabiliter timeri debuit. Si igitur *constabat* de non-corruptione, puto in istis adiunctis licuisse eam formulam adhibere etiam solius devotionis causa.

R. 3. Quoad mustum ex uvis maturis nunc expressum dubitari nequit de valore; sed extra veram necessitatem est materia illicita, cum rubrica Missalis l. c. IV, 2 dicat: „Si fuerit . . . mustum de uvis nunc expressum . ., conficitur sacramentum, sed conficiens graviter peccat." Quare ad solam devotionem populi iuvandam, etsi grave ei fuerit omitti sacrum, non puto licuisse mustum illud adhibere.

R. 4. Si vero agebatur de sacro die ex praecepto festivo audiendo, putaverim licuisse mustum adhibere, non tamen ex obligatione debuisse ita agi.

Videlicet ratio cur videatur licere est quia lex prohibens mustum ut materiam non decentem probabili explicatione sumi potest prohibens in circumstantiis ordinariis, non in iis insolitis circumstantiis in quibus propter defectum alius materiae indecentia naturaliter minuatur vel auferatur. — Cur autem tantummodo liceat, non simul sic agendi obligatio sit, ratio haec est quia explicatio illa nonnisi probabilis est; probabili autem ratione nemo cogitur ad neglegendam unam legem, ut alteram impleat, si utraque est positiva lex humana.

Ad quaesitum 2^m R. In periculo mortis, quando agitur de dando viatico alias datu impossibili, censeo plane Sebastianum debuisse celebrare, sive cum formula illa si quam panem triticeum esse satis constet, sive cum musto nunc recenter ex uvis expresso. Nam materiam illam ne quis adhibeat est lex Ecclesiae positiva, quae in casu necessitatis viatici motivo destituitur, et quae a lege divina viatici vinci debet. Nam si lex humana et divina inter se collidunt, lex divina generaliter debet praevalere.

MATERIAE DECENTIA.

Casus. (35)

Sebaldus sacerdos, hospes apud parochum alienae ecclesiae, cum celebrat, in offertorio ministro ex lagena vinum infundente in ampullam, animadvertit vinum turbidum et faeculentum esse et in statu quo incipiat acescere; hostias in sumptione ex gustu iudicat satis vetustas atque interrogans postea sacristanum comperit eas a sex mensibus et ultra esse confectas.

Quaeritur 1° num recte egerit pergendo in sacrificio missae.
        2° utrum sequenti die denuo liceat ipsi ita celebrare an aliter providere sibi debeat.

Solutio.

Ad quaesitum 1^m R. 1. Quoad vinum parum acescens, ut in nostro casu erat, S. Alph. VI, 207, q. 1 dicit: „Vinum parum acescens, deficiente alio vino, adhibere licet sine scrupulo"; quod ex paritate causae vel magis etiam ad vinum aliquantulum faeculentum applica. — Benedictus XIV *notific.* 77 expresse excusat hac in re eos qui in aliena ecclesia celebrant, aut quibus cura vini non incumbat, cum difficulter aliud vinum habere possint. Recte igitur Sebaldus eo usus est.

R. 2. De pane vetustiore cum solum in communione notitiam sumpserit, certe nihil facere potuit, sed debuit pergere, cum ex supposito valor in quaestionem non veniret.

Ad quaesitum 2^m R. 1. Si de vini defectu quaeritur, censeo incommodo illo quod Sebaldo oriretur ex reprehensione parochi et ex offensa quam incurreret quaerendo aliam ecclesiam Sebaldum satis excusari, ut sine scrupulo etiam sequentibus diebus simili vino uti sibi liceat.

R. 2. Si vero quaeritur de pane orbiculari iam a sex mensibus confecto, exsistit decretum *S. R. C.* „An casu quo rector sive pastor ecclesiae praxim illam approbet [scil. adhibendi panes a tribus mensibus in hieme vel a sex mensibus in aestate confectos] nec velit eam relinquere, alii sacerdotes in eadem ecclesia inservientes possint tuta conscientia in hoc pastori obsecundare, utendo praefatis speciebus?" R. „Negative. Atque ita servari mandavit": v. *Decr. auth.* n. 2650, ad I, 2. Quare dicendum est Sebaldum vel monere debere pastorem vel, si hoc inutile fuerit, eius offensa non obstante, alibi celebrare aut sibi aliunde procurare hostiam, ne in re adeo gravi legem Ecclesiae infringat. *Th. m.* II, 120.

PARTICULA DUBIE CONSECRATA.

Casus. (36)

Solanus, cum in missae celebratione ad elevationem pervenerit, obstupefactus observat a sacra specie quam manibus tenet decidere in corporale parvam hostiam, alteramve parvam hostiam conspicit prope calicem iacentem; aderant re ipsa duo communicaturi qui volebant ss. sacramentum sumere, Solano id nesciente. Solanus eos remittit, particulas vero ut dubie consecratas ipse post sumptionem s. sanguinis consumit. Postea interrogatione facta comperit a ministro unam particulam appositam fuisse in patena, quae sine dubio Solano non advertente maiori hostiae leviter agglutinata adhaesit et postea soluta est; altera particula allata erat ad „Sanctus" et, Solano pariter non animadvertente, in corporali posita.

Quaeritur 1° fuerintne particulae illae consecratae.

2° licueritne Solano advertenti eas consecrare.

Solutio.

Ad quaesitum 1^m R. 1. Quoad alteram particulam inscio Solano in corporali positam dici debet eam consecratam non fuisse; quoniam nullo modo sacerdos habuit consecrandi intentionem; quod enim plane nescitur, consecrari non intenditur.

Solummodo si Solanus dubitans num forte, se non advertente, particulae allatae sint intentionem efformasset, consecrandi quidquid in corporali exsisteret, dicendum esset particulam et hanc et alteram fuisse consecratam. Verum ita intendere neque ultra attendere, utrum re ipsa aliquid in corporali existat annon, generatim neque decet neque licet.

R. 2. Quoad priorem illam particulam maior esse potest dubitatio. Pro parte affirmativa, scilicet particulam illam esse consecratam, afferri poterit analogia cum dispositione Missalis, quo clare edicitur, si sacerdos putans se tenere unam hostiam in manibus, teneat duas, dum verba consecrationis pronuntiet, *utramque* esse consecratam. In nostro igitur casu sacerdos cum maiore hostia simul tenuit minorem adhaerentem; ergo videtur eam simul cum illa consecrasse. Atque id re ipsa probabile esse existimo. Verum non existimo id esse plane certum, cum non plane eadem sit condicio, ac si sacerdos duas maiores hostias manu tenet, putans esse unam. In hoc ultimo casu omnem materiam videt et tenet immediate in se atque hanc ipsam materiam quam immediate tenet volens consecrat. In priore casu immediate tantum tenet maiorem hostiam, minorem solum concomitanter et per maiorem illam cui leviter adhaeret, idque nescius. Quare dubium concipi potest utrum voluerit solum id quod immediate in manibus habet consecrare an omne quod *cum illa* tenet: nisi forte *expressam* formaverit voluntatem consecrandi quidquid quocumque modo sit coram se.

Existimo igitur generatim in eiusmodi casu hostiam esse dubie consecratam et ut talem reverenter esse tractandam.

R. 3. Recte autem Solanus utramque illam minorem hostiam ut dubie consecratam habuit et tractavit, cum ne ampliorem quidem inquisitionem in ipso sacro instituere potuerit.

AD QUAESITUM 2^m R. 1. Si priorem illam particulam quae ab initio in patena adfuerat, etsi sacerdote inscio, sacerdos ante consecrationem animadvertisset, puto omnino eam licite potuisse consecrari, etsi dubie tantum (ex defectu intentionis) fuerit oblata. Nam cum in hoc casu probabiliter oblata et totius actionis liturgicae intentio ad eam etiam directa esset, non erat ratio certo prohibens quae eam tamquam serius allatam a consecratione excluderet.

R. 2. De posteriore particula quae ad „Sanctus" afferebatur, aliter dicendum est. Erat immediate quidem *ante* canonem; hinc causa gravior, etsi non absolute gravis (quae incepto iam canone requiritur) necessaria erat. Sed communio unius alteriusve iam ex eo causa gravis non erat, quia sacerdos poterat pro uno alterove communicaturo particulam ex *sua* hostia desumere. Et re vera in nostro casu ita agens melius fecisset quam communicaturos illos remittens.

Si vero particulae illae immediate post offertorium afferuntur, causa rationabilis sufficit ad eas assumendas, oblatione mentaliter suppleta. Quare in tali casu potest quidem sacerdos reiectis particulis illis ex sua hostia pro communione detrahere, potest tamen allatas particulas assumere et consecrare. *Th. m.* II, 126.

CIBORIUM EXTRA CORPORALE RELICTUM.

Casus. (37)

Cum in missione magna pars populi communionem exspectat, deficientibus hostiis consecratis Publius modo celebraturus monetur ut ciborium quod minister allaturus sit consecret: quod annuit.

Ad evangelium minister quidem affert ciborium, sed Publius distractus nihil videt neque cogitat de ciborio, dum post peractam consecrationem panis animadvertit ciborium prope corporale collocatum. — Missionarius autem, utraque consecratione vix finita, ciborium quod pro consecrato habet assumit, exspectantem populum communicaturus.

QUAERITUR 1° sintne particulae in ciborio contentae consecratae.

2° quid, si minister ciborium in ipso corporali posuerit.

3° particulas consecratas liceatne statim post consecrationem populo distribuere.

Solutio.

AD QUAESITUM 1^m R. 1. Res acriter controvertitur, cum omnia pendeant ab interpretatione intentionis sacerdotis celebrantis. Cum enim expressa et explicita intentio in consecratione non adfuerit, cogimur conicere quousque implicite et virtualiter voluntas consecrandi se extenderit.

Aliqui igitur dicunt: voluntas ante missam concepta absoluta erat eaque virtualiter perduravit in eo qui statim ad celebrandum se accinxerit; laesio autem rubricarum accidentalium hanc voluntatem non immutavit, sed concomitans atque involuntaria fuit.

Alii dicunt voluntatem illam ante missam conceptam fuisse quidem propositum consecrandi seu adiungendi ad materiam missae essentialem aliam accidentalem; sed propositi exsecutionem, quamquam ex oblivione, defuisse. Exsecutionem propositi debuisse saltem esse inchoatam per voluntariam assumptionem illarum particularum tamquam materiae liturgicae actionis; quam assumptionem adesse quoad maiorem hostiam ex ipsa oblatione reliquisque actionibus, quoad materiam accidentalem debere aliquo demum actu intra ipsam actionem liturgicam assumptionem fieri.

R. 2. Quoniam igitur res certa non est, practice in casu, quo ciborium relictum est extra corporale neque a sacerdote animadversum *intra* ipsam missam, particulae pro dubie consecratis habendae sunt.

R. 3. Si autem *intra Missam* sacerdos advertens ciborium voluit consecrare, etsi dein extra corporale ex oblivione reliquit neque quidquam de eo in ipsa consecratione cogitavit, rationabile dubium de consecratione rite peracta non exsistit. — Similiter, si sacerdos ante missam, cum moneretur a sacristano, absolutam conceperit voluntatem consecrandi, ubicumque in altari ciborium fuerit positum atque relictum, etiam extra corporale. At hanc expressam voluntatem eum habuisse sumi nequit, sed debet probari.

AD QUAESITUM 2ᵐ R. Si ciborium a ministro in corporali positum fuerit, communis sententia est particulas in ciborio esse consecratas. Nam ex una parte sacerdos ab initio habuit voluntatem consecrandi eamque intra ipsam liturgicam actionem non potuit non reassumere, cum in offertorio (explicans totaliter corporale) aliisve actionibus satis superque ciborium, si minus reflexe, tamen directe advertere debuerit. Practice igitur particulae ut consecratae erunt distribuendae.

AD QUAESITUM 3ᵐ R. 1. In nostro casu omnino non licuit missionario particulas distribuere. Prohibendus erat a Publio, quippe qui eas dubie tantum consecravisset.

Neque licuit condicionate statim repetere verba consecrationis, sicut licuisset, si panis consecratio simpliciter et universim, i. e. etiam consecratio hostiae maioris, fuisset dubia. Cum enim in nostro casu formula maior pro sacerdotis communione rite consecrata esset, nova consecratio novum sacrificium inchoasset — quod facere est illicitum.

R. 2. Sed neque, quando particulae pro communione populi rite consecratae sunt, licebit eas statim post consecrationem distribuere. Ex eodem sacrificio enim prior omnino sacerdos celebrans communicare debet, dein reliqui. Solummodo particulae *praeconsecratae* possunt intra missam ab alio sacerdote, si res urget, e tabernaculo extrahi et fidelibus pro communione distribui. At si de necessitate viatici ageretur, censeo licere, deficientibus particulis praeconsecratis, ex particulis nunc consecratis ante celebrantis communionem aliquam particulam ab alio sacerdote ad moribundum deferri, saltem si de moribundo agitur, cui aliter satis secure providerei non possit.

FORMA CONSECRATIONIS EIUSQUE DEFECTUS.

Casus. (38)

Severinus sacerdos, parum versatus in lingua Latina, in forma consecrationis calicis vocem „hic" putabat habere sensum adverbialem, atque ita per annos celebrans pronuntiavit: dum in libro legit isto sensu verba consecrationis nullatenus esse sumenda vel pronuntianda, atque nunc dubitat de valore missarum sic celebratarum et de obligatione eas pro stipendio repetendi.

Accidit ei etiam aliqua vice ut in consecratione panis diceret „hic est" loco „*hoc*", „meu" loco „meum", vel „copus" loco „corpus"; atque etiam aliquoties omisit verba „mysterium fidei" vel „novi et aeterni testamenti".

QUAERITUR 1° quae sit forma consecrationis et quomodo enuntianda.
2° quid de variis Severini defectibus iudicandum.

Solutio.

AD QUAESITUM 1ᵐ R. 1. Verba consecratoria sunt sola verba Salvatoris quibus ipse in ultima cena usus est, et quibus nunc sacerdos nomine Salvatoris utitur: ita ut neque verba antecedentia „qui pridie etc." neque subsequens vel antecedens invocatio Spiritus Sancti, quam *epiclesin* vocant, ullo modo virtute consecrandi praedita sint vel ad consecrationis essentiam pertineant. Quod luculenter Ecclesiae doctrinam esse constat tum ex Eugenii IV *instructione* ad Armenos, tum ex proscriptione contrariae schismaticorum opinionis, quasi epiclesis illa ad consecrationem esset necessaria. *Th. m.* II, 127. 128.

R. 2. Neque illico constat omnia illa verba Christi, sicut in Missali habentur et ab Ecclesia praescribuntur, esse essentialia, ita ut quilibet in iis defectus commissus consecrationem reddat invalidam vel dubiam. Nam *certo* non est essentialis vox „enim"; neque eius omissio voluntaria peccatum veniale excedit.

Reliqua verba omnia et singula essentialia sunt in consecratione panis. In consecratione calicis certo essentialia sunt verba *hic est calix sanguinis mei* vel *hic est sanguis meus*. — De reliquis disputant sintne essentialia annon, maxime de ultimo inciso quo elementum sacrificii principale, *effusionem* dico sanguinis, enuntiatur. Tutiora igitur hic omnino eligenda sunt, ita tamen ut levior in illis verbis defectus non statim dubiam reddat consecrationem. Ex consulto autem aliquid omittere vel mutare grave peccatum est.

R. 3. Verba consecrationis re vera *assertorio*, non *mere historico* sensu enuntiari debent, seu ex intentione consecrandi, non mere narrandi.

Ad quaesitum 2ᵐ R. 1. Si re ipsa verba consecrationis calicis ita sint pronuntiata ut pronuntians *intenderit* vocem „hic" dicere adverbialiter, consecratio nulla fuit, cum verba sic concepta significent praesentiam iam exsistentem, non conversionem qua praesentia sanguinis Christi constituatur.

Verum in casu nostro intentio primaria Severini erat verba pronuntiandi mente et sensu Ecclesiae; si quo igitur ex errore subiectivo circa sensum verborum Severinus videtur etiam habuisse erroneam voluntatem seu intentionem, haec voluntas erronea secundaria videtur fuisse et inefficax, manente omnino praedominante voluntate faciendi quod facit Ecclesia simul cum forma obiective recta.

Quare de iterandis missis pro stipendio puto eum sollicitum esse non debere, sed sufficere ut intentiones missarum quas ita dixit pro cautela Deo in aliis missis *commendet*. Levior enim est ratio de valore missarum dubitandi, quam esse oporteat ut illud onus imponatur.

R. 2. De subsequenti defectu, quod scilicet etiam in consecratione panis aliqua vice dixerit „hic est", gravius dubium potest excitari.

Si Severinus demonstrative in sensu adiectivi vocem illam enuntiavit lapsu linguae et errore grammaticali, indubie valida manet consecratio. Verum si defectus ille accidit, antequam rectum sensum verborum edoctus Severinus erat, ac proin cum subiective sensum *adverbialem* in mente habuit, mea opinione consecratio dubia est. Cur non certo nullam dicam ratio est quod etiam hic dici possit praevalentem intentionem fuisse faciendi quod facit Ecclesia, atque defectum esse accidentalem. Cur autem nihilominus non dicam consecrationem certo validam ratio est quod in hoc casu re vera discrimen sit a priore. Si forma Ecclesiae manet integra, nullatenus corrupta, facile patet pronuntiantem etiam sumere *sensum* Ecclesiae; sed si forma ipsa non manet integra, sensus Ecclesiae, ut nihilominus subsit, *positiva et explicita* pronuntiantis voluntate et intentione verbis subici debet: verum id Severinus non fecit, cum positiva et explicita voluntate habuit sensum erroneum; implicita igitur intentio opposita non videtur in hoc casu rem evincere.

R. 3. Corruptiones illae „*meu*" vel „*copus*" ab omnibus considerantur accidentales, quae, sicut in communi conversatione sensum non destruunt, ita ne in formis sacramentorum quidem.

R. 4. Si sola illa verba „mysterium fidei" omissa sint, pro certa habeo consecrationem, ita ut ne permiserim quidem verborum consecratoriorum repetitionem. Vix non idem de solis illis verbis „novi et aeterni testamenti" dixerim. — Ratio est tum quia non omnia et singula illa verba in singulis liturgiis occurrunt, de quarum valore nemo dubitat, tum quia analogia cum consecratione panis suadet haec verba non esse essentialia.

R. 5. Propter omissa verba alia „*qui . . . effundetur etc.*" rationabilior concipi potest dubitatio. Quare non reprehendam ullo modo eum qui ex hac ratione repetat consecrationem calicis; sed neque eum qui non repetens procedat. *Th. m.* II, 129.

ASSERVATIO SS. EUCHARISTIAE.

Casus. (39)

Procopius amplam habet parochiam complures pagos complectentem per aliquot leucas in circuitu. Pro maiore commodo fidelium adsunt duae ecclesiae filiales ad quas parochus ante missam parochialem alternis dominicis celebraturus accedit. Quo maius habeant fideles solacium et quo facilius iis in casu morbi provideri possit, in utraque ecclesia filiali relinquit ss. eucharistiae sacramentum, clavem tabernaculi reponens in sacristia, ita ut solus aedituus rei notitiam habeat; tabernaculum vero est formae valde primitivae, sine ornatu intus et exterius, ciborium sine velo. Quae omnia Procopius ratione paupertatis excusat. Quoties autem in ecclesia filiali celebrat, simul exponit ss. sacramentum, quo compenset penuriam liturgicarum functionum quam hi fideles pati debent.

Quaeritur 1° ubi ss. eucharistia asservari debeat vel possit.

2° quae sint praecipue leges rituales de ss. eucharistiae asservatione.

3° quid de agendi ratione Procopii dicendum sit.

Solutio.

Ad quaesitum 1ᵐ R. 1. Ss. eucharistia iure asservanda est in ecclesiis cathedralibus, parochialibus, in ecclesiis regularium et sub stricta clausura viventium monialium. S. Alph. VI, 424; Marc n. 1583.

R. 2. Num praeter ecclesiam parochialem ecclesiae filiales, si adest ibi proprius sacerdos, ius ss. eucharistiae habeant consuli debet consuetudo. Schuech, *Th. past.* § 281.

R. 3. Ut autem alibi, in oratoriis communitatum vel etiam in oratoriis privatis ss. sacramentum asservari liceat, indultum apostolicum requiritur. *Th. m.* II, 132.

135 AD QUAESITUM 2ᵐ R. 1. Ante omnia praescribitur ut asservatio fiat in tabernaculo bene clauso et clave obserato. Quae clavis ex lege communi ab ipso *sacerdote* rectore vel sacrista ecclesiae asservari debet; privilegio tamen aliquando indulgetur ut in domibus religiosis vel piis institutis alia custodia tuta sufficiat.

R. 2. Tabernaculum decet esse extrinsecus prae ceteris altaris partibus exornatum; intus debet, nisi inauratum sit, serico panno albo esse ornatum.

R. 3. Pyxis seu ciborium quo ss. eucharistia continetur *debet* esse ex solida decentique materia; congruum est ut sit ex argento saltem inaurato; tegendum est serico velo albo et in corporali reponendum. De quibus omnibus vide *Rituale Rom.* tit. IV, c. 1, n. 8. 9, et *Th. m.* II. 132 cum *decretis S. Rit. C.* ibi laudatis.

136 AD QUAESITUM 3ᵐ R. 1. Bene quidem facit ut, quoties potest, populo etiam in pagis vicinis degenti in suis locis praebeat opportunitatem ss. missae sacrificii; debuit tamen saltem ab ordinario habere facultatem binandi. Haec enim non eo ipso quod diversis pagis sit praepositus sacerdoti data intellegitur, quando non plures sint parochiae sed una. De qua re cf. infra *de sacrificio missae*.

R. 2. Si hucusque consuetudo non erat asservandi ss. eucharistiam etiam in filialibus illis ecclesiis, certe Procopius non potuit proprio marte id constituere. Immo, cum non adsit proprius sacerdos qui illis ecclesiis serviat, difficulter obtinebitur asservandae eucharistiae indultum, quod ceteroquin a S. Sede erit implorandum.

137 R. 3. Etiam supposita legitima facultate asservandae ss. eucharistiae clavis custodia quam servat non est quidem ad normam legum ecclesiasticarum, si verba severe sumas; clavis enim dicitur ab ipso ecclesiae rectore custodienda esse. Verum vix non ubique consuetudo est ut in sacristia clavis servetur in loco tuto et clauso, sed conscio aedituo *fido*, quae consuetudo ratione illa nititur ut facilius a quovis sacerdote in casu necessitatis viaticum ministrari possit. Quapropter, si rector ecclesiae tali modo clavem tabernaculi servat, non potest reprehendi. Cf. Gasparri, *De euch.* n. 998—1000.

R. 4. Curari debet ut tabernaculum saltem intus habeat ornatum praescriptum, scilicet panni albi serici tegumentum; atque etiam pro posse sericum velum ciborii procurandum est: in quibus rebus non bene praetexitur paupertas. — In reliquo ornatu propter paupertatem loci et incolarum facilius aliquid potest indulgeri. Cf. *Th. m.* II, 132, notas.

R. 5. Circa expositionem ss. sacramenti videtur Procopius liberior 138 esse, quam par est. Privata quidem expositio licite fit ad arbitrium rectoris ecclesiae ex privata etiam causa: sed in hac privata expositione ciborium velatum ne extrahitur quidem e tabernaculo, sed tabernaculo aperto ciborium protrahitur in vestibulum tabernaculi — qui modus in Germania est insolitus.

Publica autem expositio in ostensorio, quod in throno collocetur, requirit consensum episcopi et causam ab eo approbatam. Si Procopius igitur extra illas expositiones, quae sive per expressum episcopi mandatum sive per communem consuetudinem dioecesis episcopo tacente permittuntur, alias instituere optat, causam ordinario exponat eiusque responsum exspectet. *Th. m.* II, 133.

LAICUS MORIBUNDO AFFERENS SS. EUCHARISTIAM.

Casus. (40)

Parocho absente cum Caius subito in periculo mortis constitueretur, mittitur pro viatico. Reccaredus diaconus, parochi cognatus, qui adest, non audet obsecundare irregularitatem usurpati ordinis sacri timens; qui timor cum expelli non posset, interea autem periculum Cai ingravesceret, aedituus ordines tantum minores habens, ne sine ullo sacramento Caius decederet, sumit sacram particulam eamque ad Caium moribundum defert.

In alio loco cum similiter in parochi absentia repente aliquis periculose inciperet decumbere, eius cognati accurrunt pro sacramentis morientium ad monasterium regularium; cuius rector non vult annuere, nisi in scriptis sibi exhibeatur testimonium medici de mortis periculo vere *instanti;* vult enim parochi, quem suorum iurium tenacem novit, querelas evitare usurpati iuris et excommunicationis contractae, quas nuper excitaverat cum alumno convictori aegrotanti sacramenta sine parocho essent administrata.

Propter eiusmodi dissidia inter parochum et regulares, ille cum aegrotaret, noluit pro sacramentis ad religiosos mittere, sed potius, deficiente alio sacerdote, ipse aegrotus se traxit ad ecclesiam ubique sibi s. viaticum sumpsit.

Quaeritur 1° quis sit minister ss. eucharistiae distribuendae.

2° quid de casibus allatis dicendum sit.

Solutio.

Ad quaesitum 1ᵐ R. 1. Minister ordinarius vi ordinis est solus 139 sacerdos; extraordinarius ex delegatione in casu necessitatis diaconus. Cf. Trid. sess. 13, c. 8 et Pontificale *ritum ordin. diac.*

R. 2. Nihilominus non quilibet sacerdos ubilibet licite ss. eucharistiam administrat; sed 1) in ecclesiis ut fiat distributio, requiritur licentia rectoris, quae tamen intra missam vel ante vel post eam censetur simul cum facultate celebrandi dari, nisi forte parochus pro communione paschali exceptionem faciat; 2) ad aegrotos ut deferatur, parochi licentia est necessaria, excepto casu necessitatis.

R. 3. Regulares suis subditis atque in suis ecclesiis etiam quibuslibet fidelibus, excepto per se die paschatis, ss. eucharistiam distribuere possunt; sed ut ad aegrotos christifideles deferant, indigent venia parochi vel episcopi; immo si sine eiusmodi venia ss. eucharistiam pro viatico deferre praesumpserint neque necessitas adfuerit, excommunicationem romano pontifici reservatam incurrunt. Cf. Const. *Apostolicae Sedis* ser. 2, § 14; *Th. m.* II, 962.

140   R. 4. Diacono, ut liceat ss. eucharistiam distribuere, requiritur commissio ex parte sacerdotis facta, cuius instrumentum sit diaconus in hac actione; quare non sufficit commissio praesumpta quae non est vera commissio, sicut potest esse licentia, sed requiritur commissio saltem tacite *data:* alioquin habetur usurpatio ordinis sacri scil. presbyteralis cui soli competit facultas distribuendi principaliter. Ut autem sacerdoti liceat diacono distributionem ss. eucharistiae committere, requiritur aliqua necessitas, non tamen gravis. Nam in vera et urgente necessitate, ne quis decedat sine viatico, ne commissio quidem necessaria est.

R. 5. Diaconus, quando ei commissa est ss. eucharistiae distributio, stolam quidem more diaconorum gestare debet; de cetero autem ritum omnem atque benedictionem cum ss. sacramento perficere debet, ut ipse sacerdos, secundum Ritualis praescripta: excipi tamen videtur benedictio quam sacerdos manu dare solet, quando in ecclesia fidelibus ss. eucharistiam non infra missam distribuerit. Cf. *Resp. S. C. ad vic. ap. Tonkin. occident.; Th. m.* II, 140.

141   Ad quaesitum 2^m. Ad *primum* casum R. 1. Reccaredus male intellexit suam potestatem et timuit, ubi non erat timor. Commissio sacerdotis utique requiritur in ordinaria necessitate vel in rationabili incommodo quo sacerdos ipse impediatur; sed in casu viatici, ubi lex divina sumendae eucharistiae urget, magis etiam quando impossibile erit moribundo alia sacramenta recipere, non solum potuit, sed debuit ss. eucharistiam ad moribundum deferre. Re igitur obiective considerata graviter defuit officio suo. *Th. m.* II, n. 135; Marc 1535.

R. 2. In casu proposito, quo Reccaredus moveri non poterat ut deponeret scrupulum, puto reprehendendum non esse aedituum quod ipse meliore quo posset modo moribundo succurreret, maxime si Caius sensibus destitutus ad actus proprios, caritatis et contritionis, excitari non posset. Alias quidem, si summam necessitatem excipis, omnino est contra hodiernam ecclesiae disciplinam, ut laicus vel qui sacrum diaconatus ordinem nondum habet, eucharistiam distribuat. *Th. m.* II, 136; Marc l. c.; Gasparri n. 1080.

142   Ad *secundum* casum R. 1. Quod rector monasterii testimonium medici postulavit scripto exhibendum in enarratis circumstantiis prudens quidem erat cautela, si modo periculum moribundo non sit creatum decedendi sine viatico. Nam si res ita erat, debuit ineptas querelas spernere; salus enim moribundi suprema lex est quae vincere debet inanem timorem iurium personalium violandorum.

R. 2. Parochus autem, quod iura sua laesa putavit administratione sacramentorum erga alumnum convictorem, excessit in adserendo iure suo. Superior enim regularium munus quasi-parochiale habet non solum in suos religiosos, sed etiam in familiares omnes, quibus accensendos esse alumnos convictores tum ex se probabile est, tum ex variis privilegiis ad removenda efficacius dubia expresse est collatum. Quare haec sacramentorum administratio nullatenus tangit excommunicationem supra notatam. *Th. m.* II, 136. 396; Gasparri n. 1073.

Ad *tertium* casum R. 1. Dissidium illud quod excitatum erat inter parochum et regulares illius civitatis, tantum abest ut sit ratio cur censeatur sacerdos qui ministret ss. eucharistiam deesse, ut potius sit ratio tollendi dissidii et auferendi scandali quod fideles ex eiusmodi dissidio facile sumunt.

R. 2. Verum si re ipsa magna erat difficultas advocandi aliquem sacerdotem, lex, ne quis sibi ipse sumat communionem, non obstabat quominus *sacerdos* etiam devotionis causa communicaturus sibi ss. eucharistiam sumere possit. *Th. m.* II, 136; S. Alph. VI, 238; Baller.-Palm. tr. X, sect. IV, n. 93; Marc n. 1534 etc.

ADMINISTRATIO SS. EUCHARISTIAE. — FREQUENS COMMUNIO.

Casus. (41)

Bonfrerius, importunae devotionis osor, devotulas severe tractat, si quando infra hebdomadam s. communionem petunt, per horam et amplius rem differt, dein mussitans se confert in ecclesiam, ut excipiat confessionem, quam cuilibet communioni ut praemittant postulat; tam frequentem communionem non esse loci consuetudinem saepe dicit, neque eam congruere laboribus rusticanis quibus parochiani sui sint addicti; qui eximiam pietatem colant posse quovis mense accedere, alioquin quater in anno; se satis superque sibi gratulari, si ille mos in sua parochia retineatur atque promoveatur.

Quaeritur 1° quae sit obligatio administrandi ss. eucharistiam.

2° quid iudicandum sit de agendi ratione Bonfrerii.

3° quae dari possit brevis regula de frequentiore communione.

Solutio.

Ad quaesitum 1ᵐ R. 1. Qui ex officio suo curam animarum suscepit, suis subditis tenetur sacramenta atque imprimis ss. eucharistiam ministrare, quoties rationabiliter petunt, ita tamen ut *rara* negatio vel dilatio, quando necessitas eiusque suspicio nulla est, non gravis sed venialis officii laesio sit.

R. 2. Qui ex officio ad curam animarum non tenentur (idem dic de parocho relate ad fideles extraneos), obligationem habent ex sola caritate: hinc ut ii sub gravi sacramenta administrare teneantur, requiritur in petente vel subiecto gravis necessitas atque quoad ministrum deficientia alterius ministri qui ex officio teneatur suoque officio satisfaciat.

Ad quaesitum 2ᵐ R 1. Si quae re ipsa indiscretam devotionem prae se ferant, has corrigere bonum est, sed ne hae quidem cum asperitate tractandae sunt. Indiscreta devotio autem est, si propter pietatis officia non praecepta obligationes re ipsa urgentes neglegantur, vel si externa pietatis officia sine debita dispositione exerceantur. Sed ita se rem habere in nostro casu ex iis quae narrantur non apparet.

R. 2. Infra hebdomadam s. communionem petere ex se nondum est devotio indiscreta. Immo, ut ex decreto Innoc. XI d. d. 12 Febr. 1679 patet, ne cotidiana quidem communio ex hoc solo prohiberi potest, quod qui petant matrimonio sint iuncti saecularibusque negotiis occupati; sed unice habitualis animae puritas atque actualis dispositio et praeparatio a confessario diiudicanda norma esse debet ad concedendam negandamve s. communionem.

Nisi igitur Bonfrerius una tantum alterave vice experimenti causa, ut probet cuius spiritus sint illae devotae, ita aspere agat sed saepius, graviter deest suo officio. Nam si personae illae dignae non sunt frequentiore communione, male agit eas post horam admittendo; si dignae sunt, ius non habet eas propter hanc pietatem adeo vexandi. Una autem alterave vice etiam sine causa officium suum denegare Bonfrerio veniale peccatum erit.

R. 3. Item excedit Bonfrerius ius suum, si postulat ut quavis vice confessio communioni praemittatur. Qui enim conscientiam suam puram servavit non tenetur denuo confiteri, sed sine confessione ad s. eucharistiam accedere potest. Consulere tamen potest confessarius vel pro munere suo dirigendi conscientias iniungere, non tamen severo praecepto, ut octavo quoque die ad confessionem accedant qui aliquoties in hebdomada s. communionem sumere velint.

146 Ad quaesitum 3^m R. Regula illa de communione menstrua vel de communione ter quaterve in anno suscipienda bona quidem est, si ordinariam vitam populi christiani spectas; et re vera contentus esse parochus potest, si in sua parochia nemo sit qui non ter quaterve in anno, quam plurimi qui quovis mense ad s. communionem accedant.

Sed hac regula minime concluditur *christiana perfectio*.

Nam 1° *menstrua* communio nemini neganda est qui singulis vicibus bene sit dispositus, i. e. a peccato mortali immunis vel per sinceram confessionem et absolutionem ab eo purgatus.

2° *Hebdomadaria* communio non est deneganda immo suadenda
a) iis qui, gravibus tentationibus obnoxii, his serio resistunt, etsi interdum labantur, ut scilicet frequenti sumptione ss. eucharistiae fortiores evadant;

b) iis qui habitualiter se immunes servant a gravi peccato et aliquem serium conatum contra venialia peccata adhibent.

3° *Frequentior* etiam communio iis concedi potest neque petentibus iure potest negari qui, cum se a gravi peccato immunes servent, tum maiorem etiam conatum contra venialia adhibent, ita ut deliberata peccata non *soleant* committere perfectionique insistant. Quo magis serius ille conatus fuerit, eo frequentior communio concedi potest.

4° Quodsi non peccata solum sed etiam pravi affectus strenue impugnantur atque fervens sit desiderium verusque conatus sequendi Christum pauperem, dolentem, abiectum: non est ratio cur *cotidiana* communio denegetur: *Th. m.* II, 156, ubi normam habes a S. Congr. approbatam.

S. *Alphonsus* circa communionem statuit 1° hebdomadariam communionem esse concedendam iis qui peccata mortalia vitare soleant; 2° frequentem iis qui peccata venialia plene deliberata vitare soleant atque mediis perfectionis assequendae utantur: „Cum anima nullo iam detinetur affectu ad rem sub veniali prohibitam, a venialibus plene voluntariis sese abstinet, et insuper orationi ac mortificationi passionum ac sensuum sese applicat, tunc ipsi confessarius potest concedere ut ter, quater, immo et quinquies in hebdomada communicet"; 3° cotidianam iis qui perfectioni assequendae multum insistant atque magno communionis desiderio teneantur. Cf. M a r c n. 1579 sqq.; G a s - p a r r i n. 1139.

Patet igitur regulas supra datas easdem fere esse quas S. Doctor proposuit: Solum id effero: ut regulariter concedatur communio in hebdomada quinquies vel quater, plus perfectionis requiri, quam ut concedatur bis vel ter.

S. *Franciscus Salesius* paulo severius loquitur. At attendas velim illius temporibus frequentationem s. communionis iacuisse et paulatim tantum resuscitatam esse, ita ut menstrua tantum communio pro monialibus a patribus Tridentinis praescriberetur (sess. 25 de ref. reg. c. 10), hebdomadaria pro valde frequenti communione haberetur — quod nunc nemo amplius pro norma habeat. Hinc S. Doctor optat hebdomadariam laicorum communionem, si modo immunes sint et a peccatis mortalibus et *ab affectione ad venialia.* — Pro frequentiore igitur communione etiam maiorem exigit fervorem in positivo virtutum exercitio seu Christi imitatione. E s p r. d e S. F r. S a l., *Abrégé* t. 1, chap. 9, art. 1.

AD FREQUENTEM COMMUNIONEM DISPOSITIO.

Casus. (42)

Gerardus neo-presbyter, cum legerit regulas de frequenti cotidianaque communione a sanctis exaratas, sese reperit alienum ab illa animi puritate, eo quod venialibus peccatis multis immersus sit, immo etiam de gravi lapsu aliquoties facto rationabiliter timet neque perfectionis studium ullum in se deprehendit. Quoniam vero sacerdotis celebrantis potius maior debet esse puritas quam laici communicantis, decernit praeter dies dominicos et festivos non amplius celebrare, ne nova peccata addat.

Onuphrius e contrario, cum sibi dicat quam plurimos esse sacerdotes cotidie celebrantes qui a venialibus peccatis nullatenus caveant sed contenti sint immunitate a peccato gravi, facile sibi conciliat coronam feminarum quas docet saepius in hebdomada ad s. communionem accedere, id unum cavendum esse ne cum peccato mortali accedant; quodsi acciderit eiusmodi peccatum, confessione antea delendum esse.

Quaeritur uter recte iudicaverit.

Solutio.

R. 1. Gerardus rationibus illis quas perpendit recte quidem se ipse stimulaverit ad maiorem fervorem atque, si se adeo a puritate per se debita alienum viderit, recte sese humiliet divinumque auxilium ad vincendas pravas inclinationes imploret. Verum quod inde concludit sibi a celebranda missa abstinendum esse, in hoc recte non agit.

Peccatum enim quod committatur frequentiore accessu ad ss. eucharistiam sine debita animi puritate, ex irreverentia qua ss. eucharistia afficiatur est desumendum. Verum quoniam haec irreverentia non tam positiva quam negativa, i. e. absentia maioris reverentiae, sit: ille defectus aliunde compensari potest; et revera compensatur utilitate publica quae ex munere sacerdotali atque ss. missae sacrificio in totam influit Ecclesiam. Unde communis est theologorum opinio, sacerdotem sine novo peccato celebrare atque etiam cotidie celebrare posse, si modo se conservaverit in statu gratiae, etiamsi non ea animi puritate niteat quam cotidiana s. communio per se postulet.

R. 2. Si quando autem Gerardus infelici casu graviter lapsus sit, maxime si fuit peccato contra castitatem, eodem die celebrare, nisi necessitas quaedam urgeat, etiamsi per confessionem Deo reconciliatus sit, consulendum non est: immo id per se non videtur a veniali peccato irreverentiae immune esse (*Th. m.* II, 158). Attamen nostra aetate facile aderit causa excusans, videlicet quod abstinere a celebratione, nisi ratio *appareat*, facile excitat admirationem et suspicionem.

R. 3. Onuphrius contrario excessu peccat, si normam sacerdotis sacrificium offerentis transfert ad communionem laicalem. In hac enim, quae nullatenus est actio publicae utilitatis, sola privata utilitas et privata dispositio respicienda est. Male igitur agit, si feminas quae garrulitate aliisque defectibus, licet non gravibus, male alios aedificant ad adeo frequentem communionem admittat. Nam pro locorum circumstantiis eiusmodi levibus personis indiscriminatim ne hebdomadariam quidem communionem debebit permittere, nisi seriam ostendant emendationem.

R. 4. In casu autem quo per non-accessum ad s. communionem alicui grave incommodum vel etiam gravis suspicionis periculum oriatur, facilius ei qui non est simpliciter indignus, accessus ad s. mensam permitti potest. Quod in communitatibus, quando omnes ex regula accedere solent, facilius in quaestionem venit.

OBLIGATIO SUMENDAE SS. EUCHARISTIAE.

Casus. (43)

In communi aliqua clade complures graviter afflicti in publicum nosocomium transferuntur de quorum salute mox desperatur: inter quos est Carolus puer novennis, Iulius vir qui a viginti annis sacramenta non recepit atque nunc imperfecte tantum statum suum et peccata manifestare potest,

Paulus qui ante quattuor dies, Petrus qui hoc ipso die sanus ss. eucharistiam sumpsit. Quibus omnibus parochus s. viaticum denegat, contentus, s. unctione eos donari.

Quaeritur 1° quae sit obligatio suscipiendae ss. eucharistiae.
2° quid ad singulos casus dicendum sit.

Solutio.

Ad quaesitum 1^m R. 1. Iure divino necessaria est ss. eucharistiae 150 susceptio, ne fideles inter tentationes et difficultates huius vitae vitam supernaturalem amittant. Quae obligatio urget aliquoties in vita, maxime circa vitae finem. Lex ecclesiastica declaravit necessitatem sumendae ss. eucharistiae quotannis tempore paschali.

R. 2. Haec necessitas restringitur ad eos qui, annos discretionis adepti, tentationibus et difficultatibus possunt esse obnoxii; ideoque ad infantes non extenditur.

R. 3. Immo aetas discretionis largius sumi potest pro aetate, qua pleniorem caelestis panis cognitionem habent, et pro variis regionibus atque consuetudinibus computatur a nono usque ad decimum quartum annum, ita ut intra hanc aetatem ordinaria obligatio determinari possit a parocho vel episcopo vel usu. Verum obligatio extraordinaria pro tempore mortis aderit quacumque aetate, quam primum non plena quidem, sufficiens tamen cognitio huius ss. sacramenti habetur.

R. 4. Extraordinaria obligatio saepius sumendae eucharistiae adesse potest ex gravi infirmitate spirituali, quam quis se superaturum non sperat nisi frequentiore ss. eucharistiae usu. Quae obligatio invito raro imponenda vel potius explicanda est, cum demum alia media spiritualia adsint quibus quis, si velit, gratias divinas necessarias sibi conciliare iisque fideliter uti possit. *Th. m.* II, 148.

Ad quaesitum 2^m R. 1. Quoad Carolum, puerum novennem, male 151 fecit parochus denegando s. viaticum. Nam etiamsi Carolus ad primam s. communionem nondum sit admissus, iure divino ante finem vitae ss. eucharistiam sumere debet, si modo sciat vel instrui possit quid sit ss. eucharistia. Quare si sufficienter instructus nondum fuerit, parochi erat non denegare ss. eucharistiam, sed Carolum praeparare, ut cum fructu percipere posset. *Th. m.* II, 147; M a r c n. 1573; S. A l p h. VI, 301 *dub.* 2; S u a r e z disp. 70, s. 1, n. 5; L u g o, *De euch.* d. 13, n. 37.

R. 2. Quod Iulius a viginti annis officia christiana adeo neglexerit, non est ratio cur nunc in periculo mortis ea etiam neglegere debeat; sed maior ratio cur parochus omnem conatum adhibeat, ut nunc demum cum Deo atque Ecclesia reconcilietur. Quare si sincerum dolorem ostendit atque voluntatem ss. eucharistiae pro viatico accipiendae, imperfecta confessio non impedit a s. communione. Sufficit in illis angustiis, ut Iulius faciat quod possit, idque humano modo sine nimia virium contentione, et ut velit, si postea melius possit, supplere. Si autem aliquod scandalum removendum vel reparatio facienda sit, ut hoc fiat optimo quo possit modo, ante s. viaticum, parochus curare debet.

R. 3. Non satis recte egit parochus etiam Paulo denegando ss. eucharistiam pro viatico eo quod ante paucos dies ss. eucharistiam sumpserit. Nam si ex morbo, qui iam ante dies latuit et quasi praeparatus erat, Paulus nunc in grave vitae periculum coniectus esset, obligatio quidem denuo sumendae eucharistiae non exsisteret, quia re ipsa iam sumpta erat in probabili mortis periculo, quod periculum latuit quidem sed re ipsa aderat. Verum etiam tum Paulo ius est ss. eucharistiam iterum sumendi. Magis etiam, si ex inopinato casu mortis periculum oritur, Paulo ius est nunc communicandi, immo probabilius obligatio. Nam probabilius sane est ante dies ne impletam quidem esse *legem* viatici sumendi. Sed sufficit Paulo ius esse ut obligatio dandi viatici sit apud parochum.

R. 4. Immo ipsi Petro, qui eodem die mane pro devotione ss. eucharistiam sumpserat, licuit dari denuo ss. eucharistiam pro viatico. Videlicet duae sunt opiniones: una quae putat illicitum esse eodem die bis sumere eucharistiam etiam in his circumstantiis; alia manere legem viatici ob periculum mortis nunc exortum: quarum cum utraque sit probabilis, licebit sequi utramlibet. Verum si parochus priori opinioni adhaesit atque, Petro eam suadens, consuluit a secunda eucharistiae sumptione abstinere, non peccavit. Quodsi Petrus, theologiam edoctus, in alia sententia perstiterit, parocho ius non erat secundam ss. eucharistiae ministrationem negare. *Th. m.* II, 146; Benedictus XIV, *De syn. dioec.* l. 7, c. 11, n. 2.

DISPOSITIO ANIMAE AD S. COMMUNIONEM.

Casus. (44)

Procopius sacerdos lectioni levi et vino satis indulserat atque inde pravas cogitationes motusque passus est, quibus num usque ad consensum inhaeserit dubitat. Sed cum molestum ei sit confiteri neque libenter abstineat a celebrando, nihilominus missam dicit.

Simile quid accidit Mechtildi devotulae quam pudet apud iuvenem sacerdotem sibi notum confiteri, neque a consueta communione abstinere vult. Verum cum iam in scamno communicantium genuflecteret, vix non certa sibi est de peccato gravi commisso; at nunc non amplius audet recedere.

Quaeritur 1° quaenam dispositio animi pro s. communione requiratur.

2° quid iudicandum sit de agendi ratione in casibus propositis.

Solutio.

Ad quaesitum 1m R. 1. Cum ss. eucharistia sit sacramentum vivorum, requiritur in suscipiente status gratiae. Quare qui sumit ss. sacramentum, saltem prudenter existimare debet se in eo versari; alioquin grave committit sacrilegium.

R. 2. Verum, cum in aliis sacramentis vivorum non sit severa lex praemittendi confessionem, sed sufficiat status gratiae utcumque etiam per contritionem perfectam procuratus, in hoc ss. sacramento Ecclesia semper tenuit „eam probationem esse necessariam ut nullus sibi conscius peccati mortalis, quantumvis sibi contritus videatur, absque praemissa sacramentali confessione ad sacram eucharistiam accedere debeat". *Conc. Trid.* sess. 13, c. 7 *de euch.*

R. 3. Nihilominus fieri potest ut *propter necessitatem* aliquis a 154 praemittenda confessione excusetur contentusque esse possit sola contritione. Quae necessitas fere reducitur ad hos casus:

1) si pro sacerdote est celebrandi obligatio, abest autem confessarius;

2) si neque accessus ad confessarium neque omissio sive celebrationis missae sive s. communionis fieri iam potest sine gravi periculo infamiae;

3) si ss. sacramentum sumptione eripiendum est manibus impiorum: quo in casu, si cui videatur impossibile ilico elicere contritionem, propterea non debet abstinere a sumptione s. eucharistiae; sed faciat conatum, prout tempus permittat, securus se iniuriam a ss. eucharistia avertendo non peccaturum.

R. 4. Pro sacerdote igitur celebraturo, quando praeter necessitatem celebrandi requiritur absentia confessarii, non sufficit ut absit confessarius consuetus, sed quilibet qui absolvendi facultate fruatur. Abesse confessarius censetur solius distantiae ratione, si distat ita ut spatio 1—1$\frac{1}{2}$ horae tantum possit attingi; verum ratione occupationis necessariae vel temporis pro sacro instantis distantia minor et longe minor sufficere aliquando potest.

R. 5. Pro sacerdote qui hac indulgentia usus post gravem lapsum cum sola contritione celebravit, *Concilium Trid.* legem tulit l. c. „Quodsi necessitate urgente sacerdos absque praevia confessione celebraverit, *quam primum confiteatur*": quod intellegitur „infra triduum", si modo adfuerit confessarii copia, sed etiam addi debet: si modo interim abstineatur a nova celebratione, nisi de novo emerserit necessitas. *Th. m.* II, 151. 152.

AD QUAESITUM 2^m R. 1. Si Procopius alioquin timoratae conscien- 155 tiae est et prudentem habet rationem iudicandi se assensum plenum non praebuisse, etsi rationem quoque contra se habeat, severa obligatio praemittendae confessionis non est, sed serio conatu perfectae contritionis contento esse ei licet atque sacrum celebrare etiam extra casum necessitatis pro arbitrio. Nihilominus suadenda omnino est confessio.

R. 2. Si vero Procopius conscientiae latae vel laxae est, vel si leves tantum et futiles habet rationes, quibus nitatur ut se a pleno consensu immunem putet, debuit in casu proposito aut abstinere a sacro aut antea confiteri. Nam in iis circumstantiis moraliter certum erit eum graviter peccasse. *Th. m.* II, 150.

R. 3. In *secundo* casu in se quidem idem dicendum est quod in priore. Nam qui probabilitate vera prudens iudicat se grave peccatum non commisisse, etsi dubitet, dici nequit esse peccati gravis sibi conscius; ac proin non privatur iure suo sumendae ss. eucharistiae. Verum si in prudenti dubio vel ipsi sacerdoti omnino consulendum est ut confiteatur, id etiam magis valet in homine laico et in femina, modo ne sit scrupulosa. Mechtildis igitur laudanda non est quod pudorem istum non vicerit; quamquam, si laxae conscientiae non est, quamdiu prudentem rationem pro se habuit, non condemnanda est sacrilegii commissi.

156 R. 4. Sed status quaestionis iam alius fit, cum in scamno communicantium genuflexa moraliter certa fit gravis peccati commissi. Ex casu narrato sumo Mechtildem timoratae esse conscientiae, et eo usque eam sincere et bona conscientia processisse. Si igitur nunc immediate ante ss. eucharistiam suscipiendam iudicium mutat, tamen ordinarie erit in morali impossibilitate recedendi seu abstinendi a s. communione absque gravi famae periculo vel pudore. Hinc agere ei licet, sicut iis licet qui sunt in necessitate communicandi neque in possibilitate confitendi, i. e. elicere debet, quantum potest in angustiis, actum perfectae caritatis et contritionis; neque tum sacrilege sed fructuose recipiet sacramentum.

DISPOSITIO ANIMAE AD S. COMMUNIONEM ET CELEBRATIONEM.

Casus. (45)

Serapion parochus in audiendis confessionibus ipse gravi reatu se contaminavit; postea celebraturus est die Dominico pro populo iam coacto. Capellanum iuvenem pro confessione adire non audet; sed incipit sacrum, dum ante concionem quam habiturus est sacerdos extraneus invitatus, ab hoc, breviter indicato gravi peccato, petit sacramentalem absolutionem.

Alia vice, cum infra hebdomadam lapsus esset, gaudet quod capellanus absit; paroecia quidem vicina media circiter leuca distat; verum non est amplius unius horae spatium usque ad consuetum missae tempus, quam non celebratum iri parochiani nonnihil aegre laturi sunt: quare Serapion consueto tempore celebraturus accedit.

Quaeritur: rectene Serapion sese angustiis suis expediverit.

Solutio.

157 Ad quaesitum R. 1. In *primo* casu aderat quidem necessitas celebrandi, cum ageretur de die praecepto quo parochus curare debebat ne pars populi missa privaretur; immo, si poterat, ipse pro populo missam debebat applicare. Sed non deerat copia confessarii. Ergo Serapion excusatus non erat a praemittenda confessione ante sacrum, etsi debuerit confiteri apud iuvenem capellanum. Sunt qui in singularibus circumstantiis, quando extraordinariae rationes militant contra determinatum confessarium praesentem, hanc habeant causam excusantem a lege confessionis: quod per modum exceptionis rarae esse *posse* non audeo negare.

Licite tamen potuit inter ipsas confessiones excipiendas contentus esse perfecta contritione, ut sine sacrilegii peccato pergere posset in confessionibus audiendis vel potius in danda absolutione.

R. 2. Si certo exspectabatur sacerdos extraneus atque Serapion sperare poterat fore ut apud eum confessionem institueret, censeo eum graviter non peccasse per hoc quod cum hoc proposito incipiebat missam usque ad evangelium, adeoque perficiebat partem non essentialem sed praeparatoriam tantum sine confessione praevia; nam si ab ipso canone est in statu gratiae per sacramentalem confessionem, severae legi videtur satisfecisse.

R. 3. At, ut responsum modo datum valeat, supponi debet confessionem integram omnium peccatorum gravium rite potuisse a Serapione perfici. Nam si solum in genere indicare potuit se absolutione indigere atque ita raptim petere debuit absolutionem: ita agere ex industria non licuit. Hinc, si talem agendi modum praevidit vel intendit, ab initio graviter peccavit. Nihilominus in ipsis angustiis, si iam aliter agi non potuit (eo quod praesto non erat capellanus aliusve sacerdos tempusque nunc urgebat), etiam sic agi debuit atque peti et dari sacramentalis absolutio post communem accusationem gravis peccati commissi, si species inferior propter circumstantias non potuit accusari.

R. 4. In *secundo* casu primum suppono Serapionem re ipsa habere iustam causam necessitatis ob quam missam celebrare sibi liceat in defectu confessarii cum sola contritione. In hac hypothesi quaeri potest peccaritne gaudio illo cui se dedit, quod scilicet propter absentiam capellani excusaretur ab obligatione *illi* confitendi. Existimo gaudium illud quod non erat de lege violanda, sed de incommodo gravi seu pudore non subeundo neque de aliqua re intrinsecus mala, non fuisse ex sese peccaminosum, saltem non graviter.

Certe si in animo habuisset non confiteri apud capellanum, etsi praesens adfuisset, et nihilominus sacrum facere, regulariter peccasset graviter, sed gaudium illud quod nunc concipit potius indicat Serapionem ausurum non fuisse transgredi istud mandatum sibi admodum molestum, si re vera ut impleretur necessarium fuisset.

R. 5. Verum hoc ipsum difficultatem parit, fueritne re ipsa pro Serapione causa necessitatis illo die feriali atque stata hora celebrare. Generatim enim hoc negandum est. Quando scilicet obligatio celebrandi sacerdoti non incumbit (neque incubuit Serapioni parocho pro isto die), quaeri facile potest et, si potest, quaeri debet praetextus sive afflictae valetudinis, si vere ita sit, sive similis praetextus quo abstineatur a sacro; etiam magis praetextus *differendi* sacri et ante illud tractandi negotii urgentis: sub qua specie urgentis negotii Serapion fortasse potuit se conferre ad parochum vicinum ibique confessionem peragere.

Timendum igitur multum est ne Serapion in hoc secundo casu sibi ipse illuserit atque sine iusta necessitatis causa confessionem praeviam neglegens sacrilege celebraverit. Nihilominus considerandae sunt circumstantiae; quae si tales sunt ut ex omisso sacro gravis suspicio oritura sit contra Serapionem, peccati accusari non potest quod celebraverit.

CELEBRANS POST PECCATUM NON CONFESSUS.

Casus. (46)

Sebaldus, laxioris vitae sacerdos, libros specialiter a S. Sede prohibitos sine licentia legit, cum ancilla peccavit eamque absolvit, insuper casum episcopalem contraxit lusu chartarum in caupona. Nunc vero instat dies festus quo coram populo debeat celebrare. Vicario quem secum habet confiteri gravius est: insuper cum ille non sit superior qui a reservatis istis peccatis absolvere possit, censet sibi deesse copiam confessarii atque sine confessione ad altare accedit.

QUAERITUR 1° quando censeatur deesse copia confessarii ita ut sine confessione praevia liceat celebrare.

2° sitne par condicio eius qui cum peccato reservato sine confessione celebraverit et eius qui confessus est apud simplicem confessarium.

3° quid in casu nostro Sebaldo licuerit, quid incubuerit.

Solutio.

AD QUAESITUM 1ᵐ R. 1. Confessarius, cuius defectus excusat in casu necessitatis a praemittenda sacro confessione, intellegitur utique competens seu is qui *possit* absolvere. Verum necessarium non est ut possit absolvere vi muneris ordinarii; sufficit si possit vi privilegii.

R. 2. Quare qui sola peccata reservata habet confitenda, si deest qui a reservatis absolvat neque ex decr. *S. Officii* d. d. 23 Iunii 1886 absolvere possit, potest cum sola contritione ad celebrandum s. missae sacrificium, quando necesse est celebrare, accedere.

R. 3. Qui vero cum reservatis peccatis alia peccata gravia habet, videtur saltem haec posteriora confiteri debere etiam apud eum qui in haec sola potestatem habet. S. Alph. VI, 265; nihilominus id certum non est.

R. 4. Qui autem satis securus non est de perfecta contritione, ex hoc capite ut restituatur utcumque in statum gratiae confiteri debet, idque, si peccata gravia post ultimam confessionem commisit non reservata, haec omnia et singula; si non commisit, saltem venialia vel gravia praeteritae vitae. S. Alph. ibid.; *Th. m.* II, 153.

AD QUAESITUM 2ᵐ R. Nequaquam in omni casu similis est condicio. Nam qui confessus nullatenus est, non potest denuo celebrare, etsi perdurat defectus confessarii, nisi denuo adeoque singulis vicibus occurrat necessitas. — Qui vero confessus est et sacramentalem absolutionem recepit, quamquam circa peccata reservata *indirectam tantum,* videtur pro arbitrio etiam postea celebrare posse, si perdurat defectus confessarii competentis per quem directe a peccatis reservatis possit absolvi: nisi forte praeter peccatum *censuram* contraxerat quae non potuerit auferri, nam, si ita est, ut celebrare liceat, singulis vicibus adesse debet casus necessitatis. *Th. m.* II, 414.

Ad quaesitum 3ᵐ R. 1. Si Sebaldus solum casum episcopalem habuisset, recte potuit iudicare, ut re ipsa iudicavit: nisi tamen ab episcopo statutum sit similiter, ut per decretum S. Officii d. d. 23 Iunii 1886 pro casibus papalibus, in casu necessitatis posse quemlibet confessarium absolvere, addito onere rem postea cum superiore componendi.

R. 2. Quod autem re ipsa habet alia peccata eaque Rom. pontifici specialiter reservata: id ante decretum S. Officii modo laudatum non mutaverat condicionem Sebaldi, sed nunc mutat.

Si enim pro momento abstrahimus a casu episcopali, peccata et censurae Rom. pontifici reservata absolvi possunt a quolibet confessario, quando alias periculum gravis mali, v. g. gravis infamiae, adest (vel etiam si paenitenti solummodo grave est diutius manere in statu peccati), sub lege tamen reincidendi in easdem censuras, nisi infra mensem recursus factus fuerit ad S. Sedem seu S. Paenitentiariam. Hinc qui peccata Rom. pontifici sive cum censura sive sine censura reservata habet, ei numquam propter defectum legitimi confessarii confessionem omittere licet, siquidem potest absolvi, idque directe etsi cum onere recurrendi ad S. Sedem: interea autem, quoniam directe absolutus est tum a peccato tum a censura, non est ratio cur postea non liceat in celebrandis missis pergere etiam extra casum necessitatis; nam casus necessitatis requirebatur tantum ut potuerit absolvi.

R. 3. Sed nunc apud Sebaldum difficultas moveri potest ex eo quod habuerit simul peccata reservata episcopalia. Si igitur episcopus facultatem in necessitate absolvendi non dederit, videri potest Sebaldo nihilominus deesse legitimum confessarium a quo possit absolvi; ac proin se *posse* quidem confiteri, ut ab episcopalibus casibus indirecte absolvatur, sed se *posse etiam* utpote legitimo confessario destitutum qui directe absolvat sine omni confessione propter casum necessitatis cum sola contritione celebrare.

Quam ratiocinationem legitimam esse non negarem, si casus papales, quos Sebaldus contraxit, sine censura essent reservati. Nunc vero cum excommunicatio contracta sit neque liceat excommunicato celebrare, nisi id necessarium sit: quaerere debet Sebaldus absolutionem a censuris, si obtinere potest (aliter enim abest necessitas celebrandi cum censura); at obtinere potest, si confitetur peccata sua apud quemlibet confessarium. Debet igitur, si alium confessarium non habet, confiteri suo vicario. Episcopalem casum, si ab eo absolvendi facultas deest, confiteri convenit quidem, stricta obligatio non est, sed postea apud legitimum confessarium vel superiorem quaeri debet directa absolutio. *Th. m.* II, 414. 415.

IEIUNIUM AD S. COMMUNIONEM REQUISITUM.

Casus. (47)

Ericus qui mane s. communionem vult sumere noctu evigilans bibit aquam nesciens utrum sit ante an post mediam noctem; post factum accendens lumen vidit horologium indicare horam $11^1/_2$; iterum somno se dat ac postea evigilans videt horologii indicem in eodem loco consistere. Cum somnus sibi videatur brevis intercessisse, valde dubitat num post mediam noctem biberit possitque tuta conscientia s. communionem sumere.

Alias tempestate pluviosa et nivosa iter faciens ad ecclesiam, evitare vix poterat quominus guttulam pluviae vel flocculum nivis per nares vel etiam per os hauriret; quapropter quaerit num impediatur a s. communione.

Dein, cum paulo ante mediam noctem sumpsisset cenam, certus est se post mediam noctem reliquias ciborum in ore habuisse et deglutisse; similiter mane aliquot granula tabaci quod per nares sumpsit; atque etiam sanguinem e dentibus fluentem et guttulam defluentem ex vulnere quod novacula labio inflixerat.

Quaeritur 1° quae sit lex servandi ieiunii ante s. communionem.

2° quid requiratur ut illa lex ieiunii censeatur violata atque s. communionem impediens.

3° quid in casibus propositis sit dicendum.

Solutio.

163   Ad quaesitum 1^m R. 1. Communi lege Ecclesiae, non lege divina, praescribitur ut ss. eucharistia non sumatur nisi a ieiunis, i. e. qui a media nocte nihil, ne minimum quidem, gustaverint, neque etiam per modum medicinae. Excipiuntur periculose aegrotantes, qui commode nequeunt sumere ieiuni vel quibus ieiunis commode ministrari nequit.

R. 2. Haec lex parvitatem materiae non admittit, sed semper obligat graviter.

R. 3. Attamen cum sit lex humana, potest tum fortiore lege vinci tum dispensatione, sed sola Rom. pontificis dispensatione, solvi, quae fere non datur nisi iis aegrotis qui non periculose quidem decumbunt, sed ieiuni manere non possunt.

164   Ad quaesitum 2^m R. 1. Ut ieiunium naturale censeatur laesum, requiritur ut aliquid sumptum sit seu in stomachum descenderit *ab extrinseco*. Ex hac condicione non verificata excluditur a laesione ieiunii a) traiectio reliquiarum ciborum quae forte inter dentes vel in faucibus haerent; nam ante mediam noctem iam coeptae sunt sumi et digeri; b) traiectio sanguinis vel saniei defluentis ex parte corporis interiore: aliter, si lambatur ex vulnere exteriore.

R. 2. Requiritur ut aliquid sumptum sit *per modum cibi vel potus*. Quae condicio non verificatur, si quid sumitur a) per modum salivae, scilicet id quod ex alio fine quam transmittendi rem in stomachum in os sumitur, at ibi parum quid cum saliva miscetur, ut inseparabiliter ab ea et insensibiliter cum ea transglutiatur; b) si quid *per modum aspirationis* in stomachum descendit, scilicet quod per aerem volat et cum aere hauritur: sic etiam musca tali modo involuntarie transmissa non impedit s. communionem; verum si quis advertens muscam sic haustam *volens* ex ore in stomachum transmiserit, cum possit exspuere, laesit ieiunium naturale; c) si *per modum attractionis* per nares aliquid praeter intentionem transmittitur, non censetur ieiunium naturale violare.

R. 3. Requiritur ut quod sumptum sit aliquo modo habeat rationem cibi vel potus vel etiam medicinae, ita ut nutrire quidem non necessario debeat, debeat tamen aliquo modo a stomacho posse alterari. Ex qua causa capillos, lanam, metallum, vitrum deglutivisse non est laesio ieiunii; esset vero, si per modum medicinae aliquid pulveris metallici sumeretur. *Th. m.* II, 160.

Ad quaesitum 3^m ad *primum* casum R. 1. Ericus non peccavit, 165 cum evigilans noctu biberit, quia potuit iuri sumendae ss. eucharistiae libere renuntiare, si forte iam media nox transierit; atque satis erat, si postea hac de re inquisiverit. Aliter dicendum est in eo tantum casu quo Ericus habuerit gravem obligationem sumendae ipso illo die s. communionis vel celebrandae missae: nam in hac hypothesi debebat sub gravi cavere laesionem ieiunii eiusve periculum, aliis verbis: debuit antea videre sitne praeterlapsa media nox; quodsi fuerit praeterlapsa, a bibendo debuit abstinere.

R. 2. Cum viderit horologium indicare horam $11^1/_2$, poterat tuto se somno denuo committere et voluntatem mane communicandi retinere, siquidem ei ne in mentem quidem venit, accidere potuisse, ut horologium moveri desierit.

R. 3. Cum postea horologium examinans videret illud stetisse, impossibile ei erat dubium solvere utrum tempore quo biberit media nox re vera elapsa iam fuerit necne. Verum ieiunium laesum esse debet probari; alioquin Ericus retinet ius ad s. communionem accedendi. Quare nisi moraliter certus sit somnum brevius fuisse quam ut incipere potuerit ante mediam noctem, dubium vel probabilitas ei s. communionem non interdicit. S. Alph. VI, 282 haec habet: „Cum hoc praeceptum sit negativum de non accedendo ad ss. eucharistiam post comestionem, non teneris ab illa abstinere, *quamdiu non es certus,* et tanto magis si nullam habes rationem probabilem te comedisse; tunc enim adhuc manes in possessione tuae libertatis."

R. 4. Immo etiam si Ericus primum, cum evigilasset et bibisset, horologium non inspexisset ullatenus, postea, eo quod de ieiunio violato non constaret, non esset prohibendus a s. communione.

Ad *secundum* casum R. Ex regula supra data illae guttulae 166 sumptae non sunt per modum potus ac proin communionem non impediunt. Si vero notabilis copia in os influxisset, sane debuisset Ericus exspuere; alias, si eam voluntarie transmisisset, ius communicandi non amplius haberet.

Ad *tertium* casum R. 1. Quoad reliquias ciborum in ore haerentes nullus faciendus est scrupulus. Si notabiliter sentiuntur, convenit quidem eas exspuere; at etiamsi quis volens eas glutiat, a communione non impeditur. *Th. m.* II, 160.

R. 2. Idem fere dic de granulis tabaci, si quae non ex industria transmissa sunt in stomachum.

R. 3. Quoad sanguinem ex dentibus effluentem nulla est difficultas, siquidem ille non sumitur ab extrinseco.

R. 4. Quoad guttulam sanguinis defluentis ex labio exteriore per se quidem habemus sumptionem ab extrinseco; verum si praeter intentionem fuit minima quaedam guttula, haec censenda est descendisse in stomachum per modum salivae neque impedire s. communionem. Aliter, si fuerit vel maior quantitas vel ex industria transmissa.

EXCUSATIO A IEIUNIO NATURALI.

Casus. (48)

1. Aemilia pia femina, cum mane sumpsisset haustum coffeae, it in ecclesiam ibique pluribus missis assistit. Devotione abrepta, cum post communionem celebrantis complures ad s. communionem accedunt, ipsa quoque accedit, dum in scamno communicantium consistens recordatur se non iam esse ieiunam. Confusione plena recedit; postea autem quaerit a confessario num ita agere debuerit.

2. Matthias neo-presbyter, cum omnia parata essent in parochia et domo paterna ad agendam sollemnitatem primae missae, infeliciter post mediam noctem sumpsit haustum aquae.

3. Postea, cum exspectaret populus in magno festo sacrum sollemne, Matthiae qui iam incepit ientaculum nuntiatur parochum vicinum invitatum contracta infirmitate venire non posse; ipsum debere consueta binandi facultate uti.

4. Alias in statione aliqua fideles inter haereticos dispersos missae celebratione recreaverat: cum in sacristia vestibus vix exuto nuntiatur esse moribundum qui cuperet sacramenta recipere. Denuo igitur celebrat; sed cum simul cum ss. sacramento ingreditur domum infirmi, hic exspirat. S. speciem, quam ibi convenienter asservare non potest et quam irreverentiae vel profanationi haereticorum exponere non vult, ipse consumit.

QUAERITUR 1° quae sit causa cur liceat non-ieiuno ss. eucharistiam sumere.

2° quid in singulis casibus fieri licuerit vel debuerit.

Solutio.

AD QUAESITUM 1ᵐ R. 1. Ut supra dictum est, praeter ordinariam causam viatici causae extraordinariae revocantur ad necessitatem quandam vel ad legem superiorem urgentem, quae prae lege illa positiva-humana impleri debeat. Sed quoniam lex illa positiva ab Ecclesia lata omnino severe lata sit, valde gravis ratio requiritur ut vincatur.

R. 2. Revocari hae causae possunt fere 1) ad gravem necessitatem cui occurri debeat, 2) ad legem negativam urgentem quae videlicet semper et pro semper urget, v. g. ne detur scandalum.

AD QUAESITUM 2^m R. ad *primum* casum. Si Aemilia aliis praesentibus nota erat ut persona pia, in quam suspicio cadere non posset ex recessu, debuit recedere neque licuit non ieiunae communicare. Ita esse poterat, si solus celebrans cum ministro puero, qui ne intellegebat quidem quid rei esset, vel cum paucis personis bene notis in ecclesia esset.

Sed si recedens a s. communione suspicionem gravem contra se movisset, vel ne id fieret timendum erat, licuit Aemiliae quae bona fide accesserat etiam non ieiunae s. communionem sumere. *Th. m.* II, 162.

R. ad *secundum* casum. Hae et similes causae diiudicandae sunt ex circumstantiis. Si res quae accidit declarari potest neque aliud oritur nisi quaedam admiratio: haec ratio non est cur non ieiuno liceat celebrare. Verum si periculum est ne oriatur vel diffamatio vel scandalum, praevalet lex haec vitandi prae lege servandi ieiunii. Scandalum autem voco non admirationem sed ansam sumi ad dicteria contra sacerdotem vel Ecclesiam aut ad alia praecepta violanda. Re ipsa eiusmodi ratio in nostro casu non raro adesse potest. *Th. m.* l. c.

Lacroix l. 6, p. 1, n. 573 de tali casu habet haec, scilicet num possit primitias celebrare non ieiunus: „Per se loquendo non potest; possunt tamen esse circumstantiae ob quas licet, v. g. si Titius sit familiae perhonestae ad cuius primitias conveniunt cognati multi, pro quibus etiam sit lautum convivium praeparatum; item si publice notum sit vel proclamatum eum hodie lecturum esse primitias et e contrario error illius [in frangendo ieiunio] sit occultus, hoc casu licitum ei erit celebrare tum per epikeiam, nam nullus papa, si adesset vel interrogaretur, vellet hunc casum lege inclusum, tum propter publicum scandalum alias oriturum." Cf. Gobat III, 411.

R. ad *tertium* casum. Etiam hic ratio scandali attendi debet. Ne populus aliqua vice careat missa die praecepto, ratio non est cur Ecclesia permittat non ieiuno celebrare. At gravia dicteria quae multo facilius timeri possunt, si in magna sollemnitate missa carere debeant quam si consuetis diebus, rationem scandali habent; similiter fundatus timor ne qui sint qui data opportunitate audiendi sacrum alibi ex neglegentia vel indignatione, spreta lege Ecclesiae, non utantur, scandali rationem habet. Ob has et similes causas, si exsistunt, praestat a non ieiuno celebrari quam scandalum permitti. *Th. m.* l. c. — Lacroix l. c. n. 572 referens contrarias sententias pergit: „Alii tenent cum Tanner..., si nesciat populus Titium non esse ieiunum, minus malum est hunc legere non ieiunum quam cum scandalo offendi totum populum et tali die privari missa. Quodsi populus sciret neutrum esse ieiunum, Tanner dicit melius esse admoneri de errore et dimitti sine missa; Gobat dicit melius fore si Titius celebret, quia scandalum cavetur si edoceatur populus, quod Ecclesia id permittat in eiusmodi circumstantiis; si autem non fiat, gravius oriri scandalum, dicteria contra sacerdotes etc."

170   R. ad *quartum* casum. In hoc casu duae occurrunt prohibitiones Ecclesiae de quibus quaeri potest, num occurrente necessitate suspendantur: et prohibitio ne sacerdos bis in die celebret, et prohibitio ne celebret laeso ieiunio. Verum necessitas viatici administrandi *utramque* legem probabiliter suspendit. Quare sacerdos recte egit denuo celebrans, etiam postquam per ablutionis sumptionem laesit naturale ieiunium. Th. m. II, 161.

Similiter recte egit post mortuum aegrotum consumens s. species a se pro moribundo consecratas, eo quod convenienter asservari non potuerint. Ita enim habes ex ipsis rubricis Missalis. Th. m. II, 142.

Quare necesse non est recurrere ad periculum profanationis ex parte haereticorum. Quae si re vera non solum adsit in genere, sed hic et nunc proxime instat, quilibet, etiam laicus, potest et debet etiam non ieiunus s. species consumere et ita e profanatione eripere. Th. m. II, 162.

IEIUNIUM NATURALE EIUSQUE LAESIO.

Casus. (49)

1. Ludgerus neo-sacerdos memor severae legis qua Ecclesia prohibet ne post laesum ieiunium naturale ss. eucharistia sumatur in angustias conicitur, cum nuper in celebratione sumpto calice advertat se pro vino aquam habuisse.

2. Dein sumpta iam ablutione recordatur ciborium minimis particulis esse evacuandum et purificandum.

3. In festo nativitatis Domini in prima missa in purificanda patena cum dubiis particulis etiam pulverem ex corporali collectum in calicem misit neque potuit non sumere guttulas in calice dispersas: hinc timet de laeso ieiunio quo prohibeatur a dicendis missis ulterioribus.

4. Cum vir adultus esset baptizandus simulque communicandus, in caerimonia gustandi salis monuit baptizandum ut exspueret, ne propter laesum ieiunium a communione impediretur.

Quaeritur rectene Ludgerus intellexerit legem Ecclesiae, et quid ad singulos casus occurrentes dicendum sit.

Solutio.

171   R. 1 ad casum *primum*. Ludgerus male intellexit non solum Ecclesiae legem sed communia principia de legibus variarumque legum collisione. Exsistit lex divina quae severe praecipit ne ss. missae sacrificium relinquatur essentialiter mancum, eaque sane nobilior et gravior est humana Ecclesiae lege ut a solo ieiuno celebretur. Mancum autem maneret sacrificium, immo essentia sacrificii missae deesset, nisi fieret utriusque speciei consecratio, i. e. et panis et vini. Quando igitur una materia consecrata altera invenitur invalida, necessario defectus supplendus est, idque ab eodem ministro celebrante si utcumque

fieri potest. Laesio ieiunii ab hac lege divina eximere nequit. Quare Ludgerus irrationabiliter haeret utrum debeat accersito vino consecrare consecratamque materiam sumere, an missam imperfectam relinquere. Prius indubitanter facere tenetur. Conferat *Rubricas Missalis, de defectibus* IV, 5.

R. 2 ad casum *secundum*. Recte quidem Ludgerus censet legem 172 servandi ieiunii naturalis obstare aliquo modo purificationi ciborii in qua sumi debent minimae particulae, quarum quaedam dubie, quaedam certo sint consecratae. Et re vera, si sine incommodo purificatio differri potest, differenda et alio die facienda est post ss. sanguinis sumptionem, ante ablutionem saltem digitorum. Num enim ante ablutionem calicis qua reliquiae ss. sanguinis sumuntur facienda sit, non ita conveniunt, immo potius *cum ea* facienda est. Sed neque scrupulus faciendus est, si primo reliquiae ss. sanguinis cum vino sumantur et immediate post particulae ciborii, vino ingesto, siquidem hae sumptiones per modum unius tamquam moraliter una reputantur.

Quo fit ut etiam post sumptam ablutionem digitorum purificatio ciborii tamquam sumptio moraliter una quodammodo considerari possit; saltem Ecclesia haec non ita severe lege sua sanxit vel prohibuit, ut non liceat in casu alicuius incommodi rem largiore illo modo sumere. *Th. m.* II, 142.

R. 3 ad casum *tertium*. Ecclesia tulit legem de servando ieiunio 173 naturali ante sumptionem ss. eucharistiae *humano modo*. Hinc omnium iudicio non attendit ad ea quae per modum attractionis, respirationis, per modum salivae sumuntur, quaeque ne sumantur caveri non vel vix possunt. Similiter cum praecipiat et praecipere debeat purificationem patenae in *qualibet* missa, in ea autem purificanda humano modo impossibile sit ne aliquid pulveris in s. calicem incidat si hanc sumptionem pro laesione ieiunii haberet, numquam deberet permittere ut bis celebretur. Sicut igitur ea quae palam ut merum pulverem vel sordem cognoveris dedecet in calicem sanctum inicere, ita e contrario etiam a scrupuloso timore cavendum est.

Similiter de guttulis in calice dispersis iudicari debet. Si pluries est celebrandum, non positive quidem excludi a consecratione debent guttulae dispersae; immo expedit eas tum positive includere. At si eo quod nihil de iis cogitaveris dubium manet, utrum sint consecratae necne, tamen, si simul cum ss. sanguine sumuntur, non certo laedunt ieiunium naturale neque impediunt subsequentem missam.

Ex Lacroix l. 6, p. 2, n. 530 habes haec: „Quamvis dixerim p. 1, n. 459, guttas vini interne adhaerentes et non vicinas fundo calicis melius excludi ab intentione consecrandi, tamen in his duabus primis missis melius in intentione includuntur, ne postea sumatur aliquid non consecratum et frangatur ieiunium. Idem forte suaderi posset de partibus panis quae iacent in eo loco corporalis unde postea colliguntur particulae et cum sacro sanguine sumuntur; nam, si non fuerint consecratae, etiam frangunt ieiunium; *sed quoad has Ecclesia non videtur tam scrupulose requirere ieiunium.*"

174   R. 4 ad *quartum* casum, Ludgerum debuisse leges Ecclesiae in Rituali latas observare, non corrigere. Eadem auctoritas quae praescripsit ieiunium naturale praescripsit in baptismo adulti sal gustandum et nihilominus postea percipiendam ss. eucharistiam. Omnia ergo in tuto posita erunt, si observaverit Ludgerus Rubricas.

Ceterum accipe circa hanc rem responsum S. Congr. de Prop. Fide d. d. 13 Febr. 1806: „Sale a catechumenis in collatione baptismi adultorum praegustato etsi ieiunium frangi videatur, adhuc tamen nullum dubium est quin ad s. communionem, suscepto baptismate, admitti possint, immo vero debeant: ita omnino Ecclesia, in cuius potestate est a generali lege ieiunii eucharistici ab ipsamet iis inducta qui extra mortis periculum s. communionem recipere cupiunt in peculiaribus casibus dispensare, in Rituali Romano praescribente, ubi ritum tradit quo baptismus adultis conferendus sit." *Th. m.* II, 162.

IEIUNIUM LAESUM A COMMUNICATURO.

Casus. (50)

Conradus rusticus peracta confessione confessario dicit se parum iusculi gustasse; nisi enim id fecerit, se deliquium passurum neque s. communionem percipere posse: quare se putasse id sibi ante communionem licere. Eum vere dixisse probavit eventus, cum, confessario suadente, experimentum fecerit sequenti die, quamquam sacerdos paratum sese exhibuerat ad s. communionem statim porrigendam.

Constantia iam per annum et ultra morbo laborat qui eam exire diuve ieiunam manere non permittit. Una alterave vice, cum videretur periculum exsistere, parochus ei non ieiunae dedit s. communionem. Verum cum nunc iudicio medici periculum non sit, licet morbus per annos et annos possit protrahi, parochus scrupulo sibi ducit non ieiunae dare ss. eucharistiam — quod magno maerori est Constantiae eo quod ne in Paschate quidem s. communionem possit sumere.

Quaeritur 1° rectene sustineatur prohibitio sumendae ss. eucharistiae in casibus.

2° quid in iis sit consulendum.

Solutio.

175   Ad quaesitum 1^m R. 1. Conrado certe non licuit ante s. communionem aliquid gustare, quia, ceteroquin sanus et robustus, nullatenus comprehenditur numero eorum quos ius excipit, i. e. in periculo mortis positos. Neque confessarius neque parochus vel ordinarius potuit hanc facultatem qua liceret non ieiuno communicare Conrado concedere.

R. 2. Sine dubio, quando Constantia in probabili mortis periculo exsistebat, licuit ei non ieiunae s. communionem dare, idque saepius, si Constantia id petiit et ceteroquin erat disposita.

R. 3. Parochus tam diu potuit Constantiae non ieiunae s. communionem dare, dum *certo* periculum omne cessavit. Cessante omni periculo, morbus non periculosus ius non tribuit post laesum ieiunium communicare; idque ex communiore sententia, ne in Paschate quidem. Verum sunt qui putent in Paschate id licere aegrotis etiam non periculose decumbentibus, qui ieiuni communicare nequeant, ne circa mediam noctem quidem, cum Rituale Romanum hac indulgentia eximat solos aegrotos non periculose decumbentes qui *ex devotione* s. communionem desiderent, communio autem paschalis sit *ex praecepto*. Vide d'Annibale III, 411. Quod probabile esse censeo. Cf. etiam Gasparri, *De euch.* n. 1129; Génicot II, 202; Noldin, *De sacram.* n. 159 b.

Sed AD QUAESITUM 2^m R. 1. Non sequitur omnes istos esse a s. communione interdictos. Nam de paschali communione iam modo allata est probabilis exceptio. — Immo etiam quando haec exceptio locum non habet, in paschate obligatio est quaerendi modi quo et lex ieiunii servari et lex communicandi impleri possit. Hinc aegrotis, qui aliter non possint, afferri debet ss. eucharistia tam mature atque, si necesse fuerit, etiam nocturno tempore, ut aegroti post mediam noctem eo usque sine cibo et potu potuerint manere.

Quamquam enim alias ss. sacramentum noctu deferri non debet nisi propter necessitatem viatici: tamen haec prohibitio Ecclesiae non est tanti momenti, quanti est lex servandi ieiunii vel lex communicandi tempore paschali. Quando igitur alicui impossibile est omnes illas leges servare, obligatio eius legis cessat quae minoris momenti est. *Th. m.* II, 161.

Hoc igitur modo Constantiae consultum est. Immo nihil censeo obstare quominus aliquoties in anno parochus adeo mature ss. eucharistiam ei afferat.

R. 2. Pro Conrado difficultas ex eo oriri potest quod ipse, cum non sit aegrotus, admirationem excitaret magnam, si tamquam aegrotus domi communicaret et dein in agro labores consuetos exerceret. Si igitur in ipsa civitate habitat, convenire potest cum parocho, ut summo mane in ecclesia sibi detur ss. eucharistia. Si vero extra civitatem in pago habitat, ita ut pro visitanda ecclesia debeat etiam iter conficere et sic viribus destitui: curandum est ut una alterave vice in civitate divertat ibique noctem agat, ut mane tempore sibi opportuno s. communionem sumat.

R. 3. Restat demum pro utroque, tum pro Constantia tum pro Conrado, alia via, videlicet per parochum vel ordinarium petendi dispensationem a summo pontifice. Nam nostro tempore compluries factum est ut iis, qui re ipsa ieiunium naturale servare non possunt, ne cum maximo suo incommodo communione privarentur, dispensatio a servando ieiunio naturali concederetur. *Th. m.* II, 161, nota.

CELEBRANS CUM PERICULO IRREVERENTIAE.

Casus. (51)

Tatianus, cum ad altare consisteret celebraturus sacrum sollemne coram populo die festo et ad *Gloria* usque pervenisset, sentit stomachum male dispositum, ita ut vomitum timeat. Nihilominus feliciter perficere potuit sacrum;

sed vix ad gratiarum actionem in sacristiam se contulerat, cum vomitus accidit. Inspiciendo nihil sacrarum specierum discernit praeter odorem vini, quod tamen se spernere posse putat, siquidem pro consecratione parum vini sumpserit et multo plus aquae pro ablutione: hinc omnia curat in latrinam mittenda.

Alia vice cum graviter aegroto ministrasset ss. eucharistiam semihora post factum experimentum cum particula non-consecrata, nihilominus post duas horas aegrotus coepit vomere atque duas particulas fere integras reiecit.

QUAERITUR 1° licueritne in utroque casu, periculo vomitus neglecto, ss. eucharistiam sumere.

2° quid post vomitum fuisset faciendum.

Solutio.

178 AD QUAESITUM 1^m R. 1. Generatim ut liceat ss. eucharistiam sumere vel praebere, periculum vomitus debet morali quadam certitudine esse exclusum. — Reverentia enim erga ss. sacramentum postulat ne profanationis periculo exponatur. Sufficit autem moralis quaedam certitudo periculi absentis; nam in ea hypothesi etsi non habeatur omnimoda certitudo, non est amplius verum periculum, sed leve tantum dubium et profanationis possibilitas: hanc autem si Christus cavendam esse voluisset, pro hominibus hoc sacramentum non instituisset; ceteroquin materialis tum erit profanatio, non formalis. — Immo cum eiusmodi periculum non sit in re aliqua indivisibili, censeo, ut grave irreverentiae peccatum committatur, periculum debere esse grave; si levius est periculum neque causa excusans, fieri potest ut peccatum aliquod irreverentiae leve committatur; si periculum est omnino remotum tantum, peccatum nullum.

179 R. 2. Sed, ut iam innui, quod generatim non licet, potest licitum evadere ex causa gravi extrinsecus advecta.

Ita sume hominem catholicum moribundum sensibus destitutum, qui nec ungi possit nec satis certo absolvi, certo licebit (post condicionatam absolutionem) ss. eucharistiam ei dare, etiamsi exsistat periculum profanationis non leve. Nam in hoc casu cum fortasse de medio salutis per accidens necessario et unice possibili agatur, succurri homini debet omni possibili modo, cum sacramenta sint propter homines. Accidere enim potest, ut hic homo sit in statu peccati cum dolore imperfecto de peccatis commissis. Per se ei quidem non licet in tali statu ss. eucharistiam sumere, quae sit sacramentum vivorum; at si inculpabiliter sumpserit, probabile — etsi ne hic quidem certum — est eum vi sacramenti iustificari. Neque danti ss. eucharistiam peccato erit ei hoc sacramentum ministrare, qui fortasse ex statu suo indignus est, sed qui propter inculpabilem sumptionem fortasse gratiam iustificationis et aeternam salutem — alioqui periturus — reportabit.

Alias privata devotio vel spiritualis quaedam utilitas non sufficit ut ss. sacramentum *gravi* profanationis periculo exponatur.

Quod autem propter privatam causam non licet, licere potest propter causam publicam. Hinc in casu priore Tatianus, si habuit rationem prudentem putandi fore ut sibi neque inter sacrum neque prima post sacrum semihora vel quadrante vomitus accideret, etiamsi *dubius* manebat, potuit in istis circumstantiis procedere, ne cum admiratione et fortasse cum scandalo sacrum omitteretur. Verum si Tatiano moraliter fere certum erat se profanationem non posse cavere, procedere non licuit, sed populo monito debuit sacrum abrumpere.

R. 3. In casu altero, cum aegrotus per semihoram particulam non-consecratam retinuisset, censeri poterat morale periculum abesse, ita ut particulam etiam consecratam recipere pro viatico posset, nisi forte propter morbi condicionem cibum etiam parcissimum pluribus horis antea sumptum reiecisset; in quo casu maior cautio erat necessaria.

Ad quaesitum 2^m R. 1. In *primo* casu Tatianus male egit, male observans Rubricam, quae in eiusmodi casu quando brevi omnino post sumptam ss. eucharistiam vomitus sequitur, etiamsi discerni nequeant sacrae species, tamen propter reverentiam ss. sacramento debitam vult res vomitu eiectas stuppa vel simili re exsiccandas, comburendas et cineres in sacrarium mittendos esse. Quodsi sacrae species adhuc appareant, maior etiam diligentia praescribitur, ut scilicet conserventur usque ad corruptionem et dein, ut modo dictum est, combustae in sacrarium coniciantur.

R. 2. In *secundo* igitur casu omnino reverenter excipiendae erant particulae, siquidem consecrata a non-consecrata distingui non poterat. Reliqua vomitu eiecta propter tactum ss. sacramenti ut supra exsiccanda et comburenda erant. — Particulae igitur usque ad corruptionem servandae erant, ingesta aqua calida ad corruptionem accelerandam, nisi forte sacerdos nimiam nauseam non timens particulas purgatas sequenti die in sacro post sumptum s. sanguinem velit consumere: quod obligatio non est, immo ne consilium quidem, si nausea sit magna, quia propter periculum novi vomitus irreverentia augeretur.

SS. EUCHARISTIA — UT EST SACRIFICIUM.

FRUCTUS MISSAE.

Casus. (52)

Cerinthus mandatum episcopale quo in certum aliquem finem praescribebatur missa cantata coram populo cum publica comprecatione, cum assignata die aliam haberet missae intentionem, ita exsequitur ut pro vespertino pietatis exercitio comprecationem indicat, missam vera altera die privatam celebret.

Item pro certo defuncto die assignata susceperat missam cui cognati assisterent; sed cum pinguius stipendium acciperet pro alia missa, hanc illa die celebrat, translata insciis cognatis defuncti illa missa in diem aliam.

Quaeritur 1° quis et quotuplex sit fructus missae, et num augeri et diminui possit.

2° satisfeceritne Cerinthus obligationibus suis.

Solutio.

181 Ad quaesitum 1ᵐ R. 1. Secundum *rem* ss. missae sacrificium omnium sacrificiorum fines excellentissime implet, ita ut latiore sensu fructus missae vocari possint: summa Dei adoratio, pro beneficiis gratiarum actio, pro peccatis peccatique poenis propitiatio, pro necessitatibus impetratio. Presse sumuntur fructus qui utilitatem hominibus praestant: propitiatio et impetratio; qua ratione ss. missae sacrificium diminuit poenas peccatis etiam remissis debitas, disponit hominem ad paenitentiam et reconciliationem cum Deo, exorat gratias spirituales atque etiam temporalia bona quibus indigemus.

182 R. 2. Effectus seu fructus missae ratione originis proximae seu fontis proximi unde deriventur, distinguuntur secundum diversitatem eorum qui missam offerunt vel cooferunt. Oriuntur igitur diversi fructus ex missa:

ratione Christi qui est offerens principalis;
ratione Ecclesiae, Christi corporis mystici, cui Christus hoc ss. sacrificium reliquit et quae per sacerdotes illud Deo offert;
ratione ipsius singularis sacerdotis, ministri Christi et Ecclesiae;
ratione eorum qui speciali modo ad missam concurrunt, sive ministrantes sive assistentes sive stipendium dantes sunt.

Principalis fructus ille est qui ratione Christi seipsum per manus sacerdotis offerentis producitur nititurque infinitis eius meritis et satisfactionibus — estque presse ex opere operato. Fructus vero aliunde petiti non petuntur aliunde simpliciter, sed solum secundum quid et proxime: omnes enim nituntur demum in meritis Christi atque ad ea reducuntur; quia, quidquid ullus homo valuit et valet in ordine ad salutem aeternam, ex Christi meritis habet et valet.

Accedit igitur fructus qui ratione Ecclesiae oritur, cum haec, Deo semper grata, per ministerium sacerdotis sua vota precesque Deo offerat eumque pro dandis gratiis exoret — fructus ille latiore sensu etiam ex opere operato vocatur, cum independens sit ab actuali devotione singularis sacerdotis celebrantis.

Dein veniunt reliqui fructus, qui omnes nituntur personali dignitate et actione fervoreque eorum qui specialiter ad missam concurrunt: quorum primum locum occupat sacerdos celebrans, prout est et agit hanc personam privatam atque personale opus bonum exercet, aliis operibus bonis longe excellentius. — Adiunguntur: ministri et assistentes qui re vera etiam cum sacerdote cooferunt Deo sacrificium, siquidem sacerdos nomine totius Ecclesiae seu omnium fidelium, maxime praesentium, et illi per sacerdotem Deo sacrificium missae offerant; immo hi ipsi, cum assistunt, aliquem fructum ex opere operato presse sumpto videntur recipere praeter id quod ipsorum operi (operi operantis) respondet. — Specialem partem etiam habent ii qui moralis causa huius missae sunt, imprimis dantes stipendium; hi quoque non solum accipiunt fructum qui vocatur „ministerialis", sed etiam ex ipso suo bono opere personali fructum ferunt.

R. 3. Ratione *applicationis* dicitur: a) fructus *ministerialis* seu 183 *specialis* quem sacerdos, prout nomine Christi et Ecclesiae agit, pro suo arbitrio applicat, et quem, si pro stipendio celebrat, ad intentionem eius qui stipendium dedit debet applicare.

b) fructus *specialissimus* seu *personalis* qui cum ministerio celebrantis eo ipso coniunctus est atque pro celebrantis maiore vel minore dignitate et fervore ipsi celebranti applicatur.

c) fructus *generalis* qui — diverso tamen gradu — redundat in multitudinem; scilicet ceteris paribus eo maiore gradu quo propinquius ad missam concurrunt vel quo specialius pro illis oretur.

R. 4. Ratione meritorum et satisfactionum Christi, quae in sacri- 184 ficio missae cum ipso Christo et in Christo praesente praesentes sistuntur, valor missae est *infinitus* neque augmenti vel diminutionis capax. Nihilominus secundum certam Dei legem finito tantum modo per missam Christi merita et satisfactiones applicantur.

Ratione Ecclesiae cuius nomine missa Deo offertur attenditur praecipue fructus impetrationis. Qui augmenti et diminutionis capax est, imprimis quatenus Ecclesia sumitur pro Ecclesia militante cui demum ss. missae sacrificium est concreditum et quae per sacerdotem illud Deo offert. Nam impetratio eo maior atque fructuosior est, quo maiore dignitate, i. e. sanctitate et fervore, actu floret Ecclesia seu omnes fideles simul sumpti: quae sanctitas non omnibus temporibus eadem est, sed modo maior, modo minor.

Fateor tamen aliquo modo in impetratione respici etiam *totam* Ecclesiam ideoque etiam triumphantem, immo et patientem, ita ut etiam ratione eorum quorum merita Deo in missa repraesentantur, multiplicatis intercessoribus, facilius gratias impetremus. Haec igitur Ecclesiae sanctitas non minuitur, sed usque ad ultimum iustum consummatum continuo augetur. Verum haec omnia accidentali tantum modo in applicationem fructuum missae influunt.

AD QUAESITUM 2^m R. 1. Cerinthus mandatum superioris sui male 185 exsecutus est. Principalis et essentialis quidem fructus idem est, sive celebratur missa privata sive publica, sollemnis vel cantata sive lecta. Verum accidentalis fructus qui ex praesentia populi et numero cooferentium oritur idem non est, quia maior cooperantium et cooferentium numerus etiam copiosiorem meritorum Christi applicationem facillime impetrat. Atque etiam caerimoniae et ecclesiastici ritus pro missa sollemni instituti sunt oratio quaedam Ecclesiae, quae Deo accepta est eumque ad maiores gratias elargiendas ceteris paribus movet.

Neque puto plane idem fuisse comprecationem populi instituisse vespere atque in et cum missa. Nam ipsa populi precatio, quae in ss. missae sacrificio nititur atque ab eo sustentatur et elevatur, nobilior et ad impetrandum efficacior est, quam quae fit extra missam.

R. 2. Neque in *secundo* casu Cerinthus satisfecit, immo iustitiam laesit, propter rationes similes iis quas modo dixi. Et quamquam hic cognati suas preces etiam in et cum missa pro defuncto obtulerunt tamen non erat ea celebrantis et assistentium unio qua suas preces mutuo sustentarent et iuvarent.

Si vero quaeris qua ratione defectus iustitiae suppleri debeat, necesse non est ut denuo missa pro defuncto applicetur, convocatis cognatis; essentialem enim fructum missae defuncto applicavit Cerinthus, sed per aliquas preces vel indulgentias pro defuncto lucrandas aliquod supplementum praestare mea opinione tenetur.

APPLICATIO MISSAE EIUSQUE EFFICACIA.

Casus. (53)

Carolus, vir laicus, ad disputandum de rebus religiosis pronus, difficultatem movet circa ss. missae sacrificii efficaciam, maxime pro defunctis. Nam si applicatio missae tanti valeat, non aequa lance ait tractari pauperes et divites: quod Deo non posse imponi. Nam diviti hoc modo facillimum esse, relicto pingui legato, se a purgatorii poenis liberare, vel etiam, dum adhuc vivat, poenas temporales exstinguere, quas pauperes dicit debere longis cruciatibus exsolvere. Parochus haec reprimere conatur asserens, quod dives possit per eleemosynam pro applicandis missis datam, id pauperem posse per missarum assistentiam obtinere; ceteroquin consuevisse iussu Ecclesiae missas simul applicari pro omnibus defunctis, pro quibus specialis oratio addi debeat; quam applicationem propter infinitum missae valorem esse aequalis efficaciae.

Quaeritur 1° quomodo ss. missae sacrificium prosit defunctis; an uni plus quam pluribus.

2° sitne utilius ad poenas temporales exstinguendas missam applicare alicui adhuc viventi an defuncto.

3° sitne efficacius assistere missae an missam applicandam curare.

4° quid ad Caroli difficultates respondendum sit.

Solutio.

Ad quaesitum 1^m R. 1. De fide catholica definita est missam qua sacrificium propitiatorium defunctis prodesse. Nam 1) concilium Trid. sess. 22, cap. 2 docet de sacrificio missae: „sed et pro defunctis in Christo nondum plene purgatis rite iuxta apostolorum traditiones offertur"; 2) ibid. can. 3 anathema dicit asserenti „neque pro vivis et defunctis, pro peccatis, poenis, satisfactionibus et aliis necessitatibus offerri debere"; 3) sess. 25 *prooem.* docet: „purgatorium esse, animasque ibi detentas fidelium suffragiis, potissimum vero acceptabili altaris sacrificio iuvari"; 4) in professione fidei Trid. iubemur credere „in missa offerri Deo verum, proprium et propitiatorium sacrificium pro vivis et defunctis".

R. 2. Quamquam de fide est in genere ss. missae sacrificium qua propitiatorium prodesse, tamen de fide non est *modus* quo iuvet, vel *mensura* qua iuvet. Imprimis certum non est defunctis iis pro quibus missa offertur eodem modo infallibiliter ex opere operato fructum applicari, sicut applicatur vivis. Nam exsistere possunt occultae rationes divinae iustitiae, quae impediant quominus fructus isque totus certae animae applicetur.

R. 3. Nisi vero specialis ratio obstat, fructus missae applicatur sane ei pro quo offertur, idque secundum certam et definitam mensuram quam Deus scit et destinavit, quae diversa esse potest pro diversa animae dispositione et praeteritis eius meritis diversis.

R. 4. Fructus autem principalis ex communi doctrina reponendus pro defunctis est in directa abbreviatione vel mitigatione poenae, cum per medium missae ex meritis et satisfactionibus Christi ea solvantur vicaria solutione quae alias anima ipsa perpessione solvere deberet. — Verum praeter hoc iuvamen immediatum etiam aliter, i. e. mediate, missa defuncti animae prodesse potest, nimirum: a) *placando* Deum, ut auferantur rationes occultae divinae iustitiae impedientes fortasse hucusque immediatam satisfactionum Christi applicationem uberiorem; b) *impetrando* gratias efficaces quibus christifideles in terra viventes opera satisfactoria vicaria pro certa anima defuncta offerant; c) rationabiliter aliqui putant directe etiam per viam *impetrationis* obtineri posse aliquam applicationem satisfactionum Christi ad mitigandam poenam animarum in purgatorio detentarum. Cf. Suarez, *De Euchar.* disp. 79, sect. 6, n. 5.

AD QUAESITUM 2^m R. 1. Dubium esse nequit quin ceteris paribus certius habeatur plena applicatio fructuum missae pro certo homine fideli vivo quam pro defuncto, adeoque praestet applicari missam alicui ante mortem quam post mortem.

R. 2. Per accidens autem fieri potest ut applicatio pro vivo minus efficax sit, non quidem relate ad fructum impetratorium, sed relate ad satisfactionem pro poenis temporalibus sive his in terris sive in purgatorio exsolvendis. Nam post mortem sequitur statim primo momento status animae separatae perfecta peccatorum omnium etiam levissimorum retractatio; ante mortem non raro fieri potest ut haec retractatio desit, seu ut remaneat aliqua venialium peccatorum adhaesio, qua manente impossibile est exstingui poenam eis debitam. Quare nullatenus neglegendum, ut etiam *post mortem* fidelium sacrificium missae iis applicetur. Neque sufficit ei qui tenetur sacrum dicere pro Caio defuncto, ut dicat illud pro Caio adhuc vivo.

AD QUAESITUM 3^m R. 1. Pro vivis facile concedi potest utilius esse *ex quadam parte* missae devote assistere, quam sine alia cooperatione solam eleemosynam dare ad missam dicendam; at ne illud quidem probabile est hoc *ex omni parte* ita se habere. Quoad fructum satisfactorium mihi probabile non est; est probabile quoad fructum impetrationis.

R. 2. Pro defunctis pro quibus imprimis fructus satisfactorius ex opere operato attendi debet, dubium mihi non est quin sit ceteris paribus utilius missam applicari quam missam audire. Nam ille fructus oritur per se ex missa ut celebrata, idque nomine Christi. At impossibile est negare missam celebrari opus longe excellentius esse quam missam audiri.

190   Ad quaesitum 4ᵐ R. 1. Rationes quidem a parocho allatae minus accuratae sunt. Quoad primam rationem iam satis dictum est modo. Quoad alteram non est absolute verum sacrificium missae tantum prodesse singulis ex multis quantum uni pro quo offertur. Nam, quamquam in se infiniti valoris est, efficaciam quoad applicationem non habet infinitam, sed certa lege determinatam eamque divisibilem.

Quod quidem maxime valet de fructu satisfactorio qui similiter ut indulgentia potest vel in plures distribui vel uni conferri. Nam de fructu impetratorio, etsi ceteris paribus videatur plus prodesse uni quam compluribus, tamen quandam infinitatem habet, vel potius est indefinitum quid, per liberalitatem Dei proxime determinandum: quare mirum non est posse aliquando singulis ex pluribus per missam plus impetrari quam alias uni impetretur.

R. 2. Attamen neque Deus accusari potest acceptionis personarum. Etsi uni faciliorem faciat viam obtinendi finis ultimi quam alteri, ipse est omnium donorum suorum dominus qui nemini quidquam debet, et qui nullius eget. Sive tamen difficiliora sive faciliora a quopiam exigit, reddet unicuique secundum opera sua.

R. 3. Neque tamen divitibus invidendum est, sed sunt potius commiseratione digni. Certo Deus dedit illis maiorem facultatem eleemosynae faciendae, idque ad diversos fines bonos, etiam ad curandam missarum celebrationem; pauperi dat opportunitatem maiorem ad alia opera bona exercenda. Cum divitiis reliquit Deus iuncta onera et pericula salutis quibus exemit pauperes, ita ut Christus Dominus non divites sed pauperes beatos appellaret. Si re ipsa dives aliquis per eleemosynas pro missis celebrandis datas facilius et citius se exemerit e purgatorii poenis, pauper facilius et securius sibi congregare potuit praemia aeterna, quae illud divitis commodum infinite superant.

R. 4. Verum applicatio erga defunctos, ut antea dictum est, multum pendet a misericordia et liberalitate divina: quapropter evenire potest ut illa missarum suffragia quae fiunt pro anima divitis magna ex parte alteri applicentur, qui bonis operibus in terrena vita peractis apud Deum magis meruit ut misericordiam inveniret post mortem.

APPLICATIO MISSAE PRO QUIBUS FIERI POSSIT.

Casus. (54)

Constantia, pia femina, colligenda curat stipendia missarum pro sacerdote sibi noto. Inter intentiones et stipendiorum donationes notatas occurrunt hae: 1) a Xaveria pro ipsius infante ante baptismum mortuo, 2) ab Amalia femina Lutherana et Iuditha Hebraea ad impetrandum felicem partum, 3) ex testamento Iulii, qui in duello infelici subitanea morte sublatus est, pro eius anima, 4) ab Eugenia pro defuncto patre acatholico, 5) a cognato sacerdotis a fide apostatae nominatim excommunicati modo defuncti pro eius anima, si forte in gratia decesserit.

Quaeritur 1° pro quibus iure divino et ecclesiastico celebrari possit vel non possit.

2° quid de singulis intentionibus enumeratis iudicandum seu quid sacerdoti sit faciendum.

Solutio.

Ad quaesitum 1ᵐ R. 1. Iure divino plane incapaces sunt cuius- 191 libet fructus pro se recipiendi ii qui iam sunt in ultimo termino suo, scilicet 1) damnati seu omnes qui finaliter exclusi sunt a supernaturali consortio cum Deo; 2) beati qui Deum inseparabiliter possident, cum nullius rei egeant neque augendae felicitatis sint capaces. Si igitur pro his posterioribus ss. missae sacrificium offertur, id summum fieri potest ad eorum gloriam accidentalem cultumque in terris augendum, qui non tam ipsis prodest quam eorum cultoribus.

Similiter missa offerri potest ad eorum laudem gratiasque Deo agendas pro beneficiis beatis illis collatis.

R. 2. Capaces sunt, quantum solum ius divinum spectatur, non cuiuslibet quidem, sed alicuius fructus: 1) omnes homines in hac vita exsistentes, etiam infideles; 2) ex numero defunctorum solum ii qui in purgatorio exsistunt.

Verum ut plene quis capax sit omnium fructuum, debet praeterea et baptizatus esse et in statu gratiae atque in adulta aetate; alioquin enim incapax est illius fructus qui ex opere operato stricti sensus producitur, maxime fructus *satisfactorii*. Nisi enim sit vivum membrum in corpore Christi mystico, quod influxu vitali a Christo huius corporis capite profluente pleno iure frui possit, fructus quem percipiat restringitur ad aliquem *impetratorium* fructum eaque obiecta quae ad modum impetrationis obtineri possunt pro aliis: a quibus tamen non exsulat quivis fructus propitiatorius.

R. 3. Iure ecclesiastico praeterea exclusi sunt qui censura ex- 192 communicationis ligantur, ita ut 1) pro *vitandis* neque liceat missam celebrare neque possint iis valide illi fructus applicari qui respondent impetrationi Ecclesiae; 2) pro *toleratis* in favorem fidelium possit quidem limitato sensu missa celebrari, at requiratur etiam positiva intentio et applicatio ad id ut ex generali fructu alioquin omnibus patente quidquam recipiant. Severior etiam prohibitio est quoad eos qui haeresi vel schismate ab Ecclesia plene seiuncti sunt, ut statim fusius dicetur.

Ad quaesitum 2ᵐ R. 1. *Infantes sine baptismo defuncti* secun- 193 dum fidem catholicam, cum originali peccato infecti sint et maneant, in perpetuum a supernaturali beatitudine sunt exclusi. Quamquam fides non vetat putare eos naturali quadam felicitate frui, tamen dicuntur incurrisse damnationem neque amplius influxum ullum a Christo, capite hominum, in ordine supernaturali recipere possunt. — Cum igitur impossibile sit pro iis cum effectu missam applicare, graviter peccaret sacerdos qui id tentaret. Proin in nostro casu debuit sacerdos illud stipendium a Xaveria datum remittere, significans sibi impossibile esse votis obsecundari.

194 R. 2. *Quoad eos qui sunt extra Ecclesiam* per se ex rei natura nihil impedit quin pro iis bona quaelibet, sive supernaturalia sive naturalia etiam interposita missae applicatione, a Deo flagitentur. Potest enim missa offerri ad impetranda omnia ea quae propter Christi merita a Deo concedi possunt: ex quorum numero naturalia bona, utpote fundamenta vel adiumenta boni supernaturalis, non excluduntur. Nihilominus *Ecclesia statuit* ut ab haereticis vel schismaticis eleemosynam missae pro iis dicendae non liceat accipere, nisi ad impetrandam conversionem. Idque statuit in poenam, cum pro nondum baptizatis permittat Ecclesia ampliorem facultatem.

Est decr. S. Officii d. 19 Apr. 1847 a Greg. XVI approbatum: „Utrum possit aut debeat celebrari missa ac percipi eleemosyna pro graeco-schismatico, qui enixe oret ac instet ut missa applicetur pro se sive in Ecclesia adstante sive extra Ecclesiam manente." Resp. „Iuxta exposita non licere, nisi constet expresse eleemosynam a schismatico praeberi ad impetrandam conversionem ad veram fidem."

E contrario d. 12 Iulii 1865 relate ad non-baptizatos decretum est: „Utrum liceat sacerdotibus missam celebrare pro Turcarum aliorumque infidelium intentione et ab iis eleemosynam accipere?" Resp. „Affirmative, dummodo non adsit scandalum et nihil in missa addatur, et quod intentionem *constet* nihil mali aut erroris aut superstitionis in infidelibus eleemosynam offerentibus subesse."

Quare sacerdos eleemosynam feminae Hebraeae quidem admittere potest, feminae Lutheranae debet repudiare.

Verum existimo, si missae applicatio non fit ad instantiam petentis ideoque eo inscio, non prohiberi quominus sacerdos etiam pro aliquo ad sectam haereticam pertinente temporale beneficium per missae sacrificium petat, maxime si id est pro aliquo sibi cognato vel amico. Nam Ecclesia communicationem in sacris, a qua heterodoxos omnesque excommunicatos per se excludit, permittit cum toleratis *in favorem fidelium*. Quapropter censeo prohibitionem illam decreti S. Officii non esse extendendam ultra strictum eius sensum.

195 R. 3. Difficultas non est, si Iulius adhuc quaedam signa paenitentiae dederit post infelix duellum. Nam etsi ex stricto iure ecclesiastico etiam tum ecclesiastica sepultura atque exsequiali missa privandus est, id tamen transferri non debet ad quamlibet missam quae privatim sine publica notitia pro eius anima dicatur. Propter signa enim paenitentiae data, etsi ob defectum sacerdotis sacramentalem absolutionem non recepit, tamen ab excommunicatione etiam post mortem solvendus est, atque ita eius anima restituitur in communicatione suffragiorum ecclesiasticorum pro casu quod re ipsa coram Deo in gratiam redierit per actum contritionis perfectae: quod sperari licet et sumi in ordine ad suffragia pro eius anima offerenda.

Gravior difficultas est, si paenitentiae signa non dedit vel dare non potuit: in quo casu manet eius anima excommunicationis vinculo ligata. Quare videri possit non licere ad eius petitionem, quam expressit in testamento, missam celebrare, cum talis communicatio excommunicati cum Ecclesia permissa sit solum in favorem fidelium. Sed re vera vix non semper eiusmodi missae celebratio simul est in favorem fidelium, scilicet in favorem familiae superstitis et *eius qui testamentum exsequitur*. Sicut enim liceret ab heredibus ex ipsorum bonis eleemosynam missae accipere applicandae pro defuncto, ita licebit etiam ad eorum solacium ex defuncti testamento. — Tamen semper cavenda sunt scandala publicaque celebrationis notitia qua facile horror peccati duello commissi diminueretur. Et re vera effectus seu fructus manet valde dubius. Ut enim defunctus utcumque levamen accipere possit, necesse est ut ultimo momento contritione perfecta tactus Iulius vere doluerit de crimine commisso atque ita in gratiam Dei restitutus sit. Quod tenui spe quidem sperari potest; probabilitate magna nequit teneri.

In casu nostro sacerdos videtur, re occultata, stipendium accipere missamque celebrare posse, postquam declaraverit superstitibus cognatis se velle tentare num forte missa prodesse possit defuncto; vel etiam dicendo se velle celebrare pro defunctis familiae intendendo etiam speciatim succurrere animae istius defuncti, si id Deo placuerit: sic enim melius in suspenso tenetur num vere viro in tali crimine defuncto succurri *possit*.

R. 4. Certum est solo iure divino ex se nihil obstare quominus occulte sacrificium missae offeratur pro anima alicuius in secta heterodoxa defuncti sub condicione „si in bona fide ex hac vita decesserit et per gratiam sanctificantem ad animam Ecclesiae pertinuerit et pertineat", quando haec condicio rationabiliter addi potest. Quae quidem *condicionata* applicatio etiam pro defunctis fidelibus suo modo semper subintellegitur, scil. „si in gratia Dei decesserint et in purgatorio detineantur". Pro iis autem qui catholice vixerunt vel mortui sunt, haec condicio *praesumitur* re ipsa verificata neque expresse apponitur; immo id agere non raro esset defunctum iniuria afficere, cum *positive dubitetur* de eius pia vita vel morte. Qui vero positivum dubium reliquerunt de sua bona dispositione, iure merito beneficium missae sibi applicandae non recipiunt nisi cum expressa condicione. Hoc idem igitur fieri debet, si quando liceat pro heterodoxo defuncto celebrare.

Certum est pariter pro heterodoxis defunctis publice missam peragere iure ecclesiastico omnino prohiberi; idque, ne simpliciter fiat, debere prohiberi adeoque id iure naturali-divino illicitum esse ex eo patet, quia aliter agere esset quaedam indifferentismi professio et oblitteratio illius fidei articuli: „extra Ecclesiam nulla salus". Cf. *Th. m.* II, 176.

Immo idem dici debet propter haec adiuncta relate ad privatam etiam missae applicationem pro quolibet in secta acatholica defuncto, qui non praebuit positiva signa quibus arguitur eum materialiter tantum in haeresi mansisse ignorantia inculpabili, formaliter eum tenuisse fidem catholicam.

Huc refertur decretum *S. Officii* d. d. 7 Apr. 1875: „Pro iis qui in manifesta haeresi moriuntur missam offerri non licere, etiam si applicatio nota sit sacerdoti tantum et illi qui dat eleemosynam."

Inde tamen non fit, ut hoc etiam interdicatur relate ad eum a quo *probabilia* signa habeam ignorantiae inculpabilis et haeresis materialis tantum. Pro hoc igitur, etsi publica missae celebratio excludi debeat, non constat prohiberi privatam applicationem soli sacerdoti notam vel ei qui dat eleemosynam. Verum cum sola illa notitia, quae detur alteri eleemosynam offerenti, ansam det et periculum creet alicuius indifferentismi vel saltem speciem illam prae se facile ferat: consultius est ita agere, ut Marc, *Institutiones Alphons.* n. 1601 notat: „Quodsi stipendium pro aliquo [defuncto heterodoxo] in particulari offeratur, respondeat sacerdos se posse applicare missam pro omnibus fidelibus defunctis cum intentione subveniendi etiam animae illius defuncti, si hoc acceptum sit coram Deo." De cetero, si *condicionata* fit missae applicatio, eamque *sic* fieri ei qui stipendium dat manifestatur: editor libellorum period., quibus titulus *„Il Monitore ecclesiastico"*, missam sic applicare pro haeretico quem iure putem in bona fide defunctum, pro licito habet (vol. 13 seu anni 1901 pag. 172).

R. 5. In ultimo casu stipendium oblatum sacerdos debet reicere neque licebit pro illo defuncto celebrare, ne sub illa condicione quidem. Nam in poenam criminis Ecclesia excommunicatione hominis vitandi omnem communionem suffragiorum publicorum et ecclesiasticorum sustulit: quae poena etiam post mortem valet, nisi absolutio data sit, postquam *constiterit* de probabilibus paenitentiae signis. Quae si data non fuerint, etsi forte interna paenitentia eaque perfecta cum Deo reconcilians adfuerit, nihilominus in foro externo Ecclesia prohibitionem communionis sustinet, animam defuncti Dei iudicio Deique misericordiae relinquens. Neque tamen putandum est illi animae, si forte salva fuerit, omne suffragium esse sublatum. Nam ex *generali* precatione pro omnibus in Christo quiescentibus sicut etiam ex privata piorum suffragiis Deus moveri potest, ut etiam tali animae alioquin derelictae levamentum aliquod concedat. — Quod vero Ecclesia specialem actum pro tali homine qui ut vitandus defunctus sit prohibeat, poena est criminis commissi quae ostendit, quantopere pertimescenda sit excommunicatio, utpote usque in alteram vitam effectus suos producens.

INTENTIONIS APPLICANDI MISSAS DETERMINATIO.

Casus. (55)

Cassianus, sacerdos regularis, accipit 20 intentiones missarum pro stipendiis notatas, scilicet: 3 ad intentionem dantis, 4 pro defunctis, 2 pro defuncto etc. Ipse generalem quidem habet intentionem satisfaciendi oneribus, nihil aliud autem cogitans vel determinans vigesies missam celebrans applicat ad satisfaciendum intentionibus sibi assignatis. Certa tamen vice, cum iam esset inter consecrationem, audito signo campanae quo indicabatur mors aegroti sodalis, subito intentionem facit applicandi pro hoc defuncto; sed dubius haeret num recte.

QUAERITUR 1° applicatio *quomodo* fieri seu determinari debeat.

2° *quando* fieri debeat vel possit, ut valeat.

3° quid de modo applicandi quem Cassianus tenuit iudicandum sit.

Solutio.

AD QUAESITUM 1^m R. 1. Applicatio missae, ut valeat, utique determinari debet; alioquin ratio non est cur potius uni quam alteri prosit. Attamen cum applicatio illa habeat rationem quandam donationis, necessarium non est ut fiat in ipso actu sacrificii, sed sufficit habitualis eaque implicita. Quapropter si sacerdos nullam specialem intentionem fecisset neque nunc neque antea, censeo omnino fructum ministerialem applicatum iri ipsi celebranti, cum celebrans quilibet habitualiter velit tantum fructus spiritualis ex missa percipere quantum possibile est.

R. 2. Sufficit autem ut celebrans ponat seu posuerit actum qui determinationem *obiective* contineat, etsi celebrans ipse determinationem non noverit. Hinc si intendo celebrare secundum determinationem Caroli, et Carolus determinationem fecerit, etiamsi ego eam nullatenus novi, mea intentio satis determinata est.

R. 3. Determinatio debet tamen adesse nunc de praesenti, non potest fieri applicatio secundum determinationem futuram. Nam applicatio non potest manere in suspenso, non magis quam sacramenti confectio in suspenso manere potest. Et quamquam id non adeo clarum est, si quis velit recurrere ad determinationem futuram sub actuali Dei praescientia, tamen ne hoc quidem modo applicatio satis certa est, cum Deus reliquerit sacramenta et sacrificia hominibus dispensanda *humano modo* et secundum *humanam* determinationem.

AD QUAESITUM 2^m R. 1. Applicatio, ut valeat, fieri debet saltem antequam sacrificii essentia perficiatur. Unde concluditur, cum essentia sita sit in consecratione utriusque speciei, applicationem debere factam esse saltem ante consecrationem calicis. Eo usque enim fructus sacrificii non exsistit, ideoque sacrificium adhuc offerri seu applicari potest pro arbitrio sacerdotis; post consecrationem, cum iam effectus suos produxerit, arbitrio celebrantis subtractum est.

R. 2. Applicatio tamen fieri potest longe *antea*, si modo voluntas applicandi in finem semel determinatum permaneat seu retractata non sit. Qui igitur initio mensis pro quolibet die intentionem determinavit neque postea quidquam mutavit, quamquam non amplius de facta determinatione cogitat, satis certo applicationi debitae satisfecit. Consultum autem non est in tempus nimis longum pro futuro applicationem determinare; immo pia praxis suadenda est paullo ante sacrum celebrandum intentionem specialem respicere, aliasque etiam intentiones, salva primaria, adiungere.

200 Ad quaesitum 3^m R. 1. Primo adspectu dubium oriri potest num Cassianus *in priore casu* recte applicaverit. Certum est enim, monente *Rubrica Missalis de defect.* VII, 1, *nihil* agi, si quis ex undecim hostiis intendat solum consecrare decem, non determinans quas decem intendat. Simile quid Cassianus videri potest fecisse, cum ex 20 intentionibus uni voluit satisfacere, non determinans quam sumere voluerit. — Attamen re ipsa non plane idem est. Nam si *singulas missas* secundum intentiones assignatas singillatim dicere voluit, naturaliter consequitur ut voluerit, implicite saltem, eas dicere secundum ordinem ipsius seriei notatum. Cum igitur in serie missarum quas persolvendas accepit obiective certus ordo inveniatur, secundum hunc censendus est Cassianus missas consequenter dixisse. Melius tamen facit, si *explicite* aliquem ordinem sibi constituit; nam potest re vera variis modis procedere atque inter alia etiam quaslibet ex viginti missis pro omnibus intentionibus simul sumptis celebrare, fructum missae divisibilem in singulas intentiones pro rata distribuendo.

Cassianum post factum securum esse posse, etiam quando pro stipendiis celebrare debuit, habetur ex responso S. Paenitentiariae. Videlicet die 27 Nov. 1892 interrogatio facta est de sequenti casu: „In sanctuario quo affluunt peregrinantes, quinque sunt capellani: quibus multa stipendia offeruntur missarum ad diversas intentiones, nempe pro defunctis aut pro vivis seu pro gratia speciali obtinenda aut denique in talis sancti aut sanctae honorem.

Ostiarius, vir bonus ac fide dignus, eleemosynas recipit, numerum stipendiorum fideliter notat, sed de intentionibus minime curat, sub praetextu quod Deus illas novit. In fine cuiusque mensis capellanorum superiori remittuntur omnia stipendia. Capellani ex conventione praehabita cotidie ad intentionem superioris celebrant; quattuor tamen per mensem diebus, quos ipsi pro libitu eligant, censentur ad intentionem propriam celebrare, quin certiorem faciant superiorem. Missas autem pro diebus determinatis petitas cum maxima fidelitate scribit ostiarius, iussitque superior eum tres aut quattuor missas pro quadam die fixa ad summum accipere.... — Aliunde, ad satisfaciendum quibusdam fundationibus, quisque capellanus his celebrare debet singulis mensibus; sed hoc neminem perturbat: celebrant omnes ad intentionem superioris, id iis sufficit. Insuper ex usu quater in mense sacrosanctum sacrificium offertur pro benefactoribus; sed pro hac applicatione nullus capellanus designatur, nulla affigitur dies.

Quotiescumque permittit Rubrica, toties missam de *requie* legunt capellani; attamen missam de Spiritu Sancto vel de Beata aliquando recitant, semper ad intentionem superioris. Hinc pro certo tenendum est missam pro vivis postulatam vel votivam in honorem alicuius sancti in nigris celebrari.

Modo sequenti sub fine mensis sic numerantur a superiore onera missarum quibus satisfactum censetur: Capellanus A celebravit 20 missas etc. . . totum: 100 missas . . . (detrahuntur 4 intentiones liberae, 2 pro fundat., 4 pro benef.). Hinc si per mensem 500 missas ostiarius acceperit celebrandas, restant 400 missae quas celebrandas committit superior variis sacerdotibus, quin de intentionibus iis manifestandis curet. . . .

Iamvero oratori non videtur eo modo intentio celebrantis sufficienter determinata, quod singulis diebus mensis nullus capellanus potest dicere *quam* missam applicet; nec ipse superior id dicere valet, cum nesciat qua hora quisque capellanus celebret, neque an pro benefactoribus aut ad intentionem sibi relictam hac die vel antea vel postea celebrare intendat . . ."

S. Paenitentiaria die 7 Dec. 1892 respondit re mature perpensa: „Dummodo missis integre satisfiat intra tempus ab ecclesiastica praxi praefinitum, nec missae retardentur quae ad certam diem vel pro urgenti causa offeruntur, orator acquiescat." *Anal. eccl.* II, 33.

R. 2. Quoad *alterum casum* ex dictis patet solutio. Si Cassianus ante secundam consecrationem essentialiter perfectam intentionem applicandi mutavit, haec ultima intentio valida erat quoad applicationem fructus ministerialis. Ceterum si quando ex variis rationibus dubium manserit, utra ex duabus intentionibus valuerit, facile res ita expedietur ut sequenti die sacerdos applicet pro illa ex duabus intentionibus, pro qua Deus sciat se nondum satisfecisse. Cum enim pro alterutra certe iam satisfecerit, idque Deo notum sit, etsi ignotum sit celebranti, post celebratum alterum sacrum certo utrique intentioni atque utrique obligationi satisfactum erit.

CELEBRANDI OBLIGATIO.

Casus. (56)

Conradus professor publicus, ne tempus detrahat studiis et lectionibus, solis celebrat diebus dominicis, idque summo mane in sacello privato, ita ut apud populum excitet admirationem, eo quod numquam visus sit celebrare. Immo lapsu temporis scrupulis involvitur, quo fit ut celebrationem pro graviore onere habeat atque solo festo paschatis ad dicendam missam se accingat.

QUAERITUR 1° quae sit celebrandi obligatio ex sacerdotio assumpto.

2° quid de Conrado iudicandum sit.

Solutio.

AD QUAESITUM 1ᵐ R 1. Certum est sacerdotem sine iusta causa diu non celebrantem ex hoc solo non recte agere quod talentis a Deo datis non utatur fideliter. Ad hoc enim constituitur sacerdos quilibet ut offerat sacrificium.

R. 2. Seclusa tamen alia obligatione sive ex stipendio accepto sive ex cura animarum assumpta, valde difficulter determinatur mensura obligationis: aliis putantibus non constare de gravi obligatione ex se oriunda; aliis dicentibus saltem ter quaterve in anno celebrandum esse, ne peccetur graviter; id omnes fatentur per accidens ratione scandali per diuturnum celebrationis neglectum graviter peccari posse. Cf. *Th. m.* II, 191 sq.; S. Alph. VI, 313; Ballerini-Palm. *tract.* X, *sect.* IV, n. 243.

203 Ad quaesitum 2^m R. 1. Sane laudandus non est Conradus, cum nolit tantum temporis a studiis litterarumque occupationibus detrahere, ut frequentius seu per hebdomadam etiam celebret. Graviter sane per se non peccat solis Dominicis et festis diebus ad sacrificandum accedens; facile tamen levis peccati acediae reus erit.

R. 2. Si autem populus id in malam partem interpretetur quod numquam videat Conradum celebrantem, oriri potest obligatio edocendi populi: nam, si divulgetur Conradum privatim celebrare, iusta causa gravis admirationis vel scandali non amplius adest.

R. 3. Si re vera Conradus adeo scrupulis vexatur, existimo id solum eum a gravi peccato immunem reddere, etsi plane abstineat a celebratione. Quamquam non ab omni peccato veniali excusatur; nam eatenus saltem obligatio est contra scrupulos agendi. Immo etiam in hoc casu ut scandalum populi, si quod timendum est, auferatur, aliqua ratio probabilis populo danda est: quam tamen iam satis adesse iudicabunt, si v. g. Conradum saepius more laicorum s. communionem viderint percipientem.

OBLIGATIO PAROCHI PRO PAROCHIA APPLICANDI.

Casus. (57)

Camillus parochus per duos menses animi relaxandi causa solet a parochia abesse. Quo tempore propter itinera non raro diebus Dominicis et festis a sacro dicendo vacat. Composuerat rem ita cum parocho vicino, ut ille duarum parochiarum curam ageret et diebus de praecepto celebrandis utrobique missam diceret; pro diebus autem festis abrogatis Camillus modo supplet applicando pro parochia sequenti aliquo die, modo plane omittit.

Quaeritur 1° quae sit parochi obligatio applicandi pro populo.

2° Camillus rectene egerit an obligatione adhuc teneatur et qua.

Solutio.

204 Ad quaesitum 1^m R. 1. Ex praecepto divino tenetur parochus aliquoties pro populo sibi commisso sacrificium missae offerre. Quae obligatio sequitur ex munere parochiali, quo ex institutione Ecclesiae spiritualis cura certae partis Christifidelium parocho committitur; ad quam curam spiritualem in N. Lege pertinet offerre sacrificium eucharisticum. „Cum praecepto divino mandatum sit omnibus, quibus animarum cura commissa est, oves suas agnoscere, *pro his sacrificium offerre...*" Trid. sess. 23 *de ref.* cap. 1.

R. 2. Determinatio autem ad certos dies facta est ex lege ecclesiastica, quae hanc obligationem latius extendere vel arctioribus limitibus circumscribere potest. Re ipsa imposita est obligatio haec omnibus diebus Dominicis et festis de praecepto, idque secundum catalogum Urbani VIII, ita ut etiam festa suppressa ab hac obligatione non eximantur, nisi forte specialis pro aliquo loco facta sit dispensatio Sedis Apostolicae. Si quando autem ipsum festum a die suo proprio *pro choro et foro translatum* est in diem Dominicum, sufficit ut die Dominico pro populo applicetur: sicut in archidioecesi Coloniensi cum dioecesibus suffrag. factum est quoad festum Assumptionis et Nativitatis B. Mariae V. Cf. Const. B e n e d. XIV *„Cum semper oblatas"*, P i i IX *„Amantissimi"* d. d. 3 Maii 1858, L e o n i s XIII *„In suprema"* d. d. 10 Iunii 1882. *Th. m.* II, 194 sq.

R. 3. Obligatio illa per se versatur 1) circa dies, ut dictum est, 2) circa locum, ita ut in ecclesia parochiali sit celebrandum, 3) circa personam, ita ut, parochus ipse debeat celebrare, 4) circa ipsam rem, ita ut si ceterae circumstantiae servatae non fuerint vel non possint observari, nihilominus obligatio sit ad missae sacrificium *toties* pro populo applicandum.

R. 4. Obligatio quidem ad ipsam rem *gravis* est; reliquae circumstantiae non ferunt secum gravem obligationem pro *singulis vicibus,* attamen gravis obligatio est, ne *saepius* neglegantur. Quando autem ex iusta causa parochus abest a parochia, potest vel ipse peregre exsistens pro suo populo celebrare, si modo in ecclesia parochiali praebeatur populo opportunitas missae audiendae, vel curare potest ut alius sacerdos in parochiali illa ecclesia celebrans pro populo applicet: ita *S. Congr. C.* d. 14 Dec. 1872 in *Act. S. Sed.* VII, 191.

AD QUAESITUM 2ᵐ R. 1. Male egit Camillus non celebrando neque celebrari faciendo diebus festis abrogatis; immo etiam nunc sub gravi tenetur subrogare missam, idque per se ipsum, quoties illam omisit.

R. 2. Etiam male egit non celebrando illis ipsis festis, sed postea supplendo. Id enim non potuit pro libitu facere, sed solummodo, quando re vera ipsis iis diebus impeditus erat. Verum si una alterave vice tantum diem mutavit, peccavit non graviter.

R. 3. Recte quidem Camillus egit, ut curaret missam in sua parochia coram populo dicendam, idque etiam per binationem, si modo legitima facultas binandi aderat. Verum *huius* missae *applicatione* non satisfecit oneri reali. Per missam enim binationis non potest exstingui onus, quod ex quadam iustitia adest (nisi forte specialiter ex gravi causa summus pontifex — id quod *raro* fit — indulgeat, vel unus ille sacerdos binare debeat ex eo quod in munere administratoris duarum parochiarum constitutus est). Vicinus igitur parochus potuit missam hanc secundam quam celebravit applicare cui voluerit (non tamen pro stipendio); sed etiamsi pro parochianis Camilli eam applicavit, Camillus ab obligatione aliam missam applicandi non liberatur. Aliud esset, si alius sacerdos unam tantum missam celebrans pro parochianis Camilli missam applicasset, sive libere sive pro stipendio a Camillo accepto: in hoc casu onus Camilli exstinctum esset.

OBLIGATIO APPLICANDI PRO POPULO QUAM LATE PATEAT.

Casus. (58)

Claudius, hucusque vicarius apostolicus, nunc constituta ordinaria hierarchia episcopus loci in extera missione, penuria magna premitur, atque optimo quo possit modo quaerere debet sustentationem pro se et pro multis pauperibus e suo grege. Hinc celebrat pro stipendiis; pro missione non applicat nisi semel in mense die arbitrario, cum etiam fideles ob penuriam sacerdotum non saepius, habita opportunitate, teneantur sacro assistere; insuper subditis suis missionariis iniungit ut eodem modo agant, lucrum inde haustum sibi pro pauperibus tradant atque similiter omnem stipendiorum excessum quem ultra pretium unius franci pro singulis receperint. Quod ut melius fiat, vult ut in posterum omnia stipendia cum intentionibus ad se remittant et distributionem a se factam exspectent. A vicario admonitus haec adversari legibus Ecclesiae, respondet se iam per decem annos in variis locis non saepius applicasse; quapropter non esse cur a longa consuetudine desistat.

Quaeritur 1° qualis incumbat obligatio missionariis applicandi pro populo.
2° possitne ex stipendiis aliquid detrahi in favorem causae piae.
3° rectane fuerit atque sit Claudii agendi ratio.

Solutio.

Ad quaesitum 1ᵐ R. 1. Obligatio applicandi pro populo incumbit iis qui *ordinariam* curam animarum vi muneris sui atque ex quadam iustitia subierunt: episcopis et parochis, et si qui eorum vices gerunt. Qui autem non vi ecclesiastici muneris, sed libere succurrentes in rebus quae animarum curam spectant occupati sunt atque sola delegata potestate alios iuvant, non tenentur propria obligatione.

R. 2. Obligatio autem non inde repetitur quod, si qui in ecclesiastico munere constituti sint, beneficii fructus percipiant, ac si obligatio cesset, quando fructus non possint percipi; nam *muneri* inhaeret obligatio, non fructibus beneficii.

R. 3. Missionarii in exteris regionibus, ubi hierarchia ecclesiastica instituta non est neque proprie dictae dioeceses vel parochiae exsistunt, non tenentur; at *ex caritate decet* interdum missam applicare. Si quando autem ibi hierarchia quidem constituta est, sed in sedem vacantem aliquis mittitur, etiam cum nomine vicarii vel praefecti apostolici, is tenetur applicare ut vices gerens eius qui obligatur. Cf. litt. encycl. d. d. 10 Iunii 1882 Leonis XIII „*In suprema*"; Gasparri n. 497 sqq.

Ad quaesitum 2ᵐ R. Detrahere partem ex stipendiis missarum, etsi fiat in favorem causae piae, per se stricte prohibitum est, nisi „ex consensu oblatorum", i. e. eorum qui stipendium offerunt.

Inter responsa S. Congreg. a Pio IX confirmata 13. Aug. 1874 haec est ad VII „An liceat episcopis sine speciali S. Sedis venia ex eleemosynis missarum quas fideles celebrioribus sanctuariis tradere solent aliquid detrahere, ut eorum decori et ornamento consulatur, quando praesertim ea propriis reditibus careant?" Resp. „Negative, nisi de consensu oblatorum." Hi nimirum qui stipendium offerunt possunt rogatu eius cui offerunt pro stipendio missae minorem summam statuere, si reperiatur sacerdos qui minore hoc stipendio sit contentus, atque excessum quem alias stipendio addere solebant in alium finem conferre. — Similiter S. Sedes ex iusta causa idem permittere potest, ut in sequenti casu declarabitur.

AD QUAESITUM 3^m R. 1. Quamdiu Claudius erat vicarius apostolicus antequam hierarchia ecclesiastica institueretur: abunde satisfecit quovis mense celebrans pro missione; nam stricto iure non proprie obligabatur. Sed ex quo tempore factus est episcopus dioecesanus, debet singulis diebus Dominicis et festis pro districtu suo missam applicare, nisi S. Sedes dispensaverit. Neque valent rationes allatae in contrarium: 1) non valet quod fideles non saepius obligentur ad missam audiendam; nam praeterquam quod id per accidens est propter impedimenta, neque Claudius similiter impeditur a missa dicenda, falsum est obligationem applicandi pro populo eosdem limites habere atque obligationem populi ad missam audiendam. In festis enim suppressis ablata est obligatio populi ad missam audiendam, sed non obligatio pastorum ad celebrandam. 2) Non valet consuetudo hucusque observata; nam, ut hoc unum dicatur, ex solis circumstantiis nunc demum exortis obligatio ordiri coepit, non exsistebat antea.

R. 2. Quod Claudius missionarios subditos monet ipsos non teneri ultra unam vicem in mense missam pro fidelibus applicare: certe non diminuit obligationem quae adfuerit, sed potius imposuit obligationem quae non erat; nam missionarii illi ne ad id quidem vero sensu *tenentur* ut quolibet mense missam ita applicent. Non enim sunt parochi neque locum parochorum tenent, cum parochiae non exsistant: solus episcopus pastor fidelium est, qui solus stricte obligatur ad missam pro populo celebrandam.

R. 3. Quod Claudius iubet suos missionarios stipendia quaedam missarum post celebratas missas tradere, videtur *sub hac forma* facultatem episcopi excedere. Nam missionarius opponere potest se nolle pro stipendio celebrare, sed libere sine stipendio missam dicere. Utrum vero aequivalentem pecuniae summam quasi pro contributione imponere possit, a variis circumstantiis et necessitatibus ecclesiae loci dependet.

R. 4. Etiam minus Claudius iubere potuit missionarios omne id quod unius franci taxam in stipendio excedat sibi tradere. In uno tantum casu id intellegitur recte fieri, si videlicet missionarii sint religiosi, Claudius eorum superior religiosus. Nam religiosi in omni administratione bonorum temporalium pendent propter votum paupertatis a voluntate superioris, nec quidquam habent proprium de quo disponant; ac proinde etiam stipendia missarum ad nutum superioris tradere et ad normam voluntatis illius ea administrare debent.

APPLICATIO MISSARUM PRO STIPENDIO.

TRANSLATIO IN ALTERUM.

Casus. (59)

Cerinthus sacerdos, in Anglia exsistens, cui vir nobilis committit 10 missas celebrandas tradens 50 marcas, taxam *dioecesanam*, easdem alteri sacerdoti dicendas committit dans stipendium *usuale* $2^1/_2$ marcarum. Cum autem ab eodem viro eandem summam similiter in Germania acciperet, taxam ibi consuetam $1^1/_2$ marcarum alteri tradit.

Idem vir dives praefecto sanctuarii B. Virginis dat 500 marcas cum onere ut ibidem 20 missae celebrentur pro sua familia: quas praefectus ille celebrandas committit sacerdotibus illuc confluentibus tradens stipendium consuetum dioecesanum.

Apud idem sanctuarium exsistit fundatio missarum, quae fundatio collocata est in praedio, quod postea civile gubernium occupans mutavit in annuum censum pecuniarium; quo factum est ut nunc pro numero missarum stipendium ternarum missarum ad binas marcas redactum sit. Praefectus propterea diminuit missas celebrandas computans pro singulis taxam consuetam.

QUAERITUR 1° quaenam universim valeant de celebratione missarum alteri committenda atque de stipendiorum transmissione.

2° si decursu temporum stipendium missarum fundatarum evaserit minus taxa consueta, liceatne numerum missarum reducere et a quo hoc fieri possit.

3° quid ad propositos casus sit dicendum.

Solutio.

AD QUAESITUM 1ᵐ R. 1. Nihil per se vetat quin alteri sacerdoti missa celebranda committatur, cum eius valor et ministerialis fructus essentialis non pendeat a celebrante. Attamen responsum valet, si modo circumstantiae ab eleemosynae collatore sive explicite sive tacite impositae serventur. Quare si apud certam ecclesiam missae fundantur, praesumptio est velle fundatorem missas dici in ipsa illa ecclesia, nisi ex temporis lapsu immemorabilis vel aliis ex causis aliud prudenter colligatur. In stipendiis manualibus e contrario censentur illae circumstantiae non imponi, nisi eas impositas esse constat.

R. 2. Tum ex sese speciem turpis lucri redolet missam alteri committere, retenta parte stipendii; tum positiva prohibitio Ecclesiae id omnino vetat; immo Benedictus XIV Constitutione *Quanta cura* d. d. 30 Iunii 1741 expresse declarat „non posse alteri stipendium minoris pretii erogari, etsi eidem sacerdoti celebranti et consentienti se maioris pretii eleemosynam accepisse indicasset". Immo si fit *collectio* stipendiorum eaque diminuta aliis committuntur, ubi eiusmodi diminutum stipendium consuetam taxam aequat, illud turpe commercium cum stipendiis missarum secum trahit excommunicationem Romano pontifici reservatam, ipso facto incurrendam. *Th. m.* II, 203. 960.

R. 3. Nihilominus sunt causae quae illam stipendii diminutionem permittant, scilicet: 1) consensus eius qui dat stipendium, ut stipendii pars ad aliam causam piam applicetur, sicut in praecedenti casu dictum est. Nam ille consensus facit ut stipendium missae non iam sit tantum, quantum ab initio apparet, sed sola pars determinata eius pecuniae quam dedit retinet rationem stipendii missae, eaque tota dabitur celebranti. 2) Dispensatio S. Sedis ex iusta causa. Nam si modo missae postulatae celebrentur, largientis eleemosynam generatim nihil interest utrum sacerdos celebrans recipiat totam summam, an summa distribuatur in sustentationem sacerdotis et in alium finem pium; neque iniuria fit celebranti, cum ipse volens accipiat stipendium minus. Quare, si res ita est, tota prohibitio est legis ecclesiasticae, quam S. Sedes in causa particulari auferre potest. Si vero — ut interdum esse potest — in hac agendi ratione etiam inesset voluntatis donatorum et piae causae quaedam commutatio, haec ex iusta causa competere debet Romano pontifici ut supremo piarum causarum administratori. 3) Sacerdotis celebrantis *non rogati* libera cessio alicuius stipendii partis: in quo casu habetur libera plane donatio ex parte celebrantis; eamque facere potest sive in favorem alicuius piae causae sive in favorem sacerdotis prioris qui sibi commisit stipendium acceptum. Cessio autem *ad instantiam* eius qui alteri sacerdoti committit stipendium ex constitutione pontificia propterea non liberat a peccato, quia lex illa iuste lata est ob periculum turpis quaestus atque cessionis non omnino liberae. 4) Si cui datum est stipendium maius ratione personae, v. g. ob specialem amicitiam vel peculiarem necessitatem sublevandam; atque ita declaravit etiam S. C. C. d. 25 Iulii 1875, scilicet integrum stipendium celebranti dandum esse, „nisi morali certitudine constet excessum communis eleemosynae oblatum fuisse intuitu parochi". Nam in hoc casu simile quid habemus quod supra in n. 1, nimirum pro *stipendio missae* datum censeri taxam consuetam; quod supersit, datum esse pro dono personali, ex quibus unum alteri cedi posse sine altero.

Ad quaesitum 2ᵐ R. 1. Si reditus primitus vi fundationis assignati manserunt integri, atque ratio cur singulis missis non amplius respondeat stipendium taxae ordinariae sita est in diminuto valore pecuniae: reductio missarum fieri nequit nisi ex potestate S. Sedis. Nam per se implendum est onus semel susceptum secundum condiciones quasi-contractus initi. Atque re vera s. pontifices hac in re potestatem ipsis episcopis sustulerunt. (Cf. Constit. „*Nuper*" ab Innoc. XII d. d. 23 Dec. 1697; Bened. XIV *de syn. dioec.* l. 13, c. *ult.*, n. 19.) Fieri autem potest illa reductio potestate S. Sedis, tum quia ad eam pertinet interpretatio ultimarum voluntatum pro causis piis atque piae causae ex iusta ratione commutatio, tum quia summus pontifex defectum missarum suprema sua postestate ex thesauro Ecclesiae supplere potest.

R. 2. Si reditus ipsi ex parte perierunt sine culpa sacerdotis cui onus celebrandi incumbit, probabile satis est obligationem pro rata reditus non amplius exsistentis cessare, adeoque posse sacerdotem numerum missarum minuere nisi forte reditus restantes tanti sint ut etiam nunc pro numero missarum praescriptarum stipendium ordinarium singulis missis respondeat.

Praestat quidem hac in re ex consilio episcopi ordinarii agere; immo consultum est recurrere ad ipsam S. Sedem, non ut obtineatur facultas reducendi numeri missarum, sed ut suppleatur ex thesauro Ecclesiae. Cf. *Th. m.* II, 202; Baller.-Palm. tr. X, sect. IV, n. 271; S. Alphons. VI, 331.

211 AD QUAESITUM 3^m R. 1. In *primo* casu, nisi aliud accedat quod in casu non narratur, Cerinthus partem stipendii sibi retinere non potuit. Vir enim ille nobilis voluit sequi non taxam usualem sed lege dioecesana sacerdotibus permissam; qua re non habetur ratio probabilis, multo minus moraliter certa putandi excessum supra usualem taxam datum esse intuitu personae Cerinthi. Videlicet in Anglia taxa, quam legibus dioecesanis petere licet, est summa 5 shillingorum seu marcarum; ex usu tamen homines plerique offerunt 2$^1/_2$ shill., quibus acceptis sacerdotes solent missam promittere.

R. 2. Etiam cum *secunda* vice Cerinthus stipendium consueto maius acciperet, nondum apparet ratio ex qua concludendum sit virum illum nobilem non dedisse totam summam ut missarum stipendium. Nisi enim moraliter certo constet eum non quibuslibet aliis sacerdotibus eandem summam traditurum fuisse, si ab iis missas petiisset, Cerinthus male egit retinendo pecuniae partem, eamque sacerdoti qui celebravit restituere debet.

R. 3. In *tertio* casu ex facto donatoris vix non apparet *primarie* intendi donum sanctuario conferendum, cui *accedat* onus certi numeri missarum. Quapropter cum nequaquam tota summa destinata sit pro stipendiis missarum, sine dubio sanctuarii praefectus potuit, collato celebrantibus stipendio ordinario, reliquam summam pro sanctuario retinere.

R. 4. Etiam in *ultimo* casu non potest praefectus peccati accusari. Nam haec mutatio a gubernio illegitime facta re vera est redituum partialis amissio. Quare sufficit nunc celebrare tot missas, quot respondeant taxae dioecesanae: convenit autem recurrere ad S. Sedem, ut haec ex thesauro Ecclesiae piae fundatorum intentioni suppleat.

RETENTIO PARTIS STIPENDII MISSARUM.

Casus. (60)

Possidius reliquit ecclesiae suae parochiali eiusque rectori summam 3000 marcarum, ut ex reditibus missae quotannis celebrarentur pro se et sua familia, taxato stipendio 5 mc. pro missis singulis. Publius vero in testamento ita constituit, ut heres parochiali ecclesiae det 1000 mc. pro exsequiis et pro anniversaria missa per 10 annos celebrandis et ut quotannis 100 missas celebrandas curet, assignato 3 mc. stipendio. Missae in utroque casu, tradita pecunia, committuntur parocho: qui distribuens eas aliis sacerdotibus pro ordinario stipendio 1½ mc., reliquum pecuniae sibi ut partem salarii parochialis retinet.

Quaeritur 1° quaenam missae ipso iure eximantur a lege, ut integrum stipendium cedi debeat alteri sacerdoti cui missae celebrandae ab altero committuntur.

2° quid in casu proposito iuris sit.

Solutio.

Ad quaesitum 1ᵐ R. 1. Lex illa statuens ut integrum stipendium tradatur celebraturo per se respicit stipendia manualia, neque ad alia extendi debet, nisi manualibus aequiparantur. Quare in missis fundatis videri debet num forte ecclesiae eiusve rectori vel beneficiato beneficium praestare voluerit fundator. Quod si sumi debet, applicanda est regula supra in casu (59) data pro casu quo stipendium maius datur intuitu personae. Videlicet fundatione *ecclesiae* facta censetur aliquis *primo* aliquid conferre voluisse ecclesiae eiusque necessitatibus vel eius rectori, onus autem missarum censetur fecisse superadditum.

In hunc sensum exstant complura responsa et decreta: „An rector beneficii qui potest per alium celebrare teneatur sacerdoti celebranti dare stipendium ad rationem redituum beneficii?" Resp. „satis esse, ut rector beneficii qui potest missam per alium celebrare tribuat sacerdoti celebranti eleemosynam congruam secundum morem civitatis vel provinciae, nisi in fundatione beneficii aliud cautum fuerit": Declar. 8ᵃ in decr. Urb. VIII. Similiter S. C. C. d. 14 Apr. 1725 respondit: „Capellani [scilicet qui ex fundatione capellaniae cotidie missam celebrare et applicare debent] pro aliqua die cuiuslibet hebdomadae impediti, qui missarum celebrationi per alium sacerdotem satisfaciant, non tenentur huic sacerdoti persolvere stipendium pro capellanis statutum, sed solum eleemosynam manualem."

Item 3. Aug. 1638 ad Quaes. „Testator reliquit ecclesiae N. 500 scutata, ut ex reditibus quotannis tot missae celebrarentur quot celebrari possent, eleemosyna data 3 libellarum pro unaquaque. Quaeritur an praedicta ecclesia possit dare celebranti unam libellam [quae erat taxa tum temporis ibi consueta], aliis duabus sibi retentis." R. „Deberi sacerdoti celebranti solitam eleemosynam tantum; reliquum vero cedere ad commodum ecclesiae."

R. 2. Idem teneri potest de functionibus ad *iura parochialia* pertinentibus quibus connectitur missae celebratio, ut exsequiae defuncti: quae si propter impedimentum actuale parochi ab eo alteri committuntur persolvendae, parochus retinet ius ad honorarium illis functionibus conexum, alteri sacerdoti tradere sufficit stipendium consuetum. Ita pro casu quo die Dominica occurrerit funus parochus debet potius pro populo applicare missam, atque alteri sacerdoti exsequias celebrandas committere; neque tamen tenetur omne id quod occasione funeris accepit sacerdoti celebranti tradere, sed sufficit ut ei det stipendium consuetum manuale et aliquod augmentum pro labore seu incommodo maiore; reliquum excessum potest sibi „iure stolae" retinere: ita Scavini ed. 10, tom. I, n. 692. Cf. *Th. m.* II, 204.

214 R. 3. Quando vero heredes sive sua sponte sive ex legato defuncti numerum missarum celebrandum curant, atque solae missae celebrandae intenduntur, distribuendae pro arbitrio heredis, totum stipendium quod ab herede datur vel a testatore definitum est ei debetur, qui missam celebrat; neque, si ab uno alteri committitur celebranda missa, pars stipendii retineri potest eo titulo quod stipendium sit consueto maius. Hae enim missae omnino ut manuales considerantur, ac proin prohibitiones ecclesiae super notatae his applicandae sunt.

Ita habes ex *Act. S. Sedis* IV, 39 sq. „Manualia autem censeri ea missarum stipendia quae ipsimet legatarii teneantur tradere ad missas celebrandas."

215 Ad quaesitum 2^m R. Ex dictis facile eruitur:

1) Quae ex ultima voluntate Possidii parocho data sunt, parochus non tenebatur integre conferre iis quibus missas celebrandas commisit;

2) idem dicendum est de iis quae Publius in testamento reliquerat pro exsequiis et aniversariis;

3) quoad alias missas quas heres quotannis celebrandas curare debebat, parochus male egit retinendo partem stipendii, cum aliis missas illas committeret; nam haec stipendia pro manualibus haberi debent, ita ut parochus teneatur sacerdotibus qui celebraverunt retenta restituere.

DILATIO MISSARUM.

Casus. (61)

Ausonius parochus, in cuius civitate multi saepe versantur peregrini, multa accipit missarum stipendia eaque consueta taxa maiora: quo fit ut in fine anni restent etiam stipendia quae prioribus anni mensibus acceperat, quibus non sit satisfactum missarum celebratione. Graviter reprehensus in visitatione ab ordinario facta

Quaerit quae sint tenenda circa missarum dilationem.

Solutio.

216 Ad quod quaesitum R. 1. Quaelibet dilatio quae fit ex voluntate seu consensu eius qui stipendium dedit vel missam fundavit a peccato immunis est.

R. 2. Si quae missae petuntur pro determinata necessitate, missae omnino dici debent intra tempus aptum; quare quaelibet dilatio qua finis intentus frustratur, etsi in se brevis, peccaminosa est atque ex se graviter peccaminosa, siquidem de re agatur, quae satis magni momenti ab eo qui stipendium offert, habetur.

R. 3. In ordinariis adiunctis, ubi neque ex natura rei neque ex declaratione donantis stipendium aliquid certi definitur, admittitur quidem brevis dilatio, diuturna autem est prohibita. Ita in Constit. „*Nuper*" supra laudata d. 23 Dec. 1697 prohibetur quominus nova onera missarum suscipiantur, nisi *infra breve tempus* omnibus possit satisfieri. — *Quae* dilatio sit *graviter* prohibita, tum ex aestimatione virorum doctorum tum ex positiva lege Ecclesiae definiendum est.

Exstat quidem declaratio S. C. C. d. 17 Iulii 1655, quae vetabat nova onera assumi, nisi omnibus oneribus *infra mensem* satisfieri possit. Verum recentiora monumenta ecclesiastica spatium illud nonnihil latius extendunt, atque concil. prov. Viennense (*Coll. Lac.* V, 166) postulat solum ut satisfiat „*infra bimestre*". Cf. *Th. m.* II, 199; S. Alph. VI, 317 Q. II; Marc n. 1615. — Pro *recenter defunctis* autem dilatio reputatur longe facilius gravis: pro his videlicet oneri suscepto satisfieri debet infra mensem, nisi tamen multae missae pro eodem defuncto uni sacerdoti committuntur. Cf. ll. cc., Gasparri n. 592.

R. 4. S. Sedes nostris temporibus aliquando dat licentiam missas celebrandas diutius differendi, ita ut satisfieri sine peccato possit infra 3—6 menses. Id a S. Sede ex iusta causa concedi posse, detrimentum alias oriturum ex thesauro Ecclesiae supplendo, patet ex iis quae iam supra de reductione missarum dicta sunt. Causam iustam longioris dilationis concedendae adesse interdum ex indigentia sacerdotum et missionariorum, qui stipendiis e longinquo collectis sustentari debent, perspicuum est: impossibile enim est tam brevi spatio stipendia colligere, transmittere, per praefectum in singulos sacerdotes distribuere, celebrandis missis onus persolvere.

R. 5. Notabiliter pro recenter defunctis ultra mensem, alias ultra duos menses vel ultra terminum a S. Sede concessum missas differre grave peccatum esse communiter censent. Idque verissimum est, si de compluribus missis ita dilatis agitur.

Verum difficilior est quaestio num id verum sit de una missa ita dilata. In qua re quid dicendum sit, colligi debet ex altera quaestione num *omittere* unam missam ex accepto stipendio promissam sit peccatum mortale. Differre enim ultra tempus certe non gravius, sed levius est quam plane omittere.

De omissione missarum igitur haec tene:

1) Certum est missas ex stipendio celebrandas omittere ex genere suo esse peccatum mortale, adeoque saltem compluries aliquam omittere.

2) Communius tenent etiam unam tantum missam omittere esse peccatum mortale, eo quod ille qui stipendium dederit et *ius* acquisiverit re gravi privetur. Marc l. c. n. 1610; S. Alphons. VI, 317, Qu. 3.

Quod saltem tum omnino tenendum censeo, si agitur de gravi necessitate, pro qua missa sit dicenda; vel de stipendio accepto ab homine pauperi cui grave fuit illam pecuniam colligere, gravius fructu missae sperato privari.

3) Utrum idem omnino teneri debeat etiam in aliis casibus, imprimis quando pro una eademque causa magnus numerus missarum celebrandarum stipendio dato petitur, sed una alterave re ipsa non celebratur, an in tali casu haec omissio excusetur a culpa *mortali*, non ita constat. Benigniorem sententiam affirmare quidem non audeo; do tamen rationes quae aliquo modo eam suadere possint:

Obligatio oritur ex contractu bilaterali. Sed in tali contractu gravitas obligationis ad rem praestandam videtur pendere ex gravitate rei acceptae. Haec autem non solet esse res, quae constituat materiam gravem; nam stipendium consuetum multum haeret infra materiam gravem in iustitia commutativa. Licet enim stipendium nullatenus possit considerari ut pretium (id enim simonia est), tamen *sub gravi* sacerdotem obligare velle ex re levi reciproce data videtur non convenire; neque sacerdos videtur in hanc gravem obligationem consentire.

Video quidem posse opponi: sacerdotem qui nolit gravem subire obligationem debere id monere illum qui stipendium offert; alioquin illum subire grave damnum, eo quod privetur re magni momenti, scilicet fructibus missae quos sperat. Insuper opponi potest lex ecclesiastica, quae severissime cavet ut tot omnino missae celebrentur, quot stipendia fuerint accepta (cf. Const. Innoc. XII *Nuper*). Ecclesia sine dubio ad tollenda pericula graviter obligare potest ad quaslibet missas *singulas;* num autem id fecerit re vera, idque pro omni casu, hoc ex lege Ecclesiae alii non ita clare colligi dixerint. Cf. Baller.-Palmieri l. c. n. 250.

In re tam gravi certi aliquid dicere nolim, sed aliorum iudicio relinquo decernere, num post factum benigniore illa sententia uti posse probabile habeant.

PERMUTATIO MISSARUM STIPENDIORUM CUM MERCIBUS.

Casus. (62)

Ammianus sacerdos moderator libellorum periodicorum, cuius administrationem habet bibliopola eius frater, congruam libellorum diffusionem inter clericos non habebit, nisi iis procurare possit stipendia missarum quas persolvant, ita ut stipendia Ammiano eiusve fratri relinquantur, sacerdotes loco eorum accipiant libellos periodicos.

Quaerit igitur Ammianus quid hac in re liceat.

Solutio.

Ad quaesitum de permutatione stipendiorum cum libris vel aliis mercibus

R. 1. Imprimis leges illae attendendae sunt quae non tantum mercaturam proprie dictam cum missarum stipendiis prohibent, sed etiam ea quae speciem quandam mercaturae sapiunt. Quae colliguntur decreto *Vigilanti* iussu Leonis XIII a S. C. C. dato d. 25 Maii 1893: quo renovantur et confirmantur decreta d. d. 13. Aug. 1874 iussu Pii IX. Decretum *Vigilanti* habet haec:

„. . . ad cohibendam pravam quorundam licentiam, qui ad ephemerides, libros aliasve merces facilius cum clero commutanda missarum ope utebantur, [haec S. C.] nonnulla constituit, eaque Pio IX fel. rec. approbante, edi et ordinariis nota fieri curavit, ut ab omnibus servarentur. Propositis namque inter alia sequentibus dubiis:

„„I. An turpe mercimonium sapiat ideoque improbanda et poenis etiam ecclesiasticis, si opus fuerit, coercenda sit ab episcopis eorum bibliopolarum vel mercatorum agendi ratio, qui adhibitis publicis invitamentis et praemiis vel alio quocumque modo missarum eleemosynas colligunt, et sacerdotibus, quibus eas celebrandas committunt, non pecuniam sed libros aliasve merces rependunt. [R. Affirmative.]

II. An haec agendi ratio ideo cohonestari valeat, vel quia, nulla facta imminutione, tot missae a memoratis collectoribus celebrandae committuntur, quot collectis eleemosynis respondeant, vel quia per eam pauperibus sacerdotibus eleemosynis missarum carentibus subvenitur. [R. Negative.]

III. An huiusmodi eleemosynarum collectiones et erogationes tunc etiam improbandae et coercendae, ut supra, sint ab episcopis, quando lucrum, quod ex mercium cum eleemosynis permutatione hauritur, non in proprium colligentium commodum, sed in piarum institutionum et bonorum operum usum vel incrementum impenditur. [R. Affirmative.]

IV. An turpi mercimonio concurrant, ideoque improbandi atque etiam coercendi, ut supra, sint ii qui acceptas a fidelibus vel locis piis eleemosynas missarum tradant bibliopolis, mercatoribus aliisque earum collectoribus, sive recipiunt sive non recipiunt quidquam ab iisdem praemii nomine. [R. Affirmative.]

V. An turpi mercimonio concurrant ideoque improbandi et coercendi, ut supra, sint ii qui a dictis bibliopolis et mercatoribus recipiant pro missis celebrandis libros aliasve merces, harum pretio sive imminuto sive integro. [R. Affirmative.]

VI. An liceat episcopis sine speciali S. Sedis venia ex eleemosynis missarum, quas fideles celebrioribus sanctuariis tradere solent, aliquid detrahere, ut eorum decori et ornamento consulatur, quando praesertim ea propriis reditibus careant. [R. Negative, nisi de consensu oblatorum.]

[Videlicet] in peculiari conventu anni 1874 S. C. resolvit:

Ad I affirmative; ad II negative; ad III, IV, V affirmative; ad VI negative, nisi de consensu oblatorum."“

Sed cum postremis hisce annis constiterit salutares huiusmodi dispositiones ignorantia aut malitia saepius neglectas fuisse et abususs hac in re valde lateque invaluisse, E^{mi} Patres S. C. Tridentini interpretes ac vindices, rebus omnibus in duplici generali conventu mature perpensis, officii sui esse duxerunt, quod pridem decretum erat in memoriam plenamque observantiam denuo apud omnes revocare et opportuna insuper sanctione munire.

Praesenti igitur decreto statuunt ut in posterum, si quis ex sacerdotali ordine contra enuntiata decreta deliquerit, suspensioni a divinis S. Sedi reservatae et ipso facto incurrendae obnoxius sit; clericus autem sacerdotio nondum initiatus eidem suspensioni quoad susceptos ordines similiter subiaceat et inhabilis praeterea fiat, ad superiores ordines recipiendos; laici demum excommunicatione latae sententiae episcopis reservata obstringantur.

Praeterea cum experientia docuerit mala quae deplorantur ex eo potissimum originem viresque ducere, quod in quorundam privatorum manus maior missarum numerus congeritur, quam iusta necessitas exigit, ideo iidem E^{mi} Patres . . . sub gravi oboedientiae praecepto decernunt ac mandant, ut in posterum omnes et singuli ubique locorum beneficiati et administratores piarum causarum aut utcumque ad missarum onera implenda obligati, sive ecclesiastici sive laici, in fine cuiuslibet anni missarum onera quae reliqua sunt et quibus nondum satisfecerint, propriis ordinariis tradant iuxta modum ab iis definiendum. Ordinarii autem acceptas missarum intentiones cum adnexo stipendio primum distribuent inter sacerdotes sibi subiectos quos eis indigere noverint; alias deinde aut S. Sedi aut aliis ordinariis committent, aut etiam, si velint, sacerdotibus aliarum dioeceseon, dummodo sibi noti sint omnique exceptione maiores et legitima documenta edant inter praefixum tempus congruum, quibus de exacta earundem satisfactione constet."

220 R. 2. Alia mercatura proprie dicta cum stipendiis missarum prohibita est per constitutionem *„Apostolicae Sedis"* sub excommunicationis poena R? Pontifici reservata. Nimirum *ibid.* ser. 2, § 12 excommunicatio fertur *in* **colligentes** *stipendia maioris pretii atque ex iis lucrum capientes missas celebrari facientes pro stipendio minore in locis, ubi stipendia minora consueta sunt:* quod nunc ex decr. 13 Ian. 1892 ita intellegendum est ut poena incurratur non tantum, si missae celebrandae curantur *alibi,* sed etiam, si in eodem loco ubi stipendia collecta sunt, si ibi quoque consueta stipendia sunt minora. *Th. m.* II, 960.

221 R. 3. Verum prohibitum non est quin, qui onus in se suscepit pro aliis stipendia colligendi eaque transmittenda curat, moderatam retributionem recipiat pro expensis vel labore quem impenderit: adeoque *hoc titulo* aliquid ex stipendiis collectis detrahere non censetur illicitum, si modo numerus missarum celebrandarum non diminuitur. Quod tamen extendi nequit ad eum qui stipendia missarum sibi acceperat eaque deinde, ut ipse ab onere celebrandi relevetur, alteri committit. S. Alph. VI, 322, dub. 3; *Th. m.* II, 204.

222 Neque prohibita est *quaelibet* stipendiorum missarum cum libris aliisve mercibus commutatio, sed ea tantum quae in decreto *„Vigilanti"* decribitur.

In hunc sensum habes responsa S. C. C. 24 Apr. 1874:

1) „An illicite agant ii qui, cum non sint bibliopolae nec mercatores vel aliter missarum celebrandarum quaesitores, verum ecclesiastici viri, quibus sponte a fidelibus missarum celebrandarum eleemosynae traduntur, quique ad bonos libros vel diaria religiosa evulganda eas celebrandas offerunt sacerdotibus, ut inde hi accipiant stipendii loco libros vel ephemerides?

2. An illicite agunt huiusmodi sacerdotes qui vel iis oblatas a supradictis ecclesiasticis missas acceptant, vel ipsi eas petunt celebrandas, ut inde queant . . . stipendii loco libros accipere. . . .

R. Negative in omnibus ad utrumque."

Quod vero vetatur est ne in hos fines, scil. ad vendendos facilius libros aliasve res, *collectio stipendiorum missarum instituatur;* quae si fieret, non tantum sacerdotibus sed etiam mercatoribus provideretur de bono lucro.

Ex praecedentibus satis colligitur quid dicendum sit ad casus sequentes:

TRANSMISSIO ET PERMUTATIO STIPENDIORUM MISSARUM.

Casus. (63)

I. Callopodius parochus, simul moderator folii periodici, anno iam ad finem vergente videt se adhuc magnum numerum missarum fundatarum habere, quae quotannis persolvendae sunt, se autem eas persolvere non posse, cum tot habeat missas ex manualibus stipendiis pinguioribus sibi oblatas, ut has non raro ad *sex* menses et ultra differre debeat. Quod cum nuper in conventu sacerdotum verbulo significaret, aliqui ex iis dixerunt: esse facile remedium; se providere velle, ut colligant numerum confratrum qui infra mensem fundationibus possint satisfacere hac condicione ut recipiant folium periodicum; at haec non pro uno anno, sed pro pluribus annis debere constitui. Callopodius eo libentius consentit, quia hac ratione, si forte missarum fundatarum stipendia non sufficiant ad solvendum pretium tot exemplarium folii periodici, etiam commodius possit satisfacere stipendiis manualibus, quae iam habet et quae sibi traditum iri praevidet.

II. Ansgarius in sua parochia multas habet missas fundatas quarum stipendia infra taxam dioecesanam manualis stipendii haerent. Quare reducit numerum missarum, pro missis quas ipse celebrat sumens taxam $2^{1}/_{2}$ marc., cum taxa dioecesana quidem sit $1^{1}/_{2}$ marc., ipse vero facile abundet stipendiis 3 marc.; copiam stipendiorum quae taxa 1 mc. computat transmittit ad bibliopolam, qui ea distribuit sacerdotibus libros ementibus, transmittenti autem pro centenis marcis transmissis libros gratis donat usque ad pretium 5 marcarum. — Alias transmittit stipendia ad missionarios, qui libenter $^{1}/_{5}$ partem stipendii Ansgario relinquunt pro ornanda sua ecclesia. Verum hac transmissione fit ut missae celebrari vix possint infra duos menses post factam transmissionem, possint autem, quae sunt pro stipendiis manualibus celebrandae, infra 4 menses post data stipendia.

Solutio.

Ad *primum igitur casum* R. 1. Callopodius sane, cum tot stipendia manualia acciperet, prius debebat cogitare quomodo intra annum satisfieret fundationibus missarum, si praeviderat, ut re vera praevidit, se non posse ipsum satisfacere. Et nisi nunc brevi tempore satisfacere potest per se vel per alios, ea quae restant ex decreto *„Vigilanti"* Ordinario transmittere debet.

R. 2. Quoad missas ex stipendiis manualibus persolvendas, nisi consensum dantium eleemosynas obtinuerat, graviter peccavit differens celebrationem ad sex menses.

R. 3. Non est vetitum celebrationem missarum fundatarum iis sacerdotibus committere qui loco stipendii cupiunt libros vel folia periodica a Callopodio recipere; nam in eo casu nulla habetur stipendiorum *collectio*, sed solum earum missarum quas ex munere suo iam curare debet celebrandas *distributio*. Si igitur hoc modo celerem persolutionem missarum obtinere potest, tuta conscientia id agere licet.

R. 4. Similiter non videtur Callopodius impingere in decretum *„Vigilanti"*, si ex numero superfluo missarum ex stipendiis manualibus iis, qui cupiunt libros vel folia publica, missas assignat, stipendiis retentis pro pretio librorum, si modo *debito tempore* missae celebrentur. Spatium videlicet duorum mensium, intra quod missae celebrandae sunt, sumi debet non a tempore quo alii sacerdotes a Callopodio missas celebrandas acceperint, sed a tempore quo ipse a donatoribus stipendia accepit. Quodsi haec rite servantur, *neque* Callopodius *quidquam facit*, ut propter divulgandos libros periodicosve libellos plura stipendia sibi offerantur et a se *collecta habeantur*: nihil committitur illicitum.

224 Dein *ad secundum casum* R. 1. Ansgarius male egit reducens propria auctoritate numerum missarum; immo omissas supplere debet, nisi obtinuerit condonationem a S. Sede. Haec ex iis quae iam in prioribus casibus dicta sunt patent.

R. 2. Si fundatio non haeret infra pretium 1 marcae, pro singulis missarum stipendiis computatione facta, potuit stipendia 1 marcae alio transmittere, ubi haec est taxa ordinaria, ita saltem, quando ex fundatione neque ultra 1 marcam stipendium pro singulis missis ascendit: alias, si quid restaret ex fundatione adeoque Ansgarius transmittendo missas lucrum faceret, consultum esset rem cum ordinario et cum S. Sede componere. Regula enim communis est, ut pro missis fundatis sufficiat quidem stipendium *ordinarium* transmittere, at ordinaria taxa sit taxa loci unde stipendia mittantur.

R. 3. Verum quod Ansgarius stipendia mittat ad bibliopolam, qui iis utitur ad vendendos libros suos aliis sacerdotibus, id graviter prohibitum est, nisi forte speciale privilegium a S. Sede fuerit acceptum. Si ergo absque facultate S. Sedis ita actum est, Ansgarius incurrit suspensionem a divinis S. Sedi reservatam, bibliopola laicus excommunicationem episcopo reservatam. Cf. *Th. m.* II, 971.

R. 4. Donum illud gratuitum, si alioquin res de missis fuerit composita neque numerus missarum diminutus, ex se illicitum non est; sapit tamen aliquid indecens.

R. 5. Si missionarii *rogati* consentiant in stipendii diminutionem manualis, Ansgarius a laesa lege Ecclesiae immunis non est neque a gravi peccato, siquidem materia gravis evaserit. Neque peccati eliminandi ratio est, quod pars stipendii ab Ansgario retenta impendatur in causam piam, nisi vel consensus dantium vel facultas S. Sedis accesserit. Ita, re in se considerata. Sitne autem Ansgarius subiective excusandus, ex eius conscientia pendet.

Si vero missionarii *non rogati*, sed sponte sua hanc partis stipendiorum condonationem pro pia illa causa *obtulerunt*, Ansgarius id acceptare potuit sine privilegio a S. Sede vel consensu dantium stipendia impetrato.

R. 6. Quoad missas fundatas videri debet quodnam tempus in fundatione praescriptum sit. Si solummodo cavetur ut singulis annis tot missae dicantur, sufficit persolvi annuas missas ante finem anni. Quoad stipendia manualia vero, si praeviderit Ansgarius dilationem 4 mensium, monere debuit eos qui offerebant stipendia, neque licuit accipere, nisi hi consenserint in tantam dilationem, vel nisi acceperit a S. Sede licentiam tantae dilationis. Alias per 4 mensium dilationem, praesertim cum non de una vel altera missa sed de compluribus ageretur, Ansgarius graviter peccavit.

QUALITAS MISSAE PETITAE QUAM INDUCAT OBLIGATIONEM.

Casus. (64)

Christophorus, cum stipendia missarum sibi offeruntur, singulas quidem intentiones notat: modo pro defuncto modo pro necessitate, pro aegroto vel in gratiarum actionem, in honorem huius et illius sancti. Pro persolvendis vero missis habet semel pro semper voluntatem eas secundum ordinem notatum dicendi, neque amplius eas aspicit semper dicens missam secundum ordinem officii divini; neque specialiter curat missas pro defunctis celebrandas ad altare privilegiatum, quia altare maius suae ecclesiae in quo celebrare solet privilegium altaris habet.

Quaeritur 1° quae sit obligatio ad certas missae qualitates et unde.

2° satisfeceritne Christophorus, an quid restet supplendum.

Solutio.

Ad quaesitum 1^m R. 1. Quando certa missae qualitas a dante stipendium postulatur, haec circumstantia ex obligatione implenda est; attamen in solis diebus a rubricis permissis; alioquin accipiendum non est illud onus edocendusque donator celebrari non posse nisi missam diei cum applicatione tamen desiderata; neque ex hac re pio ipsius desiderio quidquam detrimenti oriturum.

R. 2. Si petitur ut missa dicatur in suffragium defunctorum neque insistitur in qualitate missae, obligatio proprie dicta non est dicendae missae de Req., sed dici etiam potest missa festiva vel votiva cum *applicatione* pro defunctis. Fructus enim essentialis non pendet a missae qualitate, cum fundetur in *actione* s*acrificali nomine Christi* peracta; diversis missae formulis seu missae qualitati respondet fructus accidentalis ex precibus Ecclesiae oriundus. — Similiter licebit missam de Req. celebrare, si dicenda est „ad intentionem dantis eleemosynam", etsi forte illa intentio sit pro necessitate vivorum.

R. 3. Quando petitur missa in honorem alicuius sancti, per se sumenda est missa votiva huius sancti. Ita quidem saepius decretis S. R. C. declaratum est circa missas fundatas, ita ut potius transferendae sint eiusmodi missae ad dies liberos, quam ut in die suo fixo impedito celebranda sit alia missa officio concordans. Idque ex paritate causae per se transferendum est ad missas ex stipendio manuali, nisi forte moraliter constet dantes stipendia specialem missam votivam non postulare. Verum, ut patet ex rescripto S. Paenitentiariae d. d. 7 Dec. 1892, quod communicatum habes supra n. 200, nostra aetate haec lex non ita severe sustinetur relate ad missas ex stipendio manuali dicendas.

R. 4. Si igitur aliquando obligatio pro graviore vel etiam simpliciter gravi habenda est, id fit per accidens, v. g. quod petentes missam, quando volunt assistere, offendantur, si viderint celebrari missam non convenientem; vel si diebus quibus per rubricas licet missam de *Requie* sumere sacerdos obligatus ad lucrandum privilegium altaris pro defuncto sese facultate hoc privilegium lucrandi destitueret eo quod vel non celebraret ad altare privilegiatum, vel loco missae de *Requie* aliam sumeret atque ita defunctum privilegio altaris defraudaret.

Ad quaesitum 2^m responsum ex dictis patet. Videlicet Christophorus quoad reliquas missas substantialiter satisfacit atque saltem post factum acquiescere potest; sed relate ad missas quas pro defunctis ad altare privilegiatum dicere debuit, iis diebus quibus per rubricas licebat missam de Requie celebrare, non plene satisfecit eo quod *privilegio* altaris non est usus. Etsi enim condicionem *altaris* servaverit, non servavit condicionem *privilegii re aquirendi*. Hinc est quod debeat studere aequivalentes gratias pro defunctis lucrari, i. e. indulgentiam plenariam toties quoties deerat, v. g. per viam crucis aliave exercitia quibus annexae sunt plenariae indulgentiae; inter quae Christophoro maxime commendari potest oratio „En ego" post missam dicenda cum consuetis precibus ad intentionem summi pontificis. — In posterum autem attendere debet, ut hanc circumstantiam privilegii altaris formaliter impleat.

STIPENDIUM IN CASU BINATIONIS.

Casus. (65)

Theobaldus, cum dolens expertus sit se in vico suo saepius debuisse missa carere, fundationem facit 10000 mc. pro ecclesia parochiali oppidi vicini cum obligatione ut reditus cedant ei sacerdoti qui feriis V et omnibus diebus dominicis et festis in suo vico missam celebret in eaque pro se sive vivo sive defuncto apud Deum oret.

Ex vicino oppido mittitur unus ex sacerdotibus cum facultate binandi, qui modo missam parochialem persolverat modo alias pro stipendio iam celebraverat, deinde pro Theobaldo in vico missam celebraturus.

QUAERITUR 1° liceatne pro utraque missa quam quis cum facultate legitima celebrat stipendium accipere.

2° quid de casu nostro? Et quid, si non sit qui celebret missam pro Theobaldo nisi parochus ad parochialem missam iam obligatus.

Solutio.

AD QUAESITUM 1ᵐ R. 1. Lege communi Ecclesiae prohibitum est 227 ne pro secunda missa eleemosyna accipiatur. Cf. S. C. C. d. 25 Sept. 1858 et d. 21 Mart. 1863 „firma manente prohibitione accipiendi stipendium pro secunda missa"; atque id S. C. ita interpretata est ut neque stipendium proprie dictum accipi possit, neque quaelibet *obligatio iustitiae* hac secunda missa possit exstingui; liceat tamen per eam obligationem *impropriam,* v. g. decentiam caritatis vel liberalem promissionem, implere: S. C. C. d. 14 Sept. 1748. Cf. *Acta S. Sedis* I, 9 sqq., VI, 545 sq., XI, 284; *Th. m.* II, 216.

R. 2. Aliquando, etsi raro, S. Sedes ob egestatem missionariorum vel piae alicuius causae paupertatem et necessitatem dat facultatem accipiendi stipendii etiam pro secunda missa: cuius rei exempla habes *Th. m.* l. c. Neque hoc repugnat, quia agitur de re non ex natura sua mala, sed propter periculum abusus ex positiva Ecclesiae lege prohibita.

R. 3. Licet tamen semper, si cum secunda missa celebranda fatigatio, v. g. itineris, coniuncta est, ratione specialis difficultatis et incommodi aliquam recompensationem accipere secundum prudens *episcopi* arbitrium (S. C. C. 23 Maii 1861 et *Acta S. Sedis* l. c.), si modo id pro *missae* stipendio non detur.

AD QUAESITUM 2ᵐ R. 1. Ratio difficultatis solvendae ex eo maxime 228 petenda, utrum Theobaldus reditus illius fundationis voluerit habere pro stipendio missae in suam utilitatem applicandae, an pro remunetione laboris et fatigationis specialis quae cum missa secundo celebranda coniuncta sit in casu, an pro utraque re.

Eum non unice spectasse missam sibi applicandam videtur satis certo elucere ex modo quo egit et ex motivo quo ductus est. Immo cum de sola oratione pro se fundenda loquatur, non de missae applicatione, de hac non videtur fuisse sollicitus eamque liberam reliquisse celebranti.

Nihilominus cum ex una parte integri reditus pro solius accessorii laboris remuneratione videantur nimii, ex altera parte in fundatione missarum *praesumatur* intentio fundatoris, ut missae applicentur pro se vel ad suam intentionem, ab hac voluntatis interpretatione eo minus totaliter videtur recedi posse, quod Theobaldus praeter dies dominicos et festos etiam ferias V^{as} statuit quibus missae celebrentur, neque his diebus ex binatione difficultas celebrandi pro stipendio oriatur.

Hinc censeo ex bono et aequo reditus distribui debere ab episcopo, ut partim sint pro stipendio missarum ad intentionem vel utilitatem Theobaldi celebrandarum, partim pro remuneratione specialis fatigationis et incommodi quod suscipiendum est, cum diebus praeceptis celebratur in vico. Neque videtur episcopi facultatem excedere ut solas missas feriis V^{is} in vico celebrandas applicari iubeat pro Theobaldo, reliquas statuat liberae esse applicationis atque pro solo speciali labore ei qui missam hanc *binando* celebret remunerationem 2—3 mc. assignet vel tantum, quantum fuerit taxa, si reditus in *singulas* missas celebrandas aequaliter distribuantur; potest tamen paullo minus statuere pro speciali illo labore et eo amplius pro missis quae simul tamquam pro stipendio sint applicandae.

R. 2. Si episcopus, ut modo dixi, rem composuerit, in agendi ratione sive parochi sive aliorum sacerdotum nulla est inordinatio; supponitur enim in feriis V, quando festum de praecepto non occurrat, solam hanc missam pro Theobaldo celebrari.

R. 3. Si vero episcopo visum fuerit ut pro Theobaldo semper fieri debeat applicatio missae, vel saltem feriis V, etsi festum de praecepto inciderit, alia via ineundum est. Videlicet aut celebrare debet ille qui pro stipendio vel pro obligatione parochiali nondum celebravit neque eo die celebraturus est, aut missa pro Theobaldo celebranda, etsi non in eius vico, transferatur in alium diem. Nam, si aliter res satis bene expediri nequit, episcopus cui reducendi numeri missarum facultas denegatur, tamen satis probabiliter habet iure ordinario facultatem dispensandi ex iusta causa circa tempus et locum missarum fundatarum. Cf. Ballerini-Palm. n. 268; Marc, *Institutiones Alph.* n. 1617.

APPLICATIO MISSAE EX PRAESCRIPTO SUPERIORIS.

Casus. (66)

Mensibus Augusto et Septembri quibus publica sacerdotum exercitia sacra haberi solent episcopus praescripsit in dioecesi, ut sacerdotes singuli singulis hebdomadis missam celebrent pro bono successu horum exercitiorum; quo exemplo incitatus superior domus religiosae in qua exercitia illa pleraque peraguntur non solum ad suos extendit mandatum episcopi, sed insuper singulis diebus exercitiorum designat 5 patres qui similiter celebrent.

Verum tum ex sacerdotibus saecularibus tum ex regularibus sunt qui non ad illam intentionem missam offerant, sed solo memento rem absolvant, dicentes mandatum illud auctoritatem superiorum excedere.

Quaeritur 1° possitne superior suis iniungere missae applicationem ad certum finem.

2° excesserintne in casu superiores suam potestatem an subditi officio gravive obligationi defuerint.

Solutio.

Ad quaesitum 1ᵐ R. 1. Ex constanti praxi Ecclesiae, quae iniungit omnibus ordinariam curam animarum parochialem exercentibus pro certis diebus missae applicationem, constat omnino hanc suis sacerdotibus praecipere non excedere potestatem ecclesiasticam. Quando igitur aliqui putant missae applicationem, utpote actum mere internum, praecipi a superioribus ecclesiasticis non posse, aut errant in hoc principio admittendo aut errant in illo applicando, cum missam offerre ad certam intentionem seu certum finem sit complementum actionis externae celebrationis ac proin celebratio cum applicatione ad certum finem ut actus mixtus considerari debeat. Actus autem mixtos praecipi posse a nemine umquam in dubium est vocatum.

R. 2. Quamquam in genere potestas imperandae missarum applicationis negari nequit, ratio tamen haberi debet damni temporalis, quod sacerdotes defectu stipendii alias sibi obventuri per frequentiora eiusmodi praecepta incurrant. Quare ordinarius, maxime nostris temporibus, quando salaria vel honoraria annua non solent abundantiora esse, modice tantum illa potestate uti debet; alioqui sacerdotes rationem habent ad superiorem altiorem recurrendi pro remedio.

R. 3. Si semel constat missae applicationem cum celebratione in unum coniungi atque ut rem unam praecipi humana lege posse, magis quam lege ecclesiastica communi etiam praecepto superioris religiosi iniungi potest, cum multo facilius et latius imperium religiosae oboedientiae in actiones personales subditorum dominetur quam potestas iurisdictionis praelati ecclesiastici. Neque umquam pro causa excusante afferri potest temporale damnum quod singulis causetur, cum religiosa paupertas iura et damna hac in re sustulerit.

Ad quaesitum 2ᵐ R. 1. In rigore loquendo non puto missas iniunctas excedere potestatem episcopi quoad sacerdotes ipsi subditos. Nolim tamen dicere esse consultum hanc seriem missarum iniungere. Ad quod me inter alia movet exemplum Pii IX, qui occasione concilii Vaticani praescripsit quidem qualibet hebdomada qualitatem missae de Spiritu Sancto, applicationem tamen liberam celebranti dimisit: ne scilicet onere premerentur, quod secum ferret damnum temporale.

R. 2. Si vero quaeritur sitne grave peccatum missas ita iniunctas omittere, id videri alicui potest ex analogia cum lege communi Ecclesiae, in qua praeceptum vel audiendae missae ab omnibus pro gravi habetur. Attamen nullatenus puto una alterave vice missam omittere pro gravi haberi posse. Finis enim praecepti communis de audienda missa diebus festis est longe altior et gravior quam finis illius praecepti occasione exercitiorum dati. Nam prior est cultus Dei publicus et socialis, alter privata quaedam opitulatio: quorum prior, cum sit res summi momenti, longe facilius eandem rem praeceptam gravi obligatione afficit.

R. 3. Religiosi, si — ut plerique — erant exempti, praecepto episcopi non ligabantur. Quare locutio illa „superiorem extendisse mandatum episcopi ad suos" accurata non est. Superior *sua* potestate uti poterat, ut suis idem iniungeret quod episcopus iniunxerat sacerdotibus dioecesanis; sed pro religiosis illa lex vim non habebat ex mandato episcopi, sed solummodo ex mandato superioris.

R. 4. Hinc sequitur ut longe facilius potuerit superior, si voluit et id satis expressit, *sub gravi* obligare. Superior enim ex voto oboedientiae obligare potest; in voti autem obligatione celebratio vel unius missae gravis est. Nihilominus in praxi vix non communi ordinum religiosorum sequitur etiam re ipsa mandatum illud longe rarius obligare sub gravi, quam obliget *lex ecclesiastica*. Nam in plerisque ordinibus ea lex est ut eiusmodi mandata ne sub ullius quidem peccati obligatione censeantur imposita, sed ex sola decentia religiosae regulae et eatenus ut lex poenalis, quatenus cuiuslibet regulae transgressionem superior reprehendere et punire possit. Ut sub obligatione peccati imposita sint, necesse est ut id clare indicetur. Quapropter dicendum est religiosum sacerdotem violasse quidem regulam, non proprie tamen peccasse, si quando missas, etsi omnes, omiserit.

FACULTAS BINANDI EIUSQUE INTERPRETATIO.

Casus. (67)

Theodoricus parochus propter numerosiorem populum et Theodorus missionarius propter ampliorem districtum, cuius curam gerit, acceperunt facultatem binandi, prior diebus in utroque foro festis, posterior diebus etiam aliis, quando in diversis locis numerum fidelium qui raro missam audire possunt in unum colligere possit. Uterque aegrotat, sed bona fortuna nanciscitur extraneum sacerdotem, qui vices ipsorum suppleat. Theodoricus non audet communicare facultatem binandi, cum rescriptum episcopi ad se personaliter sit directum; Theodorus sine scrupulo alteri sacerdoti idem quod sibi licere putat, cum eiusmodi facultas non in favorem missionarii seu sacerdotis, sed in favorem fidelium data sit.

Quaeritur 1° quas ob causas liceat pluries in die celebrare.

2° quomodo facultas binandi sit explicanda.

3° quid de interpretatione et ratiocinatione Theodorici et Theodori iudicari debeat.

Solutio.

Ad quaesitum 1^m R. 1. Distingui debent causae canonicae quae iure communi dant licentiam binandi, et causae quae per privilegium specialiter datum hanc licentiam communicant.

Causae iuris communis sunt: 1) si ob defectum sacerdotum complurium parochiarum cura uni sacerdoti commissa est. Cum enim unaquaeque parochia ius ad missam habeat, tot missae celebrandae sunt, diebus tamen praeceptis tantum, quot sunt parochiae in quibus sacerdos curam exercet.

2) Si populus unius parochiae insimul nequeat in ecclesiam convenire, sive id est propter loci angustiam sive ob distantiam notabilis partis parochianorum ab ecclesia, cum tamen in filiali ecclesia vel publico oratorio facile possint convenire: quod etiam de iis diebus iisque solis valet in quibus praeceptum est missae audiendae, sive simul interdicuntur opera servilia sive non.

In his causis specialis facultas S. Sedis non requiritur; requiritur ex hodierna praxi recognitio ordinarii, ita ut parochus non possit proprio arbitrio binas missas celebrare. Neque ad missam iterato celebrandam facultas aderit, si quando per accidens alter sacerdos adfuerit qui possit et velit celebrare.

His causis ordinariis addi potest causa per accidens, videlicet si, absoluta iam missa per sumptionem ss. sacramenti, accipitur nuntius de viatico moribundo ministrando, neque particula consecrata adest asservata. Vincere enim debet lex viatici divina positivam humanam legem semel tantum celebrandi. *Th. m.* II, 212.

R. 2. Praeter causas recensitas requiritur privilegium S. Sedis, quod ex causis similibus non raro conceditur: 1) si eaedem causae exsistunt in locis ubi parochiae proprie dictae non adsunt; 2) si causae iuris communis *dubie sufficientes* exsistunt; 3) si in regionibus missionum fideles raro opportunitatem habent missae assistendi, etsi agatur de parvo fidelium numero.

AD QUAESITUM 2ᵐ R. 1. Attendi quidem debet tenor privilegii, 234 *si* ex eo facultas peti debet, ita tamen ut privilegium aliquid saltem concessisse videatur, etiamsi clausula forte rigorem magnum exprimat, v. g. „ex necessitate tantum", vel „graviter onerata conscientia ordinarii". Quare semper sufficiunt eae causae quae *causis iuris communis similes* sunt.

R. 2. Exempla declarant intentionem S. Sedis:

a) Sufficere declaratum est, ut magna pars parochiae aliter diebus praeceptis missa careat, *etsi vicina parochia non distet ultra mediam leucam*. Ita ad vicar. apost. Limb. anno 1851.

b) Pro sufficienti causa habita est, si alias 30—50 fideles periculo carendi missa exponantur: ad episc. S. Ludov. in America sept. 13 Mart. 1828.

c) Etsi communiter commodum 20 fidelium agnitum non sit pro legitima causa, nihilominus in regionibus infidelium necessitas 10 vel 12 servorum, qui aliter missa carerent, pro causa sufficienti est habita. Cf. *Acta S. Sedis* VI, 546 sqq.

R. 3. Etiam *privilegium* communiter restringendum est ad dies illos quibus fideles ad missam audiendam obligantur, atque ad casus in quibus per alium sacerdotem necessitati fidelium provideri non potest, eodem modo sicut lex communis, quando dat facultatem missam repetendi, ad eos dies restringitur.

R. 4. Neque ex eo quod bis celebrare liceat umquam sumi potest licentia ex simili causa addendae tertiae missae. Id enim *speciali* privilegio debet esse concessum, sicuti aliquando datur. Exemplum habes ex concessione Leonis XIII pro regno Mexicano. Cf. *Acta S. Sedis* XXIX, 91 sq.

235   Ad quaesitum 3ᵐ R. 1. Theodoricus in interpretatione facultatis fallitur; haec enim facultas non est privilegium sibi ab episcopo concessum, sed solum recognitio causae et declaratio re vera adesse causam canonicam cur liceat vi iuris communis binare. Quapropter quicumque huius districtus curam gerit, sive ex munere habituali sive transeunter supplens parochum impeditum, facultas binandi ei competit. Etsi forma rescripti episcopalis forte sit forma privilegii personalis, hoc minus accurate vel per errorem factum est neque quidquam mutat in ipsa re.

R. 2. Erravit errore contrario etiam Theodorus. Nam ipse cum ius commune invocare non possit, totam facultatem habet ex privilegio: quod in favorem quidem fidelium, sed ipsi personaliter est datum, neque datum est cum facultate subdelegandi, *nisi hoc sit expressum*. Quodsi facultas subdelegandi in privilegio exprimitur, certo omnis difficultas evanescit.

TRES MISSAE IN FESTO NATIVITATIS DOMINI.

Casus. (68)

Dagobertus neo-sacerdos diebus dominicis et festis cum facultate binandi in duabus ecclesiis filialibus a parochia satis longe distantibus celebrare debet. Festo nativitatis Domini consueto longe serius redux est in parochia. A parocho interrogatus quid acciderit ut tantas traxerit moras, miratus respondit bis trinas missas celebrari profecto citius fieri non potuisse.

Parochus ipse ob defectum visus accepit privilegium celebrandi cottidie de Beata: quo festo nativitatis Domini ter utitur, ne fideles defraudentur consueta missarum in illo festo frequentia.

Alia vice in illa sollemnitate accidit ut post consecrationem deficeret viribus. Vicarius advocatus, ne trium missarum celebrandarum facultate privaretur, sacras species reverenter reponit ac statim ipse incipit primam suam missam celebrare, postea sequentes, omnes pro stipendio.

Quaeritur 1° quomodo intellegatur facultas vel obligatio in festo nativitatis ter celebrandi.

2° liceatne ter accipere stipendium.

3° in singulis casibus rectene actum sit, an secus.

Solutio.

236   Ad quaesitum 1ᵐ R. 1. Prioribus saeculis christianis lex quae vetaret pluries eodem die celebrare non exsistebat: quare sanctissimi viri saepius missam solebant quibuslibet diebus repetere. Verum postea id severe prohibitum est (cf. c. 3 X 3, 41 et ibid. c. 12). Particularis consuetudo privilegiumve permittit ut in Hispania regionibusque ei olim subiectis die omnium defunctorum ter possit missa celebrari (cf. Bened. XIV, *De syn. dioec.* l. 13, c. ult.); *generalis* lex pro

Ecclesia occidentali id permittit in festo nativitatis Domini, ita ut possit, non ex praecepto debeat sacerdos tres missas in missali assignatas celebrare.

R. 2. Neque tamen aliter licebit tres illas missas celebrare quam secundum ordinem Missalis; neque unam licebit ter repetere; neque ille cui ex privilegio cottidie liceat missam dicere de *Beata*, id in festo nativitatis ter facere potest, sed ad unicam missam se restringere debet. Quod ex naturali interpretatione personalis privilegii prorsus sequitur atque expresse declaratum est a S. R. C. d. 11 Aprilis 1840 *in Barcinon*. *Decr. auth.* n. 2802 ad 3.

AD QUAESITUM 2^m R. Quoniam pro unaquaque missa stipendium accipere non est contra legem naturalem vel divinam positivam, id solum non licet quod prohibet lex ecclesiastica. Lex autem ecclesiastica tantum prohibuit accipere eodem die plura stipendia quoad missas, quando *ex privilegio* permittitur eodem die plures missas dicere, vel quando ad instar privilegii lege communi in favorem parochianorum parocho eiusve vices agenti idem permittitur. Satis igitur communis est theologorum doctrina in festo nativitatis Domini licere stipendium accipere pro unaquaque missa, vel quamlibet iustitiae obligationem ad applicandam missam per eam exstinguere. *Th. m.* II, 212.

AD QUAESITUM 3^m R. 1. Dagobertus sane erravit sexies celebrando. Nam facultas binandi, cum sit ob solam necessitatem fidelium, qui festo nativitatis non tenentur tribus sed soli uni missae assistere, hoc ipso die cessat vel absorbetur facultate *ter* celebrandi: verum tertia celebratione omnis ulterior sive obligatio sive licentia finita est.

R. 2. In *secundo* casu ex supra dictis parochus quoque erravit. Si igitur favore ter celebrandi frui voluit, debuit curare ut has saltem missas secundum formulam Missalis celebrare posset. A quo sane non impeditur privilegio suo. Nam etsi alias eo utitur, uti tamen non tenetur; sed semper missas diebus suis occurrentes, si potest, ei licet celebrare.

R. 3. Neque recte actum est in *ultimo* casu. Rubricae enim praescribunt ut, si, perfecta iam consecratione etsi solius panis, sacerdos deficiat, alter hoc ipsum sacrificium debeat perficere. Eaque lex est gravissima, non ecclesiastica, sed *divina,* ne maneat sacrificium incompletum: atque lex illa adeo urget ut, si desit sacerdos ieiunus, etiam non ieiunus *debeat* sacrificium perficere, etiamsi forte iam celebraverit vel bis aut ter celebraverit, immo sacerdos excommunicatus vel vitandus, altero deficiente, id praestare teneatur. *De def.* X, 3.

Verum peracta seu completa hac missa, non iam tres alias celebrare licuisset vicario, sed *duas tantum*. De quo videre licet decr. S. R. C. a L e o n e XII confirm. d. 16 Dec. 1823 *in Carpen*. *Decr. auth.* n. 2630.

Immo de hac ipsa facultate duas missas ulteriores celebrandi difficultas quaedam est. Nam fac missam, in qua prior celebrans defecerit, esse tertiam festi nativitatis. Quam cum vicarius deberet complere, videtur ille censeri celebrasse *tertiam;* sed post celebratam tertiam non licebit transire ad primam et secundam; nam *suo ordine* ab eo qui tres missas celebrare vult debent celebrari.

Verum videtur lex complendae missae secundum formulam inchoatam non ita urgere ut non liceat ex rationabili causa — quae hic sane adest ex eo ut duae ulteriores missae celebrari possint — complere missam ex formula *prima* eamque proin aestimare tamquam primam missam sacerdotis supplentis. Quod nisi esset probabilis legis ecclesiasticae interpretatio, id in laudato decreto esset adnotatum, cum votum tertii consultoris expresse addat pro tali casu „licuisse in natali Domini unam vel duas dumtaxat, non autem tres, celebrare missas": v. illud ipsum decretum in collect. Gardell. ed. Rom. 3, n. 4601 not.

R. 4. Vicario licuit quidem omnes missas, i. e. duas quas integras celebravit, dicere pro stipendio; verum non potuit amplius missam quam complevit suo arbitrio applicare. Applicatio enim a priore celebrante facta per consecrationem effectum iam sortita erat. Immo in dubia consecratione, si condicionate repetenda est, supplens in applicatione sese conformare debet priori celebranti, saltem si dubia, non certo nulla, facta est calicis consecratio. Nam si a sacerdote deficiente calix *certo non* est consecratus, sacerdos supplens applicationem mutare seu suam propriam facere absolute potest. Cf. Lacroix VI, 2, n. 554.

MISSAE IN TRIDUO ANTE PASCHA.

Casus. (69)

Theophilus rector monialium singulari devotione erga ss. sacramentum affectus graviter fert, quod in triduo hebdomadae sanctae non possit celebrare. Quapropter instruit pueros ministros, qui necessaria praestent Fer. V et sabbato sancto, atque lectam missam secundum Rituale parvum Benedicti XIII in ecclesia monialium celebrat. Ut fer. VI in parasceve celebrare possit, utitur industria. Adest monialis graviter aegrotans, cui ut fer. VI pro viatico s. eucharistiam possit conferre, cum sacras particulas feria V consumpserit, die sequenti celebrat de passione Domini.

Quaeritur 1° liceatne in triduo sacrae hebdomadae missas privatas celebrare vel pro libitu sollemnem.

2° quid de Theophilo dicendum sit.

Solutio.

Ad quaesitum 1ᵐ R. 1. Feria VI in parasceve non permittitur nisi missa praesanctificatorum, eaque functio non privata, sed publica et sollemnis esse debet; saltem vero secundum Rituale parvum seu Memoriale Bened. XIII, si pro sollemniore modo deficit numerus clericorum; eaque fieri *debet*, ubicumque fit sollemnis vel publica functio feria V in Cena Domini. Cf. Decr. S. R. C. 9 Dec. 1899.

Sola viatici conficiendi necessitas permittit missae celebrationem: cf. Baller.-Palm. tr. 10, sect. 4, n. 300.

R. 2. Feria V in Cena Domini per se etiam interdicitur missa privata. Missa *publica* debet esse sollemnis vel saltem, ut supra, secundum Rituale parvum Ben. XIII; eaque agi potest in omnibus ecclesiis quae ius habent ad asservandam s. eucharistiam et in quibus omnes functiones tridui sacri sollemniter fieri possunt; debet agi in ecclesiis parochialibus et conventualibus.

Verum quoad missas privatas aliqua exceptio admittitur:

1) *Praeter missam sollemnem* episcopus in favorem aegrotorum qui sacra communione refici cupiant sed nequeant exspectare missam sollemnem, concedere potest, ut mane una celebretur missa privata. Id quod etiam licet regularibus in oratorio privato vel, eo deficiente, in sua ecclesia ianuis clausis; immo iis hoc licet, etsi haec sola missa est quae celebrari possit. S. R. C. in *decr. auth.* n. 2799. Cf. Marc n. 1623, Baller.-Palm. l. c.

2) In ecclesiis parochialibus ubi ne ad modum quidem Ritualis parvi functiones sacrae fieri possunt episcopus ob populi commoditatem indulgere potest (quotannis venia petita et renovata) ut omissis functionibus feriae VI una missa lecta celebretur.

3) Episcopo ipsi, si non possit celebrare in cathedrali sua, licebit satis probabiliter celebrare in sacello suo domestico, etiam in itinere in domo ubi habitat. Baller.-Palm. l. c. n. 300.

4) Quando in feriam V in Cena Domini incidit festum Annuntiationis B. M. V. vel festum S. Ioseph *sub praecepto feriationis seu audiendae missae celebrandum,* ordinarius providere debet ut in ecclesiis tot missae celebrentur quae sufficiant ut populus praecepto audiendae missae satisfacere possit. S. R. C. in *decr. auth.* n. 2240.

R. 3. Sabbato sancto sola missa sollemnis permittitur in iis ecclesiis ubi aliis diebus functiones sollemnes fieri possunt; minus sollemnis secundum Rituale parvum Ben. XIII in minoribus ecclesiis deficiente numero sufficienti clericorum: quae minus sollemnis in ecclesiis parochialibus ubi fons baptismalis habetur omitti nequit, in reliquis potest omitti, etiamsi fer. V et VI functiones secundum Rituale parvum peractae sunt. *Decr.* S. R. C. 9 Dec. 1899 in *Decr. auth.* n. 4049.

Missae *privatae* omnino prohibentur per legem generalem in quibuscumque ecclesiis et oratoriis privatis, non obstante quacumque consuetudine in contrarium: ita decr. gener. S. R. C. in *Decr. auth.* n. 1822.

Nihilominus aliquando S. Sedes privilegium omnino speciale ad celebrandas missas privatas concessit atque sustinet, quae in hoc casu non a *prophetiis*, sed post Confessionem a *Kyrie* incipiendae sunt.

Decretum supra laudatum d. d. 9 Dec. 1899 in *Decr. auth.* n. 4049 est hoc: „Dub. I. An feria V in Cena D. in ecclesiis parochialibus aliisque non parochialibus celebrari possit missa lecta vel cum cantu, quin peragantur functiones feriae VI in parasceve et sabbati sancti?

II. An praedicta missa legi vel decantari possit in ecclesiis vel oratoriis spectantibus ad regulares, ad seminaria, ad pias communitates?

R. ad I. In ecclesiis parochialibus ubi adest fons baptismalis serventur rubricae Missalis et decreta, adhibito Memoriali rituum Benedicti PP. XIII pro functionibus praescriptis, si exstet defectus sacrorum ministrorum et clericorum. In aliis vero ecclesiis omitti potest functio sabbati sancti, non tamen illa feriae VI in parasceve; et fiat sepulchrum; expetita facultate pro usu dicti Memorialis, si idem sacrorum ministrorum et clericorum defectus exsistat.

Ad II. Affirmative quoad *regulares proprie dictos* iuxta decr. n. 2799 diei 31 Aug. 1839; negative quoad seminaria et pias communitates, nisi habeant indultum apostolicum.

244   Ad quaesitum 2^m R. 1. Theophilus nullatenus potuit, ut fecit, fer. V et sabbato functiones peragere. Neque ipsi favebat modus a parvo Caerimoniali Benedicti XIII permissus. Ut vero fer. V missam lectam celebrare possit, videtur episcopus indulgere posse, si moniales erant stricte dictae; alias indigebat indulto apostolico. Nam in decr. n. 4049 licentia negatur solum quoad seminaria et *pias communitates,* quo nomine moniales stricte dictae non solent assignari. Sabbato autem sancto in ecclesia monialium, cum sollemniter functiones peragi non possent, ab omni missa abstinendum erat.

R. 2. Neque recte egit fer. VI in parasceve celebrando. Non enim licet ad libitum viatici causa celebrare, sed ob viatici *necessitatem*, i. e. requiritur ut 1) viaticum sit necessarium, adeoque agatur de viatico non repetendo sed in casu urgente nunc primo dando, ne moribundus sine eo decedat; *repetere* autem s. communionem per modum viatici ex devotione feria VI in parasceve nullatenus licet, sicut non licet reliquis fidelibus illo die s. communionem sumere; 2) requiritur ut sine graviore incommodo s. eucharistia non possit aliunde asportari; nam, si in eiusdem urbis ecclesia vicina s. eucharistia asservatur, nulla est necessitas cur nunc consecretur.

Ex casu autem elucet necessitatem hanc non adfuisse. Nam Theophilus ante feriam VI in parasceve iam eam rem disposuerat: scivit igitur iam antea esse aliquam sororem graviter aegrotantem: quam potuit et debuit antea s. viatico munire; quod si fecit, non licuit devotionis causa illud feria VI repetere. Licuit, si, aucto periculo, nunc demum mortis periculum instet quod antea erat remotum.

R. 3. Male insuper egit Theophilus non retinendo aliquas particulas consecratas pro casu inopinato viatici. Qui si acciderit, occurrendum erat sacram particulam afferendo ex vicina ecclesia.

R. 4. Si sabbato sancto casus necessitatis viatici occurrisset, idem erat dicendum ac de casu feriae VI; nihilominus ratio minus gravis sufficiebat ut missa privata, eaque de die, celebrari posset.

TEMPUS CELEBRATIONIS.

Casus. (70)

Philibertus studiis et laboribus litterariis occupatus per totum annum si celebrat, celebrat paullo post horam quartam matutinam; cum in celebrationem ipsam vix tertiam horae partem impendit, pro praeparatione, celebratione, gratiarum actione coniunctim dimidiam horam implet, vel, si quando plus, id recitando matutinum cum laudibus insumit.

QUAERITUR 1° qua hora liceat celebrare.
2° quantum temporis impendi debeat in celebrationem.
3° quid de Philiberto iudicandum sit.

Solutio.

AD QUAESITUM 1ᵐ R. 1. Tempus ordinarium est ab aurora ad meridiem, ita tamen ut satis sit in aurora finiri vel ante meridiem incipi missam. S. Alph. VI, 341; *Th. m.* II, 217.

R. 2. Sine privilegio vel causa mediocriter gravi tempus legitimum multum antevertere vel postponere (integrae horae spatio) grave peccatum censetur. S. Alph. l. c. 346, *Th. m.* l. c.

R. 3. Causae autem cur circiter horae etiam spatio tempus anteverti vel postponi sine peccato possit sunt:

a) mos rationabilis, ut operarii possint etiam hiemali tempore sacro interesse;

b) ratio itineris die dominico vel de praecepto festivo instituendi quod postulat hanc temporis extensionem;

c) sacrum sollemne diebus praeceptis (vel contio) diu protracta post quae *soleat* etiam celebrari missa privata pro commoditate populi;

d) minor etiam causa, quando episcopus in casu particulari dispensaverit;

e) necessitas conficiendi viatici, ut patet, permittit non solum ut per horae spatium tempus legitimum anteverti possit; sed etiam ut saltem statim a media nocte liceat celebrare.

R. 4. Alioquin habitualis dispensatio, vel dispensatio ultra horam pertinet ad S. Sedem quae ex causa rationabili regularibus non ita difficulter permittit ut 1) liceat una hora vel etiam duabus horis ante auroram vel post meridiem celebrare; vel 2) quolibet anni tempore duabus horis post mediam noctem.

R. 5. Si privilegium datur certa hora (v. g. secunda post mediam noctem) celebrandi, licebit in determinanda media nocte uti tempore sive vero sive publico, etsi a vero multum discrepet.

R. 6. In summa aestate, quando in regionibus septentrionalibus aurora cessat seu vespertinum crepusculum in matutinum transit, *decet* non ante horam secundam celebrare, cum ante hoc tempus celebrandi raro facultas detur, etiam vi privilegii.

246 Ad quaesitum 2^m R. 1. Ut devotioni celebrantis et aedificationi assistentium respondeatur, circiter media hora in celebrationem impendenda est; consultum etiam est in publica coram populo celebratione illud tempus vix transgredi, ne fideles vel taedio afficiantur vel, aliis occupationibus urgentibus, ab integro sacro diebus festis audiendo impediantur.

R. 2. S. Alphonsus VI, 400 cum aliis tum demum propter nimiam celeritatem in faciendo sacro celebrantem *gravis peccati* reum esse statuit, cum infra quadrantem missam, at etiam breviorem, absolvat. Verum qui hoc temporis spatio se restringit, non illico ab omni irreverentia veniali plus minusve graviore immunis est: nisi in particulari casu ratio excusans accedat.

R. 3. Quamquam pro praeparatione et gratiarum actione certum tempus non est praescriptum, tamen lex naturalis postulat ut neutra plane neglegatur. Horae quadrantem saltem impendere convenit. *Th. m.* II, 200. Non constat de ullo praecepto proprie dicto eas ipsas preces persolvendi quae notantur in Missali; pro sua devotione sacerdos licite aliis utitur.

R. 4. Rubrica Missalis statuit quidem ut missa fiat, saltem absolutis matutino cum laudibus ex officio divino; eamque antiquioribus temporibus obligationem gravem fuisse non negaverim. Verum pro iis qui privatim recitant divinum officium *gravis* obligatio non amplius est; communius pro veniali quidem obligatione habetur a qua mediocris ratio excuset; benignius videntur sentire qui nullam culpam agnoscere velint, etiamsi sine causa ea rubrica non servetur. *Th. m.* II, 219; S. Alph. VI, 347.

247 Ad quaesitum 3^m R. 1. Sine privilegio S. Sedis Philibertus non potuit quolibet anni tempore tam matura hora celebrare. Nam pro regione qua vivit summa hieme tempus legitimum erat inter 6—5$^1/_2$. Quare a gravi peccato eius agendi ratio non est immunis.

R. 2. Quod vix tertiam horae partem impendit in celebrationem, grave peccatum per se non est; attamen, nisi agatur de missis valde brevibus, vix immunis esse potest a veniali irreverentia eaque saepe notabili; immo quando in regione communis mos est impleri semihoram, timeo ne grave peccatum scandali oriri possit ex celebratione longioris missae infra tertiam horae partem peractae.

R. 3. Peccat etiam sine dubio Philibertus consuetudine tam brevis praeparationis et gratiarum actionis. Nam cum etiam vestes sacerdotales induere et exuere non sine aliquot minutorum spatio possit, pro praeparatione vix 2—3 minuta habet; similiter dic de gratiarum actione. Quod venialem saltem irreverentiam redolet; mortalis non evadit, nisi in causa sit, cur sine attentione, cum gravi mentis distractione celebret, vel cum periculo status peccati, ex gravi socordia ad memoriam non redacti neque expiati.

R. 4. Constanter ante recitatam matutinam celebrare vix immune est a peccato veniali; verum si specialis ratio est melius studendi, si modo ante meridiem pars illa legitima breviarii absolvatur, peccatum hac in re non agnoverim.

TEMPUS CELEBRATIONIS IN NATIVITATE DOMINI.

Casus. (71)

Homobonus, vicarius ruralis apud publicum oratorium, cum in festo nativitatis Domini secum haberet hospitem sacerdotem, ruricolis suis vult festum ecclesiasticum insolitum praeparare. Ipse, cum in alio vico diebus praeceptivis unam missam celebrare debeat, in suo vico ex more celebrat hora *quinta* et *sexta;* sed sacerdoti hospiti persuadet ut media nocte celebret tres suas missas, quas cum sollemnes in oratorio celebrare nequeat, dicat lectas, comitante cantu populi. Insolita festivitate allecti non pauci in illis missis s. communionem percipiunt.

QUAERITUR 1° liceatne in nocte nativitatis dicere missas privatas easque continuo celebrare.

2° quid de s. communione in nocte nativitatis distributa dicendum sit.

Solutio.

AD QUAESITUM 1ᵐ R. 1. S. R. C. saepius decrevit „post cantatam primam missam non licere alias duas immediate celebrare et fideles communicare": ita nunc in *Decr. auth.* n. 752; idque „ligare omnes non habentes privilegium in contrarium" n. 1761; ita ut „non liceat missas privatas celebrare ante auroram" n. 2520.

R. 2. Loco missae cantatae tolerare tamen potest episcopus ut celebretur in publico oratorio coram populo una missa lecta, ut ex responso S. R. C. d. d. 7 Sept. 1850 colligere licet (quod quidem responsum in collectione auth. non continetur): v. Marc n. 1625.

Unde patet Homobonum recte non egisse, quia 1° *omnino non licuit* omnes tres missas a media nocte celebrare; 2° ut liceret unam missam lectam celebrare debebat antea ad episcopum recurrere.

R. 3. Immo quod Homobonus hora *quinta* soleat primam missam dicere, in eo facile iam habetur, pro regione in qua fit, aliqua illicita anticipatio, cum in regionibus latitudinis circiter 50 grad. tempus ordinarium incipiat circa horam *sextam*. Pro nocte nativitatis tamen ausus non sim eum legis *graviter* violatae accusare, cum videatur sufficere ut *secunda* missa (quae ex rubricis dicitur in aurora), si continuo post primam missam dicatur, finiatur in aurora.

AD QUAESITUM 2ᵐ R. Ex laudatis decretis res iam diiudicata est. Male est factum ut permitteretur fidelibus in nocte ad s. communionem accedere; sed exspectari debebat tempus missarum, quo liceat sive iure ordinario sive ex privilegio missas privatas celebrare. — Aliquando communitatibus vel collegiis datur *speciale* privilegium s. communionis sumendae in ipsa missa nocturna.

LOCUS CELEBRATIONIS.

Casus. (72)

Caesarius, excipiens confessiones in loco peregrinationis frequentato, audit in ecclesia ab aliquo ibi pernoctante habitum esse actum coniugalem, in sacristia alicui qui biduo ante inopinata morte obierat propinatum esse venenum: quare secum reputans ecclesiam esse pollutam, se tamen ex notitia confessionis loqui non posse, rem silentio quidem premit, ipse vero non sine admiratione et offensione rectoris ecclesiaę negat se ibi celebraturum esse, sed petit oratorium monialium quae gaudio afficiuntur quod una die secundam vel tertiam missam habere possint.

Quaeritur 1° qui sit locus celebrandae missae.

2° quid sit pollutio ecclesiae et quomodo tollatur.

3° Caesarius rectene egerit.

Solutio.

Ad quaesitum 1ᵐ R. 1. Locus extra quem secluso privilegio celebrare non licet est locus *sacer* ad divinum cultum deputatus sive sollemni consecratione sive publica benedictione: ecclesiae vel oratoria publica.

R. 2. Monasteriis religiosorum seu monialium licet non tantum habere ecclesiam vel publicum oratorium; sed oratorium eorum potest etiam esse intra muros domesticos adeoque certo sensu privatum, quod benedici quidem potest, non tamen necesse est, quodque dicitur *oratorium semipublicum*.

Similiter fas est ordinariis erigere seu erigendi facultatem dare in quibuslibet institutis piis et publicis, hospitalibus, seminariis oratorium, quod eodem modo aut publicum est, si omnibus liber ingressus e via publica patet, aut semipublicum, si ingressus patet incolis instituti atque iis qui admittuntur intra parietes.

R. 3. Episcopi omnes, etiam titulares tantum, et cardinales possunt habere sacellum domesticum; immo etiam ubicumque, etiam in itinere, in qua domo degunt, possunt celebrare vel coram se celebrari facere in altari portatili: ibique omnes fideles satisfaciunt praecepto ecclesiastico. Ita S. R. C. d. 19 Maii et 8 Iunii 1896, cf. *Decr. auth.* n. 3906.

R. 4. Ut alias in *domo privata* liceat oratorium erigere in quo habitualiter missa celebretur, necessarium est indultum apostolicum. — Similiter seu magis etiam necessarium est indultum apostolicum, ut liceat extra oratoria vel privata divino cultui exclusive destinata celebrare in quolibet loco honesto in altari portatili, quod pro libitu auferri potest. Ampla ita celebrandi privilegia sustulerunt tum *Conc. Trid.* sess. 22 *de observandis in miss. celebr.*, tum magis etiam constitutiones Clem. XI d. d. 15 Dec. 1703, Innoc. XIII. „*Apostolici ministerii*" d. d. 23 Maii 1723, Bened. XIV „*Magno cum animo*" d. d. 2 Iunii 1751.

AD QUAESITUM 2^m R. 1. Locus *sacer* aut exsecrari aut pollui 251 potest; utroque modo sanctitatem amittit fitque ineptus in quo absque privilegio celebretur. Exsecratur, si parietes ex magna parte corruant, ita ut destinationi suae locus apte servire non amplius possit; non vero exsecratur, si solum tectum corruit, neque — ut antea putabatur — si interior parietum crusta ex maiore parte simul auferatur. Cf. S. R. C. d. d. 19 Maii 1896: *Decr. auth.* n. 3907 ad II.

R. 2. Polluitur locus sacer certis criminibus in eo commissis, scilicet: 1) vulneratione seu sanguinis effusione, 2) homicidio, 3) effusione humani seminis, 4) sepultura hominis infidelis, i. e. *non-baptizati* vel 5) excommunicati *vitandi*.

R. 3. Crimina illa, ut ecclesiam polluant, debent esse notoria et in ipsa ecclesia, non in locis accessoriis, ut sacristia, tecto, esse facta: nam loco quidem principali polluto polluuntur etiam accessoria, sed *non vicissim e converso.* Th. m. II, 222.

R. 4. Aufertur pollutio *reconciliatione* quae sufficit *simplex*, si locus sacer factus est sola benedictione; requiritur sollemnis per episcopum, si locus sacer erat consecratus, nihilominus etiamtum ad interim fieri potest reconciliatio simplex a presbytero delegato. *Th. m.* ibid.

AD QUAESITUM 3^m R. 1. Caesarius ex pluribus capitibus non 252 recte egit. Nam *primo* polluta non erat ecclesia, quia crimina patrata non erant notoria. Exspectare igitur potuit vel debuit dum forte aliqua via notoria fierent.

R. 2. Neque ex homicidio inducta est pollutio ecclesiae, etsi postea res nota fieret; nam crimen in sacristia peractum non redundat in polluendam ecclesiam. — Actus coniugalis autem aptus quidem est qui pollutionem inducat. Nam etsi non ratione luxuriae peccaminosa est seminis illa effusio, tamen est ratione sacrilegii, quia necessitas non erat in loco sacro istum actum exercendi; quodsi tentatio urgebat, alio in loco eoque profano coniuges sibi satisfacere debebant. Verum quia res notoria non est, pollutio nondum adest.

R. 3. Eo magis Caesarius male egit, quod notitia confessionis usus est ad hunc externum agendi modum. Ad quod sane non tenebatur, etsi actum esset de vitando materiali sacrilegio, quod hic ne in quaestionem quidem veniebat; immo in hisce circumstantiis potius tenebatur ab omni confessionis notitia abstrahere, quia periculum erat ne suspicio contra confessionem aliqua oriretur.

ALTARE PORTATILE ET ORATORIUM PRIVATUM.

Casus. (73)

Cassius, ut missionarius pro Indiis, donatus est a S. Sede facultate celebrandi in altari portatili in loco honesto, etiam sub terra et sub dio, vel sine ministro, si haberi nequeat. Negotiorum causa in Europam proficiscens sua facultate utitur, ut celebret in navi in sua casa, in Europam advectus in privato oratorio nobilis viri, in quo modo capellanus domesticus celebraverat, atque etiam in urbe apud amicos et cognatos in eorum domibus in cubiculo actu ad hoc praeparando, ibique membris familiae aliisque vicinis assistentibus s. communionem distribuit.

QUAERITUR 1° qui sit sensus facultatis altaris portatilis, oratorii privati, celebrationis in navi.
2° Cassius rectene an largius privilegium suum interpretatus sit.

Solutio.

253   AD QUAESITUM 1^m R. 1. In omni casu inspiciendus est tenor privilegii dati, neque umquam ultra manifestum eius sensum accipi potest. In reliquo autem videndum est utrum sit privilegium personale seu intuitu personae particularis ad eius instantiam datum, an reale seu intuitu, i. e. in favorem communitatis, multitudinis etc. collatum. Posterius est, legitimo verborum sensu servato, interpretationis *latae*, *strictae* interpretationis alterum, si quidem derogat iuri communi.

R. 2. Oratorii privati facultas, cum privatis personis detur et re ipsa communi legi (*Trid.* sess. 22) deroget, est strictae omnino interpretationis, neque ultra missam nominatam ibi celebrare licet, neque aliis quam personis in documento expressis suffragatur.

R. 3. Privilegium celebrandi in mari, cum sit omnino speciale, specialiter etiam nominari debet neque in communi facultate celebrandi in altari portatili comprehenditur. Insuper clausulae in facultate appositae quibus secura reddatur reverentia ss. sacramento debita ad amussim observandae sunt, praecipue ut non celebretur nisi mari tranquillo, neque sine assistente, maxime si hoc praescribitur.

AD QUAESITUM 2^m R. 1. Cassius celebrans in mari aperte transgressus est limites facultatis acceptae, cum illa in mari celebrandi facultas *expresse* nominanda sit.

R. 2. Facultatem celebrandi in altari portatili datam esse „pro locis missionum" vix dubitari potest; sic enim solet dari, cum, ubi ecclesiae abundant, nulla sit altaris portatilis necessitas. Quod si ita est, Cassius etiam hac in re transgressus est limites suae facultatis. Cf. *Ephem. liturg.* X, 590 sq.

254   R. 3. Quod Cassius confluentibus fidelibus s. communionem distribuit, ex eo rite factum non est, quia facultas celebrandi in altari portatili non subsistebat. Nam si haec pro Cassio salva mansisset, potuisset s. communionem distribuere. Videlicet facultas illa celebrandi, in qua agendi ratio ad distribuendam s. communionem nititur, *si* subsistit, pro Cassio est *largae* interpretationis ac proin cum missa s. communionis distributio intellegitur concessa. E contrario in interpretatione *stricta* adeoque cum celebratione in oratorio privatae domus domino indulta communionis administratio secundum communiorem sententiam ex se nondum est concessa; videtur autem episcopus sua potestate id posse adiungere: cf. Gasparri, *De euchar.* n. 1088; Wernz, *Ius decretalium* III, 459. Sunt tamen qui putent facultatem s. euchari-

stiae distribuendae seu accipiendae comprehendi in privilegio missae, ut Génicot, *Th. m.* II, 181; Gennari, *Consultazioni mor. can. liturg.* cons. 45; Noldin, *De sacram.* n. 131.

CELEBRATIO SUB DIO.

Casus. (74)

Ubaldus, rector ecclesiae in loco peregrinationis, die festo assumptionis B. M. V. cum stupens videat ingentem fidelium multitudinem qui missae nondum astiterunt circa tempus ultimae missae confluentem, in angustiis versatur eo quod ecclesia horum partem exiguam tantum capiat. Consilio inito mox iubet sub dio sternere mensam cum altari portatili atque ita sacrum sollemne peragit.

Quaeritur num recte.

Solutio.

R. 1. Quamquam iure communi prohibetur ne sine speciali privilegio celebretur extra locum sacrum, sententia theologorum satis communis admittit ut *necessitate urgente* nihilominus extra locum sacrum celebretur.

R. 2. Necessitas ita intellegitur ut adesse debeat dies de praecepto observandus et fidelium *multitudo* quae alias missa careret. Inter quas necessitates maxime hae recensentur: 1) si diruta sit ecclesia; 2) si magnus sit populi confluxus quem ecclesia non capit; 3) si magnus navigantium numerus ad litus appellere potest, deficiente in illo loco ecclesia, et similia: cf. *Eph. liturg.* X, 593 sq.

R. 3. In eiusmodi casibus convenit quidem, si tempus condicionesque id permittant, ordinarium consulere; neque tamen id stricte necessarium est, quando necessitas est manifesta. Si dubia est necessitas, ordinarius est adeundus, ut, si forte causa ex se non sufficiat, ille dispensatione defectum suppleat: nam is in eiusmodi casu *particulari* a lege iuris communis dispensare potest. Unde patet Ubaldum recte egisse, saltem si ante fores ecclesiae multitudo illa missae in ecclesia celebrandae assistere commode non poterat.

ALTARE CONSECRATUM ET EXSECRATUM.

Casus. (75)

Aristarchus, nuper institutus vicarius, suspicionem habet de altaribus ecclesiae eorumque consecratione. Altare maius reperit quidem ex lapide constructum, sed nullum detegit reliquiarum sepulchrum; in altaribus lateralibus solos invenit lapides portatiles, sigillum episcopale in iis abrasum, sepulchrum in fronte partis transversalis, in alio loculum reliquiarum reperit omnino mobile, ita ut per modum cistulae auferri et reponi possit.

Quaeritur 1° qua lege requiratur altare et quale.
2° quid de consecratione et exsecratione altarium notandum sit.
3° num licuerit in allatis casibus Aristarcho celebrare.

Solutio.

Ad quaesitum 1ᵐ R. 1. Lege communi ecclesiastica ad sacrificandum requiritur in ecclesia occidentali altare lapideum consecratum, idque sub gravi. *Missale Rom. rubr. gener. tit. 20.*

R. 2. Dubium non amplius moveri potest quin requirantur ad altare rite consecratum reliquiae sanctorum martyrum in eo reconditae. Id enim multis S. R. C. decretis ut omnino necessarium statuitur.

R. 3. Aliquando tamen in privilegiis missionariorum S. Sedes dat facultatem celebrandi in altari etiam exsecrato vel sine reliquiis sanctorum, immo etiam consecrandi altaria sine reliquiis: v. *Collectanea S. C. de Prop. F.* n. 825. 829. 831.

R. 4. Distinguitur autem altare fixum et altare mobile seu portatile, idque tum sensu liturgico tum sensu canonico. — Lex ne celebretur sine speciali privilegio in altari portatili intellegitur de portatili in sensu canonico.

Sensu igitur *liturgico* fixum altare vocatur altare quod stabili modo constructum est et cuius tota mensa lapidea cum reliqua structura cohaerens est consecrata; portatile vocatur quod breviore forma consecratur et consistit in solo lapide, qui moveri possit atque mensae inseri vel superimponi, tantae magnitudinis ut hostiam et maiorem partem calicis capere possit.

Sensu *canonico* fixum altare dicitur, quandocumque structura altaris talis est ut non possit moveri de loco in locum vel saltem talem speciem prae se fert; attamen nihil refert utrum tota mensa altaris sit consecrata an mensae fixae lapis consecratus sit insertus. Portatile altare sensu canonico vocatur illud quod pro actibus transeuntibus in loco profano erigitur et post usum solet removeri.

Ad quaesitum 2ᵐ R. 1. Si de consecratione et exsecratione altarium quaeritur, distinctio fixi et portatilis altaris sumi debet sensu liturgico. Altare igitur fixum totum cum basi consecratur. Eius quidem consecratio seiuncta ab ecclesiae consecratione fieri potest; ecclesiae autem consecratio legitime non fit sine unius saltem altaris consecratione. Reliquiae reconduntur sive in medio superioris partis mensae sive in fronte sive in inferiore mensae parte ubi haec cum stipite coniungitur.

R. 2. Altarium portatilium consecratio fit modo breviore in pontificali notato, potestque fieri extra ecclesiam in honesto loco ad id praeparato; atque communiter consecrantur complura altaria portatilia simul, ut praesto sint pro necessitate ecclesiarum. Reliquiarum locus debet esse in medio tabulae in parte superiore, ibique lapillo et caemento claudendus est loculus seu sepulchrum: qui lapillus aliquando etiam „*sigillum*" vocatur.

R. 3. Exsecratio sive fixorum sive portatilium altarium fit 1) fractione enormi, quod num de sola fractione unius crucis lateralis intellegatur non satis constat (verum si de portatili altari sermo est, amplitudo tanta manere debet, ut s. hostiam cum maiore parte calicis capiat); 2) fractione sepulchri reliquiarum; 3) sola fractione vel revulsione lapilli quo sepulchrum clauditur: neque sufficit lapillum illum reponere suo loco, si modo reperiatur amovibilis; 4) magis etiam remotione vel amissione reliquiarum. Denique 5) altare fixum exsecratur, quando mensa a suo stipite vel basi sua frangitur; altare autem portatile seu lapis consecratus, quod, cum mensa eiusve stipite non sit coagmentatum, ab uno loco in alium transferri potest neque propterea exsecratur.

AD QUAESITUM 3ᵐ R. 1. Quod in altari maiore non detegatur 258 seu *appareat* sepulchrum reliquiarum, signum non est exsecrationis. Nam optime potest esse consecratus reliquiis reconditis in inferiore mensae parte. Immo altare vetus in quo semper celebratum est consecratum esse sumi debet, nisi de exsecratione constet. Sine scrupulo igitur Aristarchus in eo celebrare potest seu debet.

R. 2. Quod in lapidibus consecratis portatilibus sigillum episcopale abrasum sit, nondum est signum eius exsecrationis. S. R. C. quoad laesum „sigillum" aliquando diversimode respondit: cuius rei ratio inter alias haec est quod „sigillum" non solum dicitur de siglo episcopi cerae hispanicae impresso, sed technico termino ecclesiastico dicitur de *lapillo* quo clauditur loculus reliquiarum. Quapropter si sigillum *hoc* laesum est, sine dubio altare est exsecratum; propter laesum sigillum episcopale cerae hispanicae impressum altare exsecratum tum solum dixit S. R. C., quando propter eiusmodi defectum de consecratione vel integritate lapidis non constat; ceteroquin tale sigillum *more Romano* nullatenus lapidi imprimitur, sed apponitur reliquiis in loculo clausis.

R. 3. Altaris reliquiarium seu sepulchrum male quidem constructum est in fronte, et occasione data res est emendanda: nihilominus interea tale altare est pro consecrato habendum in eoque celebrari licet. Cf. S. R. C. *in decr. auth.* n. 4032.

R. 4. Altare in quo reliquiae sanctorum iacent in loco aperto qui mobili operculo tegitur, sane haberi debet pro exsecrato, neque celebrare in eo licet, antequam rite fuerit consecratum. Nam *claudi sepulchrum* (quod fieri iubet Pontificale) intellegitur ita ut sine violentia sepulchrum non possit amplius aperiri, atque illa caerimonia semper habetur pro *essentiali*. Quod adeo verum est ut S. R. C. d. 14 martii 1861 iusserit etiam id altare pro exsecrato haberi et denuo consecrari, cuius lapillus sepulchralis inveniebatur, calce seu caemento casu resoluto, non firmiter amplius cum reliquo lapide coniunctus, etsi de cetero constructio integra erat. V. Decr. auth. 3106. Et quamquam alias S. R. C. in casu quo episcopus solvisset illum lapillum sepulchrumque aperuisset, ut videret num illaesae essent reliquiae, reponsum dederat altare manere consecratum, si episcopus, cum invenisset reliquias intactas, sepulchrum ipse clausisset atque ipse continuo in eo altari celebrasset (d. 14 martii 1693 in edit. *Gardell.* 3, 3305): in nova collectione authentica decretorum ne hoc quidem decretum refertur, sed expunctum est. Cf. *Th. m.* II, 225. 226.

Ceterum non est sacerdotis adiutoris explorare altaria, sed ordinarii in visitatione vel rectoris ecclesiae, si habet rationem dubitandi. Reliqui sacerdotes in altaribus, quorum usus publicus exsistit, sumere debent omnia rite esse facta vel rite composita.

PARAMENTA ET UTENSILIA PRO MISSA.

Casus. (76)

Claudius missionarius in itinere divertit in ecclesiam ruralem vicario iam diu orbatam, celebraturus. Aedituus aegre movetur ut res pro sacro praeparet. Affert denique vetustam casulam flavam lanea cum stola, manipulum subrubeum et albam; deest cingulum et humerale, etiam velum calicis et bursa; mappam altaris habet unam tantum; desunt quoque ampullae vini et aquae, ita ut integram lagenam aedituus e domo sua afferat. — Quod videns Claudius, ut devotioni celebrandi satisfaciat, sumit strophiolum album pro humerali, chordam pro cingulo et cum nudo calice ad celebrandum accedit; cum missale non reperiatur, dicit missam de Beata quam ex memoria recitare potest.

QUAERITUR 1° quae sint requisita ad missam pro ornatu altaris, ministerii, sacerdotis celebrantis.

2° quae sint causae defectum in his rebus excusantes.

3° rectene fecerit Claudius, ex devotione celebrans.

Solutio.

259   AD QUAESITUM 1^m R. 1. Altare instructum esse debet tribus mappis lineis benedictis, missali cum cussino vel pulpito, cruce cum imagine crucifixi, duobus candelabris cum cereis accensis: ita ut defectus omnis mappae, vel missalis (cf. n. 262), vel omnis luminis (cerei) censeatur defectus sub mortali vitandus. *Th. m.* II, 227.

R. 2. Pro sacro ministerio requiruntur praeter recensita: corporale cum palla lineum et benedictum; calix et patena saltem argentea, intus deaurata et legitime consecrata: eaque omnia cum suis circumstantiis sub gravi; nisi forte excipias materiam calicis vel patenae, si modo re ipsa deaurata et consecrata sint, vel etiam cum deauratione ex magna parte detrita; insuper pro sola palla, si defuerit, sumere licet corporale plicatum vel etiam purificatorium vel bursam. *Th. m.* II, 228. 229.

260   R. 3. Pro ornatu sacerdotis requiruntur: amictus, alba, cingulum, manipulus, stola, casula, eaque omnia benedicta: ex quibus amictus et alba ex lino constare debent (S. R. C. *decr. gen.* d. 15 et 18 Maii 1819 in *Decr. auth.* n. 2600); cingulum ex lino, lana vel serico; reliqua paramenta principaliter saltem ex serico vel tramoserico seu subserico vel ex materia pretiosiore, v. g. filo deaurato (S. R. C. d. 28 Iulii 1881). Ita haec requiruntur, ut defectus albae, vel casulae vel complurium ex indumentis minoribus eorumve benedictionis censeatur defectus *gravis*.

Missae celebratio. — Paramenta et supellex.

Color quidem a rubrica assignatus etiam praeceptivus est, at sub veniali tantum. Severius quidam iudicant de paramentorum *materia*, ita ut, si quae ex reprobata materia confecta sint, ne valide quidem benedicantur (*Ephemer. liturg.* VII, 717 sqq.): quo fieri putant ut eorum usus sit *graviter* peccaminosus [1]. Verum haec mihi non plane probantur, cum ex una parte nihil sit pro praecepto sub mortali habendum, nisi de eo constet, ex altera parte constet usque ad recentioris aetatis decreta omnes tenuisse materiam casulae similiumque paramentorum nullam esse ex vero praecepto determinatam. Cf. Suarez, *De Euchar.* disp. 82, sect. 2, n. 5.

AD QUAESITUM 2^m R. 1. Si qua res sub veniali tantum exigitur, impossibilitas vel gravior quaedam difficultas eam habendi a peccato excusat, ita ut necesse non sit propterea missam omittere ex sola etiam devotione celebrandam.

R. 2. Si qua res exigitur sub gravi quidem, ita tamen ut ex eius defectu nihil appareat contra reverentiam ss. sacramento debitam, causa quae a culpa excuset debet esse gravis necessitatis, eaque tanto gravior quanto gravioris momenti sit ipse defectus, v. g. necessitas celebrandi, ne populus diebus festis careat missa, ne excitetur scandalum, ne moribundus decedat sine viatico.

R. 3. Si defectus rei graviter praeceptae simul gravem prodat irreverentiam vel scandalum excitet, non licet cum tali defectu celebrare, nisi forte in casu *gravissimae* necessitatis declaratio dari possit scandalumque removeatur.

AD QUAESITUM 3^m R. 1. Quod Claudius utatur flava casula, cum albam non habeat, ei non erit peccatum; neque quod cum flava casula iungat manipulum subrubeum. Licet enim haec ex industria facere a venialis peccati reatu non videatur immune, tamen melius est cum tali defectu celebrare quam missam plane omittere.

R. 2. Idem existimo quoad defectum debitae materiae. Responsa quidem S. R. C. noluerunt, ne pauperi quidem ecclesiae, permittere ut abutatur paramentis iam exstantibus; verum legem suam tulit directe in episcopos seu ordinarios: quodsi hi in paupere ecclesia toleraverunt usum viliorum paramentorum, donec consumantur, neque eliminanda curaverunt, non putaverim celebrantem, cui ista paramenta offerantur, teneri sub gravi ea recusare vel a celebranda missa potius debere desistere quam iis vestibus uti.

---

[1] Sed ecce movetur difficultas: Benedictio secum fert precationem nomine Ecclesiae, qua Deus rogatur ut eos qui istis rebus utantur gratiis suis prosequatur. Verum pro usu eius rei cuius usum Ecclesia prohibet eadem Ecclesia certe non rogat caelestem benedictionem et Dei gratiam. Ergo id nomine Ecclesiae precari seu rem benedicere plane impossibile est.
R. ita sane fore, si Ecclesia absolute et in omni hypothesi istius rei usum prohibeat. At non ita esse censeo relate ad illa paramenta ceteroquin reprobata. Ecclesia illa non ita reprobat ut ne in necessitate quidem iis uti liceat. Quodsi non ita reprobat, etiam Ecclesia seu benedicens nomine Ecclesiae implorare potest divinam protectionem pro iis qui in eiusmodi circumstantiis illa re usuri sint. Quod sufficit ut res rite possit benedici.

R. 3. Cingulum et humerale tanti non sunt momenti ut sub gravi exigantur. Potuit igitur Claudius iis carens nihilominus celebrare, si modo honeste se composuerit: quod re vera fecit.

R. 4. Velum calicis et bursa corporalis exiguntur per se sub veniali tantum; si igitur corporale aderat, Claudius non peccavit sine illis ornamentis secundariis celebrando.

R. 5. Idem dic de mappa. Si enim una saltem mappa adest, etsi forte non benedicta, licebit ex mediocri causa celebrare: quae est sola devotio eius cui grave est a celebrando abstinere.

R. 6. Etiam magis non tenebatur sollicitus esse de ampullis vini et aquae, si modo materiam ipsam, eamque indubiam, habuerit consecrandam.

R. 7. De defectu missalis gravior quidem est difficultas, cum ex sese missale sub gravi exigatur. Verum si quis moraliter omnino certus est se non erraturum notabiliter, una alterave vice sine missali celebrare, si modo ad vitandam admirationem alius liber apponatur, non habetur pro gravi defectu, neque pro tali ob quem non liceat devotionis causa celebrare. S. Alph. VI, 390; *Th. m.* II, 232.

CONSECRATIO ET BENEDICTIO SACRORUM UTENSILIUM.

Casus. (77)

Camillus parochus in pervigilio nativitatis Domini a benefactoribus accipit pretiosam casulam et calicem pro dono natalitio; quibus eum die festo usurum esse exspectant. Camillus id secum reputans, ratus benefactores secus offensum iri, ex praesumpta voluntate episcopi res illas donatas ipse benedicit iisque die festo publice utitur in sollemni missa. — Vicarius postero die sollemniter celebraturus eas recusat neque audet eas pro missa adhibere.

Quaeritur 1° cui competat benedictio et consecratio sacrorum utensilium.

2° rectene egerit Camillus an eius vicarius.

Solutio.

Ad quaesitum 1^m R. 1. Consecratio sacrorum vasorum, i. e. calicis et patenae, quae chrismatis unctione perficitur, est ordinis episcopalis, neque episcopus hanc facultatem delegare potest; raro admodum pro circumstantiis in quibus deest episcopus missionarii a S. Sede accipiunt facultatem consecrandi oleo tamen et chrismate per episcopum consecratis. — Reliqua vasa sacra: pixis, lunula ostensorii tantummodo benedicuntur.

R. 2. Benedictio paramentorum atque utensilium sacrorum, in quibus consecratio non adhibetur, etiam ex rubricis Missalis et Ritualis episcopis reservatur. Attamen non difficulter obtinent a S. Sede facultatem hanc potestatem presbyteris delegandi; insuper superiores regularium facultatem habent has sacras res pro usu suarum eccle-

Missae celebratio. — Paramenta et supellex. 153

siarum benedicendi. Pro ampliore facultate scl. vel benedicendi pro aliis ecclesiis vel delegandae suae potestatis indigent speciali privilegio, quod dari non solet nisi ad tempus. Cf. S. Alph. VI, 378.

R. 3. Eiusmodi benedicendi facultas solet se extendere non solum ad paramenta et linteamina altaris, sed etiam ad vasa illa sacra in quibus chrismatis usus non occurrat.

AD QUAESITUM 2ᵐ R. 1. Praesumpta licentia eiusmodi potestatem largiri nequit; non enim de sola actus liceitate sed de eius valore agitur, qui non potest *praesumi*. Si ergo Camillus potestate delegata praeditus non erat, invalide peregit benedictionem.

Magis etiam dici debet calicem nullatenus esse rite consecratum; nam non sufficit ut calix cum patena recipiat benedictionem, sed requiritur ut consecrationem recipiat.

R. 2. Offensionem benefactorum Camillus potuit et debuit ipsa hac declaratione avertere, quod eiusmodi res pro sacratissimo usu sacrificii missae indigerent episcopali consecratione: exspectandum igitur esse usque ad diem aliquem festum futurum.

R. 3. Postquam parochus illis utensilibus revera non sacratis usus sit, quid fieri possit sequenti die a sacerdote, patebit ex resp. S. R. C. in *Fuldensi* 22 Sept. 1703 (Gard. l. c. n. 3663 ad 2 et 3): „2. An vicario generali delegari potuerit et possit tam benedictio paramentorum et utensilium altaris quam consecratio campanarum aliarumque rerum in quibus unctio s. chrismatis occurrit. Et quatenus negative, 3. An consecrationes et benedictiones hactenus a vicario gen. ex delegatione factae sustineri sive tolerari valeant." R. „ad 2 Negative; ad 3 Reintegrandas, quatenus fieri possit sine scandalo, *praeterquam quoad vasa sacra iam adhibita*". Quod quidem responsum ad 3 omissum est in collectione *Decr. auth.* n. 2119, verum probabilitatem practicam ex eo non amisit.

Ergo vicarius recte recusavit casulam, neque licuit eam secundo adhibere; *calicem* vero quo parochus iam usus erat in s. sacrificio vicarius pro consecrato sumere atque deinceps ad missae sacrificium adhibere licite potuit.

NECESSITAS MINISTRI PRO MISSA.

Casus. (78)

Cassius sacerdos in nosocomio monialium curae commisso divertens difficulter obtinet ministrum ad celebrandam missam: aliquando puerum qui nescit respondere, aliquando tam male pronuntiantem ut omnia susdeque vertat, vel etiam incepta praefatione abeuntem nec reversurum; si quando plane deest, monialis sacrista respondet assidens prope chorum sacelli.

QUAERITUR 1° quae sit necessitas habendi ministri in celebranda missa.
2° quid ad singulos casus dicendum.

Solutio.

265 Ad quaesitum 1ᵐ R. 1. Ex se grave praeceptum est in missa adhibendi ministri: in qua re sola necessitas excusat, ut: necessitas viatici consecrandi; necessitas ne sacerdos ipse, cum assistere missae non amplius possit, diebus praeceptis careat missa; necessitas populi habendae missae diebus praeceptis (verum hoc in casu impossibile est non haberi posse ullum ministrum, etsi forte desit qui rite respondeat).

R. 2. Numquam licet missam celebrare, ministrante femina ad altare.

R. 3. Celebrare cum ministro qui nesciat respondere licebit ex aliqua necessitate minore.

R. 4. Quodsi femina adsit quae respondere possit e longinquo, licebit ex sola devotione celebrare 1) quando minister masculus sit ad altare qui res necessarias porrigat; 2) videtur etiam si sacerdos ipse sibi ministrare debeat, rebus ab initio sic compositis ut decenter possit. (Cf. *Th. m.* II, 244; S. Alph. VI, 392.) Et quamquam S. R. C. d. d. 4 Aug. 1893 in *Cadurcensi* id restrinxerat ad casus necessitatis viatici et missae ex praecepto audiendae, re denuo perpensa, decretum illud severius suspendit die 12. Ian. 1894 et demum d. 18 Martii 1899 (*Decr. auth.* n. 4015 ad VI) ad Quaest. „An in conservatoriis puellarum missae a capellano celebratae inservire possit, extra cancellos vel longius ab altari, aliqua ex puellis vel monialibus, cum non facile sit alium inservientem invenire" Resp. „Affirmative, *in casu; et ex necessitate.*"

266 Ad quaesitum 2ᵐ R 1. Ex dictis iam patet Cassium potuisse in omnibus casibus missam licite celebrare; debuisse tamen, si puer non respondit, ipse supplere, male prolata corrigere, si *commode* fieri potuerit: melius fuisset in hisce casibus, si puer quidem ad altare ministrasset, femina monialis e longinquo respondisset; atque ea respondente, in ultimo casu potuit etiam omni ministro carere, tamen tum tantum quando non apparuit seu haberi non potuit.

R. 2. Si minister recedit, celebranti difficile est discernere num reversurus sit necne. Quando igitur statim ab initio recedit, exspectandum est, et sola necessitate urgente sine ullo ministro missam peragere licebit. Quando autem celebrans iam notabiliter progressus est, v. g. iam ultra offertorium, licebit sacerdoti pergere; nam incommodum et indecentia abrumpendae missae in eo casu aequivalet necessitati ex qua liceat sine ministro procedere. *Th. m.* II, 244; Craisson, *Manuale iur. can.* n. 3683.

OBLIGATIO RUBRICARUM IN MISSA.

Casus. (79)

Achatius aversans consuetudinem in rebus minutissimis exquirendi authentici Congregationum Rom. responsi his practicam auctoritatem non tribuit; sibi ait sufficere rubricas Missalis. Verum has ipsas parum observat, inclinationes neglegens, genuflexiones dimidians, elevationem symbolice tantum exercens, manuum extensionem et elevationem nihil distinguens.

Immo cum ex infirmitate ad altare stare non possit, nisi manibus ad altare sese sustineat, nihilominus a celebratione non desistit, ne fraudetur stipendio neve spirituali solatio.

QUAERITUR 1° quae sit obligatio rubricarum sive a Missali sive a S. R. C. praescriptarum.

2° quid de Achatii dictis et gestis iudicandum sit.

Solutio.

AD QUAESITUM 1ᵐ R. 1. Rubricae sunt ordinationes auctoritatis 267 ecclesiasticae circa sacra ministeria. Cum igitur potestas obligandi in conscientia non desit, videri tantum debet quid re ipsa superiores voluerint et fecerint. Verum cum ii nihil antiquius habeant quam ut consuetudo rationabilis servetur, in interpretandis legibus etiam ratio haberi debet consuetudinis et communis opinionis doctorum hominum.

R. 2. Quoad rubricas Missalis quamquam vox praecipiendi *ibi* non occurrat, sed simpliciter exprimatur quid fiat in liturgicis actionibus, tamen ex generali praecepto Missali praefixo stricte observandae normae ac ritus Missalis, Pontificalis etc. sequitur *in genere obligationem* in conscientia adesse; neque tamen ex illa generica iniunctione sequitur *omnia* per se iam inferre praeceptum rigorosum, cum notum sit non in omnibus rebus minoris momenti superiores velle statuta sua tota voluntatis auctoritate urgere, sed exprimere desiderium, maiorem complacentiam, consilium, vel summum conscientiae obligationem quando commode res servari possit. Exemplum habes in regulis et mandatis ordinum religiosorum. Quare iam multi distinguunt rubricas praeceptivas et directivas tantum. (Nota tamen vocem „directivam" ab aliquibus sumi plane pro obligatione quidem in conscientia, sed ea cui nulla vis poenalis sit coniuncta.) Directivas igitur rubricas laedere alii dicunt vel nullum esse peccatum, vel saltem non quando adfuerit quaecumque rationabilis causa seu difficultas; posse venialiter peccari, si plane pro arbitrio et libitu violentur, videlicet propter motivum minus honestum; praeceptivas laedere esse ex se peccatum idque leve vel grave pro subiecta materia, nisi tamen ratio relative gravior excuset. *Th. m.* II, 238; B a l l e r i n i - P a l m. l. c. n. 355.

R. 3. Decretis S. R. Congregationis eandem auctoritatem inesse 268 alibi dictum est. Qua vi et qua extensione obligatio feratur, sumi debet tum ex verbis decreti tum ex re de qua fertur.

Decreta igitur generalia obligant omnes *vi formae;* decreta particularia eos ad quos fiunt, possunt tamen omnes obligare *vi rei contentae*, vel quia sunt merae declarationes *comprehensivae* legis iam exsistentis, vel quia auctoritate doctrinali contrariae opinionis probabilitatem deprimunt atque tollunt.

R. 4. Teste S. Alphonso pro *directivis tantum* haberi possunt rubricae statuentes quaedam circa ea quae ipsam missam praecedunt vel subsequuntur; praeceptivas eas solas esse quae statuunt aliquid circa ipsam missam seu circa id quod in ea occurrit (VI, 399). Quamquam alii non pauci putant etiam circa ipsam sacram actionem aliqua minora statui, quae pro regulis directivis tantum sumi possint. Cf. Ballerini-Palm. l. c. n. 355.

269 AD QUAESITUM 2ᵐ R. 1. In hoc Achatius erravit quod parvi aestimaverit decreta congregationis: cum, summis pontificibus ita volentibus, eius decretis etiam summo pontifice non consulto eadem insit vis, ac si ab ipsa S. Sede essent lata.

Verum in hoc recte sensit quod putat evitandum esse nimium ad s. tribunal recursum. Quando enim probabilis legis latae interpretatio secundum regulas a doctis viris datas et communiter agnitas sufficit, supervacaneum est, immo nocivum semper novam legem vel authenticam declarationem urgere. Cf. *Anal. eccles.* IV, 239 sqq.

R. 2. Genuflexiones, elevationes, inclinationes etc. ex genere suo praeceptivas esse nemo est qui dubitet: quamquam singulae nonnisi venialiter obligant; immo ut eorum violatione graviter peccetur, debet actio celebrantis esse graviter indecora vel scandalosa. Achatius, cum eo usque non videatur pervenisse, mortaliter quidem non peccavit, a peccatis venialibus iisque paullo gravioribus non est immunis, quando *ex neglegentia* ita incuriosus est.

270 R. 3. Quando propter infirmitatem corporis eiusmodi caerimonias omittere cogitur, habetur ratio excusans. Nam etsi defectus harum caerimoniarum eo usque perveniat ut, si ex neglegentia fieret, esset *gravis,* tamen, cum res illae non sint inter gravissimas habendae, ratio mediocriter gravis excusat, qualis est ex una parte moralis impossibilitas propter infirmitatem, ex altera parte devotio et desiderium missae non omittendae. — Si vero habitualis evaserit impossibilitas rubricas observandi, idque quoad notabilem earum partem. Romam recurrendum est pro dispensatione.

R. 4. Ratio non amittendi stipendii quamquam, si praecipue moveat sacerdotem, dedecori ei sit, tamen non efficit ut propter impossibilitatem servandarum omnium rubricarum a celebratione debeat abstinere.

MATERIA GRAVIS ET LEVIS IN OMISSIONIBUS ET MUTATIONIBUS, SI IN MISSA OCCURRANT.

Casus. (80)

Celerinus vix incepit sacrum, cum cantu incondito offenditur. Quare studet, quo celerius honeste possit, missam absolvere: omittit omnes commemorationes quas missa diei habet, similiter *Credo,* unam ex orationibus ante communionem, in canone qui in Missali valde detritus est, omittit complura sanctorum nomina.

Idem cum die palmarum instaret iter faciendum, omisit historiam passionis praeter ultimam partem loco evangelii; fer. IV maioris hebdomadae, urgente negotio, sumit missam votivam de passione. — Aliquoties etiam ex quadam incuria et praecipitantia mutavit epistolam vel evangelium Confessoris cum iis quae notantur pro Virgine: quod cum aliquantum progressus animadvertit, tamen ea quae incepit absolvit neque dicta corrigit.

QUAERITUR 1° quale peccatum sit aliquid in missa omittere.

2° quid de Celerini agendi ratione iudicandum.

Solutio.

AD QUAESITUM 1^m R. 1. Omittere quidquam ex iis quae ad missae formulam die assignato dicendam pertinent per se peccatum est, idque grave ex genere suo non toto, seu tale quod admittat materiae parvitatem. Parvitas autem vel gravitas materiae non ex sola materiali magnitudine vel parvitate aestimatur, sed etiam secundum diversam partium dignitatem.

R. 2. Generalis quaedam regula est: 1) in canone omissio longe facilius gravis est quam extra canonem; 2) extra canonem omittere eas partes quae in unaquaque missa, licet diversa formula, occurrunt, multo facilius grave est quam omittere alias.

R. 3. Ad particularia descendendo dici potest: 1) in canone omissio cuiuslibet orationis particularis vel eius detruncatio tanta ut sensum suum plene amittat censetur gravis materia.

2) Extra canonem grave est omittere eam partem quae singularem sortitur functionem, v. g. totum evangelium, epistolam cum graduali, offertorium panis et vini, similia.

3) Partes quae non in omnibus missis occurrunt omittere, etsi sunt longe maiores, censetur veniale tantum, v. g. omittere *Gloria*, *Credo*, epistolas accessorias in diebus quattuor temporum etc.

AD QUAESITUM 2^m R. 1. Ratio omittendi et abbreviandi sane sumi non poterat ex illa quadam perturbatione, quam Celerinus cantu patiebatur; neque ab omni peccato excusari potest. Erat peccatum veniale 1) omittere commemorationes, etiamsi complures erant, quippe quae sint pars accessoria; aliter, si omisisset orationem cum sua secreta vel postcommunione ipsius missae principalem.

2) Veniale etiam erat omittere *Credo;* 3) ante s. communionem omittere primam orationem existimo etiam esse veniale peccatum tantum, utpote quae in quibusdam missis, defunctorum scilicet, omittatur.

Quod autem Celerinus haec omnia simul omittat, aggravat quidem eius culpam; non puto tamen in singulari casu materiam coalescere in gravem, cum omnia ea quae omisit non in quibuslibet missis occurrant.

R. 2. Similiter pauca nomina sanctorum in canone omittere res gravis non est; immo quando defectus ille Missalis non praevidetur, neque nomina illa quorum characteres detriti sunt memoria tenentur a celebrante, ea omittere nulla est culpa. Nam impossibile est aliter facere, nisi celebrans velit desistere vel ministrum iubere aliud Missale accersere, verum ob solum hunc defectum desistere vel aliud Missale accersendum curare est defectum graviorem committere admirationemque populi excitare — quod praeprimis vitari debet.

273 R. 3. Missam cum missa commutare adeoque diebus per rubricas vetitis missam votivam dicere non censetur res gravis, nisi forte cum scandalo populi fiat: S. Alph. VI, 420. Quapropter si est causa quaedam necessitatis, quae efficiat ut aut celebrare non possim aut missam alioquin per rubricas non permissam sumere debeam: sentio eam esse rationem ab omni peccato excusantem. Videtur autem Celerini negotium urgens hanc necessitatem non induxisse: quam si non induxit, Celerinus venialiter peccavit fer. IV maioris hebdomadae sumens missam votivam. *Th. m.* II, 241.

R. 4. Dominica palmarum si instabat iter quod diutius tempus pro missa diei insumere non patiebatur, Celerinus sine culpa potuit sumere missam votivam de passione: idque saltem prae modo agendi quem tenuit ei suadendum erat. Nam in ipsa missa diei partem tam magnam, ut est fere integra historia passionis, omittere videri potest ex sese materia gravis a qua neglegenda difficulter celebrans excusatur. Nihilominus cum materia sit extraordinaria, et Celerinus dixerit eam partem quae pro evangelio notatur, res non ita certa est ut talis omissio etiam voluntaria pro mortali peccato haberi *debeat*: quapropter Celerini casus excusationem videtur admittere. *Th. m.* l. c.; Ballerini-Palm. l. c. n. 359.

R. 5. Ultima causa, mutatio epistolae etc., in se res non est gravis. Sed si Celerinus erravit in epistola vel evangelio, ita mutans ut tamen missae aliquo modo conveniret, potuit progredi, nisi *statim ab initio* errorem advertit. Si vero epistola vel evangelium quod ex errore sumpsit missae omnino non conveniebat, debuit corrigere, cum in decursu lectionis errorem animadverteret, non vero re finita, quia id excitat nimiam admirationem et ipsius missae ordinem confundit.

CELEBRANTIS PUGNA CONTRA DISTRACTIONES IMPORTUNAS.

Casus. (81)

Meinradus missam sollemnem celebrans, ne se distrahat et ut tempus lucretur, quando epistola et evangelium cantatur a ministris atque alia a choro, sumit libellum horarum diurnarum e sacculo easque recitat, omissa lectione epistolae et evangelii.

Cum post sacrum contionari debeat, habenda contione per totum sacrum mens praeoccupata est. Dum igitur sese inclinat ad recitandum *„Supplices"*, pronuntiat *„Suscipe, S. Trinitas"*: quo incepto iam dubitat verene sit ante consecrationem an consecrationem peregerit; sed cum se reperiat recitantem iunctis digitis indicibus et pollicibus, putat consecrationem esse factam neque repetit.

Missae celebratio. — Observatio rubricarum.

Alias, quo melius se a distractione et dubiis liberet, inter genuflexiones aliasque actiones continuo miscet preces iaculatorias, quae tamen sensum canonis missae plane intercidunt; verba consecrationis cum vi et voce non submissa pronuntiat, ut ministri audire et rationem reddere possint.

QUAERITUR 1° liceatne in missa aliquid addere vel aliena recitando interponere.
2° quodnam sit praeceptum vocem diverso modo modulandi.
3° quid in dubiis intra missam occurrentibus fieri debeat.
4° utrum Meinradus recte egerit an secus.

Solutio.

AD QUAESITUM 1^m R. 1. Ex intentione inducendi novi ritus aliquid addere est graviter peccaminosum, cum de re agatur gravissima et sanctissima. S. Alph. VI, 411.

R. 2. Ex importuna devotione aliquid addere a cetero ritu non alienum tamquam ad ritum spectans, v. g. aliquam commemorationem, non excedit veniale. *Ibid.*

R. 3. Interponere aliquam oratiunculam iaculatoriam, quo tempus actionum ritualium expleatur, non est peccaminosum, cum nemo has ita nectat cum precibus liturgicis ut cum iis in unum eas velit coalescere. Verum melius est eas *mente* retinere quam voce proferre, maxime si fiat frequens prolatio.

R. 4. Inter longius spatium liberum, dum chorus cantat *Gloria, Credo,* similia, alias preces recitare vel inter ministerium altaris ministrum in missa sollemni ita facere a S. R. C. quidem reprobatur; attamen peccatum proprie dictum non putaverim adesse. — Lacroix VI, 2, n. 430 haec dicit: „Non peccaret qui sub longo cantu ad *Gloria* et *Credo* modeste oraret vocaliter aut etiam recitaret parvas horas quas tenet memoria."

R. 5. Indecentius haec fiunt a celebrante, dum cantatur epistola vel evangelium, maxime assumpto libello; neque id censeo ab omni peccato veniali irreverentiae esse immune, nisi urgeat vera necessitas.

AD QUAESITUM 2^m R. 1. Aliqua in recitandis precibus pronuntiationis distinctio a rubricis praescribitur, cum quaedam alta, quaedam mediocri, quaedam demissa voce seu secreto proferri iubeantur: quae rubricae violatio generatim non excedit peccatum veniale.

R. 2. Si vero aliqua distinctio servatur, etiamsi vox per totam missam *deprimitur,* nulla est rubricarum violatio; immo quando plures in eodem loco celebrant, Missale expresse monet etiam in iis quae alta voce dicuntur, vocem ita esse moderandam ut alios celebrantes celebrans non perturbet. S. Alph. VI, 413 sqq., ubi afferuntur sententiae maxime sibi contrariae.

R. 3. E contrario vero ea quae secreto proferenda sunt omnino alta voce recitare, si fit per notabilem partem praesertim canonis, vel etiam in sola consecratione, id mortale peccatum censetur: S. Alph. VI, 416; qui tamen ad constituendum peccatum mortale requirit ut verba ad 40 passus audiantur, quod neminem nisi mente captum facturum esse ait.

276 AD QUAESITUM 3ᵐ R. 1. Si rationabile dubium oriatur circa ea quae ad essentiam sacramenti seu sacrificii spectant, defectus saltem condicionate supplendus est; si vero dubium versatur de rebus non essentialibus, nihil supplendum vel repetendum est, nisi dubium sit vere grave atque sanatio vel repetitio fiat sine admiratione; nam alias melius est rem transmittere quam in re dubia neque necessaria populum perturbare.

R. 2. In ipsis rebus essentialibus autem etiam cavendum est ne mere scrupuloso dubio locus detur. Qua in re monet rubrica *de defectibus* V, 2: „Si celebrans non recordetur se dixisse ea quae in consecratione communiter dicuntur, non debet propterea turbari. Si tamen certo ei constet se omisisse aliquid eorum quae sunt de necessitate sacramenti, i. e. formam consecrationis seu partem, resumat ipsam formam et cetera prosequatur per ordinem. *Si vero valde probabiliter dubitet se aliquid essentiale omisisse, iteret formam saltem sub tacita condicione.* Si autem non sunt de necessitate sacramenti, non resumat sed procedat ulterius."

277 AD QUAESITUM 4ᵐ R. 1. Quod Meinradus omisit privatam recitationem epistolae et evangelii, quam Missale iubet submissa voce fieri in sacro sollemni a celebrante, in hoc venialiter peccavit (S. Alph. VI, 410, dub. 4), maxime cum ne attenderit quidem ad cantum harum partium. Reliquo tempore poterat ad vitandas distractiones vocaliter orare; minus tamen decebat librum precarium e sacculo trahere, sed longe melius erat e memoria preces arbitrarias recitare.

R. 2. Videtur Meinradus cogitationibus contionis naturaliter abreptus fuisse; nam ex industria eas fovere inter sanctissimam liturgicam actionem peccatum est, idque, si fiat per *notabile* spatium in canone missae, maxime si etiam sub consecratione, pro mortali peccato habendum. Th. m. II, 243; S. Alph. VI, 410, dub. 5.

R. 3. Recte potuit et debuit Meinradus concludere se consecrationem perfecisse, ex eo quod se deprehendit manus et digitos ita iunctos tenentem, sicut fit solummodo post consecrationem. Quod non recordetur positive verborum consecrationis, argumentum nimis debile est cur putet se re vera non pronuntiasse; immo si non pronuntiasset iam antea, eo quod fuisset res insolita, id mentem illico perculisset atque celebrantem attentum reddidisset.

R. 4. Meinradus, si preces iaculatorias parce tantum admiscuisset, non esset proprie arguendus; verum modum hac in re excessit et monendus est serio ut in posterum ab hoc immodico usu inter ipsum sacrum abstineat.

R. 5. Verba consecrationis tam alta voce pronuntians peccavit, non tamen mortaliter. Ratio quod ministri ita rationem de consecratione peracta reddere seu ipsum sacerdotem postea dubitantem certiorem facere possint, non est causa excusans, cum celebranti curandum sit ut alio modo tale dubium, si quod occurrat, possit solvere.

ABRUPTIO ET INTERRUPTIO MISSAE.

Casus. (82)

Maglorius parochus vix absolvit consecrationem, cum ecce nuntium accipit moribundi repentina apoplexia tacti. Anceps haeret quid faciendum; sed mox raptim absolvit missam usque ad communionem inclusive sumens s. hostiam cum calice simul; dein relinquens patenam et calicem non purificata, depositis paramentis, properat cum consecrata particula et s. oleo ad moribundum.

QUAERITUR 1° liceatne missam interrumpere aut abrumpere.
2° quid de Maglorii agendi ratione dicendum.

Solutio.

AD QUAESITUM 1ᵐ R. 1. Explicandum est quid intercedat inter missam abrumpere et eam interrumpere. *Abrumpitur,* si incepta derelinquitur cum intentione eam non perficiendi, vel cum praevisione impossibile fore ut postea perficiatur. *Interrumpitur* missa, si incepta nondum perfecta relinquitur, ita tamen ut postea perficiatur.

Ut autem sacrificium inceptum postea perfici possit, intermedium spatium debet non esse nimium; post unam vero alteramve horam moralis unio nondum evanuit. Attamen cum hac in re alii aliter sentiant, res ipsa autem a morali aestimatione dependeat, post *horam* non erit amplius *obligatio* sacrificii perficiendi; *facultas* autem etiam post *quattuor* vel *sex horas* aderit.

R. 2. Interrupta ante canonem missa, si interruptio paullo longior fuit, melius ab initio resumitur quam continuatur: quapropter loco interruptionis quae intendebatur eo casu habetur vera abruptio. — Post consecrationem autem missa non ab initio resumenda sed continuanda est, et ita idem sacrificium debet absolvi quamdiu moralis unio durat; abruptio enim post consecrationem, quantum fieri potest, debet vitari.

R. 3. Ut ante canonem missa interrumpatur vel abrumpatur, sufficit causa gravis quidem sed mediocriter gravis; immo eo levior, quo minor est progressus quem in missa celebrans fecerit. Sed ut post consecrationem inceptam missa interrumpatur, requiritur causa valde gravis, i. e. grave omnino periculum proprium vel alienum, quod aliter averti nequeat; idque eo gravius, si forte missa sit prorsus *abrumpenda.* Th. m. II, 246. 247.

AD QUAESITUM 2ᵐ R. 1. Auxilium moribundo praestandum, qui sacramento nullo munitus est, sane gravissima est ratio cur parochus missam interrumpere vel etiam abrumpere possit et debeat, si periculum est in mora. Debent tamen in hoc casu sacrae species reverenter includi.

R. 2. Maglorius in hoc irreverentiam commisit quod reliquerit patenam et calicem non purificata, nisi forte reverenter et securo loco ea condidit, postea purificaturus.

R. 3. Utrum melius fuerit missam perficere quam sacras species cum periculo abrumpendae missae in tabernaculo includere pendet a circumstantiis. Si vix diutius duraret missam usque ad communionem et purificationem perficere quam in tabernaculo sacras species tuto recondere: melius esset missam ita absolvere. Aliter, si tempus notabile insumi debebat et moribundi periculum erat urgens: *in quo casu ante omnia salus moribundi in tuto collocari debuit.*

R. 4. Si igitur Maglorius, sacris speciebus in tabernaculo inclusis, missam imperfectam reliquisset, reversus post horam circiter *debuit* omnino sacrum perficere, resumendo ab ea actione qua desiit; *potuit* idem facere etiam reversus post plures horas, *at* in hoc casu *licuit* etiam sacrum relinquere et sequenti die in missa celebranda post sumptum s. sanguinem species consecratas praecedentis diei missae consumere.

Verum si periculum erat corruptionis sacrarum specierum — quod pro specie vini facile aderit —: debuit vel missam, quamdiu id probabiliter licuit, complere; vel sacras species saltem, quocumque demum temporis spatio interiecto, pro s. communione sumere.

SACRAMENTUM PAENITENTIAE.
MATERIA. EIUS DEFECTUS (I).
SOLAE IMPERFECTIONES.

Casus. (83)

Amalia pauper femina a mense non confessa hoc modo se accusat: „Deum non dilexi ex toto corde, pro defunctis cognatis orare neglexi, preces matutinas, urgente negotio domestico, aliquoties omisi; saepius neglexi sacrum diebus ferialibus; in laboribus meis et in corporis refectione non feci bonam intentionem. De his et omnibus peccatis vitae meae doleo, peto paenitentiam salutarem et absolutionem." Confessario sciscitante num aliquando proximum offenderit, impatiens fuerit, irreverenter oraverit, respondit: neminem laedo, sortem meam patiens fero, si possum devote oro; peto, quaeso, ut mihi des absolutionem, ne diutina hac retentione adstantes suspicentur me gravibus peccatis onustam esse, circa quae requiratur ulterior indagatio.

Quaeritur 1° quae sit materia sacramenti paenitentiae.
    2° possitne Amalia cum tali confessione absolvi.
    3° quomodo confessarius in eiusmodi casu agere debeat.

Solutio.

Ad quaesitum 1ᵐ R. 1. Materia sacramenti distinguitur proxima et remota; remota est alia libera, alia necessaria. Proxima materia sunt actus paenitentis: dolor, confessio, satisfactio; remota sunt peccata: de quibus hic quaeritur.

R. 2. Materia igitur sacramenti paenitentiae remota est quodlibet peccatum post baptismum commissum; *necessaria* materia quodlibet peccatum mortale post baptismum commissum necdum vi clavium directe remissum; aliter habebis materiam sufficientem quidem sed liberam.

R. 3. Excluduntur igitur e materia paenitentiae: 1) peccata baptismo anteriora, 2) defectus qui ad rationem veri peccati non pertingunt. Practice vero excluduntur etiam a materia in casu determinato ea peccata leviora, de quibus sincerus dolor a confitente non concipitur.

Ad quaesitum 2ᵐ R. 1. In nulla re quam Amalia narravit expressit talem defectum qui ratione sui pertingat ad peccatum. Nam pro defunctis orare, diebus ferialibus sacro assistere, preces matutinas cotidie recitare non sunt res quae vere praecipiantur, etsi summopere consulenda sunt. Dein Deum ex toto corde diligere praeceptum quidem est eatenus, quatenus non liceat ei quidquam praeferre, de cetero nullus homo Deum fere ita diligit, ut non possit etiam magis diligere; similiter in singulis actionibus ex se indifferentibus expressam intentionem bonam facere auget quidem meritum, sed ad evitandum peccatum sufficit ut non subsit intentio positive mala: possunt igitur haec omnia defectus morales esse, peccata non sunt ac proin non praebent, prout narrantur, materiam absolutionis.

R. 2. Nihilominus non raro in eiusmodi defectibus subest aliquod veniale peccatum, scilicet inordinata aliqua affectio quae induxit ad neglegenda perfectiora. Quapropter valde probabile est Amaliam habere quidem materiam ex se aptam ad sacramentum paenitentiae. Verum ut absolvatur, debet 1) constare de eiusmodi inordinata affectione sincerum esse conceptum dolorem, 2) quantum fieri potest, haec prava affectio declaranda est.

R. 3. Si tale quid ab Amalia obtineri nequit, quaestio num possit absolvi annon pendet a solutione quae in sequenti casu n. 286 danda est.

283 AD QUAESITUM 3^m R. 1. Per se quidem confessarius male non egit, modeste interrogando de defectibus a quibus pii etiam homines difficulter omnino se cohibent. Quapropter ad rem non est querela Amaliae, quod adstantes possint suspicari de gravibus criminibus. Nam homines timorati non raro cum confessario agunt de rebus etiam levioribus et de iis quae non peccata sint, sed perfectionem christianam respiciant.

R. 2. Verum si confessarius viderit se interrogando oleum et operam perdere, statim proponat non interrogando sed affirmando seu positive hortando: „In hac sacra confessione inclusa esse volumus iterum omnia peccata prioris vitae, praecipue ea quibus proximus umquam offensus vel divinus cultus neglegentius peractus est. Nonne?" Quodsi paenitens annuerit, subministrentur vera motiva doloris et proposita circa peccata etiam venialia; ac ita demum paenitens, si notabili aliquo tempore non est absolutus, absolvatur saltem condicionate. Cf. *Th. m.* II, 267 et *hoc loco* infra n. 286.

MATERIA. EIUS DEFECTUS (II).

PAENITENS VIX CUIUSPIAM PECCATI MEMOR.

Casus. (84)

Gundolphus, vir senex, ab anno non confessus dicit: „Neminem laesi, non fui ebrius, sacrum non neglexi diebus Dominicis nisi infirmus; scio quidem nos omnes esse peccatores; sed debilis sum ingenii et memoriae. Doleo de peccatis meis et peto absolutionem." — Interrogatus de aliis peccatis respondet: „Non recordor", de praeterita vita: „Omnia confessus sum; nihil amplius habeo", de iuventute: „Puer aliquid turpe feci; hoc utique non sum confessus; erubui enim, sed puto me illud non habuisse pro gravi peccato." Quibus auditis confessarius Gundolphum dimittit sola benedictione.

QUAERITUR 1° sintne peccata dubia et peccata praeteritarum confessionum materia sacramenti.

2° quid confessario faciendum sit, quando, ut in casu proposito, paenitens nullius peccati certi se accusat.

Solutio.

AD QUAESITUM 1ᵐ R. 1. Peccata dubia, ut patet, non ita sunt materia sacramenti ut sacramentalis absolutio absolute dari possit, sed summum ut condicionate detur. Verum, ut ex postea dicendis patebit, non desunt auctores graves, qui stent pro obligatione confitendi peccati mortalis dubii. Quidquid igitur est de horum sententiae veritate, de eius probabilitate non potest dubitari, quod sufficit ut sequatur quemlibet ius habere recipiendae sacramentalis absolutionis, utut condicionatae, a peccato mortali dubio, si modo ostendat verum dolorem verumque propositum; confessarium autem posse vel etiam debere in solum etiam peccatum mortale dubium absolutionem proferre.

R. 2. Dubium non est peccata praeterita vi confessionis et absolutionis iam deleta posse denuo esse materiam sacramenti. Quod 1) ostendit praxis piorum hominum, quae in hac re magni momenti est; 2) declaratio summorum pontificum (Bened. XI in const. „Inter cunctas" Extrav. comm. l. 5, tit. 7, c. 1) et S. C. Epp. et Reg. d. 1 Oct. 1839 id pro re explorata habent; 3) ratio ipsa confirmat: nam, si quid obstaret, esset hoc quod iam sint remissa neque ullum praeceptum confitendi exsistat; verum si haec ratio valeret, de venialibus vix umquam absolutio dari posset, saltem absolute seu sine condicione[1], cum, antequam absolvantur, vi solius doloris probabiliter fere iam deleta sint; consequentia autem est contra universam praxim Ecclesiae et contra doctrinam vel suppositionem *Conc. Trid.* sess. 14, c. 5 *de paenit.*

AD QUAESITUM 2ᵐ R. 1. Re ipsa in totius anni decursu nullum peccatum accidisse quod possit esse materia sacramentalis absolutionis est plus quam improbabile. Nihilominus fieri utique potuit ut graviora peccata non occurrerent, leviora autem a viro conscientiae non adeo tenerae non perciperentur neque memoria tenerentur. At possibile etiam est ut non tam absint peccata quam eorum aestimatio, sive quod homo ille careat notitia veritatum maxime necessariarum, sive quod inveterata peccandi consuetudo et conscientiae callum obduxerit et mentis hebetudinem summopere auxerit. Quare nonnihil inquiri debet quaenam sit causa cur particularia peccata nequeant

---

[1] Nimirum afferri peccata venialia quidem possent ad *securiorem* et pleniorem remissionem, eo quod non constet, quae et quanta attritio sufficiat ut extra sacramentum seu sine eo remittantur. Verum cum aliqua vera attritio adesse debuerit, ut *possint* clavibus absolvenda subici, probabiliter saltem vi eius attritionis quae elicita est iam sunt remissa.

afferri. Si inscitia rerum maxime necessariarum, haec instructione auferenda est, antequam de sacramentali absolutione sermo sit. Si inveterata peccandi consuetudo, v. g. luxuria, in causa est, graviter exstimulari debet conscientia, ut demum horror peccati et firma mutandae in melius vitae voluntas capiatur, et facta conscientiae discussione, pro paenitentis dispositione, absolutio vel danda vel nonnihil differenda est. — Si defectus graviores re vera commissi non sint, confessarius agat, ut in praecedenti casu dixi, statim proponens certam materiam prioris vitae, non de qua sciscitetur, sed de qua cum paenitente dolorem et propositum eliciat. Cf. *Th. m.* II, 267; Reuter, *Neo-confess.* n. 117.

R. 2. Ceteroquin reducitur quaestio nostra ad sufficientiam vel insufficientiam accusationis plene genericae. Quam communiter non sufficere, si adsit materia confessionis necessaria, sive quoad liceitatem sive consequenter quoad valorem, in confesso est. Sed similiter certum est eam sufficere, si in articulo mortis nulla alia fieri possit accusatio, sive periculum mortis est ex morbo sive ex communi naufragio, bello etc.; probabiliter igitur sufficit etiam alias, si propter paenitentis ruditatem nullius peccati specialis accusatio haberi possit, paenitens autem iam a longiore tempore non est absolutus. (*Th. m.* II, 264; Reuter l. c.) Hinc in nostro casu, si nihil certius haberi possit, Gundolphus sub condicione poterit absolvi.

R. 3. Nunc vero accedit alia illa accusatio peccati pueritiae. Ex circumstantiis apparet Gundolphum, etiam cum rem perpetraret, habuisse aliquam peccati conscientiam; quare materia absolutionis adest. Immo quamquam dicit se non videri sibi rem pro gravi habuisse, id certum non est. Quare re vera dixerim adesse peccatum mortale dubium, quod clavibus numquam fuerit subiectum.

R. 4. Confessarius recte non egit dimittens Gundolphum sola benedictione. Nam 1) propter peccatum pueritiae quod dubie erat mortale dari debuit absolutio, eaque, cum moraliter certo ageretur de peccato *aliquo*, absolute erat danda, si modo dolor sufficiens adfuerit; 2) seposita etiam hac accusatione ex pueritia, Gundolphus, cum ab anno non esset absolutus, propter solam genericam accusationem condicionate absolvendus erat, ne tam diu gratia sacramentali careret, hoc modo forte eam recepturus. Cf. etiam S. Alph. VI, 432.

MATERIA. EIUS DEFECTUS (III).

ACCUSATIO DUBIA.

Casus. (85)

Catharina pia femina in hebdomadaria confessione se accusat de variis imperfectionibus malisque cogitationibus „fortasse" neglegenter excussis, concludens: de his et aliis peccatis totius vitae meae doleo ex toto corde, seriam promitto emendationem et peto humiliter paenitentiam et absolutionem.

Quaeritur 1° sufficiatne talis accusatio ad recipiendam absolutionem.
2° quid Catharinae suadendum vel iniungendum sit.

Solutio.

Ad quaesitum 1^m R. 1. Confessio *dubia* illa peccatorum in ultima hebdomada commissorum non erat sufficiens ex se, ut detur absolutio absolute; neque quavis hebdomada danda erit absolutio sub condicione. Quamquam semel in mense S. Alph. permittit absolutionem condicionatam, si in persona ceteroquin pia et optime disposita certa materia haberi nequit. S. Alph. VI, 432, 4 *Dico* 4 et *Hom. Ap.* tr. 16, n. 6.

R. 2. Verum facillime alio modo valori absolutionis provideri potest nimirum paenitentem inducendo ut ex praeterita vita addat certam aliquam accusationem, in qua nitatur absolutio absolute conferenda. Quare consulitur ut, nisi peccatum in individuo repetatur, saltem dicatur virtus vel praeceptum contra quae peccata commissa sint, quorum post renovatum dolorem et propositum absolutio denuo petatur.

R. 3. In nostro casu adest quidem praeteritae vitae eiusque peccatorum mentio, sed generalis quaedam. Haec sufficit certe, quando agitur de paenitente, cuius conscientia etiam circa vitam praeteritam confessario nota est, si modo constet de excitato dolore; probabiliter etiam alias. Sed quoniam res non est sine ulla contradictione admissa, et quoniam apud ipsum confessarium consuetum accusatio illa adeo generalis facile relinquere potest dubium de dolore attente et sincere concepto, non ore tantum prolato: practice insistendum est ut fiat accusatio illa ad cautelam addita cum aliqua determinatione, scilicet saltem virtutis vel praecepti olim violati. *Th. m.* II, 264. 265.

Ad quaesitum 2^m patet responsio ex dictis ad 1^m.

PECCATA HOMINIS CONDICIONATE BAPTIZANDI.

Casus. (86)

Albertus et Augustus iuvenes studiosi, prior ex secta rationalista, ex protestantica alter oriundus, cupiunt amplecti religionem catholicam. Ambo instruuntur, baptizantur, unus adiecta condicione, alter cum condicione tacite subintellecta, cum probabilitas baptismi rite accepti non adsit; ambo iubentur confessionem instituere de toto vitae decursu, ita tamen, ut de aliquibus peccatis omissis scrupulum sibi facere prohibeantur.

Quaeritur 1° sitne in condicionato baptismo necessario exigenda confessio eaque integra ad recipiendam absolutionem.
2° utrum haec necessitas concilietur cum probabilismo, an per decretum S. Officii, quod integram confessionem iniunxit, probabilismi liceitas reiciatur vel dubia reddatur.
3° quid de nostro casu iudicandum.

Solutio.

AD QUAESITUM 1ᵐ R. Haec quaestio practice soluta est compluribus S. Officii responsis quae in commodum lectoris hic quoque adiciam.

1) *S. Offic.* d. 17 Iunii 1715 interrogatum: „An plena fides sit adhibenda Carolo Wippermann de Rostock, in ducatu Mecklenburg praedicanti et lectori theologiae Lutheranae quietisticae, superintendenti et doctori primario sectae Lutheranorum quietist., s. fidei catholicae reconciliato in S. O. Parmae, et circa nonnullos errores detectos in eius baptismo: an ipsi credendum sit circa ea quae enarrat? Et quatenus affirmative, tum ut ipsius saluti, tum etiam ut ceterorum illius sectae seu religionis, praesertim si fuerint ignorantes, saluti pariter consulatur, quaeritur: an dictus Wippermann sit rebaptizandus? et quatenus affirmative: an absolute vel sub condicione? et quatenus affirmative: an confessio praeponenda sit vel postponenda baptismo conferendo sub condicione?

Resp. „Carolum Ferdinandum esse rebaptizandum sub condicione, et collato baptismo eius praeteritae vitae peccata confiteatur et ab iis sub condicione absolvatur."

2) S. Offic. d. 17 Dec. 1868 interrogatum: „Inter decreta I^{ae} syn. prov. Westmonasteriensis sub cap. XVI n. 8 ubi sermo est de abiuratione protestantium adultorum et de baptismate sub condicione eis conferendo, additur: ,confessio etiam sacramentalis semper in tali casu est exigenda'. Quaeritur: an *debeat* iuxta synodi prov. decretum a S. Sede probatum confessio sacramentalis a neo-conversis in Anglia exigi, et an debeat esse integra."

Resp. „Affirmative; et dandum esse decretum latum sub Fer. V die 17 Iunii 1715."

3) De quo decreto in causa Angliae lato cum archiep. Quebec. dubium moveret apud S. Sedem, utrum hoc decretum obliget in Anglia tantum an etiam in sua provincia et in aliis regionibus, card. praefecto S. Congr. de Prop. Fide res videtur adeo explorata fuisse, ut eam ne ad S. Sedem quidem referret, sed sponte responderet:

„Responsum S. O. d. d. 17 Dec. elapsi anni, licet episcopis Angliae tantummodo rogantibus datum, *universalem legem continere,* proinde non solum in Anglia, sed in aliis etiam regionibus obligare. Hinc patet, quod nullatenus permitti possit ut praedictae decisioni contraria sententia doceatur. Romae ex aed. S. C. P. F. d. 10 Iulii 1869.

Al. C. Barnabo, Praef."

V. *Anal. eccl.* VII, 489.

AD QUAESITUM 2ᵐ R. 1. Decretum illud S. Officii cum probabilismo eiusve in favorem probabiliorismi vel aequiprobabilismi reiectione nihil habet commune.

Nam ut in hunc finem ex illo aliquid extundi possit, debebat S. Officium necessitatem confessionis eiusque integrae statuere pro casu quo baptismus acatholicus proba*bilius* fuerit validus, pro contrario casu quo baptismus prior acatholicus probabilius invalidus fuerit, confessionis integrae obligationem negare. Verum ex maiore probabilitate baptismi prioris validi nullatenus S. Officium hanc obligationem petiit. Nam necessitatem indixit, cum generaliter interrogaretur circa conversos in Anglia, diversas Anglorum sectas nihil distinguens; sed notum est pro diversitate sectarum in Anglia maiorem probabilitatem modo esse pro valore, modo pro nullitate baptismi horum sectariorum.

Simili modo necessitatem observandae legis ecclesiasticae matrimonialis atque iudicandi matrimoniorum valoris secundum has leges constanter statuit. Ita d. 4 Febr. 1891 ad vic. ap. Iaponiae „Qui valide *aut dubie* baptizati fuerint, ii *subsunt impedimentis etiam iure ecclesiastico dirimentibus*" (cf. etiam S. Off. 9 Sept. 1868 *Collect. S. C. de Prop. F.* n. 657). Si vero subsunt, subsunt *iure divino;* nam qui *subsint* Ecclesiae, non Ecclesiae iure positivo, sed divino iure definiri debet.

Dein quoad valorem matrimonii partis baptizatae cum dubie baptizata d. 17 Nov. 1830 et 20 Iulii 1840 S. Offic. decrevit: „Quoad haereticos, quorum ritualia praescribunt collationem baptismi absque necessario usu materiae et formae essentialis, debet examinari casus particularis . . . Quodsi dubium persistat, . . . censendum est validum baptisma in ordine ad validitatem matrimonii."

En ubique qui *dubie* baptizati sunt, non qui *probabilius* baptizati sunt, subiacent legibus et regimini Ecclesiae.

R. 2. Hoc principium, cum sit *iuris divini,* infert obligationem iure divino exsistentem, qua teneantur dubie baptizati ad confessionem peccatorum, etiamsi ad securam reddendam salutem et sacramentorum efficaciam sub condicione baptismus repeti debet.

Id vix necesse est argumentis ostendi. Nam clarum est Ecclesiam non posse sibi reddere subditos quos Christus non subiecit. Quando igitur Ecclesia (per S. Officium) dicit dubie baptizatos subiacere Ecclesiae legibus, id non fit iure ecclesiastico, neque lege ecclesiastico ligantur lege confitendi, sed fit *declarando legem divinam.* Neque dubie seu probabiliter hac lege tenentur sed *certo.* Quod indiget aliqua explicatione.

Ecclesia videlicet ex Christi institutione est visibilis societas hominum, secundum humanam condicionem regenda. In externo igitur regimine sequitur omnino analogiam aliarum societatum. Quapropter verum quidem est adunationem ad internam Ecclesiae vitam vitalemque influxum pendere a momentis internis, inter alia etiam ab interno baptismi valore; verum adunatio ad externum corpus regiminisque subiectionem externo illo actu perficitur, qui institutus est, ut quis membrum huius societatis inscribatur, atque tam diu sustinetur et iure divino sustineri debet, dum humano modo *probetur* actus illius *nullitas,* non vero dum eius valor in dubium vocetur. Qui actus baptismus est. Hinc in quocumque homine externus ritus baptismi peractus est, etiamsi dubium est fuerintne omnia essentialia observata, ille certo subiacet Ecclesiae regimini. Ecclesia autem iure suo utitur exigens iudicium de peccatis, atque ad Ecclesiae regimen spectat, ut iudicet de peccatis suorum subditorum: quod ut rite fiat, requiritur iure divino confessio. Id tantum videtur concedi posse, si quando ex omnibus rerum circumstantiis baptismus ab acatholicis collatus cum tanta praesumptione haberi debeat invalidus, ut valoris *probabilitas* non adsit, eum qui *adeo dubie* sit baptizatus non severe teneri legibus baptizatorum.

Neque mirum videri debet certius aliquem obligare ad confessionem sacramentalem, quam habeat securitatem recipiendae cum fructu sacramentalis absolutionis, ad quam confessio ordinatur. Nam ea est communis lex omnium christianorum. Certitudo enim, qua obligamur omnes ad confessionem, est absoluta, immo censeo dici posse eam esse fide divina certam; certitudo autem recipiendae vere absolutionis sacramentalis non est nisi lato sensu moralis. Nam, ut de aliis taceam, a valore mei baptismi et a valore ordinis presbyteralis confessarii eius, qui me absolvit, pendet valor absolutionis a me receptae; verum valor mei baptismi et valor ordinationis mei confessarii non sunt absolute, minus etiam fide divina certi, sed certi sunt moraliter tantum atque ne id quidem sensu stricto. Cf. *Th. m.* II, 320 sqq. 752.

291 R. 3. Aliqui obligationem confitendi in casu dubii baptismi repetere volunt ex eo quod confessio sit medium salutis necessarium; hoc autem uti debere quemlibet in casu dubii: ex quo etiam statuunt generalem legem *confitendi peccata dubia*.

Sed complura sunt quae in hac explicatione non probantur.

Nam 1° ea ratione non probatur necessitas confessionis *integrae;* 2° aliunde practice certum est non exsistere obligationem confessionis peccatorum dubiorum, i. e. de quibus dubium est num fuerint commissa vel cum mortali culpa commissa. De qua re infra fusius; sufficit hic laudasse S. Alph. VI, 472 sqq. 3° etiamsi haec explicatio vera esset, esset *soli confessioni* propria; nostra vero explicatio mox data universalior est et ad omnimodam erga Ecclesiam subiectionem sese extendit, proinde ex hac sola ratione debet esse saltem principalis.

292 Ad quaesitum 3ᵐ R. 1. Albertus, ex secta rationalista, non videtur ullo modo baptizatus esse. Nam si erat ex eorum coetu qui secundum ritum suum vel omittunt plane baptismum vel vitiant formam: nulla est ratio iudicandi eum esse baptizatum; quare non condicionate sed absolute baptizandus erat, neque obligandus ad ullam confessionem. Immo si levissima quidem ratio possibilitatis baptismi aderat, quae sufficeret ut apponeretur vel subintellegeretur in conferendo catholico baptismo condicio, sed non sufficeret ad evertendam moralem certitudinem nullitatis baptismi antea forte suscepti: existimo confitendi obligationem non adfuisse.

R. 2. Augustus sine dubio peccata sua confiteri debuit, ut ex dictis ad 1ᵐ et 2ᵐ patet. Quod autem instructor addidit eum non debere sollicitum esse de nullo peccato omittendo, hoc ita, ut hic exprimitur, recte non est dictum. Nam ex industria seu volens nullum potuit tacere peccatum mortale, neque amplius audiendi sunt theologi veteres, qui decreta S. Officii non noverunt neve satis attenderunt. Verum eatenus monitio prudens esse poterat, ne Augustus nimis sese torqueret in discutienda conscientia. Diligentia enim mediocris, qualem in gravi negotio homines prudentes adhibere solent, sufficiebat; neque quod fortasse aliqua peccata effugerent memoriam, ratio erat cur nimia sollicitudo deberet adhiberi.

FORMA. CORRUPTIO ET MUTATIO.

Casus. (87)

Manlius parochus, cum lingua facile titubet et nuper propter paenitentium multitudinem in danda absolutione properaret, miris modis verba detruncavit. Modo dixit: „D. N. I. Ch. te absolvat et ego auctoritate ipsius absolvo te ab omni vinculo peccatorum, Amen. In nomine Patris etc."; modo adiungit quidem: „deinde etc." sed dicit: „ego absolvo a peccatis in nomine Patris etc.", vel: „absolvo a peccatis tuis, Amen." Reputans secum se multos fortasse non rite absolvisse sibi videtur facile remedium repperisse. Nam sequenti die in s. communione distribuenda verba illa: „Indulgentiam, absolutionem et remissionem peccatorum vestrorum tribuat vobis omnipotens et misericors Dominus" intendit sensu sacramentali proferre in eos qui forte absoluti non fuerint.

Quaeritur 1° quae sint verba tum ex praecepto, tum ex essentia sacramenti in absolutione necessaria.

2° quid de verbis deprecatoriis sentiendum.

3° quid iudicandum de agendi ratione Manlii.

Solutio.

Ad quaesitum 1ᵐ R. 1. Integra forma absolutionis exhibetur verbis Ritualis Romani hoc modo:

Misereatur tui omnipotens Deus et, dimissis peccatis tuis, perducat te ad vitam aeternam. Amen. (Deinde dextera versus paenitentem elevata): Indulgentiam, absolutionem et remissionem peccatorum tuorum tribuat tibi omnipotens et misericors Dominus. Amen.

Dominus noster Iesus Christus te absolvat: et ego auctoritate ipsius te absolvo ab omni vinculo excommunicationis, (suspensionis) et interdicti, in quantum possum, et tu indiges. Deinde ego te absolvo a peccatis tuis, in nomine Patris † et Filii et Spiritus Sancti. Amen. (Si paenitens sit laicus, omittitur verbum *suspensionis*).

Passio Domini nostri Iesu Christi, merita beatae Mariae Virginis et omnium sanctorum, quidquid boni feceris et mali sustinueris, sint tibi in remissionem peccatorum, augmentum gratiae et praemium vitae aeternae. Amen."

R. 2. Monente ipso Rituali, priores illae precationes *Misereatur etc.* et *Indulgentiam etc.* omitti possunt in confessionibus brevioribus; ac inde concludi licet ex aliqua alia rationabili causa eandem omissionem fieri posse. Idem monet Rituale de precatione absolutionem subsequenti *Passio Domini etc.*, quamquam nonnulli eam eo minus sine necessitate omittendam esse sentiunt, quod per eam opera bona paenitentis ad satisfactivam vim sacramentalem, ut putant, elevantur.

R. 3. Essentialia quidem sola verba sunt haec: *"absolvo te a peccatis tuis"*; attamen 1) illud *"in nomine Patris etc."* sub veniali addi debet; 2) praecedentia verba *Dominus noster etc.*, quae enuntiant absolutionem a censuris, si quae incursae sint, a quibus confessarius possit absolvere, ex lege et consuetudine non omitti debent. Peccatum autem eorum omissio solum est, idque grave, si paenitentem re ipsa excommunicationem vel interdictum quae a sacramentis excludant incurrisse confessarius cognoscat vel positive suspicetur, et nihilominus ante absolutionem ab illis censuris eum *sacramentaliter velit absolvere*. De cetero absolvere potest per sola verba essentialia, si ita *intendit*, tum a censuris tum a peccatis; in necessitate id eatenus ab Ecclesia cautum est, quatenus praescribit, ut tum dicat sacerdos: "Ego te absolvo ab omnibus censuris et peccatis in nomine Patris etc." *Th. m.* II, 269. 270; S. Alph. VI, 430, dub. 3.

294 Ad quaesitum 2^m R. 1. Dogmatice certum est peccata in sacramento paenitentiae remitti *iudicialiter* atque confessarium in paenitentem *sententiam* absolutionis proferre. Ita *Conc. Trid.* sess. 14, c. 5 *de paenit.* et can. 9; S. Thom. Aq. III, q. 84, art. 3. Quare verba quae a sacerdote proferuntur hoc sensu hacque intentione iudicialiter absolvendi pronuntiari debent.

R. 2. Nihilominus teste historia diuturnus et longe lateque patens in Ecclesia usus erat verbis deprecatoriis absolutionem concedere. Cum enim potestas sacerdotis, utut iudicialis, tamen ministerialis sit Deoque et Christo subordinata, absolute non obstat quin actio absolvendi involvatur seu concipiatur verbis, quibus Deum minister deprecetur ad concedendam peccatorum remissionem. At sensus et intentio semper illa esse debent, ut sacerdos hic et nunc tamquam minister Christi velit pro *potestate sua* peccata iudicialiter remittere nomine Christi seu Dei.

R. 3. In Ecclesia Latina forma assertoria seu indicativa iam a multis saeculis sola est forma per auctoritatem Ecclesiae consecrata.

295 Ad quaesitum 3^m R. 1. *Prima* forma a Manlio adhibita illicita quidem est, tamen sensum essentialem et integrum habet; quapropter, si re ipsa Manlius per haec verba absolvere intendit, certe absolvit, idque tum a censuris, tum a culpae reatu: ad haec omnia enim extenditur sensus verborum "vincula peccatorum".

Secunda forma "Absolvo a peccatis" ex se manca est: et quamquam ex eo quod praesens sit paenitens in eumque verba dirigantur, naturaliter suppletur illud *"te"* vel etiam *"a peccatis tuis"*, nihilominus censetur omnino dubius eius valor, cum verba *ipsa* sensum debeant facere.

Tertia forma "Absolvo a peccatis tuis" magis quidem probabiliter valida est quam praecedens. Nihilominus, quia subiectum, ad quod absolutio dirigitur, non est expressum verbis, dubium de valore aliquod restat. *Th. m.* II, 270; Aertnijs, *Th. m.* II, 215.

R. 2. Quoniam Manlius neglegentia sua complures dubie absolverit, recte iudicavit eos denuo condicionate esse absolvendos; quod melius fecisset statim post absolutionem dubie datam, antequam paenitens e conspectu confessarii evanuerit. Quod nunc autem per verba deprecatoria *„Indulgentiam"* etc. valide absolvere velit, dubium non plene aufert. Probabilis quidem est ea absolutio; sed utrum certa sit, pendet ab ea quaestione num possit Ecclesia verba formae ita praescribere, ut alia, ex se absolute sufficientia, reddat invalida, et num ea ita praescripserit. Ecclesiam id in sacramento paenitentiae, ex eo quod sit iudicium, re vera posse plane sentio; eam id fecisse non constat.

ABSOLUTIO CONDICIONATA.

Casus. (88)

Marcus in conferentia sacerdotum vehementer aversatur absolutionem condicionatam quam dicit nullius esse valoris; neque Ecclesiam eam nosse, cum nullibi loquatur de condicione apponenda in absolutione, sed loquatur de ea in baptismo et extrema unctione; immo eam repugnare notioni iudicii, ac proin aut esse absolvendum simpliciter aut absolutionem esse denegandam vel differendam, atque imprimis dubium de dispositione esse sive in affirmativam sive in negativam partem solvendum, non condicionata absolutione. Alter confessarius e contrario in condicionata absolutione invenit optimum medium in dubia dispositione paenitentis modumque salutarem nullum fere sine absolutione dimittendi, cum hac via consulatur et paenitentis tranquillitati et reverentiae sacramenti.

Quaeritur 1° obstetne condicionata absolutio valori et naturae iudicialis sententiae.
2° liceatne aliquando sub condicione absolvere.
3° uter recte senserit, Marcus an eius adversarius.

Solutio.

Ad quaesitum 1ᵐ R. 1. Iudicialis absolutio in sacramento paenitentiae ex natura sua semper aliquo modo condicionata est: nititur enim semper ea condicione, quod paenitens re vera ea coram Deo praestiterit quae ab homine ad obtinendam remissionem requiruntur, et quae re ipsa adesse seu adfuisse confessarius non infallibiliter scire solet, sed generatim sola humana etsi prudenti coniectura.

R. 2. Natura iudicii si quando excludit formam condicionalem, hoc ideo est quia, si sententia manet suspensa, nesciunt qui exsequi debent quid faciant. Verum in *hoc* iudicio exsecutio fit a Deo omniscio; ergo non est cur *hoc* iudicium condicionem respuat *natura sua*. Immo ne in humano quidem iudicio semper omnis condicio excluditur: re vera enim sententia adiudicatoria rei ferri potest dependenter a verificata condicione, quam iudex statim iubeat inquiri et de qua statim inquiri atque certitudo haberi possit. Ballerini-Palmieri tract. X, sect. 5, n. 26; *Th. m.* II, 272.

297 AD QUAESITUM 2^m R. 1. Si naturae huius sacramenti condicio apposita non repugnat, similiter ut in aliis sacramentis baptismi, unctionis, licebit aliquando condicionem apponere, nimirum quando et 1) dubium est num re vera absolutio locum habere seu effectum sortiri possit, et 2) gravis ratio est effectum illum saltem tentandi eo quod homini, si possibilis fuerit, etiam sit necessaria vel valde utilis.

R. 2. Causae autem practice occurrentes in quibus condicionatae absolutioni sit locus sunt fere hae:

1) quando dubium versatur de vita vel morte eius quem velim absolvere;

2) quando dubium est de sufficientia rationis in puero vel semifatuo ac simul rationabiliter dubitatur de materia gravi cuius reus esse possit;

3) quando dubium est de morali praesentia paenitentis;

4) quando dubium est num confessarius rite iam absolverit;

5) quando dubium versatur de potestate confessarii, paenitens vero indigeat reconciliatione neque alterum possit adire.

6) quando dubium est num actus paenitentis sufficiant ad absolutionem dandam, sed simul gravis ratio non plene negandae absolutionis exsistat.

R. 3. Ultima ratio ex diverso quidem capite adesse potest a) ex defectu materiae remotae: de quo iam dictum est supra *cas.* 83.

b) ex impossibilitate hic et nunc proferendi alicuius signi doloris seu accusationis: quod in moribundo accidere potest.

c) ex dubio materiae proximae, i. e. iusti doloris et propositi: in quo moribundum sub condicione absolvi posse et debere nemo negare potest, nisi rigorista sit extremus; in aliis circumstantiis idem accidere *posse* ex sententia S. Alph. VI, 432, *Quaer.* IV, 1 practice indubium est.

298 AD QUAESITUM 3^m R. 1. Ex iis quae dicta sunt apparet Marco palmam non esse adiudicandam; excedit enim omnino in reicienda absolutione condicionata.

R. 2. Eius adversarius e contrario videtur facilior esse in danda condicionata absolutione in casu dubiae dispositionis. Si enim hoc passim fit, re vera laxismum sapit peccatoresque in peccato sordescere facit, quasi nimirum quemlibet etiam dubie dispositum confessarius possit securum reddere tamquam de reconciliatione cum Deo peracta, cum potius ille timere debet atque melius se disponere.

Generalis igitur regula esse debet, ut dubie dispositus adhibito conatu melius disponatur; quod si obtineri nequit, differatur; solum si ex una parte paenitens bona fide est, ex altera parte negatio vel dilatio absolutionis grave malum maius causet, confugiendum est ad absolutionem condicionatam. Cf. S. Alph. l. c.

ABSOLUTIO IN RECEDENTEM VEL ABSENTEM PROLATA.

Casus. (89)

Carolus confessarius, cum totus esset in exhortando paenitente etiam post paenitentiam impositam, subito suspiciens animadvertit paenitentem abiisse; quapropter celeriter profert verba: *Ego te absolvo etc.*

Alia vice cum se componeret ad proferendum *Misereatur*, paenitens surgit et abit; quod animadvertens Carolus sistit et illum revocandum curat ad recipiendam absolutionem: quod alia vice in iisdem circumstantiis, cum vir nobilis similiter abiret, ruboris causa omisit, pergens tamen in pronuntiandis et finiendis verbis quae inceperat.

Idem, cum in fodinis carbonariis infortunium accidisset, vocatus ut moribundis, si qui reperti fuerint, succurreret, bene recordatur ante proelium totam militum manum per modum unius absolvi posse; quapropter nunc similiter stans supra in introitu fodinae verba absolutionis profert in omnes, si forte in imis terrae in diversis partibus iaceant moribundi absolutionis capaces; ita gaudet quod in maxime necessariis opem suam iam ferre potuerit, de reliquo exspectat, si forte contingat, ut aliqui ad lucem trahi possint.

Alia vice per telephonium accipit nuntium paenitentem sibi bene notum subito casu iacere moribundum in urbe quinque leucis distante, ubi nullus est catholicus sacerdos; valde desiderari a moribundo, ut ipse opem ferat. Quare statim monet ut moribundus ponatur ad telephonium atque ibi recipiat absolutionem: quod ita fit.

Quaeritur 1° quae praesentia requiratur ut paenitens possit absolvi.

2° possitne plures absolvi simul in qua praesentia.

3° possitne fieri absolutio per telephonium.

4° quid ad singulos casus sit dicendum.

Solutio.

Ad quaesitum 1ᵐ R. 1. Cum sacramentum paenitentiae non peragatur actione quae physice subiectum, i. e. paenitentem, attingere debeat, sed per modum sententiae prolatae, ea praesentia requiritur et sufficit quae sit inter iudicem et reum, ut coram eo sententia feratur. Dixi *coram reo;* nam *hoc* iudicium voluntarium est et maxime privatum; ideoque in absentia exerceri nequit; immo tanta debet esse praesentia in qua privata collocutio fieri possit. Ita saltem ut indubie constet de absolutione sacramentali rite data: quamquam minime requiritur ut paenitens verba sacramentalia audierit seu perceperit. Conferri potest hac in re decretum Clementis VIII d. d. 20 Iunii 1602, quo damnatur sententia, quasi liceat „per litteras seu internuntium confessario absenti peccata sacramentaliter confiteri *et ab eodem absente absolutionem obtinere*", praecipitque ne haec sententia umquam tamquam aliquo casu probabilis defendatur... aut ad praxim quovis modo deducatur". Quam damnationem de confessione et absolutione *etiam sensu diviso* intellegi Paulus V d. 14 Iulii 1605 authentice declaravit.

Ex quo legitime deducitur non solum illicitam, sed etiam invalidam esse absolutionem absentis; alias enim non in omni casu esset illicita. S. Alph. VI, 428.

300 R. 2. Eiusmodi moralis praesentia, docente S. Alphonso, ea est in qua homines communi voce inter se colloqui possint; quod extendi possit usque ad circiter 20 passus, praesertim quando paenitens nondum egressus sit e conspectu confessarii. Ita tenendum est ut practice *certo constet* de valore.

Nihilominus ultima verba S. Alph. innuunt moralem praesentiam non e sola distantia sed etiam ex aliis adiunctis diiudicari; quod verissimum est, maxime cum agitur de absolvenda multitudine.

R. 3. Ut vero dubie quidem sed probabiliter exsistat moralis praesentia inter eum qui absolvit et eum qui absolvitur, sufficit ut percipi absolvendus *aliquo sensu* possit. Ergo in necessitate tentari debet condicionata absolutio, quamdiu sive auditu sive visu aliquis ratione distantiae *possit* attingi, etsi forte propter impedimentum accidentale re ipsa non videtur neque auditur. S. Alph. ibid.

Ad quaesitum 2^m R. Absolutio plurimorum per modum unius valori nullatenus obest, si mutatur vox „te" in „vos" et profertur in praesentes. Nam sensus verificatur in omnes. Sed extra casum necessitatis id licitum non est.

301 Ad quaesitum 3^m R. 1. Ratio solvendae huius quaestionis est, sitne inter eos qui medio telephonii colloquuntur moralis praesentia, an humano modo dicenda sit haec communicatio seu collocutio fieri *inter absentes*. Existimo posterius esse verum: unde concludo absolutionem per telephonium non esse validam. *Th. m.* II, 876; Marc n. 1663.

R. 2. Eam extra casum necessitatis saltem non licere nemo in dubium vocat. Sunt qui velint valorem defendere. S. Paenitentiaria interrogata d. 1 Iulii 1884 declinavit responsum, dicens „nihil esse respondendum". Quare antequam ecclesiastica auctoritas rem definierit, eum qui in casu summae necessitatis ita absolverit non accuso, si modo ne agat, ac si certam dederit absolutionem. Cf. Ballerini-Palm. l. c. n. 32, Sabetti n. 728, Q. 7.

302 Ad quaesitum 4^m R. 1. In *primo* casu recte quidem fecit Carolus pronuntiando celeriter verba absolutionis, omissis omnibus praecedentibus, cum supponi possit paenitentem non tantum distare ut moraliter praesens amplius non sit. Verum num re ipsa paenitens *certo valide* absolvatur, ab eo pendet num re ipsa non iam fuerit in distantia quae passus 20 circiter excedit.

R. 2. In *secundo* casu per se recte egit (cum sine difficultate id posset) eo quod paenitentem revocaverit, si modo ita egerit ut nulla species violati sigilli adfuerit. Verum non minus recte egisset — immo melius —, si statim pronuntiasset formam absolutionis et omisisset praecedentia verba non necessaria: nam tum certe mansit paenitens inter totam absolutionis formam moraliter praesens, neque opus erat ut cum rubore paenitens revocaretur. Quod in *tertio* casu attendere debuit.

R. 3. Reprehendendus quidem non est Carolus quod in isto casu infortunii, quam primum ad locum infortunii venerit, in omnes, quatenus capaces sint, condicionate tamen, pronuntiaverit absolutionem, si supponi poterat adesse forte aliquos quorum clamorem, si edere possent, valuisset percipere. Sed in hoc reprehendendus est quod putaverit se hoc modo in necessariis satis succurrisse miseris moribundis. Nam illa absolutio adeo exiguae probabilitatis erat ut, quantum ipsi possibile erat, deberet descendere et experiri num *coram* auxilium ferre possit alicui moribundo, quo certius sacramentum tum absolutionis tum extremae unctionis administraretur. Neque exspectari debuit, dum alii illos miseros ad lucem proferrent, si quidem interea mori poterant qui alias vivi certius accepissent Ecclesiae sacramenta.

R. 4. Similitudo cum absolutione totius manus militaris in nostro casu minime urgeri potest. Nam hic fortasse sunt moribundi singuli disiecti, ita ut valor absolutionis metiri debeat ex distantia singulorum, non ex distantia multitudinis; ac insuper etiam longe maior erat distantia in nostro casu infortunii quam distantia manus militaris a capellano.

Quod vero attinet ad valorem absolutionis, si ante proelium totus exercitus absolvitur: verum quidem est integram multitudinem valide absolvi, si modo haec multitudo absolventi praesens sit, etsi postremi multo longius quam 20 passibus distent. Attamen si tanta est multitudo ut ab aliqua distantia communicatio et collocutio altiore etiam voce facta non amplius sit possibilis, etiam absolutio non amplius ad eos videtur pertingere. Quapropter etiam in tali casu exercitus esset in plures partes distribuendus et divisim absolvendus. Atque ita etiam fieri solet, cum singulae partes suos soleant habere sacerdotes.

R. 5. Ex supra dictis reprehendendus Carolus ne in hoc quidem casu est in quo per telephonium absolvit; debuit tamen nihilominus, quam cito potuit, personaliter ad moribundum se conferre, quia absolutio illa prior vix non erat invalida.

CONTRITIO PERFECTA. — EIUS MOTIVUM.

Casus. (90)

In conventu sacerdotum exorta quaestione de contritione Petrus asserit contritionem ex se iustificantem debere procedere ex summa Dei perfectione absoluta super omnia dilecta, excluso omni respectu ad nos ipsos; Paulus vero dicit impossibile esse eam non niti in caritate Dei erga nos, cum contritio debeat oriri ex amore amicitiae quae necessario concipiatur ut amor mutuus; Andreas vero utrique dicit: Vos rem parum intellegitis; contritio iustificans non ex solo motivo caritatis oritur, sed sufficit plane ut oriatur ex detestatione ingratitudinis, ex motivo religionis, obedientiae et similibus; alioquin Iudaei veteris testamenti reconciliationem a S. Scriptura edocti non essent neque eam assecuti, cum S. Scriptura, quando excitat ad conversionem, vix non ubique sistat in excitanda gratitudine et ingratitudinis detestatione.

Quaeritur 1° contritio extra sacramenti susceptionem realem iustificans debeatne procedere ex caritate, an sufficiat ut procedat ex alio motivo.

2° Motivum caritatis possintne esse attributa Dei relativa seu hominem respicientia.

3° quid respondendum sit ad singulas illas opiniones earumque rationes.

Solutio.

Ad quaesitum 1ᵐ R. 1. *Conc. Trid.* sess. 14, c. 4 *de paenit.* claris verbis dicit „contritionem hanc aliquando *caritate perfectam* esse hominemque Deo reconciliare, priusquam hoc [paenitentiae] sacramentum actu suscipiatur": quae doctrina manca omnino esset, si praeter caritatem alia essent motiva in quibus niti posset contritio perfecta seu iustificans.

R. 2. Quare pro antiquata habenda est sententia nonnullorum veterum theologorum qui perfectam posse esse contritionem putabant ex motivo religionis, gratitudinis, paucis, iis, quae circa Deum versentur. Cf. Lacroix VI, 2, n. 722. Rationem autem Lugo, *De paenit.* d. 5, n. 11 sq. optime evolvit, quod haec ex caritate oriunda peccati detestatio sola sit conversio *ex toto corde ad Deum*, quam S. Scriptura semper in V. T. requirat, cum conversuris veniam a Deo promittat.

Ad quaesitum 2ᵐ R. 1. Nulla est ratio cur illa attributa Dei relativa non sufficiant, cum sufficiant ad actum verae caritatis; exhibent enim Deum re vera in se summe amabilem, hominemque magis percellere solent quam attributa absoluta. Cf. Baller.-Palm. l. c. n. 39.

R. 2. S. Scriptura haec attributa praeprimis nobis exhibet, ut I Io. 4, 19: „Diligamus Deum, quoniam Deus prior dilexit nos"; gratuita enim Dei dilectio erga hominem Deum maxime amabilem ostendit, si modo ut benignitas divina, i. e. summa et infinita, consideretur. Neque hac in re Dei beneficia et dona, sed ipsum Deum donatorem liberalissimum sumit homo pro motivo diligendi et pro motivo detestandi peccati caritati ex diametro oppositi.

Ad quaesitum 3ᵐ R. 1. Sententia Petri apta est ad falsum conceptum caritatis efformandum. Sane motivum contritionis, sicut caritatis, debet esse aliquod divinum. Sed divina intimum respectum habent ad creaturam, et speciatim ad hominem. Non igitur elucet cur respectus ad nos excludi debeat, si modo nos nostraque bona non sint motivum in quo sistatur. Immo *ille* respectus quod bonum divinum sit etiam nostrum bonum rationale (rationale enim bonum nostrum est eo ipso quod sit bonum absolutum) excludi nequit ut condicio; nihil enim diligere possumus quod non nobis conveniat, seu quod non sit nobis aliquo modo bonum, etsi sub hac formali ratione illud bonum non sumitur pro motivo actus.

Etiam id verum est caritatem erga Deum esse amorem amicitiae, eamque ut talem non solum posse a nobis concipi, sed ita concipi debere, ut ratio amicitiae essentialiter servetur. Ratio vero amicitiae relationem mutuam ideoque etiam relationem ad nos includit; neque tamen ullatenus relatio ad bonum nostrum commodum seu *utile* pro *motivo* actus caritatis et amicitiae sumi potest.

Immo amor amicitiae concipi seu Deo exhiberi a nobis non potest, nisi noverimus Deum se nobis exhibere ut amicum, i. e. ut propriorum bonorum largitorem, qui in supernaturali relatione secum nos constituerit, *suam* beatitudinem nobiscum pro modulo nostro communicaturus. Cf. Wilmers, *De fide* n. 299.

R. 2. Paulus e contrario excessit asserens motivum caritatis semper esse debere attributum Dei relativum vel benignitatem, liberalitatem erga nos. Licet enim hoc attributum liberalitatis et benignitatis *divinae* reddat Deum re vera summe amabilem, tamen *totus* Deus in omnibus attributis pulcherrimus et amabilissimus est, et in singulis attributis ipsa divina seu summa bonitas resplendet. Bene dicit Ripalda, *De fide, spe et caritate* disp. 35, sect. 1: „Obiectum formale caritatis est bonitas divina, prout naturae Dei et attributis communis est et propria."

R. 3. Assertio Andreae omnino falsa est, ut supra habes ex 307 R. ad Quaes. 1^m. Neque rationes ab eo allatae quidquam probant. Si Scriptura V. Testamenti imprimis tot ac tanta beneficia Israelitis a Deo collata commemorat, ut eos excitet ad conversionem et amicitiae cum Deo restaurationem, idem facit quod S. Ioannes apostolus, quando adhortatur fideles, ut Deum diligant, quia ille prior nos dilexerit. Commemoratio tot beneficiorum non solum gratitudinem generat et ingratitudinis detestationem, sed etiam *natura sua* vehementer invitat ad *diligendum ipsum benefactorem amore vere benevolo* et ad detestationem ingratitudinis ex hoc benevolo amore seu ex caritate perfectam. Neque id Israelitis erat difficile, sed adiuvante gratia id satis facile erat.

CONTRITIO QUALIS REQUIRATUR.

Casus. (91)

Wunibaldus, postquam nonnihil de vita sua cogitavit atque dolorem de peccatis repertis elicuit, porro cogitans invenit complura alia peccata: quae fideliter quidem exponit confessario, sed de quorum detestatione et dolore excitando non cogitavit. Postea timet ne non sit absolutus.

Odilia virgo consuevit cotidie vespere conscientiam excutere atque breviter excitare dolorem; quod et nunc fecit. Postero die mane in ecclesia concipit desiderium communicandi: quare statim intrat in confessionale, sua peccata narrat, nihil amplius de dolore cogitans.

Quaeritur 1° qualis debeat esse dolor ad recipiendum sacramentum paenitentiae.

2° quae coniunctio inter dolorem et reliquas partes sacramenti requiratur.

3° quid de Wunibaldo et de Odilia dicendum sit.

Solutio.

208 Ad quaesitum 1ᵐ R. 1. *Conc. Trid.* sess. 14, c. 4 *de paenit.* dicit: „Contritio, quae primum locum inter dictos paenitentis actus habet, animi dolor et detestatio est de peccato commisso, cum proposito non peccandi de cetero." Contritio autem sumitur hic generice, sive de contritione perfecta quae proprie et presse *contritio* vocatur, sive de contritione imperfecta quae *attritio* dicitur. Contritio illa continet igitur triplex elementum: dolorem, detestationem, propositum; ex quibus dolor respicit in peccato malum ut praesens, detestatio ab hoc abstrahit atque respicit peccatum ut sic vel malum peccati ut praeteritum, propositum respicit peccatum quoad futurum tempus. Elementa illa in se quidem non sunt prorsus iidem actus; verum in hac vita nemo potest peccata *sua* detestari, nisi etiam doleat de iis, neque de iis dolere quisquam potest dolore qui retractet peccata, quin ea detestetur; atque etiam detestatio vel dolor, quando peccatum ut peccatum attingunt, implicite etiam continent propositum, siquidem peccatum sive praeteritum sive futurum in conceptu suo idem dicit malum morale eandemque habet odibilitatem. Lacroix VI, 2, n. 656.

309 R. 2. Qualitates autem contritionis communiter enumerantur hae: 1) ut sit contritio *vera,* non solummodo existimata. Nimirum fuerunt qui in sacramento putarent sufficere contritionem existimatam; defectum forte occurrentem suppleri per absolutionem sacramentalem ex opere operato. Hoc tamen non ita intellegebant, quasi omnis dolor posset abesse (impossibile enim est hominem existimare se dolere, si nullatenus dolet), sed de defectu condicionum et qualitatum per se necessariarum, ita ut censerent sufficere detestationem *inefficacem* seu *velleitatem,* si quando putaret paenitens se efficacem voluntatem contra peccatum habere; alii vero censebant requiri persuasionem *contritionis perfectae,* etsi forte *re* haereatur in *imperfecta* contritione: Ballerini-Palm. l. c. n. 51—76 cum nota. Sed hae opiniones omnino obsoletae sunt. Et revera existimatio nihil iuvat, si actus ille re ipsa cum necessariis suis qualitatibus deest, quem *Conc. Trid.* l. c. dicit „quovis tempore ad impetrandam veniam peccatorum necessarium."

2) Requiritur ut contritio sit formalis, ita ut minime certum sit sufficere virtualem dolorem in proposito contentum vel in actu caritatis Dei: ceterum qui peccati commissi recordatus actum caritatis elicit, non potest, moraliter loquendo, non elicere formaliter actum displicentiae et doloris de peccato. Ratio cur contritio *formalis* requiratur est quia contritio, docente Ecclesia, est *pars sacramenti.* Reuter, *Th. m.* IV, 247.

3) Requiritur ut contritio sit supernaturalis, i. e. ope gratiae ex motivo fidei proposito oriunda, ut videlicet sit apta dis-

positio ad statum gratiae sanctificantis, quae est essentialiter supernaturalis [1].

4) Requiritur ut contritio sit super omnia seu *absolute efficax*, quae omni modo et sub quacumque condicione vere possibili voluntatem a peccato removeat peccandique voluntatem excludat.

5) Requiritur ut sit contritio suo modo universalis, scilicet ut detestetur super omnia saltem omnia peccata mortalia commissa atque a quocumque mortali peccato committendo paenitentem avertat. Nam quodlibet peccatum mortale continet aversionem a Deo amicitiaeque divinae contrarie opponitur, neque unum sine altero potest remitti. — Aliter circa peccata venialia quae amicitiam Dei non destruunt, et quorum unum sine aliis odio haberi atque remitti potest.

6) Requiritur ut contritio aliquo modo sensibilis fiat seu externe se prodat, v. g. confessione, eo quod pars sacramenti sit, et

7) ut aliquo modo cum reliquis sacramenti partibus, maxime cum absolutione, iungatur. Sed haec ultima condicio exponenda est modo.

Ad quaesitum 2^m R. 1. Requiritur ea coniunctio vi cuius ex 310 diversis elementis unum componi possit sacramentum; et quoniam praecipua vis sacramenti in forma consistit quae effectum gratiae sanctificantis in anima producat, atque contritio et pars sacramenti et dispositio est ad sacramentum cum fructu recipiendum: contritio necessario absolutionem praecedere debet, vel saltem exsistere, antequam absolutio secundum sensum suum essentialem finiatur.

R. 2. Necesse tamen non est ut actus contritionis physice coexsistat absolutioni. Nam satis diu potest praecedere, si modo aliquo modo virtualiter perseveret, v. g. quaerendo confessarium, cavendo a periculo incidendi in novum peccatum. Qui eiusmodi ratione dolorem conceptum sustentat, satis iungit contritionem cum reliquo sacramento, etsi post aliquot dies demum confitetur. In aliis adiunctis brevius esse debet intervallum.

R. 3. Voluntate ordinari seu dirigi debet contritio ad confessionem sacramentalem, quod fit, si vel ex voluntate confitendi elicitur contritio, vel ex contritione de peccatis concipitur voluntas peccata illa confessione delendi (*Th. m.* II, 280). Nam contritio, cum debeat esse materia seu quasi-materia proxima sacramenti, id non est eo quod contritio est; ergo hanc rationem accipere debet ab extrinseco, i. e. a voluntate eius qui contritionem elicit. Vel: confessio debet contritione quodammodo informari, et vicissim contritio per

---

[1] Quae hic exposui certiora sunt et securiora. Aliqui contendunt quidem a *motivi* supernaturalitate abstrahi posse, sufficere quodlibet motivum cum ordine ad Deum; actus autem supernaturalitatem, quae sit necessaria, esse ex solo influxu gratiae elevantis. Sed haec opinio est minime certa; et re vera dubium relinquitur num gratia supernaturalis influat in actum qui naturali omnino motivo concipitur: ceterum quis christianus, si *in ordine ad Deum* dolet de peccato, non cogitat Deum ut fide sibi notum, quis sistit in conceptu Dei pure naturali? Verum, si quis in ordine ad Deum ut fide sibi notum de peccatis dolet, dolet ex motivo supernaturali.

confessionem sensibilis seu externum signum fieri; quod non obtinet nisi voluntario actu paenitentis, quo contritio et sacramentalis confessio ita iunguntur.

311 Ad quaesitum 3^m R. 1. Wunibaldus videtur frustra angi, nisi forte ex *particulari* motivo de iis solis peccatis doluit quae primum invenerat. Nam si ex universali motivo dolorem concepit, ille eo ipso contra omnia peccata saltem mortalia, implicite versabatur, sive menti obversabantur sive non. Necesse enim non est singula peccata singillatim detestari, quod esset in multis casibus moraliter impossibile; sed sufficit ut commune illud malum, quod est in omni peccato vel in omni peccato mortali, offensam Dei, aversionem a Deo, peccator *absolute* fugiat et detestetur.

Lugo, *De paenit.* d. 5, n. 90: „neque requiri ad valorem contritionis recogitationem explicitam singulorum peccatorum in particulari." — S. Alph. VI, 438: „Omnino tenendum est cum sententia communi... non esse quidem opus adhibere ad singula peccata singulos actus doloris, quod Caietanus dicit fore ridiculum; nec requiri ut dolor referatur ad peccata distincte recogitata, sed sufficere de omnibus universaliter paenitere." Cf. S. Thom. Aq., *De verit.* q. 29, a. 5 ad 4: quo evertitur, quod idem S. Doctor videatur contrarium asseruisse in 4 dist. 16, q. 1, a. 2, qstc. 4 et q. 2, a. 4, qstc. 2.

Aliud igitur est, si quis quaedam particularia peccata ex particulari solo motivo detestatus esset, reliqua quae postea memoriae occurrerunt nullatenus: in quo casu censet Lugo (*De paenit.* d. 14, n. 74. 89) aliique sacramentum validum quidem esse sed informe, i. e. sine effectu gratiae sanctificantis, quem homo consequi *videtur,* quando de posterioribus peccatis satis atteratur. *Certum* autem id non est, nisi vel perfecte conteratur, vel reliqua peccata cum attritione saltem confessus denuo absolvatur. *Th. m.* II, 299.

312 R. 2. Si revera Odilia ita egit, ut narratur, absolutio ex sententia practice tenenda pro valida haberi nequit, eo quod defuit omnis coniunctio praecedentis doloris cum accusatione et absolutione. Valuisset absolutio, si in examine vespertino doluisset in ordine ad futuram confessionem, etiamsi determinate non proposuisset, sequenti die mane confiteri; nam in hoc casu non solum moraliter perseverasset dolor, sed etiam sufficiens adfuisset unio inter illum dolorem et quamcunque confessionem, quam inter spatium non longum instituta esset. — Valuisset etiam absolutio, si Odilia brevi aliquo actu renovasset actus doloris et propositi praecedenti vespere conceptos. Quod brevissimo tempore fieri potuit; immo videtur etiam re factum esse, etsi Odilia nunc non reflexe eius rei recordatur.

R. 3. Sane semper utilissimum consilium est immediate ante accessum ad confessarium vel etiam post accusata peccata brevi intuitu renovare dolorem cum proposito: quae est etiam praxis piorum fidelium, quo omnis ratio timendi aufertur atque uberior sacramenti fructus colligitur.

ATTRITIO QUAE SUFFICIAT.

Casus. (92)

Severinus confessarius, cum incidit in paenitentes rudes peccatis onustos, maxime laborat et angitur de eorum dolore. Si enim loquitur de Deo divinaque caritate, videt paenitentes insensibiles et frigidos manere, solo timore concutiuntur et emendationem promittunt. Quod eo magis eum angit quod edoctus est dolorem ex mera attritione et timore poenarum conceptum non sufficere, primo non ex timore poenarum huius vitae, dein neque certum esse sufficere timorem poenarum vitae futurae, sed probabiliter requiri actum caritatis in Deum.

QUAERITUR 1° sitne certum in sacramento paenitentiae ad obtinendam veniam sufficere attritionem, non requiri contritionem.

2° quid sentiendum sit de initio amoris, quod collocetur inter actus iustificationi praevios.

3° sufficiatne attritio ex metu poenarum temporalium.

Solutio.

AD QUAESITUM 1ᵐ R. Contritionem perfectam quae procedat ex amore Dei efficaci super omnia non requiri, et hoc sensu sufficere attritionem, quatenus, quicumque dolor a perfecta contritione defecit, attritio vocetur, est sententia *omnino certa*. „Certum et commune est apud DD. non requiri contritionem perfectam, sed sufficere attritionem." S. Alph. VI, 440.

Quod sequitur ex doctrina *Conc. Trid.* sess. 14, cap. 4, quae contritionem perfectam ante sacramentum hominem iam cum Deo reconciliantem opponat attritioni, quae sine sacramento paenitentiae per se ad iustificationem perducere nequeat, tamen eum ad Dei gratiam in sacramento paenitentiae impetrandam disponat.

AD QUAESITUM 2ᵐ R. 1. Si quaestio instituitur utrum sufficiat attritio ex solo metu gehennae concepta, an necessario in ea debeat esse etiam aliqualis Dei dilectio: prohibitum quidem est quominus alterutrae sententiae sive neganti sive affirmanti censura theologica inuratur (Alex. VII d. 5 Maii 1667); sed „sententia fere communis affirmat", scilicet sufficere attritionem sine amore inchoato caritatis ait S. Alph. VI, 440. Et re vera non video quomodo alia sententia cum doctrina Concilii Trid. cohaereat; nam ea quae supra in R. ad quaesitum 1 relata sunt Concilium dicit de attritione, quae „vel ex turpitudinis peccati consideratione vel ex gehennae et poenarum metu communiter concipitur".

R. 2. Si de amore initiali non iam *ut motivo* doloris sed ut de *actu concomitanti* quaeritur: plures quidem sunt qui eiusmodi actum postulent quo debita absolvatur praeparatio ad iustificationem in sacramento accipiendam; sed simul monent illum actum non posse non adesse, si modo reliquae condiciones doloris necessariae adfuerint, nam sive in spe veniae sive in proposito non peccandi de cetero sed observandi omnia Dei mandata, sive in ipso dolore peccati cum respectu ad Deum seu ut offensae Dei, illum initialem amorem, quantum satis sit, latere et implicite comprehendi. *Th. m.* II, 289.

315   Ad quaesitum 3^m R. 1. Metum poenarum temporalium alterius vitae esse sufficiens motivum attritionis circa peccata venialia, vix est qui neget. Sed controversia instituitur de poenis temporalibus huius vitae deque earum sufficientia, quando agitur etiam de peccatis mortalibus. Quare:

R. 2. Consideratio poenarum temporalium huius vitae, quibus Deus peccata nonnumquam castigat, vel quae sunt eorum naturales sequelae, sine dubio hominem stimulare potest ad concipiendam contritionem et quaerendam reconciliationem cum Deo. Ostendunt enim *displicentiam Dei* erga peccatum, qui cum eo tanta mala etiam in hac terra coniunxerit; ostendunt, ut hac voce utar, peccati *odibilitatem*, siquidem turpissimum et omni odio dignum illud esse debet, quod ex natura sua tot tantaque mala gignit etiam ante tempus iustae retributionis; ostendunt gravissimam Dei iram quam haec mala temporalia quodammodo praeludunt atque initiantur. Quodsi igitur ita consideras poenas et mala huius vitae cum peccato coniuncta, sane mala illa efficaciter et absolute voluntatem peccandi possunt cohibere. Ita enim generatur „timor Dei potentis illas et alias poenas infligere", ut ait Lugo, *De paenit.* disp. 5, n. 141, atque ex hoc timore concipitur dolor peccatorum atque absoluta voluntas non peccandi amplius; vel poenae illae temporales, ut verbis Suarezii utar *De paenit.* disp. 5, sect. 2, n. 15, „considerantur ut a Deo inflictae et ut nobis indicant iram eius et quodammodo inchoant divinum supplicium, nisi emendemur".

R. 3. Si vero in solis malis temporalibus, ut sunt in se, sistitur, impossibile est moveri per illa voluntatem ad fugiendum tantopere peccatum, ut velit ab eo abstinere, etiamsi maiora mala temporalia cum peccati fuga coniuncta fuerint. Verum detestatio et fuga peccati tanta esse debet, non formaliter quidem, sed radicaliter et quoad vim et virtutem motivi.

Quod igitur ad Severinum attinet, non adeo debet angi. Si nanciscitur paenitentes rudis ingenii, qui poenis tantum moveri videantur, utiliter incipi potest a poenis temporalibus, v. g. morbis, infamia, inopinato infortunio vel morte, quibus Deus non raro etiam hic peccata puniat; verum cum viderit paenitentem his concuti, non debet ibi sistere, sed eius aspectum attollere ad mala quae post hanc vitam peccatum maneant aeterna, nisi peccata sincere detestemur ab iisque cavere absolute velimus. Quodsi demum, propositis Dei beneficiis atque tormentis a Christo Deo-homine pro nobis nostrisque peccatis toleratis, paenitentem ad caritatem erga Deum eiusve saltem initium extollat, eo melius agat; immo impossibile videtur, ut eiusmodi brevis exhortatio ex animo facta cor etiam durissimum non aliquo modo emolliat.

DOLOR DE VENIALIBUS PECCATIS.

Casus. (93)

Adolphus confessarius atque eius paenitentes in difficultates coniciuntur propter dolorem de venialibus peccatis. Nam ex una parte edoctus est Adolphus necessitatem doloris qui sit super omnia, ex altera parte reperit paenitentes, qui dolent quidem et vitare volunt mendacia sine causa proferenda, sed nolunt promittere cavere a mendacio, si hoc necessarium fuerit ad notabile damnum avertendum: unde concludit mendacium eos ne super illud quidem damniolum temporale detestari, multo minus super omnia. Quod et ipsos paenitentes ceteroqui pios torquet in similibus rebus; neque amplius audent frequentius accedere ad confessionem, ne forte inutiliter vel sacrilege accedant.

QUAERITUR 1° dolor de venialibus debeatne etiam esse super omnia.
    2° peccatum veniale unum quomodo detestari ab eoque absolvi possimus, quin dolor et absolutio extendatur ad alia.
    3° quid difficultatibus Adolphi et paenitentium respondendum sit.

Solutio.

AD QUAESITUM 1ᵐ R. 1. Dubium non est quin ad obtinendam peccati venialis remissionem requiratur eius detestatio, similibus condicionibus vestita, quibus detestatio peccati mortalis debet esse vestita, ut huius remissionem consequamur: solam excipe universalitatem. Quare dolor etiam de venialibus debet post peccata mortalia esse *super omnia*. Secus enim implicite ita comparatus esset homo, ut, si maius aliquod malum cum fuga peccati venialis coniungeretur, hoc peccatum potius eligeret quam illud malum. At cum tali voluntatis dispositione venia peccati fieri nequit.

R. 2. De cetero haec detestatio super omnia non est adeo difficilis, si modo motiva consueta, quibus homo Christifidelis ea detestari consuevit, considerentur. Sunt enim motiva aeterna seu terrena excedentia, poenae scilicet alterius vitae in purgatorio exsolvendae, sanctissima Christi Domini passio et mors in cruce tolerata, summa Dei displicentia: quae sane, si rite concipiuntur, ut mala terrenis malis maiora considerantur et odio habentur. Neque necesse est, immo ne consulitur quidem ut inter terrena mala et motiva illa aeterna fiat formalis comparatio: sufficit plane ut motiva considerentur atque ad absolutam peccati fugam impellant.

AD QUAESITUM 2ᵐ R. 1. Facile id fieri posse ostenditur, si quaestio est de peccatis venialibus diversae gravitatis. Nam motiva illa communia: displicentia ex parte Dei, causatio passionis Dominicae, demeritum apud Deum etc., magis inveniuntur in gravioribus quam in levioribus peccatis. Quapropter ipsa illa motiva magis movent ad fugienda maiora seu graviora quam minus gravia peccata. Neque mirum est voluntatem moveri ab iis quae *magis* movent, neque ab iis quae minus movent moveri, aliis verbis, moveri voluntatem ad cavenda graviora, etsi nondum moveatur ad cavenda minora.

R. 2. Neque repugnat quin ex speciali motivo certa aliqua peccati species odio habeatur et fugiatur, ratione maioris vel minoris peccaminositatis nullatenus attenta. Atque ita revera solent homines de *certis quibusdam* peccatis dolere, ut haec sola considerent, de aliis diversis peccatis nihil plane statuentes, non consentiendo nec positive retractando. Fateor quidem, si expressa cogitatio peccati alterius speciei eiusque gravioris oriatur, facillime id eventurum esse, ut aut hoc quoque detestatione comprehendatur, aut dolor ille prior verus esse desinat. At in rigore id necessarium non est: specifica aliqua malitia, qua talis est, revera meretur odium absolutum; proin voluntas eam potest odisse; neque propterea necessitatur ut ea omnia odio prosequatur quae malitiam quidem non minorem sed plane aliam continent.

318   R. 3. Difficilior res est, si agatur de detestandis ex motivo universali et transcendentali peccatis minus gravibus, quin detestatio fiat peccatorum aliorum quae alterius quidem speciei sed gravioris sint. Quodsi aliorum peccatorum maior gravitas non solum certa sit, sed etiam certo cognoscatur et consideretur, puto fieri alterutrum necesse esse ut scilicet aut detestatio ex motivo universali concepta ad haec quoque extendatur aut detestatio corruat. Sed si maior gravitas dubia est vel non percipiatur sive menti non obversetur: fieri potest ut efficax detestatio certa quidem peccata attingat, non alia etsi graviora, seu ut alia illa peccata non positive quidem approbentur, sed negative non retractentur, retractentur solummodo *aliqua* eaque minus gravia.

R. 4. Cur autem in peccatis venialibus, aliter ac in mortalibus, aliqua, maxime graviora, detestari cum effectu veniae possimus, non retractatis aliis, ratio est quia peccata venialia Dei amicitiam non destruunt, destruit quodlibet peccatum mortale; verum quod Dei amicitiam destruit, quodcumque demum illud est, odio haberi debet ab eo qui cum Deo vult reconciliari.

319   AD QUAESITUM 3^m R. 1. In priore casu circa detestationem mendacii Adolphus recte non concludit *non potuisse* adesse sufficientem dolorem et dispositionem. Sequitur quidem motivum doloris non potuisse esse poenas temporales seu damnum temporale subeundum; sed motivum doloris potuit esse intrinseca turpitudo, quae sane maior est in peccato sine ulla causa commisso quam in peccato officioso. Etiam motiva universalia Dominicae passionis etc. aliter atque magis versantur circa prioris generis mendacium, quam circa mendacia posteriora: quare priora detestari efficaciter et absolute aliquis potest, relictis aliis.

R. 2. Christifideles in eiusmodi re instrui debent neque scrupulose evitare ss. eucharistiae frequentem sumptionem. Si defuerit serius conatus contra venialia peccata plene deliberata, frequentior quidem ad ss. eucharistiam accessus suadendus non est (cf. supra n. 146 sq.); attamen confessionis valori et utilitati consulatur per hanc praxim, secundum quam securitatis causa denuo accusentur in confessione peccata praeteritae vitae graviora. Quod si rite fit, sacramenti reverentia servatur, neque a confessione et communione menstrua vel etiam frequentiore aliquis removendus erit. Cf. *Th. m.* II, 293 not.

R. 3. Immo ne facilius putetur deesse *sufficientem* peccatorum venialium dolorem, quamvis satis magna adhaereat animi imperfectio, notari potest secundum complures scriptores sufficere dolere de *multitudine* peccatorum venialium atque serium sibi proponere conatum diminuendi numeri lapsuum. Quod S. Alph. non absolute quidem approbat, tamen cum explicatione quadam admittit, scilicet dolorem de multitudine seu de excessivo numero ita saltem elici debere, ut re vera etiam ipsa peccata saltem posteriora, quae inter breve intervallum post alia subsecuta fuerint, dolore et proposito tangantur (S. Alph. VI, 449; *Th. m.* II, 294). Unde patet auctores repugnantiam in eo non invenire, quod illa turpitudo specialis vel gravior illa malitia quae sit in sola *frequentia* peccandi super omnia odio haberi et fugi possit, sine seria detestatione omnis eiusdem generis seu speciei peccati particularis.

PROPOSITUM QUALE DEBEAT ESSE.

Casus. (94)

Constantius iuvenis, pravis moribus imbutus, miseriam suam ingenue apud confessarium fatetur atque adeo debilem prae se fert voluntatem ut se nunc quidem nolle peccatum dicat, verum id promittere se non posse se amplius non esse peccaturum; immo sibi persuasum esse voluntatis firmitatem non ultra hebdomadam duraturam.

Constans vero in simili condicione positus similiter de non relapsu desperat, serio tamen promittit se paullatim velle sese a prava consuetudine emendare.

Circa Camillum, qui pravis consuetudinibus tum mollitiei tum blasphemandi et peierandi tum sese inebriandi laborat, confessarius hanc viam init ut primo eum instruat de necessitate evitandae ebrietatis, de aliis nunc silens, eumque se hoc vitium evitare velle promittentem absolvat. Hoc modo intendit Camillum pedetentim e vitiis eruere unum post aliud debellando.

QUAERITUR 1° quae condiciones requirantur in proposito, speciatim quaenam universalitas.

2° quaenam necessaria sit firmitas.

3° quid de singulis casibus sit dicendum.

Solutio.

AD QUAESITUM 1ᵐ R. 1. In proposito, quando de doloris condicionibus requisitis alioquin constat, maxime de supernaturalitate et efficacitate, duae condiciones potissimum considerandae sunt: universalitas et firmitas. Cf. S. Alph. VI, 450 sqq.; Lacroix VI, 2, n. 892 sqq.; Reuter, *Th. m.* p. 4, n. 289 sqq.

R. 2. Universale debet esse propositum, quando agitur de peccatis mortalibus. Nam de peccatis venialibus sufficit sicut dolor ita etiam propositum circa aliquod peccatum, maxime si est gravius.

R. 3. Haec universalitas in proposito latius patere debet quam in dolore. Dolor enim non patet latius quam sunt peccata re commissa; sed propositum non sufficit evitandi peccata commissa, sed debet esse vitandi peccata mortalia simpliciter seu plane omnia, sive antea commissa sive non commissa. Re ipsa autem haec universalitas implicite quidem adest, quando de peccato mortali etiam singulari tantum concipitur dolor efficax ex motivo universali, siquidem hoc motivum in omnibus et quibuslibet peccatis mortalibus invenitur idem; in dolore ex motivo particulari non inest, sed necessario addi seu extendi debet.

R. 4. Sunt quidem qui putent etiam in proposito sufficere propositum concipi de peccatis commissis, si modo absit quaecumque voluntas positiva ullius peccati mortalis (cf. Reuter l. c. n. 290). Quae opinio, communi doctrinae contraria, ante factum norma esse nequit; verum post factum utilis esse potest ad sedandos scrupulos, si quis forte dubitet de proposito universali a se concepto, maxime cum potius *videatur* abfuisse illa propositi universalitas, quae re ipsa adfuerit. Nimirum, ut notat Baller.-Palm. l. c. n. 156, solent paenitentes ob oculos habere potissimum peccata, in quae labi solent; quippe de aliis nulla eos tangit formido. Voluntas vitandi alia peccata, quae directa est, non reflexa, vix advertitur.

AD QUAESITUM 2^m R. 1. Firmitas quae requiritur est voluntas *absoluta* hic et nunc praesens non amplius peccandi, ita ut nullus casus nullaque condicio eximatur, pro qua paenitens peccandi voluntatem retineat; paucis: firmitas de *praesenti* paenitentis dispositione intellegitur, non de futura stabilitate.

R. 2. Mutatio voluntatis seu relapsus brevi secutus vel secuturus non est formaliter contra hanc condicionem propositi essentialem; potest tamen defectum indicare vel suspicionem movere, cum, qui *firmiter* proponat et *serio*, non soleat adeo cito resilire; at non *certo* eiusmodi defectum demonstrat.

R. 3. Immo ne praevisio quidem confessarii probabilis vel etiam moraliter certa, qua iudicet paenitentem relapsurum esse, impedit quin voluntas paenitentis praesens sit et iudicetur sufficienter firma. De qua re notat Lacroix l. c. n. 1733: „Ut paenitens prudenter iudicetur habere sincerum dolorem et propositum, non est opus ut credatur non relapsurus, quia propositum non consistit in hoc quod paenitens non sit amplius peccaturus, sed in eo quod habet talem voluntatem non peccandi, ut cum ea, quamdiu permanebit, stare non possit voluntas peccandi." Item n. 1822: „Sicut etiam S. Petrus non ideo iudicatus est indispositus ad communionem, quod a Christo sciretur relapsurus, ita nec consuetudinarius censendus est indispositus ad absolutionem, quamvis moraliter sciatur eum esse relapsurum."

R. 4. Neque timor vel ipsa quaedam moralis persuasio de futuro relapsu excludit necessario propositum actuale satis firmum: nam, ut idem Lacroix notat, propositum non est scientia relapsus non futuri, sed est *voluntas* relapsus non futuri seu voluntas actualis non labendi.

R. 5. Attamen moralis persuasio de relapsu futuro debet non transire in desperationem. Quare etiam nimius timor compescendus est et animus erigendus spe auxilii divini, quod solum nos confortare potest et quod Deus sincere petentibus non denegabit. Lacroix ib. n. 1822.

R. 6. Ad firmitatem reduci etiam potest quod aliter dicitur *efficax* propositum. Haec condicio propositi in eo est ut respiciat practicam exsecutionem, seu ut voluntas non sit tantum theoretica quaedam fuga peccati, sed practica per propositum utendi mediis necessariis, fugiendi occasiones proximas, reparandi iniusta damna etc.

AD QUAESITUM 3^m. Quoad *Constantium* R. 1: censeri nequit indispositus ex defectu propositi; nam etsi *putet* se ultra hebdomadam non permansurum esse in bona voluntate, tamen potest habere actu voluntatem non amplius peccandi et veram detestationem peccati tum praeteriti tum eius quod timet ne sit futurum. Attamen erigendus est et serio incumbere debet in orationem, maxime tempore tentationis, aliaque remedia a confessario indicanda debet adhibere.

Dixi eum non posse pro indisposito haberi ex defectu propositi. Num ex alia ratione absolutio differenda sit, ut v. g. urgeatur efficax usus remediorum, hoc loco non inquiritur.

R. 2. Si Constantius non solum praesagiret se brevi post relapsurum esse et defecturum a bona voluntate quam nunc gerat, sed ipsam voluntatem gereret non abstinendi a peccato novo nisi per hebdomadam: sane propositum sufficiens non haberet neque posset absolvi, nisi hanc voluntatem mutasset in meliorem atque de ipsa ista prava voluntate dolens se accusasset.

Quoad *Constantem* R.: Certum est sufficiens propositum deesse, cum emendationis *voluntas* debeat esse absoluta, etsi fortasse, aliter quam voluntas nunc actu statuat, *paullatim tantum* ad *effectum* perducatur. Dispositio Constantis ea est ut rarius quidem, at aliquoties adhuc *velit* peccare; quae sane non est ea quam Tridentinum Concil. requirit (sess. 14, c. 4): „voluntas non peccandi de cetero".

Quoad *Camillum* R. 1. Confessarius potuit quidem principalem paenitentis conatum in unum vitium prae reliquis dirigere atque specialia remedia contra hoc solum iniungere: attamen generalem saltem voluntatem nunc a Camillo recipere debuit, non solum ebrietatem sed quodvis peccatum mortale vitandi.

R. 2. Si haec generalis *voluntas* adfuerit, absolvi potuit Camillus, etsi forte praevideatur eum re ipsa non in omnibus vitiis debellandis victorem fore nisi paullatim.

PROPOSITUM CIRCA PECCATA VENIALIA.

Casus. (95)

Amalia puella a mortali quidem peccato immunem se servavit, sed iisdem semper venialibus peccatis obnoxia est: arrogantia erga ancillas, immo erga matrem, dicteriis contra alios, mendaciis officiosis, vanitate in vestitu et cultu corporis. Attamen cum inter pias puellas velit computari, singulis diebus Dominicis et festis cupit s. communionem sumere et quolibet sabbato solet confiteri. Confessarius qui per aliquot menses eam observavit eique desiderata indulsit, incipit dubitare et timere de sufficienti dolore ac de valore absolutionis.

QUAERITUR 1° num sufficiat in peccatis venialibus minor universalitas et firmitas propositi quam in mortalibus peccatis.

2° quid de Amalia sit iudicandum et quomodo illa tractanda.

Solutio.

325 AD QUAESITUM 1ᵐ R. 1. Certum est propositum circa venialia non necessario debere esse universale. Haec igitur universalitatis condicio sine dubio non ea requiritur quae requiritur in peccatis mortalibus. Ita *omnes*. Cf. supra *cas*. 93.

R. 2. Circa aliquod vel aliqua ex peccatis, si sola venialia clavibus Ecclesiae subiciuntur, propositum exsistere debet, idque *firmum*. Quae firmitas, si accurate loqui volumus, re vera *circa suum obiectum* eadem esse debet quae in peccatis mortalibus.

R. 3. Verum obiectum propositi in venialibus peccatis, maxime in semideliberatis, potest esse maior diligentia in cavendis peccatis, vel etiam in deliberatis voluntas vitandi frequentiam peccatorum eaque singularia peccata, quae frequentiam in peccando constituant. Quapropter propositum *vitandi singula peccata venialia* non necessario debet habere eandem firmitatem ac propositum vitandi *singula mortalia*.

Quod igitur in priore casu dictum est esse propositum essentialiter mancum quoad mortalia peccata, hoc loco sufficit in venialibus, ut scilicet aliquis serio proponat *paullatim* emendare consuetudinem venialiter peccandi. Cf. S. Thom., Summa theol. 3, q. 87, a. 1; S. Alph. VI, 449; Th. m. II, 293. 294; Lacroix l. c. n. 910.

326 AD QUAESITUM 2ᵐ R. 1. Amalia sane peccata commisit quae ex se nondum constat fuisse venialia tantum; sunt enim quaedam quae facile mortalia possunt evadere, facilius dubium de gravitate commissi peccati cient, v. g. arrogantia erga matrem, dicteria in proximum. Quare, etsi videantur in Amalia mansisse intra limites peccatorum venialium, in iis tamen emendandis socordia Amaliae plane excutienda est: neque admittenda ad frequentem communionem, nisi serio adlaboret in deponendis illis peccatis.

R. 2. Cum nullam ostendat emendationem, timendum multum est ne serius dolor seriumque propositum defuerit. Quapropter, nisi puella demum *meliorem* voluntatem ostendat, absolvenda non est; vel accusare debet saltem aliquod gravius peccatum sive recens sive praeteritae vitae, circa quod serio omnino doleat et propositum renovet.

Alias neque Amalia tuta conscientia absolutionem petere et recipere neque confessarius eam dare potest.

R. 3. Si Amalia autem defectus illos diminuerit, etsi non adeo strenue in emendationem incubuit, stimulus quidem addendus est ut ferventius incumbat, tamen renovato dolore et serio proposito absolvi potest et ad s. communionem admitti.

PROPOSITUM IMPLICITUM VEL EXPLICITUM.

Casus. (96)

Sapricius, e longo tempore non confessus, in missione auditis contionibus, peccatorum dolore tactus adit confessionale ibique adiuvatur in excutienda conscientia, quod propter uniformem vitam quam duxerat nullum facit negotium, atque absolvitur. Postea audiens in instructione requiri ad confessionem rite instituendam non dolorem tantum sed etiam propositum, de confessione sua timet, siquidem de proposito ne cogitaverit quidem.

Similiter Agatha, devota mulier, intendens confiteri tota est in eliciendo dolore, nihil cogitans de proposito neque de peccatis anteactae vitae, quorum tamen ex consuetudine unum alterumve nominat in confessione: sed postea angitur de essentiali defectu commisso.

QUAERITUR 1° quomodo concipi debeat propositum, explicitene an sufficiat implicite.

2° quid de Sapricio et de Agatha sit iudicandum.

Solutio.

AD QUAESITUM 1^m R. 1. Gravissima est ratio putandi sufficere propositum implicitum, si modo vere tamquam universale quoad mortalia peccata in dolore continetur, scilicet si modo dolor conceptus sit ex motivo universali. Nam qui ita dolet, aeque aversatur et fugit peccata futura atque praeterita. — Si vero ex motivo particulari peccati mortalis dolor seu attritio concepta fuerit, debet omnino universale propositum addi, utpote quod ne implicite quidem in dolore sit contentum. *Th. m.* II, 297.

R. 2. Nihilominus externa auctoritas ea est ut ante factum in proposito explicite capiendo insistendum sit, ne quod dubium de valore sacramenti oriatur. Maior etiam est ratio practica, ut firmius voluntas contra relapsum muniatur; nam quo magis expresse, *immo reflexe,* actus aliquis exercetur, eo altius animo inhaeret eoque difficilius actu contrario eius vis infirmatur. Verum id in sacramento paenitentiae potissimum spectandum est ut peccata non solum praeterita deleantur, sed etiam pro futuro praecaveantur. Ceterum ex sincero dolore cogitanti de vita futura sponte atque ex psychologica quadam necessitate oritur actus propositi, ita ut, qui illum actum cohiberet, veri doloris potius expertem se probaret. Quem actum confessarius ut promoveat, diutius et firmius in paenitente teneat, sit sollicitus.

328 R. 3. De reliquo post factum tanta est moralis certitudo de proposito essentialiter sufficienti concepto, si modo *dolor* debito modo isque quoad mortalia peccata ex universali motivo conceptus erat, ut obligatio repetendae confessionis vel recipiendae iterum absolutionis (nisi forte in periculo mortis) asseri nequeat. *Th. m.* II, 298.

Nam 1) etiam scriptores illi qui pro necessitate expliciti propositi dimicant hanc non tam repetunt ex necessitate addendi novi actus ad actum doloris, quo adsit materia proxima sacramenti completa, quam potius ex necessitate ne dolor sit fictus.

2) Ut modo dictum est, dolorem, si est dolor verus et efficax, psychologica necessitate sequitur propositum, cum primum occurrat cogitatio vitae futurae. Quare supponendum est paenitentem, qui sincere doluit, habuisse etiam actum propositi, etsi non actum de eo reflexum; at quia non reflexum sed directum tantum actum habuit, non retinet eius memoriam.

3) Si quis autem totus occupatus in dolore eliciendo de futura vita plane non cogitat et propterea explicitum propositi actum non facit, eum valide confiteri et absolvi theologi etiam scholae rigidissimae fatentur, ut Concina et alii, iique qui alioquin necessitatem formalis seu expliciti propositi praeprimis defendunt, consentiunt Bellarmino, qui dicit: „Quodsi bona fide cum vero dolore confessus fueris, sine proposito formali, non teneris confessionem repetere." Cf. Baller.-Palm. l. c. n. 151. 152.

329 AD QUAESITUM 2^m R. 1. Sapricium non habuisse, saltem actu directo, verum propositum plane incredibile est, etsi talis actus ipse non recordetur. Nam cum praeteritae vitae longaeque eius seriei odium concepit, non potuit non velle talem vitam mutare. Nam ipsum propositum sacramenti paenitentiae tam diu neglecti recipiendi atque ipse accessus ad confessarium denotant voluntatem firmam inchoandae novae vitae.

Ceterum si, vix non per impossibile, sumas propositum formale a Sapricio conceptum non esse, nihilominus doluit ex motivis universalibus, quae a missionario in contione proponi solent; hinc iubendus est scrupulum de nullitate absolutionis deponere.

R. 2. Apud Agatham quidem non agitur de vita peccaminosa deponenda et inchoanda vita nova; quare longe facilius fieri potuit, ut haereret in solo actu formalis doloris. Verum etiamtum post factum secura reddi debet neque angi, si modo dolorem sincerum conceperit.

Quod autem dicitur Agatha ex consuetudine potius quam ex reflexa conscientia addidisse peccatum praeteritae vitae, in hoc monenda est ut de peccatis praeteritae vitae vel saltem aliquo graviore serio cogitet atque doleat. Attamen si dolor *in genere* de prioris vitae peccatis certo aderat, etsi sine reflexa memoria *singulorum* peccatorum, omnia rite peracta sunt, etiamsi in solo actu confessionis Agatha specialis peccati memor fuit idque in confessione expressit.

PAENITENTIAE SACRAMENTUM VALIDUM SED INFORME.

Casus. (97)

Caius, peccatorum fornicationis et iniustitiae gravis reus, in examine conscientiae iniustitiae commissae omnino immemor est, alterum peccatum ob specialem foeditatem luxuriae detestatur; ita igitur confitetur, proponit non peccare de cetero et absolvitur.

QUAERITUR 1° sitne Caius re vera absolutus, an peccatum luxuriae cum alio denuo confiteri debeat.
2° quid sit sacramentum paenitentiae validum sed informe.

Solutio.

AD QUAESITUM 1ᵐ R. 1. Si *absolutum esse* intellegitur de *efficaci* absolutione recuperati status gratiae sanctificantis, dici debet: dispositio ad recuperandum statum gratiae necessaria est retractatio cuiuslibet peccati gravis, seu dolor qui omnia peccata mortalia commissa comprehendat. Si igitur actus Caii hanc retractationem ne implicite quidem continet, absolutionem cum effectu recuperatae gratiae sanctificantis non accepit.

R. 2. Si respicitur ad *actum formalem doloris* quem Caius dicitur elicuisse, ille non videtur versatus esse, ne implicite quidem, circa peccatum iniustitiae. Aliter, si ex motivo universali doluisset de luxuria. Talis enim dolor virtualiter versatur circa omnia peccata mortalia, etsi nullatenus menti obversantur, sed de uno tantum peccato expresse cogitatur.

Restat ut quaeramus num *propositum* Caii implicite continuerit dolorem universalem. Quod possibile quidem, non tamen ex sese certum est, neque certum est illum dolorem implicitum sufficere. Nam propositum cavendi in posterum a peccatis non ita necessario includit virtualiter dolorem, sicut dolor includit propositum, eo quod propositum non necessario oritur ex efficaci et absoluto odio peccati. Quodsi ex tali absoluto odio oriatur, fatendum est in eiusmodi proposito universali virtualiter universalem dolorem contineri. Verum etiamsi eum virtualiter continet, nondum continet neque necessario gignit *formalem* dolorem; doctrina autem vix non certa dolorem exigit formalem, ut habeatur materia sacramenti proxima.

R. 3. Attamen, etiamsi sumimus Caium absolutionem non accepisse cum effectu gratiae sanctificantis, nondum sequitur eum debere denuo accusare peccatum iam accusatum; sed probabile est sufficere ut confiteatur postea ea quae inculpabiliter omisit confiteri. Verum id ducit ad responsum *secundi Quaesiti*.

331 Ad quaesitum igitur 2^m R. 1. Sacramentum informe generatim dicit sacramenti materiam et formam rite positas, quae tamen propter defectum dispositionis in suscipiente effectum gratiae non produxerunt. Qui dispositionis defectus si sciens adeoque mala fide a suscipiente committitur, in genere sacramentum valide quidem sed informiter et sacrilege susceptum est; si defectus dispositionis committitur inculpabiliter seu bona fide, sacramenti susceptio informis est non sacrilega.

Verum sacramentum paenitentiae id speciale habet ut, si susceptio sit sacrilega, necessario sit etiam *invalida*, eo quod sincerus dolor qui pertinet ad *quasi-materiam* defuerit, deficiente autem recta materia, sacramenti ne valor quidem subsistat. Hinc ut sacramentum paenitentiae sit informe, id fieri nequit nisi ex defectu bona fide commisso. Quae sane est suppositio casus propositi.

R. 2. Possibilitas sacramenti paenitentiae informis reducitur ad illum casum, cum quis eum affert dolorem, qui sufficiat ad constituendam *materiam* sacramenti proximam, sed qui, sine formali paenitentis culpa, non sit sufficiens *dispositio* ad recipiendum effectum gratiae sanctificantis.

Si igitur possibilis fuerit dolor de peccatis, qui sit insufficiens dispositio ad gratiam sed sufficiens pro absolutione sacramentali, possibile est etiam sacramentum paenitentiae informe; si vero dolor qui sit insufficiens dispositio ad iustificationem, sit etiam insufficiens materia sacramenti, vel qui sit sufficiens materia sacramenti, sit etiam sufficiens ad iustificationem, impossibile est sacramentum paenitentiae validum et informe.

332 R. 3. Re ipsa de casu nostro proposito alii iudicant Caium *invalide* suscipere sacramentum paenitentiae. Alii putant Caium non valide tantum sed etiam *cum effectu gratiae sanctificantis* sacramentum suscipere: quod deducunt ex eo quod vel dolor in proposito contentus sufficiat utpote virtualis dolor universalis, vel quod sumi debeat adfuisse talem dolorem universalem formaliter, etsi non reflexe, at directe. Id potissimum ex eo repetunt quod peccatum quodlibet, si odio habeatur *sub ratione peccati seu offensae Dei*, ex motivo universali videatur ab homine odio haberi; sub ratione autem „*offensae Dei*" fideles debere peccata detestari, et re ipsa sic ea detestari quemlibet qui in confessione et absolutione sacramentali quaerat reconciliationem cum Deo.

Haec frequenter ita evenire facile dandum est; verum id semper et necessario ita esse, etiamsi aliquis in peccato consideret offensam Dei, satis incertum est. Quare alii cum Suarez, *De paenit*. disp. 20, sect. 5, n. 7; Lugo, *De paenit*. disp. 14, n. 88 et cum Thomistis tenent sacramentum paenitentiae seu absolutionem valide quidem conferri in tali casu, sed illud manere *informe*.

333 R. 4. Quodsi quaeritur quae sit huius distinctionis vis practica, respondeo in sacramento paenitentiae valido sed informi absolutionem iudicialem valide quidem ferri, at *cum effectu suspenso*, neque necessarium esse istius peccati accusati novam accusationem seu con-

fessionem fieri; suspensionem autem effectus e medio tolli ideoque absolutionem suum effectum sortiri *certo*, quando reliqua peccata paenitentis mortalia, oblivione omissa, clavibus rite subiecta absolvantur vel contritione perfecta aboleantur, *probabiliter*, quando de peccatis inculpabiliter omissis dolor attritionis pro sacramento sufficiens concipiatur, modo ne novum peccatum mortale interim commissum fuerit. Nam si ita fuerit commissum, ad recuperandum statum gratiae *certo* requiritur vel perfecta contritio, vel attritio cum reali sacramenti susceptione seu absolutione sacramentali. Cf. *Th. m.* II, 299.

Et quia revera probabile est in casu nostro vel casu simili esse sacramentum validum at informe, repetita accusatio peccati iam cum dolore particulari accusati imponi nequit.

DE CONFESSIONE. CONFESSIO INTEGRA.

Casus. (98)

Rusticus post annos e vitiorum caeno ad meliorem vitam reversurus ita confitetur: A *quinque annis* omnis generis luxuriam perpetravi; vixi in plena Dei et Ecclesiae oblivione; in pueritia commisi peccatum, quod semper tacui in prioribus confessionibus, sed nunc non amplius recordor, quid rei fuerit. Haec omnia sunt quae dicere possim.

QUAERITUR 1° quae et qualis distinguatur confessionis integritas.
  2° quae integritas requiratur quoad peccatorum species.
  3° quae sit necessaria quoad peccatorum numerum.
  4° quid sit dicendum de integritate confessionis Rustici.

Solutio.

AD QUAESITUM 1ᵐ R. 1. Integritas dicitur materialis et formalis. *Materialis* integritas confessionis habetur, si omnia peccata mortalia post baptismum commissa necdum directe absoluta accusantur.

Quae integritas *per se* requiritur, ita ut sine ea confessio per se non sit formaliter sufficiens vel integra, qua quis remissionem peccatorum consequatur.

Per accidens tamen fieri potest ut haec plena confessio non requiratur ad remissionem obtinendam, sive ut adsint causae ab illa integritate excusantes. Quod si obtinet, *formalis* integritas a materiali distincta ea est quae comprehendat omnia peccata quorum confessio *hic et nunc* est praecepta.

R. 2. Cum in iis qui multis peccatis mortalibus obnoxii sunt facillime accidere possit, ut aliquorum obliviscantur eaque inculpabilis oblivio re vera sit praecipua causa excusans: integritas necessaria iam communiter dicitur „confessio omnium eorum peccatorum mortalium, quorum post diligens examen memoria habetur". Ita expresse loquitur *Conc. Trid.* sess. 14, c. 5, atque docet ibidem: „Reliqua autem peccata, quae diligenter cogitanti non occurrunt, in universum eadem confessione inclusa esse intelleguntur." — Sunt tamen etiam aliae causae excusantes, de quibus infra dicetur.

335 Ad quaesitum 2^m R. 1. *Conc. Trid.* l. c. docet ad peccata integre accusanda pertinere ut etiam eae circumstantiae explicentur quae speciem mutent. Hinc aliis verbis necesse est ut dicantur infimae species seu omnes malitiae specificae, quae in peccaminosis actibus occurrerunt, nimirum eae quae ex sufficienti cognitione malitiae subiective contractae sunt et quarum conscientia habetur.

R. 2. Si quis aliquam specificam malitiam obiectivam, cum peccaret, nullatenus cognoverit seu ne dubitando quidem apprehenderit, eam postea confiteri non debet, quia re ipsa eam coram Deo non contraxit. Quod in rudioribus paenitentibus attendat oportet confessarius, ne plus eos vexet eosve obliget quam necesse sit.

R. 3. Verum ex eo quod quis totam malitiam obiectivam non cognoverit vel infimae malitiae specificae etiam contractae non amplius recordetur, non habet causam quae eum excuset a confessione eius malitiae cuius conscius erat et etiam nunc est.

R. 4. Circumstantias non mutantes speciem sed intra eandem speciem aggravantes confiteri consilium quidem esse potest, at non est obligatio. Quoniam vero paenitentes ipsi non ita clare distinguant circumstantias mere aggravantes et speciem mutantes, communiter instruendi sunt, ut confiteantur circumstantias *notabiliter graves*.

Attende autem posse esse circumstantiam aggravantem, quae physicam quidem actus speciem non mutet, mutet vero moralem: hanc in confessione explicandam esse patet, cum specifica differentia *moralis* seu malitia accusanda sit. Quod obtinet in circumstantia quantitatis quae, prout levior vel gravior est, constituat peccatum veniale vel mortale; immo haec distinctio peccati venialis et mortalis plus quam specifica, nimirum essentialis est, cum dividat peccata secundum supremas suas species vel analogicas.

336 Ad quaesitum 3^m R. 1. Quando numerus certus indicari potest, dici debet, isque ut certus; aliter non accusantur omnia et singula peccata. Attende tamen sufficere numerum secundum distinctionem, *moralem* actuum, non requiri secundum distinctionem physicam. Nam saepe actus physice plures pro actu moraliter uno computantur. De quo cf. *Th. m.* I, 241 sqq.

R. 2. Quando numerus certus haberi nequit, dicendus est approximativus, i. e. numerus cum aliqua latitudine determinatus seu cum aliquo dubio defectu et excessu. Quodsi accusatio ita bona fide facta est, postea vero numerus certus cognoscitur, necesse non est eum dein declarare, si numerus verus excessum non habet notabiliorem, quam qui in numero approximative manifestato comprehendebatur.

Quid vero censeatur comprehendi, intellege secundum normam communem, qua *circiter* 5 aequivalet 4—5, *circiter* 10 = 8—12, *circiter* 50 = 45—55, *circiter* 100 = 90—110 et sic porro.

R. 3. In magno numero peccatorum, quae a consuetudinario in certa quadam specie commissa sint, expedit quaerere, quoties circiter paenitens peccaverit in mense, in hebdomada, in die, neque alius computus est instituendus. Talis enim numerus et melius exprimit veritatem et meliorem dat de statu paenitentis cognitionem, quam numerus totalis peccatorum in unum collectorum. Immo si ne ille quidem numerus dici potest cotidianorum peccatorum, sufficit dicere tempus per quod consueverit paenitens quavis occasione data peccare, et notare si quae forte occurrerint peccata extraordinaria. Cf. S. Alph. VI, 466; Sporer III, 451 sqq.; Noldin, *De sacram.* 264 c; Génicot II, 285.

AD QUAESITUM 4ᵐ R. 1. Accusatio luxuriae commissae, etsi in omni genere spurcitiae Rusticus haeserit, nimis indeterminata est quoad species et numerum. Nam certe non quaslibet species aeque frequenter commisit. Dicere ergo debet saltem species peccatorum opere perpetratorum cum *aliqua* indicatione numeri per mensem vel hebdomadam, de internis vero peccatis facilius sufficiet indicasse tempus quo consueverit quavis data occasione labi, speciatim fortasse notatis extraordinariis peccatis eorumque numero approximativo.

R. 2. Circa omissionem totalem officiorum religionis et praeceptorum Ecclesiae in casu nostro sufficit dicere tempus per quod consueverit Rusticus in tali oblivione vivere: aequivalenter enim eo ipso dicit omnia illa peccata secundum speciem et numerum.

R. 3. Recte facit Rusticus, immo obligatur ad id ut fateatur aliquod peccatum mortale, cuius speciem plane non recordetur. Nam qui scit se peccasse mortaliter, nesciens qua specie, debet saltem actum suum fateri secundum generalem malitiam mortalis peccati. Nihilominus si postea recordetur, speciem declarare debebit.

R. 4. Debuit autem Rusticus etiam indicare in quotnam confessionibus illud peccatum celaverit: ac proin confessionem actualem extendere ad omnes illas confessiones praeteritas, seu ad totum vitae spatium, quod defluxit a prima confessione ante illud peccatum pueritiae rite instituta. Hinc patet confessario etiamnunc opus esse instituere multas interrogationes, vel etiam ad breve tempus Rusticum remittere, ut de prioribus vitae annis nonnihil apud mentem suam inquirat.

CONFESSIO PECCATI EIUSQUE EFFECTUS.

Casus. (99)

Lucullus in confessione se accusat de veneno dato ad occidendum inimicum et alia vice ad procurandum abortum; dein accusat se de aspectibus et tactibus graviter obscoenis, ex quibus solet quidem pollutionem habere sive vigil sive dormiens, sed hanc rem non commemorat, atque in vigilia etiam solet illi consentire.

QUAERITUR 1° obligatio confessionis integrae trahatne secum obligationem *effectus* confitendi.

2° Lucullus confessusne sit integre.

Solutio.

338   AD QUAESITUM 1^m R. 1. Si accurate loqui volumus, distingui debet actus externus peccati et peccati effectus. Actus externus, si est lege prohibitus, certo accusari debet, sicut etiam libera omissio actus praecepti; neque sufficit solam pravam voluntatem confiteri ex qua orta est sive illa actio sive omissio mala. Nam actus externus seu omissio actus externi complet re vera rationem peccati; sed peccatum, uti est commissum, accusari debet. *Th. m.* II, 307. 309; Reuter, *Th. m.* IV, 317; Lacroix l. 6, p. 2, n. 943 sqq.

R. 2. Effectus peccati, quando, cum fit, libere a voluntate sustentatur, habet rationem actus externi peccaminosi, adeoque accusari debet; si vero liberae voluntati non amplius substat, dum fit, *per se* obligatio non est eum confiteri, sed sufficit dicere causam talis effectus esse positam. Nihilominus aliquando necessarium est per accidens indicare effectum esse secutum vel non secutum, v. g. quando reservatio peccati vel censura ecclesiastica imponitur contra certum peccatum „effectu secuto". *Th. m.* l. c.; Reuter l. c. n. 318.

339   AD QUAESITUM 2^m R. 1. Per se sufficit ut Lucullus fateatur se venenum dedisse ad occidendum inimicum vel ad procurandum abortum, siquidem actus peccaminosus Luculli per hoc completus est, neque nova malitia accedit, sive mors sequitur sive non. Verum per accidens effectum debet fateri tum propter poenas ecclesiasticas, quibus obnoxius est effectu secuto et a quibus tum quaerenda est solutio, tum propter damni reparationem quae ei incumbit et ad quam urgendus est, si re vera effectus fuerit secutus.

R. 2. Per se non sufficit indicare aspectum, lectionem, tactum etc., ex qua tamquam ex causa secuta est pollutio: sed haec ipsa indicanda est. Id imprimis locum habet, si agitur de pollutione in vigilia, quae intendebatur vel cuius delectatio voluntarie capta est. Solum dici posset hanc per se intellegi. At id re ipsa non est semper verum, maxime non in lectione turpi, immo neque in aspectu et tactu; nam alii aliis vehementius commoventur. Si autem confessarius ex concretis circumstantiis intellegit eam obtinuisse, confessio, ex sese quidem non satis completa, fit sufficiens et completa *per accidens*.

Verum etiam quoad pollutionem in somno secutam indicari saltem debet utrum ille effectus intentus fuerit, vel utrum aspectus vel tactus talis fuerit, ut censeretur causa pollutionis securae efficax effectusque esset praevisus. Quodsi ita accusatio instituitur, perinde est quoad malitiam utrum re ipsa effectus *semper* fuerit secutus, an aliquoties per accidens non sit secutus. Nihilominus fieri potest ut etiam tum effectus secutus vel potius non secutus declarari debeat, si nimirum peccatum completum forte reservatum sit, aliter peccatum non-completum.

R. 3. Alia demum ratio accusandi effectus esse potest, si evigilans sibi in effectus secuti delectatione libidinosa complaceat. Verum in hoc casu novum omnino peccatum habetur, idque tale de quo cur interroget confessarius saepe rationem gravem habeat.

CONFESSIO CIRCUMSTANTIARUM.

Casus. (100)

Xenocrates, qui cum ancilla sibi cognata voto castitatis ligata peccavit, filiam cum famulo peccare passus est, parentibus maledixit, sic se accusat: de peccato luxuriae cum puella commisso, de alio peccato luxuriae non impedito, cum impedire potuerit, de odio contra proximum; pravas cogitationes confitetur non indicans, ipso die communionis et in ecclesia se iis inhaesisse; amicum nuper inebriavit, ut ex eo secretum aliquod extraheret, quod ita confitetur ut dicat se in apponendo aliis vino largiorem fuisse.

QUAERITUR 1° quaenam sint circumstantiae principales speciem mutantes quas peccator in confessione exprimere debeat.
2° quid de Xenocrate eiusque confessione sit iudicandum.

Solutio.

AD QUAESITUM 1ᵐ R. 1. Circumstantiae quae generatim moralitatem actus augent vel mutant sive in bonam sive in malam partem, in parte generali theologiae moralis enumerantur hoc versiculo:

„Quis, quid, ubi, quibus auxiliis, cur, quomodo, quando",

ita ut 1) persona agens, 2) id circa quod agitur, 3) locus, 4) media, 5) finis, 6) modus, 7) tempus aliquando specialem malitiam constituere possint. Quamquam fatendum est *circumstantias* non sumi solum sensu proprio et accurato pro iis quae *accedunt* ad actus moralitatem iam aliunde constitutam, sed pro quibuslibet condicionibus quae sive obiecto sive agenti nondum ex sese competunt, ac proin etiam pro iis condicionibus quae moralitatem seu malitiam actus *primo constituant*.

R. 2. *Modus,* qui hic considerandus est, maxime sumitur erronea conscientia atque scandalum, ex quibus peccatum alioqui veniale evadere potest mortale.

Finis, scilicet extrinsecus, qui in aliqua actione intenditur et actui in se spectato superadditur, si est graviter malus, certo in confessione exprimi debet, sive actio in se spectata mala est sive non.

Media adhibita, si quae propriam habent malitiam, a finis prosecutione distinctam, explicanda esse patet; alias sufficit indicare ipsius finis prosecutionem.

Tempus et *locus* aliquando specialem malitiam inferre possunt, si agitur de tempore vel loco sacro, cuius reverentiae certa actio repugnat.

Ante omnia autem circumstantiae *subiecti* et *obiecti* actionis specialem inferre possunt malitiam, id quod indicatur per „quis" et „quid". Illud „quid" non solum dicit rem presse sumptam, sed etiam comprehendit personam quacum vel circa quam peccaminosa actio exercetur. Igitur:

341 R. 3. Circumstantiae *personae agentis* specialem et novam malitiam inferunt vel etiam ipsam malitiam constituunt eius actus qui alias moraliter malus non est: 1) si speciali titulo personali alicui prohibita est certa actio, v. g. ratione voti, consecrationis, matrimonii; 2) si speciali titulo, non communi seu generali, actio aliqua, quam quis omittit, ei erat praecepta, v. g. si ratione superioritatis specialis alicuius cura praecipitur.

R. 4. Circumstantia personae *circa quam* vel *cum qua* peccaminosa actio exercetur specialem et novam inducit malitiam, si speciali titulo ei debetur actio quae peccaminose omittitur, vel si speciali titulo (v. g. ratione consecrationis) certa quaedam actio quae circa eam vel cum ea exercetur ei repugnat.

342 AD QUAESITUM 2^m R. 1. Xenocrates in multis defecit quoad integritatem confessionis. Et primo quidem in peccato luxuriae, si forte ipse matrimonio iunctus est, hanc circumstantiam personae peccantis debuit indicare, quia haec in peccatis luxuriae inducit malitiam adulterii. Dein ratione personae quacum peccavit circumstantia *voti* castitatis inducit in peccatum luxuriae malitiam *contra religionem*, nimirum sacrilegii si minus stricte et proprie dicti, tamen in latiore vel analogo sensu.

Item circumstantia cognationis inducit malitiam incestus in genus luxuriae. Demum ratio quod peccatum sit cum ancilla (neque hoc luxuriae proprium est sed quibusvis inhaeret peccatis, ad quae ancilla seducatur vel seduci permittatur) continere *potest* specialem malitiam violatae quasi-pietatis. Utrum scilicet haec specialis et nova malitia in Xenocratis peccato insit necne, pendet a cura Xenocrati erga ancillam demandata. Si eam suscepit a parentibus commissam, ut ipsorum locum teneat ancillaeque educationem quodammodo compleat utpote puellae minorennis, seductione non solum commune scandalum commisit, sed specialem obligationem quasi paternae pietatis graviter laesit.

R. 2. Quod Xenocrates filiam cum famulo peccare passus sit, certo non est solum contra communem caritatis obligationem, quae iubeat alienum peccatum, si sine graviore incommodo fieri possit, impedire (quae communis obligatio propter diversas incertitudines eventus saepe vel non obligat vel non obligat sub gravi); sed violavit graviter pietatem seu curam spiritualem filiis debitam. Debuit igitur hanc circumstantiam confiteri.

Num insuper quasi-pietas laesa sit relate ad famulum atque haec famulatus circumstantia sit confitenda, resolve ex ratione mox in R. 1. circa ancillam prolata. Verum etiamsi haec specialis quasi paternae curae neglectae malitia contracta non sit, tamen eo ipso quod agitur de famulo, qui moneri et corripi ab hero potest, Xenocrates vix immunis est a peccato contra commune caritatis officium, scilicet *fraternae correctionis*. Nam etsi haec erga extraneos quidem omnino raro obligat sub gravi, erga subditos sane obligat, nisi forte correctio ex una parte inefficax futura sit, ex altera parte non leve incommodum vel damnum hero inferat: quae excusatio in nostro casu locum non habet.

R. 3. Si *serio* parentibus maledixit, certe contraxit malitiam non contra communem caritatem proximis debitam, sed contra *pietatem*. Proin non satis erat dicere se proximum odio prosecutum esse, sed debuit dicere 1) se hoc peccatum contra parentes commisisse; 2) se maledixisse seu mala iis *optasse* et apprecatum esse: nam odium sua notione dicit simplicem *complacentiam* in malis vel displicentiam de bonis inimici, maledictio dicit *desiderium;* attamen simplex complacentia non est eiusdem infimae speciei atque desiderium — id quod manifeste ab omnibus tenetur et supponitur, quando tractant de peccatis internis contra castitatem.

R. 4. In luxuriosis cogitationibus adfuit circumstantia loci et temporis sacri: de qua quaeritur num specialem malitiam gravem addiderit. Circumstantia *loci sacri* inducit gravem sacrilegii malitiam, si agitur de actionibus externis, quae graviter dedecent loci sanctitatem, inter quas collocantur opera luxuriae externa; at internis peccatis, nisi actiones externas in loco sacro patrandas respiciunt, grave sacrilegium non censetur committi. *Th. m.* II, 384.

Circumstantia illa temporis, quod ipso die s. communionis peccatum commissum sit, ad quaelibet peccata mortalia fere aequali modo sese porrigit, neque censetur novam mortalem malitiam secum ferre. Fatendum tamen est luxuriae peccata specialem quandam indecentiam secum ferre, immo mortalem tum malitiam superaddere, si quando committantur immediate post s. communionem, sacris speciebus nondum corruptis. Neque tamen id luxuriae peccatis exclusive proprium est. Nam nemo est qui ambigat mortalem irreverentiam erga s. eucharistiam committi ab eo qui, manentibus adhuc sacris speciebus, ad ebrietatem vel ad vomitum usque vellet sese cibo et potu implere.

Quae extraordinariae circumstantiae cum apud Xenocratem non videantur exstitisse, integritas confessionis hanc sacri nec loci nec temporis mentionem postulavit. Attamen aliunde potest ea exponendi necessitas oriri, nimirum ex eo quod relapsus tam cito factus possit esse signum confessionis praecedentis non bonae. Quodsi fuerit, confessio male facta accusanda et repetenda est. Cf. *Th. m.* II, 312.

R. 5. Demum quod nuper amicum inebriavit secreti extrahendi causa, sane verbis valde obscuris texit potius quam declaravit. Excepto scilicet casu, quo propter gravissimas rationes et propter secretum *iniuste* celatum causam habuerit ebrietatis alienae permittendae, debuit Xenocrates 1) clare dicere se ex industria alterum inebriasse, quia malitiam ebrietatis volendo contraxit; 2) si fraude, altero non advertente, id commisit, *iniuria* peccavit, utpote invitum privans usu rationis; 3) si secreti cognoscendi ius non habuit, iniustitiam seu iniuriam commisit invadens alienum secretum, huiusque secreti usus, altero manente graviter invito, quovis casu novum peccatum est iniustitiae.

CONFESSIO SINCERA ET FRAUDULENTA.

Casus. (101)

Medardus caupo accusat se quod liberiores choreas ducendas permiserit et spectaculis parum honestis interfuerit: re ipsa id acciderat tempore Quadragesimae, et spectacula instituta erant ipsa Feria VI in Parasceve. Commisit etiam adulterium; sed, ne apertius id confessario sibi noto indicaret, post alia peccata indicata dicit se velle ad animi sui securitatem etiam praecipua peccata in ultimo decennio commissa includere, ne, si quid forte exciderit, maneat conscientia onerata: inter aliquot alia narrat etiam adulterium.

Meinradus, qui cum certa persona saepius peccavit, interrogatus num id in aliis confessionibus etiam acciderit, negat. Re ipsa a triennio lapsus non erat; sed antea, cum in iisdem circumstantiis esset, ut nunc, per plures annos fuerat consuetudinarius et recidivus.

Meinwardus, qui cum puella in eadem secum domo habitante saepius peccavit, post accusationem peractam de proxima occasione interrogatus eam negat, cum audisset puellam illam post trimestre domum relicturam esse, interim vero ipse proposuisset numquam amplius solus cum sola conversari.

Quaeritur 1° defectus sinceritatis in confessione quale sit peccatum.

2° quid de singulis casibus iudicandum.

Solutio.

Ad quaesitum 1ᵐ R. 1. Defectus sinceritatis committi potest mendacium proferendo et committi potest tacendo veritatem vel declinando responsum. In posteriore casu proprie tum tantum est sinceritatis defectus, quando supprimuntur ea quae vel paenitens de se, etiam non rogatus, declarare debet, vel ad quae interroganda et cognoscenda *confessarius ius habet*. Quodsi igitur in re gravi falsum scienter dicitur vel verum supprimitur, grave committitur sacrilegii peccatum.

R. 2. *Ex sese* paenitens sub gravi fateri debet omnia et singula peccata mortalia secundum speciem et numerum. Quare graviter peccat qui 1) grave peccatum falso sibi imponit, 2) qui commissum necdum directe remissum reticet, nisi forte excusantem causam habeat, 3) qui similiter reticet circumstantias speciem mutantes.

R. 3. *Interrogatus* sub gravi fateri debet: relapsum, consuetudinem, occasionem proximam, circumstantias aggravantes quae iudicium confessarii notabiliter mutant. Quare qui in his falso respondet, graviter peccat, si modo quoad consuetudinem, relapsum, occasionem sermo est de consuetudinario, recidivo, occasionario *sensu theologico*. Cf. *Th. m.* II, 308. 313. Huc refertur thesis ab Innoc. XI damnata (58) „Non tenemur confessario interroganti fateri peccati alicuius consuetudinem."

AD QUAESITUM 2ᵐ R. 1. Publicis spectaculis Fer. VI in Para- 346
sceve cooperari vel solum sponte assistere censetur circumstantia quae
gravem malitiae speciem addat: quapropter haec circumstantia sup-
primi non poterat. Quoad choreas reliquo tempore Quadragesimae
institutas, si magnus erat excessus, idem valet; ceterum hac in re
multum pendet a loci consuetudine vel e contrario a scandalo.

R. 2. Quoad adulterium Medardus arte qua utitur satis aperte
negat adulterium esse recenter commissum; immo inter peccata quae
cum adulterio addit esse aliquod quod nondum est accusatum *pro
dubio* aperte proponit, cum dicat, „si quid *forte* exciderit". Sed peccatum recenter commissum ut peccatum antiquum declarare necessario
impedit confessarium a recto iudicio eumque in re gravi decipit; similiter peccatum grave certo nondum accusatum declarare ut dubie
nondum accusatum deceptio gravis est. Ex quibus concludi debet
commissum esse grave peccatum defectu sinceritatis.

Aliud esset, si Medardus nihil distinguens inter peccata antiquitus
et recenter commissa a decem annis confessiones repetisset, neque
confessarius accuratius interrogasset. Confessarius enim de hac quidem
distinctione interrogandi ius habet; si interrogat, paenitens sincere
fateri debet; at obligationem interrogandi confessarius non semper
habet, immo saepe prudenter rem dissimulabit. Aliis verbis: confessarius tali agendi modo non decipitur, sed ipse a maiore informatione, cuius capiendae ansa praebetur, ex suo iudicio abstinet.

R. 3. Quod ad *Meinradum* attinet, fieri potest ut ipse puta- 347
verit confessarii interrogationem esse de confessionibus proximis. Idque re vera regulariter ita est. Et sane, si condicio Meinradi prorsus
immutata esset, recte iudicasset se de peccatis plane praeteritis, a
quorum consuetudine diu emendatus sit, neque interrogari neque respondere debere; ac proin se posse cum satis aperta restrictione negare. Verum re ipsa condicio Meinradi non ea erat, sed eadem erat,
in qua ante annos misere in peccatis haeserit. Quare dubium non
est quin contra fas confessario interroganti priores relapsus negaverit.
Quodsi ante annos *cum eadem persona* quacum nunc peccaverat et
ad relapsum devenerat, nullatenus, ne subiective quidem, a gravi
sacrilegio ratione mendacii in confessione excusandus est; immo etsi
fuerit cum alia persona sed in iisdem circumstantiis, obiective certe
graviter peccavit, atque etiam subiective eum graviter peccasse gravissima praesumptio est, cum ab homine rationabiliter considerante,
nisi valde rudis vel stupidus fuerit, haec condicionum aequalitas atque peccandi periculum de quo confessarius quaerat satis vivide statim
apprehendatur. Cf. *Th. m.* II, 313.

R. 4. *Meinwardi* dicendi modus, regulariter loquendo, a gravi 348
peccato seu mendacio in confessione excusandus non est. Obiective
enim ipse erat et mansit etiam nunc per aliquot menses in occasione
peccandi, quae hucusque erat proxima: de qua interrogare confessarius ius habet. Proposuit quidem eam reddere formaliter remotam.
Sed si hoc propositum paenitentis sufficeret ut occasionem obiective

exsistentem liceret per restrictionem negare, ius confessarii in quolibet casu illusorium esset. Nam quicumque ad confessionem accedit, non plane ficte, is sibi persuadebit se redditurum esse occasionem abhinc formaliter remotam. Verum confessarii est iudicare utrum huic voluntati vel persuasioni fidi possit, an acerbiora remedia sint necessaria.

Dixi *regulariter loquendo.* Nam si Meinwardus in rebus moralibus instructus erat, possibile est ut prae oculis habuerit principium: occasionem proximam confessario manifestandam esse, si sit formaliter proxima et, ut dein male quidem at sine gravi malitia ratiocinatus sit, suam occasionem iam non esse amplius formaliter proximam. Sed sola stultitia et magna propriarum virium praesumptio in tali casu eiusmodi paenitentem excusaret a formali peccato gravi.

CONFESSIO IN DUBIIS DE PECCATO.

Casus. (102)

Claudius post liberiorem iuventutem sacros ordines suscepit; sed paullo post pristina vitia reviviscunt, et cum lectione periculosa cogitationibusque lubricis ludens saepe graviter dubitat num plene consenserit; sed veritus tam saepe ad confessionem accedere, sine confessione celebrat. Dein recordatur peccati in iuventute commissi, quod sitne confessus annon plane dubitat; similiter dubitat de peccato ante annum fere commisso, quod scit se in proxima confessione omisisse, ne laederet sigillum. Silet de iis utpote dubiis.

Quaeritur 1° sitne obligatio confitendi peccata dubia.
2° quid de Claudii agendi ratione censendum.
3° quid, si peccatum illud dubium haberet censuram reservatam annexam.

Solutio.

349   Ad quaesitum 1^{m} R. 1. Peccata dubia, de quorum confessionis necessitate disputatur, possunt esse 1) *dubie commissa,* ita ut de ipso facto dubitetur; 2) certo quidem commissa, sed *dubie gravia,* ita ut de sufficienti advertentia ad gravem malitiam vel de perfecto consensu dubitetur; 3) certo quidem commissa et certo gravia, sed *dubie* iam in confessione *accusata.* In quibus diversis dubiis imprimis hoc notari debet: in *primo* et *tertio* dubio agitur de facto; sed principium ab omnibus admissum est factum in dubio non praesumi sed probari debere. Quod principium in primo quidem casu valet in favorem libertatis, in tertio contra libertatem, non tamen eodem modo: nam ut confitendi obligatio imponatur, per se non sufficit probabilis probatio commissi peccati; verum ut pro exstincta habeatur obligatio confitendi, factae confessionis probatio sufficit probabilis. Nihilominus in quibuslibet istis dubiis *practice* dubium fere semper *ex praesumptione* solvendum est tum in favorem libertatis, tum contra eam.

R. 2. Ut tamen dubium a dubio distinguatur, adverte: dubia illa enumerata posse esse utrimque negativa, utrimque positiva, ex una parte negativa, positiva ex altera. *Positive* dubium dicitur, quando adest positiva ratio tanta, quae certitudinem quidem non pariat seu ad certum assensum non sufficiat, sufficiat tamen ad prudentem assensum etsi probabilem tantum. *Negative* dubium adest, quando ratio, quae afferri possit, *non sufficit ad prudentem assensum;* ergo res negative dubia dicitur non solum quando nulla adest ratio positiva, sed etiam quando ratio quidem adest neque ea plane futilis seu levis, sed eiusmodi quae assensum quidem secum trahere non mereatur, at sufficiat ad movendam suspicionem. Reuter, *Th. m.* IV, 304.

R. 3. Si utrimque est positive dubium, seu utrimque probabile peccatum esse commissum, vel peccantem peccasse graviter, non est obligatio illud peccatum confitendi; sed si similiter est utrimque positive dubium seu probabile in confessione illud peccatum esse accusatum, obligatio confitendi pro exstincta haberi potest. S. Alph. VI, 473. 477, qui in posteriore quidem casu obligationem confitendi urget, nisi gravis praesumptio sit pro facta confessione, sed affert gravissimos auctores pro sententia benigniore.

R. 4. Si utrimque negative dubium est, peccatum esse commissum, vel commissum esse ut mortale, obligatio confitendi non potest imponi; verum si similiter negative dubium est peccatum esse in confessione accusatum, non potest pro exstincta haberi obligatio confitendi. S. Alph. l. c. n. 474. 477.

R. 5. Si dubium est ex una parte negativum, et ex altera parte positivum, pars negativa non est attendenda; verum pars positiva in hoc casu non solum in favorem libertatis, sed etiam plerumque contra libertatem practice attendi debet, saltem si ratio positiva est relative gravis, neque contraria praesumptione diluitur, scilicet:

1° si constat de peccato commisso et gravis ratio est putandi illud in confessione nondum esse accusatum, confessio fieri debet.

2° si gravis ratio est ad asserendum actum peccati, nulla gravis ratio in contrarium, sustinenda est obligatio confitendi, quia in dubio facti eiusmodi graves rationes efficiunt moralem quandam certitudinem.

3° si de actu constat, et gravis ratio, etsi non plane convincens, adest actum commissum esse cum reatu gravi, urgenda est obligatio confitendi, si modo, ratione habita praesumptionis de statu paenitentis, illa ratio gravis manet. Videlicet si umquam alias, in hoc casu fere semper diiudicanda res est ex praesumptione secundum habitualem paenitentis conscientiam, quae ibi imprimis moralem efficit certitudinem. Qui enim laxae vel satis largae conscientiae est, in dubio debet confiteri, quia, nisi re vera graviter peccasset seu consensisset, vix dubitaret. E contrario qui strictae, ne dicam scrupulosae, conscientiae est, in dubio a confessione potius prohibendus est, quia, si peccasset, non dubitaret sed certus esset, confessio autem inanium dubiorum timorem et haesitationem auget. Qui timoratae conscientiae est, medius inter laxam et strictam, confiteri non tenetur, sed neque prohibendus est, quia ad teneritudinem conscientiae expedit in confessione non ad sola rigorose necessaria sese restringere. S. Alph. l. c., Reuter l. c. IV, 305 sqq.

Ad quaesitum 2^m R. 1. Ex iis quae de Claudio narrantur, dicendum est eum debere eiusmodi cogitationes confiteri, ac proin timendum est valde, ne sacrilege celebraverit. Nam si sibi conscius est se voluntarie lusisse cum pravis cogitationibus, iam sese exposuit periculo, et si forte dubium sit, num ad hoc periculum plane animadverterit, tamen dubium ulterius, num usque ad consensum pervenerit, creat tam gravem praesumptionem contra eum, ut pro immunitate a peccato gravi non habeat solidam rationem. Atque ita saltem in similibus casibus pro futuro urgeri omnino debet, ut non audeat sine confessione praemissa ad sacrum accedere. Quoad praeteritum res demum pendet ab eo, quomodo sibi conscientiae dictamen formaverit. Cum enim sit homo instructus, potuit evenire, ut certo dictamine iudicaret se propter dubium ad confessionem non teneri. Quamquam asserenti se tale dictamen certum habuisse, non nimia fides adhibenda est, quia non raro accidit, ut quis hac in re ipse sibi illudat. Verum res divino iudicio demum est relinquenda.

R. 2. Si Claudius autem habitualiter horreret peccata mortalia, neque ex industria eiusmodi rebus lubricis mentem occupasset: in dubio de consensu suaderi quidem deberet confessio, antequam sacrum faceret, nisi sit nimis strictae conscientiae; tamen vere imponi obligatio nequit, maxime si accedit ratio gravis verecundiae.

R. 3. De peccato in iuventute commisso, si quando postea fecit confessionem generalem cum debita praeparatione, ex praesumptione iudicari potest factam esse confessionem, adeoque illud nunc tacere potest. Circa aliud peccatum habet de *facta* confessione dubium negativum tantum, seu rationem positivam nullam vel levem; quapropter illud nunc debet confiteri.

Ad quaesitum 3^m R. Etsi peccatum illud ex se censuram reservatam habeat annexam, in dubio censura quidem contracta vel non contracta est pro facti veritate, at reservatio censurae non exsistit. Quapropter quilibet confessarius Claudium a censura liberare potest et liberat, saltem quando illud peccatum, etsi ut dubium, confitetur.

Lugo, *De paenit.* disp. 20, n. 23 haec habet: „Absolvens ab haeresi dubia valide absolvit, et absolutio valebit, licet postea constet de certitudine incursae censurae. Non enim fuit data sub condicione de futuro, scilicet si postea non constaret de veritate; quia non est in usu Ecclesiae talis modus absolvendi ab excommunicatione; ergo si in dubio tollitur reservatio, et datur potestas absolvendi a censura, absolutio valida est, quidquid postea consequatur. Si autem semel valida fuit, non potest postea excommunicatio redire sine nova culpa. Non enim data fuit absolutio ad reincidentiam, nec dari potuit, nisi in casibus iure expressis, qualis non est iste; ergo manet paenitens absolutus ab excommunicatione."

IN CONFESSIONE MENDACIUM.

Casus. (103)

Veronica confessario invito aliquando alios confessarios adit, verecundiae causa, ut incognita incognito graviora fateatur. Quas confessiones ordinario confessario studiose tegit, dicendo se a 15 diebus non venisse ad confitendum, etsi pridie ab alio confessario absoluta sit, atque confitendo nunc leviora praeteritis hebdomadis commissa. A confessario, qui rem suspicatur, interrogata num alio perrexerit vel ab alio confessario absolutionem acceperit, ambigue primum respondet, dein aperte negat, ne se reprehensionibus confessarii exponat. Ita in Gury, *Casus consc.* II, 443 sq.

QUAERITUR 1° sitne Veronica in illis circumstantiis mentita vel ob grave mendacium sacrilege confessa.

2° quid sentiendum de confessariis, qui aegre ferant quod paenitentes alios confessarios adeunt, idque iis interdicant.

Solutio.

AD QUAESITUM 1ᵐ R. 1. Supponi hic potest — id quod communiter admittitur — iudici, interroganti non legitime seu non iure suo, mere negare factum, non censeri mendacium, sed licitam restrictionem non pure mentalem. Quare ad solvendam nostram quaestionem videri debet, num confessarius ordinarius legitime seu iure suo Veronicam interrogaverit.

R. 2. Dubium non est quin omnes istae interrogationes sinceraque responsa conferant ad pleniorem conscientiae cognitionem. Quare si agitur de persona, quae sese sub plena alicuius confessarii obedientia constituit, eiusmodi responsa declinare est defectus sinceritatis, isque pro variis circumstantiis diversimode gravis. Immo cuicumque profectus spiritualis serio cordi est, eiusmodi effugia cum Veronica non quaeret, vel, si confessario in his rebus non fidit, confessarium mutabit. Verum de maiore perfectione nunc quaestio non est. Neque negaverim posse singulares casus evenire, in quibus etiam homini perfectionem sectanti consultum sit certum aliquod factum ordinario confessario occultare. Restat igitur videre quid *summo iure* confessarius exigere possit.

R. 3. Ius confessarius non habet impediendi paenitentes ab aliis confessariis; neque ius habet exigendi iteratam confessionem eorum peccatorum, quae rite absoluta sunt. Nam iure divino sufficit semel rite confiteri peccata mortalia, idque legitimo superiori eiusve delegato. Ex quo autem omnes in dioecesi confessarii pro tota dioecesi soleant accipere approbationem et iurisdictionem, cuilibet integrum est, ex omnibus his ab episcopo delegatis quemlibet confessarium eligere, apud quem conscientiam suam deponat. — Si igitur ordinarius Veronicae confessarius eius parochus est, Veronicae quidem superior est, at eam cogere nequit, ut in confessione coram se appareat, quia altior superior quam plurimos delegatos constituit ad arbitrium paenitentium eligendos. Si vero confessarius ille parochus Veronicae non est, multo minus ullum ius in eam eiusque confessionem habet, quia iurisdictionis usu non potitur nisi in eos, qui sponte et proprio arbitrio accedunt. Interrogationes vero, quas confessarius facit, tendunt in hoc, ut libertas Veronicae restringatur: ergo non solum non agit iure suo, sed iniuriam potius Veronicae infert. Unde fit ut Veronicae liceat responsum declinare, vel etiam cum restrictione in his circumstantiis satis obvia factum negare.

Ex *ipsa* igitur *re* non est, cur Veronica dicatur peccasse, vel immo grave sacrilegium commisisse: fieri tamen potuit, ut ex erronea conscientia, quae in eiusmodi rebus facilius exsistit, peccaret.

R. 4. Supponi etiam debet Veronicam non esse in occasione proxima peccandi, neque agi de relapsu, quo dubia evadat actualis eius dispositio: nam si ita est, debet statum suum fateri, quatenus nimirum ad *actualem* statum cognoscendum cognitio praeteritorum peccatorum sit necessaria.

R. 5. Id quoque in responsis datis supponitur, scil. Veronicam non praetendere adeoque simulare singularem animi puritatem, qua digna iudicetur, quam admittat confessarius ad communionem *frequentem* vel *cotidianam*. Quamquam etiam tum, saltem si *habitualiter* in ea puritate viveret, quae necessaria esset ad frequentem illam communionem, *casu* autem aliquando cecidisset statimque resurgeret, neque tamen auderet, ordinario confessario factum confiteri, gravis peccati ex defectu sinceritatis accusari non posset.

Ad quaesitum 2^m R. 1. Confessarii, qui suos paenitentes prohibent, ne alios confessarios adeant, gravissimam iis iniuriam inferunt; neque haesito, quin eos gravis peccati incusem. Summum certis paenitentibus suadere possunt vel etiam iniungere, ut *generatim* apud eundem confessarium confiteantur, neque tamen se ipsos possunt iis obtrudere.

R. 2. Immo etiam ii, qui accessum ad alium confessarium non expresse prohibent, sed graviter ferunt sibique displicere ostendunt, timere debent ne *graviter* peccent. Nam hoc modo paenitentes non audaces moraliter cogunt, ut apud se confiteantur; atque facillime causa sunt, cur ex pudore peccata gravia omittantur et sacrilegiis sacrilegia addantur, idque ex *iniusta sua* actione. Cf. Gury l. c.

CONFESSIO PECCATI EX OBLIVIONE OMISSI.

Casus. (104)

Evodia, novitia alicuius congregationis, per longius tempus misere lapsa et prae verecundia sacrilege confessa, demum inter sacra exercitia conscientiam suam pandit; at cum nunc vix omnium peccatorum recordetur, timet ne aliquot peccata oblivione omittat, quae si postea ordinario confessario fateri debeat, miseria illa praeterita huic ignota non manebit. Quod cum horreat, magister exercitiorum eam securam esse iubet; si quod nunc oblita fuerit, se posse sibi post aliquot menses, cum redux fuerit, illud aperire.

Quaeritur 1° quomodo remittantur peccata oblivione aliove inculpabili titulo in confessione omissa.
2° sitne obligatio illa quam primum vel ante s. communionem vel in prima confessione confiteri.
3° quid iudicandum de Evodia et magistri exercitiorum consilio.

Solutio.

Ad quaesitum 1ᵐ R. 1. Quamprimum confessio est formaliter integra et absolutio valida, valet id, quod *Conc. Trid.* sess. 14, c. 5 de peccatis inculpabili oblivione omissis dicit: „Reliqua autem peccata, quae diligenter cogitanti non occurrunt, in universum eadem confessione inclusa esse intelleguntur"; seu homo e statu peccati in statum gratiae sanctificantis transfertur.

R. 2. Nihilominus haec peccata *indirecte tantum* absoluta sunt, non directe seu per sententiam, quae in ea, ut specifice talia, iudicialiter lata sit. Dicuntur indirecte absoluta, quia non ipsa formalis *absolutio*, sed eius effectus ista peccata cum reliquis abstulit; nimirum gratia sanctificans, quae est effectus absolutionis, quodlibet peccatum mortale quoad reatum culpae delet.

Ad quaesitum 2ᵐ R. 1. Certissimum est peccata illa omissa, si postea memoriae occurrunt vel si ratio ea tacendi desiit, accusanda et directa absolutione remittenda esse. Nam anticipatus quidem est effectus sacramenti etiam quoad *haec* peccata, at similiter fere, ut anticipari potest effectus sacramenti quoad *omnia* peccata per contritionem perfectam; sed haec effectus anticipatio non fit sine relatione ad medium a Christo per se institutum ut ordinarium. Et sicut in eo, qui contritione perfecta iustificatus est, remanet obligatio confitendi et absolutionem recipiendi quoad omnia peccata, ita etiam in eo, qui aliqua peccata mortalia in confessione inculpabiliter omisit, remanet obligatio haec omissa peccata confitendi et recipiendi ab iis absolutionem. Cf. *thesin 11* ab Alex. VII *damnatam:* „Peccata in confessione omissa, aut oblita, ob instans periculum vitae aut ob aliam causam non tenemur in sequenti confessione exprimere."

R. 2. Haec confitendi obligatio non urget per se quam primum. Nam ne apud eum quidem, qui neutiquam peccati gravis commissi remissionem sibi procuravit, est *obligatio quam primum se cum Deo reconciliandi*, etsi propter vitae humanae incertitudinem periculosissimum sit hoc differre; minus etiam apud eum est obligatio confitendi quam primum, qui per contritionem perfectam reconciliationem cum Deo obtinuit; magis etiam neganda est haec obligatio in eo, qui non sola contritione — quae via minus secura est — reconciliationem quaesivit, sed per sacramentalem absolutionem obtinuit.

R. 3. Num urgeat obligatio confitendi, cessante ante s. communionem impedimento, non una est theologorum sententia. Veteres theologi longe communius affirmant necessitatem tum ex verbis *Conc. Trid.* sess. 13, c. 7, tum ex universali praxi Ecclesiae. Verum post

S. Alphonsum VI, 257 sententia negans strictam obligationem practice probabilis evasit. *Th. m.* II, 325.

359   R. 4. Plane indubium est debere illorum peccatorum accusationem fieri in *prima* confessione, quae, cessante impedimento, sive ex obligatione sive libere instituitur. Nam haec ipsa confessio, nisi dicantur peccata antea omissa, non erit secundum doctrinam *Conc. Trid.* sess. 14, c. 5 *integra* omnium peccatorum, quorum paenitens sibi conscius est. Illud enim „sibi conscium esse" seu „peccatorum conscientiam habere" nihil aliud significare potest quam „conscientiam habere peccati *nondum clavibus Ecclesiae submissi*", non potest significare: „conscientiam habere peccati *nondum utcumque remissi*"; nam hanc conscientiam etiam ille non habet, qui contritione perfecta cum Deo se reconciliavit, minus etiam qui sine confessione extrema unctione munitus est: sed hos a peccatorum confessione excusari quilibet pro absurdo habet. Cf. *Th. m.* II, 326; Marc II, 1699; Viva in *theses damn. 11 ab Alex. VII;* Ballerini-Palm., *De paenit.* n. 348. In loco postremum laudato haec habes: „Oportet vero illud [peccatum omissum ex oblivione] in *proxima* confessione, quae fiat vel sponte vel ex obligatione, manifestare, quia lex praecipiens integritatem confessionis comprehendit, iuxta constantem in Ecclesia interpretationem legis, omnia peccata nondum per absolutionem *iudicialiter* remissa: nam ipsa confessio praecipitur, ut haec absolutio obtineatur."

360   AD QUAESITUM 3ᵐ R. Responsum Evodiae datum in se falsum est; nam si re vera Evodia recordatur peccati gravis nondum rite accusati, alterutrum eligere debet: aut nullam confessionem facere usque ad reditum illius directoris exercitiorum, aut, si id nequeat, sincere fateri peccatum omissum. Verum si director exercitiorum bene examinaverit Evodiam, cum eius confessionem generalem exciperet, moraliter certus esse potest se omnia essentialia interrogasse; ac proin licebit Evodiae dicere: Si postea *dubitaveris* de circumstantiis non satis declaratis, secura esto, non teneris ea dicere, potes tamen postea mihi redeunti ea manifestare.

CONFESSIO APUD CONFESSARIUM LINGUAE IGNARUM.

Casus. (105)

Plautus confessarius, cum confessiones audiat in lingua peregrina, alicuius paenitentis confessionem plane non intellegit; quem cum velit ad alium confessarium linguae regionis peritum dirigere, difficulter permovere potest, dicentem se bene ipsum confessarium intellegere. Quare ne tempus inutiliter terat, paenitentem interrogat, ita ut necesse non sit nisi ut aut affirmet aut neget; dein absolvit. Similiter cum reperiat paenitentem peregrinum, qui suae linguae confessarium non habeat nisi 6 leucis distantem, absolvit quater in anno, particulari peccato vix intellecto.

Carpitur propterea ab alio sacerdote, qui dicit se in tali casu usurum esse interprete.

QUAERITUR 1° possitne fieri confessio apud confessarium linguae paenitentis ignarum.
2° adhibendusne sit interpres.
3° quid ad casus propositos dicendum sit.

Solutio.

AD QUAESITUM 1^m R. 1. Quando confessarius et paenitens diversa utuntur lingua seque invicem non intellegunt, fieri posse ut solo intellecto peccato in genere absolutio detur, apud omnes in confesso est. Quantum tamen fieri potest, curari debet, ut aliquod peccatum *in specie* intellegatur. Ceterum dubium de valore absolutionis, quod, nisi peccatum in specie intellegatur, nonnulli movent, merito spernitur, si attendis responsa *S. Officii* mox afferenda ad 2^m. Cf. S. Alphons. l. c. n. 479; Baller.-Palm. l. c. n. 393.

R. 2. Ut autem sic procedere liceat, debet et abesse confessarius linguae gnarus, apud quem confessio integra fieri possit, et adesse debet aliqua necessitas confitendi, v. g. lex ecclesiastica iubens communionem paschalem, necessitas reconciliationis paenitentis vel dubium de statu animae magnumve paenitentis solatium. Cf. *eosdem ibid*.

AD QUAESITUM 2^m R. 1. Si quis paenitens interpretem adhibere *vult*, nequit impediri, etsi ob solum animi solatium ita velit. *S. C. de Prop. F. coram SS^{mo} habita* d. 6. Sept. 1630 decrevit: „eos qui volunt sponte per interpretem confiteri, nec aliter possunt, non debere prohiberi; sufficiet praecavere abusus et scandala, ut interpretes moneantur de obligatione ad observantiam secreti." *Collect. S. C. de Prop. F.* n. 951.

R. 2. Verum *obligatio* adhibendi interpretis non est, etsi sine eo confessarius non intellegat nisi peccata in genere. Habetur responsum *S. Officii* d. d. 28 Febr. 1633: „Utrum in regionibus longinquis catholicus, multis annis inconfessus, signis dumtaxat ob idiomatis defectum petens absolutionem, possit absolvi absque ope interpretis?" R. „Non opus esse interprete in casu proposito, sicut etiam posse et debere absolutionem peccatorum impertiri exhibenti signa, quae potest... dummodo sufficiant ad exprimendum aliquod peccatum in specie. In casu vero quo quis conatur, quantum potest, exhibere signa peccatorum in specie, nequeant autem omnino intellegi, absolvi posse per solam manifestationem peccatorum in genere." Baller.-Palm. l. c. ex Bucceroni, *Enchirid.* pag. 160.

R. 3. Nihilominus *S. Off.*, cum adhibendi interpretis obligationem neget, consilium dat: „Missionarii cum paenitentibus, quorum idioma ignorant, agentes *hortentur* illos adhibere interpretem, per quem confiteantur omnia peccata: quod si hoc nollent, saltem confiteantur *aliqua per interpretem*, et reliqua per nutus et signa, quantum possunt: quodsi nulla velint per interpretem confiteri, confiteantur per signa omni meliore modo quo poterunt, sicut fit in mutis; sed missionarii curent addiscere de unaquaque lingua inibi usuali illa pauca verba, quae sunt necessaria ad explicanda praecipua peccata." *Ibid.*

363 AD QUAESITUM 3^m R. 1. In *primo* casu Plautus, si moraliter certus erat se, interrogationibus factis, posse omnia peccata mortalia essentialiter integre intellegere, recte egit; alias debuit paenitentem omni conatu a se dimittere, quia in hoc casu necessitas deficiendi ab integritate non aderat.

R. 2. In *secundo* casu potuit aliquoties in anno, si paenitens se sistebat et cupiebat absolvi, eum absolvere post conatum adhibitum intellegendi, quantum possibile erat, aliqua peccata in specie: ita saltem si agebatur de paenitente rudi et paupere in iis circumstantiis versante, quibus valde grave erat *sex* leucas conficere. Si vero agebatur de homine, cui grave incommodum non erat iter sex leucarum sive peditem sive curru conficere, paenitens potius relegandus erat ad confessarium illic degentem, nisi instantanea aliqua necessitas fuerit orta. — Verum si paenitens sponte praeferat per interpretem confiteri integre quam iter facere, Plautus potuit et debuit eum admittere.

R. 3. Quoad obligationem interpretis adhibendi patet responsum ex dictis.

ANGUSTIAE TEMPORUM CAUSA AB INTEGRITATE CONFESSIONIS EXCUSANS.

Casus. (106)

Rufus praefectus sodalitatis, quae celebrat generalem communionem, cum insignibus sui muneris devotus flectit in choro ecclesiae, sed cum sacerdos missam celebrans ad *Pater noster* pervenisset, Rufus stimulis conscientiae agitatus subito surgit, intrat vicinam sacristiam, ibique sacerdoti quem reperit dicit: heri sacrilege confessus sum; quid miser nunc faciam, cum instet s. communio? Confessarius eum iubet ilico elicere contritionem et postea confiteri, interim eum absolvit et mittit ad s. communionem.

Similiter Serapion celebrans, cum inter contionem cum ministris sedet, contione tactus incipit timere de statu suo, cum ab anno iam haereat in caeno peccati. Contione finita, sacerdoti assistenti qui munere diaconi fungitur, breviter dicit: da, quaeso, mihi absolutionem a sacrilegiis aliisque meis peccatis, postea plura. Qui morem gerit. Postea Serapion, secum reputans se confessione et absolutione ad statum gratiae restitutum esse, differt confessionem, dum denuo peccatum grave commiserit.

QUAERITUR 1° angustiae temporum et timor infamiae sintne causae ab integritate confessionis excusantes.

2° potuerintne Rufus et Serapion, ut in casu, absolvi.

3° complenda confessio potueritne differri, dum aliunde oriretur eius obligatio.

Solutio.

364 AD QUAESITUM 1^m R. 1. Ante omnia notandum est incommodum neque pudoris neque alterius generis ullum, quod *per se* conexum est

cum confessione integra, excusare ab integritate; adeoque nec solam prolixitatem confessionis. Quae, si forte praebeat alicui conspicienti ansam suspicandi de compluribus peccatis, tamen nimis vaga ratio est movendae gravis suspicionis seu diffamationis. S. Alph. VI, 485, Baller.-Palm. l. c. n. 427.

R. 2. Si vero damnum aliquod grave confessioni extrinsecum et extraordinarium sive in fama sive in aliis bonis ex hac confessione, si integra fieret, sit oriturum, lex integritatis suspenditur. Circa quod Baller.-Palm. ex Roncaglia haec approbans affert: „Adest pariter moralis impotentia, si ex integra confessione immineret paenitenti grave famae dispendium, vel quia e. g. sit in talibus circumstantiis, ut alii etiam audituri sint sua peccata; vel, si integre confiteretur, confessio futura esset valde prolixa cum gravi ipsius nota, quod accidere potest, si *urgeat necessitas communicandi* vel celebrandi atque adeo ex valde prolixa confessione necessario paenitens infamiae notam incurrat".

Ad quaesitum 2ᵐ R. 1. In *primo* casu re ipsa urget necessitas 365 communicandi. Quare si Rufus nunc detineretur neque cum aliis s. communionem sumeret, sane gravis suspicio gravium peccatorum commissorum incurreret. Confessus igitur *aliquod* peccatum et sincere dolens recte potuit absolvi.

R. 2. Si Serapion in paratu sacerdotali cum ministris sedebat auditurus contionem, neque inter contionem sine admiratione recedere potuit, vel si tum demum, cum contio finita et sacrum prosequendum erat, gratia tactus dolere incepit: recte actum est. Potuit enim, indicato aliquo, maxime graviore, peccato, nunc statim absolvi. Si vero toto illo tempore versabatur in sacristia atque cum ministro sacerdote solo solus quasi negotium tractaturus diutius conversari potuit, debuit sane integram confessionem facere.

Ad quaesitum 3ᵐ R. 1. Certum est potuisse tum in priore 366 casu Rufo, tum in posteriore Serapioni confessarium imponere obligationem gravem, ut *statim* postea confessio compleretur. Id confessarius ut iudex facere seu imponere potuit sive titulo satisfactionis sacramentalis sive titulo complendi iudicii incepti, sive etiam titulo medicinae, ut remedia apta et necessaria possent praescribi.

R. 2. Immo in posteriore casu videtur haec intentio adfuisse, cum ipse Serapion verbis illis „postea plura" promisisse videatur se mox completurum confessionem; qua acceptata promissione sacerdos assistens absolvit. Nihilominus cum de hoc non constet, nisi sacerdos absolvens in alterutro casu positive iniunxerit ut statim eodem die compleatur confessio, dilationem etiam longiorem non audeo peccati eiusque gravis condemnare, si modo in *prima* confessione secutura omnia sincere accusentur.

R. 3. At pro Serapione alia ratio urget. Cum sit sacerdos atque saepius vel cotidie soleat celebrare, oritur quaestio num eodem modo quo dictum est supra n. 358 probabiliter negari possit eius obligatio, cessante impedimento, ideo hic statim, confitendi peccata omissa, antequam denuo, v. g. sequenti die, celebret. (Idem dic de Rufo, si voluerit iterato sumere sacram communionem.) Quod hic censeo admitti non posse. Sentio omnino debere fieri integram confessionem hoc titulo, quod numquam praemissa est confessio peccatorum *quorum habebatur conscientia*. Sed hanc praemissam esse, est sola ratio cur in casu peccati ex oblivione omissi completio confessionis non necessario ante sumptionem s. eucharistiae exigenda sit.

FAMA COMPLICIS EXCUSETNE AB INTEGRITATE CONFESSIONIS.

Casus. (107)

Caius parochus cum ancilla peccavit; ut igitur se cum Deo reconciliet, fatetur quidem peccatum luxuriae, sed interrogatus num cum persona domi exsistente, id negat, ne famam ancillae confessario notae laedat, ratus, ex probabili sententia, cum fama complicis servanda sit, se iure suo restrictione uti.

Titius vir nobilis cum nepte peccavit quae sibi res domesticas curat; cum peccata illa declarare nequeat quin nepti infamiam creet, in confessione annua tacet de illis, sicut etiam de gravi percussione sororis ex crimine gravidae, ex qua abortus fuerat secutus.

QUAERITUR 1° sitne ius vel obligatio tacendi in confessione complicem aliasque personas sine quarum notitia danda proprium peccatum explicari nequeat.

2° confessarius habeatne ius interrogandi de complice.

3° quid de modo agendi Caii et Titii sit dicendum.

Solutio.

AD QUAESITUM 1ᵐ R. 1. Sunt qui putent debere paenitentem in confessione eam circumstantiam, etsi speciem peccati mutet, silentio premere, ex qua declarata tertia persona, sive complex sit paenitentis sive alia, apud confessarium famae detrimentum patiatur. — Aliqui id negantes circa complicem, id affirmant de aliis. — Alii id simpliciter negant, sustinentes in omni casu praeceptum *integrae* confessionis atque obligationem sincere respondendi, si quid necessarii interrogaverit confessarius circa occasionem peccati vel similia.

R. 2. Qui dicunt taceri debere circumstantias alios diffamantes, non docent neque docere possunt a paenitenti pro libitu eiusmodi confessionem mancam institui posse, sed coguntur postulare gravem causam, v. g. necessitatem confitendi *et* defectum alterius confessarii, cui tertia illa persona ignota sit et apud quem sine huius diffamatione possit integra confessio fieri, adeoque obligare coguntur paenitentem ad subeundum incommodum non leve, ut quaerat talem confessarium potius quam ut mancam instituat confessionem. Insuper coguntur dicere, si quando ante communionem paenitentis sese offerat opportunitas manifestandi circumstantiam omissam, paenitentem *debere denuo* confiteri.

R. 3. Qui dicunt in confessione circumstantias per se ad integritatem spectantes omitti non posse propter famam tertii servandam, tamen fatentur tum illas omittendas esse, quando agatur de confessionis materia libera, tum, etsi agatur de materia necessaria, paenitentem, *si commode possit,* debere potius eligere confessarium, cui ignota sit persona alioquin famae iacturam passura. Attamen, cum necessitatem mutandi confessarii restringant ea condicione, „si commode fieri possit", simul tenent: 1) hanc obligationem non adesse, si ratio quaedam notabilis adsit non mutandi, v. g. melior spiritualis directio vel rationabile solatium; 2) hanc ipsam obligationem ex se *non esse gravem:* cum enim apud unum tantum virum prudentem, etiam sine ulla ratione, famae iacturam veri criminis narratione causare non sit ex se grave peccatum, sed summum in eo casu quando fiat apud eum, apud quem famam servari diffamati prae aliis multum intersit; a fortiore vix umquam grave peccatum esse potest, apud solum confessarium strictissimo secreto obstrictum alteri famae iacturam causare. Immo alii dixerint non esse veri sensus diffamationem, si detur criminis notitia, cuius nullus est usus in vita sociali; talis autem est notitia confessario data; ergo peccatum diffamationis idque grave in eo inveniri non potest.

R. 4. Quae cum ita sint, doctrinae illorum qui circumstantias aliorum diffamantes volunt taceri non est necessario ratio habenda; minus etiam hac de re ordinarie paenitentes instruendi sunt, siquidem ansa praeberetur multarum confessionum mancarum idque in iis rebus, in quibus summopere expedit, ut confessarius accurate paenitentem eiusque condiciones cognoverit. Si quis vero paenitens instructus et in rebus theologicis versatus sponte sua opinionem illam sequatur, non est cur confessarius id impedire debeat vel possit, cum probabilitas saltem externa illi sententiae nequeat denegari. Cf. *Th. m.* II, 333 sqq. ibique habes defensores unius et alterius sententiae enumeratos.

AD QUAESITUM 2^m R. 1. Confessarius, qua confessarius, non habet ius interrogandi formaliter de complice, ut in eius notitiam veniat; habet autem ius interrogandi de variis circumstantiis ad statum paenitentis cognoscendum necessariis, etsi periculum sit, ne in notitiam complicis veniat. Nam cum non teneatur assentire opinioni eamque sequi quae dicit in confessione ante omnia famam alienam servandam esse illaesam, utitur iure suo ille qui consuetas interrogationes faciat.

R. 2. Si quando autem paenitens instructus sponte sua velit sequi opinionem contrariam atque ex certo dictamine declinet responsum, confessarius ius non habet ulterius urgendi. Id sequitur ex eo quod, ut dixi, utrique sententiae probabilitas saltem externa competat.

AD QUAESITUM 3^m R. 1. In utroque casu, tum a Caio tum a Titio, quaerendus erat alius confessarius, etsi cum notabili incommodo iter instituendum erat. Nam si illi paenitentes volebant opinionem sequi quae prohibeat manifestare factum tertii infamans, debebant etiam incommodum huius opinionis in se sumere. Summum poterant in instantanea aliqua necessitate circumstantiam tacere, de qua in casu sermo est. Alioquin enim periculum confessionum sacrilegarum multum augeretur, si passim liceret similibus paenitentibus occasionem proximam eamque continuam celare, quin confessarius iudicare posset de mediis necessariis ad praecavendum relapsum et ad dignoscendam actualem paenitentis sinceritatem. Quapropter timendum valde est, ne uterque, imprimis Titius, in casu proposito graviter peccaverit.

R. 2. Immo si propter instantaneam necessitatem impossibile erat extraneum confessarium adire, debebat uterque paenitens plura fateri quam confessus est, etiam ex opinione quam sequi voluerunt. Nam interna peccata, etiam ea quae in ipso peccato externo inclusa sunt et cum eo satis exprimuntur, in nostro casu paenitentes separatim *fateri debebant,* quia haec confitendo complicem non diffamabant; debebant igitur et circumstantias cognationis et occasionis proximae in peccato saltem interno indicare neque interroganti celare. Quapropter in omnium sententia tum Caius tum Titius *graviter* defecerunt ab obligatione formalis integrae confessionis. Cf. Busemb., *De paenit.* c. 1, dub. 3, art. 2 in fine.

INQUISITIO COMPLICIS EX PARTE CONFESSARII.

Casus. (108)

Robertus, praefectus morum in aliquo seminario, cum etiam alumnorum audiat confessiones, detegit ex alicuius confessione esse aliquem qui alios tentat corrumpere: quapropter obligat paenitentem, ut sibi indicet nomen illius corruptoris, nisi velit sine absolutione dimitti; accepto nomine, illum severe arguit et, reperta veritate, eum e seminario eiicit.

QUAERITUR 1° quae sit prohibitio inquirendi in nomen complicis.
2° liceatne aliquando in complicem inquirere.
3° quid de Roberto sit dicendum.

Solutio.

AD QUAESITUM 1ᵐ R. 1. Prohibitum est poenis *ferendae sententiae* quominus confessarius qua confessarius sub poena negandae absolutionis exquirat a paenitente nomen seu personam complicis, quo is corrigi vel corripi possit.

R. 2. Qui vero hanc praxim ut licitam *defendunt,* plectuntur excommunicatione R° pontifici reservata (Pius IX, *Apostolicae Sedis;* Bened. XIV, *Ad eradicandum*). *Th. m.* II, 339.

AD QUAESITUM 2ᵐ R. 1. Distingui debet formalis et materialis inquisitio in complicem. Formalis est quae complicem nosse vult qua complicem; materialis, quae scire vult ea quae spectant ad rite cognoscendum peccatum paenitentis, etsi forte simul complex cognoscatur. Quae materialis inquisitio prohibita non est; immo non debet omitti, siquidem agitur de cognoscendo peccato statuque paenitentis atque de necessariis remediis praescribendis.

R. 2. Aliquando etiam formalis inquisitio complicis fieri potest et debet, non a confessario qua tali, sed si forte confessarius simul in alio munere constitutus est, ex quo necessitas oritur habendae complicis notitiae, et obligatio paenitentis ad hanc notitiam dandam. Quod ipsa constitutio Bened. XIV innuere videtur, cum conqueratur de iis qui hac in re *falsas et erroneas opiniones sequantur* et qui *veras et sanas male applicent*.

Ad quaesitum 3^m R. 1. Robertus ius habuit, ut sibi corruptor ille indicaretur, nisi forte ad altiorem superiorem delatio fieret. Recte igitur negavit absolutionem ei qui *nullo modo* neque sibi neque alii superiori seductorem voluit indicare. Agitur enim de multorum seductore et de bono communi.

R. 2. Minus recte egit, si *absolute sibi* voluit istum manifestari: debuit igitur paenitentis arbitrio id relinquere. Immo si maluit paenitens Roberto rem manifestare, consultius erat delationem extra confessionem excipere. Nihilominus usque ad *factam* delationem absolutio potuit differri.

CONFESSIO GENERALIS.

Casus. (109)

Cunibertus neo-parochus, cum animadvertat non parvos abusus in parochia esse eliminandos, omnes parochianos suos urget ad instituendam confessionem generalem. Quo fortius urgeat, exponit in contione eius utilitatem et necessitatem non solum pro iis qui peccata reticuerint, sed etiam qui in peccata sua relapsi fuerint. Excipiens vero generales confessiones est satis severus in exigenda integritate, ita ut complures palam obloquantur, in missione ante aliquot annos missionarium et priorem parochum contentos fuisse summaria accusatione, si modo praecipua peccata declararentur.

Quaeritur 1° quibus confessio generalis sit imponenda, quibus suadenda, quibus interdicenda.
2° quae methodus et quae integritas sit servanda.
3° rectene egerit Cunibertus.

Solutio.

Ad quaesitum 1^m R. 1. Per se imponi debet confessio generalis iis, iisque solis, qui invalide confessi sunt: hi enim omnes illas confessiones invalidas repetere debent; alii autem ad repetendas confessiones cogi nequeunt, quia rite confessus et absolutus non tenetur umquam denuo se illorum peccatorum accusare.

Hinc *obligandi* sunt 1) qui mala fide peccatum reticuerunt; 2) qui sine vero dolore et proposito confessi sunt, eo quod noluerint peccata gravia vitare vel gravem aliquam obligationem implere, v. g.

manentes in inimicitiis, in proxima occasione libera, in possessione rerum alienarum vel cum debito resarciendi damna vel iniurias, quamquam resarcire potuerint.

373 R. 2. *Suadenda* est confessio generalis 1) iis quibus propter frequentem relapsum aliasve rationes non certo quidem constat de nullitate confessionum praeteritarum, at prudens dubium est. Quamquam enim *imponi* non debet repetitio confessionum, nisi de nullitate earum moraliter certo constet, suaderi tamen debet longe facilius; 2) iis qui diu tepide vixerunt, v. g. religiosi et sacerdotes qui tepide religionis officia impleverunt atque dubii sunt utrum tentationes vicerint an iis succubuerint; 3) iis de quorum confessionum valore quidem nullum prudens dubium exsistit, sed qui ad novum fervorem spiritus vel ipsi sponte se disponunt vel propter novum vitae statum notabilemve mutationem a directore spirituali ad novum fervorem utiliter adducuntur.

Immo a longiore tempore confessiones intermedias resumere est utile religionis exercitium, quo homo christianus contra peccata roboretur, idque frequentius fieri potest; integram totius vitae confessionem saepius facere non expedit, quam 1—3 in vita, initio novi vitae status.

374 R. 3. *Dissuadenda vel etiam prohibenda* est confessio generalis iis qui ex ea non utilitatem, sed damnum traherent. Illi sunt 1) scrupulosi, quibus iterata discussio conscientiae fit discruciatio et augmentum anxietatis et perplexitatis; 2) qui longiore examine in periculum lapsus coniciantur. Quapropter si huiusmodi hominibus propter priores confessiones certo invalidas earum repetitio necessaria esset, aliqua quidem repetitio fieri debet, verum cum leviore omnino disquisitione, etsi materialis integritas non obtineatur; reliqua confessarius, quantum commode fieri possit, suppleat; alioquin obligatio melius et accuratius confitendi cessat vel suspenditur. *Th. m.* II, 345; Pruner, *Pastoralth.* I, 278 sqq.

375 Ad quaesitum 2^m R. 1. Generatim expedit paenitentem prius audiri, quid dicendum et accusandum invenerit; dein confessarium supplere interrogationibus, idque secundum ea quae a paenitente accusata sunt: nisi forte paenitens *praeferat* ut confessarius interrogando incipiat.

R. 2. Quodsi confessarius interrogationibus accusationem dirigat (non raro hoc modo totum negotium expeditius absolvitur): vel sequi convenit simpliciter ordinem decalogi et praeceptorum Ecclesiae, vel prius interrogare quorum paenitentem maxime pudebat et quae ansa fuerunt sacrilegarum confessionum, at dein prosequi secundum ordinem decalogi. Semper autem finitis interrogationibus confessarius concedere debet paenitenti tempus addendi, quod addendum putaverit, immo expresse id confessarius paenitentem debet monere.

376 R. 3. Discrimen magnum est, prout confessio generalis est necessaria aut non necessaria. In priore nullum peccatum grave reticeri licet, in posteriore licebit. Quapropter circa hoc paenitens debet

moneri. Quamquam si demum paenitens *vult* generalem confessionem facere, nimia reticentia est fructus generalis confessionis frustratio; verum expedit ut paenitens sciat se *non teneri* ex obligatione omnia integre dicere.

R. 4. In ipsa etiam generali confessione necessaria magnum discrimen est, prout confessio instituatur apud confessarium apud quem paenitens priores confessiones instituit, aut apud alium. Si posterius obtinet, confessiones priores integre repeti debent; si prius, solum peccata prius non declarata in rigore accusanda sunt, si modo confessarius confusam notitiam status paenitentis retinet vel recuperavit. — Attamen qui utilitatis causa, non ex necessitate vel ex sola necessitate, generalem confessionem instituit, illud discrimen vix observabit, sed totam suam vitam integre et distincte confessario, quicumque ille est, patefaciendam curabit.

AD QUAESITUM 3^m R. 1. Cunibertus male egit omnes cogendo ad 377 generalem confessionem. Neque relapsis indiscriminatim eam potuit imponere. Quodsi non *constat* de necessitate generalis confessionis, saltem morali quadam certitudine, nemo invitus ad eam instituendam est urgendus, quia apud invitum fructus suos raro producit.

R. 2. Severius etiam egit Cunibertus, quando in excipiendis confessionibus generalibus non necessariis adeo premebat integritatem; debebat enim id arbitrio paenitentium relinquere, solos volentes interrogatione iuvare ad pleniorem integritatem eosque simul docere non esse peccatum aliqua peccata ex priore vita non manifestare. Aliter utique, si perspecta erat generalis confessionis necessitas.

R. 3. Methodus missionariorum, si generatim ea fuit quam in casu paenitentes narrant, e contrario commendanda sane non est. Plane reicienda esset, si ageretur de confessione generali necessaria. Sed etiamsi ab eius necessitate abstrahitur: qui in missione publica generalem confessionem faciunt, malunt eam ita instituere, ac si esset necessaria. Quare confessarius quidem, si videt nullam ne suspicandi quidem causam esse cur priores confessiones habeantur pro invalidis, moderari potest suas interrogationes; verum accusationem quam ex se faciunt paenitentes integram audire, immo eos ipsos interrogando ita iuvare etiam debet, ut animi tranquillitatem omnino concipiant. Nam si confessarius eorum narrationem abrumpit, omnia quam celerrime finire studet, paenitentes securi non redduntur, sed inquietam conscientiam secum per diuturnos annos portabunt.

EXAMEN CONSCIENTIAE CONFESSIONI PRAEMITTENDUM.

Casus. (110)

Conradus a quattuor mensibus non confessus vix ante medium quadrantem ecclesiam intraverat, cum videt sacerdotem intrare confessionale. Ne ab aliis paenitentibus qui incipiunt confluere praeveniatur et diutius exspectare debeat, statim se colligens confitendi causa accedit. Nihil habet nisi: aliquando se rixatum esse nonnihil cum uxore, aliquoties se maledixisse sed non ex animo, et bis ex inadvertentia abstinentiam laesisse. Sed finita confessione cum ad locum suum rediisset, recordatur se ter itineris causa die festo missam neglexisse atque in conversatione se semel graviter alteri detraxisse et aliquoties in obscaenis colloquiis partem habuisse.

In seminario multi adulescentes solent quinto decimo quoque die confiteri; ex quibus Titus post quinque minuta praeparationis consuevit ad confessionem accedere, Titius per semihoram conscientiam excutere. Accidit tamen utrique ut aliquando obliviscantur verborum contra caritatem proximi et debitam submissionem erga superiores prolatorum.

Cuno a viginti annis religionis exercitia plane omisit, in omnibus orbis partibus versatus diversa atque difficilia munera etiam publica gessit neque sane scrupulose, atque etiam privatam vitam egit liberiorem. Nunc casu in aliquo portu assistit contioni; unde concipit desiderium exonerandae suae conscientiae. Cum semihora fere vitam suam recogitasset, adit confessarium, qui eum utpote defectu conscientiae discussae laborantem remittit ad unum alterumve diem: verum quo magis recogitat, eo minus nunc sibi videtur numerum et speciem peccatorum suorum colligere posse.

QUAERITUR 1° quaenam diligentia requiratur in conscientiae examine.

2° quando censeatur gravis committi neglegentia atque confessio ob defectum examinis et integrae accusationis nulla vel sacrilega.

3° quid de propositis casibus sit dicendum.

Solutio.

378   AD QUAESITUM 1^m R. 1. Requiritur examen quidem diligens ea diligentia quam homines in gravi negotio impendere solent, tamen humanam seu eam quae confessionem non reddat odiosam vel conscientiae carnificinam. *Trid.* sess. 14, c. 5; Lugo, *De paenit.* disp. 16, n. 490—494.

R. 2. Diligentia illa diversa requiritur et sufficit pro diverso statu paenitentis, scilicet: 1) Qui sibi conscius est se graviter non peccasse, minus tenetur quam qui conscientiam contrariam habet, immo in rigore ille non tenetur ad examen, sed ad subiciendam certam materiam. 2) Qui a longo tempore non est confessus, absolute ad maiorem diligentiam vel potius ad *diuturnius* examen tenetur, relative autem ad minorem quam qui a brevi tantum tempore confessus non est. Sic qui quattuor annis v. g. non fuerit confessus, certe plus temporis impendere debet quam ille qui a quattuor hebdomadis non est confessus; nemo tamen dixerit priorem 50^{ies} plus temporis impendere debere. 3) Qui instructus est et culti ingenii, accuratius examen instituere debet quam homo rudis et incultus; alioquin posteriori onus intolerabile imponeretur. 4) Qui aegrotat et viribus fractus est, leviore diligentia contentus esse potest, quam qui bene valet; aegroto enim strenua animi collectio et contentio moraliter impossibilis est.

R. 3. Diligentia morali adhibita paenitens securus ad confessionem accedere potest, etsi — quando longam vitam examinare debebat et diversis negotiis implicatam — sibi iure dicat se, si maiorem adhiberet diligentiam, etiam accuratius numerum et species peccatorum reperturum esse. Tenetur tamen postea, si certus est de omisso aliquo peccato, supplere.

AD QUAESITUM 2^m R. 1. Ad constituendum grave peccatum sacrilegamque confessionem non solum defectus obiective gravis debet esse commissus, sed debet adfuisse huius defectus plena advertentia: quod raro obtinet. Attamen in homine salutis suae incurioso accidere id demum potest.

R. 2. Gravem defectum huiusque advertentiam plenam adfuisse patet, si paenitens, qui non est nimis strictae conscientiae, post sui discussionem gravem stimulum conscientiae vel conscientiae *validum clamorem* percepit se nondum satisfecisse.

Eiusmodi gravem defectum adfuisse praesumi debet (nisi forte paenitens sincere testetur se plane nullum remorsum habuisse, sed sibi persuasisse de obligatione rite impleta), si quis plura peccata gravia omisisse deprehenditur, quam re ipsa confessus est; vel si peccata externa palpabilia a brevi tempore commissa sub dubio numero exprimit (in posteriore casu est confessarii rem indagare et, ea inspecta, paenitentem de gravi neglegentia monere eumque ad novum dolorem et propositum disponere). *Th. m.* II, 341.

AD QUAESITUM 3^m R. 1. In *priore* casu Conradus certe nimis obiter sese examinavit gravemque defectum commisit. Num autem subiective graviter peccaverit sacrilegeque sit confessus non ilico patet. Accidere enim utique potuit ut ad obligationem strictam ulterioris examinis nullo modo vel leviter tantum animadverterit. Quodsi dicat sibi in mentem non venisse suspicionem peccati ob defectum examinis, praesumendum est eum non peccasse saltem graviter. Si fatetur se cogitasse quidem de examine levius a se peracto et de obligatione melius sese examinandi, se tamen dicere non posse num hoc habuerit pro gravi peccato: praesumendum est peccatum grave vel saltem divino iudicio id relinquendum est, ita tamen ut praecedens confessio practice habeatur pro nulla.

Confessarius autem, si forte observasset antea Conradum intrantem ecclesiam et adeo brevi post confessionale petentem, cum audiret hominem a quattuor mensibus non confessum, debebat paterne monere ut paulo diligentius vitam recogitaret, nisi forte *domi* iam conscientiae examen instituisset.

R. 2. In *secundo* casu Titius solet diutius quam par est conscientiam discutere. Qui quinto decimo quoque die confitetur, ne per horae quidem quadrantem ut conscientiam discutiat suadendum est; sufficit ut per decem minuta in defectus suos inquirat vel etiam brevius, saltem si cotidie soleat vespere conscientiam discutere; sed addat iustum temporis spatium ad concipiendum dolorem de defectibus noviter commissis et de gravioribus praeteritae vitae. Pro tota praeparatione insumere $1/4$—$1/2$ horae spatium plenissime sufficit.

Titus sane brevius rem absolvit; non quod, si moraliter certus est se grave peccatum non commisisse, in *necessario* examine defecerit, sed quod nimis obiter dolorem et propositum conceperit. Nam qui quinto decimo quoque die confitetur, si *graviter* lapsus fuerit, certe serio sese exercere debet in dolore et proposito; si graviter non est lapsus, confessionem dirigere debet non ad sola essentialia, sed ad maiorem fructum spiritualis profectus concipiendum: qui non concipitur, nisi quis *serio* et maiore cum consideratione in dolorem et propositum incumbat. — Quod autem oblivione omisit laesionem caritatis et submissionis, suppono non agi de mortali laesione: alioquin non Titius, sed Titus suspicionem faceret de gravi neglectu in examine atque serio corripiendus esset. Ceterum etiamtum certitudo de commisso gravi sacrilegii peccato nondum habetur. Inquirat igitur confessarius nonnihil: „Numquid conscientiam habuisti in genere subesse etiam alia peccata, quorum nondum recordabaris? esne suspicatus ea posse esse gravia? Num mentem subiit seria cogitatio te debere melius recogitare?" Si ad *singula* haec *affirmative* respondere debet, concludendum est Titum defectu examinis graviter peccasse. — Titius vero, cum ultra debitum tempus in examen impendisset, neglegentiae reus non esset, sed fortasse imprudentis scrupulositatis, qua sine culpa gravi impeditus erat a verorum defectuum cognitione, inhaerens perplexitatibus suis.

R. 3. Confessarius in *tertio* casu sine causa remisit paenitentem ad unum alterume diem. Per se quidem male non egit postulando ut Cuno *ultra semihoram* vitam suam recogitaret. Nam si fuisset vita uniformis, longa series annorum potuisset fortasse, sed vix, illo spatio temporis percurri; verum vita multis diversisque negotiis implicata ut in mentem revocetur longius tempus requirit. Nihilominus spectandum erat ingenium Cunonis. Eventus ostendit eum sibi relictum ne multis quidem diebus posse examen finire: ad tantam animi carnificinam non tenetur. Quapropter postquam Cuno per horam praeterita recogitasset, melius fecisset confessarius, si interrogationibus eum iuvisset integritatemque formalem procurasset, imposito praecepto ut, si quae peccata omissa postea menti occurrerent, in sequenti confessione accusarentur.

Immo, si periculum erat ne Cuno, etiam ad solam horam dimissus, perterritus non rediret, etiam post examen semihorae confessarius tuto eius confessionem potuit admittere, suppleturus tamen per interrogationes, ut antea dixi. Nam sufficit si confessarius examen supplere potest et supplet secundum eam obligationem quam condicio paenitentis imponit. Verum Cunonis condicio, ex supposito, ea erat ut ipse non teneretur ad discussionem sui per totam v. g. diem instituendam, neque tamen post tam longam discussionem ex se posset tam accuratam peccatorum enarrationem facere, quam si nunc a confessario iuvaretur. Cum ergo confessarius ita iudicare posset, non erat cur non ipse statim suppleret. Cf. *Th. m.* II, 343; Reuter l. c. n. 311; Sporer, *Theol. sacram. de paenit.* n. 365.

PECCATORUM ENARRATIO AMICA PRO SACRAMENTALI CONFESSIONE.

Casus. (111)

Callistus a multis annis non confessus graviter aegrotans nihilominus confessionem peragere renuit. Cum admittat amicam sacerdotis extranei visitationem, hic post aliquot visitationes iteratas incipit narrare propriam vitam satis agitatam; quo aegrotus inducitur ut vicissim suae vitae cursum amice narret. Quod cum factum sit, sacerdos, quamquam totam seriem actorum non amplius memoria tenet, stola se induit et aegroto declarat nihil amplius restare, nisi ut doleat et absolutionem recipiat; confessionem alioquin esse peractam. Quod aegrotus obstupefactus admittit.

Quaeritur 1° valeatne amica narratio pro confessione sacramentali.

2° rectene a sacerdote actum sit.

3° quid, si Callistus sanus in itinere casu vitam suam sacerdoti nihil de confessione cogitanti narrasset.

Solutio.

Ad quaesitum 1ᵐ R. 1. Certum est narrationem amico factam *ut talem* non valere ad sacramentum, quia haec narratio ut talis non est sacramentalis confessio.

R. 2. Certum est valere recognitionem seu approbationem talis narrationis nunc in ordine ad absolutionem recipiendam etiam uno verbo factam, si sacerdos omnium peccatorum retinet memoriam: quia talis approbatio seu recognitio aequivalet actuali confessioni integrae, eaque re ipsa sacramentalis est.

R. 3. Si vero sacerdos non distinctam, sed confusam tantum memoriam retinet, certum etiam est sacerdotem posse exigere distinctiorem narrationem repetitam, vel etiam debere eam exigere, si ipse iudicat id sibi necessarium esse ut pro circumstantiis de paenitente eiusque peccatis rectum iudicium ferat. At controvertitur utrum *possit* confusa illa memoria esse contentus, si ipse putet tractandi modum erga paenitentem ex notitia vel memoria magis distincta non mutatum iri.

R. 4. Cum utrimque auctores adsint non spernendi, confessarius tuto procedere potest, si notitia distincta antea percepta cum memoria confusa actuali eum satis dirigat in tractando paenitente neque timendi ratio sit ne in re aliqua necessaria defectus committatur, idque maxime, quando ab initio, cum exciperet narrationem amice datam, iam suspicionem conciperet se posse inde ansam sumere permovendi paenitentem ad sacramentum paenitentiae suscipiendum. Th. m. II, 348; Baller.-Palm. l. c. n. 467 sqq.

Ad quaesitum 2ᵐ R. Ex dictis dubitari nequit quin modus ille excipiendae confessionis fuerit plane sufficiens. Exceptio confessionis facta est a iudice idque etiam iudicialiter, cum sacerdos iam statim

habuerit intentionem perducendi Callistum ad recipienda sacramenta.
Ex parte Callisti quidem notitia non est *data* iudicialiter; sed ille
defectum supplet postea consentiens in sacramentalem absolutionem.
Quod sufficit. Nam sacramentalis confessio eatenus requiritur, quatenus ex una parte detur confessario iudici possibilitas sententiae iudicialis remittendi et retinendi rite circa peccata paenitentis exercendae,
et quatenus ex altera parte sententia sacramentalis absolutionis *voluntarie* a paenitente recipiatur. Quorum prius obtinet, si confessarius
notitiam iudicialem *habet,* etsi paenitens eam non *dederit* iudicialiter;
posterius, si post confessarii declarationem paenitens in absolutionem
sacramentalem consentit.

385   Ad quaesitum 3ᵐ R. In alia facta hypothesi res difficultate
non caret, siquidem distinctam iudicialem notitiam omnium peccatorum
sacerdos numquam habuit: sumitur enim, sacerdotem, cum distincte
singula peccata audiret, ne suspicatum quidem esse de sequente absolutione neque sese ut iudicem considerasse; cum vero personam
iudicis assumeret, eum non amplius distinctam notitiam habere. —
Et re ipsa S. Alphonsus VI, 502 in hoc casu obligat ad repetitam
narrationem distinctam. Attamen sententia contraria, de qua exercenda Lugo disp. 16, n. 638 dicit „usus habet", gravem pro se
habet rationem. Necessitas seu obligatio paenitentis omnia peccata
integre declarandi non ex eo praecise sumitur, quod confessarius distinctam notitiam, cum iudicet, habere *debeat,* sed ut ipse *discernere
possit* sintne singula peccata et in quantum punienda, remittenda, retinenda, corrigenda. Si igitur notitia antea distincta ita adhuc menti
confessarii inhaeret, etsi aliquo modo confusa, ut in rite tractando
paenitente ipse ea dirigi possit, non tenetur de novo distinctam omnium peccatorum accusationem imponere.

Quodsi sacerdos ne confusam quidem notitiam retineat, utique
nova peccatorum enarratio in posteriore casu a Callisto exigi debet.

SATISFACTIO SACRAMENTALIS IMPONENDA.

Casus. (112)

Iansenius parochus, qui solus est confessarius in parochia, quo maiorem
suis incutiat peccati horrorem, quam primum audit in confessione peccatum
grave, non denegat quidem absolutionem invito, si dispositus credatur, sed
vehementer suadet ut post peractam paenitentiam, v. g. hebdomada qualibet
per mensem semel ieiunando, revertantur ad recipiendam absolutionem. Quo
fit ut plerique non statim ad s. eucharistiam accedant, sed una alterave vice
vel pluries differantur, et ut pro operariis dies dominici evaserint dies ieiunii. Alias iis qui dicant se ieiunare non posse, imponit per longius tempus
ut feria II a carne, fer. III ab ovis, fer. IV a butyro, fer. V a vino usto,
fer. VI a quolibet potu inebriante et sabbato a vino abstineant; vel si complura peccata mortalia commissa fuerint, imponit 30ⁱᵉˢ litanias sanctorum,
365ⁱᵉˢ rosarium B. Mariae V. Verum non raro parochiani Iansenii se conferunt ad parochias vicinas ibique confitentur se numquam in animo habuisse
omnes illas paenitentias implere, seque petere commutationem.

Quaeritur 1° sitne commendanda et spiritui Ecclesiae conformis praxis solutionem paenitentiae absolutioni praemittendi.
2° quae sit regula servanda in mensura et qualitate sacramentalis paenitentiae.
3° quid de Iansenii praxi sentiendum sit.
4° quae sit obligatio accipiendae et praestandae paenitentiae.
5° possitne et a quo imposita paenitentia commutari.
6° quid iudicandum sit de paenitentibus iis qui in vicinia petunt commutationem.

Solutio.

Ad quaesitum 1ᵐ R. 1. Circa hanc rem falso asseritur fuisse 386 primaevam Ecclesiae praxim pro quolibet peccato mortali iniungere temporaneam seiunctionem a ss. eucharistia percipienda et paenitentiae praeviam solutionem. Id enim in solis publicis peccatis neque in omnibus, sed in quibusdam tantum, fieri solebat. Neque probari potest postulatam umquam esse *persolutam* paenitentiam, antequam daretur absolutio sacramentalis.

R. 2. Hodiernum Ecclesiae spiritum actualemque disciplinam exhibet *Instructio* Sᵃᵉ *C. de Prop. Fide* d. d. 3 Oct. 1736 ad *Visitat. Ap. Tunk. occid. in Collect.* n. 971, ex qua pauca referam:

„Duo sunt perniciosa inconvenientia in administratione sacramenti paenitentiae... *Primum* atque praecipuum, quod passim reis graviorum criminum, fornicationis, ebrietatis, superstitionis differatur ad menses integros et amplius absolutio... interim impositis ieiuniis, orationibus... Missos faciant praeposteros Ecclesiae reformatores et adhaereant potius *Conc. Trid.* sess. 6, c. 14 *de lapsis et eorum reparatione*, ubi habemus absolutionem praeviam satisfactioni...

Praxis ergo ista, prudens et benigna, tot testimoniis munita, absolvendi statim peccatores vel attritos vel contritos viget in tota Ecclesia catholica.... Ne vos decipiant novatores, qui sub zeli umbra crudelitatem exitialemque socordiam in corde nutriunt...

Modus igitur plenus sapientia et caritate est, animas peccatrices citissime ex peccati statu, iuxta praxim universalis Ecclesiae in Christi evangelio fundatam, eripere, ut cito accipiant stolam primam, nec protrahere, sed quantum fieri potest accelerare spiritum paenitentiae... ut ante reconciliationem *proponant,* ut post illam tutius ac salubrius, in statum gratiae repositi, *satisfacere satagant*.

Alterum est in excessu satisfactionum quas imponunt, plurium 387 rosariorum, videlicet usque ad numerum tercentenarium, totidem litaniarum cum ieiuniis, ciliciis aliisque afflictivis operibus, statutis diebus per hebdomadas aut menses aut annos integros. ... Attendant igitur ad S. Thomae Aquinatis doctrinam *Quodl.* 3, q. 13, a. 1: „Videtur satis conveniens quod sacerdos non oneret paenitentem gravi pondere satisfactionis, quia, sicut parvus ignis a multis lignis superpositis facile exstinguitur, ita potest contingere quod parvus affectus contritionis in paenitente nuper excitatus propter grave onus satisfactionis exstingueretur...'; in 4 dist. 2, q. 1, a. 2, quaestcl. 2 ad 3: ‚Sacerdos minorem condigno paenitentiam iniungens non semper peccat, ... quia quandoque, etiam ex industria minorem paenitentiam imponens, plus prodest paenitenti quam noceat...'

Attendant et perpendant monita S. Caroli Borr. in *instructionibus paenitentiae:* ‚In paenitentia imponenda adhibebit prudentiam, pietatem et iustitiam. Habebit rationem status, condicionis, sexus, aetatis etc. Quamobrem talem imponat, qualem ab eo praestari posse iudicet; proinde aliquando... illum interroget an possit anve dubitet paenitentiam sibi iniunctam peragere; alioquin eam mutabit aut minuet. Considerabit item animum mentemque paenitentis.... Pauperibus eleemosynas non imponat, nec iis qui ex proprio labore victum quaerunt ieiunium indicatur; quod et in aliis paenitentiis observandum.'

Attendant tandem ad consilium S. Francisci Salesii in *monitis pro confessariorum instructione* scriptis cap. 8: ‚Satisfactiones intricatas et in variis operum generibus aut diversarum orationum magno numero compositas imponere non expedit, eo quod illa diversarum orationum congeries aut piorum operum varietas oblivionem paenitentiae impositae inducat, indeque anxietatem et scrupulos pariet in animis paenitentium....'

Si haec et reliqua S. Caroli Borromaei monita et consilia sedulo attendant, mitigabunt profecto nimium quem hucusque exercuerunt rigorem et animarum saluti et propriae obligationi consulent."

388   AD QUAESITUM 2^m R. 1. Quamquam pro peccatis venialibus sub levi tantum imponi debet paenitentia eaque levis vel leviter obligans; pro peccatis gravibus sub gravi imponi debet paenitentia eaque generatim gravis atque graviter obligans.

R. 2. Generatim paenitentia non tantum gravis esse debet, i. e. opus quod secundum praecepta ecclesiastica censeatur materia gravis, sed etiam aliquo modo proportionata criminum qualitati et multitudini non ad solum remedium contra relapsum, sed etiam ad vindictam praeteritorum peccatorum. Nihilominus si magnus est peccatorum numerus, necessarium non est, immo vix et ne vix quidem possibile, ut proportio etsi valde larga cum numero retineatur.

389   R. 3. Paenitentiae seu satisfactiones diversae esse debent non tantum pro qualitate criminum, sed etiam pro paenitentium facultate. Hinc causae excusantes exsistere possunt, quae eximant ab obligatione servandae proportionis inter peccata et satisfactionem imponendam, idque ita ut aliquando pro peccatis gravibus ne opus quidem simpliciter grave imponi necesse sit, scilicet:

1) in gravi infirmitate corporali;

2) in gravi infirmitate spirituali, ne quis desperet; licebit tamen communiter saltem imponere opus aliunde debitum sub nova obligatione;

3) in casu magnae contritionis, quae iam magnam partem poenae temporalis ex se, magis etiam in coniunctione cum sacramento, delet:

quamquam qui valde contritus est, facillime admittit etiam maiores satisfactiones;

4) in occasione plenariae indulgentiae, siquidem solutio pro poenis temporalibus exhibetur ex thesauro Ecclesiae: nihilominus, cum praescriptum sit ut etiam tempore iubilaei confessarius sacramentalem satisfactionem iniungat, indulgentiarum occasio sola non debet esse ratio cur consuetas paenitentias valde notabiliter confessarius minuat.

AD QUAESITUM 3^m R. 1. Iansenius pervertit ordinem in Ecclesia consuetum recipiendae absolutionis et post absolutionem receptam implendae satisfactionis sacramentalis. Et quamquam iniuria non afficit invitum, tamen videntur parochiani non pauci re ipsa esse inviti atque iniuriam pati, quoniam importunae suasioni Iansenii cedunt, potius quam ex libero arbitrio agunt.

R. 2. Imprudentibus et exaggeratis paenitentiis operarios onerat. Est contra praxim Ecclesiae, dies dominicos reddere dies ieiunii. Et quamvis nostra quidem aetate prohibitum non sit etiam die dominica ieiunium pro paenitentia impositum implere: tamen eos qui hoc solo die ieiunare possunt, ad ieiunium obligare sapit spiritum alienum.

R. 3. Similiter summae imprudentiae est plures et diversas circumstantias in sacramentali satisfactione servandas imponere, quae paenitentium memoriam onerant conscientiasque timore committendi defectus conturbant. — Etiam tam longam seriem litaniarum et rosariorum imponere signum est intolerabilis rigorismi et imprudentiae. Nam si in singulis confessionibus confessarius idem facere vellet, cum brevi tempore satisfactio imposita impleri nequeat, alterutrum sequeretur: aut retrahitur paenitens quominus saepius accedat ad sacramentum quam semel vel summum bis in anno, aut multiplicabuntur opera satisfactionis imposita, ut demum impossibile evadat omnia implere.

AD QUAESITUM 4^m R. 1. Rationabilis paenitentia a paenitente accipi debet; ac proin, nisi gravis ratio suadeat contrarium, paenitentia, in qua imponenda confessarius, auditis forte rationibus paenitentis, demum insistit, si est gravis et pro gravibus peccatis imposita, per se *sub gravi* accipienda est cum voluntate, eam implendi nisi forte facta fuerit legitima commutatio. Qui hanc voluntatem non habet, debita dispositione recipiendae absolutionis caret atque invalide absolvitur.

R. 2. Paenitentia quae est ex obiecto suo levis, non potest obligare sub gravi; paenitentia ex obiecto gravis gravis obligationis capax est et generatim sub gravi re vera obligat, si imposita est pro peccato gravi; aliter, si pro peccato levi, nam haec *gravis* obligationis capax non est; immo etiam paenitentia ex obiecto gravis et pro gravi peccato imposita, potest a confessario, si vult, sub levi imponi, quamquam id non expedit neque sine causa graviore licitum est.

R. 3. Paenitentia igitur gravis obiecti gravisque obligationis si voluntarie omittitur, peccatur graviter: quod maxime attende, si tempus implendae paenitentiae assignatum est. Aliter *diuturna di-*

latio, qua periculum oblivionis vel totalis omissionis inducatur, habetur etiam pro gravi peccato.

R. 4. Si tempus implendae paenitentiae assignatum non est, inducendi sunt paenitentes ut quam primum eam persolvant, tum ne oblivioni detur, tum ne periculum subeatur eam in statu peccati implendi: quo efficacitati eius ponitur obex atque venialiter peccatur.

392 AD QUAESITUM 5ᵐ R. 1. Ex rationabili causa paenitentia imposita mutari potest a legitima Ecclesiae auctoritate. Idque imprimis ab ipso confessario in ipsa confessione fieri posse nemo est qui ambigat. Nam est quaedam retractatio causae et iudicii correctio, quae sine dubio fieri potest, quando causa moraliter nondum est finita, i. e. quamdiu paenitens e confessionali nondum discessit.

R. 2. Sed etiam post latam sententiam, sicut in aliis iudiciis petentibus partibus causa resumi et retractari potest, ita etiam in sacramentali iudicio. Cum autem in hoc sacramentali iudicio quilibet confessarius approbatus iudex sit competens, quilibet confessarius, si confessio apud eum iteratur, denuo iudicare paenitentiamque commutare potest, nisi forte pro reservatis peccatis a superiore *specialis* paenitentia imposita fuerit.

393 R. 3. Verum ut alienus confessarius paenitentiam commutet, necessaria non est integra confessionis repetitio, sed sufficit confusa status paenitentis notitia data vel pro commutatione paenitentiae in opus fere aequale ipsius paenitentiae indicatio. Ab eodem autem confessario ut commutatio fiat, a fortiore haec confusa notitia sufficit.

R. 4. Alienus confessarius, ut rite commutare possit, necessario id facere debet in tribunali sacramentali; alioquin impossibile est facere paenitentiam *sacramentalem*, i. e. coniunctam cum effectu sacramentali, qui vi absolutionis producitur. Ergo commutare debet vel in actuali confessione, in qua absolvit, vel, si facit extra eam, paenitentia commutata vim suam non obtinet nisi per absolutionem postea dandam.

R. 5. Confessarius impositam a se paenitentiam ex probabili opinione commutare potest, etiam una alterave die post confessionem et absolutionem elapsa, quia censetur adhuc sufficiens unio moralis inter hanc actionem et praecedentem iudicialem sententiam. Et quoniam de secundario effectu sacramenti agitur, alicui sequi licebit hanc sententiam; certa tamen non est, neque proin certus est effectus sacramentalis talis paenitentiae mutatae, ac propterea suadendum nemini est ut *tali* mutatione sit contentus.

394 AD QUAESITUM 6ᵐ R. 1. Paenitentes illi, si absolute in animo habebant non implere paenitentias impositas, non debebant recipere absolutionem. Ita re vera poterant paenitentias irrationabiles recusare, neque peccaverant. „Obligatur paenitens confessus, qui absolutionem vult, paenitentiam iniunctam acceptare, nisi haec sit irrationabilis." Baller.-Palm. l. c. n. 501. Quodsi persistebat Iansenius in postulandis suis irrationabilibus paenitentiis, ipse peccabat.

R. 2. Poterant etiam recipere absolutionem, quando acceptabant paenitentiam cum obligatione hypothetica et hypothetica voluntate implendi, scilicet sub hypothesi, „nisi acciperent commutationem." Sed in hoc casu sincere debebant in se sumere obligationem tam diu duraturam, quamdiu non obtinuerint commutationem: quae quidem *in certa spe* erat, sed non in *ipsorum* potestate.

R. 3. Determinatam et absolutam gerere voluntatem non implendae paenitentiae impositae ac simul recipere absolutionem sunt res inter se pugnantes, cum peccatum sit ita paenitentiam impositam eludere.

R. 4. Sive autem paenitentes ab initio nolebant paenitentiam a Iansenio impositam implere neque eius obligationem in se sumere, sive postea demum eam difficiliorem habebant: poterant semper ad alium confessarium accedere rogaturi ut paenitentiam mutaret et diminueret. Idque in posteriore hypothesi poterant facere, peracta ea confessione quae daret confusam prioris confessionis notitiam; in priore hypothesi, in qua confessio prior erat invalida, post repetitam confessionem integram.

PAENITENTIA IMPROPORTIONATA.

Casus. (113)

Severinus confessarius regularis sodali suo confitenti curiosam lectionem minus honestam pro paenitentia imponit ut se flagellet spatio quo recitet psalmum *Miserere* et semel ieiunet; militi fatenti se quinquies fornicatum esse et compluries blasphemasse imponit ut per hebdomadam cotidie dicat ter *Gloria Patri etc.* Uterque omittit paenitentiam, utrique ab alio confessario propter neglectam paenitentiam priorem imponitur ut dicat 5^{ies} *Pater* et *Ave.*

QUAERITUR rectene egerit Severinus alterque confessarius in paenitentiis imponendis; et quomodo paenitentes omissione peccaverint.

Solutio.

R. 1. Paenitentia, quae pro peccatis venialibus imponitur, ut iam in casu praecedente dictum est, sive est levis sive gravis quoad obiectum, non importat secum obligationem nisi levem. Paenitentia autem, quae pro gravibus peccatis imposita est, secum portat obligationem gravem, si gravis est quoad obiectum, neque confessarius *expressit* se velle sub levi tantum obligare; si levis est quoad obiectum, obligare non potest nisi sub levi.

R. 2. Severinus paenitentiam adeo gravem non potuit imponere paenitenti suo sodali *nisi volenti;* militi autem adeo levem imponere non licuit, nisi extraordinariae circumstantiae occurrebant, ut v. g. in S. Xaverii exemplo occurrebant, qui, imposita satisfactione levissima, cum ipse eam saeva et cruenta flagellatione suppleret, paenitentem ad voluntarias paenitentias adeo permovit ut longe excederent eas quas imponere potuerat audere.

R. 3. Omissio paenitentiae in utroque erat peccatum leve. Ratio in priore est quod opus in se quidem grave pro veniali peccato adeoque sub veniali tantum iniungi potuit; ratio in posteriore paenitente est quod opus impositum, utpote leve, gravis obligationis non erat capax.

R. 4. Commutatio quam secundus confessarius fecerat in utroque casu erat rationabilis: in priore quia peccatum veniale secundum praxim hodiernam non solet maiore satisfactionis opere castigari; in posteriore quia secundi confessarii non erat supplere defectum in *mensura* paenitentiae impositae seu eam ad iustam cum peccatis accusatis proportionem augere, sed solummodo usque ad aequalitatem mutare; quod re vera fecit.

PRO PAENITENTIA OPUS ALIUNDE DEBITUM.

Casus. (114)

Tiburtius in angustiis positus est quid imponat pro paenitentia viris operariis qui ingenti peccatorum onere sunt onusti, sed qui ad multum orandum se non habere tempus dicunt, ad ieiunandum non adesse vires, ad eleemosynas faciendas deesse facultates: demum imponit usque ad sequentem confessionem missam dominicalem.

Alias feliciore industria se uti posse recordatur: nimirum imponit paenitenti ut recitet die s. communionis oratiunculam *En ego* cum trina oratione Dominica et Angelica salutatione ad intentionem s. pontificis: quibus orationibus cum annexae sint plenariae indulgentiae, nihil reliquum esse, quod sacramentali paenitentia indigeat.

QUAERITUR 1° possintne aliunde debita esse pro satisfactione sacramentali.

2° possitne paenitens per opera aliunde praescripta satisfactionem sacramentalem eiusve partem pro exstincta habere.

3° rectene propter plenariam indulgentiam satisfactio sacramentalis alia omittatur.

4° quid igitur de Tiburtii industriis sentiendum.

Solutio.

AD QUAESITUM 1ᵐ R. 1. Posse confessarium opera aliunde praescripta elevare ad satisfactionem sacramentalem est communis theologorum sententia contra paucos: S. Alphons. VI, 513. Et — quod inde sequitur — opera aliunde praescripta pro satisfactione sacramentali *iniungi* posse a plerisque docetur. Quod si fit, idem opus duabus obligationibus debetur, similiter ac si ad communem obligationem obligatio voti accedat; atque voluntaria eius operis omissione duo peccata specie distincta committuntur.

R. 2. Nihilominus ille agendi modus a confessario non est adhibendus nisi ut remedium infirmitatis paenitentis, saltem si opera aliunde iam debita statuat pro potissima satisfactione sacramentali iniuncta; immo etiam tum expedit omnino, ut adiungat aliquod opus

simpliciter grave nondum debitum. Verum *pro supplemento* addere
iniunctionem operum iam aliunde debitorum saepe potest expedire.

R. 3. Etiamsi non *praescribat* nova obligatione opera aliunde
iam praestanda, nihilominus ea probabiliter elevare potest ad satisfactionem sacramentalem, dicendo v. g.: „Si haec et illa feceris, sint
tibi in supplementum sacramentalis paenitentiae"; quo vis satisfactoria
eorum operum augetur. Sicut enim opera satisfactoria constitui possunt sub obligatione vel gravi vel levi, ita etiam sine obligatione
proprie dicta, sed ad arbitrium ipsius paenitentis. Nam etiam ad
antiquam paenitentiam canonicam, quae sine dubio satisfactio sacramentalis erat, non omnes adigebantur, sed non raro volentes admittebantur.

Verum hic est modus imperfectus exercendae in peccata potestatis iudicialis a Christo in Ecclesia relictae, neque licet hoc modo
confessario esse contento, idque etiam minus, quam si vellet sola
opera aliunde debita nova obligatione iniungere. — Possunt igitur illi
modi pro supplemento esse, quando alia satisfactio plene proportionata imponi nequit, non autem simpliciter pro consueto et usitato
modo imponendae paenitentiae.

R. 4. Probabile est secundum S. Thomam Aq., *Quodlib.* 3,
a. 28 (cf. S. Alphons. l. c. n. 507 aliosque), per verba sacerdotis
„Quidquid boni feceris etc." re ipsa bona opera confitentis elevari
ad vim satisfactoriam sacramentalem, adeoque maiorem, quam alias
ex se habent. Neque hoc mirum videri debet. Nam opera nostra
bona quamquam valorem suum internum supernaturalem habent ex
principio supernaturali gratiae, tamen hunc habent ex meritis Christi;
immo probabile est propter coniunctionem iustorum cum Christo capite in unum corpus mysticum bona eorum opera coram Deo ad maius
praemium maioremque expiationem accipi, quam id fieret, hac unione
non exsistente: proin quo maior est illa cum Christo unio, eo magis
bonorum operum virtus augetur. Verum per illa verba sacerdotis
opera fidelium arctius et intimius Christo addicuntur atque cum divinis Christi intentionibus coniunguntur. Cf. Baller.-Palm. l. c. n. 485.

Ad quaesitum 2^m. Responsum patet ex dictis: Si confessarius
illa opera aliunde debita in satisfactionem sacramentalem iniunxit,
certo *sacramentaliter* exstinguunt partem poenarum temporalium: si
verba illa *„Quidquid boni feceris etc."* hac intentione pronuntiavit,
relinquendo tamen omnia arbitrio paenitentis, probabiliter idem locum
habet, quamquam minore gradu, quam si essent *iniuncta*. — Si vero
confessarius nullo modo illa opera pro sacramentali satisfactione assumpsit, paenitens ex se illis hanc virtutem dare nequit, sed exstinguunt poenas temporales secundum virtutem ex se iis insitam.

Ad quaesitum 3^m R. 1. Quidquid olim probabiliter dicebatur,
nunc ex Constit. Bened. XIV *„Celebrationem"* § 65 certum est, non
obstante indulgentia iubilaei confessarium debere paenitentiam sacramentalem iniungere, paenitentes implere. Quod si necesse est in iubilaeo, non ilico quidem sequitur idem observandum esse in indulgentiis

extra iubilaeum, saltem si iniungitur pro paenitentia illud opus cui indulgentia annectitur; verum si opus illud est levius, alia sacramentalis satisfactio non est plene omittenda, etsi diminui potest.

Ratio cur ex legibus pro iubilaeo latis non possit certo idem concludi pro aliis indulgentiis, ea est quod in iubilaeo inter opera praescripta, quibus iubilaeum annectatur, sit confessio, ad confessionem autem per se pertineat acceptatio sacramentalis paenitentiae, in aliis autem indulgentiis confessio, si requiritur, non requiritur ut opus praescriptum in qua fundetur indulgentia, sed ut condicio tantum praesupposita.

R. 2. Nihilominus etiam pro iis indulgentiis certum antea non erat *eodem opere* posse aliquem indulgentias annexas lucrari et *sacramentaliter* satisfacere, cum S. Congr. Indulg. ad lucrandas indulgentias postularet opera *non iam obligatoria*. Cf. *Decr. auth.* n. 291 ad 2^m. Ubi in *Briocen.* d. d. 29 Maii 1841 ita habetur:

„An possit per preces iam obligatorias, v. g. per horas canonicas, satisfieri precibus a S. Pontifice praescriptis ad lucrandam indulgentiam plenariam." R. „*Negative*".

Communis quidem sensus videbatur abhorrere a cogitatione paenitentem, si iniunctum acciperet pro paenitentia sacramentali, v. g. exercitium viae crucis, privari indulgentiis huic exercitio annexis.

Dubium demum sustulit Leo XIII suprema sua voluntate. Videlicet *S. C. Indulg.*, interrogata „*Utrum paenitens precem aut pium opus indulgentiis ditatum explens possit simul et paenitentiae (sacramentali) satisfacere et indulgentias lucrari*", d. d. 11. Iunii 1901 respondit: „*Affirmative, facto verbo cum SS^{mo}*"; re ipsa *Sanctitas Sua* d. 14 Iunii id *approbavit*. *Anal. eccl.* IX, 300.

400 AD QUAESITUM 4^m R. 1. Tiburtius recte quidem fecit, miseris operariis iniungens pro paenitentia sacramentali missas iam aliunde obligatorias; debebat tamen aliquod opus ulterius adiungere, quod facillime potuit, v. g. semel recitare rosarium vel exercitium viae crucis facere vel simile quid.

R. 2. Altera industria reprobari quidem nequit ex eo quod hanc orationem indulgentiis ditatam pro paenitentia sacramentali imposuerit, neque tamen probandum est quod nihil imposuerit amplius. Nam res certa non est paenitentem per preces illas recitandas indulgentiam plenariam, quam summus pontifex, quantum est ex se, recitantibus conferre conatur, re vera ex integro lucraturum esse, maxime si consuetam paenitentiam sacramentalem non praestiterit. Ex una enim parte quoad indulgentias acceptationis divinae mensura ob varias causas manet incerta; ex altera parte summi pontificis intentio non est indulgentias sic conferre ut ordo sacramenti paenitentiae atque praeceptum Tridentinum mutentur, quae postulant paenitentiam sacramentalem peccatis proportionatam. Licet igitur Tiburtius propter preces indulgentiis ditatas sacramentalem paenitentiam possit *diminuere*, iniungat tamen praeterea aliquod opus simpliciter grave.

PAENITENTIA SACRAMENTALIS QUOMODO PRAESTANDA.

Casus. (115)

Pancratius, qui pro satisfactione sacramentali debeat 10^{ies} missam audire, 10^{ies} rosarium recitare, 10^{ies} ieiunare, 10 marcas pro eleemosyna dare, quo citius rem absolvat, assistit festo nativitatis Domini cum sequentibus duobus festis cotidie tribus missis, quae fere simul dicuntur, eodemque tempore recitat rosaria, ieiunium semel peragendum curat secum a novem aliis ex familia, eleemosynam procurat dandam amicum rogans, ut ad suam intentionem 10 marcas det pauperibus.

QUAERITUR 1° possitne uno eodemque tempore satisfieri compluribus paenitentiis impositis.
2° fierine possit satisfactio sacramentalis per alterum.
3° quid de variis industriis Pancratii censendum sit.

Solutio.

AD QUAESITUM 1^m R. 1. Cum paenitentia sacramentalis obligatoria 401 et sacramentalis fiat ex voluntate confessarii, etiam modus, quo impleri possit, pendet ab eius voluntate.

R. 2. Quando certum modum peragendi confessarius indicavit, ille teneri debet, si eum praescripsit; si permisit, potest teneri. Quando nihil indicavit, ille modus in peragendo opere tenendus est, qui communiter tenetur in rebus lege ecclesiastica praescriptis. Quare quae secundum ecclesiasticam legem eodem tempore simul fieri possunt, etiam simul agi possunt, si pro sacramentali paenitentia sunt imposita; alias non possunt.

AD QUAESITUM 2^m R. 1. Vicaria quidem satisfactio pro poena temporali fieri potest; at sacramentalis satisfactio non est nisi actio, quae fit ab eo, qui sacramentum seu absolutionem sacramentalem recepit vel recepturus est. 402

R. 2. Nihilominus confessarius ex communi sententia permittere potest satisfactionem partim fieri per alterum. Dico partim, quia neque expedit neque licebit omnem satisfactionem in alterum devolvere, cum hoc non sit paenitentias pro paenitentium facultate convenientes iniungere. Casu vero quo fit, sacramentalis non est actio aliena, sed acceptatio ipsius paenitentis vel pro circumstantiis petitio sive mandatum ad alterum directum.

AD QUAESITUM 3^m R. 1. Pancratium, cum missas audiat, simul 403 recitare rosarium, non videtur repugnare impositae paenitentiae, nisi confessarius aliter statuerit. Cf. *Th. m.* II, 364.

R. 2. Pancratius reputare missam die festo obligatoriam pro parte sacramentalis paenitentiae non potuit, nisi confessarius id expresse indulserit; nam alias censetur confessarius opera non aliunde debita imposuisse. — Minus etiam potuit tres missas, quae simul celebrabantur, ita computare, ac si ter missae interfuerit: est enim similis computatio contra omnem praxim et consuetudinem, cum confessarius censeatur opera illa omnino singillatim imposuisse. *Th. m.* ibid.

R. 3. Quod Pancratius ieiunia peragenda curat per alios, in hoc paenitentiam sacramentalem non implevit. Nam ipse nequit talem modum eligere, nisi confessarius permiserit; eum autem id permisisse, ullo signo ne probabile quidem redditur.

R. 4. Relate ad eleemosynam per amicum datam non ita constat satisfactum non esse. Nam, paenitentia imposita, Pancratius non impediebatur, quin ab amico donum peteret, illudque donum in eleemosynam pro paenitentia erogaret. Quod, nisi formaliter, aequivalenter factum est. Laudanda autem Pancratii agendi ratio non est, cum confessarius potius intenderet, ut ille privationem aliquam sentiens satisfactionem praestaret, quam ut ab aliis quasi mendicando eleemosynam impositam sibi non-onerosam redderet.

PAENITENS PAENITENTIAE IMPOSITAE OBLITUS.

Casus. (116)

Brutus cum totus esset in enarrandis et detestandis peccatis, obiter quidem percepit paenitentiam sibi impositam, sed peccatorum suorum cogitatione praeoccupatus, cum in scamno precatorio sedet et reflectit, paenitentiae non amplius recordatur; quare statuit sibi ipse pro paenitentia ter rosarii recitationem et bis abstinentiam a carne, vino et tabaco: quod in subsequenti confessione confessarius confirmat. Alias dubitans recitavit rosarium; postea vero clare recordatur sibi iniunctam esse recitationem litaniarum omnium sanctorum: cui reputat se satisfecisse per praestationem ampliorem.

Quaeritur 1° quae sit obligatio paenitentis, qui paenitentiae plane oblitus est.

2° Brutus perfeceritne re vera sacramentalem paenitentiam.

3° iudicaveritne recte in posteriore casu.

Solutio.

Ad quaesitum 1ᵐ R. 1. Finito iudicio sacramentali per absolutionem, paenitens tenetur ad paenitentiam *impositam*, ad eamque solam. Quam ut adimpleat, moralem debet adhibere diligentiam.

R. 2. Quare si oblitus est paenitentiae impositae, considerandae sunt circumstantiae, num morali diligentia, i. e. sine onere nimis gravi, notitiam sibi recuperare possit. Eam a solo confessario accipi posse evidens est. Videri igitur debet, num adire denuo confessarium sit paenitenti nimis difficile; si non, num prudenter putari possit confessarium recordari etiamnunc paenitentiae impositae. In quo casu tenetur paenitens redire ad confessarium atque de imposita paenitentia interrogare, nisi forte malit in sequenti confessione priorem confessionem repetere et pro his quoque peccatis petere denuo sacramentalem satisfactionem. Cf. S. Alphons. VI, 520.

R. 3. Verum ad repetendam confessionem ex sententia longe communiore per se non tenetur (S. Alphons. ibid.), quia agitur de complemento sacramenti non essentiali, ad quod procurandum necesse non est ipsum sacramentum repetere. Quapropter si vel difficilius est confessarium denuo adire, vel sumi nequit eum paenitentiae a se impositae recordari: paenitens in rigore ad nihil tenetur. Nam impletio impossibilis evasit.

AD QUAESITUM 2^m R. 1. Laudabiliter quidem egit Brutus, alia opera satisfactoria substituendo, quando secundum dicta confessarium denuo adire non potuit; verum haec sacramentalem effectum non habuerunt, nisi forte secundum eum modum et mensuram, secundum quam *omnia* eius bona opera acceperint satisfactoriam vim per verba: *"Quidquid boni feceris etc."* Nam non est in potestate paenitentis, suis operibus vim sacramentalem conferre.

R. 2. Sequens confessarius potuit quidem rationem habere operum eorum, quae Brutus libere pro satisfactione assumpserat, ut minueret nunc paenitentiam; sed debebat nihilominus aliquid adhuc praestandum iniungere, cum praeteritis operibus etiam confessarius non potuerit amplius sacramentalem efficaciam conferre.

AD QUAESITUM 3^m R. In ultimo casu Brutus recte non iudicavit. Etsi enim opus praestitum natura sua impositum opus superavit, tamen non habuit eam virtutem satisfactoriam sacramentalem seu ex opere operato, quae operi per confessarium imposito annexa erat. Debuit igitur — immo in rigore etiamnunc debet — litanias recitare, nisi commutationem in opus leve obtinuerit. Quam commutationem, ob rationem praestiti operis maioris, facile confessarius ei potest concedere.

NOVA CONFESSIO SINE NOVA PAENITENTIA VEL ABSOLUTIONE.

Casus. (117)

Tersilla, mulier meticulosa, vix finita confessione, ad confessionale redit ac dicit se oblitam esse cogitationem blasphemam, cui probabiliter inhaeserit. Quam Titus, confessarius, statim repetens absolutionem, dimittit, nihil dicens nisi: Vade in pace.

Ad eundem revertitur post peractam confessionem Claudius iuvenis dicens se errasse confitendo mollitiem sexies commissam, factam eam esse decies: cui respondit: Sufficit, adde bis rosarium pro paenitentia, iam absolutus es.

Alia vice ad eum venit Guido, qui post plures annos sine confessione peractos mox apud alium sacerdotem confessus erat, nunc valde dubitat, num declaraverit insidias, quas alicui puellae struere volebat, casu tamen omisit. Titus respondit: sint tibi pro paenitentia opera a priore confessario imposita; dein absolvit.

QUAERITUR 1° liceatne novam absolutionem dare sine paenitentia imposita, vel priorem paenitentiam nondum peractam denuo imponere.
2° debeatne in peccata statim post confessionem declarata denuo dari absolutio.
3° rectene an perperam egerit Titus.

Solutio.

406 AD QUAESITUM 1^m R. 1. In nova absolutione nova habetur sacramenti paenitentiae administratio; quare, si possibile est, omnia denuo fieri debent, quae ad essentiam et integritatem sacramenti spectant. Verum ad integritatem spectat paenitentia imponenda et acceptanda. Ergo de novo paenitentia imponi debet. Attamen quando peccatum nunc accusatum iudicium de statu paenitentis moraliter loquendo vix mutat, in hoc casu sufficiat, pro peccato etiam gravi levem imponere paenitentiam. „Cum sit novum iudicium, saltem aliquid leve addendum": Lacroix l. 6, p. 2, n. 1239.

R. 2. Aliqui videntur affirmare paenitentiam modo impositam sed nondum peractam posse eadem ratione pro secunda absolutione imponi, sicut alia opera aliunde iam debita. Sed hoc merito a S. Alphonso l. c. n. 513 et Gury, Casus II, n. 511 reprobatur, cum idem opus possit affici multiplici obligatione *diversi* quidem tituli, non tamen *eiusdem tituli,* quando opus repeti est possibile.

Verum qui docent sufficere eandem paenitentiam pro utraque absolutione (ut Lacroix, qui l. c. addit „vel eandem paenitentiam, quae antea data erat, nunc iniungendam pro utraque absolutione"), non videntur rem ita concepisse, ut existimarent idem opus imponi *duplici obligatione;* sed potius ita, ut confessarius *mutare* possit paenitentiam impositam, quasi partem aliquam resecando pro absolutione iam data, eamque nunc imponendo et computando pro nova absolutione. Quod sane fieri potest et valide, et in casu, ubi iudicium de statu paenitentis moraliter non mutatur, etiam licite. Cf. Baller.-Palm. l. c. n. 494.

407 AD QUAESITUM 2^m R. 1. Ex dogmatica doctrina de paenitentiae sacramento et confessione sequitur *certo* debere quodlibet peccatum grave *directe absolvi;* indirectam absolutionem sufficere tantum per accidens, donec directa fiat possibilis. Quapropter dubium non est, quin aliquando dari debeat haec in peccatum noviter declaratum absolutio.

R. 2. Statim autem dari eam absolutionem, communiter loquendo non solum suadetur, sed fieri debet: alioquin cogitur paenitens, ut aut confessionem postea primo sequentem apud eundem confessarium faciat, aut idem peccatum bis confiteatur. Ad quod cogere paenitentem confessarius non potest. *Th. m.* II, 325.

408 AD QUAESITUM 3^m R. 1. Dubium moveri potest quoad *primum* casum, num Tersilla debuerit moneri de iteranda contritione, antequam de novo absolveretur. Quod necessarium non esse, si dolor antea excitatus fuerit ex motivo universali, ut communiter fieri solet, disce ex *Th. m.* II, 282.

R. 2. Quod abstinere potuerit Titus ab imponenda nova paenitentia satis communis est theologorum sententia. Lugo, *De paenit.* d. 25 n. 50 pro ea agendi ratione *usum* seu consuetudinem invocat, atque infert confessarium aliquando excusari simpliciter ab imponenda paenitentia. Sed cui haec opinio non probatur — et re vera eam probare nequeo — nihilominus pro nostro casu habet aliam explicationem ex modo dictis, quae difficultatem, quasi non liceat ita agere, plane removet. Conveniens erat, ut paenitenti verbulo declararetur: Opera iam imposita sint tibi pro paenitentia sacramentali quoad omnia peccata.

R. 3. Verum, si condicionem paenitentis recte consideravit Titus, videtur eum potuisse remittere sine ulla absolutione et ulteriore obligatione: nam vix probabile est Tersillam revera tali cogitationi voluntarie inhaesisse. Quod ex nota eius conscientia Titus diiudicare debuit, potius quam ex timore meticulosae feminae. Si igitur commissum peccatum probabile nullo modo erat, absolutionem non debuit iterare. Immo quamdiu rationabile *dubium* de commisso peccato mansit, perperam egit Titus absolute absolvens; nam debuit, si voluit absolutionem dare, vel condicionate absolvere, vel Tersillam iubere, ut denuo includat peccata alia certa mox accusata.

R. 4. In *secundo* casu Titus recte quidem egit, imponendo novam paenitentiam; sed perperam omnino, non absolvendo denuo. Nam quoniam certa erant peccata nondum accusata, potuit et debuit nova dari absolutio sacramentalis, idque sine condicione.

R. 5. In *tertio* casu in omnibus recte egisset Titus, si Guido antea apud ipsum esset confessus. Sed cum apud alium confessus sit, Titus paenitentiae impositae ignarus non potuit ita agere: nam incognita causa, iudex perperam agit actum iudicialem. Debuit igitur interrogare Guidonem, quamnam acceperit paenitentiam; dein, si paenitentia imposita non erat nimis levis, atque ipse expedire putaverit, potuit agere, sicut egit.

MODI INCONSUETI IMPONENDI ET IMPLENDI PAENITENTIAS.

Casus. (118)

Cassianus confessarius, ut devotulas a se removeat, illis imponit pro paenitentia, ut per hebdomadam a communione abstineant et per quadrantem de sua indignitate cogitent.

Cunibertus theologiae studiosus miratur, cum legat in theologia, modum implendae sacramentalis paenitentiae eum esse, qui in rebus lege ecclesiastica praescriptis, ac proin preces vocaliter recitari debere. Quod numquam fecit, nisi forte in recitatione rosarii; nam, si litanias aliasve preces fundere vel viam crucis peragere iussus fuerit, se ex libello precum preces oculis lustrasse et mente percurrisse.

QUAERITUR 1° possintne imponi pro paenitentia omissiones operum bonorum, et actus mere interni.

2° sufficiatne preces impositas sola mente percurrere, an voce proferri debeant.

3° quid de propositis casibus dicendum sit, et ad quid Cunibertus obligandus.

Solutio.

410 AD QUAESITUM 1ᵐ R. 1. Paenitentia imposita cum sit pro satisfactione poenarum temporalium, re vera opera satisfactoria esse debent, quorum vis satisfactoria absolutione confessarii non creatur, sed elevatur seu *augetur*. Hinc debent esse opera *bona*, aliquo modo *poenalia:* verum cum in hoc ordine quaelibet bona opera naturae hominis corruptae sint gravia, haec condicio posterior practice attendenda non est. Inde patet omissionem boni operis *qua talem* non posse esse pro paenitentia, cum nihil boni dicat; potest tamen humiliatio et obedientia, si qua in omittendo opere bono continetur, quatenus est *subiectio* sub voluntatem alienam, maxime superioris, actus bonus atque poenalis esse. Quapropter quaestio haec, num omissio boni operis absolute *esse possit* paenitentia sacramentalis, pendet fere ab altera quaestione, num actus internus virtutis possit pro sacramentali paenitentia imponi.

R. 2. Actus etiam mere internos imponi posse a confessario, communiter docetur; neque obstat ratio sacramenti, quod scilicet partes sacramenti, utpote signi externi, debeant esse sensibiles: nam recte dicit S. Alph. l. c. n. 514 cum aliis illud opus internum satis sensibile fieri per impositionem ex parte confessarii et acceptationem ex parte paenitentis, perinde ac contritionem, sacramenti partem nobiliorem.

411 AD QUAESITUM 2ᵐ R. 1. Ex iis quae modo dicta sunt, consequitur potestatem confessarii id non excedere, si preces fundendas ita iniungat, ut sufficiat eas mente percurrere vel oculis lustrare.

R. 2. Nihilominus verum est, praesumendam communiter esse confessarii intentionem iniungendi preces fundendas secundum eum modum, quo similes a lege ecclesiastica iniunguntur. Quare cum rosarium, litaniae similesque preces, si ab Ecclesia imperantur, recitari seu voce enuntiari debeant. — etsi sufficiat voce omnino submissa, quae ne audiatur quidem — praesumi debet confessarium eodem modo eas preces iniungere vel iniunxisse pro sacramentali paenitentia, nisi contrarium declaraverit.

412 AD QUAESITUM 3ᵐ R. 1. Abstinere ab aliquo opere bono, raro admodum aptum est, quod pro sacramentali paenitentia imponatur; immo censeo non raro eiusmodi iniunctionem invalide fieri pro sacramentali paenitentia: nam ita abstinere quibus neque bonum neque poenale ullatenus fuerit, pro iis nihil habet satisfactorii seu nullam vim satisfactivam, adeoque recipere nequit virtutis satisfactivae augmentum: quod essentiale est in paenitentia sacramentali.

Attamen in casu proposito non repugno, quin illa abstinentia brevis a s. eucharistia imponi potuerit, saltem si frequentior communio in devotulis illis paenitentibus effectum proportionatum non produxit atque *melius* iis erat abstinere quam minus praeparatis seu dispositis accedere: de quo cf. Lugo, *De paenit.* d. 25, n. 65.

R. 2. Cogitare seu meditari per tempus praescriptum de propria indignitate, certe in se optimum est exercitium atque pro sacramentali satisfactione sane potest imponi. Sed videre nihilominus Cassianus debuit, quibus id iniungat. Nisi enim fuerint personae, quae assuetae sint ad meditandum, eas sibimet suis cogitationibus relinquere, imprudentiae est; quia nihil cogitabunt neque reflectere possunt. Debebat iis potius iniungere certam lectionem piam, quae hanc hominis indignitatem apte exponat.

R. 3. Quoad casum Cuniberti per se quidem et obiective loquendo vix dubium est, quin defecerit in persolvenda satisfactione sacramentali. Nam litanias aliasque preces determinatas a confessario iniunctas debuit vocaliter recitare. Attamen, ubi paenitentes preces ita persolvere *solent,* sumi debet confessarium eorum agendi rationem nosse neque voluisse precandi modum alium imponere, nisi id expresse dixerit. — Exercitium viae crucis autem iam ex se Cunibertus satis valide peregit. Cum enim ex praescripto Ecclesiae ad lucrandas viae crucis indulgentias requiratur et sufficiat, ut ad singulas stationes corporali motu aliquis sese transferat et ibidem passionem dominicam mente volvat seu meditetur, sine ullis precibus vocalibus, sufficiet etiam, pios affectus et preces, quae ad meditandum aptae sunt, ex libro oculis lustrare et mente volvere; atque hoc idem debet sufficere ad peragendam hanc paenitentiam sacramentalem.

R. 4. Sed etiam si sumitur Cunibertum litanias aliasve preces seu paenitentias sibi impositas male persolvisse, nimis longum esset atque ex parte impossibile paenitentias praeteritas repetere; proin satis erit, si in subsequenti confessione petat, ut sibi a confessario per modum commutationis aliquid imponatur: quod sane, ratione habita eorum quae praestitit, etsi imperfecte praestitit, non adeo grave esse debet.

APPROBATIO, EAQUE FRAUDULENTER OBTENTA.

Casus. (119)

Achatius in examine pro approbatione, quod partim e scripto fiebat, fraude usus est, alioquin approbationem non obtinuisset.

Superiori regularium, qui pro suis subditis rogaverat approbationem ad audiendas confessiones, episcopus scribit, ut sibi mittat catalogum eorum, qui alibi habuerint approbationem, his se quoque daturum. In quorum numero scribitur ex errore Antonius qui nullibi approbationem habet vel habuit. Episcopus pro singulis expediendum curat instrumentum iurisdictionis.

QUAERITUR 1° quid sit proprie approbatio.

2° Achatius et Antonius habeantne valide facultatem excipiendi confessiones.

Solutio.

AD QUAESITUM 1ᵐ R. 1. Approbatio ex se est testimonium auctoritativum de idoneitate ad excipiendas confessiones. Idoneitas sumitur tum ex doctrina et prudentia tum a morum honestate. Attamen approbatio non est formaliter iudicium mentis, sed declaratio voluntatis. Immo communiter approbatio accipitur tum pro illa declaratione tum simul pro plenae facultatis seu iurisdictionis collatione. Ex se tamen approbatio a iurisdictionis collatione distinguitur.

R. 2. Unde etiam fit, si quando quaeritur de validitate vel nullitate approbationis, ut ultimatim videri debeat, quae sit approbantis *voluntas*, non vero, fueritne eius iudicium rectum. Constare quidem approbanti debet aptitudo, at non infallibiliter; neque eo quod erraverit, approbatio erit nulla seu ipso facto retractata, sed erit retra*henda*.

415 AD QUAESITUM 2^m R. 1. Quaestio solvenda est ex eo, utrum error commissus talis sit, qui obiectum voluntatis approbantis substantialiter mutaverit, ita ut ille actus voluntatis sit ex natura sua nullus et invalidus, an talis qui approbanti ratio sit voluntatem suam revocandi. Non enim sumi potest ordinarium approbantem *expresse condicionem apposuisse:* „si in examine omnia rite peracta sint", vel similem.

R. 2. Hinc dicendum est errorem in *primo* casu circa Achatium commissum talem quidem esse, qui, si cognitus fuisset, approbationem impedivisset, attamen non talem, qui faciat actum ordinarii ipso facto *nullum,* sed *annullandum.* Proin, etsi Achatius licite quidem nequeat uti facultate accepta, nisi forte in gravi aliqua necessitate, tamen, *si utitur,* utitur valide.

R. 3. Quodsi cui haec non videantur satis certa circa valorem absolutionis, nihilominus practice plane certa erat absolutio ab Achatio data, quia, qui addubitaverit valorem approbationis ac proin facultatis absolvendi, id tamen saltem fateri debet adesse minimum cum errore communi titulum coloratum: in quo casu Ecclesiam supplere iurisdictionem, si non adfuerit, omnino certum est. De quo quidem postea n. 430.

416 R. 4. In *secundo casu* aliter iudicandum est. Cum enim ordinarius expresse postulaverit, ut, quibus ipse daturus sit approbationem, in alia dioecesi sint approbati, haec circumstantia essentialis condicio est, ut novi ordinarii approbatio valeat. Sive igitur culpabiliter sive inculpabiliter Antonius catalogo inscriptus est, instrumentum approbationis ei datum vitio essentiali laborat; neque Antonius vi illius instrumenti valide absolvere potest. Nihilominus, si faceret, Ecclesia suppleret ex ratione supra data.

IURISDICTIO ET APPROBATIO.

Casus. (120)

Camerinus parochus e parochia processionem ducit extra dioecesim ad sanctuarium B. Mariae V., transit per complures diversas dioeceses; nihilominus ubique excipit confessiones peregrinantium; quod idem facit eius capellanus qui comitatur.

In ipso loco sanctuarii, cum inexspectatus sit undique confluxus, rector ecclesiae, qui parochialem oppidi curam agit, sacerdotes illos duos advenas invitat, ut secum excipiant confessiones: quod faciunt.

QUAERITUR 1° quid sit iurisdictio, quae praeter potestatem ordinis ad ministrandum sacramentum paenitentiae requiritur.

2° unde habeatur iurisdictio necessaria et approbatio.

3° rectene actum sit in casibus propositis, an invalide.

Solutio.

AD QUAESITUM 1^m R. 1. Iurisdictio est potestas moralis, qua quis in alios ut sibi subditos ius dicere adeoque *etiam contra eos* pronuntiare possit. Cum autem sacramentum paenitentiae per modum veri iudicii institutum sit, eius minister natura prius concipitur ut iudex, quo sacramenti huius minister esse possit. Qua sacerdos igitur habet potestatem, per quam, si in munere iudicis constitutus peccata remittat, id faciat *sacramentaliter*.

R. 2. Haec iurisdictio non communicatur ordinatione, sed *commissione*, neque indelebilis est ut potestas ordinis, sed a superiore potest dari et auferri.

In orientali quidem Ecclesia *simul cum* ordinatione confertur iurisdictio, eo quod quilibet pro certa ecclesia particulari presbyter ordinetur atque in huius ecclesiae fideles iurisdictionis potestatem accipiat. Non ita in Ecclesia occidentali, in qua post collatos ordines per ordinarium fit ordinatorum in certum munus institutio vel potestatis collatio.

AD QUAESITUM 2^m R. 1. Distinguitur iurisdictio *ordinaria* et *delegata*. Prior vocatur ea, quae cum munere est coniuncta, adeoque superiori *qua tali* inhaeret; altera, quae a superiore cum aliis communicatur, ut in gerendo munere habeat a quibus iuvetur.

Distinguitur etiam iurisdictio *propria* et *vicaria*: prior ea est, quam quis suo nomine exercet; altera, quam nomine *alieno*. Unde iurisdictio propria semper est ordinaria, delegata semper vicaria; sed non e converso omnis iurisdictio ordinaria ilico dici potest propria, cum sit aliquando ordinaria iurisdictio at vicaria. Ita iurisdictio ad remittenda peccata semper *vicaria* est. Nullus enim homo *propria* potestate peccata potest remittere, sed potestate a Deo et Christo accepta; distinguitur tamen etiam ea iurisdictio aut ordinaria aut delegata. In multis aliis rebus iurisdictio ecclesiastica exsistit etiam propria.

R. 2. Ordinariam iurisdictionem in universam Ecclesiam singulosque fideles (etiam *in foro interno*, de quo nunc sermo est, quando agitur de sacramento paenitentiae) habet Romanus Pontifex, eamque, electione legitime facta atque acceptata, accipit ilico immediate a Deo.

Similiter ordinariam iurisdictionem habent episcopi in suas respective dioeceses et dioecesanos, sed acceptam, divino quidem iure, per Romanum pontificem. Iure ecclesiastico per ipsum episcopum datam iurisdictionem ordinariam habent vicarii generales pro tota dioecesi: similiter pro orbe per summum pontificem datam tribunalia Romana, imprimis S. Paenitentiaria.

Parochi iure ecclesiastico ordinariam habent iurisdictionem in suam parochiam suosque parochianos, aliique, qui quasi-parochiale officium habent, secundum muneris sui ambitum. Praelati regulares in suos subditos.

419 R. 3. Delegatam iurisdictionem accipere possunt ceteri sacerdotes ab iis, qui *ordinaria* potestate potiuntur. Verum delegatio *ex parte parochi* fere evadit inutilis, eo quod nihil valeat iis, qui approbatione episcopi indigeant, hac vero data plus recipere consueverint quam quod parochus possit communicare.

R. 4. Nimirum ad iurisdictionem delegatam valide exercendam concil. Tridentinum haec constituit:

„Quamvis presbyteri in sua ordinatione a peccatis absolvendi potestatem accipiant, decernit tamen sancta synodus nullum, etiam regularem, posse confessiones saecularium, etiam sacerdotum, audire nec ad id idoneum reputari, nisi *aut parochiale beneficium, aut ab episcopis* (per examen, si illis videbitur necessarium, aut alias idoneus iudicetur et) *approbationem,* quae gratis detur, *obtineat;* privilegiis et consuetudine quacumque etiam immemorabili non obstantibus". Sess. 23, c. 15 de ref.

Haec episcopalis approbatio necessaria est ad confessiones *saecularium* excipiendas, non ad confessiones regularium, eorumque familiarium, ut expresse Clem. X *„Superna"* 21 Iunii resp. 2 Aug. 1670 declaravit atque constituit; pro iis igitur sufficit delegatio ab eo, qui ordinariam iurisdictionem in confitentes habet, nisi *speciali* ordinis lege plus requiratur. Verum ad excipiendas confessiones monialium approbatio episcopalis requiritur eaque *specialis:* de quo infra.

Cuius episcopi approbatio necessaria esset, ex verbis Tridentini non ita clarum erat. Sed postea ss. pontifices (Clem. X l. c., Innoc. XII *„Cum sicut"* 19 Apr. 1700, Innoc. XIII *„Apostolici ministerii"* 23 Sept. 1723, Bened. XIV *„Apostolica indulta"* 5 Aug. 1744) omne dubium sustulerunt et expresse declararunt requiri approbationem *episcopi dioecesani loci, in quo confessio instituatur.* Th. m. II, 379.

420 Ad quaesitum 3^m R. 1. Camerinus parochus non indigebat approbatione episcopi dioecesani loci, ubi confessiones suorum parochianorum excipiebat, ideoque recte et valide eos in itinere ubilibet absolvit, si modo attendat, num paenitens vere sit suus parochianus.

R. 2. Idem dici nequit de capellano. Nam ex constitutione Trid. eius munus non sufficit, ut vi huius confessiones fidelium excipiat. Et quamquam in sua dioecesi, ut sumitur, approbatus est, si extra eam voluit confessiones excipere, indigebat approbatione episcopi eius loci.

R. 3. Camerini iurisdictio vi muneris parochialis non extenditur ultra parochianos suos; hos igitur, non vero alios potest peregre exsistens absolvere. Immo in rigore ne in tota quidem sua dioecesi confessiones universim excipere potest; sed "solum pro civitate seu oppido, ubi sita est ecclesia parochialis", censetur approbatus ex responso S. C. C.; verum hodie generatim ea est dioecesium consuetudo, ut parochi pro tota dioecesi censeantur approbati. *Th. m.* II, 376.

Certum igitur est Camerinum ex se non habere *iurisdictionem* in loco sanctuarii in alienos, i. e. non-parochianos. Attamen non ita certum est eum non posse accipere iurisdictionem delegatam a parocho loci, nisi approbatio episcopi loci accesserit. Cum enim conc. Trid. *approbationem* illam non requirat nisi pro iis, qui parochiale beneficium non obtinuerint, videtur sufficere delegata iurisdictio, quam parochus loci communicet. Contrarium autem responsum S. C. C. d. d. 3. Dec. 1707 (v. S. Alphons. VI, 544; Baller.-Palm. l. c. n. 538) *legem non facit*. Cf. *Th. m.* II, 377 *not*.

R. 4. Ex iis, quae dicta sunt in R. 2, patet capellanum, qui ne fideles quidem suae parochiae valide absolvere potuit, non potuisse peregrinos alios in loco sanctuarii absolvere.

Haec quidem per se. Per accidens tamen *probabiliter* valida erat absolutio, cum error esset communis, atque in solo errore communi Ecclesia probabiliter suppleat iurisdictionis defectum. Quomodo id fiat et quomodo haec res intellegatur, vide infra n. 429—432.

Quod magis de absolutionibus valet, quas Camerinus dedit, eo quod ad errorem communem (*si* erratum sit in eo, quod putetur eum habuisse re vera iurisdictionem a parocho loci valide delegatam) accesserit titulus *probabilitatis iuris,* quo omne morale periculum nullitatis absolutionum aufertur. Cf. infra n. 431.

APPROBATIO ET IURISDICTIO PERDURANS VEL PRAESUMPTA.

Casus. (121)

Lucius ante *octo* annos accepit approbationem ab episcopo dioecesis A, in qua habitabat, "usque ad revocationem". Interim domicilium et dioecesim mutavit, sed transiens dioecesim A interrogatur a loci parocho, propter confluxum populi, num velit excipere confessiones; se scripsisse ordinario pro facultate communicandi quibuslibet idoneis sacerdotibus potestatem excipiendi confessiones, seque certum esse concessionem esse factam at nondum sibi esse notificatam. Quo audito, Lucius annuit.

QUAERITUR 1° quomodo approbatio et iurisdictio exspiret.
2° valeatne iurisdictio et approbatio praesumpta vel concessa quidem sed nondum notificata.
3° in casu nostro potueritne re vera Lucius confessiones excipere.

Solutio.

AD QUAESITUM 1ᵐ R. 1. Iurisdictio ad excipiendas confessiones, quae habetur vi muneris et officii, *cum officio* exspirat; sed morte concedentis neque ordinaria neque delegata iurisdictio exspirat, nisi forte data sit "ad arbitrium *nostrum*".

Immo licet in hoc ultimo casu id a multis doceatur, ne id quidem probatur S*ae* C. Epp. et Reg. Nam in responso dato d. 19 Iunii 1869 (quod habes Baller.-Palm. l. c. n. 577) S. C. dicit iis, quibus data sit facultas *"ad beneplacitum nostrum"*, posse, si sacerdotes saeculares sint, post mortem episcopi a vicario capitulari facultatem *auferri*. Unde evidens est eam non censeri per ipsam mortem episcopi exspirasse.

R. 2. Iurisdictio delegata, expresse concessa *usque ad revocationem*, exspirat sola revocatione sive concedentis sive eius successoris.

Si data est, nulla addita clausula, etiam communiter, ut cesset, debet revocari. Attamen videri debet, quo titulo et qua causa collata sit; *ea enim cessante,* etiam iurisdictio dici debet cessare, etiamsi facta non est expressa revocatio. Ita v. g. iurisdictio, quae certo sacerdoti illimitate data est ut membro cleri dioecesani, cessat eo ipso quod ille desinat pertinere ad dioecesanum clerum. Th. m. II, 381 *cum notis.*

R. 3. Quod de iurisdictione dictum est, similiter valet de mera approbatione.

423 AD QUAESITUM 2^m R. 1. Licentia seu facultas praesumpta sufficere quidem potest, ut actio alioquin prohibita fiat permissa, non peccaminosa; attamen valorem secus deficientem contribuere nequit. Potestas enim debet praesto esse, neque praesto est, etiamsi superior daturus esset, quamdiu re ipsa non dedit.

R. 2. Neque sufficit facultas rogata, immo expedita, sed nondum petenti notificata. Concilium enim Trid. requirit, ut approbatio fuerit *obtenta;* obtenta autem non est, quamdiu nondum est *notificata* (et *acceptata,* nisi concedens sit superior, qui non ad instantiam petentis iurisdictionem concedit, sed mandans eam subdito imponit).

Ad hanc causam illustrandam servit decr., quod S. Officium, approbante summo pontifice, d. 14 Aug. 1892 in re non dissimili tulit „dispensandi ab impedimento matrimonii facultatem *valide exerceri non posse,* antequam documentum datae facultatis *sit receptum,* neque sufficere nuntium telegraphicum de data facultate, *nisi notitia telegraphica transmissa fuerit ex officio auctoritate S. Sedis.* Th. m. II, 380 not.

424 AD QUAESITUM 3^m R. 1. Si in approbatione et iurisdictione ante *octo* annos data exprimebatur „usque ad revocationem", eaque re ipsa facta non est, nulla est ratio, cur Lucius approbatione privatus esse existimetur; etsi nunc non sit proprie subditus episcopi loci.

Aliter, si sine illa expressione tantummodo approbatio non positive fuerat limitata. Nam tum videri debet, num ratio dandae iurisdictionis fuerit status subiectionis Lucii erga episcopum. Quod si fuerit, mutato domicilio approbatio exspiravit neque revixit solo illo transitu per dioecesim antiquam.

R. 2. Si res ad id devolvitur, ut Lucius facultatem non habuerit vi prioris approbationis, sed vi petitionis actualis parochi eam recipere debebat: Lucius facultate destitutus mansit. Nam utut concessio fuerit facta, quamdiu notitia data non est, haec concessio nihil operatur; essetque re ipsa etiam res periculo plena, si ita procedi posset, ut sufficeret coniectura moraliter certa de concessione ex parte superioris data.

Nihilominus etiamtum *probabiliter* absolutio valeret ob ecclesiam in errore communi probabiliter supplentem.

APPROBATIO REGULARIUM.

Casus. (122)

Exorta controversia inter episcopum et regulares, ille qui antea regularibus omnibus sibi a superiore praesentatis sine examine dederat approbationem, nunc praetensionibus, quas putat, eorum indignatus in illa domo, quam opinatur esse sedem querelarum contra se, omnibus sacerdotibus approbationem aufert; reliquis mandat ut infra triduum examini se subiciant, alioquin ipso facto cessaturam esse approbationem; aliqui sese examinandos offerunt atque ad annum approbantur, excepta confessione peregrinorum.

QUAERITUR 1° quibus condicionibus et limitibus approbatio circumscribi possit.
2° quomodo episcopus regularium approbationem possit revocare.
3° num episcopus excesserit suam potestatem.

Solutio.

AD QUAESITUM 1ᵐ R. 1. Episcopus, si sine examine approbat aliquem sacerdotem, pro arbitrio suo potest approbationem limitare ad tempus, ad certum locum, ad certas personas.

R. 2. Si, examine facto, aliquem approbat, limitare potest approbationem ex iusta et rationabili causa, imprimis si scientia non est ita completa, ut mereatur approbationem absolutam, vel si prudentia et mores non fuerint plene probata; sed etiam ex ea ratione, ne studium theologiae moralis neglegatur.

R. 3. Nihilominus relate ad sacerdotes regulares non videtur in arbitrio episcopi esse, post examen approbationem restringere, si et mores sint integri et scientia absolute sufficiens fuerit reperta. Nam Clemens X in const. „*Superna*" expresse monet: „illos religiosos, qui ad confessiones audiendas *idonei generaliter* reperti fuerint, ab episcopo generaliter quoque et indistincte absque aliqua limitatione temporis certorumque locorum aut generis personarum in propria dioecesi admittendos."

Ceterum practice religiosus stare debet episcopi iudicio, cum ipse nesciat, num generaliter idoneus sit repertus.

AD QUAESITUM 2ᵐ R. 1. Qui sine examine „ad arbitrium" approbatus est, sine nova causa ad examen vocari potest, alioquin privari approbatione. Idem dic de eo qui examinatus fuerit a praedecessore episcopi.

R. 2. Qui ab ipso episcopo examinatus et simpliciter approbatus est, neque ad examen revocari neque approbatione privari licite potest, nisi nova superveniente causa ipsas confessiones spectante: quam tamen non tenetur episcopus religioso manifestare, sed Sedi Apostolicae, si quam rationem reddendam exegerit. Ib. in bulla *"Superna"*. *Th. m.* II, 382.

R. 3. Expresse etiam cavetur in laudata bulla: "confessiones audiendi facultatem omnibus simul unius conventus regularibus confessariis adimi ab episcopo, inconsulta Sede Apostolica, nullatenus posse." Quae revocatio, si fieret, cum esset contra ius ab altiore superiore statutum, invalida esset, neque re ipsa potestatem absolvendi auferret.

R. 4. Neque mirum est episcopum in negotio approbationis minus posse suum arbitrium sequi quoad sacerdotes regulares exemptos, quam quoad saeculares sacerdotes sibi subditos. Nam iurisdictionem proprie dictam regularibus episcopus potest quidem communicare, sed necesse non est, ut communicet; habent enim iurisdictionem, mediantibus suis superioribus, ab ipso summo pontifice. Et quamquam ad validum huius iurisdictionis exercitium approbatio requiritur, tamen fas non est, ad merum arbitrium obicem ponere, quominus iursditio a supremo superiore data vim suam exserere possit.

Ad quaesitum 3^m R. 1. In hoc episcopus excessit suam potestatem, quod unius domus confessariis *omnibus* facultatem voluerit adimere; ad examen vocare poterat; sed quia id non fecit, revocatio autem approbationis invalida est, omnes illius domus confessarii iure suo in excipiendis confessionibus possunt pergere. Verum cavendum est a scandalo et perturbatione; quare eatenus prudentia et caritas non raro exegerit, ut acquiescant.

R. 2. Ad examen vocari omnes possunt: quare eos quibus id indictum est, nisi comparuerint et album calculum tulerint, episcopus iure privat approbatione.

R. 3. Quod ad annum tantum dat episcopus approbationem, practice acquiescere debent religiosi; sed nisi re vera omnes parum idonei reperti fuerint neque ullus simpliciter aptus, episcopus illicite hunc limitem posuit. Neque controversia de mutuis iuribus ratio esse potest restringendae approbationis.

R. 4. Quod excipere velit episcopus facultatem relate ad peregrinos, inaudita est restrictio; immo quoad regulares dicenda videtur restrictio hac forma esse *invalida*. Nam si regulares illi reperti sunt idonei non simpliciter, negari quidem potest approbatio, vel restringi ad tempus, ad certas hominum classes pro quibus non requiritur tanta eruditio; verum cur peregrini omnes iudicari possint difficiliores esse, ita ut maior eruditio postularetur in confessionibus eorum, non potest cogitari ratio apta. Si vero regulares reperti sunt simpliciter idonei, nullo modo est in arbitrio episcopi approbationem restringere.

Accedit, quod Clemens X constitutione *"Superna"* a regularibus postulat tantum, ut sint in dioecesi, ubi excipiuntur confessiones, approbati, quo *possint peregrinos undique confluentes absolvere*. Quod eo magis considerandum est, quia peregrini episcopo loci, ubi excipiuntur confessiones, non proprie subiacent, sed R° pontifici et *suo* ordinario.

Nihilominus, si episcopus approbasset illos confessarios *pro sola ecclesia conventus seu religiosae domus*, ea ratione ductus, quod ad eam peregrini non confluerent, sed devotulae tantum ex civitate, vel alio motivo: restrictio *valeret*, siquidem episcopus confessariis ipsis rationem reddere non tenetur: quodsi illi iniuriam sibi factam esse putent, via patet habendi recursus ad S. Sedem.

„ECCLESIA SUPPLET".

Casus. (123)

Gaudentius, sacerdos vagus, confictis litteris commendatitiis id obtinet, ut diutius recipiatur a clero celebris sanctuarii, ubi cum aliis confessiones multas excipit. Verum postea suspectus redditus et profectus, publice denuntiatur in ephemeridibus; nihilominus in itinere potuit aliquoties clam confessiones excipere, cum rogaretur ab ignotis et ignaris paenitentibus. Demum in Americam profectus potuit adulatione et corruptione familiarium episcopi sibi viam planam reddere ad obtinendam parochiam: in qua per annos munere fungitur. Sed nunc eius conscientiam premunt tot confessiones exceptae et absolutiones invalidae.

QUAERITUR 1° quid sit: Ecclesiam supplere iurisdictionem.
2° quandonam Ecclesia suppleat.
3° Gaudentius validene absolverit et aliquando licite.

Solutio.

AD QUAESITUM 1^m R. 1. Iam compluries sermo erat de eo quod Ecclesia suppleat iurisdictionem seu facultatem valide agendi. Si dicitur *Ecclesiam* supplere, id intellegitur de Ecclesiae superioribus vel summo pastore, qui facultatem conferre potest. *Suppleri* iurisdictionem seu facultatem dicitur de eo, qui illam habitualiter non possidet, sed, quoties causam agat, in qua requiratur iuridica potestas, in singulis casibus *in ipso actu* eam suppeditatam accipit neque ulterius retinet, sed transacta causa ea iterum destitutus est. L e s s i u s, *De iust. et iure* l. 2, c. 29, n. 65 et 68; *Th. m.* II, 387.

R. 2. Ex qua explicatione elucet illud „Ecclesiam supplere" in omnibus illis et de solis illis actibus fieri posse, quorum valor pendet *a commissione* seu *deputatione Ecclesiae* vel a voluntate ecclesiasticorum superiorum; non vero in iis, quorum valor pendet a consecratione, iure divino necessaria. Aliis verbis: defectum iurisdictionis moralisque facultatis Ecclesia supplere potest, non potest supplere defectum characteris sacramentalis.

AD QUAESITUM 2^m R. 1. Cum illud „Ecclesiam supplere" ex dictis fiat per voluntatem ecclesiastici superioris, signanter per voluntatem supremi capitis, Romani pontificis, necesse est videre, num et quando haec voluntas adsit. Et quoniam in humana societate operetur voluntas superioris non intus latens, sed exterius manifestata, videndum est, num et pro quibus casibus voluntas illa summi pontificis exstet satis manifestata.

R. 2. *Expresse manifestatam* voluntatem habemus in casu, quo quis in officium publice inductus est et communiter habetur ut minister munere suo legitime fungens, attamen ex occulto vitio institutus est invalide. Dicitur in hoc casu cum *errore communi* coniungi *titulum coloratum,* videlicet factum aliquod, quod specietenus sufficit ad munus seu potestatem vere conferendam.

Pro casu igitur, quo haec acciderint, ad bonum commune illaesum servandum declaratum est, iam praeeunte iure civili Romano, actus eiusmodi ministri invalide instituti nihilominus sustinendos et pro validis habendos esse. Ita ex iure civili Rom. c. *Barbarius* Dig. 1, 14, et ex iure eccles. c. *Infamis* caus. 3, q. 7, quod ab omnibus pro norma legitima et universali habetur.

431   R. 3. *Tacitam* voluntatis manifestationem, qua supremus Ecclesiae pastor *condicionate* defectum iurisdictionis suppleat, scilicet *si necesse fuerit,* habemus in tolerando usu iurisdictionis, quae probabilitate iuris probabilis sit. Nimirum pro casu, quo doctrina, quae tenet adesse iurisdictionem, veritati non consonet, potest certissime Ecclesiae supremus rector potestatem omnino certam suppeditare. Solum superest videre, num velit et faciat. Verum eum etiam velle et facere merito *concluditur* ex eo, quod *sinat* confessarios in tali probabilitate agere et absolvere neque contradicat. *Tacite* igitur consentit. Nam nisi practice certam redderet absolvendi potestatem et absolutionem, deberet contradicere. Cf. *Th. m.* II, 389—391.

432   R. 4. *Coniecturam* probabilem similis voluntatis supplendi defectus habemus in solo errore communi, etsi titulus coloratus non accedit. Verum in hoc casu non habemus certitudinem. — Videlicet quia fere idem periculum boni communis adest, quod in errore communi cum titulo colorato superiorem induxit ad supplendum, sane ratio non spernenda est putandi superiorem facturum esse in uno casu, quod facit in altero. Certum autem id non est, quia ex una parte casus non ita frequenter accidit, ex altera parte non sufficit, ut ita fieri conveniat, sed requiritur, ut re ipsa fiat seu potius facta sit illa superioris manifestatio. Quam voluntatis manifestationem certo non habemus *formalem et expressam;* num tacitam, sicut in suppositione R¹ 3ⁱⁱ, dubium est. Nam de *usu* illius potestatis passim exercito sermo esse nequit, siquidem nemini *licet* cum defectu iurisdictionis eam sibi usurpare, etiam si certum fuerit Ecclesiam supplere. Quapropter superior non tenetur loqui seu contradicere opinioni, qua complures putant illam suppletionem fieri. Immo, quod gravius est, S. C. C. in responso d. d. 11 Dec. 1683 secuta est sententiam negativam, in errore communi sine titulo colorato *„illicite et invalide confessiones excepisse; sed non esse inquietandos qui* bona fide *confessi sunt."* Quamquam haec quaestionem non dirimunt, maxime cum

S. Alph. contrariam opinionem etiam probabilem esse doceat: VI, 572. Cf. Baller.-Palm. l. c. n. 638.

R. 5. Satis autem certum est Ecclesiam non supplere, quando certo deest iurisdictio, idque communiter quidem scitur, ignoratur a paucis, qui ex eo patiuntur nullitatem sui actus vel actus erga se exhibiti. Cf. Th. m. II, 389.

Ad quaesitum 3^m R. 1. Gaudentius, cum in sanctuario confessiones exciperet, carebat omni titulo. Litterae enim confictae non sunt titulus ullus. Ut enim adsit titulus, etsi intrinsecus vitiatus, tamen coloratus, actus debet exsistere ab ecclesiastico superiore positus, qui ex sua natura tendat in conferendam potestatem. Attamen adest error communis; omnes enim putant, cum videant Gaudentium in confessionali, eum esse legitimum confessarium. Hinc probabile quidem est eum non obstante defectu potestatis valide absolvisse paenitentes; certum tamen non est.

Verum iis, qui ita probabiliter tantum absoluti sunt, non expedit imponere onus repetendae confessionis, siquidem ex una parte probabiliter satisfactum est, ex altera parte scandalum excitaretur vel perturbatio, si id urgeretur. Vide etiam, quod notaverat S. C. C. mox laudata.

R. 2. Postquam publice denuntiatus est Gaudentius, error communis evanuit; quare si nihilominus pauci ignari ad eum accesserunt, hi invalide apud eum confessionem instituerunt neque re vera absoluti sunt. Hi igitur per se etiam moneri debent, ut peractam confessionem repetant. Num aliquando autem possit esse ratio id tacendi, pendet a concretis circumstantiis.

R. 3. Gaudentius, in Americam profectus, ut ex narratione patet, simoniace factus est parochus. Quod sufficit, ut dici debeat *invalide* institutus. Nihilominus hic possidet titulum coloratum. Quare dubium non est, quin *valide* absolvat, cum Ecclesia in tali casu *certo* suppleat defectum verae iurisdictionis.

R. 4. Verum manens in suo officio eiusque munere fungens graviter peccat. Solum si serium propositum conceperit, rem componendi serioque doluerit et contritionem elicuerit, fieri potest, ut in casu necessitatis excusetur, ne videlicet negando suum ministerium ipse grave periculum incurrat. Magis etiam fieri potest, ut instante necessitate alicuius parochiani in periculo mortis, cui alius sacerdos praesto non sit, debeat, praemissa interna cum Deo reconciliatione, confessionem excipere absolutionemque impendere.

IURISDICTIO, SUPERIORE REPUGNANTE, EXERCITA VEL ATTENTATA.

Casus. (124)

Claudius parochus, cum more dioecesano post quinquennium denuo ad examen vocaretur, ire neglexit, et quamquam in edicto episcopali cautum erat, ut omnes comparerent, ne secus facultates exspirarent, nihilominus, ut antea, munere fungi et confessiones excipere pergit.

Castor sacerdos regularis, cui vetuerat superior excipere confessiones, nihilominus invitatus in itinere ab episcopo confessarii munere fungitur.

QUAERITUR 1° possintne parochi revocari ad examen pro audiendis confessionibus, alioquin iurisdictione privari.

2° sacerdos regularis audiatne valide confessiones et absolvat, invito suo superiore, cum solius episcopi venia.

Solutio.

AD QUAESITUM 1^m R. 1. Ex se parochi, quamdiu sunt parochi, habent iurisdictionem expeditam in suos saltem parochianos, nisi forte per censuram iis fuerit subtracta; adeoque per se non essent amplius examinandi.

R. 2. Nihilominus propter vehementem suspicionem inscitiae episcopus potest etiam parochum a se examinatum ad examen revocare. Cf. S. C. Conc. d. d. 15 Ian. 1667 et Bened. XIV, *Institut. can.* 9, n. 16; *de sgn. dioes.* l. 13, c. 9, n. 21.

R. 3. Quos ipse episcopus non examinavit, sed sive vicarius sive antecessor, hos episcopus ex sola ratione securioris conscientiae ad examen vocare potest: ibid., *Th. m.* II, 377.

R. 4. Si quando in examine repererit aliquem debita scientia destitutum, certe subtrahere potest iurisdictionem seu *a iurisdictione suspendere*, donec parochus maiorem scientiam probaverit.

R. 5. Ex dictis consequitur morem illum dioecesanum non congruere cum communi iure canonico; neque episcopum eos quos ipse iam examinaverit (quod intellege de examinatione, quam sive per se sive per examinatores a se electos instituerit) indiscriminatim post quinquennium denuo posse examinare; neque *generali* illo edicto eos qui non paruerint, iurisdictione *in suos parochianos* destitui. Si quando autem in certum quendam parochum illud edictum ferretur, practice pro valido habendum esset neque parochus posset amplius tuto iurisdictionem exercere. Nam quoniam episcopo ius est ex gravi causa ad examen vocare, neque causam ipsi parocho manifestare tenetur, eius iudicio practice standum est; qui autem putaverit sibi iniuriam fieri, ius habet appellandi.

AD QUAESITUM 2^m R. Episcopus etsi non teneatur nisi solam approbationem regularibus dare, utpote qui iurisdictionem recipere possint per suos superiores a Rom. pontifice, potest tamen etiam ipsis simul cum approbatione iurisdictionem conferre.

Quod si fecerit, dubium esse nequit regularem etiam invito suo superiore, valide, utut illicite, confessiones excipere: nam iurisdictione validoque eius usu privatur in tali casu sola censura in nominatum lata et denuntiata.

Exstat circa hanc rem declaratio *S. Congr. Epp. et Reg.* d. d. 2 Martii 1866, de qua v. *Acta S. Sedis* I, 683.

Propositis dubiis: I. An religiosus, non approbatus iuxta leges proprii ordinis a suo superiore vel ipso invito, cum sola facultate ordinarii, valide excipiat confessiones saecularium?

II. An superiores regulares iurisdictionem habentes possint suos subditos suspendere ab audiendis confessionibus saecularium etiam ex informata conscientia?

Et quatenus affirmative III. An valeat suspensio oretenus et absque scripto enuntiata?

IV. An absolutio impertita ab eo, qui tali suspensione est innodatus, sit valida?

Et quatenus negative V. An qui huiusmodi absolutionem intentat, irregularitatem incurrat?

Resp. ad I. Affirmative.

Resp. ad II. Affirmative, ita tamen, ut religiosus suspensus illicite, non vero invalide confessiones excipiat.

Resp. ad III. Affirmative, cum feratur per modum praecepti particularis.

Resp. ad IV. Affirmative.

Resp. ad V. Provisum in praecedentibus. Responsio ad V. sensum habet negandi irregularitatem, cum suspensio illa non feratur ut censura. Quapropter in nostro casu Castor valide quidem confessiones excepit et absolutionem dedit; attamen egit illicite, nisi prudenter iudicavit praesentem casum superiorem noluisse comprehendere.

IURISDICTIO A PAROCHO EXERCITA VEL DELEGATA.

Casus. (125)

Roma in Germaniam veniunt, absolutis studiis, ordinati sacerdotes Petrus, Ioannes, Iacobus. Petro ab abbate quodam confertur cura parochiae monasterio coniunctae, quam curam eo usque abbas per aliquem ex suis religiosis exercuerat. Ioanni a principe laico confertur parochia, cui resignaverat parochus ante paucos dies viribus fractus, qui tamen pro aliquorum consolatione audit illorum atque ipsius principis confessiones, a novo parocho iurisdictione sibi delegata. Iacobo a capitulo cathedrali datur simplex canonicatus et ab episcopo modo electo approbatio pro audiendis confessionibus. Ita omnes impigri tum extra, tum intra confessionale laborant. Rectene in omnibus actum est? (Ita L. Michon, *Selecti casus*).

Quaeritur scilicet 1° potueritne Petrus confessiones excipere.

    2° sitne Ioannes facultate excipiendarum confessionum rite donatus.

    3° quid de parocho qui resignaverat.

    4° Iacobus sitne rite approbatus.

Solutio.

AD QUAESITUM 1^m R. Cum hic agatur de parochia regulari, non videtur Petrus revera obtinuisse parochiale beneficium seu veri nominis parochus institutus esse, sed esse summum *delegatus* ad exercendam curam animarum. Verum ab iis sacerdotibus conc. Trid. requirit, ut habeant *approbationem*, idque, ut Innoc. XII const. „*Cum sicut*" d. d. 19 April. 1700 expresse declaravit, et Innoc. XIII const. „*Apostolici muneris*" d. d. 23 Sept. 1723 et Bened. XIV const. „*Apostolica indulta*" d. d. 5 Aug. 1744 confirmaverunt, *approbationem episcopi dioecesani illius loci, ubi confessiones excipiantur.*

Quare in nostro casu Petrus legitima facultate destitutus erat. Si autem vere obtinuit parochiam, iurisdictione potitur potestque valide confessiones excipere, nisi ab episcopo loci iurisdictione privetur.

437   Ad quaesitum 2^m R. Nostris temporibus est insolitum, ut princeps laicus conferre possit parochiale beneficium parochumque instituere, utut habere potest et in compluribus locis habet *ius nominandi*. Nam nominatione nondum instituitur parochus, sed per eum actum, quo superior ecclesiasticus consentiens in personam nominatam spiritualem potestatem communicat seu personam nominatam in munus suum instituat. Utrum vero iurisdictio incipiat ab ipso illo momento, quo superior ecclesiasticus actum suum conficit sacerdotique communicavit, an requiratur corporalis possessio incepta, pendet tum a consuetudine locorum, tum a voluntate superioris. Iuris communis est, ut iurisdictio non exerceatur nisi post acceptam possessionem.

Ex quibus sequitur neque Ioannem iam idoneum reputari posse ad excipiendas confessiones, sed debuisse exspectare consensum superioris, i. e. episcopi dioecesani.

438   Ad quaesitum 3^m R. 1. Suppono resignationem veteris parochi esse rite factam et acceptatam. Quod si factum est, desinit esse parochus. Verum si ita est, titulo parochialis beneficii obtenti non amplius potest confessiones excipere, siquidem ille titulus exstinctus est. Ergo indiget altero titulo a Tridentino concilio assignato, approbatione videl. episcopi. Neque potuit sola delegata iurisdictione novi parochi contentus esse, etiamsi hic fuerit iam legitime parochus institutus: quod cum antea dictum sit non obtinuisse, nova oritur ratio cur parochus ille resignatus confessiones excipere non potuerit; nam Ioannes ille non poterat delegare potestatem, quam ne ipse quidem habebat.

R. 2. Attamen videri debet, num forte vetus ille parochus praeter suam institutionem in parochiale munus, vel ante eam, habuerit pro universa dioecesi approbationem indeterminatam. Quam si habuit — ut revera in multis locis usus est — haec approbatio cum delegata iurisdictione non desiit parochiae resignatione: ac proin in ea suppositione confessiones excipere valide potuit, etiam sine respectu ad delegationem a novo parocho tentatam.

439   Ad quaesitum 4^m R. Iacobus non habuit facultatem excipiendarum confessionum vi beneficii, utpote quod non sit parochiale, sed simplex; indigebat igitur approbatione, quam sede vacante vicarius capitularis, alias episcopus dare potuit. Sed electus episcopus ante confirmationem nondum est episcopus neque actum iurisdictionis episcopalis, qualis est approbatio ad confessiones excipiendas, exercere

potest. Ergo rite approbatus non est Iacobus, sed indiget approbatione vicarii capitularis ad quem tota dioecesis administratio adhuc pertinet.

IURISDICTIONIS VITIA.

Casus. (126)

(Ex eodem L. Michon): Petrus sacerdos peregrinus ab episcopo loci, propter neglectam papalis mandati exsecutionem suspenso ab ordine, inscius illius suspensionis petit approbationem et impetrat; Paulus, qui suspensionem sciat, adit vicarium generalem ab eoque approbationem accipit. Ambo revertentes in patriam suam devertunt ad quendam parochum ipsis optime notum; qui apud Petrum confessionem menstruam instituit; Paulus interea inscio parocho audit aliquos vagabundos et postea apud Petrum ob aliquod peccatum mortale ipse confitetur ab eoque absolvitur.

QUAERITUR 1° rectene acceperint Petrus et Paulus approbationem.

2° potuerintne extra priorem dioecesim confessionem parochi aliorumque et mutuam confessionem excipere.

Solutio.

AD QUAESITUM 1^m R. 1. Petrus rite approbationem acceperat ab episcopo. Nam 1) suspensus ab ordine, non est propterea suspensus a iurisdictione; verum approbare alios ad audiendas confessiones nihil aliud est, quam iurisdictionis exercitium, exercitium ordinis est nullatenus. 2) Etsi suspensus fuisset a iurisdictione, nisi id fuerit publicatum, exercitium iurisdictionis illicitum quidem erat, sed non invalidum; sed in nostro casu illicita non fuisset petitio, eo quod petens nihil scivit de poena ab episcopo contracta.

R. 2. Etiam Paulus rite approbatus est. Nam vicarius generalis censetur una persona esse cum episcopo, ideoque in ordinariis facultatibus eadem potestate utitur qua episcopus; soletque in plerisque casibus vicarius generalis, non ipse episcopus immediate approbationes concedere.

AD QUAESITUM 2^m R. 1. Quando priorem dioecesim transgressi erant, approbatio sane non aderat, cum ea debeat esse ab episcopo dioecesano loci. Hinc destituti erant legitima facultate; idque quoad confessiones vagabundorum et ipsius Pauli funditus, si quidem ne a parocho quidem iurisdictionem delegatam habebant, eo quod illo inscio confessiones illae exceptae sunt.

R. 2. Verum, etiamsi parochus scivisset et annuisset, nihil egisset, quia approbatio, Petro et Paulo necessaria, deerat, ac proin, si quam iurisdictionem delegasset, ea nihilominus non fuisset expedita neque potuisset ad absolvendum sufficere.

R. 3. Re ipsa delegatam iurisdictionem vel saltem eius tentamen habemus in confessione, quam ipse parochus instituit; nam sine dubio voluit suo confessario eam, quam ipse potuit, facultatem communicare. Re vera non deerant scriptores, qui contenderent parochis licere apud quemlibet, qui idoneus et *alicubi* approbatus sit, confiteri, idque ex tacita episcoporum concesssione repetebant. Verum hodiedum non puto hanc exsistere consuetudinem neque tacitam hanc concessionem. Nisi igitur alicubi localis et particularis eiusmodi consuetudo legitima probetur, censeo plane standum esse verbis Tridentini, quae pro confessione etiam sacerdotum, adeoque etiam parochorum, non minus approbationem necessariam statuunt quam pro confessione reliquorum saecularium. Ergo parochi confessio erat ex defectu potestatis invalida.

EPISCOPI PEREGRINI IURISDICTIO.

Casus. (127)

Hugo episcopus peregrinus devertit in nosocomium urbis A; ubi cum visitaret infirmos, multorum audit confessiones, venia episcopi loci nullatenus petita, sed ex consensu solius rectoris nosocomii.

Cum redit in Americam, utitur navi suae nationis, quae antea solverat e portu suae dioecesis et post stationem aliquot hebdomadarum in Europa nunc repetit patriam: quibuslibet sacerdotibus undique navem ascendentibus communicat facultatem absolvendi navigantes.

QUAERITUR 1° indigeatne Hugo ad rite absolvendum venia episcopi loci.

2° navigantes a quo legitime absolvantur.

3° rectene actum sit ab Hugone.

Solutio.

AD QUAESITUM 1^m R. 1. Communis quidem doctrina et regula est eum, qui non ordinaria sed delegata potestate absolvit, indigere approbatione episcopi dioecesani loci, in quo confessiones excipiuntur: secundum quam regulam etiam episcopus peregrinus hac lege tenetur. Atque haec est regula securior. De parochis alienis S. C. C. in hunc sensum etiam respondit: indigere eos scilicet licentia episcopi loci non quoad suos subditos sed quoad reliquos: die 3 Dec. 1707, cf. Baller.-Palm. tr. 10, sect. 5, n. 558. Neque tamen hoc est universale decretum.

R. 2. Rationes autem non spernendae adsunt, quae hanc approbationem necessariam non esse suadent, si modo adsit iurisdictio delegata ab *aliquo*, qui in paenitentes ordinariam iurisdictionem habet, etsi fuerit solus parochus. Nam 1° id de alienis parochis etiamnunc videtur satis probabile (cf. Baller.-Palm. l. c. n. 557, *Th. m.* II, 377 *not.* et *hic* supra n. 420), siquidem conc. Trid. exigit in eo cui munus absolvendi committi possit, tantum alterutrum: aut parochialis beneficii possessionem, aut episcopi approbationem; ergo qui parochiale beneficium ubilibet obtinuit, non indiget ulteriore approbatione, sed solum *communicata iurisdictione*. Quod a fortiore de quolibet episcopo, saltem dioecesano, valere debet. 2° conc. Trid. decreto, quo hanc approbationis necessitatem imposuit, loquitur de „presbyteris"; verum in odiosis episcopi, iique sive dioecesani sive titulares, non comprehenduntur nomine „presbyteri". Ergo pro illis videtur antiqua lex mansisse intacta, videlicet posse quemlibet, qui ordinaria iurisdictione utitur, eam alteri communicare.

Ad quaesitum 2^m R. 1. Circa facultatem audiendi confessiones navigantium nunc exstat decretum S. Officii d. d. 4 Aprilis, secundum quod sufficit facultas excipiendi confessiones a proprio ordinario habita, ut sacerdos possit in nave toto durante itinere confessiones fidelium secum navigantium excipere. En verba decreti: „In congregatione generali S. R. et U. I. habita fer. IV die 4 Aprilis 1900, cum disceptatum fuisset super facultate sacerdotum iter transmarinum facientium excipiendi fidelium eiusdem itineris comitum sacramentales confessiones, E^{mi} ac R^{mi} DD. cardinales in universa christiana republica inquisitores generales, ad omnem in posterum hac super re dubitandi rationem atque anxietatibus occasionem removendam, decreverunt ac declararunt: *Sacerdotes quoscumque transmarinum iter arripientes, dummodo a proprio ordinario confessiones excipiendi facultatem habeant, posse in navi toto itinere durante fidelium secum navigantium confessiones excipere, quamvis forte inter ipsum iter transeundum vel etiam aliquamdiu consistendum sit diversis in locis diversorum ordinariorum iurisdictioni subiectis.*

Hanc autem E^{morum} PP resolutionem SS^{mus} D. N. Leo div. prov. PP. XIII, per facultates E^{mo} D. cardinali S. Officii secretario impertitas, benigne approbare et confirmare dignatus est." (Anal. eccl. VIII, 287).

R. 2. Hoc decreto edicitur quidem, quid fieri possit; sed non dicitur nulla alia via facultatem excipiendae confessionis haberi posse. Neque deerant qui de confessariis regularibus ita concludebant: Iurisdictio regularibus confertur a s. pontifice in omnes undique fideles; et quamquam requiritur ad validum usum approbatio episcopi loci, ubi confessiones excipiuntur, id intellegi debet, quando exsistit episcopus seu ordinarius loci. Verum in mari non habetur episcopus loci, cum mare non pertineat ad ullam dioecesim. Hinc confessarii saltem religiosi in mari sine ulla approbatione confessiones excipere possunt, si modo per suos superiores acceperunt *iurisdictionem*. Immo id videri poterit decreto mox laudato conforme, cum proprius ordinarius, a quo facultas confessionum excipiendarum data esse debeat, videatur esse superior regularis. Verum neque generalis facultatis regularium neque huius decreti interpretatio in illo sensu sumpta satis certa et tuta videtur. Nam in excipiendis confessionibus fidelium saecularium facultas, ut *expedita sit*, etsi sit collata a superiore regularium, approbatione indiget seu consensu episcopi dioecesani loci. Quoniam autem etiam in confessionibus navigantium excipiendis exsistat, qui sit episcopus loci vel ei aequivaleat, censeo etiam pro sacerdotibus regularibus illam approbationem episcopi loci, in quo versabantur, debere accedere.

Ad quaesitum 3^m R. 1. In *priore* casu, si rector nosocomii habuit pro nosocomio curam ordinariam seu quasi-parochialem potestatem, sufficiebat, ut Hugo cum eius venia confessiones exciperet. Haec quidem sententia *probabilis* est, ita ut adsit probabilis iurisdictio, qua quis cum morali securitate uti possit.

R. 2. In posteriore casu, si qui sunt subditi Hugonis, illos ex iure communi et ordinaria potestate ipse absolvere potest.

Ex decreto vero mox allato ipse episcopus eminenter inter eos est, qui a proprio ordinario in loco sui domicilii habebant et habent iurisdictionem: quare sine ullo dubio Hugo ipse quoslibet secum navigantes in nave absolvere potest. Idem dixerim de sacerdotibus, si forte adsint subditi Hugonis ipseque eos ad audiendas confessiones sive antea approbaverat sive nunc pro sua dioecesi approbat: nam eo ipso verificatur, id quod in decreto S. Officii postulatur, ut habeant facultatem *a proprio ordinario*.

446   Difficilius solvitur quaestio, num Hugo possit sacerdotes alienos in nave ad audiendas confessiones deputare, sive vi iuris communis antea exsistentis, sive vi novi decreti. Ad quodcumque ius recurreris, id fieri nequit, nisi Hugo considerari possit in ista nave ut ordinarius loci. Nam si id ita est, verificantur tum ea quae requirit concilium Tridentinum, tum consuetudo ut requiratur et sufficiat facultas ab episcopo loci accepta; verificatur aliquo sensu lato etiam id, de quo novum decretum loquitur, sufficere scilicet facultatem a proprio ordinario datam; nam episcopus *loci* lato aliquo sensu proprius ordinarius dici potest eorum, qui in loco versantur.

Potestne igitur dici Hugonem episcopum uti iurisdictione *locali* in nave suae nationis?

Quodsi rationem considerandi civilem spectamus, dubium non est, quin iurisdictio talis admittatur. Navis enim Anglica censetur esse sub iurisdictione Anglica, Gallica sub Gallica, Germanica sub Germanica, Americana sub Americana. Qui concipiendi modus cum revera rationi congruat, non video, cur non possit saltem probabiliter etiam valere in diiudicanda iurisdictione ecclesiastica. Et quoniam iurisdictio *particularis* ibi non secundum regna, sed secundum dioeceses dividitur: *si navis eiusque manus sedem suam fixam seu quasi-domicilium habeat in dioecesi Hugonis*, Hugo in navem illa *locali* iurisdictione utitur, atque est quasi ordinarius seu episcopus *loci*. Quodsi obtinet, quoslibet sacerdotes ibi exsistentes, quantum sibi visum fuerit, potest approbare et ad confessiones in nave deputare. Cf. etiam *Th. m.* II, 386.

IURISDICTIO DUBIA ET PROBABILIS.

Casus. (128)

Durandus, cum multitudine paenitentium circumdatus confessionibus audiendis incumberet, dubitavit utrum approbatio adhuc duraret an exspirasset; litteras vero approbationis non amplius habet.

Alias recepit approbationem his terminis: „ut confessiones excipere possis, facultatem tibi facimus cum venia tamen tui superioris"; verum superioris veniam rogare sibi impossibile est, neque antea de ea roganda sollicitus erat, cum de opportunitate audiendae confessionis nemo cogitaret: putat solummodo certo superiorem, si rogaretur, daturum esse veniam. Quare tum in hoc tum in priore casu audacter pergit in munere confessarii exercendo.

QUAERITUR 1° quid sit dubia, quid probabilis iurisdictio.
2° liceatne cum ea confessiones audire et absolutionem dare.
3° quid in casibus Durandi.

Solutio.

AD QUAESITUM 1ᵐ R. 1. *Probabilis* iurisdictio, ut rite distinguatur 447 a dubia, intellegitur ea, pro cuius exsistentia habetur probabilitas iuris. Quae si adest, manet quidem *habitualis* facultas actum antecedens in sua probabilitate, i. e. manet incerta et hoc sensu dubia; verum usus et valor huius facultatis incertae *consequenter ad causam susceptam seu actum iurisdictionis inchoatum* evadit moraliter certus, eo quod Ecclesia moraliter certo supplet pro hypothesi, si re vera antecedenter facultas fuerit nulla. V. supra n. 431. S. Alph. VI, 573 et 600.

R. 2. Haec probabilitas iurisdictionis exsistere potest de iurisdictione universim sumpta, num scilicet certus homo utcumque iurisdictione potiatur; potest etiam, idque frequentius, exsistere de ambitu iurisdictionis quoad causas diiudicandas, potissimum de eo, num adsit potestas absolvendi a reservatis etc. Quo ultimo casu etiam graviores rationes afferri possunt, cur ex eius usu paenitens morali periculo non exponatur.

R. 3. *Dubia* iurisdictio presse sumpta ea vocatur, quae in dubio facti nititur, et cuius etiam usus, seu valor consequenter ad usum, manet dubius et incertus.

AD QUAESITUM 2ᵐ R. 1. Probabili iurisdictione uti ut liceat, alii 448 quidem graviorem aliquam causam requirunt (S. Alph. requirit causam „graviter rationabilem", cf. Marc n. 1755); attamen alii, quia de sola liceitate quaestio est, specialem rationem non exigunt, idque regulis probabilismi conforme est.

R. 2. *Dubia* iurisdictione uti, cuius usus maneat dubius, licebit secundum eas regulas ex quibus liceat sacramenta dubie valida conferre. Nimirum ex una parte debet abesse modus quo certa fiat iurisdictio et absolutio, ex altera parte debet adesse gravis ratio cur melius sit aliquem hic et nunc dubie absolvere quam certo non absolvere. Per se autem ille qui ita dubie absolvitur monendus est, ne certo fidat absolutioni receptae: ita quidem nisi timor maioris mali obstet.

R. 3. In specie enumerantur sequentes causae ex quibus communiter docent licere sacerdoti *dubia* iurisdictione uti in defectu confessarii certa iurisdictione praediti (S. Alph. VI, 571): 1) si urget praeceptum annuae confessionis; 2) si paenitens debet celebrare vel communicare, nisi velit infamiae notam incurrere; 3) si sacerdos ex obligatione debet celebrare: cf. Marc n. 1756.

AD QUAESITUM 3ᵐ R. 1. In *primo* casu dubium de iurisdictione 449 nititur in dubio facti. Quapropter Durandus, cum dubium solvere non posset, debebat a confessionibus audiendis desistere, si tamen seriam habuit causam dubitandi neque erat timor quidam inanis. Cum vero confessiones excipere pergeret, absolutionem non dedit certo validam; neque certo valida facta est absolutio ex supplente Ecclesia, eo quod, si approbatio re ipsa desierat, error quidem communis exsistebat, at videtur exstitisse sine titulo colorato.

R. 2. Utrum in *posteriore* casu absolutio a Durando data valida fuerit necne, idque non solum propter errorem communem Ecclesia supplente, pendet ex eo, num probabilis sit interpretatio concessionis factae haec, ut „venia superioris" de qua in concessione sermo est extendatur ad ipsam veniam praesumptam. Quod si obtinet, adest iurisdictio antecedenter saltem probabilis probabilitate iuris, eamque Ecclesia ad cautelam satis certo supplet, ut dictum est supra ad Quaesitum 1^m. Et re vera eam esse interpretationem rationabilem atque probabilem formulae concessionis omnino puto. Nam 1) quod clausula illa „cum venia tamen tui superioris post facultatem expressam additur" videtur innuere „superioris veniam" ad liceitatem potius quam ad valorem requiri. 2) Venia *sensu lato* sub se comprehendit veniam praesumptam praesumptione de praesenti, scilicet si iusta est persuasio superiorem *hic et nunc* ita dispositum esse ut rogatus veniam daturus sit; at ex communi regula singularis quidem dispensatio vel personale contra legem datum privilegium strictae interpretationis est; sed *facultas* agendi, immo etiam dispensandi, multo magis sacramentaliter absolvendi, *latam* habet interpretationem. Cf. S. Alph., De privil. n. 6—8; D'Annibale, *Summula* I, 228.

IURISDICTIO IN MORIBUNDOS.

Casus. (129)

Constantinus sacerdos peregrinus solummodo missae celebrandae causa die aliquo festo accersitus est neque facultate iurisdictionis est praeditus. Audit tamen esse aliquos aegrotos periculose decumbentes, non ita tamen ut viatico iam sint muniti, siquidem periculum nondum est adeo certum vel instans. Cum sciat accidere posse ut hi vereantur proprium parochum, eos, inscio parocho, invisit, ad confessionem disponit et absolvit, monens ut nunc plane sint securi, sacramentorum morientium causa recipiendorum se non obligari ad repetendam confessionem, posse tamen aliqua peccata quae maluerint confiteri, reticita confessione apud se facta.

Quaeritur 1° quid statutum sit circa iurisdictionem in moribundos.

2° possitne sacerdos non-approbatus absolvere etiam praesente approbato.

3° quid de agendi ratione Constantini.

Solutio.

Ad quaesitum 1^m R. 1. Circa articulum mortis celebris est dispositio *conc. Trid.* sess. 14, c. 7 *de paenit.:* „Verumtamen pie admodum, ne hac ipsa occasione aliquis pereat, in eadem Ecclesia Dei custoditum semper fuit, ut nulla sit reservatio in articulo mortis, atque ideo omnes sacerdotes quoslibet paenitentes a quibusvis peccatis et censuris absolvere possunt." Quibus verbis Patres, quamquam imprimis reservationem omnem in tali tempore cessare intendunt asserere, tamen occasione huius sententiae aliquid amplius videntur concedere, nimirum quemlibet sacerdotem, etiam non approbatum, habere iurisdictionem. Quae interpretatio sane probabilis est. *Th. m.* II, 392; S. Alph. VI, 562.

R. 2. *Rituale Romanum* quidem (*de sacram. paenit.* ab initio) magis limitate loquitur: „Minister est sacerdos habens potestatem absolvendi vel ordinariam vel delegatam. *Sed si periculum mortis immineat approbatusque desit confessarius, quilibet sacerdos potest a quibuscunque censuris et peccatis absolvere.*"

Ad quaesitum 2^m R. 1. Stante probabili interpretatione, de qua modo dictum est, cum quadam morali certitudine valebit absolutio utcunque a sacerdote etiam non approbato data, sive absente sive praesente confessario approbato. Nihilominus quoniam in periculo mortis maior certitudo, quantum fieri possit, desideratur, aliquale illud dubium quod restat removendum est, v. g. absolutione super *aliquod* peccatum ab approbato confessario danda, sive alio modo.

R. 2. Verum dubium illud nunc summum restringitur ad eum casum quo cum sacerdote non-approbato etiam approbatus *actu praesens* est. Nam si *actu* praesens non est, potest tamen facile advocari: omne dubium num absolutio forte nulla seu invalida sit, sublatum est responso S. *Officii* d. d. 29 Iulii 1891: „non sunt inquietandi qui tenent validam esse absolutionem in articulo mortis a sacerdote non approbato, *etiam quando facile advocari seu adesse potuisset sacerdos approbatus.*" Sed nisi re ipsa valida esset absolutio, omnino essent inquietandi qui eam pro valida haberent. Unde fit re ipsa sacerdotem non-approbatum in articulo mortis habere facultatem absolvendi, eamque vel iam antea ab Ecclesia collatam fuisse, vel saltem nunc vi illius decreti conferri: secus enim supremum Ecclesiae tribunal in errorem perniciosissimum induceret, idque in re in qua pro arbitrio remedium potest afferre; quod vel cogitare impium est.

Ad quaesitum 3^m R. 1. Si condicio aegrotorum illa erat ut sensu ecclesiastico adesset articulus mortis, ex responso S. Officii mox relati evidens est aegrotos illos valide absolvi potuisse a Constantino; ac proin Constantinum recte egisse, si utcumque suspicari poterat adesse aliquos qui apud parochum non libenter confiterentur; immo eximium caritatis opus exercuit.

R. 2. Quoniam videtur adfuisse ratio, cur omnia inscio parocho peracta sint et etiam nunc parocho celentur: prudens erat consilium, immo vix non necessarium instruere infirmos, ut postea, advocato parocho, ex peccatis praeteritis nunc rite deletis confiterentur aliqua pro suo arbitrio. Ita enim providebatur, ut parochus sine admiratione alia sacramenta ministraret.

R. 3. Fuisse autem condicionem aegrotorum eam qua dici poterant exsistere in articulo mortis, practice dubium non est, quam primum agebatur de *morbo periculoso*. Teste S. Alph. VI, 561 in hac materia „verius et communius" „pro eodem accipitur articulus et periculum". Et re vera in corpore iuris, ubi sermo est de recipienda absolutione ab eo qui alias absolvere nequeat, c. *Eos qui* (22) 5, 11 in 6? indiscriminatim adhibetur vox „propter imminentis mortis articulum" et nihilominus ille ipse articulus dicitur in eadem sententia „periculum" idque postea forte cessaturum; dein cum isto loco dicatur paenitens absolvi posse ab inferiore iudice in *articulo* mortis, id alio loco c. 29, caus. 17, q. 4 „*Si quis suadente*" dicitur de „*periculo* mortis urgente". Neque hac in re scrupulose agi debet; nam si in qua causa umquam Ecclesia censeatur liberaliter agere velle, certe id vult in mortis periculo, ubi nihil non tentatum relinquit, ut animas salvas Christo transmittat. Cf. Salmant. tr. VI, c. 11, n. 23 sq.; Baller.-Palm. l. c. n. 590.

IURISDICTIO IN MORIBUNDOS EIUSQUE EXERCITIUM.

Casus. (130)

Rufinus parochus, solus in loco ubi lues grassatur, auxilium non habet nisi sacerdotis schismatici, qui se offert ad sacramenta moribundis conferenda; cuius operam in tanta necessitate gratus accipit, non tamen sine admiratione populi, qui hanc agendi rationem componere nescit cum doctrina catholica de Ecclesia ut unico salutis medio.

QUAERITUR 1° num possit et debeat sacerdos excommunicatus, etiam schismaticus vel haereticus, aliquando sacramenta ministrare.

2° Rufinus rectene egerit, vel: quomodo agere debuerit.

Solutio.

AD QUAESITUM 1ᵐ R. 1. In articulo mortis sacerdotem quemlibet, etiam haereticum vel excommunicatum vitandum, habere potestatem absolvendi dubitari amplius nequit. Nam 1) nimis generalia sunt verba concilii Tridentini „quoslibet sacerdotes a quibuscumque peccatis in articulo mortis absolvere posse"; 2) cum dubium de haereticis vel vitandis moveretur, Innocentius XI, ut legere est apud S. Alph. VI, 560, iussit non amplius dubitandum esse de sententia affirmante istam facultatem.

R. 2. Nihilominus tota eius potestas quoad licitum usum restringitur ad casum *necessitatis*. Quapropter, si alius sacerdos vocari possit, illicite sacerdos haereticus — idem dic de schismatico — absolvit, moribundus illicite ab eo petit: proin in eo casu non propter defectum potestatis in sacerdote schismatico, sed propter indispositionem moribundi absolutio evaderet nulla.

R. 3. Facultas licite administrandi sacramenta restringi debet ad ipsum paenitentiae sacramentum, nisi forte agatur de homine moribundo sensibus destituto, qui petere absolutionem non potuerit, et cui securius per extremam unctionem vel in eius defectu per viaticum subveniatur. Quare, excepto illo necessitatis casu, a sacerdote schismatico neque extrema unctio neque eucharistia ministrari licite potest, neque eorum administratio ab eo peti.

AD QUAESITUM 2^m R. 1. Ex dictis patet Rufinum ultra id quod licuit progressum esse. Summum potuit in singulis casibus, quando ipse impeditus erat, monere ut possint qui velint ab illo sacerdote schismatico absolvi.

R. 2. Sed etiam hac in re, ut id tuto posset monere, debuit certus esse de moribus sacerdotis schismatici, scilicet eum non ausurum esse moribundum ad schisma vel ad perversum aliquod permovere vel tentare.

R. 3. Atque apud ipsos fideles, ut in necessitate potuerint ab eiusmodi sacerdote absolutionem petere, debuit periculum perversionis exsulare. De quo consule quae dicta sunt supra n. 55. 56. Alias debebant potius contenti esse actu contritionis perfectae, divinae misericordiae sese committentes. Idque re vera imprimis erat officium Rufini, ut complures homines fidos et cordatos in his actibus perfectae contritionis aliarumque virtutum necessariis cum moribundo eliciendis bene instrueret, qui, se deficiente vel apud alios occupato, in necessitatibus occurrentibus hoc saltem modo moribundos iuvarent. — Per se etiam licuit pio laico committere, ut s. viaticum moribundis afferret, potius quam ad id vocare sacerdotem schismaticum.

REGULARES A QUO ABSOLVANTUR.

Casus. (131)

Achatius regularis, monasterii confessarius, cum Benitio sacerdote sodali iter faciens per aliquod tempus devertit in domum alienae provinciae sui ordinis; ubi Benitii confessionem audit suamque apud Benitium facit. Illo aegrotante, solus iter prosequitur in eoque assistit primitiis sacerdotis amici, apud quem, quamquam nulla donatum approbatione, ut ei det statim occasionem administrandi sacramentum paenitentiae, confitetur.

QUAERITUR 1° confessarius regularis possitne suorum sodalium confessiones ubique excipere.

2° apud quem possit vel debeat itinerans confiteri.

3° rectene actum sit in casu proposito.

Solutio.

AD QUAESITUM 1^m R. 1. Quoad confessiones regularium lex Tridentina, qua *approbatio* episcopi dioecesani loci in eo requiritur qui non ordinaria sed delegata utitur iurisdictione, non valet; adeoque solum videndum est num confessarius re vera habeat in paenitentes iurisdictionem, etsi delegatam tantum.

R. 2. Videri igitur debet 1) retineatne delegans, in nostro casu superior eius monasterii unde religiosi profecti sunt, in religiosos alibi exsistentes suam iurisdictionem; 2) sitne haec iurisdictio sine restrictione loci religioso sacerdoti delegato communicata. Quod, communiter loquendo, utrumque quoad itinerantes affirmari debet, saltem quamdiu non commorentur in alio sui ordinis monasterio. Nam si ibi morantur, videndum est quid ferat uniuscuiusque ordinis consuetudo et disciplina. Ceteroquin, si confessarius delegatus non ab immediato suo superiore sed ab altiore, cui etiam superior secundi monasterii subiacet, iurisdictionem accepit, per se haec perdurat etiam in illa secunda domo, nisi expresse contrarium sit constitutum.

Ad quaesitum 2^m R. 1. Immo in itinere est regularium lex communis, ut confiteri possint et debeant apud socium itineris *idoneum*. Quo in casu non possunt confiteri socio eiusdem ordinis fortuito occurrenti (nisi ille aliunde ex R. ad 1^m iurisdictionem habeat). Idoneus autem censetur *quilibet presbyter* socius, nisi forte superior contrarium statuerit.

R. 2. Deficiente socio itineris, si legem et concessionem Innocentii VII (v. S. Alph. VI, 575) respicimus, videtur itinerans confiteri debere apud sacerdotem sui ordinis, si quem repererit, et potest apud quemlibet.

R. 3. Si sacerdotem sui ordinis habere nequit, confiteri potest apud quemlibet sacerdotem, sive regularem sive saecularem, etiam alias non approbatum (nisi forte peculiares ordinis constitutiones praescribant, ut fiat apud approbatos confessarios tantum).

Immo num usus ferat ut, quam primum deest idoneus *itineris socius*, sit licentia confitendi apud quemlibet idoneum sacerdotem, ita ut ratio habenda non sit socii ordinis in itinere occurrentis, quilibet sui ordinis praxim consulat. Lacroix VI, 1524; Gobat, *theol. experim.* tr. 7, n. 649 dubie loquuntur de tanta facultatis amplitudine.

Concessio Innocentii VII in const. *Provenit* d. 17 Oct. 1405 ordini Pr. data haec est (ex Bullar. Roderici p. 74, edit. *Veneta* anni 1611): „Nos igitur supplicationibus inclinati fratribus huiusmodi quos itinerari per eorum superiores mitti contigerit ut, si aliquem presbyterorum idoneum ex professoribus dicti ordinis habere non possint, quemcumque alium presbyterum idoneum et discretum religiosum vel saecularem eligere valeant, qui confessiones eorum audire et eorum confessionibus diligenter auditis pro commissis eis debitam absolutionem impendere et paenitentiam salutarem iniungere licite possit." Cf. Salmant. *De privil.* c. 4, n. 125, Baller.-Palm. l. c. n. 640; Marc n. 1763.

R. 4. Quodsi affertur edictum contrarium, quasi pro excipiendis confessionibus regularium, si desit socius proprii ordinis, requiratur approbatio episcopi loci, id spectat solum ordinem Capuccinorum (vel si pro aliquo alio habetur eadem lex specialis). Cum illorum enim constitutiones (v. Gobat l. c.) numquam permitterent apud sacerdotem extraneum sive regularem sive saecularem confiteri, ne itineranti quidem: Benedictus XIV, incommoda illius legis perpendens, constitutione „*Quod communi*" 30 Martii 1742 concessit ut, quando desit socius ordinis, confessio fieri possit apud „quemlibet presbyterum ab ordinariis loci vel regularem a suo superiore regulari ad sacramentales confessiones audiendas approbatum". Quod indultum Pius IX d. 28 Sept. 1852 extendit etiam ad casum in quo adsit unus tantum sacerdos Capuccinus ad confessiones approbatus. Cf. Baller.-Palm. l. c. n. 640.

R. 5. Nihilominus decet ne eligatur a quopiam nisi approbatus, quo minor excitari possit dubitatio num sit idoneus. Id re ipsa spectasse videtur S. C. Epp. et Reg. responso 3 Iunii 1861 (v. *Acta S. Sedis* I, 679 sqq.): posse superiores locales, nisi constitutiones obstent, facultatem facere suis subditis, ut presbytero saeculari confiteantur, *dummodo tamen hic fuerit ex approbatis ab ordinario loci:* secus invalidam esse confessionem. — Verum S. C. 1) non loquitur de itinerantibus quibus desit copia confessarii ex proprio ordine, sed universim, quid superiores *amplius* possint; 2) si itinerantes illos voluit comprehendere, dici debet S. C. responsum non habere vim legis *universalis,* sed casum particularem respicere: aliis igitur norma esse potest doctrina S. Alphonsi supra data.

AD QUAESITUM 3^m R. 1. Si communibus legibus insistimus, dici debet Achatium et Benitium plene subiectos mansisse *suae* provinciae superioribus, ac proin licuisse alteri alterum sacramentaliter absolvere; etsi etiam potuerint confessarios domus in qua deverterunt sibi eligere. — Si in quo ordine aliter statutum sit, id erit exceptio a regula communi.

R. 2. Similiter lex *communis* absolute non obstabat quin Achatius confessionem institueret apud neo-presbyterum amicum. Si quid obstet, non est nisi *specialis* lex *certi* ordinis religiosi. Verum melius erat istam singularitatem vitare.

IURISDICTIO REGULARIUM IN ALUMNOS.

Casus. (132)

Almachius, qui alumnorum confessiones in convictu regularium excipere solet, aliquibus ex eis comes est in feriis ad iter faciendum: transeunt per diversas dioeceses in quibus Almachius approbatus non est, nihilominus alumnorum confessiones excipit. Et quamquam superior domus sui ordinis, in quam deverterat, id ei prohibuit, postea iter prosequens nihilominus pergit, ratus superioris prohibitione se non amplius ligari.

QUAERITUR 1° confessarius regularium possitne absolvere alumnos sine approbatione episcopi loci.

2° possitne hoc fieri in feriis, quando alumni dimissi sunt.

3° quid in casu de Almachio dicendum.

Solutio.

AD QUAESITUM 1^m R. 1. Lex generalis, qua definitur quid possint in sacramentali absolutione regulares sine approbatione episcopi, continetur in constitutione Clementis X *Superna* data d. 21 Iunii et 2 Aug. 1670: „in monasteriis, ac etiam collegiis, ubi iuxta regularia instituta vivitur, posse tam praelatos regulares quam confessarios regularium eorundem monasteriorum seu collegiorum audire confessiones illorum saecularium qui inibi sunt vere de familia et continui commensales." Ad horum familiarium confessiones audiendas religiosi non indigent approbatione, sed sola iurisdictione sibi per superiores suos regulares communicata eodem modo, quo haec iurisdictio sufficit ad audiendas confessiones regularium ipsorum.

R. 2. Nihilominus familiares illi, cum non sint regulares sed saeculares, possunt etiam absolvi vi iurisdictionis et approbationis ab episcopo dioecesano loci acceptae, adeoque a confessariis saecularibus.

461 R. 3. Controversia est num, quando regulares in sua domo religiosa habent convictum scholarium qui apud eos educantur, hi alumni absolvi possint, seu num „familiaribus" de quibus Clem. X loquitur accenseantur. Interna ratio quae id suadere possit est quod sine dubio etiam alumni sunt perpetuo commensales atque arctius superiori regularium regulariumque regimini subsunt quam famuli. Mazotta, *Th. m. de paenit.* disp. 2, q. 1, c. 3, § 2 habet ita: „Itaque familiares domus religiosae non sunt hospites, ruricolae aliive ei inservientes sed extra commorantes. Sunt vero: Tertiarii, Oblati, educandi, famuli etiam mercenarii ceterique saeculares, modo hi omnes intra septa religiosorum degentes communi eorum tecto et victu continenter utantur; item *alumni* et convictores in seminariis religiosorum, ut addit Bordonus, modo *locus ille sit religiosorum*, secus vero, si immediate et per se sit erectus in seminarium, *cui religiosi ministrent.*" Cf. *Th. m.* II, 396.

Accedit externa ratio quod exsistant religiosi religiosaeque congregationes, quibus expresso indulto concessum est ut alumnos familiarium numero accenseri liceat.

Quod indultum, si necessarium fuerit, dubitationem aufert omnibus iis religiosis qui favores inter se communicant, atque ex opinione probabili reddit sententiam certam. Cf. Gury-Ballerini II, n. 564, ubi recensentur *Benedictini, Theatini, Congregatio de Somascha, Clerici inf. ministrantes;* inter congregationes saeculares quibus idem concessum sit: *Congr. S. Sulpicii, Congr. S. Spiritus.*

462 Ad quaesitum 2^m R. 1. Quod Clemens X dicit „*in monasteriis et collegiis*", sumi non debet pro facultate restricta et alligata ad locum; alioquin videntur absurda sequi posse. Sed sumi verba illa debent *de personis* quae in monasteriis et collegiis habitant atque ad religiosas illas domos earumque regimen *ut subditi* pertinent. *Habitualis* igitur commoratio in religiosa illa domo requiritur, accidentalis egressus non impedit iurisdictionem eorum qui in eos ut familiares iurisdictionem ordinariam vel delegatam habeant. Quis enim dixerit die vacationis, si quando convictores faciant exitum, confessarium ordinarium, si eos comitetur, non posse in via aliquem absolvere?

Mazotta 1. c.: „Confessarius regularium potest etiam extra conventum, immo in quacumque dioecesi peregrinantur, absolvere regulares eiusdem conventus pariter itinerantes, et similiter etiam novitios *et familiares eiusdem conventus*."

R. 2. Quousque igitur haec facultas qua confessarius liberetur a necessitate habendae approbationis ab episcopo loci in ordine ad confessiones alumnorum rite extendatur, non videtur aliunde posse desumi nisi a plena subiectione erga regulares, in qua maneat aut non maneat alumnus. Si sibi vel parentum curae sive curae aliorum redditus fuerit, alumnus non amplius reputari potest ut familiaris regularium, sed considerari debet ut saecularis ad quem absolvendum in sacramento paenitentiae necessaria sit approbatio episcopi loci; si vero manet sub omnimoda gubernatione regularium, absolvi potest, ut regulares possunt eorumve familiares. Adeoque in itinere feriarum observari debet num perduret actualis alumnorum subiectio. Quae sane perdurat, quando religiosus alumnos ad paternos lares reducit, donec eos domum adduxerit. Alias autem in itinere in diversas regiones haec subiectio potest quidem perdurare, sed non perdurat necessario; neque sufficit elapso anno iuvenem convictorem fuisse et proximo futurum esse, ut propterea etiam nunc ratio familiaritatis in iis satis servetur.

AD QUAESITUM 3^m R. 1 patet ex dictis ad 2^m, seu Almachius potuit ita agere, si alumni illo tempore feriarum manserunt sub tutela et gubernatione regularium.

R. 2. Quodsi ita erat, prohibitio superioris illius non fecit ut confessio seu absolutio esset invalida, nisi ille potuerit subtrahere atque subtraxerit iurisdictionem. Alioqui enim Almachius habuit et retinuit iurisdictionem a suo propriae domus superiore. Et quoniam ille alius domus praepositus superior Almachii proprie dictus non erat, hic non illegitime conclusit eius prohibitionem non valere pro itineris prosecutione nisi forte ex decentia.

IURISDICTIO IN NOVITIOS.

Casus. (133)

Guido novitius utitur occasione exitus, quem cum aliis novitiis facit ad sanctuarium B. Mariae V., ut clam confiteatur apud unum ex confessariis saecularibus ibi expositis, cum difficulter conscientiam suam detegat magistro novitiorum, apud quem solum se confiteri posse domi dictum erat.

QUAERITUR 1° novitii religiosi a quo possint absolvi.
    2° possintne a superiore suo prohiberi quominus valide confiteantur apud alium designatum confessarium religiosum.
    3° quid de Guidonis confessione sit iudicandum.

Solutio.

AD QUAESITUM 1^m R. 1. Dubium non est quin absolvi *possint* a superiore suo regulari vel ab eo quem ille delegavit. Id sequitur non solum ex constitutione *Superna* Clem. X, qui hoc ipsis familiaribus concedit; sed etiam ex conceptu „regularium" quibus in favorabilibus saltem novitii adnumerantur. Neque hac de re controversia est ulla.

R. 2. Controversia est utrum possit *etiam* a confessario saeculari absolvi qui habeat iurisdictionem et approbationem ab episcopo loci. Id enim fieri posse aliqui scriptores innuunt. Cf. Lacroix l. 4, n. 64; Marc n. 1763, scilicet posse eos confiteri alteri „*non aliter ac saeculares*". Quod quo sensu sustineri possit disce ex Resp. ad 2um.

Ad quaesitum 2^m R. 1. Superior regularis non potest absolute novitios prohibere quin confiteantur apud sacerdotem extraneum ab episcopo approbatum, quia in potestate novitii est desinere esse novitium et ordini religioso valedicere.

R. 2. Quamdiu autem novitius vere et valide vult novitiatum agere, subest omnino iurisdictioni regulari, a qua corrigi et puniri et probari possit: ad quem finem necessarium est ut aliorum gubernationi et iurisdictioni vel subtractus sit vel subtrahi possit. Neque enim exemptio a iurisdictione ordinarii, in qua participant novitii, tam eorum favor personalis est, quam *ordinis* favor qui *pro ordine* late est interpretandus, etiam quando id fit singulis odiosum. Quapropter sine dubio superior regularis prohibere potest quominus novitius, dum manet novitius, valide absolvatur ab alio, quam qui a se sit delegatus. Prior illa igitur sententia summum teneri potest, quando novitiis dictum non sit se apud solum confessarium designatum posse confiteri, atque ita tacitus regularis superioris consensus permittat accessum ad sacerdotem extraneum.

R. 3. Quod confirmatur constitutione Leonis XII *Plura inter* d. d. 11 Iulii 1826, qua inter alia pro Societate Iesu constituit: „ut societatis alumni confiteri nequeant animae noxas nisi iis qui a praeposito facultatem habuerint sacras eorum confessiones audiendi": quibus verbis comprehendi novitios ex sana interpretatione sequitur et clarius fit subsequenti eiusdem brevis pontificii lege, qua s. pontifex potestatem superioris regularis in confessiones novitiorum ampliorem facit quam in confessiones reliquorum.

Ad quaesitum 3^m R. Quoniam superior regularis satis declaraverat suam voluntatem apud solum magistrum novitiorum, ut usus fert, novitios confiteri posse, Guido valide non poterat confiteri apud extraneum sacerdotem, etiam quando erat tantillum extra domum.

Potuit tamen novitiatum deserere atque ita iurisdictioni saecularium restitui. Quodsi in animo habebat, statim poterat ad confessarium saecularem accedere ab eoque absolvi; sed eo ipso desinebat agere novitiatum, neque in eius potestate amplius erat, mutata voluntate, eum valide continuare.

IURISDICTIO IN MONIALES.

Casus. (134)

Amalia, novitia congregationis religiosae, cum duabus aliis sororibus provectioribus mittitur per duas hebdomadas extra domum ad colligenda dona pro pauperibus. Cum confitendi causa accedant ad parochum loci, hic eas remittit, negans se eas audire posse, sed dirigit ad alium sacerdotem fortuito non ultra leucam in vicinia commorantem, qui approbatus sit pro monialibus.

QUAERITUR 1° quae requiratur approbatio ad excipiendas confessiones monialium.

2° quid de confessione monialium extra monasterium versantium iudicandum sit.

3° rectene iudicaverit parochus de Amalia cum sociabus.

Solutio.

AD QUAESITUM 1ᵐ R. 1. Ex compluribus R. R. PP. constitutionibus requiritur ad excipiendas confessiones monialium *specialis* episcopi approbatio, idque etiam quando iurisdictio in eas, utpote exemptas, habenda sit a praelato regularium cui moniales subiciuntur. Cf. const. *„Inscrutabili"* Greg. XV d. d. 5 Febr. 1622; *„Superna"* Clementis X d. 21 Iunii, publicatam 2 Aug. 1670; *„Pastoralis curae"* Bened. XIV d. d. 5 Aug. 1748.

R. 2. Quamquam lege illa communi afficiuntur solae moniales stricte dictae, i. e. quae per se clausura papali tenentur, episcopi eadem lege adstringere possunt confessiones feminarum cuiusvis congregationis religiosae, atque praxis usitata est, Roma probante et suadente, ut pro omnibus illis feminis *specialis* approbatio requiratur.

R. 3. Sed quando moniales non claustrales in parvis oppidis adire solent parochialem ecclesiam ad recipienda sacramenta missamque audiendam, possunt confiteri sicut saeculares apud quemlibet confessarium ab ordinario approbatum. S. C. Epp. et Reg. 22 Apr. 1872, v. Collect. S. C. de P. F. ed. 1893, n. 433 ad 3. Id igitur valet etiam, quando alioqui pro harum monialium confessionibus constituerit episcopus necessariam esse approbationem specialem.

AD QUAESITUM 2ᵐ R. 1. Si moniales stricte dictae seu claustrales clausura papali extra domum versantur, id fieri nequit nisi ex gravi causa impetrata licentia ordinarii. Quo in casu censetur licentia adesse, ut a quolibet confessario pro saecularibus approbato absolvi possint: nisi forte pro circumstantiis episcopus alio certo modo expresse providerit.

R. 2. Idem dici debet de monialibus non claustralibus, quando pro longiore tempore vel aliquot etiam diebus extra conventum seu in itinere versari debent; non vero quando per accidens extra domum sunt, ilico reversurae. Videlicet id iam antiquitus solebant auctores observare, eo quod alias non sit provisum necessitati monialis: cf. Lacroix VI, 2, n. 1526 et 1527, ubi habet haec: „Si moniales absint a suis monasteriis, etiam scient quid sibi liceat per statuta vel consuetudinem. Quodsi nesciatur de statuto vel consuetudine, putat Platelius permitti ut cuivis confiteantur. Melius tamen est interrogare an facultatem habeant, et si affirment, credi potest." — „Quamvis Greg. XV... dicat confessores ... ad confessiones monialium ... audiendas nullatenus deputari valere, nisi prius ab episcopo dioecesano idonei iudicentur et approbationem ... obtineant: tamen videtur intellegere ... de monialibus in monasteriis degentibus.... Et etiam id solum videtur velle Clemens X ...; etiam ipse intellegit tantum confessarios ordinarios vel extraordinarios deputandos pro audiendis intra claustra monialibus, quales non sunt, qui audient peregrinas. Ergo de iis non loquuntur pontifices et consequenter, cum a iure antiquo recedendum non sit, nisi quatenus novo fuerit expressum, eiusmodi sacerdotes possunt ut antea absolvere moniales per accidens ad se venientes, etiamsi non sint ad eas specialiter approbati."

Nunc vero exstat expressa declaratio *S. C. Epp. et Reg.* d. d. 27 Aug. 1852: „Aliquando moniales aut ratione sanitatis aut alia causa obtinent veniam egrediendi ad breve tempus ex earum monasterio, retento habitu: quaeritur num in tali casu possint exomologesim suam facere apud confessarios approbatos pro utroque sexu, quamvis non approbatos pro monialibus." S. C. resp.: Affirmative, durante mora extra monasterium" (Baller.-Palm. l. c. n. 643, 8°). Et quamquam post decretum „*Quemadmodum*" 15 Dec. 1870 saepe nunc adesse possunt confessarii pro monialibus approbati, res tamen ex se semper incerta est. Quare cum eiusmodi rebus incertis non soleat niti lex universalis, etiam nunc declaratio illa *S. C. Epp. et Reg.* retinenda est.

470 Ad quaesitum 3^m R. Ut ex dictis patet, parochus perperam putavit se monialium illarum confessiones excipere non posse. Idque maxime in causa Amaliae. Novitiae quidem eadem lege tenentur qua ceteri, dum in monasterio morantur; nam ratio cur S. Congr. insistat apud quaslibet moniales in constituendo confessario *speciali*, exclusis aliis a facultate confessarii muneris exercendi, sumitur ex eo quod in communitate vivant neque ipsae ad confessarium, sed confessarius ad ipsas debeat accedere (cf. *Resp. S. C. Epp. et Reg.* 20 Iulii 1875 *ex Collect. S. C. de P. F.* n. 436). Attamen quando novitiae extra conventum commorantur, non solum responsum supra datum etiam iis applicandum est, sed etiam ex generali principio, quod in odiosis non comprehendantur nomine monialium, sequitur eas confiteri posse apud quemlibet qui saecularium confessiones excipere potest.

Neque par est ratio cum novitiis *regularium* ordinis, quos apud confessarium saecularem confiteri generatim non posse supra dixi. Quod enim hi nequeant, eduxi ex exemptione ordinis regularium concessa in favorem ordinis eiusque superiorum; atque ultro dedi ex consensu superiorum novitios posse valide et licite confiteri apud confessarios saeculares. Quoad novitias vero monialium superiorissam non repugnare quin confessio fiat in circumstantiis allatis apud quemlibet confessarium, non est quod addubitem.

IURISDICTIO IN MONIALES — CONFESSARII EXTRAORDINARII (I).

Casus. (135)

Episcopus curam advocandi bis vel ter in anno confessarium extraordinarium reliquit superiorissis, designatis duobus sacerdotibus, ex quibus quem vellent vocarent. Ideltrudis, superiorissa sororum caritatis, quae alias quater in anno extraordinarium confessarium accersiverat, post decretum *Quemadmodum*, quo singulis facta sit facultas postulandi, id per biennium non amplius curavit: de qua re aliquae sorores tamquam de novitate conqueruntur.

QUAERITUR 1° quibus et quoties debeat offerri confessarius extraordinarius.

2° cessaveritne haec praescriptio per decretum *Quemadmodum*.

3° quid ad casum dicendum sit.

Solutio.

AD QUAESITUM 1^m R. 1. In constitutionibus summorum pontificum supra laudatis . . . (n. 468) et *conc. Trid.* sess. 25, c. 10 *de ref. reg.* praescribitur, ut bis vel ter in anno monialibus exhibeatur confessarius extraordinarius cui omnes quidem praesentare se debent, confiteri non tenentur (*Th. m.* II, 399). Qui quidem confessarius pro monialibus, quae regularibus sui ordinis sunt subiectae, non potest semper esse ex ipso illo ordine, sed semel saltem in anno debet esse vel regularis alterius ordinis vel saecularis. *Th. m.* II, 401.

R. 2. Quamvis constitutiones supra dictae intellegant moniales stricte dictas, nihilominus moniales non claustrales, si confiteri ex episcopi statutis nequeunt nisi confessariis *specialiter* approbatis adeoque habent suum *certum confessarium ordinarium,* iure suo idem possunt postulare, cum responsa S. Sedis iis idem ius faciant, eadem exsistente ratione.

Communiter autem re ipsa ita iis providetur ut episcopi *quater* in anno extraordinarium confessarium in singulos conventus monialium mittendum curent.

R. 3. Quamdiu extraordinarius confessarius suo munere fungitur, confessario ordinario interdictum est quominus ad monasterium accedat. *S. C. Epp. et Reg.* Ian. 1749 v. Baller.-Palm. l. c. n. 643, 5°.

AD QUAESITUM 2^m R. *Decretum Quemadmodum* non solum non abolevit praescripta *conc. Trid.* et Bened. XIV, sed expresse monet ea vim suam retinere: „Firmo remanente quoad confessarios ordinarios et extraordinarios communitatum quod a sacrosancto concilio Trid.

praescribitur in sess. 25, c. 10 *de reg.* et a s. m. Benedicto XIV statuitur in constitutione quae incipit ‚Pastoralis curae', sanctitas sua praesules superioresque admonet ne extraordinarium denegent subditis confessarium quoties etc."

473   Ad quaesitum 3^m R. 1. Ipse ordinarius recte non egisset, nisi bis vel ter ex parte sua confessarium extraordinarium obtulisset; nam etsi sorores caritatis moniales claustrales non sint, quando tamen suum certum confessarium habent, apud quem ordinarie confiteri coguntur, iure suo petunt aliquoties in anno extraordinarium confessarium, et, neglegente episcopo, sine dubio S. Sedes vel S. Congr. Epp. et Reg. illum recurrentibus concedet.

Multo magis perperam egit superiorissa non curans ut voluntatem episcopi exsequeretur. Verum sorores, quae conqueruntur, non debebant tam diu rem illam celare, sed *mature* monere episcopum; saltem habebant opportunitatem tempore visitationis episcopalis iustas suas querelas proponendi.

R. 2. Neque ratio antiquae legis post decretum „*Quemadmodum*" plene cessavit. Nam decretum illud monialibus providit, quando speciatim et expresse extraordinarium confessarium petunt. Sed haec non est tanta libertas utendi consilio extraordinarii confessarii, ac si ultro aliquis offertur. Leges autem illae SS. PP. maiori libertati monialium providere volebant.

IURISDICTIO IN MONIALES. — CONFESSARII EXTRAORDINARII (II).

Casus. (136)

In conventu monialium sunt aliquot sorores quibus confessarius ordinarius non placet; quapropter nixae decreto „*Quemadmodum*" quavis hebdomada postulant, quaeque suum, confessarium extraordinarium, eumque rogant ut quavis hebdomada sua sponte veniat. Quare Demetria superiorissa, cum hoc per duos menses tacita tulisset, severe reprehendit sorores de ista singularitate, minaturque se eas quae nondum emiserint vota perpetua ad illa non admissuram esse; neque velle se sub praetextu necessitatis periculum sensualis amicitiae induci. Immo cum de una sorore tale quid suspicetur, eius confessario, quando pro more vult accedere, denegat ingressum in domum et sacellum.

Quaeritur 1° quid iuris habeant singulae moniales ad confessarium extraordinarium.

2° possitne superiorissa impedimentum ponere.

3° quid in casu de monialibus illis et de superiorissa iudicandum.

Solutio.

474   Ad quaesitum 2^m R 1. Decreto 17 Dec. 1890 dato admonentur superiores, ut praeter illas vices, quibus toti communitati ex lege Trid. et Benedicti XIV extraordinarius confessarius offertur, eum ne

denegent subditis, "quoties, ut propriae conscientiae consulant, subditi ad id adigantur".

R. 2. Nihilominus ista concessio facta non est pro mero lubitu alicuius monialis; sed 1 Febr. 1892 expresse declaratum est per S. C. Epp. et Reg.: "Moneat ordinarius moniales et sorores dispositionem... decreti *Quemadmodum* exceptionem tantum legi communi constituere pro casibus dumtaxat verae et absolutae necessitatis, quoties ad id adigantur."

AD QUAESITUM 2ᵐ R. 1. Superiorissae per se non est inquirere 475 in causas ob quas soror aliqua extraordinarium confessarium petat. Dicitur enim in decreto laudato: "quin iidem superiores ullo modo petitionis rationem inquirant aut aegre id ferre demonstrent."

R. 2. Neque suspicio quaedam sufficit ut ex sese possit superiorissa impedire extraordinarii confessarii accessum. Verum si rationabilis causa suspicionis malae est, superiorissa potest et debet hac de re episcopum monere, immo, si gravis suspicio est, moneat superiorissa episcopum, antequam confessarius petitus advocetur, etsi aliqua necessaria fiat dilatio; sed eius demum iudicio acquiescat.

AD QUAESITUM 3ᵐ R. 1. Sorores illae perperam egerunt, cum 476 ius non habeant *habitualiter* postulandi confessarium extraordinarium, sed singulis tantum vicibus, exoriente necessitate.

R. 2. Superiorissa debuit igitur una alterave vice sororibus petentibus designatum confessarium concedere; sed si quis eorum non vocatus ex conventione cum moniali antea facta veniebat, potuit accessum denegare, donec monialis illa etiam pro hac vice illum confessarium peteret. Neque transgressa est superiorissa limites facultatis suae, cum severe reprehenderet sorores, quae re ipsa magnopere abusae sunt potestate a S. C. data.

R. 3. In ultimo casu superiorissa videtur sese non satis continuisse inter limites sui muneris. Non enim proprio marte debuit eo progredi ut absolute confessarium prohiberet ab adeundo monasterio. Potuit autem, et pro suspicionis qualitate debuit, primo sororem interpellare, atque dein dicere se, antequam nunc vocandum curaret confessarium, rem debere episcopo communicare, quod ille decreturus sit se facturam esse. Interim vero, si re ipsa fundata erat suspicio pravi finis, plane potuit vel debuit superiorissa confessario, qui, *non hac vice* vocatus, voluit pro consuetudine accedere, utique declarare ipsum utpote nunc non vocatum a se admitti non posse; se curaturam ut postea, si quae soror necessitate adigatur, advocetur.

RESERVATIO CASUUM.

Casus. (137)

In dioecesi A reservantur casus incendii et stupri violenti. Rufinus ignes supposuit horreo inimici; quod cum vidisset illius socius, mox ignem, Rufino irato, exstinxit, ita ut damnum maius impeditum sit, exortum autem usque ad valorem 3 marcarum circiter. Insuper Rufinus vim intulit fratriae. Quibus auditis confessarius eum remittit, dum sibi necessarias ad absolvendum facultates procurasset.

QUAERITUR 1° quid sit casus reservare, et quis possit.
2° quid requiratur re ipsa ut casus reservati exsistant.
3° quid de Rufini criminibus eorumque reservatione iudicandum sit.

Solutio.

AD QUAESITUM 1ᵐ R. 1. Casus reservare nihil aliud est, nisi superiorem certos casus vel causas ad suum tribunal vocare, omnibus inferioribus sublata potestate talis causae tractandae nisi ex illius superioris voluntate seu delegatione. — Quando igitur dicitur reservare casus esse restringere iurisdictionem inferiorum, explicatur non quod per se primum reservatione fit, sed id quod proxime ex ea sequitur. Primum enim est causam ad se avocare, dein, quod immediate sequitur, est restringi aliorum (confessariorum) potestatem.

R. 2. Per se quilibet superior qui habet iurisdictionem ordinariam, quam alteri potest delegare, sibi certos casus reservare potest, non tamen contra suum superiorem. Nam sicuti est in eius potestate iurisdictionem suam simpliciter communicare, ita etiam eam ex parte tantum communicare potest, certa aliqua re sibi reservata. Attamen parochi, cum practice vix umquam habeant iurisdictionem in sacramentali foro *delegandam,* ex eo quod requiratur episcopi approbatio, etiam fere inutiliter reservationem exercere tentabunt.

R. 3. Sed non solum in deleganda iurisdictione reservatio certarum causarum locum habet, verum etiam altiores superiores relate ad superiores dependentes graviores causas suo tribunali reservare adeoque aliorum iudicio subtrahere possunt. Ita summus pontifex pro tota Ecclesia certas causas sibi reservare potest, ita ut nemo, neque episcopus, sine s. pontificis delegatione in iis quidquam valide agere possit. — Similiter episcopus sibi reservare potest certas causas pro sua dioecesi (vel etiam concilium provinciale pro provincia) quoad personas sibi subditas, praelati regulares quoad causas suorum. Cf. *conc. Trid.* sess. 14, c. 7.

R. 4. Attamen ne ordinaria potestas eorum qui munus pastorale ex officio gerunt nimis impediatur, sola graviora crimina quoad absolutionem reservari debent, neque ea quae frequentius soleant committi. S. C. Epp. et Reg. semper monuit ordinarios, ut paucos tantum casus quos ad disciplinam christianam retinendam necessarios duxerint sibi reservarent; et cum in certa dioecesi numerosiores essent, iussit ceteris deletis ad summum 10 aut 12 graviora crimina reservari. *Th. m.* II, 409.

R. 5. Hinc patet, quamquam ex se quaelibet peccata mortalia distributive sumpta reservationis sunt capacia, practice tamen sola magis insolita reservari posse; neque ea, quae in magna morum innocentia fas fuerit reservare, etiam moribus magis corruptis ut reservata constitui posse.

AD QUAESITUM 2ᵐ R. 1. Ut aliquis casus seu aliquod peccatum sit reservatum, requiritur ante omnia ut, qui reservat, sit superior peccantis seu eius qui a peccato suo vult absolvi. Id quod in summo pontifice numquam difficultatem movere potest, utpote qui sit a Christo constitutus supremus omnium fidelium pastor et caput visibile; in aliis autem superioribus id attendere aliquando non est abs re.

R. 2. Ex parte peccati requiritur 1) ut sit peccatum mortale; nam veniale quod confiteri non tenemur inutiliter reservatur. Et quamquam theoretice non est plane impossibile veniale peccatum reservari, quia hoc modo non omnis quidem remissionis modus, sed remissio per sacramentalem absolutionem restringitur, tamen talis reservatio practice est contra omnem Ecclesiae usum.

2) requiritur ut peccatum sit externum idque externe grave: ita non ex natura quidem rei, sed ex convenienti Ecclesiae praxi. Cum enim sola graviora crimina reservanda sint eaque quorum reservatio ad ecclesiasticam disciplinam servandam conducat, id in solis *externis* peccatis verificatur: nam ad ecclesiasticam disciplinam ea sola pertinere possunt quae se externe produnt.

3) requiritur ut peccatum pleno consummatoque modo illud sit quod in reservatione exprimitur. Reservatio enim est aliquid odiosum; odiosa autem ex principio generali restringenda sunt, seu: in odiosis minimum quid tenendum est. De his v. S. Alph. VI, 582; Th. m. II, 402 sq.

AD QUAESITUM 3ᵐ R. 1. Rufinus coram Deo gravis quidem incendii criminis reus est; at incendium grave externum re ipsa non est creatum, cum valor 3 marcarum gravis materia communiter non censeatur, nisi damnificatus sit pauperior. Casus reservatus, cum sit *incendium*, non incendii attentatio, non exsistit, nisi incendium factum sit in materia gravi. Quapropter confessarius ad huius peccati absolutionem non indigebat nova facultate.

R. 2. In secundo crimine vox illa „stuprum violentum" strictae interpretationis est. Verum „stuprum" non ubique eodem modo sumitur: aliquando pro oppressione violenta cuiusvis feminae, aliquando pro violatione virginis. At quod additur „violentum", satis indicat verbum illud *stuprum* in sensu quo hic sumitur, nondum comprehendere omnem violentam oppressionem; quod si non comprehendit, debet significare *virginis violationem*. Sed si virginis violatio intellegitur, Rufinus, qui feminam coniugatam sibi quidem affinem violavit, gravius quidem peccatum commisit, non commisit reservatum. Quare etiam ab hoc crimine confessarius absolvere potuit sine resursu ad superiorem.

ABSOLUTIO A RESERVATIS. — PEREGRINI.

Casus. (138)

Terillus infeliciter in casum reservatum incidit. Declinare studet confessionem apud parochum, quia novit e casu simili eius severitatem in tali causa; quapropter se confert in locum peregrinationis in aliam dioecesim, ubi faciliorem inveniet absolutionem.

Similiter agit Iulianus, qui peregre exsistens acatholico ritu inierat matrimonium: de qua re parochus in contione dixerat eiusmodi causam esse gravissimam, eam componi non posse nisi recursu per parochum habito ad ordinarium cui haec causa esset reservata. Audivit vero Iulianus in ista dioecesi eandem rem secreto componi per quemlibet confessarium: quapropter id ibi tentat, atque feliciter; nam neque confessarius interrogavit neque Iulianus dicere cogitavit se esse peregrinum.

QUAERITUR 1° qui *absolvere* possint a casibus reservatis.
2° peregrini possintne *absolvi* a casibus reservatis.
3° quid sit „in fraudem legis" alio tendere, quo impediatur absolutio.
4° quid de Terilli et Iuliani agendi ratione censendum sit.

Solutio.

AD QUAESITUM 1^m R. 1. Absolvere a reservatis possunt a) superior qui reservavit eiusve successor, b) superior altior, c) ii qui ab alterutro facultatem delegatam habent. Superior ordinariis altior intellegitur summus pontifex et tribunalia Romana, imprimis S. Paenitentiaria, non archiepiscopus.

R. 2. Quibusnam haec facultas data fuerit, ii quibus data est nosse debent: quodsi habitualiter non est data, nihil relinquitur nisi ut recurratur pro singulari casu ad superiorem reservantem a confessario, ut accipiat potestatem absolvendi, vel a paenitente, ut absolvatur. Si qui casus autem reservatus est summo pontifici, recurritur ad S. Paenitentiariam, vel in plerisque causis recurri potest ad ordinarios quibus per privilegia quinquennalia, triennalia etc. ampla solet concedi potestas absolvendi per se vel alios delegandos a casibus papalibus.

Adverte autem etiam in iis circumstantiis, in quibus confessarius recurrat ad accipiendam facultatem, onus principale incumbere nihilominus paenitenti, quippe qui paratus esse debeat ad paenitentiam quam superior fortasse impositurus sit.

R. 3. Confessarii regulares, quamquam a summo pontifice delegatam iurisdictionem accipiunt ac propterea potuerint videri non uti potestate per reservationem ordinariorum restricta, nihilominus expressa summorum pontificum lege reservationes ordinariorum observare debent, atque ita ad meliorem servandum ordinem et disciplinam ipse summus pontifex regularium facultatem quoad hos casus restrinxit.

AD QUAESITUM 2^m R. 1. Hodiedum est consuetudo universalis fideles generatim absolvi posse non a solis confessariis dioecesis sui domicilii, sed, ubicumque exsistunt, a confessariis ibi approbatis. — Sufficit attulisse ex litteris S. C. de Prop. F. ad Deleg. Ap. Aegypti d. d. 30 Apr. 1862 haec: „Quoad sacramentum paenitentiae S. Sedes constanter voluit ut Christifidelibus plena libertas relinqueretur in re adeo delicata, sicut est sacramentalis confessio, adeoque ut liceat iis peccata sua confiteri ex numero ministrorum approbatorum illi quem maluerint. Neque umquam S. Sedes prohibuit confessarios approbatos, ne audiant confessiones quorumlibet catholicorum, qui coram ipsis se in sacro tribunali sisterent. *Similiter prohibitum non est christianis, confitendi causa ex una dioecesi transire in aliam.*"

R. 2. Verum ex eo nondum patet quisnam sit qui iurisdictionem in eos exerceat vel delegaverit, episcopus proprius an episcopus dioecesanus loci in quo peregre exsistunt. Quae quaestio minoris momenti est in confessariis regularibus: illi enim absolvunt quoslibet vi delegationis papalis, adeoque ratione *iurisdictionis* illis nemo est peregrinus, quia nemo peregrinus est summo pontifici.

R. 3. Ex illa autem quaestione non parum pendet quomodo concipi debeat absolutio peregrinorum a casibus reservatis. Si enim vi iurisdictionis *sui* episcopi absolvuntur, patet rationem habendam non esse reservationis quae viget in loco peregrino ubi confessio instituitur, sed summum eius reservationis quae viget in loco domicilii confitentis. Atque ita re ipsa esse, quando v. g. parochus absolvit suos parochianos quibuscum versatur in aliena dioecesi, nemo est qui ambigat. De aliis confessariis alii aliter sentiunt.

R. 4. Practice tuta est regula quam Clemens X const. *„Superna"* pro confessariis regularibus statuit, et quam consuetudo pro quibusvis confessariis etiam saecularibus legitimam fecit, scilicet: absolvi posse peregrinos a reservatis (intellege in tota hac quaestione peccata sine censura reservata), nisi 1) in fraudem legis ex sua discesserint dioecesi, in quo casu illius reservatione ligantur; 2) nisi utrobique tum in sua dioecesi tum in dioecesi confessionis casus reservatus sit. *Th. m.* II, 404.

Hinc a) a casu reservato qui in sola dioecesi confessionis reservatus est peregrinus *semper* potest absolvi a quolibet confessario.

b) a casu qui utrobique reservatus est tum in dioecesi confessionis, tum in dioecesi confitentis, ille peregrinus absolvi non potest nisi a confessario privilegiato (practice: qui vel ab ordinario paenitentis vel ab ordinario loci confessionis accepit facultatem in reservata). Theoretice quidem puto unice veram esse sententiam quae requirat facultatem ab ordinario paenitentis concessam; at propter probabilitatem externam alterius sententiae practice sufficit utrumlibet.

c) qui in fraudem legis exiit e sua dioecesi absolvi nequit, nisi ab eo qui ab ordinario ipsius confitentis facultatem habet. Si vero casus deductus iam sit ad forum contentiosum, ne ille quidem potest amplius absolvere.

AD QUAESITUM 3^m R. 1. Illud „in fraudem legis abire" non omnes eodem modo explicant. Tenere licet explicationem quam adoptat S. Alph. VI, 589: „paenitentem tunc migrasse in fraudem, quando quis alienam petit dioecesim ob principalem finem obtinendi absolutionem *vitandique iudicium proprii pastoris.*"

Videlicet pastor proprius, i. e. episcopus, ius habet iudicandi crimina suorum subditorum atque gravioribus criminibus certas et graves paenitentias imponendi. Quando igitur scitur hanc esse voluntatem

18*

episcopi, et nihilominus aliquis studet id declinare voluntatemque sui superioris eludere: hic agit in fraudem legis. Cui summus pontifex noluit ut communis consuetudo patrocinetur, qua peregrini facilius absolutione donantur.

R. 2. In fraudem legis non agit ille qui peregrino confessario facilius crimina sua pandit, maiorem et meliorem sperat directionem se habiturum, vel qui ex similibus causis agit.

485   Ad quaesitum 4^m R. 1. Terillus studiose declinavit iudicium sui parochi. Sed parochus non est ille „pastor" qui legem tulit, in cuius fraudem agatur. Ille est episcopus: nisi igitur studiose declinet iudicium episcopi, v. g. si quando ille prohibuerit quominus sui dioecesani alio tenderent ad habendam absolutionem a tali vel tali crimine, non est quod Terillus sit inquietandus.

R. 2. Aliter iudicandum est de Iuliano. Ut ex casu narrato videtur patere, episcopus loci, cui subiacet Iulianus, causam matrimonii mixti acatholico ritu initi ita evocavit lege generali ad suum iudicium, ut de singulis casibus velit instrui atque absolvendi modum praescribere vel facultatem dare. Sed id ipsum est quod Iulianus vult effugere et declinare. Quapropter vere agit in fraudem legis.

Nihilominus, si Iulianus nescivit sibi ita agere non licere adeoque bona fide omisit indicare se esse peregrinum ex dioecesi A, atque confessarius nihil suspicans neque interrogans absolvit: absolutio valet. Idque certum est, quatenus etiam illud peccatum reservatum indirecte sit sublatum. Immo puto etiam huius peccati reatum esse directe absolutum, ita ut etiam censura soluta sit, si modo confessarius in sua dioecesi hanc a censura absolvendi facultatem habuerit. Id non tantum ex eo infero quod censura illa sit papalis, adeoque non ex se reservata proprio episcopo; sed etiam ex eo quod Clemens X dicit de „fraude legis". Nam eos tantum prohibet, quominus absolvi possint, quos confessarius *noverit* in fraudem reservationis ad alienam dioecesim pro absolutione obtinenda migrasse"; at confessarius id *non novit* in casu Iuliani.

Verum in foro externo illa absolutio Iulianum nihil iuvabit. Quare si ad forum publicum causa umquam devenerit, agere et tractari debet, ac si censura adhuc esset ligatus.

DUBIA RESERVATIO.

Casus. (139)

Festus, qui cum puella peccaverat, timens ne conceperit, dedit ei pharmacum, quo foetus, si sit conceptus, necaretur et eiceretur. Alia vice idem fecit cum puella iam quinto mense gravida; sed quoniam illa statim profecta sit, nescit utrum effectus sit secutus necne. In utroque casu absolvitur a confessario non privilegiato; sed postea comperit in ultimo casu effectum certo secutum esse.

Quaeritur 1° in dubio num incurratur reservatio.

2° potueritne Festus absolvi, an indigeat, cognita rei veritate, nova absolutione.

Solutio.

AD QUAESITUM 1ᵐ R. 1. Dubium exsistere potest diversis modis:
1) dubium de actu peccati; 2) dubium de subiectiva gravitate; 3) dubium iuris seu legis, num lex illum casum comprehendat. — Quibus notatis, plane dicendum est: In dubio de subiectiva vel obiectiva peccati gravitate peccatum non est reservatum, cum ne de confitendi quidem necessitate constet.

R. 2. Si de peccati quidem gravitate constat, non constat autem de sensu legis, etiam dici debet peccatum non esse reservatum, quippe quod ut odiosum *stricto sensu* sumi debeat.

R. 3. Si de actu peccati dubitatur, idque non solum de actione peccaminosa universim, num re ipsa actio locum habuerit, sed etiam de qualitate, de complemento actus, num fuerit re vera talis, qualem lex reservationis eum sumit, dubio manente insolubili, reservatio non adest.

R. 4. Si dubitatur de confessione peccati reservati iam peracta, confessarius etiam non privilegiatus absolvere quidem potest, quando ratio positiva adest putandi confessionem iam esse factam; verum absolutio huius peccati directa, adeoque *solutio censurae forte coniunctae* non datur; ideoque, si re ipsa peccatum reservatum apud superiorem eiusve delegatum accusatum nondum fuerit, censura manet.

AD QUAESITUM 2ᵐ R. 1. Casus qui enarrantur supponunt casum *papalem* cum excommunicatione reservatum, i. e. eum quem summus pontifex ordinariis reservavit: „procurantes abortum, effectu secuto".

Ex quo concludi debet quoad *primum* casum non constare de specie facti reservati, ac proin non adesse reservationem.

Scilicet de concepto foetu non constabat, neque postea, ut suppono, certum factum est adfuisse conceptionem, eamque foetu eiecto esse interruptam. Quodsi hoc postea evasisset certum, sane adesset casus reservatus. Sed si hoc manet incognitum, reservatio non adest.

R. 2. In *secundo* casu sine dubio debuit antea fieri inquisitio in rei veritatem, antequam confessarius non privilegiatus posset absolvere. Nam cum actio graviter peccaminosa certa sit, eaque ex natura sua tetenderit in effectum reservata censura prohibitum, praesumi nequit effectum non esse secutum.

Immo si remedium tale erat ut ex communiter contingentibus sequeretur abortus, etiam nunc effectum secutum esse praesumi debet, casusque tractari ut reservatus.

Si vero ratio positiva adest dubitandi neque quid reipsa acciderit compertum fieri amplius potest: censeo casum tractari posse ut non reservatum, adeoque absolvi a confessario etiam non privilegiato.

R. 3. Si in eiusmodi causa tractanda seu absolutione danda nihil actum sit temere sed ex prudenti iudicio, causa debet haberi pro finita, absolutioque tum a peccato tum a censura valida, neque denuo tractanda est seu absolutio iteranda, quando forte postea certum fuerit re ipsa speciem illam peccati quae reservatione afficitur adfuisse.

Hac de re accipe quid Lugo dicat *de paenit.* disp. 20, n. 20 sq.: „Petes, si propter dubium inferior absolvit ab haeresi vel alio peccato reservato, et postea paenitens, re melius examinata, deponat dubium et recordetur certo peccati commissi quod erat reservatum, an censeatur iam legitime absolutus; an vero debeat recurrere ad superiorem pro absolutione. Videtur dicendum ablatam esse reservationem. ... Aliunde tamen obstare posset quod, licet id in peccatis non habentibus censuram posset dici, non videtur tamen locum habere in iis quae reservantur ratione censurae reservatae. ... Adhuc tamen existimo absolute satis probabile, non esse recurrendum ad superiorem postea pro absolutione peccati aut excommunicationis. Ad quod optima est doctrina Sanchii, ubi proponit casum similem de illo qui dubius de voto castitatis emisso petiit dispensationem ab episcopo vel ab alio potente dispensare in votis non reservatis; qui ratione dubii dispensavit eo quod votum castitatis dubium non sit reservatum etiam eo casu quo propter praesumptionem obliget votum: postea vero, comperta veritate et certitudine voti, quaerit Sanchez an debeat recurrere ad papam pro eius dispensatione, et respondet negative; quia recta gubernatio Ecclesiae hoc exigit, et quia, cum ratione dubii votum tunc non esset reservatum, potuit tunc in illo inferior dispensare qui legitime usus est potestate, quam habebat dispensandi in votis dubiis. Quod quidem mihi verissimum videtur, quia alioquin dispensatio fuisset *vana:* non enim dispensatur sub condicione ‚si non fuit votum‘, sed potius sub condicione ‚si fuit vere votum‘; nam si non fuit votum, non est dispensabile: ergo si episcopus potest tunc dispensare, potest tollere obligationem *casu quo fuerit.* — Ex hoc exemplo arguere possumus ad casum nostrum: quia, sicut votum in dubio non est reservatum, sic nec peccatum vel excommunicatio illa ...; ergo, sicut in dubio voti episcopus dispensat et dispensatio manet valida, licet postea constet de voti certitudine, sic absolvens ab haeresi dubia valide absolvit, et absolutio valebit, licet postea constet de certitudine incursae censurae; non enim fuit data sub condicione de futuro, scil. si postea non constaret de veritate."

A RESERVATIONE EXCUSATIO.

Casus. (140)

Callistus, instantibus nuptiis, confitetur apud Linum inter alia peccata casum reservatum; quare Linus vult eum dirigere ad confessarium regularem in vicinia confessiones excipientem, quem scit facultate in casus reservatos praeditum esse. „Sed", opponit Callistus, „a te vellem absolvi; alioqui debeo totam confessionem repetere". Hinc Linus iubet eum redire post triduum, ut interea sibi quaerere possit absolvendi facultatem. „Sed", respondet Callistus, „putaverim facultatem absolvendi a sacerdote haberi, non esse quaerendam; alioquin quid sedet in confessionali? Pro crastino die mane indictae sunt nuptiae, impossibile est eas ad triduum differre". Quibus auditis, Linus sine mora absolvit.

Publius sacerdos libros prohibitos sine facultate legit, cum ancilla inhoneste conversatus est eamque in confessione absolvit. Nunc versatur in angustiis: rationem ad tempus peregre proficiscendi non habet, immo id ne potest quidem, cum sit solus in parochia, neque licentiam potest petere, nisi manifestat causam cum sui diffamatione. Quare ab ordinario suo confessario petit absolutionem, atque ita pergit in cotidiana missae celebratione.

QUAERITUR 1° ignorantia excusetne a reservatione casus.
    2° teneaturne paenitens ad confessarium privilegiatum accedere, ut liberetur a reservatis.
    3° liceatne inferiori aliquando absolvere a casibus superiori reservatis.
    4° quid ad casus sit dicendum.

Solutio.

AD QUAESITUM 1ᵐ R. 1. Distinguuntur communiter casus *cum* censura et casus sine censura reservati; priores distinguuntur in casus *propter* censuram reservati et *antecedenter* ad censuram reservati. *Propter* censuram reservati sunt casus papales qui censura afficiuntur; *antecedenter* ad censuram reservati reperiuntur aliquando casus episcopales seu dioecesani, quibus consequenter censura addita est.

R. 2. Casus *propter* censuram reservati reservati non sunt, quando censura a peccante ignorabatur, quippe quae ab ignorante non incurratur: ita saltem communiter, si excipias ignorantiam *affectatam* vel etiam *crassam*. Verum si censura cognita erat, *eius* autem reservatio ignorabatur, propterea neque censura neque eius reservatio cessat.

R. 3. Casus vero vel sine censura vel antecedenter ad censuram reservati, utrum in ignorantia reservationis reservati sint necne, aliter ab aliis decernitur. Si reservatio est mere poenalis praeservativa, probabile omnino atque practice securum est reservationem in ignorantia non exsistere. Id obtinere in casu summo pontifici sine censura specialiter reservato, falsa accusatione sollicitationis, legenti bullam Bened. XIV *"Sacramentum Paenitentiae"* perspicuum est.

R. 4. Aeque certum est superiores *posse* casus ita reservare ut etiam ignorantes afficiantur: siquidem possunt reservare ex ea ratione, quod certa crimina graviora nolint iudicari nisi ab iis, quorum iudicio et maturitati superior magis fidit, seu nisi a iudicibus gravioribus et selectis. — Hunc autem esse communem modum reservandi atque re vera reservationem ita sumendam esse, communis praxis hodierna suadet, nisi in certa regione adsit positiva ratio, quae probabilem reddat alium reservationis modum.

AD QUAESITUM 2ᵐ R. 1. *Per se* nemo tenetur absolutionis habendae causa ad eum accedere cui *per privilegium* seu favorem datum est, ut posset absolvere. Attamen loco ipsius superioris, si adiri nequit, ille certe adeundus est qui constituitur in publico munere ut loco superioris absolvat, atque ita vicariam potestatem pro superiore exercet. Eiusmodi vicariam potestatem habes in S. Paenitentiaria Romana et in dioecesibus in paenitentiario cathedralis.

Alios autem delegatos pro absolutione adire posse favor est paenitentium: favore autem uti nemo tenetur.

R. 2. Per accidens eiusmodi recursus potest evadere debitus, quando scilicet aliquis indiget statim absolutione, neque adest qui absolvere possit, nisi certus aliquis delegatus.

R. 3. Alias autem, si propter impedimentum impossibile est adire superiorem, paenitens adire potest quemlibet confessarium ab eoque tractari secundum regulas de *impeditis*.

492 AD QUAESITUM 3^m. Hae igitur sunt regulae quae valent in danda absolutione iis qui impediti sunt quominus adeant superiorem:

R. 1. In casibus papalibus ex decreto *S. Officii* d. d. 30 Iunii 1886 praescribitur ut per litteras Romam, i. e. ad S. Paenitentiariam, recurratur.

In casibus vero urgentioribus, in quibus absolutio differri nequeat absque periculo gravis scandali vel infamiae, super quo confessariorum conscientia oneratur, dari potest absolutio, iniunctis de iure iniungendis, a censuris etiam speciali modo summo pontifici reservatis, sub poena tamen reincidentiae in easdem censuras, nisi saltem infra mensem per epistulam et per medium confessarii absolutus recurrat ad S. Sedem. — Quod d. 16 Iun. 1897 extensum est ad absolutionem eius cui durum sit per tempus ad recurrendum necessarium manere sine absolutione a censura. Demum pro casu quo impossibile fuerit et confessario et paenitenti per epistulam ad S. Paenitentiariam recurrere, d. 9 Nov. 1898 concessum est ut fiat absolutio sine ulteriore onere (*Anal. eccles.* VII, 6); neque tamen id valere quoad casum attentatae absolutionis complicis: *Anal. eccl.* VII, 339.

493 R. 2. In casibus episcopalibus episcopus potest quidem eandem agendi rationem praescribere; verum nisi hac in re id constituerit, valet regula antiqua iuris communis:

1) In casu impedimenti perpetui vel longissimi temporis (quod scilicet 5 annos excessurum esse praevidetur) — id quod raro admodum erit in adeundo episcopo, inferior confessarius absolvere potest simpliciter sine ulteriore onere.

2) In casu impedimenti simpliciter diuturni, 6 mensium et ultra, non ultra 5 annos, inferior confessarius absolvere quidem potest, cum onere tamen ut cessante impedimento paenitens se sistat superiori.

3) In casu brevioris impedimenti (infra 6 menses) inferior in reservata nihil potest; verum urgente necessitate absolutionis (quae fatente S. Alph. adest etiam ex sola hac ratione, quod paenitens graviter ferat per triduum vel biduum manere in statu peccati) inferior confessarius ab aliis peccatis non reservatis potest absolvere, atque ita indirecte a reservatis, *manente tamen censura, si quae adiuncta est*.

Et quamquam multi auctores has regulas non admittunt pro peccatis sine censura vel non propter censuram reservatis, censentes in iis numquam esse dandam absolutionem nisi indirectam tantum, alii tamen idem sentiunt de peccatis sine censura et de peccatis cum censura vel propter censuram reservatis: quod probabile est. *Th. m.* II, 410 et 414.

Mazzotta tr. 6 *(de-paenit.)* disp. 2, q. 3, c. 3, § 2 habet haec: „Dubium est an possint aliquando extra articulum vel periculum mortis confessarii sive regulares sive saeculares absolvere a casibus expositis in tabella [scil. dioecesanis reservatis]. Respondeo posse aliquando . . . Secundo probabiliter in casu legitimi impedimenti perpetui aut diuturni, quo paenitens adire nequeat episcopum eiusve delegatum; et quidem sine onere quoad casus reservationem; cum onere tamen quoad censuras adnexas, nisi vero impedimentum sit perpetuum . . . Tertio in casu necessitatis [scil. impedimenti non diuturni], ratione scilicet scandali, infamiae, absolvere tantum possunt indirecte a casibus reservatis episcopo, adeoque cum onere iterum confitendi illos habenti facultatem: at nullatenus absolvere possunt a censuris adnexis." Cf. Suarez, *De paen.* d. 30, sect. 3, n. 11; Lugo, *De paenit.* d. 20, n. 223; Baller.-Palm. n. 679.

R. 3. Episcopis *iure communi* competit facultas absolvendi a casibus occultis summo pontifici ordinario modo, non speciali modo, reservatis: quapropter qui S. Sedem adire nequit, potest episcopum; in his casibus ad episcopum *debet* recurrere, ut absolutionem recipiat. Trid. sess. 24, c. 6 de ref. et const. „Apostolicae Sedis".

R. 4. In articulo mortis omnis cessat reservatio (cf. Trid. sess. 14, c. 7). Hinc in articulo vel gravi periculo mortis (S. Alph. VI, 560) quilibet sacerdos vel saltem confessarius approbatus a peccatis sine censura reservatis absolute absolvere potest; a censuris reservatis etiam absolvit, verum in censuris speciali modo Romano pontifici reservatis imponi debet paenitenti ut, si convaluerit, paratus sit stare mandatis Ecclesiae, i. e. recurrendi ad S. Sedem vel ad aliquem privilegiatum et implendi onera et mandata, quae forte imponantur. S. Off. d. d. 17 Iunii 1891.

Ad quaesitum 4^m R. 1. Callistus non tenebatur adire alterum confessarium, quia reservatio ex se onus imponit adeundi episcopum eiusve paenitentiarium publice constitutum. Absolvi a privilegiato est privilegium quo quis uti non tenetur; atque Callistus in circumstantiis, in quibus versabatur, videtur rationem graviorem habuisse cur non adiret alterum confessarium apud quem deberet longam confessionem repetere. Attamen si privilegiatum confessarium adire noluit, mansit obligatio, sive personaliter sive per litteras tecto nomine adeundi postea episcopum, ut res cum eo componeretur. Nam *absolutum* impedimentum in Callisto non apparet.

R. 2. Verum autem est, instantibus nuptiis tempus non adfuisse ante nuptias comparendi coram episcopo vel causam cum eo tractandi, nisi forte Callistus fuerit in civitate episcopali eiusve vicinia. Si igitur eo ipso die possibile erat comparere coram episcopo vel paenitentiario ecclesiae cathedralis, Callistus, qui confessarium privi-

legiatum noluit adire, tenebatur episcopo vel paenitentiario se sistere,
iisque vel integram confessionem facere vel saltem reservatum peccatum declarare, ut, data potestate, dein ad Linum rediret ab eoque absolveretur. Sed si competentem superiorem adire impossibile erat, Linus
potuit Callistum absolvere, sed a reservato peccato indirecte tantum.

 B a l l e r.- P a l m. quidem l. c. n. 685 videtur contrarium sentire,
cum dicat: „Notandum tamen, non deesse *superiorem,* quando absolutio obtineri possit ab eo qui habet potestatem ab episcopo delegatam absolvendi a reservatis: quod et de casibus papalibus intellegendum est, a quibus v. g. Mendicantes possunt absolvere." Attamen
haec rem non videntur evincere. Omitto post const. *„Apostolicae
Sedis"* illam facultatem Mendicantium non amplius subsistere, nisi
quatenus postea singulis ordinibus data sit, neque eam dari solere
nisi ad tempus. Sed ad privilegiatum loco superioris confugi *debere*
videtur pugnare cum iis quae S. A l p h. VII, 89 habet: „privilegia
nullam inducunt obligationem iis utendi".

 R. 3. In casu igitur quo Linus indirecte tantum a reservato
peccato absolverit, debuit promissionem a Callisto exigere se mox,
cum commode possit, coram episcopo vel paenitentiario, vel saltem
coram confessario privilegiato sibi bene viso compariturum esse. Male
igitur egit, cum hoc eum non moneret.

 Ad *secundum* casum quod attinet, R. 1. Publius in hisce adiunctis non potuit, relicta parochia, Romam se conferre, neque sine
gravi suspicionis periculo a celebranda missa abstinere: quare, si
modo debite erat dispositus, absolutionem recipere ab ordinario confessario potuit, cum onere ut sive per se sive per confessarium rem
cum S. Paenitentiaria infra mensem componeret.

 R. 2. Cum esset directe absolutus neque censura interim ligatus, nihil obstabat quin celebraret missam non solum quando incidebat dies obligationis, sed etiam aliis diebus ex libera devotione.
Attamen nisi infra mensem recursus fieret, Publius recideret in censuras
Romano pontifici reservatas: insuper paratus esse debet ad standum mandatis Ecclesiae, quae post recursum S. Paenitentiaria imposita sit.

ABSOLUTIO RESERVATORUM.

Casus. (141)

 Aegidius in confessione generali multa affert peccata, etiam reservata.
Confessarius, cum facultatem in reservata non habeat, quaerit num haec
saltem peccata aliquando dixerit in confessione. Respondit Aegidius: „Utique, occasione iubilaei; feceram alia opera praescripta, nihilominus confessus
sum male, reticens aliud peccatum ex pudore; idem acciderat in missione."
Hinc confessarius censens reservationem esse sublatam absolvit.

 Aiax studiosus duellum commiserat; a quo confessarius, imposita
paenitentia nudis pedibus leucae viam perficiendi, absolvit. Aiax nihil dixit,
sed statim concepit voluntatem id nequaquam exsequendi.

QUAERITUR 1° quae confessio requiratur ut cesset reservatio.

  2° sintne Aegidius et Aiax rite absoluti.

Solutio.

Ad quaesitum 1ᵐ R. 1. Dubium nullum est quin cesset reser- 497 vatio per confessionem rite et valide factam apud superiorem eiusve delegatum, vel apud quemlibet confessarium quoad reservata privilegiatum. Nam in omnibus illis casibus peccatum illud directe absolutum est neque amplius erit obligatio illud utcumque iudicio sacramentali subicere. Quapropter si quis denuo pro libertate et devotione se illius peccati accusat, a quolibet confessario absolutionem, utpote de materia libera, recipere potest: nisi excipias peccatum complicis in materia turpi, quod in confessione apud sacerdotem complicem ne materia libera quidem esse potest.

R. 2. Ex auctoritate theologorum probabile est qualibet sincera et valida confessione apud superiorem vel confessarium privilegiatum, etiamsi peccati illius reservati paenitens inculpabiliter oblitus sit, *reservationem* illius peccati auferri. Atque ita accusari quidem postea peccatum illud debet, sufficit autem ut accusetur et absolvatur a quolibet confessario. Hoc ita nihilominus restringi debet, ut censeatur reservatio non sublata, si positiva ratio subest iudicandi superiorem, si audivisset illud peccatum, dilaturum fuisse absolutionem. Alias autem censetur superior vel confessarius privilegiatus absolvisse „in quantum possum et tu indiges": potuit autem saltem reservationem auferre. S. Alph. VI, 597.

R. 3. Immo reservatio probabiliter cessat, quando peccatum reservatum accusatum est apud superiorem vel confessarium facultate donatum, etiamsi fuerit confessio invalida, vel, non tamen ratione peccati reservati, sacrilega. S. Alph. l. c. n. 598.

In quo casu similiter peccatum ut antea denuo accusari debet, immo omnia peccata, possunt autem apud confessarium quemlibet. Ratio autem est, quod superior de *hoc* peccato recte iudicavit illudque paenitentia imposita punivit. — Dicitur autem „nisi sacrilega fuit confessio ratione ipsius peccati reservati", eo quod scil. paenitens ipsum illud *noluit* in posterum vitare, vel impositam paenitentiam *noluit implere*. Nam si ita est, superior non potest censeri voluisse ullum peccati vinculum solvere, proin ne reservationem quidem.

R. 4. Quod dictum est R. 2 et 3, aliter intellegi debet, si con- 498 fessio facta est occasione et vi alicuius iubilaei, in quo data erat omnibus confessariis facultas absolvendi a reservatis.

Tum enim ex una parte *certum* est eum qui valide confessus est et opera ad lucrandum iubilaeum praescripta praestitit, etiamsi peccati reservati fuerit oblitus, posse absolvi postea a quolibet. Per iubilaeum enim ius acquisivit semel accipiendae absolutionis a peccatis reservatis.

Verum ex altera parte etiam constat eum hoc favore uti valide non potuisse nisi ratione iubilaei seu indulgentiae iubilaei lucrandae. Nisi igitur sinceram voluntatem habuit per opera praescripta illam indulgentiam lucrandi, a reservatis per quemlibet confessarium liberari non potuit. At inter opera praescripta refertur confessio eaque sine dubio valida. Quare qui sciens invalide seu sacrilege confitetur, convincitur non habere seriam voluntatem lucrandae indulgentiae iubilaei, ac proin privatus est iure recipiendae solutionis a reservatione per quemlibet confessarium alias facultate illa non instructum.

499   Ad quaesitum 2^m R. 1. Ex eo quod Aegidius tempore iubilaei peccata reservata confessus sit in confessione aliunde sacrilega, peti non potest reservationem cessasse. Nam quia sacrilege est confessus, seriam voluntatem faciendi opera pro indulgentia iubilaei praescripta non habuit, ac proin non potuit frui annexis favoribus inter quos est facultas illa habendae solutionis a reservatis per quemlibet confessarium.

R. 2. In *missione* supponitur in casu habuisse confessarios facultatem in reservata. Quod si obtinuerit, Aegidius, qui reservata tum confessus est et paenitentiam pro iis accepit, a reservatione censetur solutus, utut propter confessionem aliunde sacrilegam illa peccata denuo debeat confiteri, quod nunc praestat. Hac igitur ratione confessarius nunc potuit acquiescere, postquam se informaverit vel aliunde cognoverit in *missione* revera factam esse confessionem apud eum qui tum temporis habuit facultatem in reservata.

R. 3. Aiax supponitur instituisse nunc confessionem apud confessarium privilegiatum qui, etsi aliunde fuisset confessio invalida, a censura reservata in duellantes peccatique reservatione paenitentem liberasset. Verum Aiacis confessio invalida erat propter indispositionem circa peccatum reservatum: quapropter neque peccati reservatio neque excommunicatio soluta est; ac proin Aiax tenetur peccatum suum cum omnibus reliquis denuo confiteri apud confessarium privilegiatum.

CONFESSARII MUNUS INTERROGANDI.

Casus. (142)

Apud Philogenem confitetur puella *octodecim* annorum: Contra herum commisi furtum, ut donum darem meo amasio; cum hoc ter peccavi; saepe habui pravas cogitationes; iurgata sum cum coancilla eique, cum mihi obiceret nimiam familiaritatem cum iuvene, aliquoties maledixi atque in faciem obieci simile ipsius crimen quasi per rumorem acceptum, quamquam nihil audiveram. Confessarius, auditis his peccatis, dat brevem admonitionem et absolvit. (Cf. Elbel, *Conferent.* III, n. 176 sqq.)

Quaeritur 1° quae sit obligatio interrogandi confessario incumbens.

2° rectene egerit Philogenes nihil interrogando.

Solutio.

500   Ad quaesitum 1^m R. 1. Exsistere obligationem interrogationibus supplere defectum paenitentis qui deprehenditur integre non confiteri, tum natura muneris confessarii, tum positiva docent documenta.

Confessarius enim in muneris sui exercitio cum administret sacramentum et curam agat iuris divini, providere debet morali diligentia ut sacramentum paenitentiae secundum institutionem iuris divini administretur: ad quod pertinet accusatio integra omnium peccatorum secundum paenitentis capacitatem.

Dein partes paenitentis qui sacramentum recipit agere debet, ideoque attendere, ne ille quidquam committat quo debito sacramenti fructu privetur. Imprimis igitur, quando paenitens sciens vel etiam ex gravi neglegentia aliquid pro sua capacitate necessarium exprimere omittat, confessarius supplere debet, atque etiam monere de gravi neglegentia commissa et propterea novum dolorem excitandum curare. Verum etsi non sit gravis neglegentia, sed vel inscitia vel inadvertentia, moderata interrogatione iuvandus est paenitens, ne legem divinam vel materialiter laedat.

De hoc interrogandi officio dicit concil. Later. IV cap. *Omnis utriusque:* „Sacerdos autem sit discretus et cautus . . . diligenter inquirens et peccatoris circumstantias et peccati, quibus prudenter intellegat quale debeat ei praebere consilium et cuiusmodi remedium adhibere."

Rituale Rom. tit. III, c. 1, n. 15: „Si paenitens numerum et species et circumstantias peccatorum explicatu necessarias non expresserit, eum sacerdos prudenter interroget."

Consonat theologorum doctrina communis contra paucos. Lacroix VI, p. 2, n. 1745 hanc esse confessarii obligationem, dicit *certum*. Similiter S. Thomas 4. dist. 16, q. 3; Suarez, *De paenit.* disp. 32, sect. 3, praecipue n. 3 et 8.

R. 2. Obligatio interrogandi est *secundaria* obligatio, cum primaria paenitenti incumbat obligatio conscientiae examinandae et manifestandae. Quare 1) non obligat, nisi defectus in paenitente appareat vel ex circumstantiis praesumendus sit; 2) non obligat nisi secundum modum et mensuram obligationis quam habet paenitens; 3) in obligatione hac violanda facilius admittitur parvitas materiae quam in paenitente qui ex neglegentia non integre confiteatur.

Baller.-Palm. l. c. n. 814: „Confessarius ideo solum tenetur ut suppleat defectum paenitentis ac · propterea *minus tenetur ad id,* quam teneatur paenitens."

Lacroix VI, p. 2, n. 1747: „Non teneris interrogare, si scias paenitentem scire quid requiratur ad validam confessionem: Burghaber *cent.* 2, cas. 17 et alii. Consequenter religiosi, clerici aliique praecipue in theologia versati non sunt facile interrogandi, nisi manifestum sit omitti vel non satis discerni aliquid necessarii. Et si forte vir eiusmodi doctus, qui in aliis peccatis addit circumstantias et numerum, in uno aliquo ea omittat, communiter praesumi potest, quod vel committens ad talem circumstantiam non adverterit, vel non sciat numerum, vel saltem non apprehenderit ut mortale. Aliud est, si omnia promiscue sine circumstantia et numero diceret, vel si aliunde esset vehemens praesumptio, quod ex inadvertentia vel ignorantia omitteret aliquid necessarii: tunc enim esset interrogandus. Et quamvis non iudicetur esse absolute opus, tamen saepe utile est

interrogare: imprimis eos, qui necdum sciunt integre confiteri, ut
discant, si forte alia vice talem malitiam contrahant; deinde illos qui
suo tempore confessiones audituri sunt, ut discant alios confessuros
apte interrogare."

Suarez l. c. n. 3: „Si considerata condicione paenitentis, moribus,
scientia et longitudine aut brevitate temporis et aliis circumstantiis,
probabiliter ac prudenter iudicet confessor paenitentem integre esse
confessum, non tenetur ad interrogandum aliquid, cum in his rebus
non sit maior evidentia requirenda. ... Quin potius in huiusmodi
eventu iudicari posset quaelibet interrogatio otiosa et curiosa et
onerosa paenitenti, quae omnia vitanda sunt." Dein n. 5: „Advertendum
etiam in hoc est non oportere de omnibus rebus interrogare,
sed de iis quae, considerata condicione paenitentis et notitia quam
ipse de se ipso praebet, probabiliter possunt in eum convenire seu in
probabile dubium venire."

502 R. 3. Interrogatio facienda est primo quidem, ut integritas
confessionis procuretur; sed etiam de iis rebus quae iudicantur cognitu
necessariae esse, ut recte discernatur dispositio atque remedia possint
praescribi, ac proin praecipue de occasione peccandi et relapsu, quando
ex paenitentis accusatione vel condicione de iis suspicio iure concipitur.

Id enim sequitur ex eo quod confessarius ius habet de iis rebus
interrogandi, ut ex prop. 58 ab Innoc. XI d. 2 Martii 1679 damnata
constat: „Non tenemur confessario interroganti fateri alicuius
peccati *consuetudinem*." Sed ius non habet nisi ad notitiam quae sibi
necessaria esse possit; porro necessariam notitiam non tantum potest
sibi procurare, sed *debet*.

503 AD QUAESITUM 2^m R. 1. Debuit Philogenes interrogare circa
furtum. Nam furtum pro materia potest esse grave vel leve. Nisi
ergo voluerit interrogare accurate, quanti valoris fuerit res sublata —
id quod expedit —, *saltem* debuit scire et interrogare, fueritne in
quantitate *gravi*. Neque omittere debuit monere restitutionis obligationem, eamque urgere.

R. 2. Etiam accusatio puellae se ter peccasse cum amasio est
nimis vaga; debuit igitur Philogeni brevi interrogatione constare,
num intellegat peccatum consummatum fornicationis, an peiora, an
imperfecta tantum et quae.

R. 3. Similiter accusatio de pravis cogitationibus non fuit integra
vel accurata, nisi forte plenum consensum non dederit — id
quod in puella, quae aliquoties opere peccavit, verisimile non est.
Si vero plenum consensum dedit, interroganda erat tum accuratius
de specie, videlicet fuerintne mere cogitationes et complacentia de
luxuria cum altero sexu, an etiam desideria et quae; tum de numero
singulorum peccatorum specie distinctorum, saltem quoties in hebdomada,
die occurrerint circiter.

R. 4. Circa maledictionem ratio erat interrogandi, num *ex animo*
grave malum optaverit; quod si fecit, numerus addi debet.

Circa contumeliam, si solum dubitanter crimen expressit, id facilius in puella garrula manet intra limites peccati venialis. Sed si quis certam persuasionem exprimat vel gravem coancillae contemptum, id per se a peccato gravi non excusatur, maxime si homo gravis est, qui narrat; ideoque etiam in hac re numerus peccatorum tum exprimendus est.

PECCATORUM ACCUSATORUM RECOGNITIO.

Casus. (143)

Cato confessionem excipit 1) pii novitii religiosi ante hebdomadam confessi qui confitetur: Bis pravas cogitationes habui, risi semel ad inhonesta, cum repugnantia aliquoties feci quae mihi mandata erant. 2) hominis rustici a quattuor mensibus non confessi qui dicit: Saepius habui pravas cogitationes (accuratius interrogatus, dicit: bis vel ter in hebdomada), semel non interfui sacro die festo, compluries rixatus sum et abusus sanctis nominibus cotidie una alterave vice.

Priorem Cato examinat, num plene deliberate, quae accusaverat, fecerit; posteriorem post interrogatum numerum non amplius interrogat, sed datis gravibus monitis absolvit, iudicans in eo res indicatas sumendas esse in peiorem partem; alioquin eum omissurum fuisse accusationem.

Quaeritur 1° quale iudicium sibi confessarius formare debeat de peccatis eorumque malitia.
2° sitne et quando ex praesumptione iudicandum.
3° Catone recte *praesumptione* usus sit.

Solutio.

Ad quaesitum 1^m R. 1. Confessarius iudicare debet, quantum moraliter possibile est, utrum fuerint peccata mortalia necne, eaque specie distincta.

R. 2. Cum hoc iudicium pendeat ab *obiectiva* rei malitia et a *subiectiva* apprehensione et advertentia: de priore iudicabit secundum scientiam theologicam; de posteriore vel coniectura vel interrogatione constabit.

Scilicet, nisi ex circumstantiis iam constet, interrogandum est de actus perfectione vel imperfectione, num fuerit cum plena advertentia et consensu — quod circa interna quidem peccata saepe interrogandum est, de externis raro. Quodsi de actu *perfecto* constat, subiectiva malitiae apprehensio censenda est facta esse secundum obiectivam rei malitiam, nisi in contrarium gravis ratio adsit, siquidem *praesumuntur* homines recta conscientia uti; idque eo magis pro regula habetur, quod rudes homines interrogati qua conscientia et malitiae apprehensione egerint, saepe nihil possunt respondere, vel pro diverso interrogandi modo de eadem re contraria prorsus dant responsa. De cetero non raro confessarius rationem habebit dubitandi idque modo non solubili, ita ut certum iudicium Dei scientiae sit relinquendum, confessarius ultra coniecturam assurgere nequeat.

505 AD QUAESITUM 2^m R. 1. Ex praesumptione imprimis confessario iudicium sibi formare licebit, omissa ulteriore interrogatione, quando, spectatis personae adiunctis, sibi persuadere debet interrogationes ad certam cognitionem non esse servituras. In quo casu inutiliter se et paenitentem torquebit.

R. 2. Si brevi interrogatione sperari potest dubium de gravitate peccati accusati solvi posse, haec est adhibenda. Nihilominus, etsi accusatio in se sumpta dubium non aufert, si tamen confessarius moraliter certus est dubium esse inane, licebit omittere interrogationem et ex praesumptione iudicare: ita aliquando in favorem paenitentis, aliquando etiam contra paenitentem.

Elbel P. IX, n. 435 docet subinde ex praesumptione procedi posse, ne sacramentum exactiore interrogatione tum paenitenti tum confessario fiat nimis odiosum. „Studiosus academicus confessus fornicationem prudenter praesumitur non esse ligatus matrimonio aut voto castitatis, nisi occurrat peculiaris causa de hoc dubitandi et consequenter interrogandi. Similiter quando paenitens abhorrens a mortalibus confitetur se turpi cogitationi habenti annexum turpem motum neglegenter restitisse bis aut ter, prudenter praesumiter hanc neglegentiam non fuisse mortalem: quemadmodum e contrario, quando paenitens certo cognoscitur esse valde lubricus et de tali neglegentia se accusat, prudenter praesumitur eam neglegentiam fuisse mortaliter peccaminosam sine ulteriore scrupuloso examine, an illa neglegentia habuerit adiunctam complacentiam in ea voluptate:" haec scilicet in eo homine praesumitur. Quae sumpta sunt ex Gobat, *Theol. exper.* tr. 7, n. 338, ubi plura invenies.

506 AD QUAESITUM 3^m R. 1. Quamquam culpandus non est Cato, quod in illa novitii confessione se certiorem reddiderit, fueritne peccatum grave an leve: tamen interrogatio formalis, num plena advertentia inhaeserit cogitationibus, hic non erat conveniens; sed potius debebat ita interrogare, ut exprimeret se supponere contrarium. Quod tamen in aliis confessionibus non ita accipe. Nam qui pudore fatendi peccata sua tenentur, longe facilius respondent, si licebit diminuere ea, quae interrogans interrogatione sua commissa esse insinuaverit. Quare generatim confessarius proponat potius graviora et frequentiora, ita ut paenitens respondendo possit in suum favorem interrogata corrigere.

In ultima re quam novitius accusavit, repugnantiam in obediendo, nulla erat ratio amplius indagandi, cum evidenter non pertingeret ad peccatum grave.

R. 2. Si novitius ex prioribus confessionibus Catoni plene notus erat ut timoratae conscientiae et plane abhorrens a peccato deliberato: potuit omnino abstinere ab omni interrogatione atque praesumere nihil adfuisse deliberatum vel grave. Cf. *Th. m.* II, n. 421; Gobat l. c.

507 R. 3. Immo longe facilius potuit Cato *in favorem* novitii ex sola praesumptione iudicare, quam in altera confessione *contra* rusticum. Nam etsi a *quattuor* mensibus confessus non erat, qui a

peccatis externis contra castitatem plane abstinuit, nequaquam praesumendus est semper consensum dedisse, quoties se accusat de pravis cogitationibus. Homines rudes imprimis, cum se accusant, saepe non distinguunt voluntaria et involuntaria, sed confessarius interrogatione hanc distinctionem elicere debet.

Atque etiam non sine ratione rusticus noster interrogandus est circa omissionem missae, utrum sciens et volens omiserit, an invitus et coactus. De rixa, si fuit in familia, in eiusmodi paenitente qui plura non habeat peccata, facillime suppones eam non fuisse gravem. De abusu sacrorum nominum, antequam Cato iudicaret tamquam de gravi peccato, omnino scire debuit, utrum fuerit blasphemia eaque cum advertentia prolata, an potius inutilis nominum sanctorum enuntiatio, quae ne ex se quidem gravis sit. Immo dedocendus est paenitens, si forte leviora habuerit pro peccatis gravibus.

CAUTELA IN INTERROGANDO ET DOCENDO.

Casus. (144)

Puer novem annorum apud *Camillum* confitetur: Parentibus non oboedivi; rixatus sum cum aliis pueris; in schola non attendi aliosque perturbavi; bis inhonesta feci; ter graviter mentitus sum. Camillus hortatus puerum ut sedulo vitet omne peccatum, imponit paenitentiam quinque decades rosarii atque absolvit.

Isocrates vero in tali confessione interrogat in qua re parentibus non oboediverit, num graviter rixatus, in schola magistrum graviter offenderit. Atque cum audit a puero ipsum non ivisse, cum parentes mitterent in ecclesiam, in rixa puerum adversarium pugno in faciem percussum copiosum sanguinem fudisse, magistrum valde iratum tribus vicibus privasse puerum prandio: in hisce peccatis studiose inquirit de numero graviterque reprehendit puerum, ut serio incumbat in emendationem, si rite velit absolvi.

Quaeritur 1° rectene egerit Camillus, an Isocrates.

2° quomodo eiusmodi puer interrogandus sit de rebus inhonestis.

3° fueritne in aliis docendus vel dedocendus.

Solutio.

Ad quaesitum 1^m R. 1. Ipsa accusatio pueri necessitatem indicat interrogandi saltem de rebus inhonestis et de mendaciis, ut deprehendatur, si quid fuerit grave peccatum, et ut dedoceatur puer, ne peccatum grave habeat, quod grave non est.

R. 2. Camillus igitur nihil interrogans recte non egit; poterat enim esse ut graviter peccaverit puer etiam obiective, sed poterat etiam fieri ut falsa conscientia uteretur.

R. 3. Isocrates autem excessit omnino in interrogationibus. Inoboedientia facile sumi poterat pro levi, tum quia puero novenni non soleant res graves iniungi, tum quia puer novennis in eiusmodi rebus eam considerationem non soleat adhibere, quam postulat culpa mortalis. Si tamen verbulo voluerit Isocrates interrogare, recte interrogavit directe de rebus, circa quas puer inoboediens fuerit, ut *ipse*, non puer, de gravitate iudicaret; neque tamen in violato paterno mandato adeundae ecclesiae Isocrates culpam mortalem debebat agnoscere, nisi forte agebatur de ipsa missa dominicali.

Rixam, in qua puer adversarius in faciem percussus copiosum sanguinem effuderit, — vix non certo e naribus — pro mortali peccato habere erat gravis Isocratis error. — Simile quid dixeris de alotriis in schola factis. Severa poena a ludimagistro inflicta nequaquam arguit fuisse peccatum mortale coram Deo; nam castigantur iure etiam ante omnem aetatem discretionis; pueri enim, quo minus ratione ducuntur, eo magis sensu duci debent, ut secundum rationem vivere discant.

R. 4. Quapropter Isocrates etiam male egit adeo severe indagando numerum. Etsi enim in peccatis venialibus gravioribus et deliberatis paenitentes prohibendi minime sint, quin numerum dicant, si malunt; tamen studiose numerum ab eo inquirere, qui non indicat sponte, periculum creare potest falsae conscientiae, nisi *expresse* addatur rationem peccati gravis non inveniri.

R. 5. Similiter non recte minatus est puero absolutionis denegationem. Quamquam enim illi etiam deneganda est absolutio qui peccata quidem venialia tantum confitetur, sed non sincere dolet: tamen eiusmodi puer potius iuvandus est in concipiendo vero dolore et proposito, quam terrendus absolutione deneganda. Ex hac enim concipit vix non necessario conscientiam erroneam de gravitate omnium suorum peccatorum.

509 AD QUAESITUM 2^m R. 1. Ante omnia cavendum est ne puer talis aetatis apertius interrogetur, ne curiositate stimulatus discat quae hucusque non noverat. Atque longe satius est deficere in integritate, quam in perniciem paenitentis interrogationibus abundare. Nisi igitur post unam alteramve cautam interrogationem res clarescat, potius abstineat confessarius ab ulteriore indagine, contentus generali illa admonitione qua Camillus in nostro casu usus est.

R. 2. Imprimis interrogari debet puer: Egistine inhonesta cum aliis pueris, an cum solus esses? Tactu? Habuistine *magnum* gaudium seu voluptatem in ea re? Ipsis responsis facile patebit, num res fuerint contra castitatem, an solum contra decentiam et civiles mores. Quodsi fuerint vere turpia et puer sit *grandior*, ita ut suspicio locum habeat factae pollutionis, interrogatio fieri potest vel: tibine satisfecisti, vel cum emphasi: *magnumne* habuisti gaudium; quodsi nescit respondere, ostendit se esse in sancta ignorantia, neque hisce interrogationibus quidquam malum discere potest. Si constat quidem peccatum esse commissum, sed dubium manet, num plene rem malam puer noverit, hortetur confessarius eum in genere, ut serio cogitet Deum ubique praesentem et omnia videntem, ne audeat eum peccatis offendere.

510 AD QUAESITUM 3^m R. 1. Si puer deprehensus fuerit vere turpia ignorare, sed habere incivilia pro inhonestis et illicitis, caute dedoceri

debet, ne falsa conscientia peccet, instruendo haec et illa esse quidem indecentia, non autem vere peccaminosa.

R. 2. Noster puer, cum se distincte accuset de tribus mendaciis iisque gravibus, suspicionem ingerit falsae conscientiae circa mendacii malitiam. Nam re vera *grave* mendacium seu obiective mortale ab eo commissum esse vix est credibile. Examinandus igitur omnino est, in qua re sit mentitus. Quodsi dein constet non fuisse mortale, error ille plane debet corrigi, ne falsa conscientia graviter peccet, ubi peccatum grave nullatenus ex re ipsa exsistit. Inanibus enim minis non raro parentes vel magistri puerum terrent dicentes mendaces in infernum detrusum iri. Dici igitur debet mendacium esse peccatum quidem Deoque summopere displicere neque ullo modo esse committendum; verum mortale peccatum tum solum committi, quando grave aliquod damnum ex eo causetur; alioquin purgatorio, non inferno luendum esse.

CONFESSARIUS DE AUDITIS NON BENE IUDICANS.

Casus. (145)

Licinius, excepta confessione sacerdotis qui se inhonesta egisse dixit cum nepte sua, absolvit, nihil cogitans de sacrilegio et incestu, quibus illa peccata affecta erant. Quapropter anxius de absolutione rite data quaerit apud amicum. Qui respondit valuisse quidem absolutionem, utpote directe datam circa peccata luxuriae, circa sacrilegia et incestus indirecte; si quando igitur idem paenitens redierit ad confessionem, eum debere hasce circumstantias denuo accusare saltem unico verbulo ab iisque directe absolvi. (Cf. Elbel, *Confer.* P. IX, n. 401.)

QUAERITUR 1° quomodo accusari a paenitente, a confessario iudicari debeat specifica peccatorum malitia.
2° quid de Licinio eiusque amico sit sentiendum.

Solutio.

AD QUAESITUM 1ᵐ R. 1. Peccata mortalia accusari debent secundum numerum et speciem, i. e. ita ut numerus et species infima peccati declaretur. Declaratio illa ut fiat, necesse non est expressis verbis eam specificam malitiam formaliter exprimere. Sufficit enim ut uno vel altero modo fiat. Sic ille, qui se sacerdotem vel religiosum declarat, quando confitetur peccatum contra castitatem, non oportet mentionem expressam faciat sacrilegii; nam hoc per ipsum statum suum declaravit. Qui vero, cum sit sacerdos vel religiosus, statum suum celat, debet, quando violatae castitatis peccatum accusandum habet, insuper expresse sacrilegii malitiam manifestare.

R. 2. Minus etiam confessarius expresso et formali conceptu de specificis omnibus malitiis peccatorum, quae audit, iudicium mentis sibi formare debet. Sufficit ut sciat habitualiter quae sint peccata mortalia, quae venialia, quae sit specifica peccatorum distinctio, et ut haec sciens audiat peccata, sicut facta sunt. Eo ipso virtualiter intellegit, quantum satis est, eorum malitiam. Immo sufficit hac in re mediocris scientia.

Doctrina Suarezii, Bonac., Lugo (disp. 22, n. 70), Sporer, *De paenit.* n. 783, Tambur., *De paenit.* c. 6, § 1, Mazzotta l. c. q. 2, c. 2, § 2, S. Alph. n. 627 haec est: „Debet confessarius formare iudicium de auditis in confessione, antequam absolvat; non tamen tenetur iudicare de singulis peccatis distincte in particulari.

Multoties enim ferri nequit iudicium determinatum, fueritne peccatum paenitentis mortale an veniale, sive quia discerni nequit plena vel imperfecta advertentia, sive quia ipse confessarius non novit omnes rationes et circumstantias peccati. Ad quod sciendum tenetur quidem, sed sufficit ut sciat discernere quae sint mortalia, quae venialia in iis *quae communiter occurrunt:* reliqua audiat et absolvat."

512   Ad quaesitum 2^m R. 1. Recte quidem Licinii amicus respondit absolutionem datam *validam* esse. Ita enim auctores modo laudati ex omnium sententia docent.

S. Alph. l. c.: „Licet in aliquo casu confessarius non discernat, quae sint gravia aut levia: si paenitens bona fide dicit peccatum suum, confessio valet; et quamvis postea advertatur fuisse mortale, non est cur repetatur in alia confessione."

Similiter dic de alia distinctione specifica peccatorum, si modo obiective declarata sint a paenitente. Quod expresse monet Elbel l. c. Cf. *Th. m.* II, 422. Alii id ipsum satis innuunt, cum sufficere dicant in confessario scientiam mediocrem circa peccatorum malitiam et specificam distinctionem variasque paenitentis obligationes etc., ut *licite* confessiones excipiantur. Quod verum non esset, si propter quemlibet defectum vel errorem confessarii in iudicandis peccatis valor sive absolutionis sive confessionis in dubium vocaretur.

513   R. 2. Ex dictis igitur insuper dici debet non solum absolutionem a Licinio datam valere, sed etiam paenitentis *confessionem,* ita ut repetendi obligatio non sit. Nam verum non est absolutam esse indirecte tantum malitiam sacrilegii vel incestus; nam peccatum cum omni quae inerat malitia clavibus subiecit paenitens, confessarius directe absolvit.

Quod eo magis verum est, quia Licinius sine dubio habitualiter scivit sacerdotis peccatum luxuriae esse sacrilegium, similiter peccatum cum cognata esse incestum: adeoque etsi ad illas circumstantias reflexa cogitatione non adverterit, voluit tamen ab iis etiam absolvere et re ipsa absolvit.

Ad rem facit quod dicunt Gobat l. c. n. 280 et Lessius, *Auctuar. verb. confessio,* ex quo a maiore ad minus concludere licet: „An tenearis repetere, si confessarius apprehendat ut scrupulum, quae vere sunt mortalia, aut ut non-facta a paenitente, quae tamen revera fecit. R. esse bonam confessionem, modo tamen paenitens se ex sua parte satis explicavit, et confessarius *absolutionem conferat* in omnem eventum se posse decipi, et ideo ratione tum illorum tum aliorum, quae constat esse peccata, dandam censet absolutionem. Nam con-

tessarius factum ipsum satis intellexit, quamvis errore privato putaverit non esse factum quod erat: intenditque *absolvere ab omnibus peccatis confessis.*"

DISPOSITIO PROCURANDA.

Casus. (146)

Iustinus, commissarius negotiatoris, in annua confessione se accusat quod bis cum femina peccavit; id locum habuit in itinere in civitate, ubi bis in anno negotia tractanda in domo illa habet; nunc iam a sexto anno ita accidit.

Tarsilla uxor, inter malleum et incudem constituta: si patri seni diligentem curam impendit, gravem indignationem mariti ob neglectas res familiares incurrit; si non impendit exquisitam, obiurgationem et graves exprobrationes patris patitur. Quo factum est ut et sibi et patri saepius mortem optaverit atque durius et acerbe patrem allocuta sit, ut pater amare fleret. Saepius monita, semper in eadem peccata relabitur. (Cf. E l b e l, *De paen.* n. 97 sqq.)

QUAERITUR 1° sitne hisce paenitentibus absolutio differenda.

2° quomodo ante absolutionem disponendi sint.

Solutio.

AD QUAESITUM 1ᵐ R. 1. Necessario differenda est absolutio ex alterutra ratione, vel quia nondum adest sufficiens paenitentis dispositio, vel quia dilatio absolutionis censetur remedium ad urgendam emendationem.

Dispositio deest, si deest necessaria detestatio peccati praeteriti sinceraeve voluntas in posterum non peccandi vel occasionis peccati vitandae sive qualiscumque gravis obligationis implendae. Dilatio erit remedium necessarium, si sine illa praesens voluntas bona brevi iudicetur mutatum iri.

R. 2. In utroque casu proposito habetur frequens relapsus, isque ex occasione oriundus. Frequens autem relapsus vel argumentum est magnae mutabilitatis et infirmae voluntatis, vel coniecturam plus minusve gravem praebet dispositionis insufficientis in praeteritis confessionibus ac proin maioris cautionis postulandae, ne in hac quoque confessione facilius in favorem dispositionis iudicium feratur.

R. 3. Dilatio, ut prosit, non debet esse diuturna; quapropter, ubi ex sola diuturna dilatione probatio certior dispositionis sumi potuerit, alia potius media quaerenda sunt, ex quibus de necessaria dispositione actuali constet. Hinc optime quidem differri potest vel etiam debet absolutio, ut antea obligatio quaedam gravis et molesta impleatur, si statim vel brevi post potest impleri, v. g. restitutio, reconciliatio, eiectio occasionis peccati continuae; sed si obligatio illa post diuturnum tantum tempus paenitenti incumbit, moraliter impossibile est per dilatam absolutionem illam urgere. Quod applica ad casum Iustini, si tempus consueti itineris in quo peccare solebat post plures menses demum aderit. Scilicet eius obligatio est locum illum vel domum evitare, aut ita se gerere ut non sit solus cum

sola. At si huius rei experimentum facere iubetur ante absolutionem,
nimis diu negotium reconciliationis cum Deo differtur.

R. 4. Alia ratio subest in Tarsilla. Haec scilicet in continua
occasione est. At illa occasio est plane necessaria, quam vitare nequit; neque est occasio alliciens et blandimentis seducens, quasi a
certa quadam conversatione et commercio quodam abstineri deberet.
Sed tota res pro Tarsilla est prudens moderamen in modo agendi,
in domandis affectibus. In qua re facillime concipitur seria voluntas,
etiamsi frequens adfuerit relapsus. Neque quidquam proficiet confessarius in hac re differens absolutionem, sed potius adhortans ad
frequentem sacramentorum usum. Quare ne hic quidem locum esse
existimo absolutionis differendae.

516   Ad quaesitum 2^m R. 1. Iustino minus fidi potest quoad dispositionem quam Tarsillae. Nam quod tam raro et solummodo quasi
coactus ad confessionem accedit, quod tam saepe, non obstantibus
confessionibus, relapsus sit: suspicionem excitat contra sinceram et
virilem voluntatem. Debet igitur confessarius adniti 1) ut ille meliora
praebeat signa bonae voluntatis quam solis verbis; 2) ut apta remedia
contra relapsum acceptet iisque se uti velle serio promittat. Inter
quae primum locum tenet, ut Iustinus, si possit, illud cum domo ista
tractandum negotium alteri committat; ad quod, si possibile est, adigi
debet. Sed si id fuerit impossibile, armandus est mediis efficacibus,
v. g. ut, quo die debet in hac domo negotium tractare, receptione
sacramentorum se confortet, instanter ad Deum oret, pericula praevideat atque remota faciat.

Quodsi confessarius hanc seriam promissionem obtinuerit, incumbere debet in subministranda motiva efficacia doloris seu contritionis; nam etiam in hoc paenitens ille iuvari debet. Si ita ope
confessarii redditus fuerit dispositus, existimo absolutionem esse dandam: quam nisi dederis, res peiores fient, non meliores.

517   R. 2. Tarsilla, quae iam dura perpeti debet, non est dure tractanda, sed potius armanda exemplo patientiae servatoris et spe erigenda. Utilissimum tamen, immo necessarium ei erit, cotidie vel
saepius in die propositum serium renovare numquam committendae
impatientiae, immo impatientiae signi vel levissimi vitandi; instruatur,
ut faciat hac de re examen particulare ac cotidie pro defectibus
etiam levioribus impatientiae sibi ipsa statuat certam quandam paenitentiam: sic efficaciter servabit se immunem saltem a gravi patientiae
laesione. Quodsi haec remedia lubens accipiat, securus potest confessarius post subministrata motiva doloris absolutionem dare, non
obstante frequentiore relapsu.

DISPOSITIONIS CERTITUDO.

Casus. (147)

Laetus homo ebriosus, qui qualibet hebdomada ter vel quater ebrius
iacet in loco publico, adit parochum: „Domine, ait, velim etiam ego facere
confessionem meam paschalem." Cui parochus respondet: „Christus iubet,

ne margaritae proiciantur ante porcos; quorum unus es tu; istis nihil iuvat nisi diabolus, qui olim porcorum gregem suffocavit in aquis." Adeo inhumane repulsus, fere desperabundus abit. Quod cum videat parochus, eum revocat. "Tentabo", ait, "etiam nunc; veni, te absolvam." Atque ita omnibus mirantibus, Laetus sequenti die accedit ad s. communionem; non pauci garriunt: Videamus num vespere iaceat in foro.

QUAERITUR 1° licueritne parocho Laetum ita repellere.

2° quid de absolutione nihilominus data et s. communione permissa sit iudicandum.

Solutio.

AD QUAESITUM 1ᵐ R. 1. Parochus erga parochianos ex iustitia tenetur, quoties rationabiliter petunt, sacramenta ministrare. Verum ut rationabiliter petatur, imprimis necessaria dispositio adesse debet. Quare repellere eos, eosque solos, potest et debet, quorum dispositionem deprehenderit insufficientem.

R. 2. Publicus peccator, ut suo iure sacramenta petat, adeoque parochum ad administranda obligare possit, debet mutatae voluntatis argumenta dare. Verum in peccatore publico etiam inveteratissimo haec voluntatis mutatio demum possibilis est; immo in brevi momento divina gratia eum movere potest, ut sincere quaerat in tribunali paenitentiae reconciliationem cum Deo. Quapropter *absolute repellere* a confessione parochus potest neminem.

R. 3. Nihilominus, quando aliquis peccator publicus extra confessionale parochum adit rogaturus, ut suam confessionem excipiat, parochus eum statim monere potest necessarium esse ante absolutionem scandalum datum reparare aliasve obligationes graves implere. Haec in nostro casu a Laeto omnino postulare poterat; non vero absolute poterat parochus Laetum repellere.

R. 4. At ne aliud quidem videtur parochus in mente habuisse; etsi forma repulsae nonnihil rudior fuerit, videtur solummodo incussis minis Laetum voluisse percellere et efficacius movere. Quousque vero in acrimonia increpationis progredi possit, id multum pendet a condicione Laeti, utrum fuerit homo infimae condicionis annon.

AD QUAESITUM 2ᵐ R. 1. Communis quidem regula esse debet, ut hominibus adeo ebriosis per aliquod tempus absolutio differatur, donec aliquatenus saltem a potu inebriante abstinuerint: nisi aliud suadeat necessitas vel extraordinaria conversio.

R. 2. Quapropter, si extraordinarium gratiae impulsum seriamque voluntatem parochus in Laeto adverterit, non repugno quin potuerit statim absolvere.

R. 3. Verum statim admittere Laetum ad s. communionem censeo non esse recte actum. Solo accessu ad confessionem scandalum publicum non erat reparatum, neque periculum aberat gravioris scandali, quod ex relapsu forte mox secuturo oriri posse quivis facile debuit videre. Qui enim adeo saepe confessarium fefellit, suspicionem non abstulit qua etiam nunc timeretur relapsus. Magno autem scandalo fuisset, si forte Laetus eodem die, quo s. communionem sumpserat, ebrius conspectui omnium sese obiecisset. Quare saltem ad unam alteramve hebdomadam differri debuit s. communio. Sed si per illud tempus se plane continuit ab ebrietate, officia divina interim frequentavit: secure admitti poterat ad ss. eucharistiam atque moneri, ut frequenti sacramentorum usu bonam voluntatem aleret atque roboraret.

MONENDI MUNUS CONFESSARII.

Casus. (148)

Eligius confessarius nactus est paenitentem quem scit domi publice tenere et legere ephemerides pravas, neque tamen de eo se accusat. Eligius secum perpendens ex una parte malos fructus pro paenitente eiusque familia ex ista lectione oriundos, ex altera timorem ne inutiliter suadeat ei qui speciosis praetextibus non caret, eumve ex bona in malam fidem coniciat, silet atque paenitentem absolvit. Similiter facit cum francomurario et cum viro quem deprehendit onanismo deditum.

Quaeritur 1° monitio quando sit danda, quando omittenda.

2° rectene Eligius monitiones omittat.

Solutio.

520 Ad quaesitum 1ᵐ R. 1. Monitio distinguitur quidem ab instructione, cum ea tamen cohaeret eamque communiter includit. Nam monitio dicitur de iis quae paenitens agere debet, instructio de iis quae debet scire. Sed quae agi debent, antea debent sciri; atque in paenitente necessitas admonendi plerumque ex eo oritur quod ille nesciat vel non attendat ad ea quae agere sit obligatus. Monitio tamen semper spectat proxime praxim; instructio non ita. Simplex igitur instructio, quae non refertur ad practicam aliquid agendi obligationem, difficultatem confessario non creat, neque deliberare debet, sitne facienda an omittenda. Nam si tempus suppetat, instructio eorum quae sciri debent semper facienda est. Quod de monitione non semper obtinet. Cf. S. Alph. VI, 608.

521 R. 2. Monitio etiam facienda semper est, si certo praevidetur fructus; at non ilico omittenda, si fructus non praevidetur. Etiam tum facienda est omnino monitio, si ex ea omissa maiora mala sequuntur quam ex ea facta; omittenda vero, si e contrario ex ea facta maiora sequuntur mala quam ex ea omissa. Verum ut haec rite intelligantur, descendendum est ad magis particularia, ut statim notabo.

R. 3. Saepe dubium est vel non certum utrum prosit monitio an noceat. Pro quo casu tene: 1) non esse dubitandum sine iusta vel gravi causa; 2) quamquam generatim confessarius in confessione imprimis spirituale bonum paenitentis respicere debet: tamen etiam observari debet damnum vel bonum commune gravioris momenti esse quam damnum bonumve particulare; 3) neque solum bonum vel malum quod *nunc actu* oriturum sit spectari debet, sed etiam quae *in futuro* speranda vel timenda sunt.

R. 4. Ergo etsi fructus ilico non speratur vel saltem certus non est, monitio nihilominus fieri debet, 1) si ignorantia seu error est vincibilis seu culpabilis vel saltem mox culpabilis evadet; 2) si ignorantia seu error inducit periculum proximum peccati vel eius perseverantiam; 3) si ignorantia versatur circa primaria principia moralia vel proximas conclusiones; 4) si error vel ignorantia versatur circa ea quae medii necessitate certo vel probabiliter scitu et creditu necessaria sunt; 5) si error perniciosus est paenitenti, eo quod falso habeat aliquid pro peccato vel pro gravi peccato, idque cum periculo ex falsa conscientia gravius peccandi. Cf. S. Alph. VI, 609—616; Lugo, *De paenit.* d. 22, n. 24—36; Ballerini-Palm. tr. 10, s. 5, n. 816 sqq.

AD QUAESITUM 2ᵐ R. 1. Quoad *primum* casum nunc difficile sane est invenire hominem in bona fide exsistentem circa lectionem pravarum ephemeridum; intellego eas, non quae hinc inde aliquid pravi contra fidem catholicam et bonos mores continent, sed quae ex industria Ecclesiae atque fidei vel bonis moribus adversantur. Has legere, nisi forte eiusmodi diarium habetur propter communicationes commerciales similesque res, non solum periculum legenti creare, sed etiam contra leges ecclesiasticas esse vix erit ignotum. Et si quae excusatio fortasse adesse praesumatur in legente, iam patet etiam leviter cogitanti nullatenus licere omnia quae talia diaria effutiunt legere, neque licere aliis familiae membris haec diaria praebere cum eorum fidei et morum gravi periculo.

Quapropter male iudicat Eligius paenitentem relinqui posse non monitum; poterat tamen monitionem ita temperare ut, si putaverit id magis expedire, sileret de lege ecclesiastica ipsum paenitentem forte ligante, et solum diceret quod lex naturalis omnibus praescribit: etiamsi aliquando propter graves rationes eiusmodi diaria haberi liceat, tamen nequaquam legenda esse ea ipsa, quae fidei moribusque adversentur, atque universim ea diaria caute servanda esse, ne deveniant in manus filiorum aliorumque, qui damnum inde capiant.

R. 2. Quoad *francomurarios* similiter vix umquam sileri potest, cum bona fides perquam difficilis sit nec communiter diu duratura atque mala ex consortio cum iis oriunda gravissima. — Nihilominus aliquando evenire potest ut, si agatur de murario gregario infimi gradus, qui ipse nihil mali suspicatur, qui grave damnum alias timet, non moneatur de formali nominis sui e catalogo sectariorum expunctione, sed de omissione omnis actionis malae religioni catholicae contrariae, et ut fortiter suadeatur egressus, quam primum fuerit possibile. Caveat autem omnino confessarius, ne quidquam faciat vel dicat, quod positivam sectae approbationem contineat. Cf. S. Off. d. d. 7 Martii 1883 in *Collect. S. C. de Prop. F.* n. 1856. 1864.

R. 3. Quod ad *tertium* paenitentium ordinem attinet, Eligius etiam male agit, si pro ordinaria regula statuat silere de onanismo.

Nam est res, quae legi naturali clare repugnat, cuius malitia raro invincibiliter ignoratur. Si enim eius malitia non clare et aperte ab omnibus coniugibus cognoscitur, facillime tamen de ea serium dubium concipiunt; quod sufficit ut bona fides non amplius subsistat.

In hunc sensum etiam *S. Paenitentiaria* respondit; v. *Th. m.* II, 859. Ceterum per exceptionem fieri potest ut confessario liceat silere, si re ipsa moraliter certo iudicet paenitentem in bona fide versari atque gravis omnino ratio sit putandi monitionem nedum profuturam, plane nocivam esse, cum spes non affulgeat mali emendandi.

PRUDENTIA IN MONENDO.

Casus. (149)

Udo acatholicus cum Ioanna catholica contraxerat matrimonium in Hispania coram ministro acatholico nuper invecto. Proles hucusque adscripta est sectae acatholicae. Verum ab aliquo tempore Ioanna concepit spem fore ut maritus catholicam educationem concedat; proin, conscientia pressa, nunc adit confessarium, sincere dolet de admisso peccato et reconciliationem cum Deo enixe rogat, promittens se facturam omnia, quae possit et quae ad reconciliationem requirantur. Confessarius, intellegens matrimonium esse invalidum, aperte iubet eam abstinere ab omni vita coniugali; neque spem fore ut remedium afferre possit, nisi cautio re ipsa data sit de educanda prole universa in fide catholica. Quod audiens maritus, ira incensus quod sacerdos adeo audeat pacem familiae perturbare, a religione catholica, cui inceperat favere, plane alienatur iuratque se numquam permissurum, ut quisquam ex filiis suis catholicus fiat, gravissimisque minis cogit Ioannam ad vitam coniugalem producendam.

Uxor misera confugit ad alterum confessarium, qui, re secum considerata, cum hoc in loco actuali lex Tridentina clandestinitatis quoad mixta matrimonia non valeat, consulit Ioannae, ut renovet cum Udone consensum matrimonialem atque dein illi obtemperet exspectans meliora tempora, ut catholice educare possit filios. Udo vero, nihil volens audire, solummodo dicit: Es et manebis mea uxor; hoc sufficit.

QUAERITUR 1° rectene monuerit prior confessarius Ioannam, ut a vita coniugali prorsus abstineret.

2° verene spes sublata fuerit legitime revalidandi matrimonium.

3° quid de posterioris confessarii consilio sit iudicandum.

4° convalueritne matrimonium Udonis cum Ioanna.

Solutio.

AD QUAESITUM 1^m R. 1. Ex agendi ratione Ioannae rerumque circumstantiis patet matrimonium quidem invalidum esse, id tamen a coniugibus ignorari. Si igitur permanent in hoc statu, continuo peccata materialia committuntur. — Si vero Ioanna monita nullitatem matrimonii docetur, alterutrum locum habebit: aut Ioanna nihilominus pergit cum Udone coniugaliter vivere, continuo peccans formaliter, aut denegans Udoni consortium coniugale, iram Udonis excitabit, minas vel violentias sibi timere debet perpetuumque peccandi periculum atque spem prolis catholice educandae excisam: nisi forte cum prole Ioanna aufugere possit — id quod verisimile non est.

R. 2. Evidens igitur est ex monitione secutura esse mala longe maiora quam ex monitione omissa. Quapropter, quamdiu neque Ioanna in mala fide deprehenditur circa matrimonii valorem, neque matrimonium ilico sanari potest: non solum potest sed debet confessarius eam circa valorem matrimonii in bona fide relinquere, atque matrimonii invalidi usum potius permittere quam prohibere.

Tristis eventus satis ostendit, quam imprudenter confessarius egerit, cum Ioannam doceret obligationem a vita coniugali abstinendi.

AD QUAESITUM 2^m R. 1. Si res integra esset, scilicet si ageretur de matrimonio nunc primum contrahendo inter sponsos, recte dixisset confessarius spem nullam esse obtinendae facultatis mixti matrimonii, nisi cautione data de universa prole in fide catholica educanda. Quam educationem Ecclesia numquam non debet postulare, a cautione huius educationis danda abstinere vix umquam nisi forte ex gravissima causa publica permittit. Verum si res integra non amplius est, Ecclesia prudenter considerat, quid sit maius malum vel quid magis mala impediat: sanari matrimonium sine cautione, an matrimonium relinqui invalidum.

R. 2. Re ipsa recenti tempore exstat exemplum datae dispensationis seu sanationis matrimonii mixti, cautione de prolis educatione non data, sed iniuncta tantum mulieri obligatione ut, quantum facere posset, catholicam educationem procuraret. Si enim moraliter impossibile est ut putativi coniuges separentur, et ex altera parte spes est aliqua cum lapsu temporis virum emolliendi vel prolem privatim saltem in fide catholica instituendi: Ecclesia potest ad maiora mala impedienda mitius procedere. Cf. de hac re infra *de matrimonio*.

AD QUAESITUM 3^m R. 1. Quaestio reducitur ad hoc, sitne aliquando, idque in nostro casu, licitum neglegere legem ecclesiasticam clandestinitatem matrimonii prohibentem.

Aliquando hanc legem, etiam ubi est matrimonii alioquin dirimens, cessare, si scilicet communis est impossibilitas adeundi parochi, certa doctrina est. At id in nostro casu non obtinet. Regula tamen generalis, leges positivas communiter non obligare cum gravissimo incommodo, suadet accidere posse ut, ubi matrimonia clandestina sunt valida, etiam in particulari casu clandestine contrahere liceat. Si generalem illam regulam ad praesentem casum applicare volumus, difficultatem auget ea circumstantia, quod agatur hic simul de matrimonio mixto ineundo idque sine cautelis alias necessariis. Verum etiam hoc intrinsecus malum non est: quod clare monstrat dispensatio data. Insuper aliter huius rei remedium afferre res est desperata: siquidem matrimonium specietenus et civiliter contractum a viro etiam per vim sustinebitur.

Censeo propterea omnino, postquam mulieri nullitas matrimonii innotuit, licere clandestine et privatim matrimonium sanare, i. e. nunc de novo cum viro contrahere. Nam hoc est medium moraliter loquendo unicum, quo evitet mulier gravissima mala a viro timenda perpetuamque occasionem proximam peccandi, quam effugere non est possibile.

528 R. 2. Quamdiu mulier in bona fide circa matrimonium versatur, censeo hanc privatam matrimonii revalidationem non esse docendam, saltem non, si sperari potest fore ut obtineatur legitima Ecclesiae dispensatio ad matrimonium sanandum, atque re ipsa ad eam obtinendam, inscia muliere, fit recursus. Nam ita legi ecclesiasticae maior servatur reverentia, revalidatio securior matrimonio, quippe quod per Ecclesiam sine renovato viri consensu sanari possit. Si vero ex una parte spes habendae dispensationis non videatur adesse, ex altera parte nullus exsistat timor ne vir, de condicione rei certior factus, recuset consensus renovationem: existimo statim mulierem doceri quidem *posse*, quid rei sit, atque instrui ut, cum aliter fieri non possit, privato consensu nunc matrimonium verum et legitimum faciat. At practice prudenti considerationi relinquitur, quod consilium capiatur melius. Si putetur bonam fidem mulieris facile posse transire in dubitationem, melius est provideri privatae revalidationi; si ille timor est inanis, melius res relinquitur intacta, cum nesciatur, num postea forte magis expediat mulieri esse coram Deo et conscientia liberam.

529 Ad quaesitum 4^m R. Res non caret difficultate. Nam si revera Udo ad dicta Ioannae nullatenus attendit, ne tamquam ad dubium et scrupulum quidem, sed absolute sistit in consensu praeterito, sicut est praeteritus, antea datus, matrimonium non fit validum. Ille enim consensus ab Ecclesiae lege invalidus factus est neque umquam acceptatus ut legitimus, adeoque nihil est antea operatus, neque nunc, ut habitualiter perseverans, operari potest, siquidem ab Ecclesia accipi ut legitimus debet, ut naturalem vim suam exercere possit.

Si vero verba illa Udonis significabant *absolutam* voluntatem praesentem habendi Ioannem in uxorem, matrimonium validum factum est. Absoluta enim illa voluntas *implicite* continet in se prioris consensus correctionem, si ea fuerit necessaria. Atque ita re ipsa esse praesumendum est. Saltem Ioanna, cum impossibile ei sit securiorem et magis expressam declarationem obtinere, potest acquiescere et coniugalem vitam secura producere, nixa principio: Standum est pro valore actus.

SIGILLUM SACRAMENTALE. — SIGILLI OBLIGATIO ET VIOLATIO.

Casus. (150)

Cornelius neo-presbyter, cum prima vice excepisset confessiones, postea cum aliis sacerdotibus ad mensam assidens, „Statim", inquit, „potui miseriam humanam experiri; in ipsa prima confessione quam audivi exemplum habui, quam profunde haereant homines in caeno luxuriae." Paulo post cum hospites intrant, qui ad mensam erant invitati, unus ex illis, vir spectatissimus, salutans accedit ad Cornelium et „Gratulor", ait, „Reverentiae vestrae et simul gratias ago pro honore, quem mihi habere licuit quod primus fuerim ex filiis spiritualibus, cui Reverentia vestra gratiam Spiritus Sancti communicaverit." Quae omnes audiunt attoniti, neque minus attonitus ipse Cornelius.

Constantius missionarius, post habitam missionem domum redux, narrat coram aliis: „Finita missione deputatio virorum venit, gratias actura; ex quibus senex *octoginta* annorum, cana barba venerabilis, manus mecum iunxit et publice gratias egit vix non lacrimabundus, quod mea ope demum bonam confessionem generalem facere potuerit. Et re vera rationem habuit; nam magnam consecutus est misericordiam."

QUAERITUR 1° quae sit lex sigilli sacramentalis et unde.

2° quae sit directa et indirecta violatio.

3° quid de Cornelio et Constantio sit iudicandum.

Solutio.

AD QUAESITUM 1ᵐ R. 1. Lex sigilli sacramentalis est obligatio 530 secretissimum tenendi id, quod ex confessione, ad eam aliquo modo spectans, noscatur.

R. 2. Haec lex est tum ecclesiastica tum divino-naturalis, ex ipsa institutione confessionis oriunda atque adeo severa, ut plane nullam patiatur exceptionem. Ecclesiasticam legem commemorat concil. Lateran. IV, c. *Omnis utriusque sexus:* „Caveat autem omnino, ne verbo aut signo aut alio quovis modo aliquatenus prodat peccatorem: sed si prudentiori consilio indiguerit, illud absque ulla expressione personae caute requirat, quoniam qui peccatum in paenitentiali iudicio sibi detectum praesumpserit revelare, non solum a sacerdotali officio deponendum decernimus, verum etiam ad agendum perpetuam paenitentiam in artum monasterium detrudendum."

R. 3. Lex illa obligat compluribus titulis: 1) ex religione, 2) ex fide data, 3) ex iustitia erga famam paenitentis.

R. 4. Sigillum sacramentale oritur ex omni et sola confessione sacramentali saltem putativa vel inchoata et late sumpta.

AD QUAESITUM 2ᵐ R. 1. Directa violatio est manifestatio rei 531 sub sigillo clausae simul cum persona; haec semper mortalis est, saltem quatenus est contra religionem, neque parvitatem materiae admittit. Nam si umquam liceret aliquid revelare, etiam minimum, timor confitentes occuparet ne limites transirentur, essetque revera actum de fidelium securitate, qua tuti possent cordis secreta confessario committere.

R. 2. Indirecta violatio est talis locutio vel talis usus notitiae ex confessione haustae, qui periculum cognoscendi peccatum et personam paenitentis secum fert vel utcumque aptus est ad creandum gravamen paenitenti sive ad odiosam fidelibus reddendam confessionem. In quo ne id quidem spectari debet, num re ipsa certus ille paenitens gravamen subeat; sed sufficit ut usus ille, si licitus esset, paenitentibus gravamen crearet eosque a confessione posset retrahere.

R. 3. Quamquam in directa laesione parvitas materiae non admittitur, in indirecta laesione videtur ex parvitate periculi sive suspicionis excitandae in aliquem sive reddendae generatim odiosae confessionis fieri posse, ut neque grave sit peccatum neque omnis culpa exsulet, sed veniale peccatum committatur: *Th. m.* II, 457 et 467. Ita etiam Baller.-Palm. l. c. n. 903 et 905; *Lugo, De paenit.* d. 23, n. 71.

Ad quaesitum 3^m R. 1. Cornelii loquendi modus erat imprudentia plenus. Obiter enim cogitanti statim apparet periculum esse, ne quis viderit vel postea cognoverit, quis fuerit primus qui apud Cornelium confessus sit: quo cognito, completa erat sigilli violatio; nam satis aperte Cornelius indicavit primum confitentem confessum esse gravia peccata contra castitatem. Et re vera tristis eventus haec ostendit.

R. 2. Cornelius excusari nequit nisi propter subiectivam suam inadvertentiam; sed in posterum discere debet frenum ori suo imponere.

R. 3. Cum tota res et alloquium illius hospitis esset Cornelio plane inopinatum, difficile erat, ilico paratum habere responsum, quo apte declinaret illius hospitis diffamationem vel emolliret suam sigilli laesionem. Per se tamen potuit respondere: „Sine dubio erras, mi domine; primus ubi sit, tibi indicare mihi impossibile est." Si hoc modo *possibile* fuerit, iudicium eorum qui audierant avertere, ita agere Cornelius per se *debebat*. Neque hac in re commisisset mendacium, sed restrictionem et ambiguitatem quandam, quae hic ex gravissima causa erat necessaria, ut impediretur quominus sacramentalis sigilli laesio evaderet perfecta. *Errare* enim est vox ambigua, quae significat non solum errorem contra veritatem, sed etiam contra id quod non expediat.

R. 4. Neque Constantius excusari potest ab omni indirecta laesione sigilli sacramentalis. Nam 1) innuit satis clare paenitentem, de quo loquatur, gravia habuisse peccata, siquidem *magnam misericordiam consecutum esse* per opportunitatem faciendae confessionis generalis, indicat adfuisse materiam, circa quam magna Dei misericordia necessaria erat: gravia autem adfuisse peccata etiam in genere tantum dicere, si dicitur de persona certa et in individuo designata vel ita ut possit cognosci, vel etiam haec ex notitia confessionis *solummodo confirmare,* est contra sigillum. Dixi: etiam solummodo confirmare; nam dicere quis potuerit hominem illum ipsum palam id manifestasse se gravia peccata habuisse, cum coram omnibus sibi gratularetur de bona confessione generali demum peracta: verum etsi id tamquam probabile demus, id tamen dubio modo expressum erat, atque — id quod gravissimum est — apertius a Constantio est confirmatum. 2) Constantius etiam satis aperte indicavit personam, ita ut fuerit facile *cognoscibilis,* saltem cum verisimilitudine: quod sufficit ut sit laesio sigilli indirecta. In illa enim deputatione virorum certo non fuerunt plurimi senes octogenarii, cana barba venerabiles, sed vel unus tantum vel paucissimi. Verum hoc ultimum satis esset, ut in singulos caderet suspicio singulisque crearetur gravamen.

Neque ex eo Constantius excusatur, quod audientes vix umquam illud oppidum adituri, minus etiam re ipsa virum illum agnituri sint. Nam praeterquam quod id dubium est, et homines ex locis non adeo dissitis facile ex improviso possint agnosci: sufficit designatio personae in se facta, ut sigilli laesio vel eius periculum adsit.

Fateor tamen, si circumstantiae eiusmodi sunt ut omne periculum, moraliter loquendo, absit umquam veniendi in notitiam personae designatae, eo quod nulla sit communicatio inter audientes et loci istius incolas, neque ullum periculum, quominus id umquam accidat vel narratio inter alios spargatur, laesionem sigilli non adesse; siquidem designatio individualis personae ex se nondum est complete facta. Aliud esset, si individualis designatio omnino esset completa, v. g. „primus magistratus huius vel illius urbis": quae designatio plane continet sigilli laesionem, etsi audiens certo numquam virum designatum cogniturus sit.

SIGILLI OBIECTUM (I).

Casus. (151)

Ianuarius excipit confessionem Adelheidis, quae narrat sollicitationem quam passa sit aliquoties a Bertramo, se timere ne interne una alterave vice consenserit, seque id adscribere neglegentiae suae in persolvendo rosario, quod cotidie recitare sibi proposuerit ad protectionem virginitatis suae Deo promissae efficaciter impetrandam. Ianuarius postea ad Bertramum dat litteras anonymas quibus ei exprobrat impudentiam atque ad meliorem frugem eum reducere conatur; Adelheidem in colloquio laudat a spectata pietate atque voto castitatis emisso, esse eam tamen nimis timidam dicit et aliquantum scrupulosam.

QUAERITUR 1° peccata aliena pertineantne ad sigillum confessionis.
    2° num paenitentis scrupuli eiusve opera bona atque res indifferentes, quae ipsum spectant, sint obiectum sigilli.
    3° quid iudicandum sit de Ianuario.

Solutio.

AD QUAESITUM 1ᵐ R. 1. Proprium quidem sacramentalis sigilli obiectum peccata sunt paenitentis, sed peccata in concreto sumpta cum omnibus circumstantiis individuantibus, quae paenitens narraverit, sive ad declarandum peccatum commissum fuerit hoc necessarium sive non.

R. 2. Ante omnia igitur peccatum complicis, quod cum peccato paenitentis quodammodo in unum coalescit eiusque complementum est, materia est sacramentalis sigilli.

Similiter si paenitens a peccato alieno ansam sumpsit peccandi, vel si paenitentis peccatum, quod confitetur, versabatur circa peccata aliena: non solum peccatum paenitentis sed etiam illa aliena peccata materia sigilli esse possunt; sunt re vera, si agitur de re occulta vel de qualibet re, cuius communicatio periculum revelationis sive gravamen aliquod paenitentis secum ferat.

R. 3. Sed quando de obiecto vel ansa peccati paenitentis sive etiam de alienis peccatis agitur publice notis, confessario per accidens ignotis, neque ex ulteriore harum rerum narratione vel loquendi modo confessarii ullum revelationis periculum vel gravamen paenitentis sequitur; haec non cadunt sub sigillo, immo ex ipsa confessione iam potest apparere haec non sub sigillo dici, sed commemorari ut rem cuius notitia *supponatur*. Baller.-Palm. l. c. n. 947.

535 AD QUAESITUM 2ᵐ R. 1. Scrupuli sine ulla dubitatione materia sigilli sunt, si paenitens de iis se accusat sive ut de peccatis proprie dictis sive ut de imperfectionibus. Maior quidem difficultas est, sintne materia secreti *sacramentalis*, si scrupulositas se prodat ex modo loquendi vel agendi in ipsa confessione. Ad quod respondendum est: a) id practice raro facere difficultatem. Nam qui in confessione *sua agendi ratione* scrupulositatem prae se fert, idem faciet in aliis negotiis, ita ut ex notitia extra confessionem habita vitium illud futurum sit manifestum. b) Quodsi respicitur notitia solum occasione confessionis hausta, hanc stricto omnino secreto commisso teneri debere nemo est qui neget; sunt tamen qui negent rationem secreti sacramentalis. c) Nihilominus alii etiam sacramentalis secreti rationem adesse censent. Nam si confessio sacramentalis strictissimum secretum postulat, vi institutionis divinae, ne fideles ab instituenda confessione retineantur, id valet non solum de *obiecto* confessionis, sed de tota confessionis *actione*. Hanc homo peragere non potest, nisi prodat certas personales condiciones; quas si alioquin tegere et abscondere valet easque tectas manere paenitentis interest, sane ille a confessione peragenda non minus retraheretur, si liceret eiusmodi defectus personales ex modo confitendi a confessario perceptos revelare, quam si liceret revelare ipsa peccata. Quod relate ad scrupulos practice eo magis tenendum est, quia, si in sola confessione, non alias, scrupulositas apparet, hoc esse nequit, nisi quod complures defectus existimati afferantur: id vero materiam sigilli esse dubium est nullum. Tamburini, *De meth. confess. append. de sigillo* c. 3, n. 12 et 18.

536 R. 2. Neque virtutes neque res indifferentes, i. e. quae ab omnibus cognosci paenitentis nihil interest, ex sese sunt materia sigilli. Fiunt tamen, quando paenitentis interest ea occultari, secundum ea quae modo dicta sunt et quae dicta sunt supra ad Quaesitum 1ᵐ R. 2, materia sigilli indirecta vi ipsius confessionis, eo quod ipsa peccata paenitentis circa illas res vel virtutes versabantur. V. g. si paenitens se accusat ingratitudinis auctae ex singulari aliquo Dei beneficio atque ex virtutum per Dei gratiam communicatione, haec ingratitudo est sigilli materia *directa*, certa illa Dei beneficia, virtutumque confirmatio est *indirecta* materia, si vere contra haec Dei dona peccatum

sit. Ceterum, si solum ex eo quod paenitens magnis Dei donis a Deo praeventus sit, ille se peccando vilius egisse dicit, seque eo magis coram confessario confundit, non existimo illa dona divina iam esse obiectum sigilli. Nam quis est vere sanctus, — qui non putet se eo gravius peccare, quo maiora beneficia a Deo acceperit! Neque tamen propterea confessarii, secundum communem sensum Ecclesiae, censentur impediti quominus post mortem paenitentis de eius virtutum heroicitate deque divinis donis acceptis testimonium dicant.

Similiter igitur aliae res ex se indifferentes omnesque circumstantiae materia sigilli indirecta sunt, si quae necessario proferantur a paenitente ad explicanda peccata, vel si necessaria sive etiam utilia solummodo *putantur,* licet falso, ad peccatorum explicationem.

R. 3. Nihilominus circa res indifferentes *alioquin publice notas,* etsi pertineant ad peccatorum maiorem explicationem et intellegentiam, ut sunt v. g. status paenitentis, num sit matrimonio iunctus necne, vel officia publica quae gerit, et similia, circa ea, dico, saepe iudicari debet, eorum notitiam confessario dari quasi *praeviam* neque sigillo sacramentali clausam. Id quod dici nequit in iis casibus, quando istas res a pluribus sciri paenitenti molestum est. Lugo, *De paenit.* d. 23, n. 27; Tamburini l. c.

AD QUAESITUM 3ᵐ R. 1. Supponitur quidem Ianuarium non inquisitione prohibita notitiam Bertrami eiusque sollicitationis peccati accepisse; secus deliquisset contra pontificias leges, de quibus altero tomo, *de excommunicatione.* Sed etiamsi Adelheidis sponte Bertramum nominavit, huius peccatum ad materiam sigilli confessionis ab Adelheide factae omnino pertinet. Nam est vel peccatum complicis vel ansa peccati confitentis atque obiectum, circa quod confitentis peccatum versabatur et quod explicatu vix non erat necessarium, ut confitens suum peccatum plane explicaret. Dubium igitur non est, quin Iulianus sigillum sacramentale laeserit, cum daret litteras istas anonymas. Sicut enim fas non est ex confessionis notitia loqui extra confessionem cum paenitente, ita etiam fas non est, vel minus etiam fas est loqui cum complice vel cum eo qui peccati ansa fuit, *nisi forte de licentia confitentis omnino libere data:* quam hic datam esse, cum non narretur, sumi nequit.

R. 2. Votum virginitatis non est *ex se* materia sigilli. In nostro autem casu eius notitia data non est nisi in coniunctione cum peccato accusato, idque ad eius pleniorem cognitionem, si votum virginitatis Adelheidis intellexerat votum perfectae castitatis. Nam in hoc casu circumstantia voti mutaverat speciem peccati dubii illius consensus cuius Adelheidis se accusavit, eratque materia sigilli indirecta. Atque re ipsa virginitatis votum communiter sic intellegunt. Quodsi virginitatem presse sumptam vovens intellexerat, votum illud ad sigillum sacramentale eatenus tantum spectabat, quatenus volebat accusare virginitatem ipsam in aliquod periculum inductam ob Dei auxilium neglegentius imploratum. Neque *alias* de voto loqui Ianuario licuit, quando poterat conicere id Adelheidi gratum non esse. Nam omnia quae ad statum internum paenitentis dicuntur, exigunt saltem secretum naturale commissum.

R. 3. Quoad scrupulositatem quod Ianuarius addit, videndum est, *unde* eam noverit. Si aliunde quam ex confessione eam percepit, eam narrando utique non laesit sigillum, neque in hisce circumstantiis grave famae detrimentum Adelheidi intulit; nam in tali femina vel nullatenus vel leviter tantum et in re secundaria defectus ille famam laedit. Verum Ianuarius coram aliis *speciem* laesi sigilli facile poterat committere et ita grave dare scandalum. — Immo, si ex confessione tantum defectus ille ei cognitus erat, eo quod Adelheidis facilius quam par erat putaverit se peccasse vel graviter peccasse, Ianuarius sane, loquens de illa scrupulositate, laesit ipsa re sigillum sacramentale. *Th. m.* II, 460.

SIGILLI OBIECTUM (II).

Casus. (152)

Erwinus, qui spirituale auxilium contulerat duobus reis capitis damnatis propter caedem factam, postea dixit: Latronibus illis poena capitis facta est praedestinatio ad gloriam. Paulo ante exsecutionem adhuc semel ambo mihi magna contritione peccata homicidium suum confessi sunt: unum absolvi, alterum baptizavi, neminem umquam cum tanto solatio.

Quaeritur 1° liceatne de peccatis publicis in confessione auditis loqui et quid ad loquendi modum Erwini censendum sit.

2° quid, si narratio est potius in laudem paenitentis.

Solutio.

Ad quaesitum 1ᵐ R. 1. Regula generalis est: materiam sigilli esse peccata mortalia tum in genere tum quodlibet eorum in specie; item peccata venialia quaelibet in specie, etiamsi agatur de minimis; venialia autem omnino *in genere* sine ulla determinatione utcunque aggravante non esse materiam sigilli. Nam eo ipso quod quis confitetur, palam ostendit se *aliquod* ex venialibus peccatis —, saltem veniale neglegentiae, commisisse; quae ceteroquin vitari non posse penitus, *sine speciali privilegio,* fide divina credere debemus. Nullus igitur paenitens hanc generalem manifestationem, se in genere peccasse, sub sigillo claudit, neque claudere potest. Et re vera illud in genere aliquem peccasse, neque dicit eum mortaliter peccasse, neque distincte exhibet notitiam cuiuslibet peccati particularis. Quare tantummodo peccatum *mortale* etiam in genere et *quaelibet* peccata particularia clauduntur sub sigillo.

In hac regula peccata publice nota ab occultis non distinguuntur, idque merito. Nam illa confirmari per confessionis notitiam per se pondus certitudini addit. Immo si hoc modo memoriam conservari, refricari liceret, magnum fieret paenitentibus gravamen; neque res secura esset ex hac ratione, quod facillime errari possit circa publicitatem. — Quodsi aliquando paenitenti nullatenus grave est, id est per accidens; neque generalis lex potest ea respicere quae per accidens sunt.

R. 2. Quamquam latrones de homicidio convicti erant, illud crimen confessum esse latronem Erwinus dicere non potuit sine laesione sigilli, saltem quoad illum quem absolvit.

Alter vero latro videtur nullatenus iam baptismum accepisse, ne dubie quidem, quia Erwinus eum baptizavit neque sub condicione absolvit. Ille sacramentalem confessionem facere non potuit; quare homicidii confessio ex eius parte solum exigebat secretum commissum, quod, utpote de re manifesta, erat inutile. Hinc dici nequit Erwinum peccasse ex eo quod de *huius* latronis homicidio sermonem fecerit, etsi ex hoc, si duo latrones unius homicidii complices erant, alterius crimen confirmabatur. Nam haec confirmatio non habebatur ex sacramentali confessione neque ullum gravamen attulit.

AD QUAESITUM 2^m R. Narratio, quando fit de peccatis ut sincero dolore et confessione deletis, sub hoc respectu quidem laudes continet; sed quatenus fit de *peccatis*, semper continet aliquid vituperio dignum, et si versatur de iis ut ex confessione notis, laesi sigilli condicionem exuere nequit.

LAUS PAENITENTIS LAESIONE SIGILLI AFFECTA.

Casus. (153)

Eulogius inter paenitentes suos laudat Eugeniam et Paulam. „Per totum annum", ait, nihil attulerunt nisi leviora cotidiana; immo Paula vix ullum levissimum peccatum vere deliberatum habuit, sed sola verbula improvisa.

QUAERITUR 1° laudatio comparativa sitne laesio sigilli.
2° servaveritne Eulogius sigillum.

Solutio.

AD QUAESITUM 1^m R. 1. Laudatio unius prae aliis, si vere est comparativa seu si aequivalenter alios accusat, est laesio sigilli; si vero hanc accusationem non continet, i. e. si de solo uno aliquid dicitur idque laudabile, de aliis nihil neque directe neque indirecte insinuatur, non est laesio sigilli.

R. 2. Si igitur, quando sermo est de paucis, unus laudatur, reliqui praetereuntur, facillime id continet eorum indirectam accusationem adeoque laesionem sigilli. Si vero complures quidem novi ex confessione, neque tamen illi utcumque in sermonem inducuntur, sed ego de uno aliquo cum laude loquor, laesio sigilli non est: quia ex eo quod de uno loquar, non sequitur me de aliis ita loqui non posse. Tambur., *Meth. conf., de sigillo* c. 3, n. 1 dicit de tali laude: „Id tamen persaepe periculo expositum esse fateor, ut si in concursu, v. g. duorum, dum siles de uno, si praedices de altero . . ., videris de eodem aliquid gravis momenti cognovisse. *In concursu*, inquam; nam *seorsim*, non facile apparet tale periculum."

542   Ad quaesitum 2^m R. 1. Quod Eulogius *utcumque laudat* Eugeniam et Paulam, nondum continet accusationem vel sigilli laesionem relate ad ceteros; verum non expedit laudem illam ut formaliter ex confessione haustam enuntiare, quia tum facile in alios quaedam suspicio oriri potest, qua periculum laesi sigilli quoad ceteros excitetur.

R. 2. Quod autem expressa fit comparatio inter Eugeniam et Paulam, atque haec prae illa extollitur, implicite continet manifestationem, Eugeniam paulo graviora peccata, saltem non sola levissima, attulisse: at haec peccatorum venialium determinatio aggravans, licet maneat generica, contra sigillum sacramentale est.

R. 3. Quod de Paula non solum in genere Eulogius dicat venialia tantum peccata adfuisse, sed etiam in specie notet adfuisse verbula improvisa, videtur non satis cohaerere cum sigillo sacramentali. Nolo tamen id pro certo affirmare. Nam cum quilibet christianus sese accuset: „quia peccavi nimis cogitatione, verbo et opere", illa locutio: adfuisse sola verbula improvisa, non videtur aliquid addere ad genericam illam locutionem, adfuisse peccata tantum venialia non deliberata: quod sine sigilli laesione, immo summa cum laude dicitur.

SIGILLI VIOLATIO PER LOCUTIONEM GENERICAM.

Casus. (154)

Bonfrerius, qui in lata aliqua regione plerisque in locis confessiones exceperat, coepit in colloquio certum huius regionis locum laudare tamquam oasim in vasta palude luxuriae, quam et iuvenes et coniugati circa circum longe lateque exerceant.

Quaeritur 1° liceatne ex confessione loqui in genere de vitio alicubi regnante.
2° quid censendum sit de Bonfrerii sermonibus.

Solutio.

543   Ad quaesitum 1^m R. 1. Cavendum est quoad ea quae in confessione percepta sunt, ab omni locutione quae paenitenti gravamen, odium confessioni creare potest. Quando igitur certus aliquis locus seu regio quaedam vel certa communitas per ea quae ex confessione narrantur, famae detrimentum aliquod patiatur, idque tale quod homines aestimare solent, narratio est contra sigillum sacramentale.

R. 2. Etsi eiusmodi narrationem non directae, sed indirectae sigilli laesioni adnumeraverim adeoque materiae parvitatem non excludam: nihilominus materiae gravitas non est restringenda ad eam diffamationem, quae gravis censeatur contra *octavum* decalogi praeceptum, sed omnino iam pro gravi habenda est, si ea homines soleant aliquo modo tangi et a confessione possint retrahi. — Si vero adeo parvum est famae detrimentum, ut homines eiusmodi generale dictum parvi pendere soleant, ob parvitatem materiae censeo esse peccatum tantum veniale; si nulla nova diffamatio censeatur oriri, peccatum laesi sigilli nullum.

R. 3. Practice teneri potest S. Alphonsi regula (VI, 654): 544 „Sententia communissima et longe probabilior . . . docet, quod, si oppidum sit parvum (puta si non constet tribus millibus hominum circiter), tunc violatur sigillum. Secus vero, si oppidum sit amplum et crimina sint publica." Videlicet etiamsi confessario ex sola confessione haec nota sunt, nihilominus de iis loqui non est illi prohibitum, quia 1) directa sigilli violatio non est, cum neminem singulariter nominet neque quemquam in particulari cognoscendi periculum excitet; 2) violatio alia seu indirecta tum solum concipi poterit, quando locutio dedecus vel incommodum communitati atque ita confitentibus creat — quod hic propter rei publicitatem iam exsistentem locum non habet.

Attamen computatio illa numerica incolarum non praebet solam normam. Videlicet prudenti aestimationi id relinquitur, quandonam exsulet omne periculum omneque probri vel diffamationis incommodum. Quod non a solo numero incolarum, sed etiam a genere vitiorum eorumque publicitate pendet. Quo magis enim notum est vitium et quo minus infamans, eo facilius loqui licebit de eo, etiamsi civitas non sit ita magna; quo minus autem vitium sit publicum et quo magis diffamans et grave, eo difficilius loqui licebit etiam de civitate ampliore.

Aliam difficultatem facit quod S. Alphonsus dicat „si oppidum sit amplum *et* crimina sint publica, num scilicet illa secunda condicio publicitatis criminum semper simul cum priore requiratur. Puto id re ipsa *non semper* requiri, sed id pendere a circumstantiis; nam si dicis alicubi *grassari, late patere* aliquod vitium, praesertim si sit per se diffamans, id sane, nisi sit publicum, sine nota diffamationis de loco etiam amplo dici nequit, ac proin id ex confessione manifestare laesio sigilli est. In aliis circumstantiis non est, dicere simpliciter in tali loco satis amplo *committi* vel solere etiam committi hoc vel illud peccatum. Cf. Tambur., *Meth. conf., de sigillo* c. 3.

AD QUAESITUM 2^m R. 1. Non id quod Bonfrerius certum aliquem 545 locum quoad mores laudavit, contra sigillum est; sed quod haec laus indirecte vituperatio aliorum locorum est, quaestionem suscitare potest de laeso sigillo. — Sed indirectam vituperationem mox etiam mutavit in directam, cum diceret circum circa late exerceri luxuriam a iuvenibus et coniugatis: de hoc igitur quaeritur num sit laesio sigilli.

R. 2. Si crimina illa aliis etiam aliunde nota erant, Bonfrerius, si simpliciter dixisset hoc vitium exerceri in illa regione, ita tamen ut non positive negaret esse locos qui sint immunes, sed de hoc nihil affirmaret neque negaret: ex supradictis sigilli laesio non censetur adesse.

Verum cum unum solum locum eximat, omnia alia oppida vel pagos, in quibus confessiones exceperat, dicit indirecte vitio illo infecta. Quod cum non de solis magnis civitatibus dicatur, et cum tanta emphasi dicatur, ut videatur *magna* omnium incolarum pars accusari: non potest non esse in probrum et gravamen eorum, atque confessionem reddit certo odiosam. Quare eiusmodi dictum a laesione sigilli immune non est.

Concludo etiam parochos cautos esse debere, si eos quos adiutores adhibeant, volunt instruere de moribus parochiae. Nam id neutiquam facere possunt ex iis quae habent ex confessione, sed ex iis tantum quorum notitiam aliunde hauserunt.

SIGILLI LAESIO INDIRECTA. — INTERROGATIO CURIOSA.

Casus. (155)

Lactantius excepit confessionem Philippi studiosi, se accusantis de quibusdam insolentiis iuvenilibus cum aliis perpetratis; postero die audit aliquot iuvenes deprehensos esse et poenam luere propter istas insolentias. Curiosus igitur interrogat num inter reos etiam Philippus sit.

QUAERITUR licueritne, salvo sigillo, Lactantio ita interrogare,
    1° quando notum fuerit Philippum apud Lactantium fecisse confessionem.
    2° quando id non fuerit animadversum.

Solutio.

AD QUAESITUM 1ᵐ R. 1. Usus ille, ut iam saepius dictum est, est contra sigillum sacramentale, ex quo, si sciretur non prohibitus, oriretur paenitentibus molestia aliqua (v. supra n. 531; G o b a t, *Theol. experiment.* tr. 7, n. 882; L u g o l. c. n. 93); aut ille usus notitiae ex confessione haustae, qui aliquo modo paenitentem eiusque peccatum manifestat. Quare censeo, si Philippus Lactantio hucusque non fuit notus, nunc vero coram aliis confitendi causa eum adit, et Lactantius postea coram iisdem de Philippo interrogat: fieri posse ut illa interrogatio certi alicuius peccati iustam suspicionem de peccato a Philippo accusato ingerat. Quod si fit, habetur usus *illicitus* eorum quae ex confessione noscuntur.

R. 2. Si vero Philippus Lactantio iam est diu notus, illa interrogatio nullo modo indicat, neque ullam suspicionem probabilem ingerit de peccato a Philippo accusato; potuit enim ex multis causis hanc curiosam interrogationem facere. — Nisi autem interrogatio aliquam manifestationem seu suspicionis excitationem contineat, alia molestia non videtur Philippo creari. Nam etsi sciretur ex confessione sumi ansam huiusmodi curiosae interrogationis circa factum publicum neque diffamans, nemo nisi forte morosissimus id ullo modo aegre ferret, sed potius rideret. Quare re in se spectata consentio dictis G o b a t l. c. n. 855 referentis similem casum, in tali interrogatione aut nullam aut adeo improbabilem molestiam paenitentis fundari ut non sufficiat ad constituendum peccatum mortale. Nam in illo usu notitiae confessionis, qui *manifestationem* eiusve periculum non contineat, sed propter solam molestiam paenitentibus inde forte oriundam sit contra legem sigilli, molestia aliquo modo notabilis quidem constituit peccatum *mortale* contra sigillum, idque etiam in dubio talis molestiae tenendum est; at parvitas materiae non excluditur omnino, etsi haec materiae parvitas inter limites valde artas sit concludenda. — Verum si res agitur coram laicis, iique suspicari possunt interrogationem fieri propter audita in confessione, facile id grave erit propter periculum scandali.

AD QUAESITUM 2^m. Responsum patet ex dictis: in hac secunda suppositione de peccato mortali sermo esse nequit.

USUS NOTITIAE CONFESSIONIS LICITUS ET ILLICITUS.

Casus. (156)

Camillus superior provincialis ordinis religiosi secum statuerat Antonium facere rectorem collegii in loco A, cum Antonius confitendi causa ad Camillum accedit seque accusat quod, cum in loco A munus gereret, familiares visitationes alicuius feminae admiserit atque aliquoties liberius cum illa egerit. Quibus Camillus movetur, ut consilium suum mutet, Antonio in suo loco relicto, quem ceteroquin illi non minus gratum esse censet.

Sapricius parochus constituerat apud se certam puellam pro ancilla sumere, cum haec apud ipsum confitetur se ex infelici lapsu esse gravidam. Quo audito, quoniam ei nondum quidquam dixerat, mutat consilium.

QUAERITUR 1° usus notitiae ex confessione habitae sine ulla manifestatione sitne contra sigillum.

2° quid de Camillo et Sapricio dicendum.

3° quid, si, re per Sapricium puellae communicata, haec spei noluerit renuntiare.

Solutio.

AD QUAESITUM 1^m R. 1. Clemens VIII decr. 25 Maii 1593 omnibus superioribus regularium iniunxit, ne umquam ad externam gubernationem uterentur notitia ex confessione hausta: „Tam superiores pro tempore exsistentes, quam confessarii qui postea ad superioritatis gradum fuerint promoti, caveant diligentissime, ne ea notitia quam de aliorum peccatis in confessione habuerunt, ad exteriorem gubernationem utantur."

R. 2. Quamquam hoc decretum formaliter solos superiores regulares spectat, nihilominus lucem affert magnam in generali quaestione de usu notitiae ex confessione haustae. Nam summus pontifex noluit ecclesiasticam legem condere, sed explicare quid sit iuris divini circa notitiam sacramentalem. Sed ius divinum nihil peculiare statuit pro regularibus. Si igitur eorum superioribus vetitum est uti notitia confessionis ad externam gubernationem, scilicet cum gravamine paenitentis, cui molestum est, si superior ipsum possit excludere a certo officio, aliis postponere propter defectus et peccata occulta, ex propria confessione tantum ei cognita, similiter vetitus esse debet omnibus aliis qui confessionis notitiam habent, externus huius notitiae usus ad quamlibet dispositionem, quae paenitenti inferat gravamen aliquod, seu quam si sciret paenitens impune a confessario peragi posse, confessio fieret molestior et odiosa.

R. 3. Unde patet opinionem ante decretum Clementis VIII a theologis multis optimae notae traditam, quasi eiusmodi usum externum facere liceat, nisi ille fiat cum periculo *manifestationis*, ita ut alii contra paenitentem aliquid suspicari possint, non esse amplius tutam in praxi. Aliis verbis, non sola manifestatio notitiae sacramentalis, sed quilibet usus externus paenitentibus in genere molestus a lege sigilli sacramentalis prohibetur.

549 AD QUAESITUM 2^m R. 1. Camilli agendi ratio ex una parte videtur manifeste esse formaliter contra decretum Clementis VIII; ex altera parte videri alicui potest haec ratio agendi in nostro casu non esse contra legem, cum non sit contra legis finem, eo quod nihil paenitenti ingratum, sed potius aliquod gratum fiat. Est autem communis doctrina non esse contra sigillum: confessarium se ex notitia confessionis reddere paenitenti magis gratum et beneficum.

R. 2. Nihilominus, si re vera in nostro casu dispositio superioris nova, ex notitia confessionis facta, Antonio non sit minus grata, immo ex se fortasse gratior: ingratum et molestum semper est propter confessionem *minus aptum* haberi ad aliud munus iam destinatum. Quapropter censeo Camillum propter sacramentale sigillum non ita agere potuisse, sicut re ipsa egit.

R. 3. Verum nihil impediebat, quin in confessione Camillus Antonio diceret se in animo quidem gerere ipsum huic certo muneri applicare; sed nunc se iudicare melius esse rem mutare, si ipsi hoc non displicuerit. Quodsi dein Antonius libere respondit sibi hanc mutationem minime esse ingratam, Camillus, ex venia ab Antonio data, notitia confessionis ad faciendam illam mutationem uti poterat. — Immo pro gravitate rei et periculo potuit esse, ut Camillus *deberet Antonium obligare ad dandum consensum, si vellet absolvi;* si nimirum ex dispositione priore quam Camillus mente conceperat, sequeretur occasio proxima pro Antonio aliudve grave malum.

R. 4. Similiter dici debet parochum non potuisse propter notitiam confessionis puellam excludere a munere, ad quod eam assumere statuerat, ne ob gravissimum quidem damnum, quod sibi erat oriturum. Lex enim sigilli sacramentalis servari debet etiam cum malo extremo.

Poterat autem et debebat Sapricius puellam, cum confiteretur, inducere, ut consentiret in consilii mutationem.

550 AD QUAESITUM 3^m R. 1. Si puella noluit acquiescere, absolutione indigna erat. Nam etiam oblatum munus ancillae apud parochum tenebatur declinare, quia officio assumpto parochum iniuste coniciebat in gravissimum diffamationis periculum cum publico scandalo coniunctum.

R. 2. Si puella utpote obstinata sine absolutione dimittenda erat: parochus, etsi consilium suum *ex notitia confessionis* non poterat mutare, poterat tamen uti illa notitia *apud Deum,* illum rogando ut rem ad id adduceret, ut sibi aliunde notitia criminis puellae fieret: qua habita, certo poterat, immo debebat puellam a munere ancillae apud se gerendo excludere. Atque id puellae debebat statim declarare, ne illa forte postea putaret confessarium confessione abuti.

CONFESSARIUS FAMILIAM RELIGIOSAM DIFFAMANS.

Casus. (157)

Cerinthus narrat se audivisse confessionem religiosi ex ordine N.; ex ea se expertum esse veritatem sententiae „corruptio optimi pessima"; se non amplius mirari apostasias ab ordinibus religiosis cum publico scandalo orituras.

QUAERITUR 1° sitne sigilli sacramentalis violatio narrare crimen religiosi.

2° quid de casu iudicandum sit.

Solutio.

AD QUAESITUM 1ᵐ R. 1. Res pendet a circumstantiis, scilicet 1° num forte ex circumstantiis suspicio cadat in certam personam; 2° num communitas, pauca monasteria, vel etiam totus ordo notabile aliquod gravamen famaeve detrimentum patiatur.

Quare 1) laesio sigilli esset, si quis ex confessione diceret in tali ordine religioso *solere* committi haec vel illa gravia peccata, etiamsi ageretur de ordine numeroso, nisi forte publice de criminibus constaret.

2) Laesio sigilli est *divulgare* in tali vel tali *monasterio* commissum esse hoc vel illud peccatum grave; non semper erit, si discreto viro id communicatur: siquidem in hoc casu famae detrimentum vix erit, in priore vero casu est detrimentum notabile. Idem quod de monasterio determinato dictum est, dic, si solus ordo nominatur, quando ille paucissimis conventibus vel membris constat; vel etiam, si constat quidem magno numero, sed circumstantiae revelantis dictum illud restringunt ad paucos conventus illius ordinis.

3) Insuper eo facilius committitur diffamatio adeoque peccatum contra sigillum, quo integrior est ordinis vel monasterii fama, etsi non certa peccatorum species, sed solum peccata gravia in genere committi vel commissa esse dicatur.

R. 2. Laesio sigilli non est, si quis confessarius, qui in diversissimis regionibus et terrae partibus confessiones, etiam religiosorum, excepit, dicat se aliquando audivisse religiosum his vel illis etiam omnino gravibus peccatis onustum; neque id divulgare per se laesio sigilli est: nam nullus est neque persona singularis neque ordo, qui ex hoc rationabiliter famae detrimentum patiatur.

Neque dixerim facile committi peccatum contra sigillum, si ordo ipse, modo *numerosus* sit, nominetur. Attamen, si insinuaretur eiusmodi res non esse meras exceptiones, sed saepius accidere, ordo integrae famae sane pateretur detrimentum; ideoque sigilli laesio committeretur. Ad rem nostram dicit Suarez, *De paenit.* disp. 33, sect. 3, n. 8: „Maxime cavendum est, ne offendatur communitas, ad quam talis persona pertinet, ut si dicat *religiosum* hoc fecisse, et praesertim nominando *religionem in particulari;* quia revera hoc iam redundat in gravamen notabile paenitentis, praeter iniuriam quae fit communitati. . . . Sed certe non quodcumque peccatum est, sed contra sacramentum; ergo et contra sigillum."

Gobat l. c. n. 810. 811: „Idem crimen (laesi sigilli) consciscis, quando, ex sola confessione notum habens aliquos parvae domus religiosae, parvi pagi incolas esse valde flagitiosos, dicis: In hoc pago, in hoc monasterio sunt aliqui valde scelerati; nam hoc modo infamatur totum monasterium, totus pagus, et consequenter illi, qui sua tibi ulcera aperuerunt, infamantur et pudore afficiuntur coram aliis . . . Si tamen diceres quidpiam tale de aliqua magna urbe, monasterio 500 aut 1000 monachorum, ut olim numerabantur sub S. Pachomio et etiam Isidoro, posses facilius non a sola detractione sed etiam a sacrilegio excusari". Nota autem auctorem dicere *facilius* excusari posse a sacrilegio, *non absolute et semper;* insinuat igitur, num revera talis locutio tum a laeso sigillo excuset, pendere a concretis circumstantiis. Alii similiter. Cf. etiam *Th. m.* II, 469.

Marc n. 1868 ait: „Violat sigillum, qui dicit se in tali monasterio audivisse peccatum grave, etsi non nominat personam; vel si dicit monasterii praelatum non advigilare sufficienter suis subditis, quia talia verba inquinant famam totius communitatis. A fortiori violaret sigillum, qui diceret gravia in illo conventu committi peccata. — Item, si hoc diceret de ordine strictioris observantiae, aut de religione parum dispansa, quae nempe recenseret minus quam ter mille alumnos. Secus, si ita loqueretur de aliquo religioso in genere, vel de ordine multum dispanso et notorie relaxato, secluso tamen omni periculo suspicionis de aliquo monasterio in particulari."

Ad quaesitum 2^m R. Ex dictis distingui debet. Dictum Cerinthi, si ex circumstantiis referri debet ad pauca monasteria vel ad ordinem parum numerosum, maxime si religiosae disciplinae vigentis famam possidet, est notitiae sacramentalis gravis abusus sigillique laesio. Si vero agitur de ordine valde numeroso, neque de certi loci vel regionis conventibus suspicio excitari potest, non erat laesio sigilli, etsi forte loquacitas reprehensibilis.

CONFESSARII EIUSDEM PAENITENTIS INTER SE COLLOQUENTES.

Casus. (158)

Titius a Caio consultus de certo aliquo casu confessionis, statim animadvertit esse casum Luciae cuius ipse etiam confessionem acceperat. Quapropter attentum reddit Caium ad aliquam singularem circumstantiam, quam

Caius non videtur percepisse, ex qua solutio casus omnino penderet, atque ita iuvat ut certa et recta detur casus solutio.

QUAERITUR 1° possintne duo eiusdem paenitentis confessarii de huius paenitentis peccato utrique noto inter se colloqui.

2° potueritne Titius Caium porro audire, an eius narrationem debuerit praescindere.

3° rectene suppleverit notitiam essentialis illius circumstantiae.

Solutio.

AD QUAESITUM 1^m R. De obiecto sacramentalis confessionis ne cum paenitente quidem sine eius licentia confessarius loqui potest nisi in confessione; alioqui id magno rubori esse potest paenitenti. A fortiore lex sigilli vetat, ne cum altero confessario, etsi ille eandem sacramentalem notitiam habeat, sermo de tali re instituatur. Lacroix l. c. n. 1953.

Addo insuper periculum esse, ne alter alteri circumstantiam ipsi ignoratam communicet, atque ita etiam gravius sigillum laedatur. Nam accidere potest, ut paenitens de eodem quidem peccato cum utroque confessario locutus sit, sed non omnes neque easdem circumstantias utrique manifestaverit.

AD QUAESITUM 2^m R. 1. Titius non solum potuit, sed debuit praescindere Caii narrationem, si eius modus loquendi erat in genere ita imprudens ut cuilibet audienti periculum suspicandi de certa persona vel eam agnoscendi oriretur; nam in hoc casu narratio Caii ex natura sua erat indirecte contra sigillum. Neque tamen debuit dicere: „Rogo te ut sileas, quia rem totam iam novi"; sed in genere monere debuit: „Abstine, quaeso, a determinatis eiusmodi circumstantiis, quae periculum cognoscendae personae secum ferunt".

R. 2. Neque debuit neque potuit Caius Titium quicquam monere, si modus loquendi non erat imprudens, sed si obiectiva laesio sigilli ex sola notitia, quam Titius *casu* habuit, at quam eum habere Caius ne suspicabatur quidem, oriebatur. Nam si in hoc casu monuisset, eo ipso indicasset se totam rem et ipsam personam novisse: quod sine laesione sigilli *ipse* dicere non poterat. Debuit igitur potius permittere alterius laesionem sigilli materialem, quam ipse committere laesionem sigilli formalem.

AD QUAESITUM 3^m R. 1. Male egit Titius, si post communicationem a Caio factam indicavit ullo modo se rem iam scivisse, vel si circumstantiam quam addidit *re ipsa factam esse* insinuavit. Nam ita circa ipsam hanc circumstantiam laesisset directe sigillum.

R. 2. Si vero eam circumstantiam ut solum possibilem et in sequenti paenitentis confessione indagandam Caio proposuit, et simul illa circumstantia talis erat ut in similibus casibus *facile* potuerit accidere: existimo nullam adfuisse sigilli laesionem nullamque culpam; immo pro re nata prudenter et optime egisse Titium.

Idque verum puto, etsi Titius re ipsa propter notitiam quam ex confessione illius ipsius paenitentis habuit, ad id commotus fuerit.

Nam in hac agendi ratione neque ulla manifestatio eiusve periculum, neque usus confessionis habetur qui confessionem ullo modo possit reddere odiosam. Neque solum ita esse censeo, si declaratio Titii paenitentem ab aliqua obligatione liberavit; sed etiam, si erat ad obligationem imponendam. Potuit enim Titius, etsi notitiam illam non habuisset, eodem modo agere, sicut egit; immo, si valde prudenter rem totam expendisset, etiam sine praevia notitia confessionis ita egisset: quod autem de facto ex notitia confessionis ad id permotus est, est omnino per accidens. Usus re ipsa ille erat, qui tenderet in rectam et iustam administrationem sacramenti paenitentiae. Quod autem ad eius rectam administrationem pertinet, id neminem, qui demum confiteri et medio a Christo instituto uti vult, ab eius usu potest deterrere.

LICENTIA PAENITENTIS SIGILLUM AUFERENS (I).

Casus. (159)

Sulpicius Maternum consulit ex licentia paenitentis circa certum quendum casum. Ex quo cum Maternus videat oriturum esse magnum damnum spirituale in aliquo collegio, eius rectorem monet de re, nomine suppresso, ut augeat vigilantiam et inquisitionem. Quo fit ut paenitens ille cum aliis deprehendatur et severe castigetur.

Lucius paenitentem reluctantem demum inducit, ut sibi det licentiam casum restitutionis proponendi aliis; alioqui se debere ipsum sine absolutione dimittere ad alium confessarium. Obtenta igitur licentia, casum proponit publice in conventu sacerdotum, quo plurium accipiat sententiam maioremque claritatem. Cum paenitens interim sit defunctus, Lucius heredes monet de certa summa pecuniae, quam ex voluntate defuncti sibi debeant committere.

Quaeritur 1° qualis requiratur licentia paenitentis, ut notitia confessionis uti alicui liceat.

2° quibus limitibus eiusmodi licentia circumscribatur.

3° quid ad casus sit dicendum.

Solutio.

Ad quaesitum 1ᵐ R. 1. Lex sigilli, cum sit in favorem paenitentis lata, ab ipso, si vult, confessariis relaxari potest. De quo S. Thom. 4, dist. 21, q. 3 (*S. th.* suppl. q. 3, a. 4 c.): „Duo sunt, propter quae tenetur sacerdos peccatum occultare: primo et principaliter, quia ipsa occultatio est de essentia sacramenti, in quantum scit illud *ut Deus*, cuius vicem gerit in confessione; alio modo propter scandalum vitandum. Potest autem confitens facere, ut sacerdos illud, quod sciebat ut Deus, sciat etiam ut homo, quod facit, dum licentiat eum ad dicendum; et ideo, si dicat, non frangit sigillum confessionis. Tamen debet cavere scandalum dicendo, ne fractor sigilli praedicti reputetur."

R. 2. Haec licentia, ut a laesione sigilli excuset, debet esse *libere* data, *expresse* data, *non revocata*, ita ut non sufficiat licentia coacte vel metu etiam reverentiali data, neque praesumpta sive interpretativa. Gobat l. c. n. 830. 833; Marc n. 1866. Attamen necesse non est, ut *formaliter verbis* detur, sufficit licentia, quae ex ipso facto paenitentis certo apparet, v. g. si ipse paenitens extra confessionem cum confessario de re confessionis coepit loqui: (in quo casu nihilominus confessario non licet aliud obiectum, nisi quod a paenitente tangitur, attingere).

Etiam severius dictum esse censeo, quod habes apud Lacroix l. 6, p. 2, n. 1928 ex Dicastillo et Tambur., licentiam *ad petitionem confessarii datam* communiter censeri debere datam ex metu reverentiali, *adeoque invalide*. Quod S. Alphonsus corrigens intellegit de licentia *post iteratas preces* demum concessa, vel de ea quae appareat ex solo metu reverentiali data. Alioqui vix umquam fieri potest, ut liceat cum licentia paenitentis uti confessionis notitia.

AD QUAESITUM 2^m R. 1. Licentia restringitur omnino ad illud ob- 557 iectum et ad eum usum et ad eum modum, pro quo licentia a paenitente data est.

Scilicet eo quod de una re loqui paenitens confessario permisit, non potest de aliis rebus in confessione a paenitente perceptis loqui.

Eo quod ad consulendum B paenitens licentiam dedit, confessarius non potest loqui cum A.

Dein communicatio, quam confessarius ex licentia paenitentis cum aliquo facit, potest pro voluntate paenitentis manere sub eodem sigillo sacramentali, vel sub sigillo secreti naturalis, vel sine ullo secreto. *Per se* autem manet sigillum etiam pro eo, qui ex licentia paenitentis consulitur, nisi paenitens secretum relaxaverit. Prout igitur paenitens licentiam dedit rem communicandi, ille, cui res communicata est, tenetur vel sacramentali sigillo, vel naturali secreto commisso, vel nullo secreto. Quodsi ultimum, etiam confessarius circa eam rem secreti non amplius tenetur.

R. 2. Adverto tamen circa casum, quo paenitens communicationem, per confessarium tertio cuidam faciendam, vult sub sigillo sacramentali manere clausam, id convenire quidem, quando agatur de consilio a doctiore theologo vel a superiore capiendo; sed si agatur de negotio cum extraneis tractando, sume v. g. negotium restitutionis, saepe non expedire negotium illud cum arta illa licentia tractandum suscipere. Quare tum liberum est confessario, declarare paenitenti se cum tanta restrictione illud negotium in se sumere non posse; quando igitur paenitens aliter nolit, ipsius esse, alium eligere, cui hoc negotium demandet.

AD QUAESITUM 3^m R. 1. Male egit Maternus vix non ex omnium 558 sententia, laesitque ex sententia longe communiore et in praxi unice tenenda sigillum sacramentale, quia ille consiliarius cum confessario unam quodammodo facit personam, ad quam paenitens confugit ad negotium suum in tribunali sacramentalis confessionis rite componendum. Neque praesumi potest paenitentem aliter relaxasse secretum, quam ut tractaretur res, dum iudicium sacramentale rite fuerit finitum, idque cum solo consiliario vel consiliariis sive a se designatis sive confessario bene visis, non vero ulterius. S. Alph. VI, 648 cum Busenb. ibid.; Marc n. 1862; Baller.-Palm. l. c. n. 968. Sicut enim Sulpicio non licuit superiorem monere et paenitentem ipsum periculo manifestationis exponere, ita etiam non licuit Materno.

R. 2. Quoad Lucium imprimis dubitari potest, num revera licentiam cum aliis loquendi validam habuerit. Nam *sponte* data non est, sed urgente metu non accipiendae absolutionis. Si igitur metus ille omnino iuste incussus fuerit a Lucio, i. e. si re ipsa graviter obligatus fuerit paenitens ad dandam licentiam, licentia valet, cum libere elegerit paenitens potius licentiam dare, quam carere absolutione. Si vero metus ille non fuit ex omni parte iuste incussus, licentia non valet ad impune utendum confessionis notitia. At existimo metum non fuisse plane iuste incussum. Nam sufficiebat, ut paenitens ipse paratus esset ad consulendum alterum confessarium vel virum doctum et ut secundum eius monitum se acturum esse promitteret: qua promissione facta, potuit et debuit absolvi a Lucio, qui se incapacem putabat, ut casum solus solveret.

R. 3. Sed dato, Lucium rite et valide accepisse licentiam *alios* consulendi: cum vidisset paenitentis repugnantiam, non debebat plures consulere, quam omnino necessarium erat. Si igitur unus clare solvit casum, non debebat alterum consulere; si prior non satis solvit, alterum consulere potuit.

Aliter dixerim, si quis paenitens sponte et liberrime dederit confessario licentiam pro arbitrio suo alios consulendi. Tum enim poterat etiam pluribus coadunatis rem proponere, si hoc *utile* esse iudicavit, salva tamen lege sigilli etiam pro omnibus illis consiliariis.

R. 4. Quod Lucius heredes monuit, male egit. Nam id agere vix poterat sine periculo laedendi sigilli, siquidem suspicionem facile movit esse restitutionis causa adeoque ex debito aliquam summam expendendam. Hanc autem movere propter legem sigilli plane non licuit. Potius permittendum erat materiale damnum creditoris, quam committendum aliquid contra secretum sacramentale. Atque supponi debebat paenitentem, si haberet conscientiam debiti vel restitutionis faciendae, ante mortem moniturum fuisse aliquem ex heredibus, ut restitutionem perficeret.

LICENTIA PAENITENTIS SIGILLUM AUFERENS (II).

Casus. (160)

In parva aliqua communitate commissum est crimen, quod confessarius ex licentia paenitentis, tecto nomine, cum aliis communicat tum consilii causa, tum ex loquacitate, cum paenitens dixisset suum nihil interesse, etsi res proclamaretur in plateis oppidi.

QUAERITUR 1° potueritne paenitens hanc licentiam dare.
    2° confessarius liberne fuerit ad quemlibet usum notitiae criminis, an etiamtum lege sigilli ligatus.

Solutio.

AD QUAESITUM 1ᵐ R. Quatenus ipse paenitens eiusque fama vel incommodum respicitur, is iuri suo sponte cedere potuit. Verum quatenus eius fama conectitur cum fama aliorum, i. e. totius communitatis, sane non licuit pro libitu communitati hoc malum inferre seu simul iuri aliorum cedere. Quare licentiam illimitatam dare paenitens non potuit, potuit, quantum necessarium erat ad consilium capiendum, manente tamen obligatione secreti in iis quibus res erat communicata.

AD QUAESITUM 2ᵐ R. 1. Lex sigilli unice spectat ius confitentis; nam finis est, ut cuilibet confitenti prospiciatur de securitate, qua nullum esse periculum sibi possit persuadere, quominus, quae ipse confessus sit vel fuerit, in ullum suum incommodum, sive directe sive indirecte, usui esse possint. Quando igitur ipse paenitens plenissime suo iuri renuntiat, de sigilli laesione queri amplius nequit; idque verum est, etsi gravissima aliorum iura laedantur. Nam quaecumque in confessione de tertio quodam dicuntur, si ad obiectum sigilli pertinent, pertinent solummodo dependenter a facto vel delicto paenitentis et dependenter ab eius iure. Quando igitur huius ius libera renuntiatione exstinctum est, illa obiecta aliena sacramentali sigillo sunt subtracta.

R. 2. Inde autem non sequitur, ut non subiaceant sigillo secreti naturalis, atque sine iniuria revelari possint. Huic naturali iuri paenitens renuntiare non potest, quia de alieno iure nequit disponere. Neque singula communitatis membra cedere possunt iuri, quod communitas qua talis ad famam habet. Quare in nostro casu, etsi paenitens dixit suum nihil interesse, tamen intererat communitatis crimen non divulgari: adeoque confessarius iniuste egit, cum dispendio famae communitatis rem narrando.

R. 3. Potuit vero rem communicare, quantum necessarium erat ad petendum consilium. Et si quaeris, quam graviter ulteriore narratione peccatum sit a confessario, id decerni debet maxime secundum qualitatem et prudentiam eorum, quibus res narrata sit, num periculum sit ulterioris divulgationis, num apud audientes communitas notabile famae detrimentum sit passa. Hinc saepe eiusmodi loquacitas veniale peccatum non excedet.

ANGUSTIAE PROPTER SIGILLUM (I).

Casus. (161)

Maxentius, cum simul cum uxore ad confessionem accederet, casu audit ex suae uxoris confessione illicitum commercium cum ipsius nepote tum ante matrimonium habitum tum postea productum atque machinationem ad sibi struendas insidias esse ab adulteris conceptam. Post uxoris confessionem igitur confessionale ingressus in querelas prorumpit: Me infelicem, habeo uxorem adulteram, immo, ut percepi mox ex eius accusatione, non uxorem sed meram pellicem atque coniugicidam. Sed mihi cavebo, insidiae recident in caput adulterorum.

Quaeritur 1° quid in querelis illis confessarius facere debuerit.

2° possitne vel debeat Maxentius cum illa sua uxore coniugalem vitam producere.

3° possitne sibi cavere atque insidiantes cum eorum pernicie praevenire.

Solutio.

562. Respondeo *primum*, antequam ad singulares quaestiones transeatur, sciri debere, teneaturne Maxentius ad sigillum sacramentale. Circa quod noto: 1. Indubitatum est Maxentium ad sigillum sacramentale teneri, si per confessarium, sive ex eius culpa sive sine culpa, Maxentius rem accepit seu audivit, v. g. quod confessarius altius loquens repetierit peccatum paenitentis vel de eo interrogaverit; nam eiusmodi notitia, quam confessarius sigillo clausam habet, si per eum ad alios pervenit, non potest pervenire nisi sigillo sacramentali clausa.

2. Similiter indubitatum est eum, qui furtive audit ipsum confitentem, teneri ad sacramentale sigillum; nam confitens obligatur ad solam secretam confessionem, et ut secrete fiat cum solo confessario ius habet; ostendit autem actione sua se hoc iure suo uti velle, cum secreto cum confessario loquatur idque sub sacramentali sigillo: quare qui se in hanc confessionem insinuat, iam eo ipso sacramentale secretum invadit neque potest notitiam sacrilege usurpatam aliter habere nisi sub sigillo sacramentali.

3. Idem dicendum, si quis casu sine subiectiva culpa aliquem confitentem audiret; nam etiam ille obiective seu materialiter invasit secretum sacramentale, quod, quoniam paenitens ius habet ut cum solo confessario communicet, aliis non licet per importunum accessum impedire quominus locutio solius cum solo maneat; quodsi impediverint, tenentur eodem secreto quo confessarius. Immo etsi paulo altius paenitens loqueretur, putans se non audiri ab aliis, ii qui nihilominus audirent, deberent potius longius recedere et, si quid perciperent, sub sacramentali sigillo id perciperent.

563. 4. Si quando autem paenitens sciens et volens adeo alte loquatur ut a circumstantibus audiatur, idque advertens nihilominus pergit: ii qui audiunt pro re nata naturali secreto possunt adstringi, non tenentur sigillo sacramentali. Nam sigillo sacramentali clauditur sola locutio ad confessarium; sed in hac suppositione habetur simul locutio voluntaria confitentis ad circumstantes, quae, cum ad sacramentalem notitiam non pertineat neque dirigatur, sigillo sacramentali claudi non potest. Sola enim illa locutio seu accusatio, quam Christus per sacramentum paenitentiae instituit ut sacramentalem, illo strictissimo sigillo clauditur; verum accusationem publicam libere exercitam Christus non instituit neque exigit.

Quoniam autem casus narrat Maxentium casu audivisse, atque propter ipsam rem sumi nequit mulierem scienter voluisse alta voce, ab aliis intellegibili, crimina sua pandere: dubium non est Maxentium in nostro casu notitiam totam habere sub sigillo sacramentali clausam.

Quare iam:

AD QUAESITUM 1^m R. 1. Maxentius inhibendus est quominus ullas querelas de rebus ex confessione perceptis coram confessario effundat: cum haec apud confessarium repetere sit laesio sigilli, non aliter ac dictum est de duobus confessariis. Verum ne confessarius quidem dicere potest haec, quae Maxentius proferat, esse ex confessione uxoris, quia id affirmando ipse laederet sigillum; sed in genere tantum Maxentium monere debet: ipsum, si putaverit se aliquid percepisse, alto silentio retinere debere; neque ullam de re locutionem neque ullum usum uxori molestum ipsi licere, sive vere audiverit, sive falso se audivisse putet.

R. 2. Reprehendendus est Maxentius, si forte audire perrexerit, quam primum aliquid percepisse putaverit ex aliena confessione; id enim, si voluntarie fiat, est grave sacrilegium. Simul tentare debet confessarius dubium ei inicere et suspicionem, ne forte male audiverit et falso perceperit; immo licebit ei addere: „Equidem tale quid non audivi ab uxore tua" — quod verissime dicere potest et in hisce adiunctis fortasse prudenter dixerit, siquidem, quod in confessione ut Deus seu Dei vicarius audivit, docente S. Thoma 2, 2, q. 70, a. 1 ad 2^m, „non scit ut homo".

R. 3. Si quid vero Maxentius iam protulit, unde perplexus evaserit, quid sibi liceat facere, a confessario quidem instrui potest vel etiam debet, ita tamen ut confessarius hypothetice tantum loquatur, quasi sit hypothesis non vera sed falsa. Immo, si videt Maxentium in perplexitates esse coniectum, nec iam apertius interrogare posse, ne loquens de auditis ex confessione sacrilege peccet, non puto prohiberi confessarium, quin paenitentem doceat, ita prudenter tamen ut nullatenus ex confessione loqui videatur. Sane id facere potest, etsi re vera ex auditis sumat ansam loquendi et docendi. Nam fingere potest casum similem, immo potius graviorem et ita fere docere paenitentem: „Ecce tu putas aliquid ex confessione te audivisse. Quodsi verum esset te audivisse — id quod verum non est — talia et talia ... in tuum maximum incommodum ... tamen deberes sic et sic agere": ita nimirum fingat casum ut illustret casum verum atque Maxentium ex suis perplexitatibus vere eripiat vel quid facere possit doceat. Quid autem hoc ipsum sit, iam dicendum est.

AD QUAESITUM 2^m R. 1. Lacroix VI, 2, n. 1978 habet haec, quae plene approbare non possum: „Quando ex non-usu scientiae confessionis deberet confessarius facere aliquid intrinsece malum, usus illius scientiae est licitus et necessarius, ut si maritus invita uxore suscepisset sacerdotium, et in proximo periculo mortis uxoris audiens eius confessionem intellegeret peccatum, ex quo cognosceret matrimonium suum ab initio fuisse invalidum: si putatitia uxor convalesceret, non posset maritus ei petenti reddere debitum, quamvis ipsa adverteret eum negare propter scientiam confessionis; nam talis redditio debiti esset certo fornicatio intrinsece mala; Deus autem per obligationem sigilli non potest velle id quod est intrinsece malum: Illsung n. 253. Addit, si sciam ex confessione aliquem non esse sacerdotem, me posse desinere ipsi confiteri, quia sic simulare susceptionem sacramenti est intrinsece malum. Consentit Sanchez, si hoc non sit isti homini displiciturum, ideoque per hoc confessio non fiat illi odiosa. E contra Lugo etc. probabilius dicunt posse et debere pergere ita confiteri; nam dicere peccata sua non-sacerdoti sine intentione absolutionis non est intrinsece malum, et ex causa ista videtur talis simulatio ac cooperatio ad peccatum illius hominis esse materialis tantum."

567 R. 2. Quod ad usum scientiae ex confessione haustae paenitentibus nullatenus gravem et molestum pertinet, nulla est difficultas. Verum quoad usum confitenti utcumque molestum et odiosum, regula absoluta esse debet: „Talis usus illicitus est, nisi consentiente ipso confitente." Id sane in casibus a Lacroix commemoratis obtinet, usum illum esse licitum, dummodo tandem licentia a confitente detur, etsi ab eo non detur, nisi postquam graviter correptus sit et monitus de gravissima dandae licentiae obligatione: talis enim correptio talisque metus incussus iustissime adhibetur neque reddit licentiam quodammodo extortam. At si demum post monitionem in confessione ipsa factam — nam extra confessionem eam fieri non licet — paenitens nolit acquiescere, sine absolutione quidem dimittendus est; sed notitiae usus quilibet ei molestus prorsus excluditur.

Neque valet excusatio agi de re intrinsecus mala, quam ille, qui ex confessione scientiam habeat, facere nequeat. Nam respondeo satius esse facere rem materialiter malam, quam sacramentale sigillum laedere; neque in tali casu, quod alias malum est, manere intrinsecus malum. Exempla saltem allata rem nullatenus evincunt. Quid enim Deus non potest ius coniugale concedere in eam, quae alias uxor non sit? Immo quando agitur de impedimentis ex lege ecclesiastica dirimentibus, num Deus lege ecclesiastica humana inferior est?

R. 3. In nostro igitur casu Maxentius uxorem suam pro vera uxore habere et ut veram uxorem tractare debet, coniugale debitum reddens et exigens ut antea: aliter agere esset res maxime odiosa, nisi ipsa sponte remissionem debiti offerret.

568 Ad quaesitum 3^m R. 1. Quaestio num liceat Maxentio cavere ab insidiis, quas sibi instructum iri ex confessione uxoris percepit, difficultate non caret. Nam id *confessario* cui insidiae struantur sine licentia paenitentis non licere, si inde conicere alii possint paenitentis peccatum eique molestia creetur, communius docent theologi, etsi forte paenitens illicite licentiam neget et propterea absolutionis fiat incapax. S. Alph. VI, 659; Baller.-Palm. l. c. n. 1014; Gury,

Cas. consc. II, n. 780; L u g o , *De paenit.* d. 23, n. 110 etc. Quae sententia propter securitatem sigilli teneri debet.

Quodsi de confessario id dicitur, id dici debet de quolibet alio, qui utcumque acceperit notitiam sigillo sacramentali clausam.

R. 2. Verum practice vix umquam id accidit, ut non inveniatur via et usus, ex quo nihil conici possit et quo intactum relinquatur sacramentale secretum, quo nihilominus ille qui iniuste impetitur e periculo eripiatur. Sic in nostro casu Maxentio sane licebit vigilantiam adhibere, quam aliter adhibere potuit sine speciali suspicione; immo licebit propter notitiam confessionis Deum precari, ut sinat a se detegi insidias et sibi det aliam ansam iustae suspicionis, quam sit confessio audita: qua habita, pleno iure suo utitur ad insidias destruendas.

L a c r o i x l. c. n. 1976 haec habet: „M a l d e r u s docet usum scientiae confessionis non esse illicitum, si fundari possit etiam in aliis cognitionibus non dependentibus a confessione, et nemo inde venire possit in suspicionem factae confessionis aut secreti eius. V. g. confessarius ex confessione novit sibi porrigendum in potu venenum: potest, inquit, declinare potum, *praetensa alia causa,* immo teneri, dicit C o n i n c k , ne vitam prodigat."

ANGUSTIAE PROPTER SIGILLUM (II).

Casus. (162)

Cassander parochus ex confessione famuli comperit furta contra se committi, et noctu per fenestram non bene clausam fieri ut extranei intrent domique suae commercia inhonesta habeantur. — Quare neglegentiae suae paenitens et timens ne incuria sua peccatorum alienorum reus fiat, et arcas pecuniarias clave bene obseratas nunc tenet et quovis vespere omnes ianuas et fenestras lustrat, num omnia sint clausa atque extraneis impervia.

Quaeritur: num ita agere ei licuerit.

Solutio.

Ad quaesitum. R. 1. Dubium non est, quin ita agere licuerit cum venia paenitentis: qui saltem ad praecavenda illa inhonesta commercia veniam dare debuit, si aliter parochus sigillo sacramentali fuerit impeditus.

R. 2. Sine laesione sigilli adeoque etiam sine venia famuli paenitentis vel etiam contra eius voluntatem potuit parochus ea facere, quae aperte eius erant officii etiam pro casu quod nihil cognoverit de illicitis rebus domi suae gerendis; sed vigilantiam et diligentiam extraordinariam, si quam antea non adhibuit, adhibere ei non licet sine venia famuli re ipsa data, si illa vigilantia famulo molesta est vel eum aliquo modo ut peccati illius reum vel complicem manifestet. — Semper tamen, etiam quando sine illius venia agere licet, convenit omnino vel etiam ad evitandum scandalum necessarium est eum in confessione ipsa de hac re monere, ne forte postea putet parochum agere contra legem secreti sacramentalis.

R. 3. Si famulus nullo modo complex est, atque ista ut aliena solum peccata occasione confessionis manifestavit, neque ea confessionis obiectum, ne indirectum quidem, exstiterunt: parochus sigillo non tenetur, adeoque potest, immo quoad illicita commercia impedienda debet curam efficacem adhibere, monito interim famulo de hoc suo iure suaque obligatione.

R. 4. Relate ad furta, quando ipse famulus eorum reus erat: non adeo urgeri potest ius parochi habendae licentiae ad obserandas in posterum melius arcas, neque obligatio famuli ad eam dandam. Ut absolutionis quidem capax sit, promittere debet in posterum abstinere, saltem cum evaserint furta mortalia, et vitare proximam occasionem: verum etsi absolutione dignum se voluerit praebere, sigilli lex manet; neque obseratio arcarum medium necessarium erat quo solo adhibito a furtis in posterum posset sese continere. Quare, si haec obseratio erat contra omnem parochi consuetudinem, debuit, si famulus noluit consentire libere, interim abstinere et aliam occasionem exspectare, quae novam et apertam causam mutandae consuetudinis daret. Secus egisset in gravamen paenitentis eique peccatum furti tacite exprobraret.

ANGUSTIAE PROPTER SIGILLUM (III).

Casus. (163)

Diocles, qui in nosocomio aegrotorum confessiones exceperat neque absolutionem dare potuerat, interrogatur a monialibus curam aegrotorum agentibus, num consueta hora mane res instruant pro sacra communione. Diocles, qui alias semper solebat certam horam indicare, timens ne prodat sigillum negando, affirmat. Sed postea secum reputans se non posse sacrilegae communioni cooperari, nuntiat se crastino die plane impeditum fore, atque venire omittit.

Quaeritur 1° quid de responso Dioclis tenendum.

2° quid de posteriore agendi ratione.

Solutio.

Ad quaesitum 1ᵐ R. 1. Mos ille commendandus non est, ut confessarius ex sese moneat, ut res praeparentur pro s. communione. Nam, licet id fieri possit, quando absolutio confessis data est ipsique volunt s. communionem recipere; tamen confessarius sibi difficultatem creat, si quando absolutio non potuerit dari.

Quapropter summum agere debet ut nuntius aegroti; quem seu quorum singulos interrogare potest, num cupiant s. communionem recipere et num velint ut ipse sororibus dicat tali hora res esse praeparandas; si quando autem absolvere non potuerit, inducat in ipsa confessione aegrotum, ut declaret se nolle nunc s. communionem vel ut permittat confessario dicere sororibus aegrotum non cupere nunc s. communionem.

R. 2. Quodsi confessarius ita monere sorores soleat, et in certo aliquo casu aegrotus non absolutus insistat ut sibi nihilominus detur s. communio, si hoc extra confessionem dicit, neque agatur de peccatore publico, qui scandalum reparare antea debeat neque reparaverit, confessarius monere debet sorores ut alias. Si aegrotus hanc sacrilegam voluntatem aperit, dum adhuc versatur in confessione, neque repetit postea, confessarius dicat clare se nuntium daturum non esse, nam se nolle sacrilegio cooperari; verum interrogatus a sororibus dicere debet, non, ne praeparent, sed: accidisse ut non interrogaverit aegrotum, interrogetur ab ipsis sororibus: atque exspectet quid responsum referant. — Et re ipsa verum dicit; nam non interrogavit extra confessionem; interrogationem in confessione autem licet habere pro non exsistente.

R. 3. Quare melius est illum tenere morem, ut in quovis casu, sive aegrotus absolutus sit sive non, non ipse nuntiet sororibus vel domesticis quicquam de s. communione, sed sinat semper eas interrogare aegrotum eiusque ad illas responsum exspectare.

R. 4. Hinc in casu nostro Diocles recte respondisset: Accidit ex inopinato ut non interrogaverim; interrogate, quaeso, aegrotum. Quodsi aegrotus coram sororibus petierit communionem mane afferendam, neque publica fuerit indignitas aegroti, Diocles debuit s. communionem afferre; cooperatio enim ad sacrilegium ei erat tum materialis tantum; denegare s. communionem esset exprobrare aegroto indignitatem aliisque dare causam suspicandi: quod absolute lege sigilli prohibetur.

Si vero re ipsa impedimentum acciderit, debebat vel alteri negotium committere, vel se paratum ostendere ad s. eucharistiam sequenti die afferendam: alias legem sigilli non satis servaret.

Ad quaesitum 2ᵐ R. 1. Si probabilis erat ratio, vel si erant eiusmodi adiuncta, ex quibus probabilem rationem adesse aliis videri poterat Dioclem re vera illo mane non posse venire: haec dilatio dandae s. communionis non erat contra sigillum. Verum hac dilatione non poterat rem pro confecta habere; alias et aegroto incommodum et exprobrationem, aliis causam suspicandi praebuisset.

R. 2. Ut igitur rem rite componeret, post factam excusationem debuit denuo adire aegrotum; neque mentione facta confessionis praeteritae vel negatae absolutionis simpliciter inquirere, num forte crastino die ss. eucharistiam velit recipere; se hodie fuisse impeditum. Interrogare tamen potest aegrotum, num forte habeat, quod conscientiam gravet. Id enim nihil indicat praeteritae confessionis, sed solam possibilitatem alicuius rei ab ultima confessione commissae et conscientiam angentis. Quodsi annuerit, ac denuo ad confessionem faciendam aegrotus paratus sit, omni ope conari debet Diocles, ut ille ad meliorem frugem se recipiat, neve sacrilega communione peccata peccatis addat.

ANGUSTIAE PROPTER SIGILLUM (IV).

Casus. (164)

Agatho post confessionem matronae exceptam ab illa interrogatur: Reverende pater, duo priores paenitentes erant mei filii; suntne, quaeso, absoluti? Meum interest id scire, ut cum iis crastino die communiter sumam s. communionem, atque etiam ut maritum monere possim, non esse ipsi difficilius res suas apud Reverentiam tuam componere quam filiis, pro quibus revera magis timebam.

Maro, confessione aegroti excepta, eum monet de facienda restitutione gravis damni illati recipitque ab eo mille marcas, designato domino, cui clam fiat restitutio. Post aegroti mortem heredes circa condicionem fortunae defuncti non ignari, cum desiderent illas marcas, suspicione capta Maronem vocant in iudicium: ubi ille iureiurando affirmat se neque pro se neque pro aliis quicquam a defuncto accepisse. Quod cum postea falsum esse evincitur, Maro periurii accusatus dicit sibi totam rem concreditam fuisse sub sigillo confessionis.

Quaeritur 1° quomodo respondendum sit interrogationibus, quae fiant de rebus secreti sacramentalis.

2° quid ad propositos casus dicendum; speciatim in secundo casu fueritne recta Maronis agendi ratio.

Solutio.

Ad quaesitum 1ᵐ R. 1. Eiusmodi interrogationes, si fieri potest, a limine reiciendae sunt responso indirecto. Itaque fieri expedit, etsi agitur de responso paenitenti favorabili, quod re severe sumpta dari liceat: nam eo difficilius est respondere, salvo sigillo, in opposito casu, quando responsum directum dari nequit sine aperta sigilli laesione.

R. 2. Si vero propter circumstantias impossibile sit responsum declinare interrogationesque reicere, vel si ex circumstantiis haec ipsa declinatio suspicionem probabilem ingereret: res in confessione audita sigillum spectans negari debet. Neque haec restrictio est in hisce adiunctis mere mentalis, sed prudenter intellegibilis, eo quod quilibet intellegere debeat ea, quae negentur, negari tamquam humanitus scita, de iis vero, quae divinitus tantum scita sint, sicut sunt quae ex confessione cognoscuntur, nihil dici neque affirmando neque negando.

Lacroix l. c. n. 1984 sq. dicit: „Si per responsionem (confessarii, se functum esse suo officio) causetur suspicio de peccato paenitentis, aut si rogetur simpliciter, annon sciat peccatum etiam occultum paenitentis; dicat se nihil scire; si opus sit, hoc ipsum iuret, quamvis antea iurasset se sine restrictione vel aequivocatione responsurum, quia intentio interrogantis non potest esse nisi an sciat humano modo, i. e. communicabili et spectante ad commercium humanum; ergo ... non mentitur sic respondendo ad intentionem interrogantis. ...
Hinc S. Thomas, *Suppl.* q. 11, a. 1 ad 3 ait: „Homo non ad-

ducitur in testimonium nisi ut homo, et ideo sine laesione conscientiae potest iurare se nescire, quod scit tantum ut Deus.'

„Si confessarius urgeatur, an non sciat modo sacramentali, incommunicabili, ut Deus, aut quocumque alio tandem, adhuc negare debet, et, si opus, addere iuramentum . . . quia circumstantiae consignificant cum his vocibus confessarii negantis, et faciunt hunc sensum ,ut mihi liceat dicere'. . . . Nec refert, si interrogans urgeat, annon ita sciat, ut non liceat dicere; nam adhuc potest dicere ac iurare, quod nesciat; iterum enim consignificabitur ,ut mihi liceat dicere', et frustra vult interrogans, ut excludatur hoc additamentum; circumstantiae enim hoc ipsum necessario semper addunt.

„Alium modum suggerunt Tanner et Stoz, ut confessarius, si aliter non posset salvare sigillum, utatur vocibus [,se nihil scire' vel alia] pure materialiter tamquam sonis non significativis, volendo per illas nihil significare . . . voces in his circumstantiis non sunt significativae. Quod autem interrogans excipiat illas ut significativas et fallatur, sibi imputet; iniuste enim interrogat."

AD QUAESITUM 2^m R. 1. Agatho responsum ad interrogationem debuit non dare, sed aperte dicere eiusmodi interrogationem nullatenus esse faciendam; notitiam enim confessionis esse strictissimo secreto clausam. Quodsi ipsius intersit scire, interrogandos esse ipsos filios. Nam licet non sit contra sigillum dicere „dedi absolutionem", tamen, si solet responsum eiusmodi dari interroganti, confessarius paenitentem prodet, quando respondere nequeat absolutionem se dedisse.

R. 2. Maro, in ius vocatus, secundum dicta recte respondit et iuravit se a defuncto nihil accepisse; nam totum negotium sigillo clausum mansit.

R. 3. Sed quod postea dixit rem sibi concreditam esse sub sigillo confessionis, est aperta sigilli laesio — nisi forte sub hypothesi talis eventus, scil. suae accusationis et evictionis, a paenitente loquendi licentiam acceperit; quodsi vere acceperit, id ipsum statim simul cum illa confessione declarare debet, ne speciem laesi sigilli prae se ferens generet scandalum. Nam eo ipso indirecte fatetur causam esse crimen paenitentis commissum. Ergo potius ipse speciem furti et periurii a se perpetrati in se sumere debuit atque hoc gravissimum scandalum permittere poenamque gravissimam subire, quam imprudenti illa voce sigillum sacramentale violare.

SCHEDA CONFESSIONIS DENEGATA.

Casus. (165)

In collegio iuvenum praefectus invigilat, ut statis diebus omnes afferant schedam peractae confessionis. Accedunt igitur ad confessarium 1) Paulus dicens quidem quaedam peccata, sed declarat se nolle absolutionem neque sese disposuisse ad eam, at quoniam necesse sit afferre schedam confessionis, se hanc petere; 2) Petrus, quem confessarius, cum inveniat recidivum iam sexta vice sine ulla emendatione, iudicat absolutione donari non posse: neutri vult schedulam peractae confessionis concedere.

Similiter rusticus quidam tempore paschali morem gerit consuetudini loci rogandi parochum, ut sibi liceat alibi confiteri; quod parochus concedit, si modo sibi afferatur testimonium confessionis: verum confessarius qui reperit rusticum nostrum in occasione peccandi dubiusque manet de iusta dispositione, eum non absolvit neque factae confessionis dat testimonium dicens se id facere non solere, sine dubio facturus, si rite eum potuisset absolvere.

Quaeritur 1° schedam confessionis denegare sitne contra sigillum.

2° in casibus propositis confessarius debueritne dare schedam an denegare.

Solutio.

576   Ad quaesitum 1ᵐ R. 1. Quando solet communiter omnibus scheda dari, alicui quem sciunt alii confessum esse, eam denegare, iis ipsis qui confessionis factum sciunt et in notitiam denegatae schedulae venire debent, indirecte significatur illum non esse absolutum, quia haec sola potest esse ratio schedae denegatae: verum hoc significare est contra sacramentale sigillum; ergo in iis adiunctis lex sigilli iubet schedam dari sacramentaliter confesso, etiamsi non potuerit absolvi.

R. 2. Si eiusmodi adiuncta desunt, in ipso tribunali paenitentiae schedam denegare ei qui absolutus non sit, non est laesio sigilli; quia aliis qui nesciunt, hominem esse confessum vel omnibus communiter dari schedam, nihil significatur; ergo neque negata significatur absolutio. Quodsi confessus ipse narret sibi denegatam schedam, ipse est qui innuit vel excitat suspicionem confessionis male peractae et negatae sibi absolutionis, non confessarius.

R. 3. Peracta confessione, si extra eam schedula confessionis factae a paenitente petitur iis in circumstantiis ut confessarius non possit non agnoscere paenitentem, eam denegare etiam quoad paenitentem est sigilli laesio, quando alia causa denegandi quam indispositio non adest, eo quod tacita sit malae confessionis exprobratio. Cf. Marc n. 1867.

R. 4. Si vero abfuit sacramentalis confessio vel inchoata, i. e. cum intentione absolutionis recipiendae vel sese ad eam praeparandi: denegatio schedulae sigilli laesionem non continet, quia sacramentale sigillum nullum est ortum, sed summum secretum naturale. Cf. Baller.-Palm. l. c. n. 922.

577   Ad quaesitum 2ᵐ R. 1. Paulus, ut ipse fatetur, sacramentalem confessionem facere non vult: quapropter confessarius ei schedam denegare omnino potest, immo potius debet, tum ne falsum dicat, tum ne eius fictioni malisque moribus continuatis cooperetur.

Verum, si ratio est sperandi fore, ut brevi sese rite disponat, cum nunc aliqua peccata dixit, confessarius fortasse eum ita permovere potest ut hanc ipsam narrationem, mutata nonnihil in melius voluntate, pro inchoata confessione postea supplenda sumere liceat. Quod si ita est, confessarius videat, num melius sit rem eo perducere et schedam tradere.

R. 2. Petrus re ipsa sacramentaliter videtur confessus esse, quia ficte non egit. Quapropter cum in hisce circumstantiis scheda communiter detur, non puto eam esse denegandam, monito tamen Petro ne ad s. communionem accedat. — Verum si, quibus exhibenda est scheda, notum non est Petrum ad confessionem accessisse, obligatio propter legem sigilli non adest. Quare aliunde sumi debet quid expediat facere. Si enim timendum est, ne concessione schedae in producenda prava vita Petrus confirmetur, potius negari debet, cum intra confessionem petatur.

R. 3. In altero casu rusticus ille sine dubio sacramentaliter confessus est, cum accesserit ex intentione recipiendi sacramenti sacramentalisque absolutionis; ideoque confessarius vere dicit, si testatur factam esse sacramentalem confessionem. Attamen si confessarius non solet suis paenitentibus schedam confessionis dare, lege sigilli in nostro casu non tenetur eam dare; idque rustico intra confessionem schedam petenti dicere debet, se scil. non solere eiusmodi attestationem ulli dare neque se videre huius rei necessitatem. Nam cum parochus ius non habeat exigendi ut parochiani sibi confiteantur, sed liberum iis sit confiteri apud quemlibet sacerdotem approbatum, frustra postulat testimonium confessionis peractae. Cf. resp. S. C. *de Prop. F.* supra laudatum n. 481: ex quo patet „morem loci" esse corruptelam.

Quodsi etiam indispositio rustici confessario ratio est cur nolit mutare morem suum consuetum, alioquin mutaturus et schedulam extraordinarie daturus, id nondum efficit ut sigillum laedatur.

Nam ut sit sigilli laesio, aliis apparere debet vel alii probabiliter debent posse suspicari rustici indispositionem esse hanc denegatae schedulae rationem. Sed id non apparet, neque rationabiliter suspicantur, quando *communiter* nemini scheda datur. — Si autem quod incommodum rustico creatur, id confessarius non causat, sed causat parochi imprudentia vel iniustitia: confessarius solummodo hoc incommodum non aufert. Usum igitur *notitiae confessionis* externum seu *extra confessionem* confessarius *non facit;* atque ille usus externus, quem *facturus esset* summum is est, ut paratus sit ex confessione *rite peracta* aliquid paenitenti gratum facere. Quod autem ad idem ex confessione male peracta paratus non sit, non est contra sigillum.

CONFESSIO SCRIPTA UT OBIECTUM SIGILLI.

Casus. (166)

Cum occasione spiritualium exercitiorum instituerent alumni generalem confessionem, atque complures scripto peccata sua notassent, accidit ut Leo inveniret scriptum consodalis qui illud non satis caute custoditum amiserat. Cognoscens scripturam Antonii curiosus legit, admirans candorem quo leviora quaeque conscripta sunt, legere pergit in laudem et aestimationem Antonii; dum postea graviora reperit, conscientia stimulatus legere desistit scriptumque relinquit ubi invenerat.

QUAERITUR 1° scriptam confessionem legere sitne contra sigillum.
2° quid de casu Leonis dicendum sit.

Solutio.

579 Ad quaesitum 1^m R. 1. Communis est doctrina violari sigillum, si quis confessionem scriptam, quam quis confessario fecerit seu tradiderit, ex eius manibus eripiat legatve, vel etiam eam paenitenti nondum restitutam invadat: quod maxime valet de muto ita confitente, attamen etiam de aliis. Baller.-Palm. l. c. n. 971: ubi invenies alios auctores. Lugo, *De paenit.* d. 23, n. 47—49; Laymann, *Th. m., de paenit.* c. 14, n. 19; S. Alph. VI, 649.

R. 2. Alias chartam legere, in qua quis libere scripsit peccata sua in ordine ad confessionem faciendam vel quam a confessario redditam libere servat, violatio quidem secreti naturalis est, sed non secreti sacramentalis, cum hanc scriptionem Christus Dominus nullibi iusserit vel instituerit pro parte sacramenti neque ex huius natura sit sacramenti complementum.

R. 3. Si quis autem fit recursus ad superiorem per litteras ad habendam absolutionem a graviore peccato (reservato), sive ipse paenitens sive confessarius pro eo recursum habet: illa manifestatio scripta omnino secretum sacramentale postulat, eiusque laesio est laesio sigilli. Nam talis ad superiorem recursus ex ipsa institutione iudicii sacramentalis fit aliquando necessarius estque necessarium *complementum* confessionis sacramentalis, prout a Christo instituta est. Quapropter talis recursus, etiam litteralis, eodem modo protegi et claudi debuit strictissimi secreti sigillo, sicut ipsa oralis confessio, ne sacramentum paenitentiae fiat fidelibus odiosum. Cf. Ball.-Palm. l. c. n. 972.

580 Ad quaesitum 2^m R. 1. Ex dictis patet Leonem non sigillum sacramentale violasse, violasse vero secretum strictissimum naturale, quod ex genere suo omnino sub gravi obligat.

R. 2. Sed eo quod naturale tantum secretum est, parvitatem materiae admittat. Quare si Leo postea res minimi momenti narraret aliis, neque eas quae Antonio graviter displicerent, non committeret peccatum grave, utcumque ipse primum legens peccaverit.

Et revera postquam, qui chartam invenerit, advertat esse peccata confessionis causa scripta, communiter grave peccatum est porro legere, quia se saltem periculo exponit legendi quae graviter sunt contra ius secreti. Si autem legens *moraliter certus* sit ob notam scribentis conscientiam nihil grave continere, aliquid legere erit curiositas *venialis*.

R. 3. Nisi statim ab initio, antequam porro legeret, Leoni nota erat magna Antonii puritas, incipiens legere Leo graviter peccavit, nisi inconsiderantia excusatur. — Cum vero singularem animi puritatem se admirari posse putaret, pergens legere videtur non peccasse nisi venialiter: maxime quia, praeter exspectationem gravioribus animadversis, a legendo ilico desistebat.

R. 4. Demum Leo male fecit relinquendo chartam inventam in loco aliis pervio. Caritas enim postulabat ut Antonio eam redderet, maxime postquam advertit non sola leviora conscripta esse.

PAENITENTIAE IMPOSITAE REVELATIO.

Casus. (167)

Pancratius, postquam per multas horas cum aliis sacerdotibus confessiones excepisset, ad cenam narrat: Hodie animabus in purgatorio detentis complurium centenorum rosariorum suffragia procuravi. Multis duodena rosaria, nemini infra unum pro paenitentia imposui.

QUAERITUR 1° revelare paenitentiam impositam sitne contra sigillum.

2° quid de Pancratii dictis iudicandum.

Solutio.

AD QUAESITUM 1^m R. 1. Paenitentiam gravem, i. e. eam quae pro gravi peccato ex hodierna disciplina imponi solet, manifestare, ita ut sciatur, cuinam haec fuerit imposita, indirecte est manifestare eum graviter peccasse adeoque contra sigillum. S. Alph. VI, 641; Marc n. 1864; d'Annib. III, 360, n. 27; Baller.-Palm. l. c. n. 946.

R. 2. Immo etsi paenitentia iniuncta indicet tantum peccatum veniale gravius vel venialia numerosiora, ex simili causa contra sigillum est. Unde patet salvo sigillo solas illas paenitentias manifestari posse, quae pro levissimis culpis soleant imponi, v. g. unum alterumve Pater et Ave et similia. Videlicet salvo sigillo dici potest de quolibet confesso eum confessum esse veniale seu venialia peccata, eo modo ut nullatenus suspicio concipi possit haec fuisse graviora; quapropter etiam paenitentia quae nihil nisi illud indicet manifestari potest sine sigilli laesione. (Auct. laud.)

AD QUAESITUM 2^m R. 1. Pancratius non nominavit quidem directe aliquem paenitentem; sed quia saltem aliqui ex iis, quorum confessiones excepit, aliis noti erant vel facillime noti fieri poterant, idem fecit, ac si de certis personis dixisset: Huic imposui pro paenitentia rosarium. Verum rosarium est materia simpliciter gravis, quam pro aliquo gravi peccato imponere sufficit, et quae pro peccato gravi imponi solet. Quamquam igitur imponi potest etiam iis, qui peccato gravi infecti non sunt, tamen eius impositio suspicionem saltem vel dubium peccati mortalis commissi probabiliter excitat. Ergo Pancratius per se egit contra sigillum.

R. 2. Nihilominus fieri potuit ut Pancratius *addens explicationem* a laesione sigilli excusaretur. Nam si dixisset v. g. Ego sequor in excipiendis confessionibus hanc regulam: Qui multis peccatis onusti sunt, leniter tracto paenitentiam quantum possum diminuens; sed si quos nactus sum pios paenitentes, ii non gravantur maiore aliqua paenitentia: semper reperi illos libenter rosarium accepisse. Quare omnibus hoc impono, immo valde piis plura, monens eos ut pro aliis satisfacere velint. — Si haec vel similia adiecisset, quibus probabile facere poterat etiam piissimis paenitentibus imponi potuisse vel impositam esse eiusmodi paenitentiam ex se gravem, sigilli laesio non fuisset, quia Pancratius expresse dixisset hanc gravis paenitentiae impositionem argumentum esse animi pii et ferventis. — Mentiri tamen non licuit *falso* haec proferens.

ERRORES CONFESSARII CORRIGENDI.

Casus. (168)

Claudius excipit confessionem Caii graviter aegrotantis, a defectibus gravioribus immunis. Qua excepta statim loquitur de ultima voluntate facienda, absolutionis dandae probabiliter oblitus. Erroris commissi recordatur, cum domum aegroti egressus ad viginti fere passus processisset: conversus ad domum aegroti paulisper sistit atque absolutionis formam pronuntiat. Post aliquot dies, aegroto adhuc superstite, dubium concipit de valore absolutionis et de obligatione quam etiam nunc habeat, postquam aegrotus aliis extremis sacramentis munitus fuerit. (Cf. Gobat, *Theol. experim.* tr. 7, n. 283 sqq.)

Quaeritur 1° quid in dubio de data absolutione confessario faciendum sit.
2° quomodo errores in confessione commissi corrigendi sint.
3° quid ad casum Claudii dicendum.

Solutio.

583   Ad quaesitum 1ᵐ R. 1. Facta confessione, ille qui rite dispositum se exhibet, ius acquisivit ad absolutionem, siquidem membra Ecclesiae ius habent ad Ecclesiae sacramenta, eo quod ex sua parte se ad illa recipienda disponunt. Ad quod quis autem ius habet, id ei certo tribui debet, non dubie. Quare quando confessarius de data absolutione rationabiliter dubitat, absolutio sub condicione nunc danda est.

R. 2. Responsum datum eo gravius urget, quo gravius incommodum ex una parte confesso oriturum sit ex absolutione non accepta, et ex altera parte quo minus incommodum sit confessario vel quo maiore culpa error fuerit commissus. Quando igitur confessarius gravem culpam non commisit, neque confesso oritur grave incommodum vel periculum, ille non tenetur grave incommodum subire, ut errorem corrigat.

584   Ad quaesitum 2ᵐ R. 1. Aliud est quaerere quo iure seu qua *obligatione* confessarius teneatur errores corrigere; aliud, qua *ratione* corrigere possit vel debeat.

Ad priorem quaestionem spectat scire utrum ex iustitia an ex caritate tantum teneatur. Ex iustitia tenetur, si vel sacramentum reliquit mancum seu invalidum, vel positiva actione in damnum sive paenitentis sive tertii alicuius egit. E contra ex sola caritate tenetur, si, supposito sacramenti valore, in aliquo damno sive paenitentis sive tertii negative seu permissive tantum se gessit. Obligatio autem iustitiae rigorosius obligat, atque etiam, si cum gravi culpa error commissus est, cum relative gravi incommodo obligat ad correctionem vel damni reparationem. Confer in *Th. m.* I, 600 sqq., 761 sqq. regulas de obligatione iustitiae et caritatis.

R. 2. Modus corrigendi defectus diversus est, prout diversi sunt 585 defectus. Si quando reparari possunt paenitente inscio, reparatio facilis est, dummodo paenitens noscatur atque aditus ad eum pateat. Quando vero ad corrigendum errorem necesse est loqui cum paenitente de rebus sigilli, lex sigilli prohibet quominus confessarius id faciat sine praevia licentia paenitentis. Quare dicendum erit paenitenti: esse aliquid loquendum de iis quae spectent confessionem, ipsi sine dubio non ingratum (siquidem ita res fuerit); sed id fieri non posse, nisi ipse lubens consentiat. Quod si fecerit, res tractari potest; si noluerit, res Deo est committenda, donec idem paenitens ad eundem confessarium confitendi causa revertatur.

R. 3. Quoniam confessario permolestum est, ita cum paenitente loqui incipere, atque etiam fidelibus, extra confessionem confessionis factae commemorationem facere: si res moram patitur atque paenitens rediturus ad confessarium eundem praevidetur, melius est rem differre usque ad proximam confessionem; in qua sine nova licentia res priorum confessionum, si ratio suppetit, possunt tractari.

R. 4. Quicumque error commissus est, si nescitur paenitens aliusve cui damnum fuerit factum: res tota Deo commendanda est et pro ratione culpae a confessario commissae paenitentia agenda coram Deo. Ceterum cum extra confessionem raro occurrant corrigendi defectus, confessarius qui studet rite munere suo fungi, si quando humana fragilitate erraverit, ne conturbetur. Optimum consilium pro neoconfessariis imprimis est post auditas confessiones nonnihil sese examinare, quo discant non solum errores proprie dictos vitare, sed etiam perfectius et melius officio confessarii fungi.

AD QUAESITUM 3^m R. 1. Recte egit Claudius, cum vellet postea 586 absolutionem supplere. Neque tantum tempus intercessit, ut coniunctio inter accusationem et absolutionem destructa esset. Attamen recte non egit extra domum e longinquo formam absolutionis pronuntians. Nam etsi distantia viginti passuum videri possit non absolute nimia, quando paenitens et absolvens in eodem loco, v. g. in ecclesia, exsistunt; certe non amplius adest praesentia necessaria, quando paenitens et absolvens loco sunt separati, ut in nostro casu. Quare absolutio tum data dici debet nulla.

R. 2. Post aliquot dies elapsos potuit adhuc dari absolutio, etiam paenitente non monito, quia unio moralis etiam tum per se perseverabat. Attamen melius est in hoc casu monere paenitentem esse errore omissam absolutionem — id quod sine licentia paenitentis fieri potest, cum obiectum sigilli non subsit — ut videlicet novo actu doloris se disponat, et si forte interim aliquod peccatum eius animam gravet, id possit confiteri. Videlicet id ex pluribus rationibus consultum est, ne absolutio fructu suo frustretur. Nam 1° si forte mortale peccatum fuerit commissum, certe accedere debet dolorosa retractatio atque per se etiam huius peccati confessio neque prior voluntas recipiendae absolutionis in antecedenti confessione habita amplius moraliter perseverat. 2° Si in priore confessione accusatio erat de solis peccatis venialibus, facilius etiam moralis interruptio accidere poterat, ita ut illa confessio non amplius sit apta materia ad absolutionem nunc recipiendam. Fac enim interim commissum esse aliquod peccatum non mortale quidem sed veniale aeque grave vel gravius iis quae antea accusata erant: hoc novum peccatum facile est prioris doloris aequivalens retractatio, ac propterea antecedens confessio, utpote non amplius dolorosa, non amplius est absolutionis materia apta.

587   R. 3. Si vero quaeritur de obligatione Claudii ad corrigendum errorem: haec quidem gravissima est erga moribundum, qui alia sacramenta nondum receperit et peccatum aliquod mortale fuerit confessus, vel etiam de quo dubitetur, an peccato aliquo mortali constrictus sit. Nam in illo periculum non excluditur, ne forte, antequam aliter reconcilietur cum Deo, moriatur. In nostro autem casu hoc periculum non subest. Ut enim taceam de pia paenitentis vita et materia nullatenus necessaria ipsius confessionis factae (quamquam haec aliquando propter peccatum occultum e memoria elapsum fallere possunt): in nostro casu paenitens recepit alia sacramenta moribundorum, etiam extremam unctionem, quae hominem in bona fide exsistentem cum sola attritione moraliter certo iustificat. Quapropter, re ad illum statum deducta, de gravi obligatione Claudii cum suo rubore corrigendi defectus dubitaverim; attamen aliqua obligatio nihilominus adest, maxime cum corrigi error vix non semper sine incommodo adeo gravi possit, tum quia aliqui (cf. S. Alph. VI, 731), etsi sine solida ratione, de iustificatione per extremam unctionem primum accipienda dubitent, tum quia paenitens sacramenti paenitentiae fructu alias privabitur, ad quem, postquam ex sua parte omnia praestiterit, ius habet.

CONFESSARIUS PUERORUM.

Casus. (169)

I. Theophilus confessarius compluribus pueris et puellis, quorum discretio sibi suspecta videbatur, non dedit absolutionem sed solam benedictionem, eosque sic dimisit ad ss. eucharistiam recipiendam. (Elbel IX n. 467.)

II. Theodorus parochus, pueros puellasque septem et octo annorum praeparaturus ad confessionem, dicit ut, qui singulare aliquid habeant, ad se domum veniant. Quod cum vix unus alterve fecisset, sequenti die iis simul collectis peccata pueris communiora, quae ad mortalem malitiam non soleant pertingere, proponit et eos qui nihil horum peccaverint extendere digitum iubet; nullo id faciente, cum omnibus elicit actum doloris et propositi; dein incipit singulos admittere in confessionale, ubi, finita generali confessionis formula, eos absolvit impositis pro paenitentia 5 *Pater* et *Ave;* sed cum vocetur mox ad aegrotum, reliquos absolvit per modum unius, publice imponens omnibus eandem paenitentiam.

Quaeritur 1° pueri quandonam absolvendi sint.
2° quomodo generatim sint tractandi.
3° quid de agendi ratione Theophili et Theodori.

Solutio.

AD QUAESITUM 1ᵐ R. 1. Absolvendi sunt pueri certo, quando ostendant usum rationis plenum atque afferunt cum materia absolutionis certa et sufficienti etiam iustam dispositionem. In quo casu non tantum, quando peccatum aliquod grave commiserint, sed etiam, quando sola venialia habent de quibus sincere dolent, ius habent ad absolutionem.

R. 2. Immo absolvi debent saltem condicionate, quotiescumque dubium est num forte adfuerit peccatum grave: sive dubium oritur ex materia peccati, sive ex suspicione falsae conscientiae, qua facile accidit ut, quod in se grave non sit, pueri pro gravi habeant; sive dubium oritur ex dubio pleni usus rationis. Verum in hisce casibus praemittere debet confessarius conatum serium, quo securiorem faciat actum doloris.

R. 3. Quamquam in articulo mortis ad dandam absolutionem levis ratio sufficit, ex qua putetur usum rationis fortasse adesse; alias tamen, ubi nullum est periculum neque rationabile dubium de commisso peccato gravi, absolutio danda non est, quando ex pueri agendi ratione praesumptio magna est pro defectu sufficientis usus rationis; nam sine causa sacramentum nullitatis periculo exponeretur. *Th. m.* II, 477 sqq.

AD QUAESITUM 2ᵐ R. 1. Tractandi sunt pueri et puellae cum magna benignitate, quamquam, maxime quoad puellas, confessarius semper maturitatis et sanctae gravitatis memor esse debet. Benigne tractandi sunt, ne iam in tenera aetate a confessione deterreantur, sed ut potius in ea frequentanda delectentur; tractandi sunt cum sancta gravitate, ne vel ipsi molles fiant vel confessarius sensualitatis labem contrahat.

R. 2. Instruendi sunt et in ipsa confessione manuducendi, ut assuescant ordinate et integre secundum numerum et speciem confiteri. Nisi enim a teneris annis morem rite confitendi induerint, postea eum difficulter discent.

R. 3. Ante omnia attendi debet, ut cum vero dolore et proposito emendationis confessio instituatur. Puerilis aetas ex una quidem parte propter mentis instabilitatem levitatemque animi periculum secum fert, ne satis serio dolor et propositum concipiatur, quare adiutorium confessarii non raro exigitur; ex altera autem parte tenerum animum veritates aeternae atque Dei Christique caritas facillime graviter percellunt, ita ut facili negotio ad instructionem et monitionem confessarii, qui motiva proponat, vivum dolorem seriamque emendandi voluntatem concipiant.

R. 4. Confessarius ne omittat prospicere num pueri recta utantur conscientia. Nam non raro accidit ut sive falsa educatione sive iudicii infirmitate habeant pro re gravi quae in se omnino levis est. Qui error plane exstirpari debet, etsi forte levitatem edocti facilius et saepius relabantur, siquidem minus malum est sexcenta peccata venialia committere, quam vel unum peccatum mortale, idque ex subiectivo errore. Quapropter imprimis parva furta, mendacia etc. ne umquam ut res gehenna dignae describantur, sed sicut vere sunt, ut res detestabiles quidem et fugiendae, at ut peccata in se venialia.

R. 5. Si quando deprehendantur aliqui iam in prima aetate peccato turpi infecti, caute quidem agendum est ne ulteriora discant, sed etiam fortiter ut ab initio illud vitium exscindatur, quod, si inoleverit, curatu adeo difficile est. — Quodsi seductio in causa est, omni vi conandum est et efficaciter procurandum ut occasio auferatur.

591. AD QUAESITUM 3^m R. 1. Quoad casum *priorem* Elbel quidem l. c. Theophilum non graviter reprehendit, maxime si propter concursum paenitentium et temporis angustias diutius examinare istos pueros puellasque non potuerit. Verum in condicionibus nostrae aetatis puto omnino eum severius esse diiudicandum; non quod propter dubiam maturitatem sola benedictione contentus erat, sed quod pueros dubie maturos ad ss. eucharistiam permiserit accedere. Nam ss. eucharistia permitti quidem potest (in dubio de materia confessionis sufficiente) cum sola benedictione, postquam confitens annos *discretionis* attigerit; at in dubio de aetate discretionis permitti ss. eucharistiae sumptio nequit, nisi forte *in articulo mortis*. Immo extra articulum mortis pro sumenda ss. eucharistia iam communiter maior maturitas et discretio exigitur, quam quae sufficiat ut possit et debeat dari absolutio sacramentalis.

R. 2. Si autem maturitas suspecta fuerit non ex defectu aetatis sed ex mentis stupiditate et partiali quadam fatuitate, ita ut maior discretio sperari postea non liceat: sane fieri potest ut eiusmodi semifatui, postquam plenam aetatem attigerint, sive post condicionatam absolutionem sive aliquando post solam benedictionem, interdum ad s. communionem admittantur.

592. R. 3. Quoad *secundum* casum Theodorus sane graviter laesit ordinem et normam sacramenti paenitentiae. Nam 1) non licuit ei pueris imponere onus ut extra confessionem sibi gravia peccata panderent, neque imponere potuit ut ad se domi manentem accederent; minus etiam ex eo quod non accesserint concludere potuit abesse omnem materiam confessionis gravem.

2) Non licuit ei publicam istam accusationem exigere. Et quoniam illa accusatio erat vaga quidem sed non plane indeterminata, parochus pueros ad eam quodammodo cogens egit *contra secretum sacramentale* atque obiective omnino graviter peccavit.

3) Male egit, cum in praevia illa accusatione vaga et subsequenti generali fundaret absolutionem, non postulans immo vel impediens accusationem particularem. Nam praeterquam quod accidere poterat, ut aliqui commissa habuerint peccata gravia, quae quoad speciem et numerum accusanda erant, generalis illa etiam solorum venialium peccatorum est contra usum totius Ecclesiae, atque pueris imprimis pervertit notionem rectae confitendi normae, ita ut etiam in posterum

mancam instituturi sint confessionem. Nihilominus pueri, utpote in bona fide versantes, si dolorem recte conceperant, *valide* sunt absoluti.

R. 4. Demum male egit in omnes simul absolutionis formam pronuntiando; valide tamen absolvit, ut mox ad 3) dictum est. Si enim visitatio infirmi moram non patiebatur, relinquendi quidem erant pueri et puellae nondum confessi, sed differendi erant ad aliud tempus quo singuli ad confessionem accedere possent et absolvi.

CONFESSARIUS RUDIUM.

Casus. (170)

Philostratus nanciscitur 1) *paenitentem rudem*, qui ab anno non confessus nihil affert nisi aliquoties se pecori et equo maledixisse; 2) *vetulam* confessam ante quattuor menses, quae, ut ait, nihil commisit, proximum non offendit, multum oravit, non est mentita, de priore vita interrogata nihil ex ea extundi potest, nisi se omnia semper esse confessam, se peccatum non habere, petit nunc paenitentiam et absolutionem.

QUAERITUR 1° quid generatim in confessionibus rudium observandum.

2° quid speciatim de paenitentibus, ut in casu, sit iudicandum.

Solutio.

AD QUAESITUM 1^m R. 1. Rudes, male instructi, cum facile deficiant tum in accusatione tum in dolore, in utroque iuvandi sunt a confessario, sed secundum eorum captum. In examine igitur vitandae sunt subtilitates theologicae, sed proponenda ea tantum quae verisimiliter poterant accidere, ex ordine percurrendo decalogum. In excitando dolore et proposito motiva sumenda sunt imprimis ex iis quae sensus tangunt, v. g. poenae sensuum in gehenna vel purgatorio, at etiam mors et cruciatus Christi Domini pro peccatis nostris passi.

R. 2. Si bonam ostendant voluntatem, non facile dimittendi sunt ad faciendum examen exactius, etiamsi diligentiam sufficientem non adhibuerint. Nam confessarius ipse brevi tempore plus proficiet interrogando quam ipsi sese examinando; moneantur nihilominus, ut in posterum diligentius conscientiam pro posse excutiant, et ut nunc etiam de neglegentia, hac in re commissa, doleant.

R. 3. Si quando adeo rudis aliquis reperiatur, ut necessarias veritates non teneat, ante absolutionem omnino instrui debet de iis quae sunt, etiam probabiliter tantum, necessitate medii creditu necessaria. — Quodsi eas memoria tenere accurate non possit, saltem hic et nunc ea, quantum satis sit, capere et, praeeunte confessario, iis fidei assensum praestare debet. Quod postquam factum fuerit, homo ille, si diu non est confessus, potest absolvi, elicito tamen dolore de ignorantia religionis hucusque non depulsa, et data ab eo promissione se velle pleniorem rerum christianarum instructionem sibi comparare.

Et haec quidem, si inscitia et mentis hebetudo oritur ex naturali hominis complexione vel senio. Quodsi oriatur ex inveterata pec-

candi consuetudine, luxuriae vel ebrietatis, laborandum prius est ut
vitium emendetur, quo mentis acumen redeat et *praeparetur* absolutio.
Quapropter etiam videri debet num instantaneae absolutioni etiam
obstet consuetudo et peccandi relapsus. Cf. Reuter, *Neo-confessarius* n. 114. 117.

594 Ad quaesitum 2ᵐ R. 1. Prior ille Philostrati paenitens suspicionem quidem ingerit conscientiae neglegentius excussae. Quapropter
omnino ad rem est confessarium aliquas facere interrogationes secundum ordinem praeceptorum decalogi. Sed si nihil amplius ex
paenitente potest extundere, non est ratio dubitandi de eius sinceritate, quando in necessariis fidei rebus satis instructus appareat, maxime
quando agitur de viro, qui matrimonio iunctus est. Nam vita illa
uniformis, quam eiusmodi homines ducunt eamque laboriosam, cum
otium non relinquat, vix peccandi tempus et occasionem praebet.
Restat igitur ut ad sincerum dolorem excitetur atque iuvetur, ad
cautelam etiam reassumpta accusatione alicuius gravioris peccati praecedentis vitae.

R. 2. Vetula illa, cum nullius peccati sese accuset, re sic stante,
absolvi nequit. Verum alia industria confessarius uti debet. Ne
interroget de speciali peccato; sed statim ipse *proponat* unum alterumve
certum et definitum peccatum, quod moraliter certo ab omnibus commissum fuerit, de iisque cum paenitente dolorem eliciat, v. g.: „Nunc
igitur doleamus de omni peccato umquam in vita nostra commisso,
de omni impatientia et affectu verboque contra proximi caritatem,
de omni neglegentia in resistentia contra pravas cogitationes; de his
et omnibus totius vitae peccatis doleamus ex intimo corde, quod causa
fuerint acerbissimae mortis Domini, et quod tantum Dominum Deumque infinitum et summe bonum iis offendimus. Proponamus de novo
Deo sincere servire et ab omni re abstinere quae Deum offendat."
Quodsi paenitens annuerit, etsi a pluribus mensibus non fuerit confessa, absolvatur saltem sub condicione, post impositam aliqualem
paenitentiam. Cf. *supra* n. 283 et 286; Génicot n. 262; Aertnijs
lib. 6, n. 187.

OCCASIO PECCANDI (I).

Casus. (171)

Amalia ancilla, compluries ab hero sollicitata, iubetur a confessario
relinquere servitium. Quo audito, herus eam obsecrat ne id exsequatur, se
necessario hoc modo diffamari apud uxorem et pacem coniugalem perpetuo
exstinctum iri. Immo cum illa haereat, ipse adit eundem confessarium eumque rogat ut permittat ancillae deinceps manere, promittitque se in posterum
nihil amplius commissurum vel ausurum erga Amaliam.

Quaeritur 1° quae sit occasio peccandi et quomodo evitanda.

2° rectene iusserit confessarius Amaliam recedere.

3° potueritne ad instantiam viri mutare sententiam et quomodo.

Solutio.

AD QUAESITUM 1ᵐ R. 1. Occasio peccandi in genere est circumstantia aliqua externa quae hominem ad peccandum sollicitat naturalemve inclinationem ad illud excitat vel auget, ac proin in peccatum inducit. Est autem occasio *remota,* si sollicitatio levis est, vel gravis sollicitatio possibilis quidem at non verisimilis, atque periculum re ipsa peccandi non grave. E contrario *proxima* dicitur occasio, si periculum labendi est grave seu sollicitatio ad peccatum solet esse vehemens.

R. 2. Distingui quidem potest occasio absolute proxima et relative proxima: prior quae omnibus hominibus communiter grave peccandi periculum creat; altera, quae propter infirmitatem peculiaremve dispositionem certo homini gravi periculo est. Ceterum confessarius, qui cum singulis agere debeat, semper videre debet, num occasio sit relate ad paenitentem proxima.

R. 3. Distinguitur occasio *continua* et *non-continua,* seu occasio *in esse* et occasio *non in esse.* Prior est, quae habitualiter certum hominem circumstat, v. g. persona in eadem domo habitans, imago retenta; posterior ea est, quae, ut evadat proxima occasio, singulis vicibus ab homine, de quo agitur, debet adiri.

R. 4. Demum distinguitur occasio *libera* et *necessaria.* Haec, quae evitari nullatenus vel non sine magno incommodo possit, aut ad quam subeundam gravis ratio impellat; illa, quam evitare in expedita facultate hominis est.

Quoad obligationem *vitandae occasionis* R. 5. Occasio peccandi graviter proxima et libera vitari debet sub gravi, idque abscissione et separatione si est continua, proposito et promissione si est non continua. Ratio est, quia grave peccandi periculum subire seu in gravem tentationem se conicere est indirecte velle peccatum, utpote quod ex eo sequatur tamquam effectus. Nam theologia docet hominem moraliter non posse suis viribus gravem tentationem vincere, sed indigere ad id auxilio divinae gratiae, quam in eiusmodi circumstantiis sperare temerarium est.

R. 6. Occasio graviter peccandi proxima et necessaria debet adhibitis remediis opportunis et implorato Dei auxilio reddi remota. Hoc sequitur ex obligatione qua tenemur vitare ipsum lapsum nosque contra illum praemunire.

R 7. Quoniam autem occasionem necessariam etiam eam dixerimus quae absolute quidem vitari possit, sed non possit sine magno incommodo, vel ad quam subeundam gravis ratio sive proprii sive alieni boni impellat: si experientia constiterit remedia manere inefficacia, aut efficaciora adhiberi debent, aut, non obstante magno incommodo, occasio demum relinquenda et eliminanda est.

AD QUAESITUM 2ᵐ R. 1. Si Amalia sollicitationibus heri cessit, apertum est eam versari in occasione proxima; et quoniam libera est, ut brevi tempore servitio renuntiet, recte iussit confessarius eam recedere e servitio illius heri.

R. 2. Etsi Amalia sollicitationibus restitit, quando de sollicitatione ad turpia agitur, timendum est ne occasio brevi evadat proxima; ac proin etiam tum recte iussit confessarius servitium mutari: idque eo magis, quo graviorem Amalia experta est tentationem. Sane quando Amalia ex inopinato sollicitationem passa est, versabatur in occasione necessaria, ac proin potuit et debuit resistendo et orando tentationis vim frangere. Neque fortasse statim potuit e servitio recedere. Debuit tamen iam alia media adhibere, scilicet praevidere ut, quantum posset, viro aditum ad se praecluderet, eique minaretur se rem cum uxore communicaturam. Quodsi haec neglecta vel usu difficiliora fuerint vel inefficacia remanserint — id quod factum esse ex repetitis sollicitationibus constat — iam evincitur solam separationem fore remedium securum.

R. 3. Si quando ancilla fuerit omnino probatae virtutis, huic, quo levior erat subiectiva tentatio et quo gravior ratio servitii non relinquendi, eo facilius dilatio et experimentum novum concedi potest, semper tamen adhibitis mediis illis et minis de quibus iam dictum est, earumque minarum demum etiam exsecutione. Verum haec dilatio potius exceptio est, non regula.

598   Ad quaesitum 3ᵐ R. 1. Imprimis notandum est vix potuisse confessarium statim, ac vir ille ad ipsum accederet, rem componere. Non enim poterat, salvo sigillo, de rebus ex confessione Amaliae sibi notis loqui, nisi illa dedisset licentiam: quam per virum illum ut nuntium accipere non expediebat. Potuit igitur confessarius viro illi solum condicionate respondere: *si* ita res se habeat, et *si* a se Amaliae haec imperata sint, se paratum esse ad rem mitius tractandam. Verum, ut ex ipsa Amalia etiam circumstantias omnes exploraret, expediens omnino erat eam revocare ad confessionale; ideoque viro dicere: „Si ita est, revoca, quaeso, Amaliam ad me, et videbo quid ei mitius dicam."

R. 2. Sine dubio vir ille timore recessus Amaliae graviter permotus est, neque est improbabile esse eas circumstantias quae, recedente famula, uxori ingerant gravissimam suspicionem contra maritum. Incommodum et damnum viri rei et noxii ex se quidem non est ratio, ex qua occasio illa peccandi considerari debeat tamquam necessaria; sed haec ratio sumitur ex incommodo et damno Amaliae paenitentis. Attamen si periculum peccandi non erat ex parte Amaliae, sed tantum ex sollicitatione viri, in dictis circumstantiis credi potest sollicitationem finem habere adeoque occasionem peccandi cessare esse proximam. Quodsi ita est, non est amplius ratio urgendi mutationem servitii.

R. 3. Haec dicta sint, quando Amalia lapsa non fuerit seu sollicitationibus non cessit. Si cessit, res est difficilior. Nam periculum in hoc casu exstinctum dici nequit, etsi diminutum. Quare in hac hypothesi confessarius cautus esse debet, ut non absolute retrahat iussionem suam, sed exsecutionis dilationem tantum concedat iubeatque paenitentes post aliquod (breve) tempus ad confessionem redire: quo videat, quid porro possit indulgeri. Interim vero omnino praescribere debet omnes cautelas quae alias necessariae sunt ad reddendam occasionem remotam vel nullam.

OCCASIO PECCANDI (II).

Casus. (172)

Getulius amores fovit erga Annam eamque ducere vult, verum obsistunt parentes; nihilominus sperans cum tempore cessaturam esse hanc oppositionem familiaritates cum Anna habere pergit, saepe eam visitat, ut eam servet sibi fidelem, neque tamen palam, ne parentes offendantur. Fatetur se aliquoties liberiora attentasse, quae puella constanter reiecit, neque se id fecisse sine consilio parentes ad consensum cogendi, si viderint matrimonium evasisse necessarium.

QUAERITUR 1° liceatne sponsis prae aliis subire pericula seu occasionem peccandi.
2° quid de Getulio et Anna eorumque peccandi occasione.

Solutio.

AD QUAESITUM 1ᵐ R. 1. Cum plerique homines secundum providentiam divinam in matrimonio vivere debeant, sane licebit iis compartem quaerere eamque antea cognoscere. Quapropter mutua quaedam conversatio inter iuvenes et puellas ex seria intentione matrimonii quaesita vel suscepta prohiberi nequit.

R. 2. Nihilominus conversatio solitaria et clam facta non solum iis periculosa est, sicuti ceteris omnibus, sed eo periculosior, quo magis mutuus amor coeperit exardescere. Quare ab hac prohibendi sunt etiam nupturientes et sponsi; atque insistendum est, ut visitatio, si qua necessaria est, fiat sub oculis aliorum, maxime cognatorum seu parentum vel aliorum proborum hominum, qui loco parentum sint, vel saltem ut fiat eo loco aperto qui numquam securus sit ab accessu aliorum hominum.

R. 3. Quando autem possibilitas matrimonii nondum adest vel abest eius intentio, mutua conversatio iuvenum et puellarum amoris causa interdici debet, cum vel sit vel mox evasura sit peccandi occasio proxima; adeoque etiam eos, quibus forte nondum fuit peccatum grave, prudens confessarius omnino retrahet. Sponsos autem urgebit, ne matrimonium contrahendum diu differant, neque frequentes inutilesque visitationes continuare sinet.

AD QUAESITUM 2ᵐ R. 1. Getulius quidem, nisi parentes *iustam* causam contradicendi habent, potuit et potest Annae matrimonium promittere; si parentes autem habent gravem causam contradicendi, haec cum Anna sponsalia non valent, sed debet aliam puellam sibi deligere. Quodsi rationabiliter sperat fore ut parentes, ex le-

viore causa nunc sese opponentes, sensum brevi mutent, mutuam fidem
Getulius et Anna sibi servare possunt.

R. 2. Verum hae visitationes frequentes et solitariae omnino
interdicendae sunt, utpote occasio proxima — id quod non solum
ipsa rei natura, sed tristis etiam experientia, saltem pro Getulio,
satis superque ostendit. Etsi Anna hucusque restitit, tamen Getulio
non licebit se in occasionem proximam peccandi conicere, neque Annae
hanc occasionem Getulio praebere. Immo ne pro Anna quidem, nisi
sit probatissimae constantiae, periculum abesse censeo, eo quod desiderium habendi parentum consensum stimulum peccati in nostro casu
vehementer augeat.

R. 3. Si tamen aliquando — quod rarum esse debet — quaedam necessitas fuerit Getulio, nonnulla cum Anna communicandi, id
saltem fiat secundum ea, quae supra dixi, scilicet ut quaerant locum,
quo alii facile accedere possunt et solent, et ut conversatio, quantum
fieri possit, fiat sub oculis aliorum, v. g. cognatorum Annae. Ita
periculum liberius agendi magis erit exclusum. Insuper Getulius omnino monendus est, ut renovato non-peccandi proposito et precibus
ad Deum sincere fundendis se praemuniat, quoties necesse fuerit
sponsam adire vel alloqui.

OCCASIO PECCANDI (III).

Casus. (173)

Gertrudis puella se praeparat ad munus ludi magistrae; quo suppleat
defectum artis, institui debet privatim in musica a communi institutore, qui
id ob amicitiam parentum gratis praestat. Verum paulatim nimia contrahitur inter ipsos mutua familiaritas, maxime cum non raro accidat ut soli sint
inter se. Gertrudis nihil audet dicere, ne se vel virum illum infamet.

QUAERITUR 1° qualis haec censenda sit occasio peccandi.

2° quid confessarius debeat praecipere.

Solutio.

AD QUAESITUM 1^m R. 1. Nemo non videt Gertrudem in occasione peccandi eaque, prout nunc est, proxima versari, non tamen
omnino libera. Nam cum munus ludi magistrae, in se plane honestum, pro statu vitae elegerit, in quadam necessitate est, ut sese in-
struendam curet in arte musica; et quoniam sui iuris nondum plene
sit, sed sub auctoritate parentum, ut ex casu videtur desumi debere,
ei simpliciter liberum non est, sibi quem maluerit eligere institutorem.

R. 2. Occasio illa non est tamen simpliciter necessaria neque
necessario proxima; cum ex una parte non sit *impossibile* mutare institutorem, neque ex altera parte impossibile occasionem reddere remotam. Ad *alteram* igitur quaestionem transiens

AD QUAESITUM 2^m R. 1. Alterutrum fieri debet, ut aut institutor
in arte musica mutetur, aut occasio reddatur remota. Qui posterior

modus facilior erit, si etiam vir ille ad meliorem frugem vel ad serium propositum cavendi a peccato induci possit. Neque tamen in hac sola voluntate fidendum est, sed externa etiam praesidia sunt adhibenda. Quare sub aliquo praetextu sive parentes Gertrudis sive alii invitandi sunt, ut exercitiis musicae simul assistant, vel saltem ita ea exercitia instituantur, ut locus sit apertus et pervius in quem quolibet tempore alii possint intrare atque identidem etiam ex inopinato intraturi sint.

Quodsi aliter obtineri nequeat, Gertrudis potest et debet matri dicere confessarium ipsam iussisse matrem monere de re parum honesta, *numquam non periculosa,* si puella sola adeo intime conversetur cum viro; quare ad praecavendum periculum immo suspicionem malam se debere petere, ut habeat tempore exercitii comitem. Haec dicere potest sine sui virive diffamatione. Ille igitur modus, etsi non omne periculum removeat, tamen removet ita, ut liceat huiusmodi saltem tentamen facere.

R. 2. Si autem vir fuerit seductor, neque admonitus etiamnunc desistat, sed eludere quaerat remedium modo dictum: Gertrudi nihil relinquitur nisi ut, neglecta fama viri, parentibus causam dicat, cur hunc virum institutorem privatum habere sibi amplius non liceat, et cur etiam cum dispendio pecuniarum, quae alteri solvendae fuerint, alterum quaerere teneatur; sed ut apud eum statim ab initio cautelae adhibeantur.

OCCASIO PECCANDI (IV).

Casus. (174)

Lambertus, frequenter adiens tabernam, paulatim eo devenit ut saepe ibi sese inebriet, et ut lusibus indulgens tum rebus familiaribus damnum creet, tum in blasphemias prorumpere soleat. Confessario postulanti, ut omittat omnino intrare illam tabernam, respondet se id non posse, se ibi negotia tractanda habere, unde victus pro se et familia pendeat.

QUAERITUR quid permitti Lamberto possit, quid debeat iniungi.

Solutio.

AD QUAESITUM R. 1. Si vere ita est, ut Lambertus dicit, tabernam adire est ei aliquo modo necessarium. Perscrutari debet confessarius, num revera ita sit. Nam saepe fit, ut amantes occasionem necessitatem fingant, quae non sit, sibique ipsi illudant. Serio igitur inquiratur, num possit alibi convenire cum iis quibuscum negotia habet tractanda. Quod si potest, etiamsi cum aliquo incommodo vel damno non notabili, insistat confessarius, ut Lambertus tabernam evitet. At si damnum temporale notabile adfuerit, quaerendum est, ut aliis modis periculo obvietur atque occasio ex proxima reddatur remota.

R. 2. Quapropter si ingressus in tabernam non potest plene interdici, interdicatur imprimis lusus ille, qui occasio est blasphemiarum et rei familiaris neglectae; dein iniungatur Lamberto serio, ut finitis negotiis statim recedat e taberna, neve amplius potui indulgeat. Quod si serio promittit, experimentum fieri licebit, num promissis stet. Quibus si non steterit, severius tractandus neque absolvendus est, donec vel emendationem ostenderit, vel rem ita composuerit, ut sine aditu ad tabernam negotia possit tractare.

OCCASIO PECCANDI (V).

Casus. (175)

Lucius iuvenis non raro cum parentibus frequentat publica spectacula, choreas, privatam domum vicinam, quo complures familiae conveniant. Sed in omnibus illis occasionibus saepe lapsus est in prava desideria, cum audiat et videat res et vestitus parum honesta; parentes, periculum non agnoscentes, volunt ut filius huius saeculi cognitionem capiat, quo liberius postea vitae statum eligat.

QUAERITUR quid Lucio iniungere debeat confessarius.

Solutio.

R. 1. Sine dubio Lucius non tenetur in hisce rebus parentibus oboedire. Nam abstractione facta a subiectiva Lucii dispositione, qua facilius videatur commoveri et difficilius sibi posse imperare: spectacula illa aliaque, quae parentes frequentari volunt, sunt res vanae et inutiles, atque numquam non periculosae, etsi non semper graviter periculosae. Verum ut inutiliter sese exponat eiusmodi periculis, adigi nemo potest.

R. 2. Nihilominus grave omnino esse potest filio, parentibus obsistere, ac propterea eiusmodi spectaculorum, chorearum etc. frequentatio, quae Lucio est peccandi occasio, occasio aliquo sensu necessaria est. Quare videre est, num possit haec occasio, adhibitis praesidiis, reddi remota, atque ita Lucio *permitti*. Doceatur igitur, ut in eiusmodi occasionibus Deum praesentem cogitet, ad eum gratiae auxilium petens mentem elevet; si qua inhonestiora spectanda offerantur, vel ipse commotionem senserit, ut oculos avertat, demittat atque ab applausu abstineat; similiter in frequentanda domo vicina colloquia liberiora nedum ipse omittat, sed ab aliis incepta perturbet, quaerat cum iis conversari qui honestiores sint. Quodsi satis sperat se hoc modo sese continere posse, neque ea quae audiantur et videantur sint in se graviter obscoena, permitti potest, ut parentibus urgentibus obsecundet.

Sed si etiam his remediis adhibitis iterum iterumque cadat, demum aperte parentibus declarare debet se nolle amplius his rebus commisceri; si vult, addere potest ea sibi esse nimis periculosa, se Dei voluntatem atque propriae animae salutem lubricis gaudiis et terrenis vanitatibus absolute praeferre.

RELAPSUS IN PECCATA (I).

Casus. (176)

Conradus iuvenis, ter quaterve in anno confiteri solitus, una alterave hebdomada ante et post confessionem consuevit immunem se servare a peccatis; reliquo vero tempore iam per annos mollitie peccat atque compluries in hebdomada agens cum sodalibus turpes ducit sermones.

QUAERITUR 1° quid sit recidivus sensu theologorum.
2° quae sint regulae confessarii in tractandis recidivis.
3° quid de Conrado dicendum.

Solutio.

AD QUAESITUM 1^m R. 1. Recidivus, etsi sensu grammatico est quicumque post peccatum, praecipue grave, confessione deletum in idem denuo labatur, vel etiam qui post deleta peccata gravia denuo peccatum utcumque mortale committat: tamen hoc sensu sumi nequit, si quaeris de certo aliquo paenitentium genere, in quibus tractandis vel absolvendis singularis reperiatur difficultas. Nam si ita esset, confessionalia claudi deberent, neque Christus debuit instituere sacramentum paenitentiae ad delenda peccata, idque imprimis ad delenda peccata mortalia.

R. 2. Recidivus specialiter ita dictus sumitur a theologis ille, qui compluries, non obstantibus confessionibus, in eadem specie peccata semper relabatur eodem fere modo ac antea, nullam ostendens seriam emendationem neque serium emendationis conatum.

R. 3. Qui igitur serium conatum contra peccatum adhibuit, mediisque a confessario praescriptis diligenter usus est, etsi dein relabatur; a fortiori, qui notabilem emendationem lapsuumque diminutionem ostendit, quamquam nondum immunem se servavit a peccatis gravibus, immo ne ab illo quidem peccato consueto: nihilominus expungi debet ex numero eorum, qui proprie vocantur recidivi.

AD QUAESITUM 2^m R. 1. Ut rectae regulae de tractandis recidivis statuantur, imprimis necessarium est videre, quid relapsus arguat contra paenitentem.

Relapsus non ostendit absolute neque directe defectum dispositionis in ea confessione, quam *nunc* recidivus instituit; sed signum est infirmae voluntatis pro praeterito, immo suspicionem et praeiudicium, non certitudinem, facile creat contra iustam dispositionem in praecedentibus confessionibus habitam: atque ita indirecte et consequenter etiam praeiudicium infert contra actualem dispositionem, si hanc eandem, i. e. non meliorem, paenitens nunc ostendit.

R. 2. Confessarius igitur videre debet utrum relapsus sui paenitentis re ipsa hoc praeiudicium contra eum inferat, an exsistant signa quaedam quae hoc praeiudicium, sive contra praeteritas confessiones sive etiam contra solam actualem dispositionem, removeant.

Quoniam enim confessarius de actuali dispositione sibi iudicium morale efformare debet, si quando praeiudicium *grave* contra dispositionem exsistit, hoc grave dubium debet removere posse, antequam absolvat: nisi forte per exceptionem aliquando condicionate possit absolvere dubie dispositum.

607 R. 3. Signa autem quae, relapsu non obstante, praeiudicium contra praeteritam dispositionem auferant vel diminuant, sunt maxime: usus mediorum a confessario praescriptorum saltem per notabile tempus; emendatio per aliquod tempus secutum; sincera pugna contra vitium, etsi dein post gravem pugnam relapsus secutus fuerit. Quodsi de *praeterita* dispositione praeiudicium non amplius grave est, neque contra praesentem dispositionem *e relapsu* qua tali praeiudicium seu dubium fundatum oritur.

Si vero contra dispositionem quoad confessiones praeteritas praeiudicium manet, nihilominus fieri potest, ut de praesenti dispositione rationabile dubium non exsistat. Quod efficitur *signis* non solum communibus sed *specialioribus veri doloris*. Quae et quanta esse oporteat, in singulis casibus prudenti iudicio confessarius discernere debet. Vide tamen quaedam adnotata in *Th. m.* II, 427.

608 R. 4. Praeiudicio contra paenitentem remoto, recidivus sane etiam hac vice absolvi potest, quamquam *ex alio capite* dilatio absolutionis *aliquando* potest esse vel necessaria vel utilis, maxime si agitur de gravi aliqua et molesta obligatione uno actu implenda.

Praeiudicio autem seu dubio contra paenitentem manente, absolutio per se differenda est, dum dispositio melior (per emendationem secutam vel diligentem mediorum usum) appareat: nisi forte gravis timor sit, ne ex dilata absolutione paenitens, qui hic et nunc ipse putet satis se dispositum esse et *fortasse etiam est*, in peius ruat.

Cf. S. Alphons. VI, 432; *Th. m.* II, 492 sqq.; Pruner, *Pastoraltheologie* I, 254 sqq.; Aertnijs in Nouv. revue théolog. t. 32 et 33 „De l'absolution sacramentelle".

R. 5. Relapsus ex mera interna fragilitate multo rarius ratio esse debet negandae vel differendae absolutionis, quam relapsus ex occasione externa ortus, etsi haec occasio non sit omnino libera. Nam si occasio fuerit libera, maxime si etiam continua seu „in esse", vix ille qui prima vice eam confitetur, absolvendus est ante occasionem efficaciter abiectam, minus etiam, qui fidem datam fregit atque relapsus est. *Th. m.* ibid. Cf. supra *cas.* 171 et infra *cas.* 177.

609 AD QUAESITUM 3^m R. 1. Videri poterit Conradus diligentiam aliquam sese emendandi adhibuisse, cum per hebdomadas se immunem servaverit a peccato consueto. Verum si ita, ut in casu, *constanter* egit, post unam alteramve hebdomadam semper relabens atque ita pergens usque ad tempus sequenti confessioni propinquum: confessarius omnino videre debet, ne fallatur. Nam haec agendi ratio suspicionem ingerit de defectu sincerae voluntatis seu propositi *absoluti* emendationis. Accidit enim aliquando, ut eiusmodi consuetudinarii et recidivi ex timore denegandae sibi absolutionis aliquo tempore ante con-

fessionem et post eam se contineant, ut confessario possint exhibere aliquod emendationis signum, sed continuo et semper sese continere in animo non fuerit. Quodsi ita re ipsa est, patet defuisse dispositionem necessariam, neque nunc de ea constare: neque censeo huiusmodi homines absolvendos esse, nisi nunc serius proponant et melioribus remediis uti parati sint. *Th. m.* ibid. 492.

R. 2. Ex ipsa Conradi experientia confessarius ansam sumere 610 potest tum exstimulandi eius animi tum proponendi remedii efficacioris. Eventus ostendit possibilitatem cum divina gratia per hebdomadas abstinendi a peccato; quod per hebdomadas possibile erat, erit possibile etiam postea, si modo fervor orandi in tentationibus ne tepescat et voluntatis vigor de novo excitetur. Proponat igitur confessarius praeter cotidianas orationes maxime fervidam B. Mariae Virginis immaculatae invocationem, quando tentatio institerit, frequentioremque accessum ad sacramenta, quo vires spirituales restaurentur et augeantur. Quodsi paratus sit paenitens circiter alternis hebdomadis (vel melius etiam quavis hebdomada) ad sacramenta (saltem ad confessionem) accedere, absolvatur. Si vero externae circumstantiae frequentiorem accessum ad sacramenta fieri non sinant, saltem quavis Dominica sumat Conradus certum tempus, v. g. horae quadrantem, quo coram crucifixo serio renovet propositum nunc in confessione conceptum vel vota baptismalia, per Christi passionem meritaque Beatae Virginis immaculatae imploraturus uberes gratias.

Doceatur etiam, ut, si contra praesens propositum infeliciter lapsus denuo fuerit, ut statim doleat contritione quantum possit perfecta, et ut quam primum post primum relapsum redeat ad confessionem.

Qui hoc vel simili modo seriam voluntatem ostendit, absolvendus potius quam differendus est.

RELAPSUS IN PECCATA (II).

Casus. (177)

Candidus compluries cum ancilla peccavit. Monitus ut ancillam dimittat, dicit statim se non posse, tum ne ipse se exponat diffamationi, tum ne ancilla in plateam eiiciatur; promittit se intra 2—3 menses id facturum. Qua promissione data, absolvitur. Verum postea timens difficultates domesticas et ancillae precibus exoratus eam retinet iterumque labitur. Quod nunc iam tertia vice ita egit. Nunc extra patriam in peregrinatione confitetur.

QUAERITUR 1° rectene egerit prior confessarius.

2° quid nunc cum Candido agendum.

Solutio.

AD QUAESITUM 1^m R. 1. Candidus ex praesentia ancillae ver- 611 satur in occasione proxima graviter peccandi, eaque occasio est ex parte libera, ex parte fortasse necessaria. Necessaria, moraliter loquendo, *pro aliquo tempore,* si re vera condiciones eae sunt, quas

Candidus dicit. Sed post breve tempus dici debet occasio libera, siquidem Candidi est, utpote heri, dimittere ancillam et quaerere causam quam praetendere possit, ne apud uxorem, si habeat, aliosve suspicionem incurrat. Immo si matrimonio iunctus non est, suspicionem apud alios fundatam non excitabit ancillae dimissio, nisi forte brevissimo tempore post recepta publice sacramenta haec fecerit, nulla alia causa exsistente. Quapropter rectissime institit confessarius, ut ancilla post aliquod tempus dimitteretur.

R. 2. Si quando iam exsistat rumor conversationis non honestae inter Candidum et ancillam, ancilla sane dimitti debet idque continuo, antequam Candidus absolvatur et ad ss. eucharistiam admittatur. Si autem suspicio tantum exsistat externe non fundata, potius pro aliquo tempore occasio necessaria est, neque obligari potest Candidus absolute ut *statim* ancillam dimittat, sed solum ut paulo post et interea sese mediis aptis praemuniat contra relapsum.

R. 3. Tempus 2—3 mensium per se satis diuturnum est, neque facile tantum spatium est concedendum. Quod si necessarium fuerit, eo magis confessarius prospicere debuit remediis aptis praescribendis, id quod numquam debet omittere. Adeoque praecipere debuit, ne umquam solus cum sola versaretur, ut orando auxilium divinum imploraret, et — quod non parvi momenti est — ut saltem tempore illo medio saepius rediret ad confessionem, v. g. alternis hebdomadis vel quolibet mense vel saepius, prout gravior vel levior est difficultas sese servandi a lapsu immunem. Quod si fecisset confessarius, Candidus rationem dare debuisset de incepta promissionis exsecutione, de soluto contractu conductionis cum ancilla, neque res potuisset tamdiu protrahi.

Ad quaesitum 2^m R. 1. Cum Candidus compluries fidem fregerit, eius solis promissis fidi nequit; ipsius igitur culpa est confessarium debere severius agere. Verum quidem est eum etiam nunc ex una parte esse in morali impossibilitate *ilico* ancillam dimittendi, maxime cum nunc peregre exsistat; et ex altera parte ei grave onus imponi per dilatam absolutionem, scilicet onus confessionis nunc factae integre repetendae, nisi facile redire possit ad eundem confessarium, qui in loco peregrinationis nunc munere fungitur. Quare si prima vice promissis non stetisset: existimo Candidum absolvi potuisse sub hisce condicionibus, 1) ut nunc seria omnino appareat voluntas dimittendae ancillae et interim adhibendorum remediorum quae supra notata sunt; 2) ut absolvatur quidem, sed non accedat ad s. communionem nisi domi, postquam contractum cum ancilla re ipsa solvisset et tempus quo brevius potuerit pro reali dimissione fixisset. Quodsi in suo loco confiteretur, existimo ei ne absolutionem quidem secunda vice dandam esse, nisi post contractum cum ancilla rescissum.

R. 2. Sed quoniam non semel, sed compluries Candidus promissis non stetit, ne in alieno quidem loco absolvendus est, sed incommodum repetendae confessionis potius sentire debet. Debuit enim Candidus scire sibi gravem hanc incumbere obligationem ancillae dimittendae. Quod si ne ante susceptam quidem peregrinationem hanc dimissionem resoluto contractu conductionis praeparavit atque incepit, parum bonae voluntatis etiam nunc ostendit. Differenda igitur est absolutio, dum obligationem suam sit exsecutus: nisi forte *extraordinarium* dolorem nunc conceperit et ostenderit, qui firmae voluntatis et constantis sufficiens sit indicium.

RELAPSUS IN PECCATA (III).

Casus. (178)

Cletus, iuvenis operarius in fabrica, sese accusat de multis pravis cogitationibus et desideriis atque sermonibus inhonestis. Iam per aliquot annos idem est animi status. Correptus a confessario dicit: Aliquot quidem dies post confessionem me immunem servavi; sed cum cotidie eiusmodi res audire debeam a sodalibus in fabrica, postea semper mea eadem fuit causa.

QUAERITUR possitne Cletus iterum iterumque absolvi, vel quomodo sit tractandus.

Solutio.

R. 1. Cletus, ut apparet, versatur in occasione, eaque hucusque proxima. Si eius condicio ea est, ut sui sit dominus atque pro suo arbitrio alio loco labores suos possit locare, ubi meliores habuerit sodales, insistendum est, ut hoc faciat. Nam experientia docuit eum difficulter usurum esse iis remediis, quibus in medio pravorum sodalium sese servet a peccatis immunem. — Verum si sui iuris non est neque efficere potest, ut parentes ipsum in alio loco collocandum curent; vel si sperari non potest fore ut alibi condicio sodalium sit melior: adest occasio necessaria, neque aliud quid relinquitur, nisi ut ea reddatur remota.

R. 2. Remota autem reddi potest occasio variis modis. Imprimis videri debet, num possit moneri dominus fabricae vel inspector seu ille qui invigilandi munus habet. Quodsi horum aliquis re vera vir honestus est, qui in mores suorum operariorum intendat, Cletus adigendus est, ut rem denuntiet uni ex illis, quo efficaciter praecaveantur excessus pravorum operariorum.

Sed si a domino et officialibus haec cura neglegitur, Cletus ipse se munire debet, ut non succumbat sollicitationibus aliorum. Ergo imprimis quoties ad fabricam accedat, sese ferventi prece Deo auxilioque B. Mariae immaculatae commendet; abstineat ipse ab omni verbo inhonesto, aliosque — si tantae auctoritatis vel audaciae est — perverse loqui incipientes increpet, quando nihilominus turpes res audire cogatur, mentem ab his avocet et ad Deum attollat. Si haec constanter agat, potest certe tentatione superior manere.

R. 3. Si quaeritur utrum etiamnunc denuo absolvi possit, an differri debeat, id pendet multum a remediis Cleto iam antea praescriptis eorumque usu vel neglectu. Nam si, monitus de obligatione pravos socios denuntiandi, hoc non fecerit, ne toties quidem absolvi debuit, quoties re ipsa absolutus est, atque nunc demum absolutio differenda, dum re vera denuntiaverit.

Si vero denuntiandi obligatio, utpote inutilis, urgeri nequit, videri debet quomodo remediis aliis usus fuerit. Si, ut videtur, in iis utendis neglegens fuerit, per se ad aliquod tempus, v. g. hebdomadam vel summum 15 dies absolutio differenda est, ut constantiorem se ostendat in usu mediorum: nisi forte timendum sit ne plane abalienetur a sacramentis; in quo casu de novo animetur ad constantem pugnam, et si serio promittat, potius statim absolvatur, monitus ut *saepius* redeat ad sacramentum paenitentiae.

Si vero longiore tempore fideliter usus remediis indicatis studuerit se purum conservare, quamquam postea relapsus: animetur denuo ad maiorem fervorem et frequentiorem recursum ad sacramenta; sed potius statim absolutio danda quam differenda est. Nam etsi externa adsit occasio, tamen *haec* Cleti condicio magnam similitudinem habet cum relapsu ex fragilitate interna: in qua, quoties sincerus actu est dolor firmumque propositum, absolutionem dare satius est.

CONFESSARIUS MONIALIUM (I).

Casus. (179)

Tancredus, confessarius monialium, reperit novitiam quae tentationibus contra castitatem et contra fidem vexata numquam audet sine confessione ad s. communionem accedere, et quoniam semel tantum in hebdomada confitendi occasio offertur, non quater in hebdomada, ut reliquae, sed semel tantum communicat; timet enim ne consensu conscientiam graviter maculaverit.

QUAERITUR rectene agat illa novitia, an corrigenda sit a Tancredo.

Solutio.

615 R. 1. Inspicere debet confessarius habitualem statum illius novitiae; si est bonae et constantis voluntatis — cuius dispositionis praesumptio magna est in novitia, quae sincere agens novitiatum suscepit —, eam securam reddere debet, ne timeat consensum et peccatum, nisi certa plane sit de consensu dato. Nam peccatum non in sensu consistit sed in consensu, neque consensus adest sine conscientia, cum non possit esse nisi a *sciente* et *volente*.

R. 2. Convenit igitur vel immo necessarium est ut Tancredus iubeat novitiam secure et audacter accedere ad s. communionem atque dubium seu timorem vincere, nisi plane certa sit vel iurare possit se consensisse. Quodsi hac in re inoboediens fuerit, de hac inoboedientia severe reprehendatur, immo puniatur; alioquin periculum est ne pessimum scrupulositatis habitum contrahat. Neque, si Tancredus praesto fuerit, novitiae aures praebeat, quoties dies s. communionis instet; debet enim discere ex sese vanos timores relegare.

R. 3. Quodsi novitia illa petierit alium confessarium a superiorissa, haec quidem hac vice morem gerere debet; confessarii tamen etiam extraordinarii est eam potius reprehendere vel etiam pro circumstantiis accessum denegare, si quando moraliter certus est non esse peccata, sed meros scrupulos, qui novitiam exagitent. Atque etiam superiorissa, quando novit novitiae scrupulositatem, etsi non possit eius petitioni illudere, tamen attentum reddere potest confessarium, qui eam nondum noverit, de nimia eius anxietate.

CONFESSARIUS MONIALIUM (II).

Casus. (180)

Aliam reperit monialem Tancredus, quae dicit se internis locutionibus frui, se multum in ipso confidere tamquam in duce, quem sciat sibi singulari Dei providentia datum esse; cupit cotidie s. communionem sumere, et praeter confessionem res suas internas una alterave vice in hebdomada familiari alloquio Tancredo exponere. Quae omnia ille libenter permittit.

QUAERITUR 1° rectene egerit Tancredus.

2° quid, si superiorissa de illa moniali ut garrula et superba queratur.

Solutio.

AD QUAESITUM 1ᵐ R. 1. Stulte egit Tancredus sine ulteriore examine haec omnia concedens. Debuit enim serio inquirere utrum inciderit in feminam fraudulentam seu deceptricem an deceptam et imaginariam an in solide spiritualem et extraordinariis gratiis a Deo ornatam.

R. 2. Laus illa sibi ipsi delata debuit a Tancredo potius pro suspecta haberi. Nam si ipse sibi hac in re placet et laudi muliebri inhiat, pro iusta poena Deus facile permittere potest, ut ipse decipiatur et postea cum ignominia cogatur recedere. Neque ille pruritus saepius cum confessario loquendi, idque extra confessionem, monialem illam commendat. Nam qui re vera extraordinarias gratias a Deo communicatas habent, eas quidem, ut per oboedientiam dirigantur, cum confessario vel directore spirituali communicant, verum id communiter ferunt graviter atque cum repugnantia faciunt, neque familiaritatem quaerunt, sed — nisi forte ipse confessarius maioris commodi causa aliter proposuerit — cum confessario in confessionali tractare satagunt. Cf. *Th. m.* II, 504. 505.

AD QUAESITUM 2ᵐ R. 1. Etiam in tali accusatione confessarius rem sobrie et prudenter diiudicare debet. Aliquando personae vere et extraordinarie piae severius ab aliis iudicantur, ita ut, quod in aliis haberetur pro virtutis exercitio, in iis habeatur pro vitio, neque severi illi censores satis aestimant etiam in sanctissimis personis defectus aliquos indeliberatos reperiri posse.

R. 2. Nihilominus si defectus graviores sunt et cum maiore advertentia commissi, extraordinaria sanctitas atque dona quasi extraordinaria a Deo accepta suspecta fiunt. Imprimis oboedientia et hu-

militas probatio est, ex qua vera a falsa sanctitate distinguatur.
Quare si praetensa dona Dei monialem illam reddant superbam, satis
certo dici debet adesse illusionem sive a propria phantasia sive a
daemone excitatam.

POST DIUTURNAM VITAM SANCTAM MISERE LAPSUS.

Casus. (181)

Agatha pia mulier, singularibus Dei donis et gratiis dotata, paulatim sibi nimis fidens misere lapsa carnaliter peccat, atque famae detrimentum timens per menses sacrilegia sacrilegiis auget: dum tandem publicis exercitiis excitata statum suum deplorans confessario aperit. Qui lapsus profunditatem ex priorum Dei donorum magnitudine aestimans confessam paenitentiis opprimit atque in magnam conicit animi deiectionem.

Quaeritur 1° quomodo generatim tractandus sit, qui post vitam diu integram peractam misere labatur.

2° quid in specie de Agatha eiusque confessario iudicandum sit.

Solutio.

618 Ad quaesitum 1ᵐ R. 1. Contendere quidem debet confessarius, ut is, qui post fervorem spiritus et vitam sanctam misere lapsus fuerit, non solum simpliciter ad statum gratiae redeat, sed ut etiam ad pristinum fervorem revocetur. Quod longe difficilius est apud eum, qui *paulatim* tepescens demum ad gravem lapsum pervenerit, quam apud eum qui *subita et vehementi tentatione* fuerit superatus.

R. 2. Imprimis autem eiusmodi homo animandus est ne animo deiecto virtutis exercitia fastidiat. Si autem sibi quidem multum diffidens, at magnam in Dei misericordiam fiducia erectus fuerit — ad quod sane iuvat perpendisse, quam liberaliter Deus ad conversionem utcumque seriam omnem sanctificantis gratiae habitum plene restauret —: stimulari utique potest, ut novo fervore atque maioribus paenitentiae operibus damnum resarciat atque ex lapsu ansam sumat maioris sanctitatis. Quo igitur eiusmodi homo minus proclivis est ad pusillanimitatem, eo acrius urgeri potest ad vivum dolorem concipiendum et protrahendum; quo magis autem natura pusillanimus est, eo magis ad magnam spem et fiduciam debet erigi.

619 Ad quaesitum 2ᵐ R. 1. Cum Agatha pudore et timore victa iam multa sacrilegia cumulasset, ad rem non erat eam magis etiam deprimere; sed ante omnia animanda erat, ut non obstantibus gravissimis peccatis magnam fiduciam in Deum et Christi merita conciperet, quae infinities crimina etiam longe plura et maiora excedunt. Quare melius egisset confessarius, si moderatam paenitentiam imposuisset, addens reliqua se ipsius libero arbitrio atque erga Deum liberalitati relinquere velle.

R. 2. Attamen ex altera parte etiam cavere debebat confessarius, ne Agatha lapsum parvipenderet, sed omnino inducenda ne sineret e memoria elabi gravissimam suam culpam non eo fine, ut animo desponderet, sed ut suam propriam abiectionem et infirmitatem sentiret, extolleret divinam misericordiam et bonitatem. Cf. *Th. m.* II, 502. Cf. egregia monita apud Reuter, *Neo-conf.* n. 246.

CONFESSARIUS MORIBUNDORUM (I).

Casus. (182)

Sigibertus octogenarius, cum sanus decubuisset, noctu evigilans repente sentit se male habere atque iubet parochum vocari. Qui cum veniret, Sigibertus sensibus destitutus est. Quare parochus, qui ante 15 dies eius confessionem exceperat, sola extrema unctione eum munit. Qua vix finita, Sigibertus decedit.

Ad Sergium vocatus, qui a duobus annis confessus non erat neque nunc desiderium reconciliationis dare potuit, eo quod sensibus destitutus repertus sit a cognatis, parochus solam condicionatam absolutionem concedit: de quo ab amico reprehenditur.

Similiter nuntium accipit de Saulo moribundo, qui vetuerat, ne sacerdos apud se admitteretur. Nunc vero ad sensibus destitutum filia parochum vocat: qui hunc condicionate absolvit et ungit; quod etiam facit ad preces filiae cum viro acatholico.

QUAERITUR 1° quae sint regulae circa absolutionem moribundorum.
2° quid de singulis casibus iudicandum.

Solutio.

AD QUAESITUM 1^m R. 1. Cum extra mortis periculum moraliter 620 *constare* debeat confessario de actibus paenitentis ad paenitentiae sacramentum necessariis, i. e. de debita confessione seu accusatione, et de dolore eiusque sinceritate: in periculo seu articulo mortis sufficit, ut cum aliqua etiam valde tenui probabilitate iudicari seu sumi possit actus necessarios et disponentes adesse seu adfuisse, quo liceat vel debeat dari absolutio saltem condicionata. Denegari autem etiamtum debet absolutio, quando constat de indispositione et quando nulla ratione suadetur adfuisse actus necessarios.

Ratio prioris asserti est, quia sacramenta sunt propter homines et, ubi salus aeterna periclitatur, extrema tentanda sunt; neque profanatio sacramenti est, quo tentato, homo fortasse pro tota aeternitate salvatur.

Ratio asserti posterioris est, quod, ubi nulla probabilitas est sperandi effectum sacramenti, frustra fieret tentamen: quae collatio sacramenti non esset, sed profanatio. Neque in sola imaginaria possibilitate fructus collocari potest facultas sacramenti conferendi, sed humano modo humana sunt tractanda.

R. 2. Hinc facile patet absolvendum esse eum non solum qui coram sacerdote signa aliqua doloris prodit, quae in hisce circumstantiis simul sunt sufficiens accusatio seu absolutionis petitio, sed etiam ille qui coram aliis haec signa dedit atque advocandi sacerdotis voluntatem manifestavit.

Ita expresse monet Rituale Rom., *Ordo ministrandi sacr. paenit. § penult.:* "vel etiam si confitendi desiderium sive per se sive per alios ostenderit, absolvendus est."

621 R. 3. Difficilior res est, quando quis morbo ita praeoccupatus fuerit atque sensibus destitutus, ut nullum signum sui desiderii dare potuerit neque possit. Nam secundum doctrinam communiter receptam ad valorem et fructum sacramenti paenitentiae pertinet non solum internus de peccatis dolor, sed etiam eius aliqualis manifestatio talis quae pro quadam generica accusatione seu confessione haberi possit. Unde fit, ut, ubi praecedens absolutionis desiderium certo manifestari non potuerit neque nunc possit, absolutionem, si proferre liceat, non liceat nisi *condicionate*.

R. 4. Attamen, maxime ex tempore S. Alphonsi et ex eius auctoritate, practice facillime licebit ita condicionate absolvere, quia habetur aliqua explicatio, etiamsi non multum probabilis, actuum sufficientium. Nam: 1) internus dolor merito praesumitur, nisi probetur contrarium; isque etiam elici potest, etsi forte *videatur* moribundus ratione destitutus: siquidem signa rationis deficientis sunt fallacia. 2) Desiderii habendae absolutionis manifestatio *fortasse sufficiens* (etsi non multum probabiliter) sumitur a) ab aliis ex suspiriis, oculorum nutibus, quae moribundus fortasse ediderit vel edat etiamnunc in hunc finem, etsi adstantes ea non valeant discernere; b) ab aliis ex serie actuum praecedentis vitae, ex quibus satis colligere possit moribundum voluisse saltem mori in pace Ecclesiae adeoque pro mortis tempore desiderasse absolutionem: quod si ex praecedenti vita *colligi* possit, manifeste haberi illius desiderii externam significationem seu expressionem.

622 R. 5. Unde ex S. Alph. VI, 482 sic condicionate absolvendus est 1) qui christiane vixerit;

2) etiam ille qui parum christiane vixerit, quem tamen constat *voluisse mori in pace Ecclesiae catholicae;*

3) immo ille catholicus qui in ipso actu peccati sensibus destituatur: siquidem secundum S. Alph. l. c. n. 483 praesumi potest etiam hunc, si forte lucidum intervallum habuerit, in proximo periculo aeternae damnationis constitutum, desideraturum esse omni modo suae aeternae saluti consulere, neque constare eum eiusmodi lucidum intervallum non habuisse;

4) ex quo concludi potest — quamquam S. Alph ibid. severius loquitur — idem fieri posse cum homine baptizato acatholico sensibus destituto, si positiva adfuerint indicia eum in bona fide circa suam sectam versari atque auxilium catholici sacerdotis libenter admissurum. Attamen id restringendum videtur ad casum, quo contigerit ut ante rationis destitutionem ille homo coram sacerdote sese *declaraverit* peccatorem vel se de peccatis commissis dolere; alias enim in homine acatholico, qui sacramentum paenitentiae abhorret, ne implicite quidem habebis ullam confessionem et absolutionis desiderium manifestatum. Th. m. II, 515.

AD QUAESITUM 2ᵐ R. 1. Quoad *Sigibertum* male egit parochus 623 eum non absolvendo; nam quod ante 15 dies fuerit absolutus, nulla erat causa cur non nunc denuo absolveretur, cum adfuerint signa quae satis exprimerent eius accusationem et absolutionis recipiendae desiderium.

Nihilominus aeternae eius saluti — etsi forte post ultimam confessionem in peccatum lapsus fuerit — provisum est per extremam unctionem, quae, si modo adfuerit internus de peccatis dolor, etiam pro absolutionis valore necessarius vel si ille postea accesserit, moraliter certo peccata delet. Verum, si Sigibertum reperit adhuc viventem, parochus absolutionem etiam conferre debet.

R. 2. Quoad *Sergium* parochus recte egit *condicionate* absolvendo; 624 nam ex una parte nullatenus certum erat, immo erat parum probabile omnia ad valorem absolutionis praestita a Sergio esse; quare non absolute sed summum condicionate absolvendus erat: ex altera tamen parte, quia non constabat certo de defectu, hanc condicionatam absolutionem etiam tentare potuit et debuit.

Sed merito reprehenditur ab amico quod non etiam unctionem dederit. Nam si sumere potuit Sergium in ultimo momento ad meliorem frugem esse conversum, extrema unctione non erat indignus; quoad efficaciam vero in nostro casu haec erat absolutione longe securior. Nam sufficit pro eius efficacia dolor internus qui praecesserit, vel immo qui sequatur; externum signum ex parte moribundi certo requiritur nullum. Si autem propter diuturnam Sergii abalienationem ab officiis christianis parochus scandalum timebat, poterat et debebat explicationem dare atque extremam unctionem etiam clam administrare.

R. 3. Si *Saulus* usque ad ultimum rationis usum positive re- 625 iecit omne sacerdotis auxilium, non puto sacramenta ei administranda esse, ne condicionate quidem; orandam tamen esse enixe pro eius anima Dei misericordiam quae, si eum ad sui conscientiam reduxerit et ad dolorem internum moverit, etiam usque ad contritionem perfectam potest permovere. Haec soli divino iudicio relinquenda sunt; pro humano iudicio ad participationem bonorum, quae constanter repulit, non videtur admittendus.

Si vero cum aliqua probabilitate nunc ad se redierit et videatur aliquod doloris signum edere, etsi dubium, tamen tentanda sunt omnia. Sed etiam in hoc casu parochus 1) condicionate tantum sacramenta administrare potest, 2) unctionem etiam clam tantum, ne aliis sit scandalo. — Quod idem dici potest, si iussio arcendi sacerdotes diutius antecessit extremum statum moribundi, ita ut dubium sit, num in hac pessima voluntate Saulus permanserit.

R. 4. Quoad virum acatholicum, de quo in ultimo casu sermo 626 est, aliqua ratio tentandi sacramenta fortasse sumi potest ex catholica filia. Ab ea enim quaeri potest, num pater de rebus catholicis instructus fuerit, utrum aversionem continuo ostenderit, an potius spem probabilem fecerit ante mortem amplectendae fidei catholicae:

num forte filia cum patre brevi ante dolorem de peccatis elicuerit, paterque cum ea id fecerit. Quodsi haec affirmans respondere filia potest, puto absolutionem condicionatam dari posse; extremam unctionem tum tantum, quando de ea specialiter audierit moribundus eamque probabiliter lubens admissurus fuerit.

CONFESSARIUS MORIBUNDORUM (II).

Casus. (183)

Cunibertus graviter aegrotans diuturnae vitae peccata, quae eousque conscientiam oneraverant, confessione diluit. Administratis rite omnibus sacramentis, parochus aegroto valedicit neque festinat aegrotum per hebdomadas adhuc vitam protrahentem visitare, neque aegrotus audet eum saepius accersere, ne videatur compluries eo opus habere, quamquam conscientiae tranquillitate non fruitur.

QUAERITUR 1° moribundi, sacramentis muniti, sintne ulterius iuvandi et quomodo.

2° quid de casu nostro dicendum.

Solutio.

627   AD QUAESITUM 1ᵐ R. 1. Rituale Romanum *bis* monet frequentem aegrotorum visitationem. Statim ab initio, ubi agit de cura infirmorum, dicit: „ultro ad illum accedat, idque non semel tantum sed saepius, quatenus opus fuerit." Dein cum describit modum iuvandi morientes, iterum monet gravius: „Ingravescente morbo, parochus infirmum frequentius visitabit . . . monebitque instante periculo se confestim vocari, *ut in tempore praesto sit morienti.*"

R. 2. Haec parochi obligatio qua gravitate obliget, pendet a diversis tum parochi tum aegroti circumstantiis. Id tamen attendere debet parochus tempore mortis graviora esse pericula tum ex infestatione diaboli, tum ex infirmitate aegroti, tum ex irreparabilitate damni quod incurritur.

R. 3. Pius parochus vel confessarius sane non id solum attendit, ut aegrotus restituatur in statum gratiae apud Deum, sed conatur etiam, ut brevis illius quod restat temporis bono usu aegrotus divinis meritis crescat atque actibus virtutum repetitis et perfectis aeternae vitae praemia quam plurimum augeat. De quo cf. *Th. m.* II, 520 sqq.

628   AD QUAESITUM 2ᵐ R. 1. Qui longae vitae peccata demum, cum graviter aegrotat, confitetur, raro omnium recordatur: quapropter plerumque postea memoriae occurrent alia atque alia, quae oblitus erat et quae nunc cupit confessario manifestare. Immo re ipsa haec confitendi in periculo mortis gravis obligatio est, quia, nisi nunc ea accuset, in periculo est, ne numquam ea confiteri possit. Cunibertus, cum in hisce circumstantiis esset, ex hac ratione a parocho denuo visitari iam plane debuit.

R. 2. Qui longam vitam in peccatis duxit, contractis pravis habitibus, in maiore periculo est post reconciliationem cum Deo denuo labendi. Et quamquam sacramenta morientium peculiare auxilium moribundo conferunt, tamen pericula lapsus non plane evanescunt. Ex quo nova oritur ratio, cur parochus Cunibertum frequentius visitare debeat. — Ipse vero Cunibertus, respectu humano postposito, debuit parochum aliumve sacerdotem accersere, neque timere ne suspicionem contra se excitaret. Nam spirituale auxilium sacerdotis in periculo mortis identidem desiderare nullatenus signum est conscientiae oneratae sed conscientiae tenerae et providae propriae salutis curae.

R. 3. Parochus studere quidem debet ut, quantum fieri per circumstantias possit, praesto sit in ipsa morte, et saltem, si novum signum doloris moribundus dederit absolutionemque desideraverit, hanc identidem illi concedere. Immo S. Alphons. in ipsa sensuum destitutione, quando periculum mortis actu *instat*, si moribundus diutius sensibus destitutus videatur iacere, ter quaterve in die absolutionem condicionate repeti posse dicit: l. c. n. 482 et *Hom. apost.* tr. 16, n. 37, suggestis antea actibus virtutum theologicarum et contritionis, si forte re ipsa sui compos sit loquentemque percipiat.

R. 4. Quoniam vero parochus aliquando neque ipse praesens esse neque alterum sacerdotem mittere potest, et quoniam numquam abest periculum ne, dum advocetur sacerdos, moribundus exspiret: parochi officium est instruere aliquam personam piam ex cognatis aegroti vel quae aegroto serviat, ut saepius, imprimis morte instante, praeeundo cum illo eliciat breviter actus fidei, spei et maxime caritatis contritionisque perfectae. Sic enim vel meritum aegroti augebit vel eum, si forte aliqua tentatione victus lapsus fuerit, in statum gratiae et meriti restituet atque pro aeterna vita salvabit. *Th. m.* II, 647.

CONFESSARIUS MORIBUNDORUM (III).

Casus. (184)

Getulius, qui a quinquaginta annis religionem non amplius exercuit, catholice tantum baptizatus, graviter nunc aegrotat. Puer, orbatus parentibus, inciderat in seductorem ac brevi ipsemet omnibus vitiis plenus pessimam vitam duxit, bona tamen fortuna usus est ex matrimonio cum ditissima puella contracto; cui tamen non diu fidem servavit atque etiam nunc praeter uxorem pellicem domi retinet. Sacerdos eum visitans primo superbe repellitur; iterata visitatione, suscipitur placatius, sed quando de confessione sermonem instituit, audit ab aegroto hanc esse nunc impossibilem, ceterum de religione christiana aegroto vix quidquam notum amplius esse comperit. Cum vero mox res eo devenerit, ut medicus iudicet non ultra diem Getulio vitae superesse neque id tuto aegroto dici posse, sacerdos modum quaerit quo quam suavissime rem ad bonum exitum perducat.

Quaeritur 1° quo modo confessio satis integra a moribundo obtineri possit.

2° quid imponi debeat moribundo circa reparandum scandalum et occasionem peccati removendam.

3° quomodo confessarius in circumstantiis Getulii agere debeat.

Solutio.

630 AD QUAESITUM 1^m R. 1. Quae *materialis* integritas in moribundo procuranda et quomodo in ea insistendum sit, multum pendet a viribus moribundi. Nam non ea integritas requiritur quae vires paenitentis secundum statum, in quo nunc est, moraliter superet, sed sufficit ea quam moraliter praestare potest. Quando igitur valde debilis est, non debet fatigari, sed sufficit confessario graviora intellexisse, imposita obligatione ut pro casu reconvalescentiae defectum suppleat, vel quae postea sponte memoriae recurrerint, data occasione proferat.

R. 2. Quando agitur de moribundo, qui habetur pro homine pie catholico a tempore brevi confesso, sed quem nunc confessarius reperit multis sacrilegis confessionibus implicatum: si confessio diu protracta suspicionem excitaret, licebit similiter abbreviata confessione uti, supplemento reiecto in tempus posterum. S. Alph. VI, 260.

R. 3. Qui horret confessionem et a religionis exercitio diu alienatus est, a confessario prudenti aliquando iuvari potest alio modo, ut scilicet aegrotus dextre inducatur ad narrandam seriem vitae suae amice: paucis adiectis interrogationibus facile supplebit confessarius narrationem eo usque ut pro statu actuali moribundi sit confessio sufficiens. Quodsi declarare poterit aegroto confessionem iam esse factam, superesse tantum ut doleat Deumque deprecetur: aegrotus non raro mirabitur, sed fortasse non ita difficulter adducetur, ut de peccatis doleat atque instantem aeternitatem sibi reddat securam.

631 AD QUAESITUM 2^m R. 1. Si scandalum consistit in sola a religione abalienatione, neque certae sunt restitutiones et reparationes honoris laesi etc. faciendae: sola publica sacramentorum ad infirmum delatio in illo momento habetur pro scandali reparatione.

R. 2. Si adest occasio peccandi proxima publice nota, v. g. concubina retenta domi, per se etiam a moribundo exigi debet, ut hanc dimittat et eiciat, antequam absolvatur; quod si ob aliquam causam impossibile fuerit, coram testibus declarare debet se, quam citius fieri possit, eam dimittere velle, neque nunc sinat eam sibi ministrare vel secum conversari.

R. 3. Si occasio peccandi adest occulta, atque instantanea dimissione diffamatio oriatur — id quod tum facile fieri potest: haec quidem dimissio non est exigenda, sed eo diligentius cavendum ne occasio moribundo maneat occasio formalis. Quapropter interdicendum est quodlibet cum eiusmodi persona commercium, eique prohibendus accessus ad aegrotum, nisi forte contrahendo matrimonium occasio possit auferri. Ipse confessarius autem a violando sigillo cavere debet atque propterea generatim impedietur quominus proprio marte quidquam faciat. Cf. Reuter, *Neo-conf.* n. 211, 6.

632 AD QUAESITUM 3^m R. 1. Quoad occasionem peccandi auferendam res diiudicanda est secundum modo dicta.

R. 2. Quoad confessionem sacerdos, si se in fiduciam Getulii insinuaverit, eum fortasse inducere potest ut seriem eorum quae gessit, amice narret: quod si fieri potest, optime res componitur. Si id vero fieri nequit, sacerdos, fervida oratione ad Deum effusa, obtestetur aegroto se quasdam tantum interrogationes facturum esse atque leviter omnino sine fatigatione se confessionem procuraturum.

R. 3. Si igitur utcumque confessio facta fuerit, restat ut in reliquis actibus iuvetur. Videri debet num necessarias saltem veritates revelatas Getulius teneat; alioquin dextre circa eas instruendus est: quod fieri potest per modum adhortationis. Quando ad actus doloris et caritatis elicitos res perducta fuerit, confessarius absolvat et praeparet aegrotum, si opus sit, ad reliqua sacramenta recipienda.

R. 4. Quodsi aegrotus ne tum quidem necessarias obligationes implere vult, etiam in mortis articulo sine absolutione dimittendus et divinae misericordiae commendandus est. Si vero postea signum aliquod, utut leve, mutatae voluntatis appareat et loquela iam deficit, absolvatur sub condicione.

DE INDULGENTIIS.

Casus. (185)

Disceptatio et diversa praxis est inter Achatium et Aeneam circa indulgentias earumque valorem. Prior nihil antiquius habet, quam ut paenitentes suos excitet ad quam plurimas indulgentias lucrandas et die Portiunculae ad ingrediendam et egrediendam quam frequenter ecclesiam, ut quilibet aliquot saltem decades animarum e purgatorio liberet. Aeneas e contrario has praxes parum aestimat, esse rem dubio plenam, num valor re vera usque ad poenas alterius vitae *exstinguendas* pertingat; alioquin vix ullum catholicum purgatorio esse addicendum, cum vix ullus sit, cui non applicetur plenaria indulgentia in articulo mortis; immo ex dictis sanctissimarum personarum dubium illud confirmari, cum S. Theresia quondam divinitus compererit praeter se unum hominem tantum plenariam iubilaei indulgentiam lucratum esse; hos duos vero certo vix ullum poenae temporalis reatum habuisse.

QUAERITUR 1° quid sit indulgentia.

2° quae sit eius efficaciae certitudo.

3° quid de praxi et opinione Achatii et Aeneae sit dicendum.

Solutio.

AD QUAESITUM 1ᵐ R. 1. Indulgentia secundum genuinum et verum conceptum est remissio poenae temporalis post remissam culpam coram Deo residuae, quam Ecclesia extra sacramenta vi potestatis clavium exstinguit.

R. 2. Quae indulgentia distinguitur plenaria et partialis. Plenaria, qua omnis poena temporalis condonatur; partialis, qua certa poenae temporalis mensura remittitur. Fieri igitur potest, ut indulgentia, quae partialis dicitur, re ipsa fiat in certo homine eam lucrante plenaria, scilicet quando ille maiorem poenae reatum non habet.

Partialis autem indulgentia aestimatur secundum dies, annos, ita ut concedi soleat indulgentia *100, 300 etc. dierum;* vel *7, 10, 40, 100 etc. annorum,* quibus non raro addantur *totidem quadragenae.* — Quibus exprimitur ex poena temporali adhuc luenda tantum remitti, quantum per antiquas paenitentias canonicas tot dierum et annorum coram Deo censeatur solutum seu exstinctum. Quadragenae, quae adduntur, significant severiorem paenitentiam 40 dierum quae ultra communem paenitendi modum solebat imponi. Cf. Beringer, *Die Ablässe* ed. 12, pag. 57. 805.

R. 3. Remissio illa temporalis poenae fit per solutionem ex thesauro Ecclesiae, qui constat ex infinitis meritis et satisfactionibus Christi, quibus accedant secundarie merita et satisfactiones B^{ae} Virginis Mariae et Sanctorum. Quam solutionem praestant pastores Ecclesiae, imprimis Romanus Pontifex, summus pastor et claviger thesauri Ecclesiae; cardinales et episcopi secundum hodiernam disciplinam solummodo intra limites valde artas.

634   R. 4. Remissio illa seu indulgentia conceditur sub certis condicionibus iis qui has condiciones impleverint; quando vero hoc specialiter conceditur a largiente indulgentiam, indulgentiam etiam aliquis pro defuncto lucrari potest.

Applicatio autem pro vivis fit aliter, aliter pro defunctis. Vivi enim, si sibi volunt lucrari indulgentiam, *absolvuntur* per Summum Pontificem a tanto reatu poenae, ita ut ipse Pontifex simul ex thesauro Ecclesiae *solvat;* defuncti non absolvuntur per potestatem iudicialem Pontificis, sed pro iis eorumque poena temporali residua *tantum solvitur* ex thesauro Ecclesiae Deoque offertur, quantum per certam illam indulgentiam enuntiatur. Hinc in indulgentiis pro defunctis habetur sola solutio Deo *oblata;* in indulgentiis pro vivis habetur primo et immediate absolutio, quae tamen efficax fit per solutionem ex thesauro Ecclesiae Deo factam.

635   Ad quaesitum 2^m R. 1. In genere certum est Ecclesiam habere potestatem dandae indulgentiae, adeoque de eius efficacia coram Deo in genere dubitari nequit. Huc spectant damnati errores: Petri Oxom. *prop. 6 a Sixto IV damn.;* Lutheri *art. 17—22 a Leone X proscripti; prop. 40—43* Concilia b. Pistor. *a Pio VI damnatae.* Atque inde consequens est indulgentiam etiam ei prodesse cui conceditur, maxime si agitur de indulgentia pro vivis. Quas veritates *fidei proximas* esse, vide Mocchegiani a Molsano *Collect. indulgentiarum* n. 12.

R. 2. Possunt autem rationes occurrere, quae effectum indulgentiae impediunt, idque vel ex parte concedentis vel ex parte lucraturi. *Ex parte concedentis* seu exercentis potestatem potest error esse in causa, quo fiat ut indulgentia vel non valeat vel *non tanti* valeat. Nam potestas illa remittendae poenae temporalis non potest fieri arbitrarie, cum ipse Summus Pontifex non sit dominus, sed dispensator ecclesiastici thesauri, neque condonare potest illam poenam *nisi ex iusta causa.* Causa saepe sumitur ex ipso exercitio boni operis, quod tamquam condicio a fidelibus postulatur. Et quamquam videtur ad valorem indulgentiae non plus requiri, nisi ut qui concedit, *prudenter iudicet* iustam causam et proportionatam subesse, tamen ne id quidem certum est, si re ipsa causa coram Deo non fuerit sufficiens, neque Summi Pontificis iudicium hac in re est infallibile. Cf. *Th. m.* II, 535. Verum, si indulgentia concessa in hoc casu non valeat ad *tantam* remissionem, valebit tamen ad *aliquam*.

Ex parte lucraturi indulgentias defectus varii possunt occurrere: 636
1) ut non impleverit ipsas condiciones seu opera praescripta;

2) ut ipse culpae reatus nondum sit remissus: quod si ita est, impossibile est obtinere efficaciter indulgentiam. Hoc igitur imprimis valet de eo qui non sit in statu gratiae; sed etiam in eum qui in statu quidem gratiae est, at peccatis venialibus quoad culpam non deletis obnoxius, plenum suum effectum indulgentia exercere nequit. Attamen ille qui indulgentiam plenariam propter peccati venialis obstaculum non lucratur plene, eam nihilominus lucrari potest minus plene, scilicet relate ad remissionem poenarum, quae peccatis quoad culpam iam deletis ex se debentur.

3) Relate ad defunctos res est etiam magis incerta: possunt enim occultae rationes iustitiae divinae obstare, quominus solutio oblata pro certa aliqua anima acceptetur, vel quominus ad effectum totalem acceptetur. Sed si opus praescriptum impletum est a vivis neque ex parte causae clavis totaliter erraverit, *aliquod* suffragium defunctis semper fertur, si minus illis animabus quas qui opera ponit forte intendat iuvare, saltem aliis pro divinae voluntatis beneplacito.

Ecclesiam nullatenus velle auxilium undequaque certum promittere, habes ex *Resp. S. C. Indulg.* d. d. 28 Iulii 1840 (*Decr. auth.* n. 283): „Per indulgentiam altari privilegiato annexam, si spectetur mens concedentis et usus potestatis clavium, intellegendam esse indulgentiam plenariam, quae animam statim liberet ab omnibus purgatorii poenis; *si vero spectetur applicationis effectus, intellegendam esse indulgentiam, cuius mensura divinae misericordiae beneplacito et applicationi respondet.*" *Th. m.* II, 532.

Idem colligitur ex Constit. B e n e d. XIV *Pia mater* d. d. 5 Apr. 1747, in qua amplam quidem dat facultatem impertiendae indulgentiae in articulo mortis; sed sedulo monet etiam, ut Christifideles moneantur et frequenter instruantur, *„quam incertum sit, . . . etiam an indulgentiam, licet externo ritu sibi applicatam, cum effectu sint percepturi"*.

AD QUAESITUM 3^m R. 1. Quoad praxim lucrandarum indulgen- 637 tiarum ex utraque parte extrema vitanda sunt, ne scilicet earum usus parvipendatur, neve tota sanctitas in colligendis indulgentiis collocetur.

Exstinguere poenas temporales peccatis debitas nobilis quidem finis est, immo proficisci potest ab eximia in Deum caritate; atque si studium fertur in iuvandos defunctos per indulgentias, eo ipso habes caritatis exercitium nobilissimum. Hinc non una solum sed complures et variae virtutes christianae in studio lucrandarum indulgentiarum possunt exerceri. Attamen sunt fines formaliter altiores et nobiliores, quam ille finis exstinguendae poenae temporalis. Quae exstinctio ad sanctitatem *secundarie* spectat. Quae autem principaliter et directe tendunt in augmentum caritatis et gratiae sanctificantis, sane excellentiora sunt; et quae disponunt homines ad tollenda obstacula frequentis et heroicae caritatis exercendae, adeoque internam ipsam sanctitatem promovent, praeferri merentur. Quodsi cum his exercitiis simul acquiri possunt indulgentiae, id sane eo melius est.

638   R. 2. Cum die Portiunculae re vera *toties quoties* offeratur indulgentia plenaria defunctis etiam applicabilis, certe christianae pietati ac caritati omnino consentaneum est, ut qui facile possit neque certa quaedam officia propterea neglexerit, saepius studeat hoc modo defunctis in purgatorio exsistentibus iuvamen afferre. Ipsa *S. C. Indulg.* laudat pietatem hominum simplicium, qui post brevem orationem in ecclesia eo die privilegiata fusam egrediantur, ut statim revertantur et denuo preces fundant. Attamen Achatius abstinere debet a calculando numero eorum quos unus aliquis ex suis paenitentibus e purgatorio in caelum mittere possit. Nam ex iis quae supra dicta sunt, haec res est valde incerta, et quamquam ab Ecclesia Deo tantum offertur ex satisfactionibus Christi, quantum sufficiat ad unam animam e purgatorio liberandam, idque toties, quoties quis repetat preces cum visitatione ecclesiae, tamen nescitur ad quem effectum haec omnia a Deo acceptentur.

639   R. 3. Aeneas vero omnino errat contra indulgentias atque sentit modo piarum aurium offensivo, immo in haeresim ducente: quasi indulgentia non valeat ad exstinguendas poenas alioqui Deo in purgatorio solvendas. Etsi dubium moveri potest de extensione et amplitudine valoris in certo casu, tamen in genere indulgentiae efficacia est certissima.

R. 4. Quod autem dicit Aeneas purgatorium cotidie exhauriri, si indulgentiae valeant: in eo id latet veri, incertum esse, atque vix probabile, *omnes* indulgentias *secundum totum valorem* qui offertur, defunctis applicari; immo etiam improbabile esse vivos sibi lucrari omnes indulgentias secundum totum valorem enuntiatum. Quod posterius habeo pro verissimo ex hac sola ratione, quod raro invenitur homo, qui ab omni *veniali culpa* sit immunis. Veniales autem culpae etiam solae, quibus obnoxius aliquis decesserit, causa sufficientissima esse possunt, cur longissimum et acerbissimum purgatorium sit tolerandum.

Ecclesia autem seu Summus Pontifex largissima manu thesaurum spiritualem quasi profundit, Deo plenissime et multoties offerens solutionem pro poenis temporalibus iustorum, ut, quod una oblatione non obtineatur, fortasse iterata et saepius iterata oblatione demum obtineri possit.

R. 5. Dictum S. Theresiae optime explicatur ex iis quae monui circa peccata venialia. Sed inde non sequitur non fuisse quam plurimos, qui iubilaeum minus plene lucrati sint et lucrentur.

INDULGENTIARUM CONDICIONES ET OPERA PRAESCRIPTA.

Casus. (186)

Anatolia, pia mulier, quam plurimas studet lucrari indulgentias pro animabus purgatorii. Cum igitur die 2 Aug. sit festum Portiunculae et simul Dominica, qua incipit extraordinarium iubilaeum: quo devotius rem peragat die 1 Aug. mane, ubi confluxus tantus non est, confitetur et s. communionem sumit; et sequenti die frequenter visitat ecclesiam ibique quinquies *Pater* et *Ave* recitat pro lucrandis indulgentiis tum Portiunculae, tum iubilaei, tum alias ad quas titulo confraternitatum atque piarum precum per mensem fusarum titulum habet.

QUAERITUR 1° sufficiatne confessio et s. communio pridie facta, ut die sequenti Anatolia indulgentias lucrari possit.

2° eadem confessio et communio sufficiatne pro indulgentiis utrique diei annexis.

3° quae et quanta oratio requiratur ad intentionem Summi Pontificis fundenda. Satisne sit mentaliter orare.

Solutio.

AD QUAESITUM 1^m R. 1. In indulgentiis *iubilaei* quodlibet ex operibus praescriptis fieri debet intra tempus pro iubilaeo assignatum: quod incipit a primis vesperis primi diei indicti, i. e. in nostro casu tempore vespertino sabbati ante 2 Aug.

R. 2. Pro aliis indulgentiis confessio atque etiam communio die antecedenti iam fieri potest, si modo reliqua praescripta opera ipso die assignato peragantur: dies autem assignatus aliquando currit a I vesp. (i. e. pridie a vesperis) usque ad crepusculum vespertinum ipsius diei, aliquando a media nocte ad mediam noctem. Ex Raccolta etc. ed. anni 1898, *Praenotanda* n. V, 3. 4. *S. Congr. Ind.* d. d. 6 Oct. 1870 decrevit sive solam confessionem sive confessionem et communionem fieri posse die immediate praecedenti eam, cui quaecumque indulgentia concessa sit. Pro indulgentia *Portiunculae* sufficit confessio a die 30 Iulii facta. Ibid. pag. 557.

R. 3. Pro iis qui quavis hebdomada confiteri solent, sufficit hebdomadaria confessio pro omnibus indulgentiis occurrentibus, in quibus confessio exigitur, si modo conscientia immunis servata sit a peccato mortali. Racc. *Praen.* n. V, 1 ex decr. 9 Dec. 1763: nulla tamen res mutatur quoad iubilaeum.

R. 4. Quando penuria est confessariorum, *Ordinariis locorum petentibus* conceditur: 1) ut indulgentia festo annexa acquiri possit etiam ab iis qui non solent qualibet hebdomada confiteri, per confessionem infra spatium hebdomadale ante festum; 2) ut confessio quae soleat alternis quibusvis hebdomadis fieri („decurrente quolibet 14 dierum spatio") sufficiat ad lucrandas omnes indulgentias, sicut alias sufficit confessio hebdomadaria. Racc. ibid.

641 AD QUAESITUM 2ᵐ R. 1. Dubium non est quin eadem s. communio sufficiat ad plures indulgentias etiam plenarias lucrandas, quae eodem die *ex diversis titulis* occurrant. Racc. ibid. V, 2 ex decr. 29 Maii 1841; idque valet de ipsa s. communione paschali ex praecepto facienda (Racc. ibid. ex decr. 10 Maii 1844), si modo iubilaei indulgentia excipitur.

R. 2. Quoniam autem nunc s. communio die antecedenti facta sufficit ut indulgentia plenaria acquiri possit: consequens videtur ut illa una communio sufficiat ad lucrandas omnes illas indulgentias, quae tum pro die communionis tum pro die postero occurrant, si modo reliqua opera *suo* die praestantur. Quod de confessione etiam magis valet.

642 AD QUAESITUM 3ᵐ R. 1. Preces illae certae, quibus indulgentia annexa est, oraliter persolvi seu *recitari* debent. Si quae sunt preces, quae ex praxi Ecclesiae alternatim recitantur, hae possunt quidem a quolibet privatim recitari integrae; sufficit autem *in his* ut alternatim recitentur, attente audiente altero quod alter recitat. Id valet v. g. in recitandis rosario, litaniis etc.

R. 2. Quando inter opera praescripta praecipitur „aliquantum orare ad intentionem Summi Pontificis" — quod plerumque fit in plenariis indulgentiis: neque certa orationis forma neque mensura seu extensio praescribitur. Attamen licet optimum sit mentaliter ad hos fines orare, securum tamen non est ad solam mentalem orationem se restringere, nisi addatur oralis oratio. Communi autem aestimatione theologorum sufficit 5—7 Pater et Ave aut aequivalentes preces recitare: Mocchegiani a Molsano n. 187.

Neque necesse est distincte sibi proponere fines a Summo Pontifice intentos, qui sunt: exaltatio Ecclesiae, exstirpatio errorum seu conversio eorum qui ab Ecclesia separati seu alieni sunt, pax inter christianos principes et populos. Sufficit haec implicite seu reductive intendere. *Th. m.* II, 542; Mocchegiani a Molsano n. 199; Racc. ibid. V, 5.

Ex dictis patet Anatoliam in plerisque recte egisse seu non errasse; sed quoad indulgentiam iubilaei neque confessionem neque communionem sabbato ante initium iubilaei factam posse sufficere.

INDULGENTIAE PRO DEFUNCTIS.

Casus. (187)

Ignatius, sermonem habens ad populum die omnium defunctorum, ut omnes excitet ad auxilia iis ferenda, etiam peccatores eosque maxime adhortatur: Vos, inquit, qui in statu peccati iacetis necdum animum habetis surgendi, opera vestra bona et orationes offerte saltem pro defunctis; vobis ad expiationem nihil prodesse possunt, possunt defunctis; imprimis studete lucrari indulgentias, nam ad eas *vobis* lucrandas status vester obstat, non obstat quin *defunctis* eas acquiratis. Rependent illae animae vobis certissime misericordiam, qua summopere indigetis.

QUAERITUR 1° possintne indulgentiae pro defunctis acquiri ab iis qui sunt in statu peccati.

2° rectene exposuerit Ignatius doctrinam catholicam de bonis operibus peccatorum.

Solutio.

AD QUAESITUM 1ᵐ R. 1. Probabile est posse eos qui nondum sint in statu gratiae, indulgentias pro defunctis lucrari. — Nimirum *ex natura rei* nihil obstat. Nam non in valore operum, quae a fidelibus praestantur, indulgentiarum largitio nititur, sed in thesauro Ecclesiae. Atque ex opere operato effectus producitur, non minus quam in satisfactione sacramentali. Cum in illa igitur, si paenitens satisfactionem peragens in peccatum relapsus fuerit, efficacia suspenditur quidem sed non perimitur, ita etiam in operibus indulgentiarum necesse non est, ut propter statum peccati eius qui illa peragit efficacia perimatur: et quamquam indulgentia ipsi operanti *numquam* prodesse poterit, potest tamen statim transferri in commodum defunctorum. — Non ita certum est, num nihil obstet *ex ordinatione divina,* i. e. num potestas a Christo Ecclesiae collata eousque se extendat, ut etiam per media opera eorum, qui in statu inimicitiae Dei sunt, thesaurum Ecclesiae in favorem animarum in purgatorio aperire ex eoque dispensare possit. Sed quoniam non constat de *restricta* potestate, potius sumendum est Ecclesiam posse.

Ultima difficultas est, num *re ipsa Ecclesia* ita thesaurum Ecclesiae dispensare voluerit et *velit,* scilicet utrum in omnibus indulgentiis propositis condicionem status gratiae ut necessariam ponat, an in iis solis in quibus hanc condicionem expresserit. In qua quaestione dicendum omnino puto non posse sumi esse *hanc* voluntatem, qua velit in omnibus indulgentiis eam condicionem ex sua parte ponere, etiamsi Christus eam non posuerit. Nam S. C. Indulg. d. d. 22 Febr. 1847 interrogata resp.: „Consulat probatos auctores." Quod potius signum est Ecclesiam nihil hac in re determinare, sed aliud non postulare, nisi quod ex ordinatione Christi necessarium fuerit.

Unde concludo certum quidem non esse, sed probabile omnino eas indulgentias, pro quibus ad opera praescripta perficienda Ecclesia non expresserit necessitatem status gratiae, si declaratae sint „applicabiles defunctis", posse pro defunctis acquiri etiam ab iis qui in statu gratiae non versantur.

R. 2. Practice in longe plurimis indulgentiarum concessionibus pro condicione status gratiae *exprimitur.* Quare ab iis solis, qui in statu gratiae sunt, hae indulgentiae videntur acquiri posse, etiam pro defunctis. Nam Ecclesia vel requirit — id quod in *plenariis* indulgentiis fere solet fieri — confessionem et s. communionem, vel in recitandis certis precibus requirit, ut „contrito corde" recitentur: quod nihil aliud vult dicere nisi *in statu gratiae sanctificantis,* in quo quis sive antecedenter iam sit constitutus, sive nunc priusquam preces illas fundat per actum perfectae contritionis se constituere debeat. Quare qui in statu gratiae versatur, necesse non habet actum contritionis praemittere.

Re ipsa illud „contrito corde" generatim pro condicione operis praescripti rite faciendi enuntiatur; paucissimae igitur sunt indulgentiae in quibus probabili illi opinioni, de qua in R. 1 dictum est, multum fidi possit [1].

Si quando autem ad lucrandas indulgentias plura opera praescribuntur, requiritur et sufficit ut ultimum opus in statu gratiae fiat. Cf. Raccolta *Praenot.* n. IV.

645 AD QUAESITUM 2^m R. 1. Quidquid est de speculativa illa opinione circa indulgentias pro defunctis lucrandas, practice Ignatius excessit. Nam quod theoretice est probabile, id simpliciter sine dubitatione affirmavit practice.

R. 2. Quod autem hanc opinionem, quae circa indulgentias est probabilis, etiam transtulit ad personalia opera et orationes fidelium, qui sint extra statum gratiae, in hoc intolerabilem commisit errorem. Nam quod *satisfactionis* inesse potest quibuslibet operibus bonis sive orationibus sive aliis, id inest solis operibus *iustorum*. Quia igitur iniusti nihil facere possunt, quod valorem satisfactionis coram Deo habet, propterea non solum non pro se, sed neque pro defunctis satisfacere quicquam possunt.

R. 3. Restant sola oratio qua *impetratoria* et reliqua opera bona, quatenus cum intentione aliquid impetrandi Deo offeruntur. Num hoc modo defuncti *directe* et *immediate* iuvari possint, idque ab ipsis iustis, res non est prorsus certa. Longe incertius hoc est in oratione iniusti.

646 R. 4. Ex altera parte moderari nonnihil debuit Ignatius, quae dixit circa efficaciam operum et orationum hominis iniusti pro se ipso. Nam quamquam certum est eum pro poenis peccato debitis

---

[1] Attamen ne in illis quidem indulgentiis, in quarum concessione dicitur „qui contrito corde recitaverint", intentio Ecclesiae *certa* est circa facultatem lucrandi eas indulgentias etiam pro defunctis statuere, ut haec facultas desit sine statu gratiae. Fortasse voluit tantum monere, fideles ut *sibi* acquirant indulgentiam, in statu gratiae debere exsistere. En decretum d. 22 Febr. 1847 (*Decr. auth.* n. 341): Dubia: 1° Utrum Christifidelis peccato mortali inquinatus lucrari possit non quidem in suum subsidium, sed in levamen animarum in purgatorio degentium indulgentias, pro quibus lucrandis non praescribitur communio. — 2° Utrum sacerdos missam celebrans peccato mortali inquinatus, sive ad altare privilegiatum in suffragium fidelium defunctorum sive cum applicatione indulti altaris privilegiati personalis, revera animam pro qua s. sacrificium offert, gaudere faciat etiam gratia altaris privilegiati." S. C. censuit respondere ad 1^m et ad 2^m: „Consulat probatos auctores." Quoad altare privilegiatum, maxime locale, non dubito quin sit mens Ecclesiae ex thesauro Ecclesiae tantum exhibere Deo quantum alias; quoad efficaciam sane omnia relinquenda sunt misericordiae divinae, quae utique non solum sanctitatem celebrantis, sed etiam alias condiciones nobis ignotas attendere potest. Cf. etiam Baller.-Palm. tr. 10, sect. 5, app. de suffrag. n. 108; Mocchegiani a Molsano l. c. n. 1100.

satisfacere nihil posse, tamen ad expiandam animam suam per modum *impetrationis* et *meriti congrui* aliquid facere potest, quatenus per orationem et opera bona sibi conciliare potest abundantiores gratias divinas, quibus reconciliationem cum Deo incohet et ad felicem finem perducat.

R. 5. Bonum igitur erat ex parte Ignatii auditores ad misericordiam movere erga animas defunctorum et pro praemio misericordiam Dei, quam eo fidentius sperare liceat, proponere: verum docere debuit, ut primo misericordiam erga se ipsos exercerent, atque vera contritione et conversione se aptos redderent ad misericordiam aliis exhibendam sibique peculiarem Dei protectionem pro futuro tempore conciliandam.

PRECES IN ACQUIRENDIS INDULGENTIIS PRAESCRIPTAE.

Casus. (188)

Gennadius, genuflectendo non assuetus, in ecclesia solet plerumque sedere vel stare. Ita etiam facere pergit, quando persolvit visitationem ecclesiae et orationes pro lucrandis indulgentiis, immo in spatioso ambulacro ante fores ecclesiae, ubi alii inter se colloquuntur, Gennadius sese paululum colligens aliquot preces ad Deum dirigit. Quando ad sonitum campanae mane, meridie, vespere recitat angelicam salutationem, id facit, cum per urbem incedit, tecto capite et porro eundo, timens ne alias admirationem excitet.

QUAERITUR 1° quinam situs servandus sit in orationibus pro lucranda indulgentia.

2° quid de Gennadii praxi censendum sit.

Solutio.

AD QUAESITUM 1ᵐ R. 1. *S. C. Indulg.* d. 18 Sept. 1862 expresse 647 declaravit necessarium non esse recitare preces pro lucrandis indulgentiis praescriptas genibus flexis, excepto casu quo aliter praescriptum sit in ipso documento concessionis. Racc. l. c. n. IV (ed. anni 1898 pag. x).

R. 2. Quapropter communiter licebit quolibet situ seu habitu corporis honesto orare, v. g. stando, sedendo, ambulando: si modo ille sit habitus, quocum devota oratio seu recitatio coniungi possit.

R. 3. Sunt autem certae preces, cum quarum recitatione indulgentia coniuncta est sub condicione certi corporis habitus. Inter quas peculiariter notari meretur ipsa salutatio angelica ad sonum campanae recitanda. Nimirum illae preces recitandae sunt *genibus flexis*, sed a vespere sabbati et in tempore quadragesimali a meridie sabbati atque per totam diem Dominicam *stando;* quod idem servatur, scilicet ut stando recitentur, per totum tempus paschale, ita tamen ut loco „Angelus Domini etc." recitanda sit antiphona *„Regina caeli"* cum versiculo et oratione, atque ii tantum qui memoria eam non teneant, possint pergere in recitando *„Angelus Domini."*

Verum die 8 Apr. 1884 Leo XIII concessit iis qui *ex rationabili causa impediti fuerint*, quominus vel genibus flexis preces illas recitent, vel ad sonitum campanae id faciant, ut, si modo digne, attente ac devote recitent, easdem indulgentias lucrentur, addentes ad *"Angelus Domini"* versiculum *"Ora pro nobis"* cum oratione *"Gratiam tuam"*; et qui tempore paschali neque ex memoria neque legendo possint recitare *"Regina caeli etc."*, ut eorum loco recitent *quinquies "Ave Maria"*. Cf. Racc. p. 210—211.

648 Ad quaesitum 2^m R. 1. Ex dictis patet, quid responderi debeat Gennadio ad id, quod non recitet genibus flexis. Si re vera in plateis genuflectere contra usum regionis est, a genuflectendo Gennadius rationabili causa impeditur.

R. 2. Quod Gennadius ante ecclesiam ab ea distans consistit ibique preces fundit, pro visitatione ecclesiae haberi potest, quando ecclesia referta est, ita ut commode intrari non possit, vel quando, ecclesia clausa, aliquis ante valvas orat. Th. m. II, 541. Attamen extra hos casus, pro libitu manere extra ecclesiam, minime consultum est, cum non satis constet hoc modo praescriptae visitationi ecclesiae satisfieri.

IUBILAEI NOTIO ET OPERA PRAESCRIPTA.

Casus. (189)

Commodus cum audiat annuntiari iubilaeum sub condicione: confessionis, s. communionis, visitationis aliquot ecclesiarum compluries repetendae, ieiunii trium dierum et eleemosynae faciendae, statuit illud neglegere, secum reputans se posse iisdem operibus, immo levioribus saepius plenariam indulgentiam lucrari; melius igitur esse plus lucrari quam unam hanc indulgentiam. — Flavia e contrario, cum iubilaea pro indulgentiis longe efficacissimis habeat, dolet quod propter ieiunia feriis IV, VI, sabbato indicta non pluries adsit facultas lucrandi pro defunctis, petit propterea, ut ieiunia sibi commutentur in rosaria vel missas, et statuit quavis hebdomada saltem bis iubilaeum lucrari.

Quaeritur 1° quae sint opera, quae ad lucrandum iubilaeum praescribi solent.

2° in quo praestet iubilaeum supra alias indulgentias plenarias.

3° quid de Commodi ratiocinatione et de Flaviae praxi censendum sit.

Solutio.

649 Ad quaesitum 1^m R. 1. Distinguendum est iubilaeum anni sancti, regulariter quovis anno 25° recurrens seu iubilaeum *ordinarium* vel maius a iubilaeo minore seu *extraordinario* (seu indulgentia *ad instar iubilaei* concessa), quod diversis occasionibus celebrari solet, maxime initio pontificatus novi Romani Pontificis, vel in gravibus necessitatibus pro arbitrio S. Sedis.

R. 2. In utroque iubilaeo solet confessio et s. communio praescribi eodem modo ut reliqua opera bona. In iubilaeo maiore praescribi solet praeterea sola visitatio aliquot basilicarum eaque per 30 vel 15 dies vel 10 continuos repetenda. In iubilaeo minore visitationum quidem minor numerus solet praescribi, sed addi solet tum eleemosyna, tum ieiunium unius vel aliquot dierum. Verum numquam non necessarium est accurate perpendere Bullam indictionis. Nam opera praescripta illa accurate praestanda sunt, quae indicuntur; neque ex iis quae Pontifex antecessor praescripsit, ad ea quae successor praescribat, rite concludi potest, cum omnia ex arbitrio Pontificis concedentis pendeant.

R. 3. Nihilominus, nisi aliter in Bulla indictionis fuerit provisum, pro norma in quibuslibet iubilaeis habendae sunt regulae, quas Benedict. XIV statuit in Const. *Inter praeteritos* et *Convocatis.* Cf. *S. C. Indulg.* 16 Febr. 1852 (*Decr. auth.* n. 353).

R. 4. Ieiunia, quae ante Leonem XIII indici solebant, erant trium dierum, scil. feria IV, VI, sabbato, idque nisi aliter indultum fuerit — id quod Pius IX aliquoties indulsit — unius eiusdemque hebdomadae. Quae ieiunia excludunt per se esum carnium atque adipis animalium, immo, si indicitur ieiunium *iuris stricti,* excluditur etiam esus ovorum et lacticiniorum.

R. 5. Eleemosyna communiter praescribitur ad arbitrium singulorum tum quoad modum tum quoad proximum finem seu causam piam: potest tamen certa causa assignari.

R. 6. Vix non semper datur confessariis facultas commutandi praescripta opera ex rationabili causa, excepta confessione, atque etiam excepta communione nisi quoad pueros ad eam nondum admissos.

AD QUAESITUM 2^m R. 1. Discrimen iubilaei a reliquis indulgentiis plenariis primarium in eo est quod praeter indulgentiam detur facultas obtinendi a quolibet confessario amplissimam a censuris peccatisque alias reservatis absolutionem, atque commutationem votorum: ad quam commutationem secundum probabilem S. Alph. opinionem (VI, 537 q. 4) sufficit sola causa iubilaei.

R. 2. Praeterea censeo in iubilaeo subesse communiter consideratis tum fine tum operibus iniunctis, longe graviorem causam remittendae poenae temporalis per indulgentias, quam in multis aliis indulgentiis; adeoque longe minus dubitari posse, num forte propter defectum sufficientis causae clavis erret atque indulgentia coram Deo effectu suo destituatur. Immo sollemne et commune paenitentiae exercitium ab universa quasi Ecclesia Deo exhibitum, atque a tot sanctissimis etiam Ecclesiae membris, quae numquam deerunt, cum animi fervore et dolore in commune collatum in sese est tanta peccatorum expiatio, ut ex abundantia sanctorum minus sanctis immo peccato obnoxiis large possit communicari.

AD QUAESITUM 3^m R. 1. Ex modo dictis patet Commodum errare; immo gravis ratio est putandi in reliquis indulgentiis, etsi aliter causa iusta et sufficiens subsit, Deum nunc pro Commodo non invenire iustam et proportionatam causam, cur illi re ipsa sive pro se, sive propter ipsum pro defunctis, totalem poenae remissionem concedat. Nam illa Commodi desidia causam alioquin iustam inficere potest.

R. 2. Immo in *anno sancto* consueverunt pleraeque indulgentiae praeter iubilaei indulgentiam ab ipsis Romanis Pontificibus suspendi pro vivis: quamquam etiam concedi solet facultas illas lucrandi pro defunctis, idque etiam illas, quae alias defunctis applicabiles non sunt. Ex quo denuo patet Commodum, si in anno sancto versetur, vehementer in suum detrimentum errare.

R. 3. Flaviae voluntas sine dubio magis pia est laudanda. Verum videri debet an non eius zelus vires superet. Nam sciri debet ex ipsa Bulla concessionis num possit indulgentia iubilaei etiam applicari defunctis. Quod nisi expresse concedatur, fieri communiter non potest, sed a solis iis quibus datum est privilegium *omnes* indulgentias quae acquiri possint, defunctis applicandi, sicuti datum est pro „actu heroico erga defunctos".

Dein videri debet num indulgentiam iubilaei *pluries* lucrandi facultas concedatur. Aliquando hoc fit in iubilaeis longi temporis; excludi solet in iubilaeis quae pro aliquot tantum hebdomadis conceduntur. *Th. m.* II, 545.

R. 4. Quodsi igitur iubilaei indulgentia *pluries* acquiri possit, atque etiam possit defunctis applicari, restat videre num pro Flavia iusta causa sit opera illa commutandi. — Iusta causa esse non potest sola facilitas maior indulgentias easque saepius lucrandi: alioquin ipse Summus Pontifex leviora opera, eaque quae frequentius iterari possint, praescripsisset. Iusta causa in personali condicione eius qui lucrari vult quaerenda est, i. e. in morali quadam impossibilitate seu nimia difficultate, non quae in operibus ex sese invenitur, sed quae in persona opera illa praestare volente reperitur. Si igitur Flavia debilior est quam ut ferat ieiunia; vel si sui iuris non sit neque esuriales cibos pro arbitrio sibi possit procurare: causa est cur confessarius Flaviae illa opera commutet; existimo tamen non esse causam frequentius commutandi, quam opera per se praescripta exerceri possint, immo convenientissimum est pro ipsis iisdem diebus quibus ieiunium praescribitur aliud opus iniungere.

R. 5. Utrum illa commutatio fieri possit semel pro semper; an in singulis confessionibus, quas pro singulis vicibus quibus iubilaei indulgentiam lucrari vult Flavia facere debet, petere et accipere debeat commutationem: stabili lege nondum statutum est. Communi regula haec operum commutatio fieri debet, sicut aliae, v. g. votorum commutationes, in sacramentali confessione. In iubilaeo tamen anno 1865 a Pio IX concesso largior facultas data est etiam extra confessionem opera iniuncta commutandi.

Pro iubilaeo anni sancti 1900, quod post primam acquisitionem, ut deinde pluries acquiri possit pro defunctis, concessum est, circa commutationem operum per S. Paenitentiariam d. 10 Maii 1900 res ita definita est, ut ille, qui commutationem acceperit, non possit quidem secundo vel tertio novam commutationem accipere, possit autem, si opera vi acceptae commutationis praescripta repetat, pluries iubilaei indulgentiam (pro defunctis) lucrari. *Acta S. Sedis* XXXIII, 64.

Flavia autem pio suo zelo satisfaciat per alias indulgentias lucrandas, quae, quominus in levamen defunctorum acquiri possint, in nullo iubilaeo impeditur.

IUBILAEI OPERA PRAESCRIPTA.

Casus. (190)

1. Sabellius regularis, cum Superior tempore iubilaei extraordinarii publicaret se pro omnibus daturum eleemosynam, non aderat neque de ea re cogitavit quicquam. Post omnia alia opera peracta audit demum Superiorem iam diu pro omnibus dedisse eleemosynam; sed dubitat utrum hoc sibi profuerit, an ad lucrandum iubilaeum aliud quid facere debeat.

2. Quinctilius dixerat oeconomo ut certam summam pauperibus largiretur. Ille autem oblitus est et demum tempore iubilaei elapso recordatur. Lucratusne est Quinctilius iubilaeum?

QUAERITUR 1° quomodo praeceptum eleemosynae sit implendum.

2° quid ad utrumque casum sit dicendum.

Solutio.

AD QUAESITUM 1ᵐ R. 1. Eleemosyna, si dicitur „ad arbitrium" vel „pro cuiusvis devotione" danda, sufficit quaelibet; si dicitur „pro cuiusvis facultate", homo dives non satisfacit eleemosyna pro suo statu omnino disproportionata.

R. 2. Eleemosynae praecepto satisfacit qui alterum rogat ut suo nomine eleemosynam det, si alter ille id exsequitur. Verum illa eleemosyna non potest simul haberi pro eleemosyna tamquam ab illo altero pro se ipso facta. — Religiosi, cum nihil habeant proprium, satisfaciunt, si ipsis scientibus et consentientibus Superior eorum nomine eleemosynam det.

R. 3. Pauper satisfacit minima eleemosyna alteri pauperi collata. Sed facile potest — quod etiam regularis potest impetrare — commutationem in aliud opus obtinere a confessario.

AD QUAESITUM 2ᵐ R. 1. Sabellius nondum quidem lucratus esse videtur iubilaeum, cum ipsius nomine data non sit eleemosyna: nisi tamen dicere vis eum hanc voluntatem *habitualem* habuisse; quod mihi probabile est. — Sed si hoc nolis pro certo habere, videtur plane consequi indulgentiam acquiri sola ratihabitione eleemosynae a Superiore datae; nam eo ipso ille actus fiet moraliter ipsius, atque ratihabitio moraliter idem valet ac consensus antecedens.

Quodsi Sabellius etiamtunc scrupulo laborat, potest petere a confessario commutationem.

R. 2. Quinctilius iubilaeum revera non est lucratus, siquidem eleemosyna data non est. — Aliter dicendum, si oeconomo dedisset certam summam, quae sit *irrevocabiliter* pro pauperibus et cuius dominio Quinctilius se eo ipso abdicet. Nam tum ex sua parte eleemosynam perficit, atque oeconomus ut negotiorum gestor pro pauperibus considerandus est. *Th. m.* II, 548.

FACULTATES IUBILAEO ANNEXAE.

Casus. (191)

Amalia et Lucia sorores duobus fratribus acatholicis matrimonio acatholico iunctae sunt unaque habitant. Anno iubilaei Amalia facti paenitens post peracta opera alia pro lucrando iubilaeo praescripta confessarium adit, qui eam a censuris peccatisque absolvit. Quo permota Lucia quoque animos sibi sumit eaque etiam absolvitur, cum promittat se opera iubilaei praestituram. Sed mox cum velint viris suis persuadere ut permittant catholicam filiorum educationem, illi, ira incensi, prohibent ipsas ab omni religionis suae exercitio, ita ut Lucia ne opera quidem iubilaei peragere possit, atque vexationibus eo rem perducunt, ut ambae secum accedant ad protestanticam communionem. Verum non diu post, conscientiae stimulis agitatae, iterum ad confessarium confugiunt, qui Luciam quidem absolvit, Amaliam autem se absolvere non posse dicit, commutat tamen eius votum instituendae peregrinationis quod in nuperis angustiis fecerat, dummodo velit opera iubilaei iterare.

Quaeritur 1° rectene confessarius vi iubilaei absolverit a casu matrimonii acatholico ritu initi.

2° rectene egerit secunda vice, unam absolvens, remittens alteram, at votum commutans.

Solutio.

Ad quaesitum 1^m R. 1. Perpendenda imprimis est facultas absolvendi a censuris vi iubilaei concessa eiusque limes. Datur nimirum facultas solum pro foro interno seu conscientiae: v. Baller.-Palm. tr. 10, sect. 5 app. de suffrag. n. 69; excluditur non solum absolutio nominatim censurati, sed etiam excluduntur generatim casus *„sacram. paenit."*, i. e. falsa accusatio sollicitationis et attentata complicis absolutio: quae ultima vi iubilaei pro orbe extensi anno 1901 absolvi poterat, si semel vel bis tantum facta fuerat. Haeresis causa antea quidem etiam excludebatur, nunc vero pluries iam eius etiam absolutio concessa est, excludebatur tamen in Constit. Leonis XIII *„Aeterni Pastoris"*, qua anno sancto 1900 impeditis concedebatur iubilaeum extra Urbem, *„haeresis formalis et externa"*.

R. 2. Matrimonium acatholico ritu contraxisse crimen est ad causam haeresis spectans neque tamen haeresis formalis. Hinc nostra aetate crimen illud a facultate absolvendi vi iubilaei non eximitur, si *modo in foro conscientiae solo res componi potest*. Nam si Ordinarius loci hanc causam utpote publicam ad se traxit, etiam in iubilaeo eius iudicium est exspectandum.

R. 3. Si igitur casus propositus talis erat ut in solo foro conscientiae res posset componi: confessarius bene egit tum Amaliam, tum Luciam absolvens, si modo condiciones impleverint, resp. implere serio promiserint, quae tum ex natura rei in omni casu necessariae sunt, tum ad reparandum scandalum requiruntur vel ab Ordinario praescriptae sunt.

AD QUAESITUM 2^m R. 1. Favor absolutionis a censuris, commutationis votorum etc. "prima vice tantum" vel "una vice tantum" conceditur, etiam quando iubilaei indulgentiam pluries lucrari fidelibus licet.

1) Bened. XIV *Convocatis* § 84 dicit: "illum, si semel illarum (gratiarum) particeps est prima vice, qua iubilaeum consecutus fuit, iterum earum participem fieri non posse, si post primam iubilaei acquisitionem iterum in censuras incidit."

2) Anno 1869 S. Paenitentiaria auctoritate Pii IX declaravit: "An tempore iubilaei ille qui vi iubilaei eiusdem fuerit a censuris et casibus reservatis absolutus, si iterum incidat in casus et censuras reservatas, possit secunda vice absolvi peragens iterum opera iniuncta." R. "Negative."

3) Immo in iubilaeo anni 1875, quod semel tantum acquiri poterat, S. Paenitentiaria rogata "An confessarii absolvere possint paenitentem, qui iam a reservatis et a censuris absolutus in ea denuo inciderit, antequam opera impleverit ad acquirendum iubilaeum praecepta". R. "Virtute iubilaei posse una vice tantum absolvi a reservatis et a censuris, seu *negative*."

R. 2. Ex modo allatis ad 1) et 2) patet Amaliam secunda vice non potuisse absolvi vi iubilaei, etsi velit opera iubilaei iterare. Nam verissime *post primam iubilaei acquisitionem* iterum incidit in censuram. Lucrata enim est iubilaei indulgentiam post primam confessionem et sequentem s. communionem. — De cetero ne opera quidem praescripta iterare potuit, nisi haberet confessarium qui aliunde quam vi iubilaei potestate ad absolvendum in causa haeresis instructus est. Nam ad opera illa pertinet etiam confessio, eaque si peccata mortalia adsunt, per absolutionem completa.

R. 3. Circa Luciam, si responsum sub 3) relatum sumimus, idem est dicendum. Nam Lucia non complevit quidem opera ad lucrandam iubilaei indulgentiam prima vice, sed absoluta prima vice est, et relapsa est denuo.

Attamen haec S. Paenitentiariae privata responsio legem non fecit. Quare licebit stare regulae a Bened. XIV sub 1) communicatae. Quae regula certo non excludit ab absolutione eum qui prima vice qua lucratus est iubilaeum censurae vel reservationi obnoxius non erat, postea vero in eiusmodi reservationem inciderit atque nunc denuo vult iubilaeum lucrari. (Ita enim habes ex resp. 1 Ian. 1873 ad Ep. Novocom. dato. Cf. *Th. m.* II, 554 not.) Quapropter simili iure censeri potest non exclusus a facultate absolvendi, qui iubilaeum numquam, ne semel quidem, lucratus est, etsi confessus et a censuris sit absolutus, sed, utpote relapsus, ad lucrandam iubilaei indulgentiam denuo confiteri absolvique debet. Saltem neque verba Bened. XIV neque verba decreti Pii IX anno 1869 hanc interpretationem excludunt: quodsi non certo excludunt, favor ille, utpote latae interpretationis, practice ita intellegi in quolibet iubilaeo tuto potest, pro quo alia non fiat authentica restrictio. *Th. m.* II, 555; d'Annibale tom. I, n. 348 (ed. 3); ita etiam Baller.-Palm. l. c. n. 72; et auth. declaratio pro iubilaeo anni 1901 *Anal. eccl.* IX, 35.

Hinc recte Lucia absolvi denuo poterat a censura contracta propter professionem haereticae sectae, ut nunc demum prima vice iubilaeum posset lucrari: si autem agebatur de iubilaeo anno 1900 vi Bullae *Aeterni Pastoris* lucrando, necessarium erat ut illa adhaesio ad protestantismum non esset ex animo. Dein adde: ita quidem absolvi Luciam potuisse, si solum peccatum ut in foro conscientiae luendum consideras. Verum communiter talis ad acatholicos ritus accessio est factum publicum, quo publica fit falsae sectae professio. Quae retractari sufficienter nequit, nisi etiam publice fiat de novo professio catholica et publica cum Ecclesia reconciliatio. Solummodo si res in magna urbe mansisset aliis incognita adeoque occulta, non nego fieri posse ut totum negotium in solo foro conscientiae componeretur. Si igitur eiusmodi circumstantiae erant in causa Luciae, confessarius recte egit; alias debebat rem publice tractare atque secundum Ordinarii sui praescripta.

657 R. 4. Quoad commutationem voti nulla esset difficultas, si ageretur de voto, quod Amalia ante tempus iubilaei vel saltem ante primam illam vicem, qua iubilaeum lucrata est, emisisset. Ad eiusmodi commutationem obtinendam ius quodammodo acquisivit eo quod opera ad lucrandum iubilaeum praescripta praestiterit. Quare, etsi in illa confessione eius commutationis petendae memor non fuerit vel curam non habuerit, tamen postea eam potest a quolibet confessario obtinere, etiam non iteratis aliis operibus praescriptis ad iterum acquirendam iubilaei indulgentiam, sed sola *confessione* sacramentali, in qua commutatio illa fiat. Neque tamen ab hoc beneficio excluderetur, si forte ob aliquam causam *absolvi* non posset. Immo, etiam iubilaei tempore elapso, hanc commutationem adhuc petere et obtinere potest. Haec tamen dicta esse intellege, nisi vel post tempus iubilaei, vel post obtentam iubilaei indulgentiam votum fuerit renovatum. In priore suppositione certum est Amaliam ratione praeteriti iubilaei non amplius posse commutationem voti obtinere; in posteriore suppositione valebit probabilis interpretatio quam daturus sum in R. 5, si quando iubilaei indulgentia saepius acquiri possit et repetitis operibus praescriptis denuo acquiratur. Cf. *Th. m.* II, 552. S. Alphons. VI, n. 537, q. IV.

658 R. 5. Cum igitur Amalia votum illud, postquam lucrata est iubilaeum, emisit: gravior oritur difficultas. Sine dubio posset durante iubilaeo, voti etiam post semel acquisitam iubilaei indulgentiam emissi commutationem obtinere, quando iterato acquiri illa indulgentia potest atque eam Amalia per iterata opera praescripta lucrari parata est, si *prima vice nullo favore annexo est usa.* Sed quia uno favore, i. e. absolutione a reservatis, iam usa est, videri potest facultas exhausta, cum saepius declaratum sit, semel tantum aliquem favoribus annexis

uti posse. Verum puto probabilem esse interpretationem, posse aliquem semel obtinere absolutionem a reservatis, insuper semel commutationem votorum, vel etiam semel dispensationem ab irregularitate occulta ob censuram violatam. Quod sic intellego ut ille qui semel usus sit omnibus his diversis favoribus, nihil amplius vi iubilaei possit; qui vero uno genere favorum tantum sit usus, possit, quando iubilaeum iterato acquiri potest, per voluntatem iterato per opera praescripta lucrandae indulgentiae sibi ius vindicare a confessario petendi applicationem alterius favorum generis. — Alioqui non semper verificatur, quod S. Paenitentiaria 1 Ian. 1873 ad Ep. Novocom. fieri posse declaravit.

Interrogata „An possit absolvi a confessario suo Titus, eo quod numquam in anteactis confessionibus aliquo reservato irretitus ac propterea numquam hoc iubilaei privilegio usus sit", resp. *„Affirmative"*. Fac igitur Titum re vera prima vice, qua iubilaeum lucratus est, obtinuisse commutationem voti, sed non absolutionem a reservatis: interrogationem et responsionem laudatam applica, et habebis eum posse, si velit denuo lucrari iubilaeum, nunc a reservatis absolvi. Ergo a pari, qui *primo* absolutionem a reservatis obtinuit, non voti commutationem, postea, si commutatione voti indiget, iterata iubilaei acquisitione eam commutationem obtinere nunc potest.

BENEDICTIO APOSTOLICA IN ARTICULO MORTIS.

Casus. (192)

Amadeus sensibus destitutus, cum christiane vixisset, a sacerdote adveniente absolvitur et ungitur atque statim donatur *benedictione apostolica*. Postea dubitatur utrum re vera haec benedictio valeat ad effectum plenariae indulgentiae, an repetenda sit, si forte aegrotus ad se redierit.

QUAERITUR 1° quid sit benedictio apostolica et quo sensu eius indulgentia intellegatur.
2° quae sint condiciones necessariae.
3° quid de casu nostro et de repetitione huius benedictionis censendum sit.

Solutio.

AD QUAESITUM 1^m R. 1. Sunt variae apostolicae benedictiones, quae non a solo Summo Pontifice, sed etiam ab aliis ex Summi Pontificis delegatione dari solent; sed imprimis distinguitur benedictio apostolica, quae vivis certis quibusdam occasionibus datur, et benedictio apostolica in articulo mortis. Quoniam de hac sola hic sermo est, quid *haec* sibi velit, est videndum.

R. 2. Benedictio apostolica in articulo mortis intellegitur certa illa precandi formula, quae, prout hodie valet, a Benedicto XIV praescripta est Constit. *Pia mater* d. d. 5 Apr. 1747, quacum ex intentione concedentis plenaria indulgentia pro ipso mortis articulo coniungitur.

R. 3. Quae indulgentia ita intellegitur ut non in ipsa benedictione acquiratur, sed ut applicetur in ipso vero mortis articulo seu in extremo vitae momento, quo praeterito anima iam non est in statu viatoris: ita ut ille qui hanc indulgentiam pleno effectu acquirat, nihil in altera vita habeat luendum, sed statim ad caelestem gloriam admittatur. Quapropter effectus indulgentiae nititur quidem in benedictione antecedenti, sed suspenditur; neque ille qui reconvaluerit, quicquam indulgentiae acquisivit, quia nondum ad ultimum vitae momentum pervenerat.

Haec ex compluribus decretis *S. C. Indulg.* certissima sunt.

Effectus autem *non potest* haberi *totalis*, nisi quis a reatu culpae etiam levissimae immunis evaserit. — Quem effectum igitur in singulis fidelibus benedictio illa habeat, divino iudicio est relinquendum.

660   AD QUAESITUM 2^m R. 1. Condiciones necessariae ex parte sacerdotis applicantis benedictionem sunt: a) ut revera instructus sit facultate, nisi forte moribundus ex certo aliquo titulo ius acquisiverit a quolibet sacerdote vel confessario eam recipiendi; b) ut ad amussim servet formulam a Bened. XIV praescriptam: ubi etiam provisum est pro casu quo periculum sit in mora, in quo *solo* casu sufficit formula abbreviata;

R. 2. Ex parte moribundi requiritur a) susceptio sacramentorum, si fieri potuit, alioqui saltem status gratiae per contritionem perfectam; immo sacerdoti mandatur, ut in omni casu moribundum excitet ad actum caritatis et contritionis quam ferventissimae — sufficit autem conatus;

b) requiritur ut moribundus *ore*, si possit, alias saltem corde, *nomen Iesu pie invocet;* cf. *Decr. auth.* n. 237 ad 7^m;

c) requiritur ut ipsam mortem libenti animo de manu Dei suscipiat: de quo Bened. XIV in Const. laud. dicit: „Hoc enim praecipue opus in huiusmodi articulo constitutis imponimus et iniungimus."

Ceterum valet haec benedictio, et, quantum ex ipsa est, habebit in vero mortis articulo suum effectum, etiam si, cum daretur benedictio, periculum mortis nondum erat imminens, aderat tamen eiusmodi in quo detur extrema unctio. Ita expresse *S. C. Indulg.* d. d. 19 Dec. 1885.

661   AD QUAESITUM 3^m R. 1. Sine dubio ex parte sacerdotis, si facultate instructus erat, benedictio apostolica dari potuit. Rituale enim Rom. monet expresse „eam dandam esse etiam iis qui verisimiliter petiissent, vel dederint signa contritionis, etsi postea sint sensu destituti".

R. 2. Num re vera Amadeus indulgentiam cum effectu habiturus sit, pendet ab eo utrum condiciones necessarias, modo dictas ad 2^m R. 2, impleverit, vel etiam postea ad sui conscientiam reversus impleturus fuerit ante suam mortem, necne. Nisi igitur in statu gratiae exsistat vel se constituturus sit, nisi nomen Iesu saltem corde invocaverit vel invocaturus sit, nisi praeterea actum posuerit vel positurus sit, quo libenti animo mortem ipsam de manu Dei acceptet: indulgentiam re vera non acquiret. — Sufficit autem ut, si condiciones illas nondum posuerit, eas positurus sit postea: nam satis est et esse debet impletas esse condiciones necessarias eo tempore quo secundum mentem Ecclesiae moribundo ipsa indulgentia ex thesauro Ecclesiae applicatur: qui est ipse ultimus vitae terminus.

R. 3. Repetendae igitur benedictionis apostolicae nulla est in casu Amadei ratio. Repetenda est: a) si rationabile dubium exsistit de valore benedictionis antea datae; b) si, postquam cessaverat mortis periculum seu aegrotus convaluerat, idem de novo in mortis periculum incidat.

In eodem vero periculo mortis eam pluries dari prohibitum est, sive agitur de diversis sacerdotibus, quorum quisque facultate donatus est, sive de diversis titulis quibus moribundus ius ad accipiendam benedictionem habet. Ratio autem cur id prohibeatur, est quod repetitio inutilis est et frustra fit: nam impossibile est plus quam semel aliquem lucrari plenariam indulgentiam in vero suo mortis articulo seu in momento quo anima a corpore separetur. Vide *Decr. auth.* n. 300. 362. *Th. m.* II, 564.

SACRAMENTUM EXTREMAE UNCTIONIS.

EXTREMAE UNCTIONIS EFFECTUS.

Casus. (193)

Varro, cum ad ebrietatem usque bibisset, apoplexia tactus, sensibus destituitur atque in vitae periculo versatur. Parochus advocatus, cum sciat ebrietatem non esse Varronis consuetudinem, secum reputans id fortasse sine gravi Varronis culpa accidisse, eum sub condicione absolvit, atque dein etiam sub condicione „si es dispositus" (scil. cogitando *statum gratiae* eo quod extrema unctio sit sacramentum vivorum) extrema unctione munit. Puerum vero *octo* annorum, quem ad confessionem nondum admiserat, idem parochus ungit sub condicione „si capax es".

Quaeritur 1° sitne extrema unctio sacramentum vivorum an mortuorum, quaenam dispositio ad illud recipiendum sit necessaria.
2° rectene actum sit in casibus propositis.

Solutio.

Ad quaesitum 1ᵐ R. 1. Extremam unctionem per se non esse sacramentum mortuorum, sed vivorum, sequitur ex doctrina fide certa de necessitate sacramenti paenitentiae, quod est medium necessarium ad remittenda peccata mortalia post baptismum commissa: *Trid.* sess. 14, cap. 2 in fine. Nam si extrema unctio sacramentum mortuorum esset, per hoc aliquis peccatorum remissionem posset quaerere atque falsum evaderet, omnibus post baptismum lapsis paenitentiae sacramentum esse necessarium.

Continua etiam praxis Ecclesiae est, ut extrema unctio post confessionem et sacramentalem absolutionem detur, immo hodie post s. viaticum.

R. 2. Nihilominus *per accidens* extrema unctio sacramentum mortuorum est. Id quod innuunt verba s. Iacobi: „Et si in peccatis sit, remittentur ei." Scilicet probabile quidem est etiam de reliquis sacramentis vivorum, eum, qui bona fide ad ea accedit, si forte in statu peccati sit, et attritionem saltem habeat, eorum susceptione iustificatum iri. Attamen quoad extremam unctionem ille effectus moraliter certus est. Cf. *Th. m.* II, 565; S. Thom. Aq. suppl. q. 30, a. 1; S. Alphons. VI, 731; Suarez, *De extr. unct.* disp. 41, sect. 1, n. 19 etc.

R. 3. Unde sequitur dispositionem per se requisitam, sine qua *scienti* nemini liceat s. unctionem suscipere, esse statum gratiae, atque practice *praeviam confessionem et absolutionem*. Nam etsi praecise ad suscipiendum hoc sacramentum sufficere possit status gratiae per contritionem perfectam procuratus (quoad solam enim ss. eucharistiae susceptionem definitum est praemitti d e b e r e confessionem): tamen confessio propterea saltem necessaria est, quia suscipiens extremam unctionem in gravi vitae periculo versatur, in quo quemlibet, qui sibi conscius est mortalis peccati, confessionem peragere ex iure divino *debere,* apud omnes in confesso est.

Verum ad effectum sacramenti extremae unctionis obtinendum sufficit ut qui peccatum mortale commiserit, praemittat unctioni supernaturalem saltem attritionis dolorem. Illa dispositio practice sufficit a) ei qui bona fide putat se peccato gravi obnoxium non esse, b) ei qui nequeat confiteri vel qui, cum putet se absolutum, absolutus valide non fuit. Quod eo magis advertendum est, quia, extrema unctione bona fide suscepta, eius effectus, etsi propter dispositionis defectum statim non producatur, per reviviscentiam postea potest obtineri, accedente videlicet dispositione debita. *Th. m.* II, 568.

AD QUAESITUM 2^m R. 1. Recte quidem parochus Varroni dedit s. unctionem, idque post condicionatam absolutionem. Nam hominibus catholicis qui sunt sensibus destituti, quando periculum est in mora, dari debet, quamdiu non constat eos esse sacramenti fructu incapaces; alioquin enim supponi debet eos interpretative voluisse et velle extremam unctionem. Atqui in iis qui sensibus destituti sunt, etsi parum christiane vixerint, vel immo in actu peccati ratione destituantur, vix umquam constabit eos fructu sacramenti esse incapaces. Aliter, si quis aegrotus ratione utitur et sacerdotis auxilium spirituale renuit. Quodsi igitur Varroni, licet culpabiliter se inebriavisset, extrema unctio non erat deneganda, a fortiori dari debuit, cum non constiterit culpabiliter an inculpabiliter ebrietatem incurrerit.

R. 2. Male autem parochus adiecit condicionem: „si dispositus es per statum gratiae". Nam hac condicione elusit sacramenti effectum pro eo casu, quo maxime fuerit necessarius, immo quo extrema unctio unicum fortasse sit medium, quo Varro salvari possit. Fac igitur Varronem esse in statu peccati, neque absolutionem validam fuisse sed informem: parochus invalide dedit unctionem. Sed si absolute unctionem dedisset (vel si vis sub condicione: „si capax es"), unctio valide collata, etsi forte nunc sine fructu, eo quod Varro ne attritionem quidem post ultimum peccatum mortale elicere potuerit vel elicuerit, postea produceret probabiliter effectum. Videlicet produceret effectum, si quando postea Varro, lucidi intervalli momento utens, attritionem solummodo intra se eliceret; at probabile est id ante mortem re vera fieri.

R. 3. Puer octennis supponitur aetatem discretionis habere; et proin parochus eum ad confessionem admittere et actibus necessariis cum eo excitatis absolvere debuit, antequam unxit. Quo facto, nulla ratio erat in unctione addendi condicionem „si capax es"; nam capax certo erat. Sed si re ipsa parochus confessionem non excepit, nihilominus actus virtutum, imprimis doloris de peccatis, cum puero moribundo elicere debuit; idque etiam in dubio de sufficienti pueri discretione. Quodsi fecit, atque puer re vera rationis capax erat, is extremam unctionem et valide et fructuose suscepit. Verum si puer ex una parte actum doloris aliosque actus qui ad supernaturalem dolorem necessarii sunt non elicuit, ex altera autem parte peccato mortali re ipsa obnoxius erat, valide quidem, sed infructuose extremam unctionem suscepit.

Unde fit ut parochus, si ante unctionem id neglexit, neque puerum ad supernaturales actus eliciendos instruxit et adiuvit, etiam nunc graviter obligatus sit ad hoc faciendum, ne forte maneat in periculo pueri salus aeterna. Praeterea etiam post unctionem curandum est, ut puer admittatur ad confessionem et absolutionem.

R. 4. Neque tamen, si puer peccatum mortale nondum commiserat, si modo rationis capax ideoque etiam peccandi capax et certe venialis saltem alicuius peccati reus fuerit, extrema unctio inutilis seu sine fructu est. Nam reliquias peccatorum, etiam venialium, absterget, fiduciam auget atque contra diabolicas tentationes novum confert robur.

EXTREMAE UNCTIONIS MATERIA ET FORMA.

Casus. (194)

Gisbertus, ad moribundum vocatus, permutavit oleum infirmorum cum oleo catechumenorum, neque animadvertit errorem nisi cum iam unxisset oculos; si redit ad ecclesiam leuca distantem, periculum est ne aegrotus interim moriatur: quapropter pergit in ungendis sensibus.

Alia vice omisit praeter unctionem renum etiam pedum unctiones, vel unctiones manuum, in ungendo ore omisit verbulum „locutionem", incepitque unctionem, cum finita iam formula diceret „Amen" ita ut secunda gemini sensus unctio fieret sub silentio: quod cum videt alter sacerdos assistens, ilico intingens pollicem in vas s. olei, has unctiones cum suis formulis repetit.

Quaeritur 1° quae sit materia et forma extremae unctionis.

2° quid de casibus Gisberti iudicandum sit.

Solutio.

Ad quaesitum 1ᵐ R. 1. Materia remota est oleum olivarum, speciali benedictione olei infirmorum benedictum: quodsi habeas oleum benedictione olei catechumenorum vel chrismatis consecratione benedictum, materia dubia est.

Quoad oleum infirmorum certum quidem est, ex delegatione Summi Pontificis sacerdotem in ordine tantum presbyterali constitutum illud rite benedicere posse — atque re vera, Ecclesia consentiente, in orientali ritu haec benedictio fieri solet a presbytero in ipso actu sacramenti administrandi —; verum sine illa speciali delegatione benedictio solius presbyteri ne dubie quidem validam efficit materiam, sed relinquit eam *certo invalidam*. Nam 13 Ian. 1611 et 14 Sept.

1842 S. Officium declaravit, approbantibus SS. PP. Paulo V et Greg. XVI, propositionem „quod sacramentum extremae unctionis oleo episcopali benedictione non consecrato ministrari valide possit" esse temerariam et errori proximam; idque declarabatur ad quaestionem, „an *in casu necessitatis* parochus uti possit *oleo a se benedicto*". Cf. Denzinger, *Enchir.* [7] n. 1494 et 1495: ubi tamen *falso* habes 13 Ian. 1655.

R 2. Materia proxima est *unctio quinque sensuum,* ut sacramentum sit practice *indubium;* ut probabilis sit valor, unctio alicuius sensus sufficit. Cf. *Th. m.* II, 571. Ad *valorem* non pertinet, ut fiat unctio gemina, vel ut fiat unctio per modum crucis.

R. 3. Forma est illa deprecatio ad singulas unctiones adhibenda, vel saltem ita, ut singuli sensus exprimantur: „Per istam sanctam unctionem et suam piissimam misericordiam indulgeat tibi Dominus, quidquid per visum ... deliquisti": in qua vix non omnia verba, nisi substituatur vox aequivalens, sunt essentialia. *Th. m.* II, 573.

AD QUAESITUM 2^m R. 1. Permutatio oleorum reddidit unctionem *dubiam.* Quare si sola unctio erat medium, quo satis secure potuerit aegroto subveniri, potuit et debuit Gisbertus quidem inceptam unctionem perficere condicionate, sed debuit simul administrare condicionatam absolutionem, atque etiam, si poterat, dare ss. eucharistiam, et insuper properare, ut, accersito oleo indubio, sub condicione unctionem iteraret.

Quodsi necessitati moribundi per alia sacramenta *certo* recepta satis provisum erat (eo scilicet, quod moribundus ratione utens rite sit absolutus), existimo Gisbertum potius debuisse sistere in unctione, cum adverteret defectum in oleo, et quam cito potuit, accersere oleum infirmorum, etsi periculum fuerit ne infirmus interim decederet: nam potuit solummodo dubium dubio augere. Attamen ne in hoc quidem casu eum damnaverim peccati, qui ad augendam probabilitatem effectus sacramenti prius unctionem condicionate absolvisset oleo dubio.

R. 2. Quod omissa fuerit unctio renum, id valori certo non obstat, cum ipsum Rituale iubeat eam unctionem omitti apud mulieres, et etiam apud viros, qui difficulter e loco moventur. — Neque eius omissio umquam grave peccatum constituit, atque sine ullo peccato in quibusdam locis ex consuetudine omittitur. Verum *S. R. Congr.* optat plane, ut eiusmodi consuetudines paulatim mutentur, atque omnia plene ad normam Ritualis fiant.

R. 3. Quoad unctionem pedum idem dicendum est circa valorem quod de unctione renum. Nihilominus rarius aderit *consuetudo plene legitima* eam omittendi, neque convenit eam omittere, nisi in peculiari casu gravior ratio obstet.

R. 4. Unctio manuum, cum pertineat ad exprimendum unum ex quinque sensibus, tactum videlicet, omitti non potest, quin practice aliquod dubium de valore sacramenti excitetur. Similiter dicendum puto, si in formula ungendi oris omittitur vox „locutionis".

R. 5. Si unctio incohatur ad finem formulae, dubium de valore rationabile excitari nequit. Idem dic, si ad verbum „Amen" unctio incipitur. Quamquam enim proprie loquendo forma finita est, tamen ita immediate formam subsequitur unctio, ut nulla sit interruptio, sed unio moralis *sufficiens* (vide supra de sacram. in genere n. 14 sq.). Neque obstat secundam gemini sensus unctionem fieri sub silentio. Nam praeterquam quod haec sit actionis inceptae continuatio, gemina unctio *ad valorem* non pertinet. — Nihilominus Gisbertus in posterum melius attendere debet, ut non solum essentialia servet, sed etiam more consueto et devoto procedat, *cum* pronuntiatione verborum formae coniungens unctiones respondentes.

R. 6. Ex dictis efficitur sacerdotem assistentem recte non egisse, quando in posteriore casu, cum Gisbertus ad vocem „Amen" unctionem incepisset, eam unctionem iteravit.

Verum in aliis casibus, cum Gisbertus defecisset in pronuntiatione vocis „locutionis", et cum plane omisisset unctionem manuum: melius erat sacerdotem assistentem supplere, quam illas unctiones plane omitti vel relinqui dubias. Nihilominus, cum in latina Ecclesia mos non sit, ut unctio a pluribus sacerdotibus fiat, debuit potius assistens presbyter Gisbertum monere, ut unctiones perperam factas vel omissas corrigeret, etiam ad finem totius unctionis. Solum quando minister primarius vel moneri non potuit, vel defectus corrigere noluit, assistens sibi munus assumere potuit supplendi.

Nam valide re vera ita suppletum est. Valori enim nullatenus obstat unctiones diversas a diversis fieri ministris, si modo sit omnium *moralis unio:* quod ostendit praxis Ecclesiae orientalis. Immo ne intervallum *infra* $1/4$ horae spatium tantum est, ut propterea censeretur inter singulas unctiones moralem unionem non amplius exsistere. Si diutius una unctio ab alia separatur, unio dubia est; si quid igitur supplendum fuerit, unctio ab integro sub condicione est resumenda. *Th. m.* II, 571; S. Alphons. VI, 724.

R. 7. Ceterum quando post discessum ab aegroto defectus animadvertitur, qui dubiam reddiderit unctionem, at satis probabiliter validam, parochus non tenetur cum *gravi* incommodo vel rubore defectum supplere, nisi aegroti saluti per alia sacramenta tam certo non potuerit provideri. Elbel P. VIII n. 204 ex Laymann et Babenstuber.

EXTREMAE UNCTIONIS SUBIECTUM — FORMA ABBREVIATA.

Casus. (195)

Fridericus, tempore contagionis in nosocomio curae animarum addictus, extremam unctionem unica confert unctione in fronte, dicens: „Per istam sanctam unctionem ... quidquid per sensus deliquisti"; timet enim, ne, si totum ritum perficiat secundum Rituale, non possit omnes ungere.

Eos qui operationem periculosam subeunt, quam primum chloroformio sensibus destituti sunt, extrema unctione ungit, cum aliquoties accidisset, ut eiusmodi homines e narcosi non evigilarent. Idem facit erga capite damnatos ante exsecutionem, quorum unus senex sit atque ipsa senectus dicatur morbus, alter ita pavore perculsus, ut sibi videatur in ipsa via ex pavore decedere.

Quaeritur 1° liceatne forma abbreviata uti.
   2° qui sint extremae unctionis subiectum.
   3° quid ad casus Friderici dicendum, rectene egerit, an et in quibus casibus ad unctionem iterandam teneatur.

Solutio.

Ad quaesitum 1ᵐ R. 1. Sunt qui dubitent de valore unctionis utcumque abbreviatae, nisi sub suis formis singuli sensus singillatim ungantur. Quare non licebit uti abbreviato modo, nisi ratio adeo gravis exsistat, quae compenset hanc sacramenti incertitudinem.

R. 2. Quoniam pro variis abbreviationibus diversus est gradus seu diversa ratio dubitandi de valore, ea prae aliis eligenda est abbreviatio, quae ceteris securior est. Est autem haec, quando sacerdos dicendo: „Per istam sanctam unctionem et suam piissimam misericordiam indulgeat tibi Dominus, quidquid deliquisti per sensus: visum, auditum, odoratum, gustum et locutionem, tactum", ad vocem „sensus" ungit frontem, ad vocem „visum" unum oculum, ad vocem „auditum" aurem et sic porro. — Hic enim modus vix ullam probabilem rationem dubitandi relinquit, ita ut sola fere auctoritas sit, quae prohibeat, quominus tutissimus et certissimus vocetur. Aliter, si unus tantum sensus ungatur, vel sola frons, etiamsi singuli sensus exprimantur in forma.

Ad quaesitum 2ᵐ R. 1. Subiectum extremae unctionis est homo baptizatus capax peccandi, periculose aegrotans, si modo aliqua ratione *velit* sacramentum recipere neque in statu peccati decedere.

R. 2. Capaces igitur non sunt: infantes et perpetuo amentes; ii qui non sunt in periculo mortis vel qui in eo sunt non ex afflicta valetudine.

Capaces vero sunt: pueri post annos discretionis; ii qui ante amentiam usum rationis habuerunt; recenter baptizati in adulta aetate, etsi post baptismum actuale peccatum non commiserint (*S. C. de Prop. F.* 26 Sept. 1821; Baller.-Palm. tr. 10, sect. 6, n. 28).

R. 3. In eodem morbo periculoso semel tantum s. unctio dari potest, potest repeti in morbo repetito; vel etiam in eodem morbo diuturno potest repeti, si periculum mortis desierat per notabilem convalescentiam, sed dein redit.

Ad quaesitum 3ᵐ R. 1. In priore casu Fridericus debuit potius adhibere formulam explicitiorem, qua singuli sensus ungantur et nominentur, etsi una sententia. *Hanc* adhibendi ratio urgens videtur adfuisse, quando rationabiliter timere debuit, ne per longiorem formam impediretur quominus succurreret aliis etiam in periculo mortis constitutis; alias ratio ne ad hanc quidem abbreviationem adfuit. Immo si aliis iam provisum erat per certam absolutionem, uni autem non erat provisum neque certo provideri poterat, utpote sensibus destituto, ante-

quam potuerit certa signa doloris dare, huic uni debuit potius sacram
unctionem securiore modo administrare, i. e. consueto modo ungens
singulos sensus (etsi non gemina unctione) sub separata sua et integra forma, etiam cum periculo ne alios ungere non posset.

Si vero ipse ungendus adeo est morti proximus ut periculum
sit ne inter unctionem decedat, formula abbreviata mox indicata sacerdos celeriter utatur; sub condicione repetere potest singulas unctiones sub separata forma, idque faciendum maxime quando sola unctio
sacramentum est, quod securius aegrotum iuvet. *Th. m.* II, 572.

674   R. 2. Narcosis chloroformica inducta, nisi alia afflicta valetudo
accedat, morale periculum mortis non censetur constituere. Quare
nisi medicus iudicaverit subesse periculum in casu singulari, Fridericus debuit non iam dare unctionem, utpote quae invalida vel dubie
valida esset ac proin postea, cum de periculo constaret, iteranda.
Quam primum vero per ipsam operationem periculum inductum est,
sane tempus est ministrandae unctionis, ne forte in operatione homo
decedat sacramento non munitus: de qua re ante narcosin aegrotus
monendus est.

Attamen si valetudo afflicta est periculose, ita ut per operationem
etiam periculosam medicus tentet periculum auferre: sane s. unctio
antea dari potest.

R. 3. Capitis damnati qua tales valide ungi non possunt, cum
mors non immineat ex morbo. Quapropter male egit Fridericus posteriorem illum ungens, qui, ne ex pavore in itinere moreretur, timebatur: nam pavor ille non est morbus. Senex autem, si revera in
eo statu senectutis erat quo, etiamsi capitis non damnatus, ungi
potuisset, etiamnunc poterat ungi; alias non potuit.

EXTREMAE UNCTIONIS OBLIGATIO.

Casus. (196)

Dorotheus, iuvenis rusticus, graviter decumbens, cum de suscipienda extrema unctione moneretur, confessione quidem et s. communione muniri vult,
non vero s. unctione, quod timeat, ne de se actum sit, cum susceperit extremam unctionem, neque sibi non amplius liceat, si convaluerit, saltare vel
nudis pedibus insistere. Cum vero sensibus videatur destitutus, parochus a
parentibus rogatus eum incipit ungere: sed subito Dorotheus, loquendi quidem impos, motu manuum et corporis agitatione renuit, ita ut opus esset
eum ab altero teneri, dum parochus unctionem posset perficere.

Quaeritur 1° quae sit obligatio suscipiendae extremae unctionis.
       2° quae obligatio cognatorum et parochi curandi ut aegrotus extrema unctione muniatur.
       3° quid de casu nostro deque valore unctionis Dorothei.

Solutio.

675   Ad quaesitum 1ᵐ R. 1. Obligatio suscipiendae extremae unctionis
ex parte aegroti *per se* gravis non est. Nam quamdiu de aegroti

voluntate suscipiendae vel non suscipiendae unctionis sermo esse potest, ille est in eo statu eaque condicione ut unctio non sit *medium* salutis necessarium; neque de necessitate *praecepti gravis* constat, cum extrema unctio ad maiorem utilitatem tantum ordinetur, adeoque recta ordinatio ad ultimum finem sine ea subsistere possit. Cf. E l b e l 1. c. n. 220; S. A l p h o n s. VI, 733 et sent. longe communior cum S. T h o m. 4, dist. 23, q. 1, a. 1, qstc. 3 ad 1.

R. 2. Neglectus huius sacramenti grave peccatum fieri potest ex contemptu vel ex scandalo causato. E l b e l, S. A l p h o n s. etc. *ib.* — Immo venialem deordinationem semper denotat huius sacramenti neglectus, quando commode recipi potest, siquidem irrationabiliter homo se privat tanto remedio, quod Christus specialiter pro extremo morientium subsidio in ultima pugna et tentatione instituit.

AD QUAESITUM 2^m R. 1. Gravis est obligatio cognatorum, immo gravissima, procurandae extremae unctionis illi aegroto cui forte aliter, i. e. per alia sacramenta, ita tuto provideri non possit. Idem censeo esse in casu quo aegrotus ipse instanter petit neque adeo difficile sit desiderium implere.

R. 2. Alias sane non est maior obligatio aliis administrationis procurandae quam aegroto sacramenti suscipiendi. Est tamen maior obligatio *monendi aegroti de periculo* in quo soleat extrema unctio suscipi. Hoc enim periculum aegrotus raro agnoscit, sibi illudens, cognoscunt longe facilius adstantes et cognati.

R. 3. Longe graviorem obligationem *parochus* habet curandi ne ex sua culpa seu incuria parochiani hoc sacramento priventur. Quare gravis eius est obligatio extremae unctionis administrandae aegroto petenti vel interpretative petituro, quantum potest; gravissima obligatio eam illi administrandi cui forte unicum fuerit medium necessarium salutis, i. e. sensibus destituto qui alio sacramento aeque tuto muniri non potuit nec potest.

Quare etiam tenetur parochus moralem diligentiam adhibere, ut parochianus graviter aegrotans de periculo moneatur et *inducatur ad admittendam* extremam unctionem, si forte primum ostendat reluctantiam. Nam haec reluctantia saepe oritur ex errore neque est absoluta voluntas neglegendi huius sacramenti, sed potius differendi cum spe fore ut in extremis nihilominus sibi hoc sacramentum administretur.

Debet etiam parochus dedocere stultas illas apprehensiones, quas aliqui habent, quasi de eius qui extremam unctionem susceperit vita sit actum, cum potius conferat ad recuperandam sanitatem. Idque eo magis parochus facere debet, quando aegrotus sua obstinatione aliis scandalum praebens vel errorem in fide sustinens graviter peccat vel in periculo graviter peccandi versatur.

Ceterum reluctanti, qui in bona fide est neque facile potest convinci, severius non est loquendum de obligatione suscipiendae unctionis, de qua non constat; quare tum sufficit eum aliis sacramentis munire.

678 AD QUAESITUM 3ᵐ R. 1. Parochus Dorotheum debebat leniter dedocere et instruere timores illos esse vanos et erroneos. Quodsi videatur non vincere posse repugnantiam, relinquatur, ne forte aegrotus gravius peccet.

R. 2. Si Dorotheus semper mansit in repugnantia erga unctionem, ungi non potuit; invito enim sacramentum valide non potest conferri. Quia vero Dorotheus re ipsa videtur invitus mansisse, unctio vel certo invalida vel saltem valde dubia est: dubia, si *aliqua* ratio est putandi praevalentem Dorothei voluntatem fuisse nihilominus suscipere unctionem, si quando verum exstiterit periculum, eumque in hoc solo errasse quod nondum crediderit periculum adesse.

R. 3. Poterat autem parochus ita cum aegroto convenire ut ille consensum suum exprimeret pro tempore futuro, i. e. extremo vel gravi periculo. Quod si factum fuisset, periculo adveniente, parochus poterat sacramentum administrare, etiamsi Dorotheus prae se ferret aliquam reluctantiam. Nam in eo casu adfuisset voluntas praevalens sacramenti suscipiendi atque eo minus reluctantia aegroti attendenda fuisset, si forte ille usu rationis videbatur destitutus.

EXTREMAE UNCTIONIS REPETITIO.

Casus. (197)

Almachius rogatur a Ioanna in nosocomio aegrotante, quae ante annum extrema unctione munita erat, eodem morbo manente, ut denuo ipsam ungat. Quod num fieri possit Almachius dubitat. Demum statuit obsecundari. Sed ne id in exemplum trahatur, unctionem clam administrat, solus, sine superpelliceo et lumine, ne alii quidquam animadvertant, soloque essentiali ritu contentus.

QUAERITUR 1° quandonam repetenda sit unctio in eodem morbo.

2° qui sint ritus servandi in unctione et qua obligatione.

Solutio.

679 AD QUAESITUM 1ᵐ R. 1. Manente eodem morbo eodemque periculo gravi et propinquo, sacra unctio repeti nec licite nec valide potest. Hoc saltem colligitur ex expressa Concilii Trid. doctrina sess. 14, cap. 3 *de extr. unct.:* „Quod si infirmi post susceptam hanc unctionem convaluerint, iterum huius sacramenti subsidio iuvari poterunt, cum in aliud simile vitae discrimen inciderint."

R. 2. Ex antiqua Ecclesiae praxi et theologorum doctrina non requiritur perfecta reconvalescentia, sed sufficit ut grave seu propinquum mortis periculum, resumptis ab infirmo viribus, desierit, postea iterum incipiat.

Benedictus XIV, *De syn. dioec.* l. 8, c. 8, n. 4 dicit: „Unde adverte quod in morbo diuturno, si infirmus post unctionem certe mansit in eodem mortis periculo, non poterit rursus ungi. Secus vero, si dubitetur."

Elbel l. c. n. 219: "Necessum minime est ut infirmus plene recuperet sanitatem et denuo incidat in simile periculum; sed satis est iam de novo instare periculum; quinimmo tametsi antiquum periculum, non tamen ita urgens, cum antiqua aegritudine perseveret (ut frequenter accidit in asthmaticis, hydropicis, phthisicis, in quibus, *perseverante radice aegritudinis*, saepe notabiliter variatur status morbi, ut modo extra periculum videantur, modo iterum in periculo mortis), accedente novo periculo possunt denuo ungi absque scrupulo."

R. 3. Unde concludi debet Ioannam, si nunc in urgens mortis periculum denuo inciderat, potuisse sane denuo ungi: immo id magis convenire, quam unctionem non repetere; at strictam obligationem non adesse.

AD QUAESITUM 2^m R. 1. Excluso casu necessitatis, in qua periculum sit in mora, servari debet dispositio Ritualis, ut unctio administretur a parocho a) superpelliceo et stola induto, b) adiuvante ministro, c) cereo accenso, d) praemissis orationibus in Rituali notatis. Attamen etiam extra necessitatem non omnia praecipiuntur obligatione *gravi*.

R. 2. Grave est extra necessitatem: a) omnem vestem sacram omittere; b) preces illas quae in Rituali ante unctionem et post eam *praescribuntur* omittere, nisi excuset materiae parvitas, v. g. omissio unius orationis tantum (verum aliae preces, v. g. psalmi paenitentiales etc., non sunt de praecepto, sed de consilio tantum); c) non *geminam* unctionem facere in sensibus, ubi praescribitur; d) ordinem unctionum notabiliter vel ex contemptu pervertere. Cf. *Th. m.* II, 574.

R. 3. Grave peccatum non est, sed veniale nisi ratio excusans accedat: a) omittere solum superpelliceum vel solam stolam (gravius tamen censeo esse omittere stolam quam solum superpelliceum; b) omittere cereum accensum; c) sacramentum administrare sine ministro, si minister commode habetur: alioquin sacerdos ipse sibi respondeat.

Deferri autem sacrum oleum ad aegrotum a sacerdote superpelliceo et stola non induto peccatum non est. Immo, si solum sacrum oleum defertur, illud sine ulla veste sacra ita deferendi ratio esse potest, ne obviam venientes fallantur, putantes sacrum viaticum deferri; prohibitum verum est quominus sacrum oleum deferatur sollemniter *cum lumine*.

Ex quibus efficitur quoad casum propositum Almachium non in omnibus recte egisse; immo eum obiective graviter laesisse ritum praescriptum, cum omissis omnibus precibus statim inciperet unctiones cum sua forma sacramentali: venialiter autem, vel si re vera admiratio timenda erat ne venialiter quidem, utens sola stola, omittens cereum et ministrum.

DE ORDINATIONE.

TONSURAM ET MINORES ORDINES SUSCIPIENS IN STATU PECCATI.

Casus. (198)

Leopoldus, in seminarium clericale admissus, a confessario admonetur ut statum clericalem ne assumat, propter inveteratum habitum pravum ipsum vocationem non habere; immo in pervigilio diei quo ordines minores conferebantur, sine absolutione dimittitur. Nihilominus, ne admirationem excitaret, ad suscipiendos minores ordines cum reliquis accedit, suscipiendae vero ss. eucharistiae se studuit subducere. Angitur autem de commisso sacrilegio propter ordines susceptos et quod in iis suscipiendis voluntatem altius ascendendi absolutam non habuerit.

QUAERITUR 1° sintne tonsura et minores ordines sacramentum eosque in statu peccati suscipere sacrilegium.

2° quid dicendum de eo qui minores ordines suscipit sine animo ascendendi ad maiores, ut in casu Leopoldus.

Solutio.

AD QUAESITUM 1ᵐ R. 1. Certum omnino est tonsuram non esse sacramentum, sed solam caerimoniam ecclesiasticam seu sacramentale quoddam. S. Thom. *suppl.* q. 40, a. 2; S. Alphons. VI, 734; Gasparri, *De sacra ordinatione* n. 42.

Ex se igitur habet effectus ecclesiasticos seu iuridicos, non vero confert ex opere operato gratiam sanctificantem, licet ex impetratione Ecclesiae conciliet actualia gratiae auxilia ad clericalia officia digne gerenda.

Tonsura est initiatio quaedam ecclesiastica ad statum clericalem, quo quis transfertur ex iurisdictione saeculari seu laicali in iurisdictionem Ecclesiae; fitque capax canonice cui ecclesiastica officia committantur, et particeps privilegii „canonis": de quo cf. quae dicuntur vol. I de censuris.

R. 2. Ordines minores non videntur habere rationem sacramenti: cf. *Th. m.* II, 581; S. Alphonso id est *probabilius* n. 737; cl. Gasparri *„longe probabilius, ne dicamus certum, et apud recentiores passim receptum"*: nam, quamquam hi ordines saltem iam a tertio saeculo in latina Ecclesia occurrunt, tamen tempore apostolorum non erant in usu, neque postea omnes eodem modo et munere recensebantur. Ex quibus merito concluditur eos *ecclesiasticae* institutionis esse nec divinae, adeoque non esse sacramentum. — Sola ratio, quae etiamnunc pro probabilitate contrariae opinionis ab aliquibus affertur, ea est quod primitus in diaconatu vel formaliter vel eminenter reliqui ordines inferiores collati fuerint, ita tamen ut a Christo data fuerit Ecclesiae potestas eos distinguendi et separatim seu singillatim conferendi. Quod possibile esse non nego, sed re ipsa obtinuisse probabile non videtur, eo quod de eiusmodi diaconatus capitis diminutione non constet.

R. 3. Cum quaestione de natura sacramentali ordinum minorum cohaeret quaestio, non quidem num sacrilegium sit, sed num *sacrilegium mortale* sit eiusmodi ordines in statu peccati suscipere. Communiter autem, si quaeritur de sacrilegio, solum id quod mortale peccatum est, intellegitur.

Si enim sacramenta sunt, sunt sacramenta non mortuorum, sed vivorum, quae praeexigunt in suscipiente statum gratiae: eaque aliter suscipere mortale sacrilegium est. *Th. m.* II, 50. Si vero sacramenta non sunt, non ilico fit ut nullum sit peccatum, eos extra statum gratiae recipere; immo cum sint re vera introductio in statum per Ecclesiae institutionem sacrum, videtur aliqua irreverentia committi ab eo qui ante eorum receptionem non studuerit in statu gratiae esse; verum peccatum veniale haec irreverentia non excedit, atque ex graviore aliqua causa evadit talis receptio inculpabilis.

Licebat igitur Leopoldo practice huic opinioni, quae ordinibus minoribus rationem sacramenti inesse negat, eiusque consequentiae sese conformare. Bened. XIV, *De syn. dioec.* l. 8, c. 9, n. 12; Gasparri l. c. n. 44.

AD QUAESITUM 2ᵐ R. 1. Ex eo quod aliquis recipiat tonsuram vel minores ordines, nondum adstringitur ad suscipiendos ordines maiores, quibuscum longe gravior coniungitur obligatio. Quapropter quilibet saltem potest in suscipiendis ordinibus minoribus animum retinere suspensum atque secum deinceps deliberare et de vocatione ad altiora sedulo inquirere.

R. 2. „*Animus clericandi*", quem complures ex Trid. sess. 23, cap. 4 ut necessarium in suscipiente minores ordines requirunt, docente S. Alphonso l. c. n. 785, aliud non dicit nisi „intentionem praestandi Deo fidelem cultum": quo non impeditur ordinandus quominus nolit ascendere ad superiora.

Immo de eo qui postea uxorem ducit S. Alphons. l. c. habet haec: „clericum qui initiatus in minoribus uxorem ducit, per se loquendo certum est non peccare graviter, immo nec etiam leviter, si ob iustam causam hoc facit, puta ad sedandas inimicitias aut tentationes carnis." Excipit S. Doctor casum, quo quis certus de sua vocatione ad sacerdotium eam non sequatur.

R. 3. In nostro igitur casu Leopoldum peccati gravis accusare non possumus, nisi forte ex falsa conscientia: 1) non propterea quia non-vocatus ad sacerdotium ordines minores suscepit; 2) neque quod ss. eucharistiam non sumpsit: id enim sub gravi quidem facere debent qui presbyteri ordinantur, reliqui non sub gravi; ad minores ordines initiandi ne sub levi quidem, ut habet S. Alph. l. c. n. 801; Lacroix VI, p. 2, n. 2225; 3) neque quod non fuerit absolutus: nam praeterquam quod satis erat, si noluit communicare, per contritionem perfectam Deo reconciliari, probabilissimum est grave peccatum non esse in statu peccati minores ordines suscipere.

At deinceps peccati gravis reus fieri potest, si, certus quod non sit vocatus vel nolens ad superiora ascendere, nihilominus inutiliter expensis gravat seminarium vel alios.

MATERIA ET FORMA MINORUM ORDINUM. — DUBIE ORDINATUS.

Casus. (199)

Syagrius dubia complura habet de susceptis ordinibus. Cum enim ordinaretur, sacristanus pro ostiariatu mutaverat claves dederatque claves privatae domus loco ecclesiae clavium; pro lectoratu minister porrexerat librum Ritualis, qui idem serviebat pro conferendo exorcistatu; in acolythatu solum tetigit candelabrum, non candelam, nec urceolum sed scutellum tantum quo ille continebatur. Et cum ipse unus clauderet seriem ordinandorum qui bini accesserant, episcopus nihilominus etiam in Syagrio ordinando pronuntiavit formam in plurali „Accipite etc."; sed cum postea in sequentibus ordinibus vellet ut Syagrius tertius accederet cum ultimis duobus, ille non poterat tangere, nisi postquam episcopus iam protulisset verba: „accipite urceolum".

QUAERITUR 1° quae sint materia et forma ordinum minorum.
2° quid de dubiis Syagrii sit iudicandum.
3° quid, si ordines minores probabiliter tantum valide vel invalide collati sunt.

Solutio.

685 AD QUAESITUM 1^m R. 1. Quamquam non constat minores ordines habere rationem sacramenti, tamen saltem ad analogiam sacramentorum suam habent materiam et formam quibus Ecclesia validam ordinis collationem conexuit.

R. 2. Pro *ostiariatu* materia est traditio clavium, quas ordinandi tangere debent, dicente episcopo: „Sic agite etc."

Circa quod habes haec decreta S. R. C. *in Civitaten.* 11 Maii 1820: „Quamvis una clavis esse possit materia sufficiens pro ordinatione ostiarii, servandam tamen esse rubricam, quae praecipit clav*es* esse tradendas, quae, sive argenteae sint sive ferreae sive ligneae, constituunt materiam remotam huius ordinis." Collectan. S. Congr. d. P. F. n. 1189.

S. C. de Pr. F. pro *Sin.* interrogata „an in ordinatione ostiariorum possit omitti traditio clavium, aut oporteat uti clavi qualicumque", R. d. 27 Sept. 1843 „Negative ad 1^{mam} partem; affirmative ad 2^{dam} (ibid. n. 1197).

Pro *lectoratu* materia est traditio codicis lectionum, tangendi ab ordinandis, dicente episcopo: „Accipite etc." Decreta habes haec: Quaesitum est de ordinatione lectoris, quid per codicem intellegatur, R. S. C. R. 27 Sept. 1873: „In casu codicem esse Missale, Breviarium vel volumen S. Scripturae." (Decr. auth. S. R. C. n. 3315 ad V.)

Pro *exorcistatu* similiter traditur et tangitur liber exorcismorum cuius loco tradi potest, *monente rubrica,* Pontificale vel Missale.

Pro *acolythatu* traditur et tangitur sub verbis in Pontificali notatis *primo* candelabrum cum candela exstincta, *dein* urceolum vacuum: quae traditio vel ita fieri potest ut primo singulis seu binis detur candelabrum cum candela, et postquam omnibus datum sit, eodem modo per ordinem urceolus; vel ita ut, postquam bini acceperint candelabrum, iidem statim accipiant urceolum, et sic porro.

AD QUAESITUM 2^m R. 1. Primum dubium Syagrius tuto deponere potest, cum ex laudato decr. qualiscumque clavis sufficiat, et potius attendatur symbolica significatio, quam quod clavis debeat revera res ecclesiasticas reclusas tenere.

R. 2. Neque censeo in dubio circa lectoratum rationem solidam subesse dubitandi, dubiumque practice spernendum esse. Etsi enim S. R. C. in responso supra laudato nihil dixit de Rituali, tamen Rituale Romanum etiam lectiones continet, saltem lectiones Officii defunctorum: quare est codex omnino aptus ad significandum.

R. 3. Idem iudico de exorcistatu; immo pro hoc ordine videtur liber exorcismorum primarie intellegi *Rituale,* in quo exorcismi continentur; et secundarie tantum loco Ritualis Missale vel Pontificale.

R. 4. Quamquam ante factum curare debet ordinandus ut ritum secundum communem consuetudinem peragat atque et candelabrum et candelam tangat atque etiam immediate urceolum ipsum nec solum scutellum tangat: nihilominus est omnino probabilis sententia sufficere ut res tradenda mediate tangatur vel moraliter; at ita certe tetigit Syagrius candelam per candelabrum et urceolum per scutellum ei suppositum. Hinc practice in *his* ordinibus nulla est ratio dubitandi de valore ordinationis.

R. 5. Non probabile tantum sed certum est non in solis sacramentalibus sed in ipsis sacramentis conferendis sufficere, si incipiat applicatio materiae, antequam finita sit forma, vel vice versa; valde probabile est sufficere, etsi plane breve intercedat intervallum. Quare in nostro casu *nulla* est dubitandi ratio.

AD QUAESITUM 3^m R. Cum minores ordines (sive quoad totum esse, sive quoad ritum saltem quo conferuntur) institutionis ecclesiasticae sint, ad valorem sufficit ut collati sint secundum probabilem opinionem. Et quamquam ante factum procedi debet secundum praescripta rubricarum: tamen post factum nihil repetendum est, si ordinatio peracta est secundum sententiam probabilem: quae si forte falsa fuerit, *Ecclesia supplevit.* Th. m. II, 586.

DUBIA IN COLLATIONE PRESBYTERATUS.

Casus. (200)

Quintinus episcopus in ordinatione presbyterorum post impositas manus super ordinandos manus coepit extendere, sed cum longum esset, dum assistentes presbyteri perficerent manuum impositionem, ipse manus demisit neque amplius coepit extendere ad orationem *„Oremus, dilectissimi"*, solis presbyteris eas extendentibus. Aliqui ex ordinatis, qui hoc animadverterunt, postea dubio tanguntur de sua ordinatione.

Alia vice praetermisit Quintinus in uno alterove ex ordinandis primam manuum impositionem sub silentio peragendam, in alio manus super caput tenens elevatas caput non tetigit; assistentes vero presbyteri apud complures omiserunt hanc caerimoniam.

QUAERITUR 1° qui sint ritus essentiales pro ordinatione presbyteri.

2° quid faciendum, quando defectus aliquis commissus fuerit in manuum impositione vel extensione.

3° quid ad casus propositos sit dicendum.

Solutio.

688 AD QUAESITUM 1^m R. 1. Sine dubio ad essentiam pertinet prima illa manuum impositio seu extensio cum orationibus cum illa conexis.

Dixi: prima manuum impositio seu extensio, quia extensio impositionem sub silentio factam continuo subsequens non tam est nova seu secunda impositio quam prioris eiusdem continuatio, ut scite notat Bened. XIV, *De syn. dioec.* l. 8, c. 10, n. 4. — *Uterque* tamen ritus: et impositio manuum et manus extensio, omnino faciendus est.

Dein dixi: cum orationibus cum illa conexis. Videlicet post inceptam manus dexterae *extensionem, ea perdurante*, dicit pontifex: *„Oremus, dilectissimi etc."*, et demissa manu dicit ipsam orationem *„Exaudi etc."*, cui subiungit per modum praefationis sollemnem precationem *„Domine sancte etc."* Hae orationes quoad substantiam omnino essentiales sunt; continent enim ritum et preces ab antiquo in quibuslibet ritibus tum occidentalis tum orientalis Ecclesiae servari solitis, eumque qui antiquitus saltem solus essentialis esse poterat, utpote qui solus presbyterii munus conferendum exprimeret.

689 R. 2. Practice haberi debet etiam ille ritus ut essentialis, quo traditur calix cum vino et patena cum hostia, ita ut ordinandus tangere debeat calicem et patenam, dicente episcopo: *„Accipe potestatem etc."* — Similiter impositio manuum sub fine missae cum verbis: *„Accipe Spiritum Sanctum; quorum remiseris peccata etc."*

Quamquam enim illa instrumentorum traditio posterioribus tandem saeculis ab Ecclesia latina introducta est: sunt tamen qui putent Christum Dominum non determinasse in ultima specie ritum essentialem in sacramento ordinis, sed illam determinationem Ecclesiae reliquisse; Ecclesiam autem a longo iam tempore hunc ritum habere pro essentiali, sive ex parte materiae sive ex parte formae.

Et revera cum, occurrentibus defectibus, romana tribunalia ob hunc ritum *graviter laesum* condicionatam ordinationis repetitionem exigere soleant, *practice* hic ritus omnino observari debet, ne sacramentum periculo nullitatis exponatur. — Non autem requiritur ille ritus *ultra eum modum* quem Ecclesia tenuit ac tenet et pro praescripto habet.

R. 3. Reliqui ritus: unctio manuum, traditio vestium sacerdotalium, communis cum episcopo consecratio et missae celebratio, *certo* ad essentiam non pertinent; attamen unctio saltem manuum, si omissa fuerit, sub gravi est supplenda. *Th. m.* II, 590. 591.

AD QUAESITUM 2^m R. 1. Videndum est num defectus qui occurrerit, ad essentiam ordinationis sive certo sive probabiliter pertineat. In quo casu ordinatio sive integra sive partialis repeti debet.

Scilicet si defectus fuerit in priore impositione manuum sive extensione, tota ordinatio integra repetenda est. Quod tamen intellege, si defectus deprehenditur, toto ritu ordinationis peracto.

Nam si intra ordinationem defectus deprehenditur, idque ante traditionem instrumentorum, sufficit ut repetatur impositio manuum cum extensione et precatione essentiali, vel si impositio facta est, sola extensio manus cum precibus. Si vero defectus post traditionem instrumentorum deprehenditur, praeter impositionem manuum et extensionem etiam illa traditio repetenda est cum sua forma.

Si defectus commissus est in ultima manuum impositione tantum sub fine missae, haec sola est supplenda.

R. 2. Circa impositionem extensionemque manuum constat ritum presbyterorum adstantium non esse de essentia, sed solum de praecepto. De cetero exstant quaedam responsa:

1) extensionem illam manus dexterae, quae subsequitur manuum impositionem, faciendam quidem esse ad verba: „Oremus dilectissimi etc.", sed non amplius ad orationem sequentem, etsi illa oratio longe probabilius forma sacramenti est quam ista exhortatio „Oremus dilectissimi": ita S. R. C. 18 Febr. 1843 in *Anic.* Collectanea n. 1196.

2) Si episcopus manum quidem extenderit, sed non ad ipsa verba illa, verum immediate ante vel post, ordinatio *valet*.

3) Si vero illa manus extensio ab episcopo *prorsus omissa* fuerit, etsi *impositio* praecedens peracta, repetenda est ordinatio sub condicione: ita resp. S. Paenitentiariae d. 31 Martii 1888 (Baller.-Palm. tr. 10, sect. 7, n. 21); et postea resp. S. Officii d. d. 17 Martii 1897 et 30 Nov. 1898 [1].

---

[1] „Si post tactum physicum capitis ordinandorum episcopus manum extensam habuerit super ordinandos, saltem immediate ante recitationem *Oremus etc.*, ordinationem esse certo validam, ut in decreto S. Off. fer. IV 12 Sept. 1877. Si autem ne quidem immediate ante recitationem *Oremus etc.* manus extensio facta fuerit, ordinationem esse iterandam secreto et sub condicione, quocumque die." S. Offic. fer. IV d. 30 Nov. 1898. SS^{mus} adprobavit." *Anal. eccl.* VII, 60.

Ne tamen illud „immediate ante" ita accipias ut non sufficiat, si immediate post recitatas orationes extensio manus fiat, habes aliud responsum. Nam ad Quaes.:

4) Si forte omissa fuerit illa impositio manuum sub silentio facienda, responsum *S. Officii* satis clarum habetur, ex quo concludi debet, ordinationem esse *condicionate repetendam*[1].

5) Quando ultima manuum impositio omissa vel non *tactu physico* facta est (videlicet si episcopus caput ordinandi non tetigit, sed manus suas super caput ordinandi elevatas tenuit), haec debet suppleri cum verbis comitantibus. S. Off. 19 Aug. 1851, Collect. n. 1199.

Ad quaesitum 3^m R. Quoad *priorem* casum Quintini patet ex responsis Roma datis ordinationem esse valide peractam neque ullius dubii esse locum.

Quoad *posteriorem* casum vero rem non esse extra dubium positam, ideoque, sicut Roma interrogata aliquoties iussit, ordinationem esse repetendam eamque sub condicione quidem, sed integram: id autem fieri debere in solis illis candidatis, in quorum ordinatione ipse episcopus omiserit manus capiti imponere illudve tangere; quoad reliquos, apud quos soli presbyteri assistentes defectum illum commiserunt, nullam esse rationem dubitandi de ordinationis valore.

DUBIA IN COLLATIONE PRESBYTERATUS (II).

Casus. (201)

Celerinus in sua ordinatione meminit quidem se tetigisse pro momento calicis cuppam; sed cum simul non posset bene attingere patenam et hostiam, mox relicto tactu calicis premebat hostiam, sed dubitat valde, immo moraliter certus est se patenam non tetigisse. Quapropter induci vix potest ut celebret primam missam, utpote dubie ordinatus. Quod cum Maturus audiat, eum compellit hoc modo: Omnis illa instrumentorum traditio mera caerimonia est, ad valorem certo non spectans, cum desit in ordinatione Orientalium; ergo etsi nihil tetigisses et recepisses, tuto posses celebrare neque ad quidquam obligaris amplius.

„Episcopus non habuit manum extensam super ordinandos, dum recitabat verba *Oremus etc.*, sed de hoc monitus illam elevavit et extensam habuit per aliquod tempus, sed, dum id ageret, iam recitata fuerat dicta oratio, nec constat utrum, dum manum extensam tenuit, submissa voce verba supradicta iterum recitaverit". Resp. d. 14 Dec. 1898 „Acquiescat": quod d. 16 Dec. SS^{mus} adprobavit. *Anal. eccl.* VII, 98.

[1] Aliquo modo id iam consequi videtur ex decreto fer. IV die 3 Maii 1899 (*Anal. eccl.* VII, 338). Scilicet ex inadvertentia praetermisit episcopus utramque manum super caput ordinandi imponere et manum dexteram extensam tenere, dum legeret exhortationem *Oremus, fratres charissimi;* quae omnia postea supplevit, sed nescitur accurate quando. Cui dubio responsum est: „Dummodo in casu proposito repetitio formae et *manuum duplex impositio* facta fuerit ante instrumentorum traditionem, acquiescat." Ergo concludere pronum est, si *alterutra* impositio seu extensio omissa fuerit, esse locum repetitionis.

Clarius autem id habetur ex decr. 4 Iul. 1900, die 6 eiusd. a Leone XIII approbato (*Anal. eccl.* VIII, 339). Ordinatio aliqua facta erat cum prima quidem manuum impositione, sed ita ut neque episcopus neque presbyteri assistentes physice tangerent caput ordinandi. Quo facto perpenso, E^{mi} PP. mandarunt: „*Ordinationem esse iterandam ex integro sub condicione et secreto, quocumque die.*" Quod igitur eo magis valere debet, si prima illa manuum impositio plane omissa erat.

Ordines sacri — defectus in presbyteratu conferendo.

Desiderius episcopus seminaristis contulit ordines sacros. Cum sequenti die incipiant primitiae neosacerdotum, sacrista directori in sacristia narrat: „Heri curiosi aliquid accidit; in ordinatione hesterna reperi postea aquam pro vino in calice positum fuisse." Director respondet: „Ne quid dicas hac de re", atque prosequi sinit primitias missarum.

QUAERITUR 1° quae securitatis causa requirantur quoad porrectionem et tactum instrumentorum.
2° quomodo defectus commissus sit supplendus.
3° quid de casibus allatis sit iudicandum.

Solutio.

AD QUAESITUM 1^m R. 1. Certum est non requiri tactum hostiae: 692 quare quidquid antiqui aliqui scriptores dubitaverint de hac re et scrupulum moverint (cf. S. Alph. VI, 752), haec opinio, quae eum tactum ad valorem requiri putavit, falsa et antiquata haberi debet. Nam evidenter constat ex Pontificali *praescribi* solum tactum cuppae calicis et patenae, quam ordinandi iubentur accipere „inter indices et medios digitos": ad quem modum hostiam accipere plane impossibile est, nisi Deus patret miraculum in qualibet ordinatione auferens a patena materiae impenetrabilitatem. Verum nihil posse in traditione et tactu instrumentorum ad valorem ordinationis valere, nisi quod Ecclesia *praescripserit,* luce clarius est, cum ille ritus non ex Christi mandato, sed ex consuetudine et subsequenti mandato Ecclesiae ortum sumpserit.

R. 2. Certum est ad *valorem* sufficere, si, dum porrigeretur calix cum vino et hostia cum patena, alterutrum ex his instrumentis, scilicet vel calix vel patena, tactu physico acceptatum fuerit. Quod ex recentibus decretis certissime sequitur: quae habes infra in nota[1]. Videlicet certissimum est porrectionem instrumentorum esse inductam *ab Ecclesia;* si qua ergo necessaria est ad valorem, non alia potest esse necessaria quam ea quae ab Ecclesia ad valorem sive certo sive dubie praescribitur et ut necessaria sustinetur. Sed postquam Ecclesia per supremum pastorem declaravit valori non obstare, etsi non utrumque vas sed vel solus calix vel sola patena tacta fuerit, evidentissime pro futuris ordinationibus *ad valorem* non plus vult esse necessarium quam tactum alterutrius instrumenti, dum ambo offerantur.

R. 3. Verum si in porrigendis instrumentis, dum ritus ille sacer perficitur, vel panis vel vinum *defuerit:* ordinatio pro non satis

---

[1] a) „Sempronius ... prius tetigit cuppam calicis; sed postea, cum episcopus formulam pronuntiavit, tetigit tantummodo patenam cum superposita hostia super calicem." R. S. Officium, approbante summo pontifice: „Acquiescat" d. 17 Martii 1897.
b) Caius ... tetigit tantum patenam et hostiam super calice positam, non autem ipsum calicem, etsi ad istum cum digitis tangendum nisus sit." — Resp., approbante summo pontifice, „acquiescat" iterum S. Offic. 17 Martii 1897.
c) „Sacerdos N. N. dubitat utrum tetigerit calicem insimul cum patena: ipsi videtur se hanc ultimam non tetigisse." Resp., approbante summo pontifice, „acquiescat" S. Offic. d. 7 Sept. 1897. (Cf. *Analecta eccl.* V, 202. 447.)

certa habetur; sed etiamnunc ordinationem Ecclesia iubet sub condicione repeti [1].

AD QUAESITUM 2^m R. 1. Si defectus deprehenditur inter ipsum ritum ordinationis, v. g. ante canonem missae: sufficit sane ut solus ille ritus omissus sive male peractus suppleatur, neque necesse est repetere manuum impositionem.

R. 2. Si deprehenditur defectus expleto ordinationis ritu: *totus ordinationis ritus integer repetendus est condicionate*, incipiendo ab ipsa prima manuum impositione; neque sufficit solam instrumentorum traditionem repetere.

Nam non constat plane indubie de *necessaria unione* materiae et formae rituumque essentialium qui in una eademque ordinatione peragi debeant. Est enim opinio, quam non constat esse falsam, ipsam manuum impositionem extensionemque tamquam materiam reassumi quodammodo per traditionem instrumentorum atque coniungi cum verbis: „Accipe potestatem etc." tamquam cum forma; hinc, si erratum fuerit in traditione instrumentorum, non esse sufficientem materiae et formae coniunctionem ac propterea et antecedentes et subsequentes ritus esse repetendos quidem, sed repetendos condicionate.

AD QUAESITUM 3^m R. 1. Quod ad casum *Celerini* pertinet, complura sunt consideranda:

1) Quod non simul sed successive calicis cuppam et hostiam cum patena tetigerit, nihil facit ad valorem; neque quidquam valori obesset, si, cum tetigerit calicem, episcopus nondum sed statim postea inceperit formam: nam ex responso modo allato circa manus extensionem patet sufficere moralem unionem inter materiam et formam.

2) quod non patenam sed hostiam tetigerit, similiter nullatenus valori obstat. Nam praeterquam quod ex decretis sufficiat solum calicem tetigisse, vix possibile est non leviter saltem tangere etiam patenam; insuper per ipsam hostiam patena satis tangitur, atque hostia potior est res, cuius traditione significatur potestas transsubstantiandi panem in corpus Christi. Quare incredibile est Ecclesiam voluisse ita praescribere tactum patenae, ut ne sufficeret quidem tactus per hostiam patenae superpositam. Sed, ut dixi, ad hanc rationem rem reducere necesse non est.

3) Quod Maturus ad compescendos scrupulos dixit theoretice quidem probabilissimum est atque fere moraliter certum. Verum

---

[1] „Dum episcopus ordinans traderet calicem et patenam cum hostia, haec in terram evolavit, priusquam ab ordinando tangeretur et priusquam pronunciaretur formula *Accipe potestatem*.." Resp., approbante summo pontifice, a S. Offic. d. 6 Iulii 1898: „Attenta asserta evolatione hostiae in terram in porrectione instrumentorum et *ante tactum instrumentorum eorumdem*, ordinationem esse iterandam ex integro sub condicione et secreto etc. (*Anal. eccl.* VI, 338). — Similiter in alia ordinatione accidit, ut „traditus sit una cum patena et hostia *calix absque vino*"; propter quod S. Offic., approbante summo pontifice, mandavit d. 11 Ian. 1899: „ordinationem esse iterandam ex integro etc." (*Anal. eccl.* VII, 145).

quominus, si gravior defectus in traditione instrumentorum occurrerit, plane a supplendo seu corrigendo defectu abstinere liceat, prohibet praxis Ecclesiae hucusque observata. — At in ordinatione Celerini eiusmodi defectus gravis non occurrit, atque secundum praxim recentem S. Officii ei plane iniungendum est, ut acquiescat.

R. 2. Ratiocinatio Maturi, si practice sustineri posset, applicationem haberet in casu *ordinationis a Desiderio peractae.* Nam revera ibi non obtinuit ullatenus debitus instrumentorum tactus. Fatentibus siquidem omnibus tangenda sunt non calix et patena vacua, sed materiam consecrationis continentia; verum illa materia in isto casu re ipsa deerat, cum pro vino aqua sit porrecta.

Quare, cum ratiocinatio Maturi practice nequeat admitti, dubium non est quin sub condicione ordinatio sit repetenda, eaque integra: casus omnino similis est ei quem habes supra pag. 396 in nota.

Neque tamen improbo agendi rationem directoris, qui iussit sacristam silere atque neo-ordinatos ad primitias celebrandas accedere fecit, si modo postea curam habeat ut pro cautela ordinatio repetatur.

Rationem reddo huius responsi. Nam alia desideranda est certitudo, quando agitur de tota vita sacerdotali longaque sacrarum functionum serie, ex quibus multorum aeterna salus facillime pendet; alia certitudo sufficit, si agitur de singulari aliqua sacra functione, quae magis spectat ipsum sacerdotem quam alienam salutem aeternam. In posteriore casu contentus aliquis esse potest certitudine late morali vel magna probabilitate, quae sufficiat, si agitur de homine sacramentum volente suscipere. Existimo autem sententiam, quae etiam in latina Ecclesia totam ordinationem impositione et extensione manuum cum precibus adiunctis essentialiter perfici tenet, tantae esse probabilitatis seu moralis certitudinis ut, si de solo bono privato ordinandi ageretur, liceret ei contento esse ordinatione cum tanta probabilitate peracta. Nam sustulisse Ecclesiam vim sacramentalem illi ritui, quem a primis saeculis semper ut essentialem exercuit, debebat luce clarius demonstrari: alioquin longe rectius putabis ritum additum esse vel mere accidentalem vel, si forte sacramenti effectivum, id secundarie tantum, scilicet pro casu quo forte in priore ritu erratum fuerit. Auxisse Ecclesiam ex sese periculum nullitatis ordinum, quis crediderit? Longe probabilius est eam illud diminuisse. Recte igitur potuit director illos neo-ordinatos in ignorantia relinquere atque ad celebrandam missam inducere.

Sed quoniam postea valor tot sacramentorum eorumque summe necessariorum in quaestionem venit: theoretica illa certitudo moralis propter contrariam sententiam multorum theologorum deicitur a *certitudine practica,* ita ut non liceat pro postero tempore ordinationem in illa practica incertitudine relinquere.

VOCATIO DIVINA, EIUSVE DEFECTUS.

Casus. (202)

Dositheus a teneris annis inclinationem sentiebat ad statum clericalem et sacerdotalem; quo ad maiorem etiam pietatem excolendam excitabatur. Verum in decursu studiorum seductus pravum peccandi habitum contraxit et per aliquot annos fovit. Revixit tamen voluntas suscipiendi sacerdotii. Quapropter seminarium intrat; sed eo etiam tempore pravos mores contractos parum emendavit; numquam ultra mensem se continuit. Ante subdiaconatum confessarius inductus vocatione a prima aetate manifestata et emendatione per mensem fere protracta permisit ascensum ad sacrum ordinem. Nunc vero, cum maior emendatio secuta non sit, ante presbyteratum in gravioribus versatur difficultatibus.

QUAERITUR 1° quae sit vocatio divina, quae eius signa.
2° quae regula in tractandis habituatis in peccato turpi ante suscipiendos ordines.
3° quid Dositheo consulendum vel praescribendum.

Solutio.

AD QUAESITUM 1ᵐ R. 1. Esse specialem vocationem ad statum sacerdotalem colligitur tum ex communis providentiae divinae legibus, tum ex S. Scriptura clare patet. „Nec quisquam sumit sibi honorem, sed qui vocatur a Deo tamquam Aaron." Hebr. 5, 4.

R. 2. Nisi impulsus fortior divinitus datus adsit, isque secundum normam de discretione spirituum probatus, vocatio ordinaria consistit in constanti inclinatione rationali, coniuncta cum aptitudine tum interna tum externa.

Inclinatio rationalis proficiscitur quidem ab attractu gratiae, sed non excludit repugnantiam ex parte appetitus inferioris; nam cum magna eius repugnantia stare *potest* iudicium intellectus, quo quis iudicat, perpensis rationibus et attrahentibus et retrahentibus, sibi convenire statum clericalem assumere. Attamen, si magna et constans repugnantia adest, eo maior fiat oportet in veram vocationem investigatio.

Aptitudo dicitur tum interna tum externa. Interna respicit ipsum hominem de cuius vocatione quaeritur; externa respicit absentiam obstaculorum.

Interna aptitudo exigit 1) eas vires corporis quae sufficiant ad onus sacerdotale implendum, et quae immunitatem ab irregularitatibus ex defectu corporis denotant; 2) vires intellectuales quae sufficiant ad acquirendam necessariam scientiam et ad practicum iudicium prudens; vires morales quibus ostendat immunitatem a vitiis seu pravis habitibus, et quibus sibi persuadeat tanta voluntatis firmitate se uti et tantas sibi a Deo promitti gratias ut vitam boni clerici et sacerdotis gesturus sit.

Externa aptitudo comprehendit non solum absentiam irregularitatum, sed etiam officiorum vel obligationum, quae impediunt quominus ad sacerdotalem statum ascendere liceat, utpote quocum obligationes aliae iam exsistentes componi non possint.

AD QUAESITUM 2^m R. 1. Regula *absolvendi* habituatos qui aspirant ad sacros ordines, formaliter eadem est atque regula absolvendi ceteros habituatos, materialiter est nonnihil diversa.

Explico. Formaliter eadem regula in omnibus ea est, ut absolvere possim vel debeam qui sincerum ostendat dolorem de peccatis commissis et propositum non peccandi de cetero. Materialiter diversa est regula pro clericis sacrorum ordinum candidatis, quia propositum ad alias atque plures res se extendere debet. Nam voluntatis propositum non solum dirigi debet in usum mediorum efficacium, sed debet etiam spes fundata adesse fore ut media sint re ipsa efficacia; quae si non adest, differri debet ordinatio vel ei renuntiari, ne sacrilegia augeantur neve publicum scandalum praebeatur.

R. 2. Regula eos *tractandi,* antequam ordinatio instet, ea est ut a longo animus praeparetur. Quare quoad eos qui habituati sunt in peccato turpi, fortiter incumbi debet ut iam in seminario minore vitium deponant: quod nisi factum sit, sed vitium iam per annos protractum neque notabilis saltem emendatio fuerit secuta, *ordinarie* ab ingressu maioris seminarii *arcendi* sunt.

R. 3. Longe etiam severius insistendum est in emendationem, si quis in seminarium maius iam receptus inveniatur vitiosus. Vix umquam ad sacros ordines admitti potest, nisi qui per tempus omnino notabile, v. g. sex menses, ab omni labe turpi se custodierit. Idque valet imprimis ante suscipiendum subdiaconatum, sed etiam omnino ante presbyteratum. Nam etsi in presbyteratu nova obligatio non assumitur, tamen periculum multiplicandi sacrilegia omnino multum augetur. Severum in hac parte esse est misericordem se gerere et providum erga candidatum et erga Ecclesiam. Nam propter extraordinariam conversionem habituatum statim vel cito admittere posse est tanta exceptio, ut in regula id notari vix mereatur.

AD QUAESITUM 3^m R. 1. Videtur sane Dositheus habuisse a teneris annis vocationem ad clericatum: nam de aptitudine ad scientiam necessariam ex casu dubitari nequit; atque etiamnunc vocatio aliquo modo videtur adesse, cum stimulis conscientiae exagitatus ad studia priora Dositheus se denuo conferre conetur.

R. 2. Sed haec vocatio nunc non est amplius *proxima:* proxime enim dispositus nondum est; abest necessaria animi puritas. Manet igitur vocatio remota, dum Dositheus plenam ostenderit emendationem. Nam ultra mensem numquam se continuisse, idque cum circumdatus sit mediis et cautionibus vitae reclusae, est signum vel vitii nimis inveterati vel voluntatis adeo infirmae ut spes castae vitae sacerdotalis non exsistat.

R. 3. Debebat Dositheo potius differri ingressus in seminarium, si agitur de seminario maiore, nisi antea notabilem omnino emendationem ostenderit: quam si post unum alterumve annum non fuerit assecutus, potius relegandus a studio theologiae et ad alia dirigendus erat.

Nunc autem ante subdiaconatum ut dicam quid sentiam, censeo eum absolutione indignum fuisse, nisi paratus esset ad differendum subdiaconatum, quaesito aliquo praetextu; quodsi post sex menses se immunem non servasset, sine ulla spe iterandae receptionis iubendus esset ad alia studia se convertere.

Idem censeo, cum sit nunc ante presbyteratum. Differre debet ordinationem suam; alioquin dignus non est qui absolvatur; immo differendus iterum atque iterum, nisi per medium annum se tandem purum servaverit firmamque spem ostenderit absolutae emendationis. In hoc tantummodo discrimen agnosci debet, quod confessarius non iam ad alia studia eum dirigere debeat, sed — solum fere quod fieri possit — consistat in urgenda emendatione. Quodsi haec ostendatur desperata esse, restat tentamen, num forte ab onere subdiaconatui annexo per summum pontificem liberetur, ut alium vitae statum sibi possit eligere.

INTENTIO IN SUSCIPIENDIS ORDINIBUS.

Casus. (203)

Evaristus, pridie quam subdiaconatum erat suscepturus, gravi pugna interna torquetur, quoniam importunis tantum precibus parentum inductus est ad statum clericalem assumendum; animum servandae continentiae non potest concipere; sed si nunc recedat, gravissima excitabit iurgia cum parentibus eorumque odia in se sumere non audet: quare demum accedit cum aliis ad suscipiendum subdiaconatum, et consequenter etiam postea ad diaconatum et presbyteratum. Post aliquot annos infelicem suum statum confessario manifestat habitumque pravum quo laborat atque sacrilegia continuo commissa.

QUAERITUR 1° quae intentio et voluntas requiratur ad suscipiendos ordines.

2° quid de valore ordinationis Evaristi.

3° quae sit obligatio Evaristi ad caelibatum.

Solutio.

AD QUAESITUM 1^m R. 1. Ex natura rei suscipiendae requiritur et sufficit in adulto voluntas explicite habita neque retractata. Cf. *Th. m.* II, 599; S. Alphons. VI, 81.

R. 2. Ex natura ritus traditionis instrumentorum et acceptationis, quatenus haec necessaria est, requiritur re ipsa intentio virtualis, quam in tangendis instrumentis abesse impossibile est, nisi quis simulate tangere velit.

R. 3. Hinc sequitur ex parte intentionis ordinandorum ea sola valori obstare quae faciunt actum simpliciter involuntarium vel non-voluntarium; non obstare ea quae faciunt actum involuntarium secundum quid. Aliis verbis: metus etiam gravis non facit ordinationem invalidam, nisi induxerit ordinandum ad simulationem. Cf. *Th. m.* I, 25; Gasparri n. 634.

Ad quaesitum 2^m R. 1. Nulla est ratio putandi Evaristum simu- 701 lasse, sed ex tota agendi ratione constat eum plene deliberasse, et expensis ab utraque parte incommodis, sub influxu quidem metus, sed libere elegisse statum clericalem. Quare de valore ordinationis nulla potest moveri dubitatio.

R. 2. Simul autem patet Evaristum graviter peccasse, cum metu et respectu humano ductus sine persuasione vel probabili de sua vocatione securitate ac sine animo servandae continentiae ausus sit sacros ordines suscipere. Parentes vero importunas preces adhibentes minimum imprudentissime egerunt et, si cognoverunt vel suspicati sunt vocationis defectum in filio, etiam ipsi a gravissimo peccato nequeunt excusari.

Ad quaesitum 3^m R. 1. Cum Evaristus demum sciens et volens 702 sacros ordines susceperit, sane ab Ecclesia non coactus, quam scivit cum sacris ordinibus imposuisse continentiae obligationem: ad eam servandam etiam *motivo religionis* et voto aequivalenti probabiliter tenetur; at probabile etiam est eum non vi *susceptae* ordinationis teneri atque in eadem condicione esse ac illum qui vel ante usum rationis vel ante annos pubertatis fuerit ordinatus. S. Alphons. VI, 811. Ratio est quia illa obligatio voti vel voto aequivalens perfectiorem libertatem requirere censetur, saltem eam quae necessaria sit in contractu oneroso indissolubili. Cf. Gasparri n. 634; Benedict. XIV, *De syn. dioec.* l. 12, c. 4, n. 2. Requiritur autem in foro externo plena metus probatio; v. Wernz l. c. n. 201.

R. 2. Nihilominus qui cessante metu (vel adeptus aetatem) ordines susceptos *ratificat* vel *ordines exercet*, sciens se hoc exercitio sese ligare, abhinc obligatus est atque impedimentum matrimonii dirimens contraxit, ita ut non amplius metum seu defectum voluntatis praetendere possit. Quod in Evaristo, qui per annos munus presbyteri exercuit, debet sumi. — Immo in omni casu consultum atque ad vitanda scandala persaepe necessarium erit dispensationis gratia adire S. Sedem: cum enim metus gravis in foro externo difficulter probetur, expedit ut haec causa iuvetur vel suppleatur *per dispensationem*, quam solus R. Pontifex concedere potest. Gasparri l. c.

R. 3. Etiamsi igitur causa metus similisve causa non potest probari, vel si haec causa non exstiterit vel exspiraverit: *potest* summus pontifex dispensare, neque desunt exempla talis dispensationis, accedente gravissima causa, saltem pro subdiaconis.

Quae ita concedi solet ut, data licentia ineundi matrimonii dispensatus ad statum laicalem redigatur, interdicto quolibet sacri ordinis exercitio. — Verum etiam aliter aliquando res componitur, ut videlicet detur facultas post initum matrimonium transeundi ad ritum orientalem et more sacerdotum orientalium vivendi. Quapropter si Evaristus alioquin gravissimam patiatur difficultatem: ut hanc viam tentet suaderi potest. Sed nihilominus difficile sane erit hanc dispensationem obtinere, ne via aperiatur ad relaxandam caelibatus legem.

AETAS PRO ORDINIBUS REQUISITA ET EDUCATIO.

Casus. (204)

Theophilus, optimae indolis iuvenis, 16 annorum, aspirat ad sacerdotium; praefert autem privatam vitam agere neque cupit clero dioecesano ad curam animarum parato adscribi. Episcopus difficultates movet neque vult tonsuram vel ipsos minores ordines conferre, nisi Theophilus per sex menses in seminario commoratus sit, neque antequam theologiae cursum confecerit atque ex eo subierit examen. Quoad ordines sacros sibi reservat iudicium in tempus futurum.

QUAERITUR 1° quaenam aetas et quae scientia requiratur pro singulis ordinibus.

2° sitne pro saecularibus educatio in seminario necessaria.

3° quid de casu Theophili iudicandum.

Solutio.

AD QUAESITUM 1^m R. 1. Circa aetatem valet dispositio Concilii Tridentini et Pontificalis.

Circa *tonsuram* et *ordines minores* Concil. Trid. certam aetatem non constituit, sed eam tamen exegit scientiam quae in infantili aetate haberi nequit. — *Pontificale Rom. „de ordin. conferendis"* dicit: „Prima tonsura et minores ordines ante septimum annum completum dari non debent." Unde non sequitur episcopum non posse maiorem aetatem exigere.

Pro *subdiaconatu* praecipitur annus 22us inceptus (*Trid.* sess. 23, cap. 12 *de ref.*); pro *diaconatu* exigitur annus 23us inceptus: a quo raro R. P. dispensat; pro *presbyteratu* annus 25us inceptus: a quo datur facilius dispensatio, ex privilegio episcopis interdum dato ad spatium infra annum, a summo pontifice ad 18 menses vel ultra.

Pro *episcopatu* iure communi requiritur annus 30us completus: *Trid.* sess. 7, cap. 1 *de ref.* et Alex. III c. 7, X. 1, 6: a qua lege sane summus pontifex potest dispensare.

R. 2. Quoad *scientiam* a tonsurandis *Trid.* sess. 23, cap. 4 *de ref.* requirit ut rudimenta fidei sint edocti, legere et scribere sciant.

Quoad suscipiendos *minores ordines Trid.* ib. cap. 11 statuit: „Minores ordines iis qui saltem latinam linguam intellegant ... conferantur."

Promovendi ad *subdiaconatum et diaconatum* debent ex *Trid.* ib. cap. 13 in minoribus ordinibus iam probati ac litteris et iis quae ad ordinem exercendum pertinent instructi esse.

Promovendi ad *presbyteratum* non sunt nisi etiam ad populum docendum ea quae scire omnibus necessarium est ad salutem, ac administranda sacramenta, diligenti examine praecedente idonei comprobentur. *Trid.* ib. cap. 14. Unde patet in primis pro presbyteratu scientiam necessariam multum pendere a diversis locis et temporibus, maxime quando ad curam animarum agendam presbyteri aspirant vel destinantur. — Quoad regulares certum tempus studiorum emensum praescribitur decr. *Auctis:* de quo infra n. 713.

AD QUAESITUM 2ᵐ R. 1. *Concil. Trid.* l. c. cap. 18 loquens de puerorum seminariis universalem legem non tulit, ne quisquam admitteretur ad clericatum qui non sit versatus in seminario, immo quoad tonsuram optat ut iis qui cum animo clericandi in seminarium admittantur, statim conferatur: episcoporum tamen est speciales leges hac in re ferre.

R. 2. Benedictus XIV, *De syn. dioec.* l. 11, c. 2, n. 12 hortatur episcopos ut saltem sequantur normam sub Bened. XIII pro clero Romano statutam, ut „omnes ad *sacros* ordines promovendi per 6 saltem menses continuos ante ordinationem in seminariis respectivis commorari debeant".

R. 3. Exigere autem potest episcopus ut ante ipsos minores ordines vel ante ipsam tonsuram certum aliquod tempus degant in seminario. Cf. Gasparri n. 659 sq. Quod si fieri nequeat, episcopus alia praescribere potest, quo certior fiat in formandis candidatis sacrorum ordinum ad pietatem atque mores optimos. Cf. etiam Wernz, *Ius decretalium* II, n. 34 sqq.

AD QUAESITUM 3ᵐ R. 1. Si Theophilus vere ostendat vocationem divinam, non in arbitrio quidem episcopi est admittere vel repellere candidatum, qui se alioquin idoneum probaverit; verum dispensationem a dioecesanis legibus dare nisi ex rationibus certo probatis non tenetur: adeoque in tali casu candidato nihil relinquitur nisi ut, si velit, recurrat ad altiorem superiorem.

R. 2. Quoniam Theophilus non vult reliquo dioecesano clero adiungi atque, ut videtur, postea titulo patrimonii vel simili sacros ordines suscipere: episcopus non *tenetur* eum admittere, sed solum ex rationabili causa utilitatis eum admittere *potest.* Quapropter graviores condiciones ei apponere licebit, sive in scientia comprobanda sive in aliis qualitatibus, quam quas lex communis (per *Trid.*) imposuit.

Nihilominus, si perspecta est causa utilitatis, non convenit ut episcopus nimis rigorose procedat. *Aliquam* tamen formationem in seminario exigere potest.

TITULUS SUSTENTATIONIS ET ORDINATIONIS.

Casus. (205)

Maturinus seminarista, candidatus ordinis religiosi iam admissus, cum non multum absit tempus ordinum sacrorum conferendorum, cupit, priusquam religiosus fiat, ordines recipere. Dioecesanus episcopus recusat eius ordinationem, cum non habeat titulum, vi cuius sibi liceat conferre ordines et Maturino de sustentatione caveatur.

Quaeritur 1° qui sint tituli sustentationis.
2° quis sit episcopus a quo ordines recipi possint.
3° quid de casu nostro dicendum.

Solutio.

Ad quaesitum 1ᵐ R. 1. *Concil. Trid.* sess. 22, cap. 2 *de ref.* statuit ut episcopo non liceat saecularem ullum ad sacros ordines promovere, nisi pro honesta sustentatione habeat titulum a) *beneficii ecclesiastici*, vel pro necessitate vel commoditate ecclesiae: b) *patrimonii*, c) *pensionis* scilicet census *realis* vel qui reali aequivaleat.

Beneficium debet esse in pacifica possessione; si fuerit insufficiens, suppleri potest, concedente episcopo, per patrimonium vel pensionem. Gasparri n. 598. — Beneficium resignari, patrimonium alienari, pensioni renuntiari nequit, nisi alius probatus fuerit titulus sustentationis: Gasparri l. c. et n. 608; Wernz l. c. n. 92. Quodsi titulus perierit, promotionem ad altiorem ordinem fieri non licet, antequam alter titulus sit subrogatus.

R. 2. Quoniam nostra aetate beneficia ecclesiastica, quae sufficiant, saepe desunt, S. Sedes *episcopis petentibus* non raro dat privilegium conferendi ordines sacros titulo supplementario, videlicet: aut
    a) titulo *missionis* pro missionariis, qui iuramentum emittere debent se velle in certa dioecesi vel missione, sive pro arbitrio S. Sedis vel *S. Congr. de P. F.* perpetuo labores et operam suam pro salute animarum impendere;
    aut b) titulo *massae communis*, si qua ecclesia ea communia bona habeat, ex quibus certus clericorum numerus alatur; at addicti manere debent ecclesiae servitio;
    aut c) titulo *servitii ecclesiae:* quo ex privilegio S. Sedis episcopus ordinare potest, qui promittunt se addictos mansuros esse ecclesiae, ex cuius servitio, collectis etiam fidelium eleemosynis, sustentationem congruam sint percepturi;
    aut d) titulo *mensae communis*, quo ex indulto S. Sedis ordinari possunt, qui clerici saeculares religiosorum more in communi vivunt atque in communi possident; vel clerici congregationum religiosarum cum votis simplicibus, si indultum hoc obtinuerunt.
    Denique e) titulo *mensae* simpliciter dicto dicuntur in Germania saepe ordinari quibus cautio datur sustentationis competentis tum praestandae, quando ad obeunda munera sacra inhabiles facti fuerint (sive datur a communitate sive a fisco sive a privatis): cf. Aichner, *Comp. iur. eccl.* § 68; Laurentius, *Institutiones iur. eccl.* § 28.

R. 3. Religiosi proprie dicti, i. e. *sollemniter* professi, vel etiam religiosi Societatis Iesu qui sola vota religiosa simplicia emiserunt, ad ordines sacros promoventur titulo *religiosae paupertatis*.

Verum, quod Societati Iesu concessum est, cuius alumni longe diutius manent sub votis simplicibus, id non censetur communicatum aliis ordinibus religiosis, quorum sodales post novitiatum per triennium saltem in votis simplicibus probati esse debent, antequam ad sollemnem professionem admittantur. Hi votorum *simplicium* professi promoveri nequeunt ad sacros ordines titulo religiosae paupertatis. Quodsi necessitatis ratio oriatur, a S. Sede dispensatio vel privilegium peti debet.

AD QUAESITUM 2^m R. 1. Semper cautum est ne liceat episcopo extra limites suae iurisdictionis alicui manus imponere; aliis verbis, nemo licite ordinari potest nisi ab episcopo proprio, vel ab alio post acceptas litteras dimissorias et testimoniales. — Titulus sustentationis a solis candidatis ordinis *sacri* seu maioris per se exigitur; titulus quo ordinans sit episcopus ordinandi proprius pro quolibet ordine, etiam minore, immo pro sola tonsura requiritur.

R. 2. Verum quoad ordines conferendos diversis titulis aliquis esse potest proprius, videlicet: originis, domicilii, beneficii, familiaritatis. Ratione *originis* ille episcopus est proprius, in cuius dioecesi ordinandus natus est, vel potius, in qua tempore nativitatis pater domicilium habebat (scilicet non fortuita nativitas, sed iuridica origo attenditur). Const. Innoc. XII d. d. 4 Nov. 1694 *"Speculatores"*. Cf. Ballerini-Palm. tr. 10, sect. 7, n. 40.

Ratione *domicilii,* si a loco nativitatis differt, ille est episcopus proprius, in cuius dioecesi ordinandus vel per decennium iam habitavit, vel, si minus, tamen per considerabile tempus et simul maiorem bonorum suorum partem eo transtulit, atque in utraque suppositione iureiurando affirmet se ibi perpetuo manendi voluntatem habere. Innoc. XII l. c.

Ratione *beneficii* ecclesiastici ille est episcopus *proprius,* in cuius dioecesi ordinandus *pacifice possidet* beneficium, idque ad sustentationem sufficiens: quod si patrimonio aliave ratione compleri debet, solus episcopus originis vel domicilii proprius erit. Innoc. XII ib.

Ratione *familiaritatis* episcopus familiarem suum ordinare potest, quem per triennium completum pro servitio habuit, si modo infra mensem beneficium sufficiens ei conferat. *Trid.* sess. 23, cap. 9 *de ref.;* Innoc. XII l. c.

R. 3. Qui diversis titulis habet episcopum proprium, a *quolibet* eorum ordines potest suscipere: si modo habeat titulum sustentationis: Aichner l. c., Wernz l. c. n. 28.

R. 4. Regulares nequaquam vi horum titulorum ordinari possunt; sed de iis vide casum seq.

Attamen novitius, qui religiosus proprio sensu nondum est, sine dubio indiget titulo sustentationis; neque dubium est eum *posse* ordinari, si beneficium ecclesiasticum possidet ab episcopo quem titulo beneficii proprium habet, vel ab episcopo originis. Num *possit* ordinari ab episcopo loci, ubi est monasterium, pendet practice a privilegiis peculiaribus sui ordinis religiosi. Nam theoretice quidem fieri poterit aliquando, ut etiam possit locus noviciatus pro domicilio considerari, si videlicet novitius iurando possit asserere sibi in animo esse perpetuo ordini sese adiungere; verum practice hoc titulo vix umquam novitius ordinabitur. De cetero cf. Bened. XIV const. d. d. 27 Febr. 1747 *„Impositi";* Gasparri n. 587; Decretum *„Auctis"* d. d. 4 Nov. 1892.

711   Ad quaesitum 3^m R. 1. Maturinus *postulare* sane non potest a suo episcopo ordinationem. Regularis nondum est, ita ut possit, praesentatus a superiore regulari, iure suo postulare ut titulo paupertatis sibi ordines conferantur. Qua saecularis indiget titulo sustentationis, ut episcopum, qui suus sit quocumque titulo, rogare possit; postulare vero a nullo potest, nisi possideat sufficiens ecclesiasticum beneficium.

R. 2. Si quis vero est episcopus Maturini utcumque proprius et Maturinus patrimonium vel pensionem sufficientem habet, ordinari *potest,* si episcopo placet; nam augere numerum religiosorum semper est Ecclesiae utilitas, quae ex *Trid.* l. c. episcopo *ius facit* titulo patrimonii vel pensionis aliquem ordinandi.

Similiter si quis episcopus velit Maturino beneficium ecclesiasticum conferre, donec sollemnem professionem emiserit, hoc beneficio collato, sacros ordines ei etiam conferre potest.

Ergo arbitrio et benevolentiae episcopi id relinquitur, ut Maturino ordines sacri conferantur vel non conferantur.

R. 3. Si quis tamen paratus est servitio ecclesiae dioecesanae sese addicere, servans interim sibi libertatem qua possit, si se vocatum senserit, religionem ingredi, haec non est ratio eum a sacris ordinibus repellendi, sed communiter tractandus est sicut ceteri, qui absolute et perpetuo sese servitio Ecclesiae volunt addicere. Nam communis iuris regula est ut sacerdos saecularis possit, post monitionem episcopi, etiam eius venia non habita, religionem ingredi; ut possit propter Ecclesiae necessitatem retineri vel revocari exceptio est. Cf. Const. Bened. XIV *„Ex quo dilectus"* d. d. 14 Ian. 1747.

ORDINATIO RELIGIOSORUM.

Casus. (206)

Antonius, novitius religiosus, 20 annos natus, in periculo est ne ad militiam evocetur, nisi litteras testimoniales exhibeat de suscepto subdiaconatu. Cum dioecesanus episcopus loci in quo situm est monasterium non habeat ordinationes, superior regularis Antonium exhibet episcopo extraneo amico, qui putans se infra annum dispensare posse in aetate ordinandorum, ilico eum ordinat, cum de vocationis stabilitate non sit timendum et post mensem novitius qui privata vota iam emisit ad publica vota religiosa admittatur atque ita titulum paupertatis religiosae pro sustentatione habere videatur.

Quaeritur 1° qui sit episcopus a quo religiosi accipere debeant vel possint ordines.
   2° valeatne pro novitio titulus paupertatis religiosae.
   3° novitii a quo sint ordinandi.
   4° quid de dispensatione in aetate tenendum.

Solutio.

AD QUAESITUM 1^m. Distinguendum hac in re sunt ius commune et privilegia peculiaria, quae singulis institutis non raro data sunt. Quibus praenotatis:

R. 1. Secundum ius commune sodales religiosarum congregationum, quae defectu votorum sollemnium non sunt religiosi ordines stricte dicti, ordinandi sunt secundum regulas pro ordinatione saecularium (Const. *„Speculatores"* d. ab Innoc. XII). Ideoque indigent litteris dimissoriis ab episcopo originis vel aliter proprio, ut cum praesentatione sui superioris ab episcopo loci aliove ordinari possint. Gasparri n. 931 [1].

R. 2. Religiosis stricte dictis vi decreti Clem. VIII d. 15 Martii 1596 et Const. *„Impositi"* d. d. 27 Febr. a Bened. XIV superiores dare debent litteras seu praesentationes ad episcopum dioecesanum loci, ubi situm est monasterium.

Solum quando episcopus loci abest vel ordinationes generales non est habiturus, vel sedes vacat, licebit superiori regularium litteras dimissorias dare ad quemlibet alium episcopum, adiuncta tamen authentica declaratione vicarii gen. vel cancellarii vel secretarii episcopi loci, ex qua de illa absentia etc. constet. Reliquas clausulas vide in Constit. laud. Bened. XIV et Gasparri n. 923.

R. 3. Non raro certis ordinibus religiosis datur privilegium accipiendi ordines etiam sacros a quocumque antistite catholico: immo compluribus congregationibus regularibus idem collatum est: in quo casu nulla iis creatur difficultas ex decreto Clem. VIII vel Const. Bened. XIV.

Quo etiam patet S^{am} Sedem ipsis congregationibus votorum simplicium non adeo raro concedere facultatem, qua eximantur more regularium stricte dictorum habendi dimissorias ab episcopo originis vel domicilii.

R. 4. Nisi vero speciale privilegium contrarium post 4 Nov. 1892 datum, quod vix locum habebit, exsistat, etiam observanda sunt quae circa ordinationes inter alia sancita sunt per decretum *„Auctis"*, scilicet: Superior instituti votorum simplicium non potest litteras dimissorias concedere pro *sacris* ordinibus vel quomodocumque ad *sacros* ordines alumnos promovere titulo mensae communis vel missionis, nisi illis alumnis tantum qui vel a) vota *perpetua* emiserint et instituto *stabiliter* aggregati fuerint, vel b) quoad ea instituta quae ultra triennium perpetuam professionem differunt, saltem per triennium in votis temporaneis permanserint.

---

[1] S. C. C. interrogata: 1° An et quomodo episcopus Tarvisinus admittere possit ad ordinationem sodales instituti charitatis cum attestatione superioris domus, declarantis eos domui addictos esse; vel potius necessariae sint dimissoriae vel testimoniales ad normam const. Innoc. incip. *Speculatores;*
2° An et quomodo idem dicendum sit de sodalibus iam promotis ad tonsuram vel minores ordines ab alio episcopo? respondit d. 6 Maii 1864: „Ad 1um negative ad primam partem; affirmative ad secundam. Ad 2um affirmative in omnibus."

Sodales ordinum stricte dictorum, de quibus Pius IX 19 Martii 1857 et 12 Iunii 1858, ad *sacros* ordines titulo paupertatis promoveri nequeunt ante sollemnem professionem: quare in casu necessitatis potius dispensatio roganda est, ut liceat ante expletum triennium votorum simplicium professionem sollemnem facere, quam ut sine ea liceat sacros ordines suscipere.

714   Ad quaesitum 2^m. Responsum patet. Cum ne pro iis quidem qui simplex paupertatis votum emiserunt, indiscriminatim valeat titulus paupertatis, multo minus pro novitiis valere potest, qui re ipsa paupertate obstricti nondum sunt. Neque valet pro novitiis titulus mensae communis, cum stabiliter non sint congregationi religiosae aggregati.

Ad quaesitum 3^m R. 1. Cum ipsi etiam alumni instituti votorum simplicium iure communi illum habeant episcopum proprium, a quo vel cum cuius licentia ordinandi sint, quem habent saeculares: id a fortiore valet de eorum novitiis, si quando titulum sustentationis patrimonii etc. habeant.

R. 2. Sed quaeri potest utrum illi ordines religiosi et congregationes, quae habent privilegium dimittendi suos ad *quemlibet* antistitem pro sacra ordinatione, hoc privilegio, aliique ordines religiosi votorum sollemnium dispositione iuris communis *uti possint quoad novitium* qui titulo sustentationis aliisque requisitis instructus est, an novitius indigeat dimissoriis litteris *sui* ordinarii originis vel prioris domicilii vel beneficii, si quod teneat. Prius pro probabili habeo, idque etiam ex doctrina S. Alphonsi VI, 765.

Et quamquam ex responso supra allato (in nota pag. 407) id colligi possit, non verificari de monasterio rationem domicilii secundum sensum const. Innoc. XII; tamen sciendum est ordines stricte religiosos quoad ordinationem suorum non regi hac constitutione, sed const. Bened. XIV, atque in favorabilibus novitios religiosis posse aequiparari. Cf. etiam Ballerini-Palm. l. c. n. 47.

715   Ad quaesitum 4^m R. 1. Privilegium dispensandi a legitima aetate quod episcopus dicitur habuisse, circa religiosum exercere non potuit, nisi forte pro eius, utpote novitii, episcopo proprio poterat considerari eumque ut suum subditum ordinavit. Cf. *S. Off.* d. 9 Apr. 1727 (*Collect. S. Congr. de Prop. Fide* n. 1172).

R. 2. Privilegium illud dispensandi in aetate legitima censetur tantum valere quoad presbyteratum: *S. Off.* 21 Ian. 1734 (*Collect. S. Congr. de Prop. Fide* n. 1173) ad archiep. Colon. Nimirum ipse summus pontifex quoad aetatem subdiaconatus non solet umquam dispensare; pro diaconatu perraro. Privilegium illud episcopis datum solet esse, ut possint ab aetatis defectu „infra annum" dispensare; summus pontifex dispensat aliquando usque ad 18 menses (Gasparri n. 493) *et ultra*, non tamen ad *duos* annos integros.

LITTERAE TESTIMONIALES (I).

Casus. (207)

Isidorus iuvenis ad animi culturam augendam per plures annos extra patriam in variis Europae et Asiae regionibus versatus est atque in compluribus universitatibus studiorum causa moram traxit. Nunc cupit sacros ordines in aliqua dioecesi suscipere. Sed nullus episcopus de vita et moribus testari potest.

Leander, a teneris annis educatus in variis scholis alicuius religiosae congregationis, postea eiusdem sodalis factus post absoluta studia sacros ordines suscepturus est. Episcopi, qui adeantur a superiore pro litteris testimonialibus, respondent illas longe melius ipsum superiorem aliosve viros ipsius religiosae congregationis posse scribere, quam se posse.

Quaeritur 1° quae a quibus testimoniales litterae pro ordinandis exigantur.

2° quid in casu nostro faciendum.

Solutio.

Ad quaesitum 1ᵐ R. 1. In omni casu requiritur testimonium baptismi, natalium seu ortus legitimi, confirmationis. Si vero authenticum de baptismo et confirmatione testimonium haberi non potest: praesumptione vel iurata assertione potest suppleri.

R. 2. Requiritur testimonium de vita et honestate morum atque impedimentorum absentia: G a s p a r r i n. 690 sqq., W e r n z l. c. n. 29, L a u r e n t i u s l. c. § 30.

1) De quibus, maxime ante *sacros* ordines, ipse episcopus proprius inquisitionem faciendam curare debet, praecipue per parochum candidati, qui, publicatione trina vel saltem una facta, parochianos admonebit ut, si quae impedimenta a candidato contracta nota sint, revelentur. — Quae informationes secundum locorum diversitatem vel ante quemlibet ordinem sacrum vel ante subdiaconatum solum vel ante subdiaconatum et presbyteratum fiunt.

2) Verum si quis ordinandus diutius in aliena dioecesi sive alienis dioecesibus versatus est, ut potuerit contrahere canonicum impedimentum (scilicet post septennium aetatis vel saltem annos pubertatis ad 6 menses et ultra; si militiam secutus est, sufficit commoratio per saltem 3 menses): requiritur testimonium de vita et moribus ab omnibus horum locorum ordinariis: G a s p a r r i n. 730. 731. — Idem dic, si episcopus ratione beneficii ei qui iam clericus est vult proprie dictos ordines conferre; scilicet ille indiget litteris testimonialibus episcopi originis et domicilii atque diuturnioris habitationis.

3) Si alienus episcopus, habitis litteris dimissoriis, ordines confert, addi debent testimoniales litterae episcopi *proprii* et eorum ordinariorum, de quibus modo ad 2: G.a s p a r r i n. 739 sqq.

R. 3. Hae testimoniales litterae requiruntur eo modo ut formaliter pro suscipiendis ordinibus datae esse debeant, neque sufficiant testimonia, quae fortasse ad alium finem fuerint lata: G a s p a r r i

n. 717. Cf. S. C. C. 8 Aug. 1733 in *Pientina seu Ilcinensi.* Cf. infra casum sequentem 208.

R. 4. Pro ordinatione regularium atque sodalium religiosarum congregationum haec testimonia de vita et morum honestate non sunt necessaria; sed sufficit praesentatio superioris testificantis de dignitate et idoneitate: quamquam, nisi adsit speciale privilegium, examen de doctrina et reliqua idoneitate episcopus instituere potest per se ipsum.

Notari autem debet testimoniales litteras de vita et morum honestate requiri in admittendis novitiis secundum decret. Pii IX „*Romani Pontificis*" d. d. 25 Ian. 1848 et declar. d. d. 1 Martii 1851.

718   Ad quaesitum 2^m R. 1. Exiguntur pro Isidoro saltem litterae dimissoriae episcopi proprii eiusque attestatio de vita et moribus pro tempore, quo Isidorus versatus est in dioecesi propria. — Praeterea, facta informatione, alii ordinarii testari debent saltem sibi nullum notum esse impedimentum quo Isidorus a suscipiendis ordinibus impediatur.

R. 2. Pro Leandro, qui litteris testimonialibus admissus fuit ad religiosam congregationem, sufficit nunc ut superior testetur de eius idoneitate et probitate.

R. 3. Si vero, antequam esset religiosae congregationis sodalis, voluisset ordines suscipere, debebat omnino episcopus scripto testificationem superioris *suam* facere, fisus eius testimonio et conscientia. Quodsi re ipsa eius qui candidatum bene novit auctoritati confidens illius testimonium episcopus subscribendo approbat, tale testimonium pro episcopali testimonio haberi potest. Attamen etiam necessaria est talis approbatio *scripta.*

LITTERAE TESTIMONIALES (II).

Casus. (208)

Casus causae Pientinae seu Ilcinensis decisae a S. C. C. 8 Aug. 1733: Laurentius Medicheschi, subditus episcopo Pientino ratione originis et domicilii, ab eodem promotus erat ad tonsuram et minores ordines. Deinde Laurentio e dioecesi discedenti episcopus Pientinus has litteras dedit: „Testamur clericum Laurentium M. nostrae dioecesis, in minoribus ordinibus constitutum, nullo excommunicationis, irregularitatis aut cuiusvis alterius canonici impedimenti vinculo, saltem quoad sciamus, innodatum exsistere, neque ullo crimine postulatum; sed esse bonis et honestis moribus praeditum ac talem, qualem in sortem Domini vocatos decet." Post haec Laurentius beneficium ab episcopo Ilcinensi obtinuit, qui eundem sine aliis litteris dimissoriis vel testimonialibus ad sacros ordines promovit. Conquestus est postea episcopus Pientinus, atque re ad S. Congregationem Conc. delata Quaerebatur num recte facta esset ordinatio.

Solutio.

719   R. 1. Si beneficium erat sustentationi sufficiens, litterae *dimissoriae* necessariae non erant, eo quod episcopus Ilcinensis titulo bene-

ficii evasit episcopus proprius. Atque haec obtinuisse in casu, sententia sua agnovit et declaravit S. C. C. d. 18 Iulii 1733 ad I et II.

R. 2. Aliter de litteris *testimonialibus*. His indigebat ordinandus ab episcopo originis et domicilii. Quare quaestio reducitur ad hoc num litterae supra allatae sint litterae testimoniales pro ordinibus sacris sufficientes. Quod S. C. C. d. 18 Iulii 1733 ad III putaverat etiam affirmandum esse; at, re melius perpensa, d. 8 Aug. eiusdem anni *negavit,* his nixa rationibus:

1) In primis deest in his litteris testimonium de *natalibus* (Bonif. VIII in cap. 1, X. 1, 11 *de filiis presbyter.* in 6°). Neque sufficiens quoad hoc censeri potest testificatio de collatis eidem Laurentio minoribus ordinibus. Nam ad minores ordines dispensare potest episcopus ab impedimento illegitimitatis, non ita quoad ordines sacros. Quare debebat episcopus Ilcinensis secundum normam const. Innocent. XII *"Speculatores"* informari de legitimo ortu Laurentii vel de dispensatione *apostolica* in eius defectu obtenta.

2) Secundo desideratur in iisdem litteris testimonium de *aetate*. Quamquam vero aliis documentis haec probatio aetatis et legitimi ortus haberi potest: const. Innoc. XII non videtur satis fidisse aliis probationibus et ideo requisivisse testimonium episcopi tam originis quam domicilii, ut horum testimonium certius dubia excluderet.

3) Testificatio de vita et moribus „non fuit edita speciatim ad effectum promotionis ad *omnes ordines sacros.* Multum vero interest", ut S. C. C. animadvertit, „inter eam vivendi rationem quae satisfaciat statui minorum ordinum, et aliam quam exposcit superior gradus sive subdiaconi sive diaconi sive presbyteri. Itaque *sacrum Concil. Trid.* discriminatim, habitoque peculiari respectu tam ad ordines minores quam ad singulos maiores, exigit peculiare testimonium de morum condicione, de vitae instituto iis gradibus consentaneo, ut videre est in cap. 5. 7. 8. 12. 13. 14, sess. 23 *de ref."*

„Tametsi igitur" — pergit S. C. C. — „constitutio Innocentii expresse non praecipiat ut testimonium ab episcopo originis et domicilii obtinendum de vita et moribus clerici, qui ad maiores ordines promoveri ab alio episcopo cupiat, sit conceptum relate ad effectum suscipiendi eosdem ordines, hanc tamen vere fuisse mentem legislatoris conicitur ex natura ipsa rei de qua agebatur: nam cum haec regula ibi statuatur servanda praecise ad effectum ordinationis, et ut episcopus sacerdotio initiaturus novum recentemque subditum ratione beneficii et antea sibi minime notum certus reddi possit, quod mores eiusdem ordinandi respondeant sanctitati gradus suscipiendi, plane sequitur eo animo fuisse Innocentium pontificem ut litterae testimoniales vitam moresque clerici commendent non absolute et simpliciter, sed relate ad omnes sacros ordines, ad quos optet quis promoveri et quibus, ut initietur, idoneum dignumque eum esse per tales litteras debet comprobari: ideoque iubet etiam pontifex de iisdem litteris testimonialibus expressam mentionem fieri in collatorum ordinum testimonio." Gasparri n. 724; *Resolut. S. C. C.* VI, 208 sqq.

„Hinc litteras testimoniales illo generali modo conceptas, ut supra, quae solummodo commendant clericum peregre profecturum, S. C. C. non habuit idoneas, quibus nixus episcopus ulteriores ordines conferre posset. Proposita igitur quaestione: An quoad III (et IV) dubium sit standum vel recedendum a decisis die 18 Iulii proxime praeteriti in casu?

R. quoad III^m *„recedendum a decisis"*; quoad IV [An . . . inciderint in poenas statutas a S. C. Trid. et Bulla *Speculatores*] „consulant conscientiae suae".

TEMPUS ORDINATIONIS. — ORDINATIO EXTRA TEMPORA.

Casus. (209)

Peregrinus episcopus „missionis" pro utilitate suae ecclesiae habet privilegium conferendi ordines etiam sacros extra tempora diebus dominicis et festis. In itinere devertit apud familiam religiosam, ubi superior occasione hac uti vult, ut alumnos suos offerat ad ordines sacros. Peregrinus, qui in genere accepit ab episcopo loci facultatem exercendi pontificalia, annuit atque tribus diebus continuis ritus duplicis alumnis decem confert primo die subdiaconatum, secundo diaconatum, tertio presbyteratum. Admittit simul duos clericos ex vicina dioecesi cum litteris dimissoriis ad se missos.

QUAERITUR 1° quae sint tempora iure communi ordinibus conferendis propria.

2° quomodo intellegatur facultas ordinandi „extra tempora".

3° quid de agendi ratione Peregrini, et quid, si familia illa religiosa habuit privilegium *recipiendi* ordines sacros extra tempora.

Solutio.

720   AD QUAESITUM 1^m R. 1. Prima tonsura quidem dari potest ex rubr. Pontificalis extra missam, quocumque die, hora et loco. — In generali autem ordinatione datur intra missam post *Kyrie*.

R. 2. Etiam minores ordines dari *possunt* extra missam, sed mane tantum, idque diebus dominicis vel festivis de praecepto. — Quoad minores ordines facilius tamen toleratur consuetudo eos conferendi Fer. VI quattuor temporum, idque etiam post meridiem, si circa hoc immemorabilis consuetudo exstiterit: Gasparri n. 53. Convenienter tamen dantur intra missam, idque post Kyrie (et Gloria); in generali ordinatione sabb° quattuor temporum loco suo in Pontificali notato, scilicet singuli ordines post singulas *lectiones*.

R. 3. Tempus ordinationis generalis, ad quod ex iure communi collatio *sacrorum* ordinum adstringitur, sunt: sabbata quattuor temporum, sabbatum ante dominicam passionis et sabbatum sanctum, idque intra missam tantum. Cf. Wernz l. c. n. 66—75.

721   AD QUAESITUM 2^m R. 1. Privilegia, sive conferendi ordines sacros sive suscipiendi eos extra tempora, per se non plus dicunt, nisi ut liceat ordinationem fieri dominicis diebus vel festis, sive re ipsa vigentibus sive olim praeceptis nunc suppressis, secundum catalogum Ur-

bani VIII. Attamen aliquando facultas datur latior. Raro tamen confertur privilegium conferendi ordines diebus etiam ferialibus: cf. ep. S. Congr. de Prop. Fide 4 Martii 1876 apud Gasparri n. 78.

R. 2. Neque ex eiusmodi privilegio, etiamsi additur „interstitiis non servatis", sequitur licere tribus diebus festivis immediate sese excipientibus seu contiguis ordines sacros subdiaconatus, diaconatus, presbyteratus conferri. Nam cum *specialis* lex sit quae vetet hanc ordinum conferendorum continuitatem, ab hac lege speciatim dispensari debet, ut tribus diebus immediate sibi succedentibus liceat tres sacros ordines alicui conferre.

R. 3. Religiosi stricte dicti universim privilegium habent suscipiendi ordines extra tempora in R. 1 declarata, neque huic antiquo privilegio derogatum esse, neque per *Conc. Trid.* neque subsequentibus const., sub Bened. XIII d. 16 Maii 1725 authentice declaratum est (cf. Gasparri n. 74). — Similiter in regionibus dissitis episcopi non raro accipiunt illud privilegium extra tempora ordines etiam sacros conferendi.

R. 4. Quamquam privilegium illud ex se iure non possit intellegi nisi de diebus festis in foro celebrando (incl. festis antea vigentibus nunc suppressis); impossibile tamen non est localem consuetudinem illud interpretatam esse largius de quolibet die in quo officium festivum ritus dupl. celebretur: de quo cf. S. Alphons. VI, 797, dub. 4; *Th. m.* II, 605.

R. 5. Speciale privilegium non omnibus quidem, tamen certis ordinibus religiosis, immo etiam solis religiosis congregationibus collatum, illis concedit ut possint ordines etiam sacros, interstitiis nequaquam servatis, diebus festis *etiam continuis* recipere. De quo singuli privilegiati videre debent quid sibi liceat.

Ad quaesitum 3ᵐ R. 1. In facultate exercendi pontificalia num 722 revera contenta fuerit facultas conferendi ordines, ex circumstantiis desumendum est; nam ex se non ilico tam amplo sensu hanc facultatem sumere licebit. Sed dato, fuisse eam tam amplo sensu concessam.

R. 2. Eo quod Peregrinus habet privilegium *conferendi* ordines sacros extra tempora, non potest hoc suo privilegio uti erga extraneos seu non-subditos, etiamsi illi dimissorias litteras habent; nisi specialiter etiam hoc concessum sit. Ita S. C. C. in *Viennensi* 31 Maii 1708 apud Gasparri n. 80. — Quoad regulares igitur, si religiosi stricte dicti erant, *eorum* privilegio mox laudato uti poterat; sed perperam egit quoad alios duos clericos saeculares.

R. 3. Quod vero diebus tribus continuis tres ordines sacros consequenter contulit, id recte actum non erat, nisi privilegium regularium, quibus ordines contulit, id expresse concessit.

R. 4. Quod demum non elegit dies de praecepto festivos, sed solummodo festivi officii ritus dupl., etiam recte non egit nisi diuturna consuetudine poterat defendi.

R. 5. Demum, si agebatur de familia religiosa non stricte dicta, videre debuit quid *illi* licuerit. Sed etiam *eam* licentiam ad duos clericos saeculares transferri non potuisse patet.

PRECES ORDINATIS INIUNCTAE.

Casus. (210)

Lentulus, ut subtraheretur periculo militiae suscipiendae, eodem die promotus est ad tonsuram, quattuor minores ordines, subdiaconatum. Ex quo se sentit obrutum precibus recitandis. Cum enim episcopus secundum Pontificale dixerit: Omnes ad tonsuram vel minores ordines promotos recitare debere psalmos paenitentiales cum litaniis et orationibus, haec sub gravi quinquies se recitare debere censet, atque insuper pro suscepto subdiaconatu nocturnum longissimum sabbati, quem ex penso diurno, a suscepto subdiaconatu incipiendi, secundo recitare debeat cum omnibus horis parvis. Quae omnia eodem die se absoluturum esse desperat.

QUAERITUR 1° debeatne fieri haec psalmorum paenitentialium recitatio semel pro singulis promotionibus.

2° sitne harum quae ordinatis imponuntur precum obligatio gravis.

3° quid officii diei Lentulus recitare debeat ex lege Ecclesiae omnibus in sacro ordine constitutis imposita.

Solutio.

AD QUAESITUM 1ᵐ R. Nemo hanc impositionem ita intellegere solet ut, qui plures ordines minores simul acceperint, pluries debeant preces illas repetere; sed sufficit semel eas recitare. Si vero diversis diebus diversos ordines suscipit, impositae preces repetendae sunt.

AD QUAESITUM 2ᵐ R. 1. Harum precum impositio, quam nomine „paenitentiae" impositae vocant, ab aliis aliter diiudicatur. Alii hanc obligationem habent pro *gravi*, alii ne pro ulla quidem veri nominis obligatione, sed pro decentia tantum. Quapropter practice nequit sermo esse de peccato mortali, quando ordinatus eas omittat (S. Alph. VI, 829), nisi forte ob falsam conscientiam.

R. 2. Simile quid dicendum est de missis quae neo-presbyteris „post primam vestram missam" imponuntur. Atque sola missarum *forma*, non *applicatio* praescribitur, et ita quidem ut pro missis illis votivis dies libera exspectanda sit, qua rubricae eiusmodi missam votivam privatam permittant. S. R. C. 11 Apr. 1840 *Decr. auth.* n. 2802. Certum autem est, si occurrat festum B. Mariae V., per eius missam festivam satisfieri plene iniunctae missae de Beata, atque etiam per missam festivam pentecostes satisfit missae iniunctae de Spiritu Sancto.

R. 3. Quod vero ad „nocturnum" officii divini attinet, qui recitandus imponitur promotis ad subdiaconatum vel diaconatum, liberum est episcopo certi diei ferialem nocturnum determinare; quod nisi fecerit, dicendo, prout sunt, verba Pontificalis „nocturnum talis diei", intellegendus est „nocturnus *ferialis* [i. e. *eius* feriae in qua facta est ordinatio] vel *primus festi aut dominicae* in psalterio, prout ordinatio in feria, festo aut dominica habenda sit". Ita ex decreto S. R. C. d. d. 27 Iulii 1899 (*Decr. auth.* n. 4042 ad I).

AD QUAESITUM 3^m R. 1. Patet Lentulum longe rigidius sumpsisse obligationem qua teneretur, idque multis in causis. Nam cum circa recitandos psalmos paenitentiales et litanias — idque semel tantum — ne rigorosa quidem obligatio ostendi possit, longe facilius eorum recitationem poterat pro suo arbitrio *differre*. Idem plane dicendum de nocturno sabbati, qui pro suscepto subdiaconatu iniunctus erat.

R. 2. Quod autem ad recitandum officium divinum attinet, ad quod nunc nomine Ecclesiae ut minister publicus tenetur: haec obligatio sane non incepit a nocturno sabbati, cuius tempus legitimum est tempus nocturnum ante matutinum, quo Lentulus nondum erat subdiaconus, sed summum obligatus est ad eam horam canonicam quae respondet tempori ordinationis. Quare si post horam nonam matutinam ordinatus est, non tenetur ad tertiam, sed summum ad sextam et sequentes horas. — Immo quando in choro omnes horae usque ad nonam inclusive iam recitatae erant, probabiliter Lentulus non tenetur nisi ad sequentes horas a vesperis et deinceps: La croix l. IV, n. 1187.

R. 3. Quod vero Lentulus eodem die cum minoribus ordinibus simul subdiaconatum suscepit, ex se contra canones est: v. lib. 5. X 30, 2. Attamen, teste S. Alphonso VI, 797, ubi consuetudo legem illam non observat, id *potest tolerari*. Quod ipse Fagnanus, qui alias rigidus auctor esse solet, concedit. Gasparri n. 510. Consuetudine vero non adiuvante, ne omnes quidem quattuor minores ordines fas est eodem die cum tonsura accipere sive saecularibus sive regularibus; nisi posteriores habeant privilegium, quod refert Gasparri n. 502 die 7 Sept. 1732 P. P. Soc. Iesu restitutum „recipiendi eodem die primam tonsuram ac quattuor minores ordines".

IMPEDIMENTA ORDINUM SUSCIPIENDORUM ET EXERCENDORUM SEU IRREGULARITATES.

IRREGULARITAS EX ABUSU BAPTISMI.

Casus. (211)

Severinus sacerdos rebaptizavit nuper sub condicione puerum sola hac ratione, quod baptizatus esset a ministro haeretico; idem fecit quoad virum adultum theologiae candidatum, qui nihil potuit suo baptismo opponere, sed mire turbabatur a longiore tempore dubiis circa baptismum suum, etsi alias non fuerit scrupuloso vel turbato animo: hunc igitur ad sedandos timores denuo sub condicione baptizavit. Sed ipse nunc timet de irregularitate, quae tum a se tum ab illo theologiae candidato sit contracta.

QUAERITUR 1° quid sit irregularitas et ex quo capite contrahatur.

2° quid sit de irregularitatibus nostri casus.

Solutio.

725 AD QUAESITUM 1ᵐ R. 1. Irregularitas in genere est impedimentum canonicum quo quis *prohibetur* quominus ad statum clericalem vel eius altiorem gradum *ascendat* vel gradus suscepti officium *exerceat*. Cf. Th. m. II, 1002; Wernz, *Ius decretal.* II, n. 96; Suarez, *De censuris eccles.* disp. 40, sect. 1; D'Annibale, *Summula* I, n. 399; Laurentius l. c. § 24 sqq.

R. 2. Distinguuntur irregularitates *ex defectu* et irregularitates *ex delicto*. Posteriores in poenam delicti propter certa crimina aliquem arcent a statu clericali eiusve exercitio. Proxime quidem et immediate impedimentum sunt seu indecentia et indignitas recipiendorum ordinum, attamen retinent condicionem poenae. Est autem haec poena *vindicativa*, non medicinalis; quare etiam cessante crimine, poena illa, non ex iustitia, sed si remittitur, ex gratia remittenda est. Priores irregularitates nullam supponunt culpam, sed propter servandam decentiam certos homines a clericatu vel ab officiis clericalibus arcent.

In irregularitatibus *ex delicto*, si sunt ex *solo* delicto, non ex defectu famae, qui illis inhaeret vel qui timendus esse sumitur, requiritur ut adfuerit a) re ipsa crimen, i. e. mortale peccatum; b) ut fuerit crimen contra leges Ecclesiae, adeoque cognitio legis *Ecclesiae* prohibentis; c) probabiliter etiam cognitio saltem aliqualis ipsius poenae, cum haec irregularitatis poena sit gravissima: cf. S. Alph. VII, 351; *Th. m.* II, 1003.

726 R. 3. Irregularitas est impedimentum *prohibens*, non *irritans*, ut bene notat D'Annibale l. c. n. 399, not. 4. Quare non solum non irritat ordines spreta irregularitate susceptos (ordines scilicet qui rationem sacramenti habent, Ecclesia irritare non potest), sed ne ecclesiasticam quidem institutionem in officia et beneficia irritat seu annullat, etsi faciat eam annullandam. Cf. *Th. m.* II, 1005; D'Annibale l. c. et 401, not. 15—17.

Hinc *irregularitas* non est omnino confundenda cum *inhabilitate*: haec enim *nullitatem* actus erga inhabilem exerciti inducit, non quoad effectus sacramentales, nisi sit inhabilitas iuris divini, sed *quoad effectus ecclesiasticos*, v. g. quoad collationem beneficii vel institutionem in certum officium. — Si quae tamen statuatur *inhabilitas ad ordines suscipiendos*, haec veram dicit *irregularitatem*.

727 R. 4. Irregularitates solummodo eae exsistunt, quae sunt *a iure*, non sunt ullae *ab homine*. Ex iure autem et vigente Ecclesiae disciplina enumerantur

a) *ex delicto:* 1) ex certo quodam abusu baptismi, 2) ex usurpatione ordinum, 3) ex certa violatione censurarum, 4) ex certis quibusdam criminibus diffamantibus, 5) ex homicidio vel mutilatione *(„Fonte* reus, *sacris, censura, crimine, leto")*;

b) *ex defectu:* ex defectu 1) legitimi ortus, 2) rationis vel scientiae, 3) libertatis, 4) integritatis corporis, 5) [aetatis], 6) significationis sacramentalis, 7) lenitatis, 8) integrae famae *("Natales, animus, libertas, corpus et aetas — non bigamus, lenis, nec mala fama notet").* De singulis in singulis casibus.

AD QUAESITUM 2^m R. 1. Hinc in quaestionem venit irregularitas ex delicto *prima,* videlicet ex abusu baptismi. Duo autem sunt crimina quae hac poena inveniuntur notata:

a) libera susceptio baptismi a ministro haeretico. Quod ex *antiquis* canonibus, usu Ecclesiae semper retentis, eruitur, imprimis ex Decr. Grat. cc. 3. 4, C. 1, q. IV, ubi *infantes* ab haereticis baptizati ex ea sola ratione non excluduntur a clericatu, ne parentum peccatum, cuius ipsi participes esse non potuerint, iis noceat: unde clare efficitur ut ii, qui *propria voluntate* ita baptizati fuerint, debeant excludi.

b) rebaptizatio in iniuriam prioris baptismi. Quae irregularitas comprehendit et rebaptizatum et rebaptizantem, atque ex officio assistentem seu ministrantem; rebaptizantem et ex officio assistentem ex clara *iuris can.* dispositione; rebaptizatum ex unanimi doctrina auctorum et Ecclesiae praxi (S. Alph. VII, 356); sed qua extensione, id ex fontibus iuris valde obscurum est.

Ut constet practice de irregularitate, requiritur 1) non solum ut ex parte actus in secundo baptismo omnia facta sint, quae ad essentiam veri baptismi pertineant; sed etiam ut *non condicionate tantum* facta sit baptismi iteratio, nisi forte condicio apposita fuerit non ex animo. Nam etsi levius forte et temere baptismus repetitus est, tamen qui sic repetiit sub condicione serio addita, *noluit* priori baptismo inferre iniuriam, sed hanc iniuriam expresse exclusit. Cf. Wernz l. c. n. 135; D'Annibale n. 410, not. 17. 2) Requiritur ut baptismus *publice* sit collatus vel sollemniter: quod expresse statuitur de ministrante seu assistente ex officio c. 2, X 5, 9; ad alios haec restrictio ex probabili complurium auctorum doctrina transfertur (S. Alph. VII, 356), aliis contradicentibus. 3) Irregularitas haec in *assistente* clerico non est totalis, sed eum prohibet a sola altiorum ordinum susceptione, non ab exercitio ordinis suscepti: c. 2, X, 5, 9: in aliis est totalis ex sententia practice tenenda, v. Wernz l. c. n. 135.

R. 2. Ex dictis patet neque Severinum neque illum theologiae candidatum teneri hac irregularitate. Nam quamquam fortasse levius actum est in repetendis baptismis neque inquisitio de priore baptismo, ut par erat, est praemissa: tamen facta non est scienter *re*baptizatio, cum adiecta condicio hanc intentionem excluserit.

IRREGULARITAS EX USURPATIONE ORDINIS SACRI.

Casus. (212)

Iuniperus, cum in studiis theologicis versaretur et per tonsuram clericus factus esset, domi tempore vacationis in sollemni sacro subdiaconum egit. — Postea cum esset diaconus, experimentum sumere voluit audiendarum confessionum. Quare peregre exsistens, cum comperisset esse diem confessionis pro solis devotulis, quibus absolutio invalida vel nulla detrimentum grave non inferret, finxit se sacerdotem atque complurium excepit confessiones. Loco absolutionis volebat proferre solam benedictionem; sed cum aliquis vir spectabilis accederet, qui latina lingua confessus absolutionem exspectabat, quam se nondum accepisse Iuniperum monuit, hic, ne se proderet, verba absolutionis pronuntiavit. — Alias domi, cum casu abesset parochus et interim accederet femina quae cuperet s. communionem, atque infans afferretur baptizandus, Iuniperus communionem dedit et infantem sollemniter baptizavit: quae parochus post horam redux omnino improbavit.

Quaeritur 1° quae sit irregularitas illa quam incurrat „*sacris* reus".

2° quasnam incurrerit Iuniperus irregularitates.

Solutio.

729   Ad quaesitum 1ᵐ R. 1. Agitur de *usurpatione ordinis* qui nondum est susceptus. Ex quo capite contrahit irregularitatem *clericus* qui usurpat ordinem quem non habet, cum serio et sollemniter vel tamquam ex officio exercet; idque practice restringitur ad exercitium ordinis *sacri*, cum nostris temporibus ministeria ordinum minorum a laicis tuto exerceantur (S. Alphons. VII, 359 et VI, 116, dub. 3; D'Annibale l. c. n. 411, not. 23).

R. 2. Hac irregularitate non affici *laicum* qui nondum sit tonsura initiatus, tum ex titulo Decretal. 5, 38 „*de clerico* non ordinato ministrante", tum ex textu c. 1, ut perpendit Laymann, *De irreg.* cap. 3, n. 3, tum communiore opinione auctorum (S. Alphons. VI, 116; Laurentius l. c. n. 77) practice satis tuta est sententia.

R. 3. Irregularitas haec partialis est, quatenus excludat solum ab *ascensu ad ordines nondum susceptos;* relinquit igitur exercitium ordinis iam recepti licitum: Wernz l. c. n. 137; quamquam doctus auctor ibi defendit irregularitatem tangere etiam laicos, atque in eos esse totalem.

R. 4. Actio illicita ex qua sequitur illa irregularitas debet quidem esse exercitium ordinis, non iurisdictionis; attamen non requiritur ut actio illa sit ex iure divino ordini annexa; sufficit ut ita annexa sit sive iure divino sive iure ecclesiastico.

730   Ad quaesitum 2ᵐ R 1. Iuniperus, si tonsuram nondum habuisset, illicite quidem egisset sollemniter agens subdiaconum; at satis probabiliter non incurrisset irregularitatem. Sed cum iam esset *clericus*, revera incurrit irregularitatem, si modo vere sollemniter ut subdiaconus cum omnibus subdiaconi insignibus, maxime manipulo, in missa munus subdiaconi egit, epistulam cantando etc. Nam etsi dici nequeat iure divino illam actionem cum subdiaconatu coniungi, tamen iure ecclesiastico huic *ordini* qua ordini annexa est.

R. 2. Quodsi Iuniperus scivit hanc suam irregularitatem et nihilominus ad ordines accessit, id fieri non potuit, nisi rem occultando suis superioribus, atque ita agens contra mandatum episcopi, quod ante ordinationem legi solet, huius mandati excommunicationi se reddidit obnoxium, ex qua nova sequi potest irregularitas ex dicendis in casu subsequenti. Quod hoc loco seponimus v. infra n. 733 sq.

R. 3. Quod autem nondum sacerdos sacerdotem se finxit, per confessionum exceptionem, cum absolutionem non proferret, irregularitatem videri potest non incurrisse, quod verum ordinis actum non exercuerit; at vereor ne propter simulationem absolutionis irregularitatem non effugiat. Cf. Wernz II, 137, not. 385, qui universim docet irregularitatem contrahi etiam ex *ficto* ordinis sacri nondum recepti exercitio. Immo videtur *sola* exceptio confessionum, quae ex parte confitentium *sacramentalis* est, esse ordinis presbyteralis exercitium, idque satis publicum et sollemne. Sed etiamsi hac de re aliquis possit dubitare: magis etiam *sine ullo dubio* Iuniperus irregularitatem incurrit propter absolutionem semel saltem re ipsa prolatam.

R. 4. De subsequentibus actionibus, videlicet ss. eucharistiae 731 distributione et sollemni baptismo, sine sacerdotis iussione peractis, magis dubitatur.

Mea quidem opinione his actionibus etiam incurrit irregularitatem, eo quod actio illa sollemnis erat actio, quae non ad ordinem diaconalem, sed ad solum presbyteralem pertinet.

Sunt utique qui dicant in potestate quidem *ordinis* ad sollemniter baptizandum et ss. eucharistiam distribuendam, quam accipiat diaconus, nihil deesse; deesse tamen *commissionem* sine qua *non liceat* ea (extra urgentem necessitatem viatici) exercere: propterea peccari a Iunipero, at non incurri irregularitatem.

Verum omnino puto id non recte dici. Nam *ordinis potestas*, quam diaconus accipit, est, ut ipsum nomen indicat, ut *ministerialiter tantum* seu ut sacerdotis minister eucharistiam dispenset atque in conferendo baptismo iuvet. Hinc ad diaconi *potestatem ordinis* pertinet ut non possit agere nisi ex commissione; potestas magis independens solius presbyteri est. Quando igitur diaconus sine commissione haec officia sacerdotalia agit, usurpat re vera exercitium ordinis quem non habet: S. Alphons. VI, 116 cum Laymann aliisque bene multis.

Cum autem contraria opinio habeat etiam non paucos patronos (D'Annibale l. c. n. 411, not. 23; Gasparri, *De ordin.* n. 339. 341; Wernz l. c. n. 137, not. 386; Laurentius l. c. n. 77 etc.), haec externe satis probabilis dicenda est, atque ita irregularitas in hoc casu practice non urgenda.

IRREGULARITAS EX VIOLATA CENSURA (I).

Casus. (213)

Servulus, cum in examine ante sacerdotium esset reiectus seu dilatus, nihilominus accessit ad sacrum ordinem eumque in multitudine ordinandorum, cum episcopus peregrinus hospes ordines conferret, sine difficultate accepit. Suscepti ordinis testimonium ut acciperet, simulavit se non intellexisse prohibitionem sibi factam, atque ordinis nunc vere suscepti habuit testes multos. At postea totam rem narrat in confessione.

Quaeritur 1° adsitne irregularitas, ex quo capite.

2° quid fuerit dicendum, si Servulus cum aliis primam missam iam celebraverit.

Solutio.

732   Ad quaesitum 1ᵐ R. 1. Servulus est inter eos qui dicuntur *furtive* ordinem suscepisse. Quos irregularitate adstringi satis communis sententia est: S. Alphons. VII, 361.

Verum haec irregularitas, si exsistat in nostro casu, vix alicuius momenti est, cum sine dubio sit partialis tantum, seu prohibeat solum ascensum ad ordines altiores: v. c. 1, X 5, 30.

At de hac etiam irregularitate partiali controversia est, num re ipsa subsistat. Infligitur enim diacono, si *spreta excommunicatione* episcopali diaconatum furtive susceperit, poena, ne ad sacerdotium provehatur, *nisi antea* dignam in monasterio aliquo *fecerit paenitentiam*. Quam poenam *non oportet* sumi pro irregularitate, *ex se perpetua*. Cf. D'Annibale l. c. n. 412; Wernz; Laurentius l. c. n. 78 aliique hanc non enumerant inter irregularitates, vel expresse negant eam debere irregularitatem haberi potius quam *suspensionem*.

R. 2. Magis etiam alii modi furtivae ordinationis, scilicet eius qui eodem die susceperit duos ordines sacros, vel plures quorum unus sacer sit (cf. *Th. m.* II, 1007), non certo subiacent poenae irregularitatis. Poenae enim pronuntiatae c. 2. 3, X 5, 30 commode intelleguntur de suspensione dispensabili: quae, cum in novo iure constit. „*Apostolicae Sedis*" non enumeretur, hodiedum non amplius subsistit.

733   R. 3. Ne ipso facto quidem Servulus incurrit excommunicationem in mandato episcopi, quod ante ordines conferendos publicari solet, contento. Nam haec excommunicatio ex probabili interpretatione iuris secundum hodiernum Pontificalis Romani tenorem est *ferendae sententiae*, seu incurritur, postquam episcopus de delicto iudicialiter cognoverit atque in delinquentem, si reus fuerit repertus, poenam excommunicationis pronuntiaverit. Laurentius l. c.

R. 4. In potestate tamen episcopi est excommunicationem istam statuere vel publicare ut ipso facto incurrendam. Quod si ante ordines conferendos episcopus fecerit, certe Servulus ex ipsa susceptione sacerdotii contraxit censuram excommunicationis.

734   Ad quaesitum 2ᵐ R. 1. Ex modo dictis igitur Servulus ex suscepto sacerdotio per se non incidit in censuram excommunicationis. Sed si episcopus poenam ipso facto incurrendam expresse statuit, hanc incurrit. *In quo casu* excommunicationis laesio per exercitium ordinis sacri facta, ut mox dicetur, inducit irregularitatem. Eiusmodi ordinis sacri exercitium sine dubio est primae missae celebratio; post illam igitur Servulus in illa suppositione facta non solum excommunicatus est, sed etiam evasisset irregularis.

R. 2. Quod mendaci excusatione ab episcopo suo acceperit testimonium sacerdotii rite suscepti atque in pace dimissus sit, non sequitur episcopum solvisse excommunicationem. Si ita esset, etiam hoc modo, non obstantibus primitiis suis, Servulus irregularitatem effugisset. Verum ut hanc censurae solutionem acciperet, debebat sincere culpam fateri; quodsi id fecisset, episcopus fortasse ei indulsisset.

R. 3. Videri nunc debet, quid possit confessarius, tum quoad excommunicationem eamque solam, si Servulus eam incurrerit et confiteatur ante primam missam, tum quoad irregularitatem quoque, si eam incurrerit et postea demum confiteatur.

Ex eo quod Servulus, fraudulenter quidem, sed re vera aliis persuaserit se inculpabiliter egisse, culpa et excommunicatio, si lata fuerit, evasit occulta. Quare ratio non est cur ordinarius necessario adiri debeat, nisi in statuenda poena eius absolutionem *sibi* reservavit. Quod si fecerit, videri debet num propter necessitatem instantem atque impossibilitatem statim adeundi episcopum confessarius possit absolvere cum onere Servulo imposito, ut postea superiori se sistat.

Consequenter etiam irregularitas ex celebratione missae contracta occulta evasit: a qua dispensare possunt tum episcopus iure ordinario ex cap. *Liceat* Trid. sess. 24, cap. 6 *de ref.*, tum regulares confessarii ex privilegiis: cf. S. Alphons., *De priv.* n. 104.

IRREGULARITAS EX VIOLATA CENSURA (II).

Casus. (214)

Abundio parocho nuper ex parte Ordinarii iniungitur ex informata conscientia per tres menses suspensio ab officio. Qui, cum vicarium frustra exspectasset, post aliquot dies quibus non celebravit, ne die festo populus missa careret vel iter semileucae ad viciniorem ecclesiam facere cogeretur, iterum missam celebrat atque bonum numerum confitentium absolvit.

QUAERITUR 1° quomodo intellegatur irregularitas quam contrahit *„censura reus"*.

2° egeritne Abundius recte an irregularis evaserit.

Solutio.

AD QUAESITUM 1ᵐ R. 1. Irregularitas incurritur a clerico qui *censuram* quam incurrit *violat scienter et temere* per *exercitium ordinis sacri*. Quae poena innuitur cc. 9 et 10, X 5, 27; clarius exprimitur et ut lex ecclesiastica iam vigens enuntiatur c. 1, X 2, 14 in 6° et cc. 1. 18. 20, X 5, 11 in 6°.

Textus iuris loquitur de „divinis", „divinis officiis", quibus si clericus contra suam censuram se ingerat, seu quae se ingerendo si exerceat, evadat irregularis. Quae iure sumuntur de exercitio *sacri ordinis*, eiusque exercitio tali, quod soli clerico sacri ordinis competat. Ita S. Alphons. VII, 358; Laurentius l. c. n. 77 cum aliis plurimis. Idque practice etiam concedunt qui putant sufficere exercitium etiam ordinis minoris, per censuram incursam vetiti, si sollemniter exerceatur (cf. Wernz l. c. n. 136, not. 370): ratio eorum est quod hodie ordo minor non amplius soleat sollemniter exerceri, atque ab ipsis laicis exerceri possit.

Neque sufficit ad incurrendam irregularitatem ut quis violet censuram per exercitium iurisdictionis.

R. 2. Ut irregularitas contrahatur, requiritur exercitium ordinis quem clericus iam habet; non sufficit ut quis censura ligatus *ordinem suscipiat:* D'Annibale l. c. n. 411, not. 32. Neque sufficit illud exercitium ordinis quod fit in ipsa eius susceptione. Cf. *Th. m.* II, 1009; Laurentius l. c.

R. 3. Censura vero cuius violatio irregularitatem inducit, est sive excommunicatio sive suspensio (si modo ab aliquo *ordinis* exercitio suspendat) sive interdictum. Cf. textus iuris supra laudatos.

736   R. 4. Controversia est quousque extendatur illa irregularitas per violationem *eius suspensionis,* quae non necessario censura est sed etiam ut poena vindicativa potest infligi.

Wernz l. c. n. 137, not. 367 omnino contendit irregularitatem contrahi per violationem cuiuslibet suspensionis poenalis, etsi sit pure vindicativa: quod D'Annibale expresse negat l. c. not. 24, et S. Alph. etiam „*absolute probabilius*" negat, si suspensio lata sit ab homine per sententiam ob meram punitionem criminis omnino praeteriti; nam si lata sit ob crimen adhuc habens tractum successivum, vel si lata sit per modum praecepti vel statuti, contra crimen futurum, S. Doctor docet — id quod omnino debet teneri — per eiusmodi suspensionis violationem irregularitatem incurri.

R. 5. Et revera in dubio utrum suspensio quaedam sit censura an poena vindicativa, *prius* tenendum est, atque ideo eius violatio irregularitatem inducit: cf. *Th. m.* II, 902. Ac proin, ut etiam S. Congr. de Prop. Fide 20 Oct. 1884 monet, suspensio ab informata conscientia, si violatur, communiter irregularitatem secum trahit.

R. 6. Violatio censurae, ut inducat irregularitatem, debet esse scienter et temere facta. Quapropter qui occulte censura ligatus est, si timore diffamationis vel ex necessitate sacrum ordinem exercet, cum fortasse ne peccet quidem, minus etiam temere agat, irregularitatem non incurrit.

737   Ad quaesitum 2ᵐ R. 1. Si suspensionis causa Abundio indicabatur vel aliunde nota erat, suspensio omnino apta erat, ex cuius violatione contraheretur irregularitas. Aliter, si *nullo modo* causa ei erat nota vel ob crimen omnino praeteritum suspensio illa infligebatur: in eo casu probabile est irregularitatem non contrahi; neque Abundius debuit sese gerere ut irregularem, nisi forte cogeretur a iudice ecclesiastico.

R. 2. Si res erat etiam in parochia nota — id quod obtinuisse inde probabiliter quis concludat quod Abundius iam per plures dies a sacro abstinuit: nam haec circumstantia parochianis ansam dedit suspicandi et indagandi —, Abundio ratio non erat violandae censurae, quod parochiani forte carerent sacro. Si vero rationes speciosas habuerat omittendi sacrum per aliquot dies, censura vero quam ordinarius inflixerat, eiusque causa omnino occulta erat: etiamtum curare quidem debebat Abundius ut vicarium sibi procuraret, ipse vero ad tempus recederet; sed si hoc impossibile erat atque ex omissione sacrarum functionum periculum scandali vel infamiae impendebat, suspensio non reddidit harum functionum exercitium illicitum neque irregularitatem in Abundium induxit.

IRREGULARITAS EX „CRIMINE".

Casus. (215)

Apollonius, cum studiis medicis incumberet, incredulus evasit; et quamquam nominetenus mansit catholicus, aliquoties tamen inter amicos religionem irrisit atque per annos Ecclesiae praecepta plane neglexit. Eodem tempore, cum puellam seduxisset, ei gravidae factae praeparavit potum ex quo abortus est secutus. Verum postea, cum, finitis studiis, cum filia bene catholica matrimonium iniret, Ecclesiae reconciliatus est. Sed, uxore post aliquot menses defuncta, saeculi vanitatem meditatus Apollonius vult sacerdos fieri.

QUAERITUR 1° quae sit irregularitas ex haeresi.
2° quae sit irregularitas ex abortu.
3° quid de Apollonio eiusque irregularitate iudicandum sit.
4° a quo, si irregularitas adsit, petenda sit dispensatio.

Solutio.

AD QUAESITUM 1ᵐ R. 1. Sunt quaedam crimina, quae praeter hucusque explicata irregularitatem secum trahunt, ita ut irregularis dicatur *„crimine* reus". Sed quoniam haec cum irregularitate ex *defectu famae* cohaerent, hic extra famae defectum solummodo notari solent *haeresis* et *homicidium,* quae singillatim tractanda sunt.

R. 2. Valde quidem probabile est haeresim inducere irregularitatem non solum propter infamiam huic crimini inhaerentem, sed etiam illa irregularitate haereticum affici propter fidei inconstantiam, atque contrahi etiam ex haeresi occulta (Wernz l. c. n. 139 et alii ibid. laud.): attamen *probabile etiam* est ad irregularitatem requiri *haeresis publicitatem* seu *notorietatem* vel iuris vel facti, ita ut nulla tergiversatione celari possit (S. Alph. VII, 363 et 364, D'Annib. l. c. n. 431, not. 10 cum multis aliis ibi laud.), ideoque hanc irregularitatem ex *occulta* haeresi practice posse neglegi. Cf. etiam Laurentius l. c. n. 75.

R. 3. Qui vero publice notus est ut haereticus, irregularitatem diffundit etiam *in descendentes* (i. e. pater in filios et nepotes, mater in solos filios). Irregulares igitur sunt qui habeant patrem vel avum haereticum vel haereticam matrem, nisi tamen ipsi nati sunt ante haeresim eorum e quibus descendunt, vel hi in pace Ecclesiae mortui sunt. — D'Annib. hanc irregularitatem restringit ad descendentes eorum haereticorum qui *alicui sectae* nomen dederunt. Cf. ibid. n. 433; S. Alph. l. c.

R. 4. Etiam *credentes*, receptatores, defensores et *fautores*, si, postquam excommunicatione fuerint notati, satisfacere contempserint infra annum, *ipso iure* evadunt *infames* et propterea *irregulares*, atque eodem modo in descendentes extendunt irregularitatem, ut ipsi haeretici. De qua irregularitate vide quae postea dicuntur de irregularitate ex *infamia;* nimirum requiritur sine dubio notorietas vel iuris vel facti. Cf. D'Annibale l. c. n. 431; Wernz l. c. n. 139, not. 402; c. 13, § 5, X 5, 7 et cc. 2, § 2. 15, X 5, 2 in 6°.

Quod ex supra dictis restringi potest ad *fautores* . . . haereticorum *sectariorum,* et eorum contra quos lata est sententia criminis declaratoria. Cf. Laurentius l. c.

739 AD QUAESITUM 2^m R. 1. Abortus foetus animati certo pro homicidio habetur atque sicut homicidium (vel voluntarium vel casuale) irregularitatem inducit. Cf. decr. Greg. l. 5, tit. 12 ibique c. 20. Quae tamen animatio secundum antiqui iuris computationem censetur adesse post dies 40 pro masculis foetibus, pro femineis post dies 80. Hinc irregularitas incurritur propter quamlibet efficacem cooperationem. Irregularitas certo est *totalis,* ut textus iuris clare enuntiant, atque etiam ex crimine occulto contrahitur.

R. 2. Praeter irregularitatem (et excommunicationem, quae tamen non adeo late patet, ex ser. 3^{ia} § 2 Bullae „*Apostolicae Sedis*") ob abortum directe voluntarium incurritur a) privatio omnis clericalis privilegii, dignitatis, beneficii ecclesiastici obtenti post sententiam criminis declaratoriam; b) inhabilitas ad beneficia ecclesiastica *obtinenda,* eaque ante omnem sententiam.

740 AD QUAESITUM 3^m R. 1. Apollonius ad sectam haereticorum vel infidelium non transit; attamen coram sodalibus compluries haeresim manifestavit et haereticus vel apostata evasit. Verum haec non videntur adeo esse publica ut non sincera emendatione omnino oblitterata exsistant. Quare ex hoc capite, cum propter haeresim vel apostasiam Apollonius in ius vocatus non sit, non necessario debet reputari irregularis. Cf. D'Annibale l. c. not. 13.

R. 2. Supposita cognitione poenae ecclesiasticae (aut facti notorietate eiusve periculo) ex abortu causato Apollonius sine dubio irregularis est, si abortus factus est 80 dies post conceptionem, neque absolutio a peccato accepta hanc irregularitatem abstulit. Immo etiam inhabilitas ad beneficia obtinenda auferri per dispensationem debet.

AD QUAESITUM 4^m R. 1. Illa inhabilitas ad obtinenda beneficia ab episcopo auferri potest: cf. *Th. m.* II, 1012.

R. 2. Dispensatio ab irregularitate ex abortu voluntario contracta episcopis ordinario iure non competit, immo generatim ne in privilegio quidem quamvis amplo dispensandi *haec* solet esse inclusa: Wernz l. c. n. 149. Quare Romam recurrendum est.

IRREGULARITAS EX HOMICIDIO SIVE MUTILATIONE.

Casus. (216)

Saulus puer in rixa alterius pueri parvum digitum fregit qui debuit amputari. Adulescens commisit duellum exitu non fatali. Alia vice sodalem lacessivit et ad duellum provocavit; qui, cum nollet duellum inire, sed ilico Sauli insolentiam protractam vi repellere conaretur, ab hoc, qui ad sui defensionem erat paratissimus, stricto ense sic feritur ut bracchium amitteret. Saulus postea, mutatis moribus, vult clero adscribi.

QUAERITUR 1° num duellum inducat irregularitatem.
2° quae sit irregularitas ex homicidio et mutilatione.
3° quomodo cum Saulo dispensari debeat.

Solutio.

AD QUAESITUM 1^m R. 1. Ex *Trid. concil.* sess. 25, cap. 19 *de ref.* 741 de duello statuit: „qui pugnam commiserint, et qui eorum patrini vocantur, . . . perpetuae infamiae poenam incurrant". Hinc si factum est publicum, aut si criminis iudicialis confessio vel punitio exsistit, ex duello commisso tum pugnantes tum patrini evadunt *irregulares,* irregularitate Rom. pontifici per se reservata.

R. 2. Idem valere de duellis etiam non fatalibus, si modo veri duelli nomen merentur, constat ex S. C. C. d. 9 Aug. 1890 in causa *Wratislaviensi,* quae expresse declaravit etiam duella illa quae a studiosis exerceantur inferre irregularitatem: *Th. m.* II, 1010.

AD QUAESITUM 2^m R. 1. Homicidium directe voluntarium, etiam 742 occultum, infert irregularitatem totalem in exsequentem, efficaciter mandantem, positive cooperantem. — Immo si constat de homicidio, dubium est de causante, etiam homicida (exsequens) dubius irregularis est partialiter, i. e. quoad exercitium ordinis sacri in missa celebranda: cf. S. Alphons. VII, 347 et 454; D'Annibale l. c. n. 428, not. 12.

R. 2. Homicidium etiam casuale, in quo videlicet mors non directe intendebatur, attamen agenti cum gravi culpa imputabilis est propter susceptam illicite actionem periculosam, irregularitatem pariter inducit in ipsum saltem auctorem directum, non tamen in auctorem dubium.

R. 3. Mutilatio aliena in omnibus aequiparatur quoad irregularitatem homicidio, sive voluntario sive casuali: excepto dubio auctore qui, si de mutilatione agitur, irregularitatem non incurrit. Cf. c. 3, X 5, 4 in 6°.

R. 4. Homicidium (et mutilatio) casuale eatenus mitiorem irregularitatem inducit, quatenus in casu occulto episcopus ab ea iure ordinario possit dispensare; non ita in voluntario. Cf. *Trid.* cap. *Liceat* (sess. 24, cap. 6 *de ref.*).

AD QUAESITUM 3^m R. 1. Mutilatio aliena, quae irregularitatem 743 inducit, intellegitur de *membro* quod suam propriam in humano corpore functionem habet, non de parte membri quae ablata usum membri relinquit substantialiter intactum. Digiti igitur truncatio, cum sit membri tantum pars, irregularitatem non inducit.

Alioquin etiam ecclesiasticae poenae ignorantia ab irregularitate Saulum excusaret: quae tamen, cum in foro externo non attendatur, si res publica fieret, non impediret quin delinquens se pro irregulari gerere deberet, si modo crimen ipsum irregularitate punitum exsistat.

Si quis autem se ipsum directe voluntarie mutilat, sive ex odio sive ex indiscreto zelo sive alio peccaminoso modo, evadit irregularis ex delicto, etsi partem tantum membri sibi absciderit (c. 6, dist. 55).

R. 2. Quod Saulus duellum commisit, etsi exitu non fatali, tamen irregularitatem ex infamia iuris in eum induxit, si modo factum aliquo modo notum sit vel facile notum fieri possit. In quo casu, etsi forte poena fuerit ignorata, practice petenda est dispensatio, eaque a Rom. pontifice eiusve delegato.

R. 3. Subsequens ad aliud duellum *provocatio* irregularitatem non induxit: nam haec non est, ut est excommunicatio, lata in solummodo provocantes vel acceptantes.

Restat ut inquiramus num adsit irregularitas ex adversarii mutilatione. Videri possit haec mutilatio orta esse ex propria *defensione* contra aggressorem: quae defensio, si servatum sit moderamen inculpatae tutelae, irregularitatem non causat (c. unic. Clem. 5, 4). Verum aggressio in nostro casu non fuit iniusta, sed exorta ex ipsius Sauli iniusta provocatione; quapropter Saulus, etsi isto momento neque occisionem neque mutilationem *intenderit,* sed solummodo aggressionis propulsationem, nihilominus habemus mutilationem casualem graviter culpabilem, ac proin irregularitatem. . . . Neque ex eo adfuerit excusatio ab irregularitate, quod Saulus forte non ipse bracchium adversarii amputaverit, sed solummodo illud inutile reddiderit, ita ut medici iudicarent id esse amputandum. Nam etiamtum Saulus moraliter loquendo mutilavit, cum causam proximam mutilationis posuerit.

IRREGULARITAS EX ORTU ILLEGITIMO.

Casus. (217)

Alfredus, filius matris viduae, et Ansgarus, qui infans expositus ab Alfredi parentibus susceptus et quasi adoptatus est, ambo ad sacerdotium aspirant. Cum subdiaconatus ordo instaret, mater Alfredo clam pandit ipsum non habere patrem eum quem putet; verum ipsius patrem adhuc esse superstitem atque in America vivere, eundem esse etiam ipsius Ansgari patrem.

QUAERITUR 1° quae sit irregularitas ex defectu natalium.

2° adsitne irregularitas in Alfredo et Ansgaro, vel quid in casu sit faciendum.

Solutio.

AD QUAESITUM 1ᵐ R. 1. Haec irregularitas, quae a saeculo demum decimo et undecimo vigere coepit, totalis est et comprehendit omnes illegitime natos, non solum adulterinos et incestuosos, sed etiam naturales c. 1. 2, X 1, 11 in 6°.

R. 2. *Constare* tamen debet de ortu illegitimo: quare in rigore *expositi* non sunt irregulares, immo neque ii qui in matrimonio nati sunt, etsi publice atque ab ipsis parentibus habeantur pro adulterinis, si modo *in iure* non constiterit de ortu illegitimo (D'Annibale l. c. n. 412ter not. 5, ubi laudat dec. S. C. C. 27 Iunii 1857); nihilominus non raro petitur et datur pro expositis dispensatio ad cautelam ante ordines suscipiendos (Wernz l. c. n. 132, not. 304).

R. 3. Illegitimus ortus non censetur exsistere pro iis qui orti sunt ex matrimonio putativo, si modo unus ex parentibus in bona fide erat atque matrimonium post debitas proclamationes initum est: *Conc. Trid.* sess. 24, c. 5 *de ref. matr.*

R. 4. *Dispensare* ab hac irregularitate potest: 1) in ordine ad *ordines minores* et ad beneficium *simplex* episcopus; 2) quoad alia per se sola summus pontifex.

R. 5. *Aufertur* haec irregularitas, 1) si agitur de filiis naturalibus, i. e. eorum qui saltem ante prolem *natam* ineundi inter se matrimonii capaces erant, per *subsequens matrimonium:* quae irregularitatis cessatio est integra, si excipis promotionem ad cardinalatum.

2) Aufertur irregularitas *quoad ordines etiam sacros* per *religiosam professionem;* attamen per se non aufertur *quoad praelaturas, ne* proprii quidem ordinis, quamquam etiam in hoc dispensandi facultas generatim per privilegium regularibus datur.

3) Demum aufertur illa irregularitas *legitimatione,* vel etiam sine legitimatione dispensatione a Rom. pontifice data: quae qua amplitudine detur, videri debet in casibus singulis. Cf. Laurentius l. c. n. 69.

AD QUAESITUM 2^m R. 1. Ex dictis iam patet Ansgarum non esse proprie irregularem neque propterea *posse* excludi a sacris ordinibus; solummodo expedire, ut detur dispensatio ad cautelam.

R. 2. Quoad Alfredum vero, si natus est stante matrimonio matris nunc viduae, adeo exsulat ab irregularitate ut tribunalia Romana ne concedant quidem dispensationem, sed respondere soleant *dispensatione eum non indigere,* ut in laud. decr. 27 Iun. 1857. Neque sufficit confessio matris, ut Alfredus habendus sit pro spurio vel irregulari.

Si vero *probata fuerit impossibilitas legitimi ortus,* quam primum id *iure* constat, irregularis evadit Alfredus.

IRREGULARITAS EX DEFECTU LENITATIS.

Casus. (218)

Bartolus, qui nunc clericus fieri desiderat, antea secutus est militiam. Re vera interfuit proelio, in quo ex adversariis triginta occubuerunt; num interfecerit quemquam propria manu nescit; semel tantum aliquem, qui iam in eo esset ut ipsum occideret, sclopeto prostravit, num letaliter, ignorat. —

Sacramentum ordinis.

Verum postea in civitate sua debuit interesse alicui causae criminali; erat inter iuratos qui rei crimen affirmaverunt; atque ita a iudicibus ille capitis damnatus est.

Quaeritur 1° quae sit irregularitas ex defectu lenitatis.

2° adsitne haec in casu Bartoli, et quodnam sit remedium.

Solutio.

747 Ad quaesitum 2ᵐ R. 1. Aliqui hanc irregularitatem ex lenitatis defectu tractant simul cum irregularitate ex homicidio et mutilatione eamque cum illa confundunt. At non recte. Posterior enim *crimen* postulat atque contrahitur ex crimine etiam occulto. Prior illa irregularitas crimen nullatenus supponit, sed cum actione etiam plane debita coniungitur, verum ex natura sua postulat actionem ex se publicam.

Attamen irregularitas ex defectu lenitatis, cum poena non sit, non potest requirere poenae cognitionem; sed etiam ab ignorante contrahitur; similiter autem etiam homicidium vel mutilatio aliquo modo publica inducit etiam in ignorantem irregularitatem ex famae defectu.

R. 2. Defectus lenitatis ex notione sua in eo consistit quod quis, etiam inculpabiliter, sanguinem humanum fuderit vel fundendum curaverit extra casum necessariae defensionis.

Irregularitas contrahitur ab eo qui post baptismum 1) in causa criminali iusta ad poenam mortis vel mutilationis infligendam proxime et efficaciter concurrerit: scil. a iudicibus (dubitatur de *iuratis*), accusatoribus, procuratoribus seu advocatis qui postulant poenam, testibus spontaneis. Cf. Laurentius l. c. n. 67; Gasparri n. 453 sq.

2) qui in bello iusto *offensivo* sponte militarunt et propria manu aliquem occiderunt vel mutilaverunt.

3) clerici vero, qui *sponte* militiam sequuntur, etiam in bello defensivo hanc irregularitatem contrahunt. Laurentius l. c. n. 66.

Quod autem de irregularitate dicitur, quam clerici contrahant per exercitium artis medicae cum incisione vel adustione, si quis etiam sine eorum culpa inde moriatur vel amputari debeat: non est certo in lege canonica comprehensum, et probabiliter ad irregularitatem ex delicto (homicidio casuali) reducitur. Cf. Wernz l. c. n. 123, not. 234, quamquam ipse in eam irregularitatem ex defectu lenitatis tenendam inclinat, utpote quae innitatur in doctrina forte magis recepta in S. C. C.

748 Ad quaesitum 2ᵐ R. 1. Si bellum fuit *iustum*, irregularitas non adest, sive bellum defensivum sive etiam offensivum fuit, quia de sanguine propria manu fuso non constat nisi in uno casu defensionis: verum propter solam defensionem necessariam contra iniustum aggressorem irregularitas non contrahitur. Quapropter necessarium non erit inquirere utrum sponte an coactus Bartolus militiam fuerit secutus.

R. 2. Si bellum fuerit *iniustum*, irregularitas repetitur ex delicto: quare, cum revera aliqui *occisi* sunt, non tantum mutilati, atque Bartolus actiones posuerit quibus *potuerit* hostem ferire: dubium illud num revera per ipsius Bartoli actionem aliquis occisus sit, irregularitatem ex delicto homicidii dubii non aufert. Neque in hoc casu quoad irregularitatem interest utrum sponte an coactus Bartolus militiam susceperit. Nam etsi coactus fuerit, cum esset in iniusto bello, aërem tantum ferire debebat, non ita contra hostes agere ut graviter feriri possent.

Immo propter ipsam actionem illam, qua ad sui defensionem hostem prostraverit, videtur etiam irregularitatem contraxisse. Nam cum ipse fuerit in causa iniusta, ille aggressor non fuit aggressor iniustus: nisi forte Bartolus sese ad deditionem paratum ostenderit, adversarius autem id inique denegaverit.

Ceterum militis gregarii, qui *debet* militiam sequi, *generatim* non est iudicare de iustitia belli ac proin irregularitatem incurrit ut ex bello iusto.

R. 3. Quod postea ut iudex iuratus in causa sanguinis accusatum criminis reum pronuntiavit, atque ille revera capitis poenam subivit: Bartolus probabiliter tantum, non certo ex defectu lenitatis irregularis est; a qua irregularitate ad cautelam summus pontifex vel etiam episcopus dispensat.

IRREGULARITAS EX BIGAMIA SEU EX DEFECTU SACRAMENTI.

Casus. (219)

Ferrarius sacerdos descivit a sacerdotio atque in Americam profectus uxorem duxit viduam, matrem duarum filiarum, ex qua ei proles nata est. Negotii causa in Europam redux gravi morbo correptus sese cum Deo studuit reconciliare. Sanitati redditus valde cupit ut in pristinam dignitatem restituatur.

QUAERITUR 1° quae et quotuplex sit irregularitas ex bigamia.
2° quis possit in illa irregularitate dispensare.
3° quid in casu nostro sit faciendum.

Solutio.

AD QUAESITUM 1^m R. 1. Quaedam in hac quaestione sunt certa et in iuris fontibus expressa; quaedam communi quidem interpretatione recepta, non tamen omnino certa vel extra controversiam. *Certa* repetuntur ex decr. Greg. l. 1, tit. 21; decr. Bonif. VIII (in 6°) l. 1, tit. 12; et ex variis cc. decreti Grat., vid. cc. 9—13, dist. 34.

R. 2. Distinguitur quoad irregularitatem bigamia *vera, similitudinaria, interpretativa*. Laurentius l. c. n. 70.

Bigamia vera oritur ex duobus (vel pluribus) matrimoniis *veris;* ex eaque irregularis est qui uxore defuncta alteram duxit, ita tamen ut cum utraque matrimonium consummaverit.

R. 3. *Bigamia similitudinaria* oritur ex duabus coniunctionibus ex quibus utraque vel saltem una *non vere* coniugalis est, sed eius similitudinem refert. Videlicet ex illa irregularis est: *certo* 1) qui post verum matrimonium consummatum sacros ordines suscepit, et postea loco defunctae uxoris aliam uxorem sibi iungere attentat cum eaque matrimonium, licet invalidum et sacrilegum, consummat.

2) qui post susceptos ordines sacros viduam a defuncto marito cognitam in uxorem ducere attentat atque matrimonium consummat (quod alii dicunt *cum maritali affectu* feminam cognovit). Adiungitur, sed *non omnino certo*

3) qui post sacros ordines vel sollemnem professionem religiosam, quamquam antea numquam matrimonio iunctus erat, maritali affectu etiam virginem duxit atque cognovit. Quae irregularitas postrema in iure non est expressa, sed propter *rationes* in iure expressas sententia valde communis irregularitatem ad eum casum extendit. — Attamen sunt etiam qui irregularitatem negent: atque ita praeter aliquos veteres auctores etiam Wernz l. c. n. 121, not. 193 et D'Annibale l. c. n. 419, not. 18 rationes pro exsistentia huius irregularitatis habent pro *non peremptoriis*.

4) adiungunt similiter, si quis (etiam laicus) duo matrimonia, quorum utrumque nullum sit ex quacumque causa sive cognita sive ignota, contraxit atque consummavit. D'Annib. n. 418, not. 12. 13.

NB. Has irregularitates sub 3) et 4), cum earum exsistentiae praxis faveat, censent dispensatione ad cautelam indigere, sed eas auferri posse *ab Ordinario* (D'Annib. ll. cc.), nisi in n. 3) adsit infamia facti.

R. 4. Bigamia *interpretativa* oritur ex *unico* matrimonio, quod tamen aliquam carnis divisionem continet, neque perfecte repraesentat unionem Christi cum unica sua Ecclesia. Videlicet irregularitas ex hac bigamia contrahitur: 1) si quis contrahit et consummat matrimonium, invalidum propter impedimentum ligaminis, cum uxore legitima alterius, qui eam cognoverat sed repudiaverat; c 1, X 1, 21: „mariti repudiatarum ad sacerdotium non ascendant."

2) si quis matrimonium verum contrahit et consummat cum vidua vel utcumque cum femina ab altero corrupta.

3) si *maritus* ad propriam uxorem accedat, postquam illa ab altero viro utcumque, sive per vim sive non, cognita sit, idque sive maritus huius rei conscius sive inscius postea accedat, sive sponte sive requisitus ab uxore (ex laud. cc. decreti Grat. et constanti praxi Ecclesiae).

Ad quaesitum 2^m R. 1. Irregularitas ex quacumque bigamia est totalis; neque bigamia ante baptismum contracta per baptismum destituitur effectu irregularitatis.

R. 2. Irregularitas ex bigamia vera et ex bigamia interpretativa, cum sit *ex defectu*, per se a solo summo pontifice dispensatione aufertur; in bigamia similitudinaria sola (supra indicata sub R. 3, 1), 2), si sit occulta, probabiliter iure ordinario episcopi dispensare possunt, *eo quod probabiliter sit ex delicto*. Verum adiungi potest irregularitas ex bigamia interpretativa, quae sane *etiam* dispensatione indiget.

R. 3. Attamen aliquando *ex privilegio* datur (excepta bigamia vera) amplior facultas sive episcopis sive praelatis regularium. Posterioribus re vera ampla data est facultas quoad suos subditos: cf. S. Alph. VII, 453.

AD QUAESITUM 3ᵐ R. 1. In casu nostro Ferrarius evidenter con- 752 traxit irregularitatem ex bigamia similitudinaria; irregularitas ex bigamia interpretativa non certo adiungitur, eo quod haec supponat aliquod matrimonium validum.

R. 2. Difficultas sola est utrum dispensationem dare possit episcopus, an requiratur recursus ad summum pontificem. Sunt quidem qui dicant episcopos posse cum suis subditis dispensare in bigamia similitudinaria, etiam publica, postquam irregularis condignam praestiterit paenitentiam. Cf. W e r n z l. c. n. 121, not. 199; S. Alph. VII, 452. Nihilominus id videtur ex eo oriri quod aliqui hanc *similitudinariam* bigamiam ad casus *dubios* supra nominatos extendant, in quibus episcopum dispensare posse, etiamsi casus sit publicus, practice tutum est. Quoad nostrum autem casum S. Alph. l. c., cum dixisset „episcopos dispensare posse in bigamia similitudinaria, etiam ad ordines sacros suscipiendos et ministrandos, ... idque, etiamsi crimen fuerit publicum" nihilominus statim addit: „Recte vero *excipit* Cont. Tourn. cum communi [sententia], si talis clericus duxerit viduam vel corruptam, aut si ante ordinationem fuerit cum aliqua muliere coniugatus." Ergo S. Doctor ipsos illos casus a dispensatione *episcopali* excludit, in quibus ex supra dictis *certa* irregularitas ex bigamia similitudinaria contrahitur, et eos solos episcoporum dispensationi assignat qui in iure can. non omnino clare sed aliquatenus dubie comprehenduntur. Quapropter dicendum est Ferrarium debere Romam recurrere pro dispensatione, nisi ordinarius *ex privilegio Apostolico* hac facultate potiatur.

IRREGULARITAS EX DEFECTU FAMAE.

Casus. (220)

Lucullus parochus diffamatus exstitit de crimine turpi atque re ipsa a iudice civili in prima et altera instantia condemnatur. Verum sententiae illae multum nitebantur indiciis. Quare Lucullus, quamquam re vera reus erat atque poenam carceris solvendam iam inchoaverat, cum detegeret defectum formalem, appellavit denuo, ut sententiae illae annullarentur et tota causa retractaretur. Quod factum est; et in causa denuo tractanda ex defectu probationum concludentium Lucullus tulit sententiam crimen non esse probatum. Suspicio nihilominus contra L. perseverat.

QUAERITUR 1° quae sit irregularitas ex defectu famae.

2° utrum haec etiamnunc in Lucullo perseveret an in officium parochiale possit tuto restitui.

Solutio.

753 AD QUAESITUM 1ᵐ R. 1. *Plena* irregularitas ex defectu famae non adest nisi post iudicialem contra reum sententiam (ita D'Annib. l. c. n. 430). Quapropter in hoc casu semper requiritur, etiam post emendationem longissimam, dispensatio R. pontificis, nisi forte sententia declarata sit vel evidenter appareat *iniusta*.

R. 2. Sufficit autem ad irregularitatem *minus plenam* quaelibet criminis gravioris notorietas vel notoria eius suspicio seu rumor, etiamsi rumor falsus sit. Verum in hoc casu, ut irregularitas cesset, sufficit vel veri manifestatio vel rei emendatio manifesta (per triennium).

R. 3. Nihilominus pro qualitate criminum requiritur vel sufficit iudicialis sententia diversa, ut de pleni sensus irregularitate constet. Sunt enim crimina quaedam, quae in *iure* infamia notantur. Quae si dicuntur *ipso facto* reos reddere infames, ut infamia pleni iuris inducatur, sufficit et requiritur sententia iudicialis *criminis declaratoria*. — In aliis enim criminibus requiritur sententia *condemnatoria*.

R. 4. Crimina quibus *de iure* infamia annexa est sunt praeter haeresim et homicidium: periurium in iudicio, simonia, sodomia, crimen laesae maiestatis, adulterium, proditio, rapina, lenocinium, exercitium usurarum, invasio cardinalium vel episcoporum, raptus mulierum vel cooperatio, duelli perpetratio et patrinorum muneris gestio, paratio armorum contra parentes, brevi etiam ea crimina quae *in iure civili* infamia notantur. Quare etiam leges loci consulendae sunt. Cf. S. Alphons. VII, 363; Laurentius l. c. n. 72.

Plenius haec vide *Th. m.* II, 1028 sqq.

754 AD QUAESITUM 2ᵐ R. 1. Lucullus dici nequit ligatus irregularitate pleni iuris. Nam haec, ut dictum est, non exsistit nisi post iudicis sententiam (quae hic deberet esse *condemnatoria*); sed sententia iudicis retractata ideoque *pro non lata* habenda est.

R. 2. Restat ut inquiramus num propter suspicionem et rumorem contra Lucullum exsistentem adsit infamia *facti*, ita ut saltem triennalis emendatio manifesta requiri debeat, antequam restitui possit in officio parochiali. Verum suspicio et rumor, quibus probari nequeat crimen commissum, non sufficiunt ad irregularitatem efficiendam. S. Alphons. VII, 363 dicit: „Requiritur tamen, prout dicunt Viva cum Castro, Hurtado, Laymann, Garc., Pignat. apud Croix l. 7, n. 513, ut factum non solum sit publicum, sed etiam notorium seu ita evidens maiori parti viciniae seu collegii, ut nulla possit tergiversatione celari." Quod sane non fit per meram suspicionem atque vagum rumorem.

R. 3. Nihilominus sola suspicio vel rumor causa esse potest, ut episcopus videat num forte per parochi translationem bono communi magis sit consultum.

IRREGULARITAS EX DEFECTU ANIMI ET CORPORIS.

Casus. (221)

Brocatius iuvenis, qui aspirat ad sacerdotium, hucusque morbo epileptico laboravit, qui videtur ab anno cessasse, cum eo tempore nulli casus violenti acciderint; sed auditus debilis factus est, ita ut aliquatenus surdaster exsistat, simulque sinistro oculo fere caecus est.

QUAERITUR 1° quinam sint defectus animi ob quos aliquis ab ordinibus suscipiendis vel exercendis arceri debeat.
2° quinam sint eiusmodi corporis defectus.
3° quid de Brocatio nostro dicendum sit.

Solutio.

AD QUAESITUM 1^m R. 1. Ad defectum *animi* adnumerari solet 755 qui dicitur defectus *fidei confirmatae,* vi cuius irregulares sunt ex vigente praxi quoad ordines ipsamque tonsuram (Wernz l. c. n. 119): a) *neophyti* (1 Tim. 3, 6), dum prudenti iudicio episcopi authentice declarando iudicentur sufficienter in fide firmati; neque tamen constat requiri dispensationem summi pontificis (Wernz ib.); b) *clinici,* i. e. ii qui in adulta aetate *culpa sua* baptismum usque ad aegritudinem periculosam procrastinaverint atque in periculo mortis positi demum susceperint: quae irregularitas, quamquam *culpam* supponit, proxime *ex defectu* fidei non satis probatae sed suspicioni subiectae oritur (ideoque etiam ab eo incurritur qui hanc poenam ignoraverit); verum episcopus dispensando talem admittere potest, maxime ob penuriam sacerdotum, cum se in fide firmum probaverit: cf. c. *Si quis* D. 57 *ex concil. Neocaesar.*

R. 2. Dicuntur irregulares *ex defectu scientiae* qui non sunt 756 satis instructi ut ordinibus suscipiendis fungi possint: quae est irregularitas late sumpta, cum lege divino-naturali nemo se ingerere possit ineptus in cuiuslibet muneris functiones; ac propterea lege etiam ecclesiastica cautum est, ne *liceat* ordines conferre vel suscipere nisi post certam scientiam examine probatam. De quo vide *Th. m.* II, 601.

R. 3. Magis etiam irregulares sunt *ex defectu sanae rationis* non solum pueri ante usum rationis, sed imprimis a) amentes et dementes, etiam ii qui habent lucida intervalla, atque ii *qui fixis ideis* laborant: cf. Wernz n. 116 praecipue not. 143.

b) Energumeni seu a diabolo obsessi.

Qui, etsi diu videantur fuisse immunes vel a diaboli infestationibus vel sanae rationis perturbatione: sine Sedis Apostolicae dispensatione ordines *suscipere* non possunt (quae *diuturnam omnino* probationem requirere solet); ordines vero *antea susceptos exercere* possunt, quando per longius tempus immunes fuerint et ex prudenti episcopi vel superioris regularis iudicio apti denuo inveniantur. Cf. Wernz ib.

Lehmkuhl, Casus conscientiae. II.

Addunt multi *epilepticos:* sed hos commodius iis accensemus qui *defectu corporis* laborant.

757 AD QUAESITUM 2ᵐ R. 1. Generalis regula est, ut ii tamquam irregulares excludendi sint a sacris ordinibus qui sacras functiones decenter exercere non possint, quin vel actionem ipsam imperfecte seu defectuose faciant vel adstantium admirationem cieant.

R. 2. Qui ad *unam* ex sacris functionibus presbyteralibus *absolute inhabilis* est, censetur simpliciter irregularis ad quoslibet ordines ipsamque primam tonsuram; sed qui *post susceptos ordines* eiusmodi defectum incurrit, quoad exercendos ordines irregularis non est in omnibus iis functionibus quas decenter exercere potest, etsi forte cum levioribus defectibus.

R. 3. Irregulares igitur sunt: 1) *notabiliter deformes,* qui aliis horrorem vel risum incuterent.

2) caeci, surdi, muti; non vero qui unius oculi acie privatus est (nisi forte propter *erutum* oculum nimia esset deformitas: quae tamen nunc arte satis tegi potest), neque surdastri, vel qui lingua paululum tantum titubant.

3) truncati pede vel manu, vel qui necessariis digitis ad celebrandam missam carent vel eos impeditos habent etc. Cf. S. Alph. VII, 403—414.

R. 4. Qui post susceptos ordines caecus evasit vel truncatus manu vel digitis, certo dispensatione non indiget ut pergat confessiones excipere; sed dispensatione indiget summi pontificis, ut sibi liceat porro celebrare: quae concedi solet, si defectu non obstante vel arte quadantenus sublato sine indecentia (si caecus est, *cum assistente*) possit celebrare. — Similiter in aliis gravioribus defectibus; si defectus sunt leviores, episcopi vel superioris est de obstaculo iudicare.

R. 5. Irregulares sunt abstemii similive morbo laborantes, ob quem celebrare non possint; si vero sine periculo paululum vini possunt sumere, dispensatione Rom. pontificis indigent, ut ipsis liceat abstinere ab usu vini in purificatione calicis et ablutione digitorum.

758 R. 6. *Irregulares* sunt *epileptici* seu caduco morbo laborantes. De quo ex D'Annibale l. c. n. 415 et S. Alphonso VII, 399 cum aliis notari potest: 1) qui ante pubertatem ab hoc morbo liberatus fuerit, non est irregularis; 2) qui in morbum post pubertatem inciderint vel in eo perduraverint, censentur *irregulares* neque morbo cessante ordinari possunt; 3) nihilominus S. Alphons. l. c. laudat Lacroix asserentem in suis locis consuetudinem esse cessante morbo tales admittere ad ordines ex declaratione episcopi, qui *per totum biennium* a morbo fuerint liberi, et simpliciter sine episcopi declaratione, si *per septennium* morbus cessaverit; 4) qui post susceptos ordines morbo illo afficitur, ei celebrare licet privatim, si morbo arripitur raro (S. Alphons. dicit l. c. semel tantum in mense), atque celebranti adiungatur sacerdos ieiunus, qui, accedente casu morbi, missam possit perficere.

AD QUAESITUM 3ᵐ R. 1. Ex dictis patet Brocatium *nondum posse* 759 ordines suscipere, eumque saltem alterum annum integrum et dein iudicium episcopi exspectare debere.

R. 2. Quoad reliquos defectus irregularitas non adest. Verum si periculum est ne brevi defectus illi augeantur, ita ut evasurus sit vel omnino surdus vel caecus, sane haec ratio est cur ab episcopo non admittatur.

Ceterum in defectibus dubiis episcopus vel superior declarationem vel dispensationem concedere potest. Si defectus et irregularitas certa sunt, accedere debet summi pontificis dispensatio vel privilegium apostolicum in irregularitatibus ex defectu dispensandi.

ONERA SACRIS ORDINIBUS ANNEXA. — HABITUS CLERICALIS — EIUS MUTATIO AD INTRANDAS TABERNAS ET VIDENDA SPECTACULA.

Casus. (222)

Alexius sacerdos tum recreationis tum scientiae et artis causa saepe est in itinere, in quo vestitum gerit modestum quidem et nigri coloris, sed eius formae qua a laicis non possit distingui; coronam non defert eo quod initium calvitiae in summo capite videatur notari; barbam gerit longam et cultam. — Hoc modo Alexius etiam liberius atque sine scandalo tabernas frequentat atque ob animi culturam spectaculis scenicis interest: quibus in patria interesse non audet, cum id propter res lubricas repraesentatas scandalo sit atque etiam suspensionis poena prohibeatur.

QUAERITUR 1° quae sint leges canonicae de veste clericali.
2° quid de tonsura vel de barba gestanda iuris sit.
3° quae sit prohibitio tabernarum et spectaculorum pro clericis.
4° quomodo de Alexio sit iudicandum.

Solutio.

AD QUAESITUM 1ᵐ R. 1. *Conc. Trid.* sess. 14, c. 6 *de ref.* iubet 760 deferre „honestum habitum clericalem, illorum ordini ac dignitati congruentem et iuxta ipsius episcopi ordinationem et mandatum."

R. 2. Quamquam S i x t u s V constit. *„Cum Sacramentum"* d. d. 9 Ian. 1589 praecepit vestem *talarem:* tamen non ubique haec per se severa lege exigitur; licebit tamen episcopo illam eamque nigri coloris severe praecipere, quotiescumque in publicum prodeatur. Cf. B e n. XIV, *De syn. dioec.* XI, 8; *Th. m.* II, 609.

R. 3. Ubi igitur neque illa lex dioecesana exsistit, neque consuetudo talarem vestem praescriptam fecit, sed potius aliam permittit: clerici non peccant, si modo oblongam vestem subnigri coloris gestent vel servent consuetudinem localem piorum sacerdotum.

R. 4. In itinere vero generatim brevior vestis eaque non nigri coloris permittitur; attamen talis esse debet, quae clericum a laicis distinguat, nisi alia causa necessitatis maiorisve commodi ad laborandum pro bono animarum talem distinctionem moneat occultare: *Th. m. ibid.;* Baller.-Palm. tract. 9, c. 2, n. 284; Craisson, *Man. iuris can.* n. 2112.

R. 5. Lex proprie dicta ad clericalem vestem distinctivam est pro solis clericis in sacris constitutis et pro beneficiatis. Attamen alii, quando clericalem habitum non gerunt, non gaudent pleno iure privilegiis clericalibus. Baller.-Palm. l. c. n. 282.

R. 6. Apud eos etiam qui lege severa tenentur, admittitur parvitas materiae: qualis est infra spatium hebdomadae habitum non deferre, nisi circumstantiae aggravantes culpam augeant: *Th. m.* II, 610; Marc n. 2222; Aertnijs, *Th. m.* lib. 5, tract. 2, n. 37.

761 AD QUAESITUM 2^m R. 1. *Tonsura* duplici sensu sumitur: 1) quatenus lex canonica iubet ne clerici *comam studiose nutriant,* sed eam habeant brevem et praecisam; 2) quatenus gerere debeant in summitate capitis coronam in modum circuli tonsam vel rasam, pro diversis ordinibus diversam et ampliorem.

R. 2. Utrumque quidem praecipitur, ut supra dictum est de veste clericali (cf. *conc. Trid.* sess. 23, c. 6; *de ref.* cc. 4. 5. 7. 15 X 3, 1: „coronam et tonsuram habeant congruentem"); verum propter brevitatem temporis in *neglegenda corona* longe facilius admittitur parvitas materiae et causa excusans, ita ut, qui sine ratione cogente per 8 hebdomadas et ultra coronam neglegat, graviter non peccet; immo eum, qui per annum neglegat, graviter peccare non constet. *Th. m.* II, 610; Baller.-Palm. l. c. n. 283. — Qui comam tondere neglegat, ut peccet graviter, debet excessum committere in *relaxanda* coma vel studiose nutrienda.

762 R. 3. Circa *barbam* idem praecipitur compluribus legibus, quod circa comam, videlicet c. 5 X 3, 1: „Clericus neque comam nutriat neque barbam." Quod, ut monet Baller.-Palm. l. c. n. 280, non perinde est ac „barbam *radere.*" Spectata igitur universali lege scripta, sufficit barbam praecisam gerere: verum hac in re diversis temporibus diversa consuetudo in Eccl. latina vim legis obtinuit. Gregor. VII *(ep. ad Iacob. Calar.)* iubet omnes clericos barbam radere ex maiorum consuetudine; lapsu temporis consuetudo introducebatur, barbam tantum praescindere, atque etiam saec. 16° complura concilia provincialia idem monent et iubent praecipue a superiore labro barbam rescindere vel radere, ne pili in missae celebratione sumptionem corporis et sanguinis Domini impediant. Posteriore tempore praxis invaluit, quae etiam nunc vim legis habet, ut barba radatur vel ad infimam usque praecidatur: nisi localis consuetudo vel permissio summi pontificis aliter disposuerit.

763 AD QUAESITUM 3^m R. 1. Circa tabernas exstat decretum *„Clerici"* (c. 15 X 3, 1) ex conc. Later. IV „Et tabernas prorsus evitent, nisi forte causa necessitatis in itinere constituti". Quod decretum violare certe etiam seclusa lege dioecesana grave est, si clericus in sacris

constitutus frequentius cum laicis permixtus liberius in tabernis bibit
et conversatur; lex dioecesana id severius urgere potest, cui tum
omnino standum est. Alias localis consuetudo id potest emollire, si
quando in loco separato inter se colloquii et recreationis causa conveniant.

R. 2. Spectaculis scenicis publicis interesse clericum sacri ordinis generatim gravi scandalo est. *Positiva* lex habetur decr. mox
citato: „*Clerici*", quod ait: „Mimis, ioculatoribus et histrionibus non
intendant"; atque multis in locis lex dioecesana scenica spectacula
clericis severe gravique sub poena solet prohibere. *Th. m.* II, 616.

AD QUAESITUM 4^m R. 1. Supponi debet Alexium sacerdotem non
adstringi ullo officio curae animarum; alioquin indiget ad eiusmodi
itinera, maxime si diuturniora sunt longumque tempus insumunt, et
graviore causa et licentia ordinarii. Verum hac quaestione seposita —
quoad vestitum dici debet: Nisi gravis ratio legitimave dispensatio
vel localis consuetudo in itinere istam relaxationem permiserit, Alexius,
etsi breviore veste licite uti poterat, non poterat eo usque condicionem sacerdotalem celare, ut plane laicus esse videretur; quod in
nostro casu a gravi peccato excusari nequit, cum ex narratis constet
id frequenter et diutius accidisse. Atque id magis etiam dici debet
in casu Alexii, eo quod ex laicali vestitu ansam sumpsit ad liberiorem vitam.

R. 2. Si Alexius in summitate capitis ita iam capillis caret
ut id fere loco consuetae coronae esse possit, certe vix peccavit, non
efformandam curans distinctiorem coronam; alias etiam hac in re non
ab omni quidem peccato, tamen a gravi immunis est. Ratio negandi
peccati gravis est, quod vel tempus ad grave peccatum constituendum abfuit, vel *aliquod* saltem coronae vestigium videtur apparuisse.

R. 3. Quod non solum ferat diu barbam, sed eam nutriat et
colat, obiective a gravi peccato excusari nequit, nisi sit in regione
missionum, ubi talis est consuetudo; nam alioqui barbam colere et
nutrire ab antiquo prohibitum est. Si solummodo barbam ferret brevem, aliquatenus tonsam, non ausus sim peccati mortalis eum damnare, nisi monitus non deposuerit: quod ordinarius sane sub gravi
exigere potest.

R. 4. Quoad tabernas frequentandas, si liberius seu male se
gessit, etiam hac in re contra legem Ecclesiae graviter peccavit,
etiam quando pro sacerdote agnitus non est; nam haec circumstantia legem ecclesiasticam non elevavit. Si vero Alexius modeste egit,
etsi frequentius quam necesse erat tabernam adiit, censeo eum graviter non peccasse; nam cum in itinere fuerit, excessus ille ultra necessitatem non videtur sufficiens ad constituendum peccatum *grave*.

R. 5. Quod ad spectacula attinet, Alexius extra patriam poenam
quidem territorialem non incurrit; at graviter peccavit contra legem
Ecclesiae universalem; neque excusationem habet ex eo quod eam
animi culturam quaesierit quae vana sit et statum sacerdotalem

plane dedeceat, neque ex eo quod statum suum celaverit. Hoc quidem modo scandalum tam grave non dedit quod alioqui dedisset; at legem saltem positivam violavit: num naturalem etiam violaverit, pendet ex eo num res sibi periculosas vel graviter obscoenas spectaverit.

NEGOTIATIO CLERICIS PROHIBITA.
Casus. (223)

Gelasii parochi beneficium consistit praecipue in vineis. Quo melius igitur vinum vendat, illud primum, operariis conductis, diligenter praeparat, dein cum aliis vinitoribus sese coniungit ad formandam societatem vinariam, quae tum ex uvis in propriis vineis collectis tum ex uvis coemptis vinum conficit atque vendit. Quo fit ut parochiani aliique ex vicinia vini cultores duplo maius lucrum faciant, quam quod antea facere poterant: maxime cum negotia commercialia sub directione parochi, qui hac in re expertus est, exerceantur.

QUAERITUR 1° quae sit negotiatio clericis prohibita.
2° qua ex causa, a quo negotiatio possit permitti.
3° quid de agendi ratione Gelasii dicendum.

Solutio.

766   AD QUAESITUM 1ᵐ R. 1. Negotiatio, quam clericos sive in sacris constitutos sive beneficiatos exercere prohibetur, est negotiatio stricte dicta, quae in eo consistit ut res ematur eo fine, ut non mutata (vel per operarios conductos mutata) cum lucro vendatur.

R. 2. Quam negotiationem clericis supra dictis exercere non licet neque per se neque per alios, neque pro se neque pro aliis. Bened. XIV const. *„Apostolicae"* 25 Febr. 1741 et Clem. XIII const. *„Cum primum"* 27 Sept. 1759. Cf. Wernz, *Ius decretal*. II, 219.

R. 3. Grave peccatum non est, si 1) exerceatur negotiatio aliquoties in re parvi momenti (v. g. in vendendis crucibus, rosariis etc., secluso scandalo); vel 2) semel in re etiam magni momenti: quod Baller.-Palm. l. c. n. 303 recte explicat, ut *non ex eodem proposito* plus quam semel fiat, etsi forte postea alia prorsus occasione occurrente denuo semel fiat, siquidem *„exercere* negotiationem" denotet pluralitatem actuum qui moraliter i. e. proposito uniantur.

Verum excipe casum negotiationis ex parte missionariorum, de quo *Th. m.* II, 979: iis *sub gravi* interdicitur vel semel negotiari.

R. 4. Negotiari non est, omnibus fatentibus, eo sensu quo Ecclesia id clericis prohibuit, res emptas proprio labore vel arte mutare et ita mutatas vendere: in qua re nihilominus videri debet, quae sit ars quae exerceatur, num forte eius exercitium clericum dedeceat. Minus etiam prohibitum clerico est, fructus sui agri vendere; neque prohibitum est pecora emere, eaque ex fructibus agri saginata vendere, etsi accessoria alimenta alia emi debeant. — Aliter tamen, si quis alienos agros vellet conducere atque animalia ibi saginata vendere.

R. 5. Negotiatio prohibita non est emere non cum intentione lucri, sed ad propriam propriaeque familiae sustentationem, et postea, cum occasio faveat, cum lucro vendere superflua (vel ea quae etiamsi non vere sint superflua, nunc clericus constituat cum aliis commutare): cf. Th. m. II, 612; Baller.-Palm. l. c. n. 299.

Ad quaesitum 2^m R. Dispensatio concedi potest extra Italiam per episcopum, in Italia per S. Sedem: 1) si aliter clericus se suosque decenter sustentare nequeat; 2) facilius etiam pro negotiatione *ad tempus* atque *per intermediam personam* exercenda, videlicet ex ea ratione quod negotia a laicis incepta ad clericum hereditate similive titulo deferantur. Th. m. II, 611; Ballerini-Palm. l. c. n. 301. 302.

Ad quaesitum 3^m R. 1. Quod Gelasius per famulos vel operarios conductos vinum, quod habuit ex propriis agris, diligentius et melius paraverit, haberi potest pro actione accessoria; principaliter hac re id egit, ut fructus suorum agrorum venderet: quod ei licet, immo necessarium est, ut ex beneficii fructibus possit vivere.

R. 2. Quapropter existimo, si sese cum aliis vinitoribus coniungens nihil aliud faceret, quam ut illi societati traderet vina sua atque pro rata suorum vinorum in lucro societatis partem haberet: eum non agere illicite. Quod enim alii non sua tantum vina vendant, sed aliena coemant, ut carius vendant, Gelasius, si tantummodo sua vina vendenda traderet, neque in hac negotiatione neque in illo lucro partes haberet.

R. 3. Sed si Gelasius re ipsa huius societatis, quatenus ex parte negotiationem stricte dictam exercet, membrum *activum* se constituit, immo eam directionem suscepit qua ipse fiat agens principalis: dicendus est exercere illicitam negotiationem, eamque graviter illicitam. Quod summum facere potest, est hoc ut *consilio suo* vinitores parochianos adiuvet neque tamen in ipsam negotiationem sese immisceat.

LUDI CLERICIS PROHIBITI.

Casus. (224)

Amalarius parochus cum aliis sacerdotibus vespere convenire solet; atque ita per horas ludo chartarum indulgent, exposita exigua pecunia, victore lucrum donaturo pauperibus. Nihilominus cum frequenter sic agant atque parochus infelici sorte ludere soleat, annuatim circiter 100 marcarum damnum patitur: quod cum perpenderit, abhinc, si lucretur, vult lucrum retinere, donec damnum reparaverit. — Confessarius ludum illum utpote aleatorium gravis peccati damnat, lucri autem retentionem gravem esse causae piae pauperumque defraudationem.

Quaeritur 1° quae sit ludorum canonica prohibitio
2° quomodo sacerdotes illi peccent.
3° quid de lucri illius defraudatione.

Solutio.

768 AD QUAESITUM 1m R. 1. Antiquitus severe prohibitum est, ut clerici „aleae deserviant"; cf. c. 1, dist. 35: quod *conc. Trid.* sess. 22, c. 1 *de ref.* innovavit: „quae de luxu, commessationibus, choreis, aleis, luxibus, ac quibuscumque criminibus, necnon saecularibus negotiis fugiendis copiose ac salubriter sancita fuerunt, eadem in posterum iisdem poenis, vel maioribus arbitrio ordinarii imponendis observentur".

R. 2. Consuetudo haec restrinxit ad clericos in sacris constitutos aut beneficiatos.

R. 3. *Absoluta* prohibitio non est nisi de ludo mere aleatorio; quare si agitur de ludis qui *arte* reguntur, vel etiam de ludis *mixtis*: prohibitio non tam ipsum ludum quam eius excessum spectat. Severior tamen prohibitio censetur esse quoad religiosos strictioris observantiae.

769 Hodierna disciplina ex compluribus conciliis provincialibus elucet.

Conc. Albiense anno 1850 tit. 2, decr. 5, n. 6: „E ludis nimio ardore peractis plurima et lugenda oriri solent mala, scil. mentis avocatio, devotionis imminutio notabilis vel etiam amissio, temporis atque pecuniae pauperibus erogandae iactura, rixarum occasio, populorum scandalum, gravis officiorum quorumlibet indiligentia. Cum autem mala illa a foliis lusoriis (jeu de cartes) praecipue proveniant, monitis sanctae synodi Tridentinae obsequentes, Albiensis concilii patres hunc ludum, *quoad tempus aut pecuniam in eo impensam immoderatum* (prout in singulis dioecesanis synodis determinabitur) stricte prohibent. Insuper eundem omnino fieri vetant diebus, quibus occasione collationum et feralium conveniunt sacerdotes."

Conc. Bitur. anno 1850, tit. 6 decr. *de vita et honestate clericorum*: „Clerici nullatenus publice ludant; immo nec privatim alea mera et pecuniam committentes. Lusibus autem non prohibitis, unde et graviora aliquando emergunt damna, utantur ad animi tantum relaxationem, nec ardore ludendi nec lucri cupiditate abrepti longius absumant tempus cum detrimento sui et proximi scandalo."

Conc. Auscit. anno 1851 n. CXLVI: „In domibus aut locis publicis quibuscumque non ludant omnino nec ludentium fautores vel testes exsistant. Privatim autem, nonnisi per breve tempus, raro cum laicis, non alea et lucri causa, non in diebus collationum (conférences). — Quoad ludum vulgo dictum *(jeu de cartes)* enixe hortamur in Domino sacerdotes omnes et clericos, ut ab ipso omnino abstineant."

Syn. plen. Hiber. apud Thurles anno 1850, XVI, n. 9: „Cum in chartis lusoriis haud modicum aliquando tempus teratur et desidia turpiter foveatur, caute admodum adversus eiusmodi lusum se munire debet sacerdos, praesertim ubi de pecunia agitur, ne aleatoris illi nota inuratur."

Conc. Ultraj. anno 1865, tit. 8, c. 4: „Ab aleis clericis abstinendum est. Si honestae relaxationis ergo pictis chartis ludere ament, vel aliis honestis lusibus recreari, id ea solum lege ipsis licet, ut neque lucri cupiditati indulgeant, neque ulla ratione moderationis limites transcendant."

Conc. plen. Balt. II anno 1866, n. 154: „Nonnulli sunt ludi qui, licet privatim et domi fiant, clericum tamen dedecent. Alii sunt in quibus aleae et *chartae* quas vocant pictae adhibentur; verum, quatenus animum honeste recreare et oblectare possint, a sacris canonibus non vetantur. Ludos igitur clericus fugiat illicitos; licitis sic utatur ut ne per excessum aut scandalum illiciti fiant."

Quoad *choreas* autem vel *publicos ludos scenicos* vix non omnia concilia gravem omnino prohibitionem inculcant.

AD QUAESITUM 2^m R. 1. Sumi licet agi hic de ludo *mixto;* nam ille ludus chartarum cui cultiores homines indulgere aliquando solent, non est merae sortis, sed tum sorte tum industria regitur. Quare non de re in se spectata sed de abusu quaerendum est.

R. 2. Fere cotidie per horas ludo occupari sacerdotes sane summopere dedecet. Verum *mortale* peccatum num adsit, repetendum videtur ex neglectis officiis sacerdotalibus, vel etiam ex scandalo, si quod forte peculiaribus circumstantiis grave scandalum laicorum timendum sit. Si igitur neque scandalum occurrerit neque officia sacerdotalia neglecta fuerint: mortalis peccati Amalarium eiusve sodales accusare non ausus sim. Nam quod decursu anni pecunia non exigua exponatur atque amitti possit: id ex eo gravem deordinationem difficulter secum feret, quod haec pecuniae distractio evadat elargitio in pauperes.

R. 3. Quod igitur confessarius sine discrimine et ulteriore inquisitione ludum illum grave peccatum esse pronuntiaverit, in hoc severius iudicavit. Debuit videre num re vera ludus sit mere aleatorius; dein circumstantiae supra allatae considerari debebant, num hae forte rem aggravaverint. Alioquin retrahere quidem debuit confessarius ab his ludis qui saltem multa peccata ex venialibus graviora vel constituant vel causent; sed a pronuntiando peccato mortali debebat abstinere.

AD QUAESITUM 3^m R. Difficile est hac in re aliquid certum statuere, antequam exactius exploretur mens et conventio ludentium.

Nam si vera fuit reciproca promissio seu conventio de condicione ludorum, censeo utique cum confessario Amalarium per lucri retentionem iustitiam laedere occupando bona pauperum. Quamquam enim victi cogi non possint ex iustitia ut solvant, tamen solutionem factam non possunt clam repetere; adeoque Amalarius ius non habet adhibendae nunc compensationis propter solutiones antea factas. Quod nisi habeat, lucrum nunc factum seu receptum, cum ab aliis lusoribus victis datum sit „pro pauperibus", sibi retinendi non habet ius. Non ita certum est, si ludentium quisque pro se id sibi tantum proposuerit ut lucrum forte habitum daret pauperibus. Etiamsi enim tale propositum, mutuo notum, moverit alios ut libentius vel largius pecuniam exponerent, et ex parte lucrantis valde indecens sit propositum mutare: nihilominus nemo ex iustitia id postulavit neque promisit. — Quare in hac suppositione videri debet utrum alios ludentes de modo agendi Amalarii probabiliter contentos esse praesumi possit, an hi, si scirent, quasi de fraude et dolo contra se commisso conquesturi essent.

ARTIS MEDICAE EXERCITIUM CLERICIS PROHIBITUM.

Casus. (225)

Ervinus parochus ruralis artem medicam, cui antea studuerat, in lata vicinia exercet: quo fit ut ruricolae in quavis aegritudine Ervinum adeant neque medicos quidquam consulant. Hi igitur commoventur contra Ervinum, cui episcopus nuntiat se plane cupere ne quidquam amplius in re medica faciat. Sed nihilominus ipse solus vocatur ad aegrotos, quibus cum ope spirituali simul corporalem ferat; quapropter Ervinus, quando reperit egentiores in periculo positos, iis medicamina praescribere pergit, atque nuper etiam cum incisione a periculoso ulcere hominem in summo discrimine constitutum liberavit.

QUAERITUR 1° quid lege canonica clericis in exercenda arte medica sit prohibitum.

2° rectene episcopus Ervino omne exercitium medicum prohibuerit.

3° quomodo Ervinus peccaverit.

Solutio.

772   AD QUAESITUM 1ᵐ R. 1. *Conc. Later. IV* prohibuit chirurgiae exercitium: de quo valent quae supra habes n. 742 de irregularitatibus, saltem si quando ex tali actione *temere* exercita sequatur aegroti mors vel mutilatio. Prohibitio est haec c. 9 X 3, 50: „Nec ullam chirurgiae artem subdiaconus, diaconus vel sacerdos exerceat, quae adustionem vel incisionem inducit."

R. 2. ibid. c. 3 et 10 prohibetur religiosis, ac dein id extenditur ad „archidiaconos, decanos, plebanos, praepositos, cantores et alios clericos personatus habentes necnon presbyteros", ne adeant scholas „ad audiendum leges *vel physicam*": qua *medicinam* intellegi tum ex locutione tunc temporis consueta, tum ex contextu et fine indicato evidens est. Cuius legis limitationem v. c. 1 X 3, 24 in 6°.

R. 3. Quamquam igitur in publicis scholis artem medicam sive profiteri sive discere clericis sacrorum ordinum aut beneficiatis interdicitur, exerceri artem iam cognitam nulla universali lege clericis prohibetur, nisi agatur de chirurgia ut supra.

773   AD QUAESITUM 2ᵐ R. 1. Episcopis sine dubio ius competit, si pro locis suis iudicaverint expedire, ultra universalem prohibitionem *suam* prohibitionem extendere; ita ut 1) quibuslibet clericis id vetent, quod alias solis clericis beneficiatis aut in sacris constitutis prohibi-

tum est; 2) ut prohibeant non chirurgiam tantum sed quamlibet artem medicam. Cf. Wernz l. c. n. 222.

R. 2. Neque desunt nostra aetate rationes latioris prohibitionis eo quod, qui medici *approbati* non sint, sed nihilominus artem medicam exerceant, facile subiaceant poenis civilibus.

Recentiora concilia provincialia complura hac in re leges severiores tulerunt.

Conc. Auscit. anno 1851 n. CXLVI dicit: „[Clerici] medicinae aut chirurgiae artem ne exerceant".

Conc. Bituric. anno 1850, tit. 6: „Nos iterum prohibemus ne clericus artem medendi faciat; si autem necessitas aut charitas suaserit, innoxia quaedam indicare remedia, id rarius, prudenter et cum salutari fiat moderamine."

Conc. Aquen. anno 1850, tit. 5, cap. 9, n. 2 „[clerici] medicae arti aut chirurgiae operam non impendant".

Conc. Rothomag. anno 1850, decr. 11, n. 16: „Medicorum chirurgorumve artem, tantis periculis obnoxiam, clerici numquam exercere praesumant, etiam sub praetextu charitatis."

Conc. Ultraject. anno 1865, tit. 8, cap. 4: „Ars medendi corporibus omnibus omnino clericis interdicitur, utpote minus decens eos qui animabus curandis incumbunt."

Conc. Cincinnat. I anno 1855, decr. XIII: „Ne sacerdotes, neglectis sacris muneribus, sese implicent saecularibus negotiis atque tentationibus se exponant, ipsos moneant episcopi, ut nullatenus artem medicinae stipendii causa exerceant; sin autem nonnumquam, deficiente medico et urgente erga proximum caritate, consilium vel medicinam aegrotis porrigant, id praestent gratis omnino sine omni solutione quocumque titulo."

Conc. Cincinnat. II anno 1858 monet (III): Praeter ea quae caventur decr. XIII [scil. conc. Cinc. I], sacra congregatio patribus concilii significavit admonendos esse clericos nulli ecclesiastico viro licere medicinam, multo minus chirurgiam exercere, nisi cui nominatim facta sit a S. Sede eius rei potestas. Ea vero ut fiat, certa quaedam requiruntur quae proprius episcopus, ad quem res deferenda est, attestari debet. Clericus autem cui facta est haec potestas, nullam pro medicinali opera pecuniam a pauperibus accipere potest, neque a divitibus exigere, nisi quatenus id ad propriam vel ad pauperum propinquorum sustentationem necessarium sit. Quod sicubi, vel in hac dioecesi vel in alia, contrarius mos invaluerit, gratissimum nobis fuerit cognoscere pecuniam sic acquisitam vel restitutam esse vel in pios usus impensam."

Conc. plen. Balt. II anno 1866, n. 153: „[Clerici] medicinam et chirurgiam, nec lucri gratia nec caritatis specie, exerceant. Qua in re districte servanda praecipimus ea quae a Ben. XIV statuta sunt."

Cf. *Coll. conc. Lacens.* t. III, cl. 198. 443. 1228, t. IV, cl. 525. 955. 1130. 1199, t. V. cl. 907.

444

774 AD QUAESITUM 3ᵐ R. 1. Imprimis notandum est strictum praeceptum vel prohibitionem episcopum non tulisse, cum solum quid cupiat, quid non cupiat, Ervino nuntiaverit. Quapropter ex hac re peccatum nullum erui potest.

R. 2. Quod vero Ervinus egentioribus indicaverit medicamenta, id in se erat opus caritatis atque, si agebatur de iis aegrotis apud quos medici approbati auxilium deerat vel tam cito ferri non poterat, opus caritatis obligatorium. — In aliis autem casibus prudentiae erat perpendere num forte nimius zelus caritatis Ervinum incautum conicere potuerit in pugnam cum medicis atque accusationem apud tribunal publicum civile.

R 3. Quod autem Ervinus sectionem chirurgicam fecerit, hoc per se ei erat illicitum; excusari tantum potuit ex necessitate, si nimirum ex una parte Ervinus peritiam vel dexteritatem habuit, ex altera parte apud aegrotum periculum erat in mora. In quo necessitatis casu, ut patet, lex positiva ecclesiastica cessat, ita ut neque ulla contrahatur irregularitas, neque ullatenus lex re vera violetur.

VENATIO CLERICIS PROHIBITA.

Casus. (226)

Fabius parochus, venationis amans, plures nutrit canes venaticos atque suo tempore omnem recreationem haurit ex venatione; neque est exigua captura neque exiguum lucrum, quod ex occisis animalibus facit. Praeterea et suae culinae et egentioribus parochianis ex iis abunde providet, atque quotannis semel post venationem generalem quam instituit, evocatis omnibus parochiae suae iuvenibus, sollemne prandium parat.

QUAERITUR 1° quid de venatione clericorum leges Ecclesiae statuant.
2° quid de Fabio iudicandum.

Solutio.

775 AD QUAESITUM 1ᵐ R. 1. Leges canonicas hac in re latas habes cc. 1. 2 X 5, 24; c. 1 Clem. 3, 10; *conc. Trid.* sess. 24, c. 12 *de ref.*

Priore loco dicitur: „Episcopum, presbyterum aut diaconum canes aut accipitres aut huiusmodi ad venandum habere non licet. Quodsi quis talium personarum in hac voluptate saepius detentus fuerit, si episcopus est, tribus mensibus a communione; si presbyter, duobus; si diaconus, ab omni officio suspendatur", et cap. 2 „Omnibus servis Dei venaticas et silvaticas vagationes cum canibus et accipitres aut falcones habere interdicimus."

Altero loco „de statu monachorum et canonicorum regularium haec habentur: § 3. „Porro a venationibus et aucupationibus omnes semper abstineant, nec iis interesse, aut canes vel aves venaticos per se vel alios tenere praesumant ... § 4. „... Si qui vero eorum venationi aut aucupationi clamosae vel alias cum canibus aut avibus ex proposito interfuerint, iuxta praemissam personarum distinctionem, dictarum suspensionis et inhabilitatis poenas per biennium ipso facto incurrant": (scil. Abbas a beneficiorum collatione, prior sub abbate ab administratione suspensionem; qui administrationem non habet, inhabilitatem ad administrationem et ad beneficium ecclesiasticum).

Trid. l. c. loquens de promotis ad dignitates et canonicatus cathedralium ecclesiarum, in memoriam revocatis diversis eorum officiis, inter alia dicit: „ab illicitis venationibus, aucupiis, choreis, tabernis lusibusque abstineant."

R. 2. Prohibitiones illae restringuntur ad venationem *clamorosam* quae cum strepitu seu „multo cane" exercetur; non ad venationem quietam, neque si unus alterve canis adhibetur vel sclopetum.

R. 3. Immo ipsam venationem clamorosam, nisi frequentius habeatur vel cum scandalo coniuncta sit, S. Alph. III, 606 censet clerico non esse peccatum mortale; neque ipsis religiosis, etsi strictius venatio prohibeatur, eam facile esse mortale peccatum.

R. 4. Nihilominus leges dioecesanae hac in re, si exstant, servari debent, cum episcopus communes leges urgere, immo eas extendere et augere possit. *Th. m.* II, 615.

AD QUAESITUM 2ᵐ R. 1. Suppono leges dioecesanas particulares hac in re non exsistere; alioquin Fabius eiusque agendi ratio diiudicari debent ex legibus dioecesanis.

R. 2. Aliter autem, si *multos* canes alit, satis manifestat suam intentionem *frequentius* cum *multis canibus* instituendi venationem: quae res cum graviter prohibita sit, graviter prohibita est etiam eius intentio et praeparatio. Si vero aliquot tantum canes venaticos habet, qui soli non sufficiant ad instituendam clamorosam venationem graviter prohibitam: eos canes alere minus etiam mortali peccato obnoxium esse ostenditur.

R. 3. Quod Fabius frequenter recreationem quaerat ex venatione multasque feras capiat vel occidat, videtur aliquem excessum quidem continere neque ab omni culpa liberum esse; secluso autem scandalo, grave ex se non erit, si unum alterumve canem tantum singulis vicibus secum ferat; secus, si socios et multos canes secum ducere soleat.

R. 4. Demum quod Fabius quotannis semel generalem venationem adeoque multum clamorosam instituit, non notat clamorosae venationis *frequentiam:* quare ne id quidem ex se peccatum mortale est sacerdoti saeculari.

Patet autem eum, qui perfectionis amans sit neque sola mortalia peccata vitare proponat, debere illa etiam venialia peccata emendare; immo, si quando animadvertat ex sua actione sumi scandalum, sub gravi tenebitur hanc recreationem minus decentem immutare.

COHABITATIO CUM MULIERIBUS CLERICIS INTERDICTA.

Casus. (227)

Gondulfus neo-sacerdos ad rem familiarem gerendam secum habet matrem viduam cum duabus sororibus, quibus, ne quibuslibet laboribus sint addictae, adiungitur una alterave puella ancilla. Sed hae feminae nolunt sane monasticam vitam ducere; quapropter domus sacerdotalis non raro est conventiculum amicarum, aliquando etiam comitantibus fratribus vel maritis; atque ad mensam saepe congregatur considerabilis numerus hospitum, clericorum et laicorum, puellis more satis mundano ornatis servientibus.

Quaeritur 1° quae cohabitatio atque frequentatio mulierum clericis prohibeatur.

2° quid de Gondulfo eiusque domo dicendum sit.

Solutio.

777   Ad quaesitum 1ᵐ R. 1. Cohabitatio cum mulieribus certo quodam modo interdicta est iis clericis qui lege caelibatus et continentiae tenentur, i. e. iis qui in *sacris* ordinibus sunt constituti.

R. 2. Quae prohibitio his legibus communibus exprimitur: 1) can. 3. Nic. relato a *Gratiano* c. 16, dist. 32. „Interdixit per omnia s. synodus, non episcopo, non presbytero, non diacono vel alicui omnino qui in clero est, licere subintroductam habere mulierem, nisi forte aut matrem aut sororem aut amitam vel eas tantum personas, quae fugerint omnem suspicionem."

2) ex *decretal.* c. 1 X 3, 2: „Inhibendum est ut nullus sacerdos feminas de quibus suspicio potest esse retineat. Sed neque illas quas canones concedunt, matrem, amitam, sororem [scil. *si suspectae fuerint*]: quia instigante diabolo et in illis scelus perpetratum reperitur, aut etiam in pedissequis earundem."

3) ibid. c. 9: „Cum clericis quoque non permittas mulierculas habitare, nisi forte de illis personis exsistant in quibus naturale foedus nihil permittit saevi criminis suspicari."

R. 3. Unde colligi potest: 1) eas feminas permitti posse in quas moraliter nequeat suspicio cadere;

2) has communiter censeri *consanguineas primi* vel summum *secundi gradus*, quibus a multis adduntur *affines primi gradus* vel etiam *secundi in linea ascendente;* praeterea feminas extraneas provectae aetatis, nimirum 40—50 annorum.

3) Facilius etiam admittuntur ut non suspectae extraneae illae quae sunt pedissequae et ancillae earum cognatarum quae a canone permittuntur, vel si quae sunt uxores filiaeque famulorum. Baller.-Palm. l. c. n. 294.

R. 4. Non raro accuratius legem tulerunt statuta dioecesana: quibus in ea re standum est.

R. 5. In reliqua conversatione cum feminis sacerdos lege naturali tenetur cautionem adhibere, tum ne sibi periculum creet, tum ne aliis sit scandalo: quapropter etiam omnem mali *suspicionem* diligenter debet cavere; et, quantum fieri potest, studeat cavere ne umquam sine teste cum mulieribus conversetur.

AD QUAESITUM 2^m R. 1. Per se mater et sorores poterant ad cohabitationem cum Gondulfo admitti; neque per se erat prohibitum quominus una alterave ancilla cum illis habitaret. Verum delectus haberi debebat in assumendis ancillis, ut videlicet modesta tantum et bene morigerata admitteretur.

R. 2. In casu proposito videtur sane locum habere quod notatur 3 X 2, 1: „Sed neque illas quas canones concedunt, quia instigante diabolo et in illis scelus perpetratum reperitur, aut etiam *in pedissequis earum.*" Quare monendus est Gondulfus ut liberiores illos conventus omnino prohibeat; alioquin feminas etiam cognatas a se removeat.

R. 3. Periculosius autem est quod frequenter convivia instituit coram multis sacerdotibus et laicis, atque ministrare sinat puellas in ornatu, ut videtur, liberiore et parum casto: in quo, si forte minus sibi, hospitibus certe periculum creat et scandalum.

In qua re quando incipiat scandalum *grave*, discerni quidem aliquantum debet ex temporibus et loci consuetudinibus. At, utut aetas nostra luxui deserviat, a sacerdote longe facilius hac in re scandalum datur, quam fortasse saeculis anterioribus etiam iis quibus mores honestiores erant. Ideo nisi Gondulfus, postquam attentus factus fuerit, haec studeat amandare, valde timeo ne graviter peccet.

OBLIGATIO CASTITATIS ET CAELIBATUS.

Casus. (228)

Brictius, magis precibus et suasionibus suorum quam propria electione determinatus ad statum clericalem, cum subdiaconatum reciperet, noluit castitatem vovere, ne, dum postea forte caelebs peccaret, peccatum augeret. Et revera cum postea, sacerdos factus, aliquoties caderet, incognitus accessit ad confessarium, peccata contra castitatem quidem fassus, tacens de voto vel statu clericali.

QUAERITUR 1° quo titulo obligetur clericus sacrorum ordinum ad caelibatum et castitatem.

2° quid de Brictio eiusque confessionibus.

Solutio.

AD QUAESITUM 1^m R. 1. Non est dubium quin clerici sacrorum ordinum, incipiendo secundum hodiernam disciplinam a subdiaconatu, in Ecclesia Latina ad caelibatum perfectamque castitatem obligentur *lege ecclesiastica*. Quod, praeterquam ex innumeris canonibus Corporis iuris, ex illa admonitione patet quam ordinator ante subdiaconatum conferendum ad ordinandos habet.

R. 2. Neque tamen nuda lege ecclesiastica haec obligatio circumscribitur: quasi transgressio solam castitatis virtutem laederet, vel quasi *positiva* lex solos externos actus probabiliter respiceret.

Compluribus locis sacri canones expresse hanc obligationem vocant obligationem *voti sollemnis*. Ita Bonifac. VIII c. *un.* X 3, 15 in 6to: „Illud solum votum debere dici sollemne, quantum ad post contractum matrimonium dirimendum, quod sollemnizatum fuerit per susceptionem sacri ordinis, aut per professionem expressam vel tacitam factam alicui de religionibus per sedem apostolicam approbatis." Unde patet susceptionem ordinis sacri quoad hoc aequiparari tacitae professioni (nunc quidem abolitae) in ordine religioso; et sicut in hac, ita etiam in illa *voti obligationem* contrahi posse atque contrahi sine formali et verbali voti emissione.

Similiter Ioan. XXII c. *un. Extrav.* t. 6 dicit „votum sollemnizatum per susceptionem ordinis." Cf. supra (n. 702) et *Th. m.* II, 619.

R. 3. Porro certissimum est obligationis titulum non solum castitatis virtutem esse sed etiam *religionis,* violationem esse veri nominis sacrilegium, atque hanc malitiam non in solis externis peccatis reperiri sed etiam in mere internis. *Th. m.* ibid.

780   Ad quaesitum 2^m R. 1. Brictius gravissime peccavit, cum noluerit in se sumere obligationem castitatis perfectae ab Ecclesia impositam; nam mendax decepit ordinatorem et Ecclesiam, cum haec nolit sacros ordines conferre nisi iis qui promittant castitatem. Attamen cum sacramentum non sit condicionate collatum, Brictius valide quidem sed sacrilege ordines sacros suscepit.

R. 2. Neque tamen propter factam fraudem et deceptionem obligatio ad castitatem minor est. Votum quidem verum non emisit neque formaliter neque tacite, cum *expresse nollet,* sed *ficte* vovit. Sed hac fictione obligabitur ultimatim eodem plane modo, ac si sincere processisset. Utut enim non adest vero sensu *fidelitatis* erga Deum obligatio in sincera promissione innixa: tamen in voto per susceptionem sacri ordinis sollemnizato haec *fidelitatis* obligatio per *consecrationem* transit in obligationem firmiorem et altiorem, cum promissio transeat in quasi-donationem et personae promittentis ad divinum servitium mancipationem; haec vero consecratio et ad divinum servitium mancipatio in sincera voluntate suscipiendi sacri ordinis atque valida ordinatione innititur neque ab ea separari potest.

Cum igitur fidelitas voti strictior fiat et quasi absorbeatur per subsequentem consecrationem ordinis sacri, atque haec ipsa in Brictio valida fuerit: etiam violatio obligationis eandem contra *religionem* malitiam habet in Brictio, sicuti haberet in ceteris, scilicet non laesae merae fidelitatis sed stricti nominis *sacrilegii.* — Neque obiici potest gravis metus (ut supra n. 702) quo Brictius liberetur ab obligatione caelibatus; nam hic in nostro casu nullatenus probatur; preces enim et suasiones, nisi timor gravis mali accedat, pro gravi metu incusso haberi nequeunt.

R. 3. Quare indubium est Brictium integre non esse confessum; sed debuit omnino in confessione peccatorum quae contra castitatem commisit, sive externa sive mere interna, condicionem status sui (sacerdotalis vel saltem in genere clericalis in *sacro* ordine) declarare.

HORAE CANONICAE. — QUI AD QUID OBLIGENTUR.

Casus. (229)

Ethelbertus, professus votorum simplicium, clericus ordinum minorum, studiorum causa choro se saepe subducit neque curam habet ut partem divini officii quae in choro recitata est privatim suppleat.

QUAERITUR 1° qui teneantur ad officium divinum recitandum.
2° ad quid quae et quanta sit obligatio.
3° quid de Ethelberti agendi ratione.

Solutio.

AD QUAESITUM 1ᵐ R. 1. Ad recitationem sive publicam sive privatam tenentur 1° omnes clerici beneficiati; 2° omnes clerici in ordinibus sacris constituti a subdiaconatu et supra; 3° omnes religiosi utriusque sexus sollemniter professi et ad chorum destinati.

Primos teneri ex SS. PP. constitutionibus (cf. „*Ex proximo*" Pii V d. d. 5. Sept. 1571), quae non-recitantes grave peccatum committere expresse monent.

Secundos teneri a const. PP. pro indubitato supponitur, ac proin res explorata est.

Tertios adstringi diuturna consuetudine ita confirmatum est ut vix certius constet de obligatione universali ieiunii quadragesimalis quam de hac religiosorum obligatione. Cf. *Th. m.* II, 624.

R. 2. Obligatio beneficiatorum ratione beneficii incipit ab adepta plena beneficii possessione seu *iure in re;* clericorum in sacris constitutorum a suscepto subdiaconatu et tempore ordinationi respondente; religiosorum ab ipsa sollemni professione.

R. 3. Obligatio publice seu in choro recitandi seu canendi officii divini est pro ecclesiis cathedralibus et collegiatis et pro ecclesiis regularium vel monialium qui ad chorum destinantur. Cf. c. 1 Clem. 3, 14. Quae obligatio afficit ex se singulos canonicos; non afficit singulos religiosos professos, nisi vel oboedientia iubeat vel ipsi necessarii sint ne chorus tollatur: alii igitur suae obligationi satisfaciunt recitatione privata, sive stricte privatim sive cum socio facta.

R. 4. Religiosos *novitios* non stricte obligari, nisi alio titulo sive beneficii sive ordinis sacri teneantur, patet; religiosos professos votorum *simplicium* ad chorum teneri, sicut ceteros, *ad privatam recitationem non teneri* Pius IX d. 16 Aug. 1858 expresse declaravit. *Th. m.* II, 624.

782 Ad quaesitum 2m R. 1. In obiecto obligationis considerari debet forma seu qualitas et res ipsa seu quantitas. Ad utramque enim obligatio est, gravis aut levis pro subiecta materia.

R. 2. Quoad formam imprimis attendendus est *ritus*. Qui pro Latina Ecclesia post Pium V, const. *"Quod a vobis"* d. d. 7 Iulii 1568, universim est ritus Romani Breviarii a S. Pio V, dein a Clemente VIII, Urb. VIII, Leone XIII correcti, nisi particulares ecclesiae tum temporis (Pii V) in bis centenaria possessione alterius Breviarii erant. Qui ritus universim sumptus obligat *sub gravi*.

Ubi legitimum Breviarium a Romano diversum exsistit, necessarius est consensus episcopi et totius capituli, ut liceat hoc in Romanum mutare. Mutatione semel facta, ad pristinum redire non licet: cuius usus legitimus etiam exstinguitur, si qua mutatio illegitime fuerit attentata.

Qui ad chorum non tenentur, pro privata recitatione ex proprio arbitrio ad Breviarium Romanum possunt transire: particularia autem dioecesis vel loci officia legitime introducta pro diversis locis diversa recitari debent, sed secundum *ritum* ad quem alioquin quilibet tenetur. Cf. Const. Pii V cit.

R. 3. Pro quolibet die certum officium ex calendario assumendum recitandum est ut *onus diei affixum*. Verum si alioquin legitima Breviarii forma servatur, officiorum permutatio inter officia fere aequalia non censetur violatio gravis, saltem non, si raro fit seu non frequenter; accedente causa mediocri, culpa vacat. Aliter, si mutatio fiat in officium notabiliter brevius. *Th. m.* II, 626; S. Alph. IV, 161; Baller.-Palm. tr. 9, c. 2, n. 219—222.

783 R. 4. Officium singulorum dierum dividitur in officium nocturnum et diurnum. Officium nocturnum complectitur unum vel tres Nocturnos et Laudes; diurnum: Primam, Tertiam, Sextam, Nonam (quae presse dicuntur *Horae parvae*), Vesperas, Completorium.

Ex quibus culpabilis omissio *unius parvae Horae* vel partis aequivalentis censetur *materia gravis,* quae sufficiat ad constituendum peccatum mortale. Ita *communissima* theologorum sententia (cf. S. Alph. n. 147), paucis exceptis qui in maiorem rigorem inclinant, paucissimis qui laxiorem tenent opinionem; quam S. Alph. dicit *improbabilem,* neque existimo tuta conscientia eam posse deduci in praxim. — Si cui durum videtur, pro re quae admodum brevi tempore atque levi labore praestetur, statui obligationem sub peccato mortali, attendere debet hanc recitationem pertinere ad actiones *liturgicas,* in quibus defectus atque omissiones longe facilius gravem culpam constituunt quam in actione privata vel etiam profana; atque etiam privatam recitationem, quae in locum recitationis publicae substituitur, obligari ad eum modum quo obliget recitatio publica et choralis, cum etiam illa vere ad Dei cultum pertineat publicum. Quodsi autem forma officii divini servatur, et solum de permutatione in officium *brevius* agitur, materia, ut *gravis* sit, paulo latior sumi potest: *Th. m.* II, 621. 627. Quodsi fuerit inculpabilis permutatio, valet regula:

Officium pro officio, neque obligatio erit supplendi, nisi officium *recitatum* sit notabiliter brevius quam illud quod per se erat recitandum.

R. 5. Quoad privatam recitationem a culpa mortali immunis est qui cotidianum pensum recitaverit quocumque tempore a media nocte ad mediam noctem (addita facultate nocturni officii anticipandi).

Nisi autem causa rationabilis excusat, veniale peccatum est non accuratius servare tempora: quae ea sunt ut officium nocturnum sit saltem ante meridiem recitatum; ut Prima et Tertia *debeant*, Sexta et Nona *possint* ante meridiem recitari, ut Sexta et Nona possint (in Quadragesima etiam Vesperae), Vesperae et Completorium debeant recitari post meridiem; totum officium nocturnum *possit* pridie anticipari circa tempus vespertinum.

Recitatio publica in choro multo magis propriis temporibus adaptanda est, eo modo quem hodierna praxis permittit. Attamen nisi temporum vel ordinis perversio cum scandalo iungatur, non constat de peccato *gravi*. Th. m. II, 628.

R. 6. Inveniuntur quidem in Breviario aliae etiam partes extraordinariae, officium B. Mariae V., officium defunctorum, Psalmi paenitentiales vel graduales: quarum recitatio certis diebus facienda inscribitur. Nihilominus pro iis qui *Romano* Breviario utuntur harum partium obligationem Pius V sustulit, nisi forte pro choro exstiterit consuetudo obligans *quoad officium B. Mariae V.;* ea enim mansit intacta.

Pro sola die *commemorationis OO. defunctorum* etiam nunc exsistit obligatio gravis ad officium defunctorum praeter festivum recitandum; similiter longe communius pro *gravi* obligatione habetur recitatio, etiam privata, litaniarum festo S. Marci et tribus diebus rogationum ante diem Ascensionis Domini. Th. m. II, 622; S. Alph. l. c. n. 161; Baller.-Palm. l. c. n. 217.

AD QUAESITUM 3^m R. 1. Ex iis quae dicta sunt ad 1^m R. 4 patet Ethelbertum, utcumque choro se subduxit vel subducendo peccavit, ad privatam recitationem officii divini non teneri vi professionis religiosae; neque tenetur ullo modo vi ordinationis sacrae, utpote quam nondum acceperit; neque verisimile est eum titulo beneficii ecclesiastici teneri. Ideoque in hac re, quod privatim nihil recitaverit, a peccato omni immunis est.

R. 2. Ex casu videtur etiam patere chorum, non obstante absentia Ethelberti, nihilominus habitum esse; quare Ethelbertus neque peccati gravis ex eo accusari potest, quod sua absentia chorum sustulerit. Commiseritne veri nominis peccatum et quale, pendet igitur a sola religiosa oboedientia cui subiacebat. Si haec *sub gravi* urgebat, graviter peccavit; leviter, si sub levi; nullatenus peccavit ratione rei — sed summum ratione *motivi* — si oboedientia vel regula non urgebat sub ullo peccato.

RECITATIO HOR. CAN. RATIONE BENEFICII.

Casus. (230)

Willibrordus, quem coepit clericalis vitae taedere, primo saepius omittebat officium matutinum, dein etiam compluries totum officium diurnale, nunc per medium annum nullum amplius divinum officium recitavit. Reditus beneficii vix putat esse honorarium pro aliis curis et laboribus parochialibus, cum alii officiales saeculares ex suo officio cum minore labore amplius sumant salarium, atque ipse ex beneficio parco etiam largas eleemosynas facere cogatur.

QUAERITUR 1° in beneficiatos quae poena statuatur pro officio divino non recitato.
2° quid requiratur ad hanc poenam incurrendam.
3° quid de Willibrordo dicendum sit.

Solutio.

AD QUAESITUM 1^m R. 1. Statuta ab Ecclesia sunt haec:

Leo X in conc. Later. V constit. *"Supernae dispositionis"* d. 5 Maii 1514 § 38: *"Statuimus* et ordinamus ut quilibet habens beneficium cum cura vel sine cura, si post sex menses ab obtento beneficio divinum officium non dixerit, legitimo impedimento cessante, beneficiorum suorum fructus suos non faciat pro rata omissionis recitationis officii et temporis, sed eos tamquam iniuste perceptos in fabricam beneficiorum vel pauperum eleemosynas erogare teneatur. Si vero ultra dictum tempus in simili neglegentia contumaciter permanserit, legitima monitione praecedente, beneficio ipso privetur: cum propter officium detur beneficium. Intellegatur autem officium omittere, quoad hoc ut beneficio privari possit, qui per quindecim dies illud bis saltem non dixerit. Deo tamen, ultra praemissa de dicta omissione redditurus rationem. Quae poena in habentibus plura beneficia reiterabilis toties sit, quoties contrafacere convincantur."

S. Pius V const. *"Ex proximo"*: "Statuimus ut, qui horas omnes canonicas uno vel pluribus diebus intermiserit, omnes beneficii seu beneficiorum suorum fructus, qui illi vel illis diebus responderent, si cotidie dividerentur: qui vero matutinum tantum, dimidiam, qui ceteras horas, aliam dimidiam; qui harum singulas, sextam partem fructuum eiusdem diei amittat": quod ultimum membrum aliqui ita explicant, ut pro singulis horis parvis sexta pars *dimidii* fructuum unius diei computetur; atque id probabile esse censeo. *Th. m.* II, 641.

R. 2. Cum *canonici* teneantur ad psallendum seu cantandum in choro: ipsi, nisi legitime sint impediti, non satisfaciunt privata recitatione; sed si canere neglegunt, neque distributiones cotidianas lucrantur neque beneficii fructus suos faciunt, saltem non omnes: nisi forte quoad beneficii fructus hoc tempus submissae recitationis inter tempus illud computent, pro quo licentia absentiae conceditur. *Th. m.* II, 648.

Ad quaesitum 2^m R. 1. Ad poenam illam incurrendam requiritur omissio graviter culpabilis; nam haec fructuum amissio pro poena statuitur ac propterea requirit culpam, culpa autem simpliciter dicta non est nisi gravis et plene voluntaria. Hinc est etiam ut, qui partem, quae materia parva manet, omiserit, etsi hoc diebus quam plurimis repetierit, ad restitutionem non teneatur: alias, si uno eodemque die id egerit, ita ut partes omissae coaluerint in materiam gravem. S. Alph. III, 665 et 668 cum aliis multis.

R. 2. Primis sex mensibus post beneficii ecclesiastici adeptionem si recitationem officii divini omittit, peccat quidem, sed ad fructuum restitutionem non tenetur. Ita ex benignitate Ecclesiae secundum constitutiones ad I laudatas.

R. 3. Qui habet beneficium curatum seu praeter breviarii recitationem alia onera officio suo annexa, non tenetur restitutionem facere secundum totalitatem fructuum, sed secundum partem oneri recitationis respondentem. Quare qui in munere parochiali multa alia onera habet, pro recitando breviario non tenetur plus quam $1/3—1/4$ omnium fructuum computare, atque eo minorem partem quotam, quo magis tenue est beneficium.

R. 4. Quamquam sermo tantum est de fructibus beneficii, nihilominus eodem modo restitutionem debet facere etiam ille, qui loco beneficii ecclesiastici recipit salarium annuum a gubernio solvendum: cum haec salaria locum tenent bonorum ecclesiasticorum quae a guberniis variis occupata sunt: de quo cf. responsa S. Paenit. *Th. m.* I, 903. Aliter, si salaria hunc locum non tenent.

R. 5. Restitutio haec fieri debet ante omnem iudicis sententiam, ut expresse statutum est per thesim 20 ab Alex. VII proscriptam. Et quamquam id contrarium videri potest communi regulae iuris, secundum quam ad incurrendam poenam privativam iuris acquisiti necessaria sit sententia iudicis saltem criminis declaratoria: tamen non ita possumus rem considerare. Nam ius percipiendi seu colligendi fructus beneficii est *condicionatum;* quoad ipsos fructus perceptos ius numquam adfuit, sed clericus, in quantum fructus respondent parti officii divini omissi, percepit res *alienas,* eo quod hos fructus „numquam fecerat *suos*", res vero alienae perceptae vel retentae restitui debent ante omnem iudicis sententiam.

Computari autem possunt pro restitutione eleemosynae post culpabilem omissionem factae, cum pauperibus vel fabricae beneficii propriaeve ecclesiae debeat fieri. — Posse etiam impendi summam restitutionis in consueta stipendia missarum aliorumque suffragiorum pro defunctis consentit S. Alph. III, 672. Cf. *Th. m.* II, 641.

Ad quaesitum 3^m. Responsum patet ex dictis. Videlicet

R. 1. Postquam primum adeptus est beneficium ecclesiasticum, Willibrordus peccavit quidem graviter (immo graviter peccavit post susceptum subdiaconatum nullo etiam possesso beneficio), quoties partem notabilem officii divini omiserit; si autem complures horas uno eodemque die omisit, eadem prava voluntate permanente, eo die semel, non toties graviter peccavit, quot omisit horas. Sed pro primis sex mensibus, cum coeperit esse beneficiatus, ad restitutionem fructuum beneficii non tenetur.

R. 2. Postea vero pro qualibet omissione graviter culpabili ratam partem fructuum beneficii perceptorum restituere debet; neque valet ratio quod viri saeculares minore labore plus salarii accipiant. Nam condicionem ab Ecclesia impositam ad percipiendos iure fructus suos non implevit atque partem saltem oneris, pro quo salarium habet, non tulit.

R. 3. Si autem re vera beneficium tenue habet atque multas parochiales curas, sufficit ut pro recitatione breviarii $1/4$ partem fructuum annuorum vel etiam minorem reputet atque secundum hanc partem computationem restitutionis debitae faciat. *Th. m.* II, 641.

R. 4. Ex dictis etiam patet parum probabile esse: debitam restitutionem eleemosynis iam factis esse *exstinctam*. Nam praeterquam quod credibile vix est eleemosynas factas ad tantam summam ultimo semestri ascendisse: minus etiam credibile est eleemosynas pari passu cum omisso breviario factas esse. Nihilominus eleemosynae factae pro omissione breviarii eleemosynas praecedente computari possunt.

Hinc etiam colligitur eum qui raro omiserit materiam gravem, immo totum diei officium, nostris temporibus facile consuetis eleemosynis restitutionis debitum exstinguere; immo saepe peccatum quidem neglecti officii divini esse grave, sed restituendi obligationem *non esse gravem*, eo quod materia quoad iustitiae laesionem gravis abfuerit.

MODUS RECITANDI HORAS CANONICAS.

Casus. (231)

Ludmilla, monialis chorista, dum officium divinum sollemniter recitatur, solet organum pulsare; quod fieri consuevit alternatim cum cantu sine organo. Ipsa autem non recitat quidquam, sed partem audit, partem organo comitatur, atque hunc pulsandi laborem recitatione maiorem pro suae partis recitatione reputat.

Alia monialis, surdastra, alteram partem non intellegit, sed inconditum tantum percipit sonum, immo, quando organum pulsatur, solam musicam; quare angitur, quoties non etiam submissa voce recitaverit partem non perceptam; at quoniam id in choro saepe difficilius ipsi est, postea supplet, secundum quemque versum psalmorum recitando.

Quaeritur 1° *quomodo* officium divinum recitari debeat.

2° rectene egerint illae moniales.

Solutio.

Ad quaesitum 1ᵐ R. 1. Debet esse 1) recitatio horarum divini officii seu pronuntiatio, eaque 2) oratio ad Deum. Hinc requiritur

1) certa quaedam attentio et intentio; 2) recitatio a) vocalis, b) integra, c) continuata.

R. 2. Ab ultima condicione incipiendo, qua debet recitatio esse *continuata*, haec ita intellegitur ut sine interruptione moraliter loquendo integra hora canonica absolvatur. Attamen haec condicio neglecta non constituit peccatum grave; neque, accedente rationabili causa, veniale. Singulas horas licet interiecto temporis spatio ad libitum separare; et quamquam totum officium nocturnum communiter quasi una hora canonica continue recitatur: tamen semper etiam sine causa licebit Laudes, etiam interiecta tota nocte, a reliquo officio separare; atque etiam singulos Nocturnos ab invicem, etsi non tota nocte, tamen per aliquot horas. Verum licebit plures horas continue recitare, neque aliud quid requiritur, nisi ut ceteroquin tempus iustum observetur.

R. 3. Condicio qua dicitur recitationem debere esse *integram*, violatur pronuntiatione accelerando correpta, qua syllabae contrahantur vel supprimantur. Potest tamen fieri recitatio, ut in choro, cum socio alternatim: quo in casu sufficit ut suam quisque partem pronuntiet, *alteram audiat;* verum pronuntiatio debet esse successiva, ac proin peccatur contra pronuntiationem *integram*, si, altero adhuc recitante, alter incipiat. Defectu igitur integritatis tum in recitatione cum socio tum in recitatione a solo facta isto modo peccatur; idque graviter, si est defectus omnino notabilis, alias venialiter.

R. 4. Ut recitatio sit vocalis, requiritur *vocis* efformatio eaque secundum singulas verborum syllabas, non sufficit murmur indistinctum. Si autem vox efformatur, pronuntiatio eo ipso non potest non esse aliquo modo audibilis: quod sane in privata recitatione sufficit. Neque requiritur ut vox re ipsa audiatur, ne ab ipso quidem pronuntiante, minus etiam ab aliis assistentibus; immo quando plures privatim recitant, convenit ut quilibet vocem ita moderetur, ne ab aliis audiatur aliosve perturbet.

R. 5. Quid requiratur ut recitatio sit *oratio ad Deum*, mox infra dicetur.

AD QUAESITUM 2ᵐ R. 1. In choro sufficit quidem alternatim recitare et audire; sed alternatim audire et organum pulsare non est ulla recitatio; quapropter hic modus non sufficit ut obligationi recitandi officii divini satisfiat. Si autem quaeritur de gravitate (obiectiva) omissi pensi: cum Ludmilla *partem* praestiterit, scilicet audiendo eam partem quam audire ipsi satis erat, sane materia omissa non potest aestimari nisi secundum mediam partem vesperarum; haec vero non plane attingit materiam gravem. Censeo igitur omissionem gravem non esse, si reliquae partes cotidiani officii a Ludmilla rite persolvantur.

R. 2. Quodsi moniales morem observarent, solum alternos versiculos recitandi et alios versus solo organi pulsu supplere: pro omnibus idem dici deberet, scilicet: esse abusum quidem omnino corrigendum; sed pro singulis non esse nisi defectum venialem, si *solae Vesperae* ita dimidiatim canantur.

792 R. 3. Si monialis illa surdastra *aliquo modo* percipit recitationem chori oppositi, maxime si oculis lustrando sese iuvet in percipiendis illis versiculis, sufficit, neque ad aliud quid tenetur, si modo suam partem recitaverit. Si vero *nihil* audit sive propter surditatem sive propter vehementem organi sonitum, sane eadem condicio videtur esse ac in R. 2, ita ut submissa voce etiam illos versus cum choro opposito recitare debeat. Nihilominus complures etiam de surdo in choro recitante mitius sentiunt: ita D'Annibale III, 151. 38 cum Suarez, Bonac., Salm.

R. 4. Quodsi monialis surdastra hanc privatam recitationem cum altero choro opposito omisit, et postea vult supplere, sane ineptior est ille modus quo supplere conatur: nam versus illi alterni nullum faciunt sensum cohaerentem. Debebat potius sumere *partem* officii, sed *cohaerentem*, quo suppleret defectum recitatione aequivalente.

ATTENTIO IN HORIS CANON. RECITANDIS.

Casus. (232)

Damocles magno fervore occupatur ludis chartarum cum amicis, cum recordatur se magnam partem breviarii nondum recitasse. Incipit igitur recitare, manens prope amicos ludentes, atque cum zelo prosequitur ludum, modo dans consilium et directionem, modo pergens in recitando officio, mente magis ludo quam oratione occupatus.

Dositheus, longe sollicitior, cum sumpsit breviarium et incepit recitationem, nihil cogitavit de oratione; quapropter angitur num revera satisfecerit, deficiente necessaria intentione. Recitantem vero, dum sedet vel lente ambulat, innumerae cogitationes alienae obruunt, ita ut, finitis horis, nesciverit quid et quantum recitaverit: hinc concludit se denuo recitare debere.

QUAERITUR 1° qualis distinguatur attentio in recitando officio divino.
 2° quae attentio sub gravi requiratur.
 3° quae debeat esse intentio.
 4° quid de Damocle et de Dositheo dicendum.

Solutio.

793 AD QUAESITUM 1ᵐ R. 1. Attentio distinguitur *interna* et alia quam vocant *externam*. Prior sola proprie meretur nomen attentionis verae, cum sit mentis applicatio ad ipsam rem quae agatur seu exterius exerceatur. Posterior potius involvit huius mentis applicationis defectum et mentis ad res alienas applicationem; at directe dicit eam ab alienis actionibus externis abstinentiam, qua possibilis maneat mentis cum ipsa re quae agitur occupatio, seu est abstinentia ab omni actione externa tali, quae ex natura sua internam attentionem ad rem de qua agitur impediat.

R. 2. Attentioni externae igitur, quando de oratione sermo est, opponitur actio quaelibet externa, quae ex natura sua mentem impediat quominus simul oret. Attentioni internae adversatur quaelibet *distractio mentis,* plene ei opponitur mentis distractio totalis, sive haec voluntarie sive involuntarie accidat.

R. 3. Quando de attentione interna in recitandis precibus agitur, in hac ipsa complures distinguuntur gradus:

Infimus gradus est ea cum recitatione mentis occupatio, ut attendatur ad rectam pronuntiationem.

Altior gradus est, ut attendatur ad sensum, atque mente concipiatur et ad Deum dirigatur ille sensus qui vocibus exprimitur.

Tertius gradus est, atque etiam altior, ut, retenta aliquatenus saltem secunda illa attentione, mens simul assurgat ad contemplandam et perpendendam Dei excellentiam variaque divina mysteria. Nam si secundi gradus attentio omnino neglegitur atque mens totaliter de aliis divinis rebus cogitat, haec bona quidem esse potest *oratio* in genere sumpta, sed non tam bona huius determinatae orationis recitatio.

AD QUAESITUM 2ᵐ R. 1. Certum est requiri sub gravi ad implendam legem recitandi divini officii attentionem illam *externam.* — Similiter certum est involuntariam distractionem non impedire quin legi satisfactum sit ab eo qui cum tali distractione etiam totali officium divinum recitaverit.

R. 2. Certum etiam est sufficere saltem attentionem internam infimi gradus, magis etiam ea quae inter recitandum ad sensum verborum non attendens aliter cum Deo divinisque rebus pio affectu sese occupet.

R. 3. Certum insuper est quamlibet voluntariam distractionem in divini officii recitatione esse peccatum saltem veniale, eo gravius vel minus grave, quo magis vel minus voluntaria sit distractio.

R. 4. Res controversa est utrum substantialiter satisfaciat, an sub gravi teneatur denuo recitare, qui externam quidem attentionem servavit, sed cum plena advertentia voluntarie non solum non cogitavit quae recitavit, sed plane aliena et profana vel scientifica. Utrimque probabilis est doctorum auctoritas, atque ratio non spernenda. Cf. *Th. m.* II, 633 sqq.

AD QUAESITUM 3ᵐ R. 1. Intentio illa requiritur qua pronuntiatio fiat *oratio ad Deum,* vel pro diversis partibus pia lectio. Hoc autem fit et tum tantum fit, quando actio recitandi aliquo modo *ad Deum dirigitur.*

R. 2. Talis autem ad Deum directio non requiritur reflexa vel explicita neque continuo renovata. Sufficit eam implicite habitam esse, quando incipit recitatio, neque eam revocari vel mutari in aliam intentionem seu finem volitum; eo ipso enim per totam recitationem virtualiter saltem perseverat, etiamsi occurrat plena distractio; exercite vero renovatur toties quoties cum vera attentione et affectu aliquis versiculus seu membrum eius *oratur.*

R. 3. Qui igitur habitualiter scit et vult recitare officium divinum ut exercitium pium, eo ipso quod incipiat vel sumat breviarium, intentionem sufficientem habet, nisi ex fine extraneo, v. g. ad studendum, ad sese oblectandum de arte vel curiosa lectione breviarium sumat et legat.

796 AD QUAESITUM 4^m R. 1. Damoclem indecenter omnino se gessisse neminem latere potest; atque si coram laicis ita egit, qui sciebant agi ibi de praescriptis precibus a Damocle fundendis nomine Ecclesiae, valde timendum est ne *ratione scandali* graviter peccaverit.

R. 2. Num substantialiter satisfecerit, pendet ab eo utrum dicendus sit externam quidem attentionem servasse an etiam eam neglexisse. Sane lustrari chartas ludentium, eos dirigere in ludo, sunt actiones quae animum orandi et attentionem ad Deum vel ad ipsas preces per se excludunt. Si igitur saepius inter ipsam recitationem, in qua pergebat, oculos attulerit ad ludum atque notabilem partem officii divini ita indecenter pronuntiavit, quoad hanc partem non satisfecit; ac proin hac ratione graviter peccavit, si hoc modo absolute voluit obligationem suam esse impletam, vel si, postea advertens, non repetierit recitationem. Similiter dicendum est, si socii inter ludum vocem extollere solebant, atque Damocles prope assidens, dum ore recitabat, attente audivit quid ludentes loquerentur. Nam haec est externa cum illis communicatio, quae orationem veri nominis impedire debet natura sua, nisi forte aliquis magno conatu a collocutione aliorum auditum et mentem avertat. — Si vero breviter intermittens recitationem aliquoties ad ludum aspexit, consilia dedit ac dein, desistens a ludo, iterum se recitationi applicavit, censendus est substantialiter satisfecisse, quando amici inter ludum silebant vel raro omnino verbulum proferebant.

797 R. 3. Quoad Dositheum patet ex dictis *intentionem* satis superque adfuisse.

Quod ad eius attentionem attinet: 1° saltem aderat attentio externa; nam quod sederit vel leviter ambulaverit, haec non est actio aliena, quae natura sua orationem impediat. Quod de sessione manifestum est, cum in publica recitatione divini officii ex magna parte sedeatur. Sed etiam de ambulatione Dosithei id dici debet. Nam etsi accelerato gressu iter facere vel incitato cursu properare actio sit, quae alios multum, alios parum impediat, atque propterea apud eos qui sciunt se multum impediri, inter actiones reputari debeat quae sint inter divini officii recitationem evitandae: tamen levis ambulatio *natura sua* mentis ad orandum applicationem nullatenus impedit; ac propterea ab ea nemo tenetur abstinere; sed si quis ita ambulando distrahatur, id instabilitati mentis vel accidentalibus causis adscribi debet, quas impedire vel non possumus vel sub gravi non tenemur.

R. 4. Ergo, etsi Dositheus plene voluntarie distractus fuisset, haec non esset ratio cur *deberet* repetere quae recitavit; multo minus, quando involuntarias distractiones passus est. Et quando ad finem horae canonicae venerit, supponi debet se integram horam recitasse, saltem si legerit ex breviario; immo idem etiam, si ex memoria recitavit, nisi forte *consueverit* tum complura omittere et transilire. Cf. Busemb. apud S. Alph. IV, 175.

RECITATIO ANTICIPATA.

Casus. (233)

Macarius mane hora sexta ordinatus est subdiaconus. Quo magis liber esset postea, ante missam ordinationis dixit officium divinum a *Tertia* usque ad *Completorium* inclusive. Quod cum sodali dicat, hic respondet id esse male factum; Macarium, quippe qui a facta ordinatione demum obligatus exstiterit, debere repetere quae recitaverit, eumque debere etiam addere non *Primam* tantum, sed etiam *Matutinum cum Laudibus* diei seu festi occurrentis, eo quod aptum tempus haec recitandi nondum finiverit; ad haec eum similiter obligari, sicut ille qui Colonia, ubi festum Assumptionis transfertur, venerit Moguntiam, ubi festum non transfertur, die 15 Augusti circa horam 10^{am}, qua incipiat sollemne sacrum, sacro debeat interesse.

Idem sentit de Milone, qui mane sollemnem professionem religiosam fecerat.

QUAERITUR 1° cuiusnam partis officii divini recitandae obligatio incumbat Macario et Miloni pro die ordinationis vel professionis.
2° valeatne recitatio anticipata.
3° quid de rationibus sodalis illius sit iudicandum.

Solutio.

AD QUAESITUM 1^m R. 1. Tum Macarius, tum Milo tenentur ab eo tempore quo ordinati vel professi sunt, ad horas canonicas recitandas; quapropter tenentur etiam incipere ab ea hora canonica quae respondet tempori ordinationis.

R. 2. Haec hora respondens sextae horae matutinae est *Prima;* post quam reliquae horae recitandae sunt. Neque consuetudo est in choro, ut ante illud tempus Prima recitetur.

Si quis vero circa horam undecimam ordinatur atque chorus, ut solet, ante missam illam ordinationis absolverit parvas horas usque ad Nonam inclusive, ordinatus satis probabiliter non tenetur nisi ut a *Vesperis* incipiat. Quamquam, si tempus rigorose sumitur, tempus *Sextae* nondum est elapsum. Nam chori recitationi sese conformare potest. Cf. Lacroix IV, n. 1187; S. Alph. quidem n. 140 tenet eum debere *a Sexta* recitare.

AD QUAESITUM 2^m R. 1. Sunt quidem qui negent anticipata recitatione satisfieri, etsi tempus alioquin aptum servetur, fere eodem modo atque negandum esse satisfieri obligationi assistendi missae, antequam obligatio seu dies festus vel dominicus inceperit, maxime cum quis ante ordines susceptos non possit orare ut minister Ecclesiae et nomine Ecclesiae.

R. 2. Verum haec ultima personae condicio non videtur essentialiter spectare praeceptum, sed principaliter intendi cultus Dei, sive exerceatur privatim sive a persona publica, atque proin negata paritate exempli allati, in quo tempus pertinet ad obiectum obligationis, alii censent satisfieri posse ab ordinando vel professuro, ita ut, quod ex penso diurno ordinandus vel professurus iam recitaverit, ordinatus vel professus iterum recitare non debeat. Ita Lugo, Tamburini apud Lacroix l. c. S. Alph., etsi praeferat sententiam alteram, hanc dicit se *adhuc probabilem* putare (IV, 140). Et sane, maxime pro religioso professuro, contraria opinio potest ad consectaria fere absurda ducere. Fac propter diei festi singularem circumstantiam superiorem iussisse chorum ante tempus consuetum fieri, atque Milonem professurum simul cum choro iam recitasse omnes horas parvas: quis dixerit eum post professionem parvas horas iterum recitare debuisse, etsi nunc demum titulus exsistat vi cuius stricta lege ad horas teneatur, cum hucusque solum exstiterit titulus vi cuius ex decentia regulae tenebatur vel vi cuius obligari strictius per superiorem poterat.

800   AD QUAESITUM 3^m R. 1. Negatur etiam paritas exempli in casu relati. Nam certum est obligationem audiendae missae esse ad sanctificandos certos dies inductam. Eam impossibile est implere, antequam ille dies vel ut talis dies vel ut dies publice sacer inceperit. Ita etiam satisfieri nondum potest penso officii divini diurno, antequam dies ille inceperit sive secundum civilem sive secundum ecclesiasticum conceptum. Sed in nostro casu agitur de certa quadam condicione personae, in qua obligatio ad certam rem fundatur, quae alioquin res obligatoria non erat. Paritas esset, si exemplum in casu allato paululum compleretur. Sume igitur eum qui Colonia Moguntiam proficiscitur, iam summo mane hora quarta sacrum Coloniae audivisse, ubi nulla erat obligatio, et eum postea circa horam 10^m Moguntiam venire, ubi obligatio audiendi sacri est: numquid eum obligabis secundo sacro interesse? Certe nemo id fecerit. Ex simili casu eum, qui ipso illo die pensum officii divini dixerit, cum obligatus nondum esset ex sua personali condicione, non obligabis ut secundo idem officium recitet, postquam eius condicio ita mutata fuerit, ut nunc ex obligatione facere debeat quod iam praestitit.

R. 2. Sed neque tenetur ad priorem partem officii divini, quae respondet tempori, quo nondum erat obligatus. Nam officii pensum diurnum, etsi tractu continuo recitari simul *possit*, saltem si rationabilis causa est, tamen ita recitare nemo per se tenetur, neque convenienter ita recitatur; sed illud diurnum pensum est res divisibilis et dividenda, in certa tempora distribuenda; e contrario sacrum audire est res indivisibilis, quae in partes dispesci et ad plura tempora diversa distribui non potest, vel quam ita distribui saltem non decet.

EXCUSATIO AB HORIS CAN. RECITANDIS (I). — DUBITATIO. — DEFATIGATIO.

Casus. (234)

Marinus, cum post longum iter pedestre fessus vespere decubuisset, dubitat num recitaverit Vesperas et Completorium. Quantumvis conetur sibi omnia quae per diem occurrerint, in memoriam revocare, plane nihil recordatur, sed hoc solum sibi dicit: si non recitassem, ut alias domi soleo facere, id antea mihi in mentem venire debebat. Quare putat se non amplius obligari, maxime cum, si surgeret, etiam alii quibuscum in communi dormitorio recumbit, turbarentur. Alia vice in simili casu vix non certus est se non dixisse Matutinum cum Laudibus, at hanc officii partem omittit resumere, quia solet anticipare; praecedente vero die toto tempore pomeridiano per 8 circiter horas audiendis confessionibus occupatus erat: quod sufficere putat ad excusationem a recitando breviario; idque eo magis, quia parochus, quem adiuvabat, accepit dispensationem, quando per sex horas confessiones deberet excipere: cui se conformari posse Marinus putat.

Quaeritur 1° quid in dubio de officio divino persoluto faciendum sit.
2° quae sint causae ab officio divino recitando excusantes.
3° quid de resolutionibus Marini dicendum.

Solutio.

Ad quaesitum 1m R. 1. In dubio negativo, i. e. quando non habetur ratio *positiva* probabilis quae suadeat recitationem esse factam, sane urget obligatio recitandi. Nam in qualibet re praecepta impletio legis non supponitur, sed probari debet, sicut etiam non creditoris est probare solutionem nondum esse factam, sed debitoris est probare se solutionem fecisse.

R. 2. Verum in humanis sufficit probabilis probatio, saltem quando non de iustitia commutativa agitur. Durius enim esset in omni re evidentiam vel perfectam certitudinem postulare, neque suavi dispositioni legislatoris convenit strictius imponere vel urgere obligationem. Ita etiam S. Alphonsus circa recitationem horarum declarat IV, 150: „Si vero dubium est positivum, ita ut probabiliter iudices dixisse, non teneris repetere, prout docent communissime." Quod maxime valet de parte *horae* quam quis recordatur se incepisse; immo quoad hoc S. D. approbat dictum eorum qui dicunt male facere eum qui, habens coniecturam se partem horae dixisse, eam partem repetat, eo quod viam aperiat scrupulis. Cf. etiam ibid. n. 175.

Ad quaesitum 2m R. 1. Ab officio divino recitando excusat sicut ab aliis legibus humanis non solum physica impossibilitas, sed etiam impossibilitas moralis late sumpta seu gravis difficultas, etiam respectiva. Attamen cum haec divini officii persolutio semper recensita sit inter obligationes clericorum principales atque divinum cultum intime spectantes, causa omnino gravior esse debet, ut ex sese adsit excusatio. Generatim, nisi physicum impedimentum accedat, gravis defatigatio et difficultas ortum sumere debet ex aliqua causa, quae magis ad Dei cultum conferat quam ipsa recitatio. Ita si curandus est moribundus, neque suppetit tempus absolvendi officii divini — hoc certissime posthabendum est. Item si multitudo confitentium, *quos differre non possum,* tanta fuerit, ut tempus desit officii recitandi, ab illo excusabor; vel si urget tempus contionis praeparandae: attamen si haec praevisa fuerint, debebam praevenire. — Excusandus etiam erit qui per complures dies audiendis confessionibus aliisve operibus necessariis in cura animarum occupatus est adeo ut, si officio divino satisfaceret, spatio pro reficiendis viribus et somno convenienter necessario careret. Aliter, si semel paululum a consueto somno deberet subtrahere. S. Alph. IV, 156. Verum in omnibus hisce casibus attende, eum qui possit singulas horas recitare, etsi non omnes, teneri ad singulas. *Th. m.* II, 639.

803   R. 2. Si autem periculum incurrendi nocumenti accedit: certe in sola probabilitate talis periculi obligatio recitandi breviarii cessat. Quare qui aegrotans vel a graviore morbo reconvalescens prudenter timet, ne illa animi contentione quam devota recitatio secum fert, notabile gravamen sibi afferat: excusatus est. Neque in hoc casu anxie perpendere debet num et quas singulas horas possit recitare: „Si quis ob suam infirmitatem certus est non posse totum officium recitare, et dubitat an possit partem, probabiliter ad nihil tenetur." S. Alph. IV, 154.

Quod etiam S. Alphonsus ita intellegit ut etiam ex eo quod quis iam ausus sit iterum celebrare, nondum inferri possit eum teneri ad recitandum breviarium. Videlicet, etiamsi celebratio missae non minorem secum ferat defatigationem quam recitatio officii divini divisim facta, tamen reconvalescens potest habere vires ad alterutrum, nondum ad utrumque: quo in casu praeferre potest celebrandam missam, utpote opus non impositum quidem, at longe maioris valoris. *Th. m.* II, 638; S. Alph l. c. not. II.

R. 3. Si exsistit causa quae ex se quidem insufficiens est ad excusationem, tamen aliquantam habet cum ea similitudinem: superior ecclesiasticus potest in casu particulari concedere dispensationem vel commutationem in orationes breviores; quod eo magis valet, scilicet ex causa minus gravi, si dispensandi privilegium a S. Sede obtentum sit.

804   AD QUAESITUM 3^m R. 1. In mero negativo dubio de facta recitatione, ut ad 1^m dictum est, urget obligatio recitandi. In casu nostro autem Marinus nullam videtur habere positivam rationem, ex qua iudicet se recitasse, nisi forte ex *consuetudine* recitandi eam desumere possit. Quod non prius habuerit memoriam dubii, per se est negativa tantum ratio. Quare si in nullo facto aliquo sistere potest, ex quo probabiliter inferat se recitationem perfecisse, obligatio non potest haberi pro exstincta.

Quod vero dicit reliquos in communi dormitorio recumbentes turbatum iri, si ipse surgat: haec non est ratio quae excuset, sed quae

Marinum inducat ut quam minimum strepitum excitet atque seorsum in aliud cubiculum se conferat.

R. 2. In *secundo* casu: 1) cum moraliter certus esset se non dixisse Matutinum cum Laudibus, patet ex dubia vel probabili recitatione facta hic non posse peti excusationem.

2) Restat ut videamus num confessiones toto tempore pomeridiano per octo horas exceptae sint ratio, quae excuset clericum illo die a recitando breviario. Quod saltem quoad officium antemeridianum persolvendum dici nequit: siquidem totum illud tempus liberum est. Quoad officium pomeridianum quidem ipsius illius diei res reducitur fere ad physicam impossibilitatem illud *suo tempore* recitandi. Quare si quis illud ex hac ratione omittat, ausus non sim eum peccati arguere, quamquam magis pium fuerit totum officium usque ad Completorium inclusive tempore antemeridiano persolvere; ad Nonam usque incumbit obligatio, eo quod pro omnibus illis horis tempus ante meridiem est pro recitatione etiam publica tempus aptum.

3) Magis autem absonum est legitimam existimare omissionem officii diei sequentis, quod pridie recitari quidem potest, sed non debet; ac proinde ab eo qui pridie quidem impeditus erat, non autem ipso officii die impeditus est, certissime debet recitari. Neque parochus privilegium suum extendere poterat ad officium *anticipandum*, sed solummodo ad eum diem eiusque diei officium applicare poterat, quo per spatium in privilegio indicatum occupatus erat.

4) Verum neque illa dispensatio Marinum iuvasset. Nam Marinus non acceperat dispensationem, neque causa ex qua possit dispensari et a superiore dispensatum sit, putari ilico potest causa, quae per se excuset. Marinus igitur erravit in omnibus.

EXCUSATIO AB HORIS CAN. RECITANDIS (II). — ITER. — BREVIARII DEFECTUS.

Casus. (235)

Mamertinus, cum in eo sit ut ascendat currum viae ferreae, recordatur se non habere breviarium; si redit, non amplius habet ius ad usum chartulae suae, et iter toto die retardatur; si statim proficiscitur et iter prosequi vult, per tres dies non potest dicere officium divinum.

Alius, religiosus, incepto itinere maritimo, reperit se non habere breviarium. Perplexus est quid facere debeat: utrum emere in statione intermedia novum breviarium 50 frc., an ratione paupertatis religiosae ab hoc abstinere, omittens officii divini recitationem per aliquot hebdomadas, debeat vel possit.

Quaeritur: Habeantne hi itinerantes rationem ab officio divino recitando excusantem.

Solutio.

Ad casum 1^m R. 1. Difficile est sine ulteriore indagine pro Mamertino vel contra eum aliquid decernere. Scilicet ex una parte perpendendum est damnum quod incurrat differendo iter, ex altera parte obligatio officii divini cui per plures dies non possit satisfieri.

Si damnum ferre debet *certum* notabilis summae pecuniae, v. g. quia tempus aptum chartulae exstinctum fuerit, damnum circiter 20 mc., si solum specto, existimo pro causa quae sufficiat ad excusandum a recitatione officii etiam per tres dies. Id magis etiam valet, si alia accedant incommoda, quae ex dilato itinere oriantur.

R. 2. Etsi igitur de damno illo chartulae non agatur, si ex dilato itinere aliud damnum sequeretur, quod indicato damno aequivaleret, similiter puto hanc esse rationem excusationis.

R. 3. Si vero non agitur de vero aliquo damno incurrendo, sed de solo maiore minoreve commodo, de solo genio fraudando: sane non est ratio cur liceat Mamertino statim prosequi iter cum periculo vel praevisione non recitandi officii. Neque quod pecunia expensa sit solummodo pro itinere nullo modo necessario, pro sufficienti ratione habeo omittendae recitationis divini officii.

Immo quodcumque est iter, si in eo cum aliquo quidem incommodo, sed sine vero damno, occasio se obtulerit interrumpendi itineris et habendi breviarii, debebat Mamertinus hac opportunitate uti, neque licebat ulterius pergere in officio divino omittendo.

R. 4. Num sola ratio expensarum pro novo breviario ratio sit excusationis, pendet a condicione Mamertini. Si alioqui mox empturus sit novum breviarium, certe non excusatur ab aliquali acceleratione emptionis. Similiter, si novi breviarii emptio ipsi non sit inutilis, vel pro condicione fortunae non res magni momenti, difficulter excusatur. Verum si novum breviarium ei est inutile, alteri vero post brevem usum rursus vendere fuerit difficile, ipse autem pauper est: solae illae expensae ratio sunt, cur non teneatur emere novum breviarium. Quodsi igitur aliter nequeat recitare sine notabili incommodo vel damno, interea a recitatione excusabitur.

807   Ad casum 2^m R. 1. Sine dubio vir religiosus ratione paupertatis facilius excusabitur, ne teneatur expensas facere quibus auferat impedimentum recitandi divini officii, quam ille qui sui iuris est. Quare ex hac parte censeo, si revera expensae pro novo breviario emendo fuerint viro illi religioso eiusque religiosae familiae inutiles: hanc esse rationem quae excuset eum a breviario recitando etiam per aliquot hebdomadas. At ex altera parte difficilius emptio novi breviarii religioso in communitate vivente est re ipsa inutilis, cum facile adsint socii ordinis qui indigeant.

R. 2. Si vero ille religiosus ad emendum novum breviarium non tenebatur, facile oritur quaestio, num ei etiam *licuerit* emere. Quod pendet ab interpretativa superioris licentia vel etiam a facultate data libere pro arbitrio in tali itinere de certa pecuniae summa disponendi. Unde fit ut in brevi quidem aliquo itinere facile possit evenire, ut itineranti etiam illicitum sit novum breviarium emere; in longo itinere maritimo id facilius liceat, ita tamen ut postea paratus sit novum breviarium cedere cui superior voluerit, atque pro suo usu deteriore uti.

EXCUSATIO AB HORIS CAN. RECITANDIS (III). — SOCIUS. — SCRUPULI.

Casus. (236)

Mauritius, oculis laborans et capite, ut se sublevet in recitando breviario, cum socio recitat, iuvene studioso, qui ipse ad breviarium non tenetur, ac propterea recitat sine attentione, magna celeritate vocumque corruptione, atque, Mauritio vix versiculum suum incipiente, etiam ipse suum incipit pronuntiare, ita ut, quod Mauritius solus dimidia hora recitare soleat, nunc triente absolverit.

Maurus seminarista habet linguam nonnihil impeditam et, quoniam naturae timidae est, mox incipit in recitando breviario haerere, tamquam de non facta vel non rite facta pronuntiatione dubius; atque ita haerens et repetens cum pro officio diei persolvendo duas horas integras impendisset necdum finivisset, praeses seminarii iubet eum sistere atque in posterum quod horae spatio non absolverit omittere.

Quaeritur 1° quae sit obligatio adhibendi socii et quid requiratur in recitatione breviarii cum socio.

2° quaenam corruptio pronuntiationis impediat quominus officio satisfiat vel satisfactum sit.

3° quae regulae sint pro scrupuloso, qui timet ne partem omiserit vel male pronuntiaverit.

4° quid ad utrumque casum sit dicendum.

Solutio.

Ad quaesitum 1^m R. 1. Qui non potest solus recitare, cum socio 808 potest, tenetur adhibere socium, si facile repererit. Conducere autem socium ne beneficiatus quidem tenetur: quamquam id facere convenit, si beneficium est omnino pingue. Cf. S. Alph. IV, 158. — De cetero parum interest utrum socius ex se obligatus sit ad recitandum annon.

R. 2. In recitatione cum socio requiritur ut saltem psalmorum et versiculorum recitatio alternatim fiat, lectiones omnes recitari possunt a socio; quae non recitantur, audiri debent, dum a socio recitantur. Sufficit autem auditio etiam non plane distincta; nam cum ne in recitatione quidem requiratur ut pronuntiata intellegantur, id neque in auditione necessarium est, atque ita aliqualis perceptio ex intentione honorandi Dei quoad substantiam sufficit. Paucis, eadem participatio cum socio requiritur et sufficit quae necessaria est in choro.

Ad quaesitum 2^m R. 1. Corruptio notabilis diu producta seu in 809 magna parte divini officii facta utique impedit quominus oneri satisfactum sit tum in recitante, qui obligatus sit ad dicendum breviarium, tum in audiente. Quapropter in hoc casu aliquid aequivalens suppleri debet: S. Alph. IV, 165.

R. 2. Difficilius est statuere quae sit illa *notabilis* corruptio. Notabilis non est quae non excedit eum modum in quo homines inter se, etsi neglegenter, loqui adhuc solent et invicem se intellegunt.

R. 3. Ut eiusmodi notabilis corruptio mortalem defectum in recitando vel audiendo officio cum socio constituat, certe in privata recitatione plus requiritur quam una hora, quae ita male pronuntiata sit: nam non tota omittitur, sed ex magna parte rite recitatur. Dixi: in privata recitatione; nam in publica chori recitatione non solus defectus materiae considerari debet, sed etiam scandali ratio est habenda, quae in tanta recitationis acceleratione non potest abesse.

810   Ad quaesitum 3^m R. 1. Scrupulosi dubia generatim non sunt censenda seria, neque propter dubium quidquam repetere tenetur; immo a repetendo omnino prohibendus est. Si umquam alias, pro scrupuloso semper praesumptio stat pro debita recitatione facta.

R. 2. Quapropter ut scrupuloso imponatur obligatio repetendi vel permittatur repetere, necesse est ut omnino certus sit non solum se male pronuntiasse, sed se in debita pronuntiatione *graviter* seu notabiliter defecisse. Si de recitatione alicuius partis vel horae dubitat, quam primum adfuerit probabilis coniectura de facta recitatione, nisi superveniat ratio falsitatem huius coniecturae evincens, eam partem de qua dubitat ne repetere permittatur. Cf. S. Alph. IV, 150.

R. 3. Qui prae scrupulis non potest progredi in recitando officio, aliquando periculo gravis damni obicitur propter defatigationem et capitis laesionem: quod si timetur, sine dubio miser ille homo excusatur ab officio recitando, donec ad saniorem mentem pervenerit. Facilius vero eius superior qui dispensandi facultate utitur, ut episcopus, dispensando ei recitationem interdicere potest.

811   Ad quaesitum 4^m R. 1. (Ad *primum* casum.) Mauritius bene quidem fecit procurans sibi socium in recitando breviario, neque necesse erat ut ille esset aliunde ad recitandum breviarium obligatus; neque Mauritium spectabat defectus attentionis, quo socius ille, venialiter quidem, peccavit.

R. 2. Quod vero tanta celeritate vocumque corruptione atque fere simul cum Mauritio suam partem pronuntiavit, in hoc non potuit non committere defectum ipse Mauritius. Impossibile enim ei erat post recitatam suam partem aliam alternis vicibus audire. Quapropter debebat primo corrigere et monere socium ut melius recitaret; quod si neglexerit, Mauritius pro parte male audita aliquid compensationis causa debet recitare.

812   R. 3. (Ad *secundum* casum.) Maurus sibi proponere quidem debet, ut propter vitium linguae caveat ab omni praecipitatione; sed

cum sit timidae conscientiae, plane animus ei addendus est, ne putet propter aliqualem corruptionem verborum se non satisfecisse. Vere enim satisfecit quoad substantiam (cf. S. Alph. l. c.), neque ei permitti debet ut repetat.

R. 4. Si superior ille, qui dispensandi facultatem habet, ita cum Mauro rem composuit ut iuberet eum omittere quae infra horam non recitasset: potuit ille sic agere; alias tempus nimis contrahitur, nisi Maurus sit in eo statu scrupulositatis qui eum a recitatione breviarii excuset. Nam horae spatio integrum officium mediae longitudinis devote recitari vix potest ab eo qui utitur lingua maxime volubili; debet enim ex industria multum properare; minus etiam potest absolvi a scrupuloso qui insuper utitur lingua impedita. — Quapropter ne in superiore quidem dispensandi facultate praedito mihi id probatur, quod ad horae spatium recitationem restringat; ita enim ansam praebet praxi neglegentiae et oscitantiae in recitando breviario. Consultius erit, determinare tempus $1^1/_4$—$1^1/_2$ horae. Cuius rei exemplum refertur de S. Ignatio Loyola, qui subdito scrupulizanti iniunxit, ut, expleto tempore a sociis impenso, quod residuum esset, omitteret. Quo factum est ut ille scrupulum scrupulo expelleret, veritus ex una parte ne laederet oboedientiam, et ex altera parte ne partem officii sua culpa omittere cogeretur. Cf. Gobat, *Theol. experim.* tr. 5, n. 619.

MISSAE CELEBRATIO PRO HORARUM CAN. PERSOLUTIONE.

Casus. (237)

(*Ex* Tambur. *in decal. l. 2, c. 5, § 8, n. 19.*) Remisit bona fide Sergius, gravibus distentus per diem negotiis, recitationem horarum parvarum simul cum Vesperis et Completorio in ultimam horam ante mediam noctem; (erat autem dies Iovis) quando, reversus domum incenatus, voluit hac intentione cibo se reficere ut, absoluta per mediam horam cena, officium recitaret alia media hora, quae ante initium diei sequentis iam superfutura erat. Vix sedit ad mensam, cum vocatur ad audiendam confessionem cuiusdam fortuito graviter in subita rixa vulnerati. Advolat, audit rite confessionem domumque redit sub eam temporis angustiam ut semihorula, quae supererat ante noctem intempestam, non sufficeret ad utrumque, quod ipsi erat praestandum nempe ad cenandum — et certe cum carnibus, impendente enim die Veneris exspirabat dies Iovis — et ad officium persolvendum. Quid ergo Sergius faciet, praesertim volens die sequenti sacrificium rite ieiunus celebrare?

Solutio.

R. 1. *Gobat in Theol. exper.* tr. 5, n. 722 sqq. dicit 1°: Si Sergius *ex obligatione* debebat sacrum celebrare sequenti die: consilium quidem esse ut incenatus maneat horasque persolvat; at non esse obligationem, adeoque eum posse cenam sumere atque horas canonicas, quas recitare non amplius legitimum sit, omittere. Nam homini defatigato sine cena in serum diem sequentem ieiunum manere esse incommodum valde grave, quod ab ordinaria lege ecclesiastica (in nostro casu recitandi obligatio aliquot horas canonicas) excuset.

R. 2. Idem auctor dicit 2°. Neque interesse quidquam utrum negotiis ex officio peragendis impeditus officium divinum tam diu distulerit, an sine rationabili causa seu propria culpa. Nam exsistente nunc illo gravi impedimento, quod recitaturus breviarium debeat utut defatigatus ieiunus manere per longas horas, obligationem recitandi illas horas suspendi.

R. 3. Dein pergit idem 3°. Aliter esse, si Sergius ex sola devotione sit celebraturus die Veneris. Cum enim haec non obligationis sed liberae electionis et consilii res sit, breviarii recitatio ex obligatione incumbat, sequendam esse ordinariam regulam: rem praeceptam praeferendam esse rei consilii. Hinc Sergium debere primo recitare horas et dein, elapsa media nocte, nisi possit et velit incenatus manere, cenam sumere e cibis esurialibus atque missam omittere.

R. 4. Tamburini quidem et Gobat loquuntur de parocho. Liceat autem mihi primum sumere Sergium esse virum religiosum. Si fuerit superior, plane indubius sum eum sine ullo scrupulo posse, si velit *etiam* ex mera devotione sacrum facere, statim cenari et, si defuerit tempus legitimum pro recitandis horis, eas omittere. Nam nisi habeas ex sese impedimentum legitimum quod excuset a recitandis horis, habes tamen, ob excellentiam actionis liturgicae, s. missae sacrificii, quod aliter omittendum fuerit, rationem quae sufficiat *ad dispensationem* in lege ecclesiastica horarum canonicarum; superior autem regularis secum ipse dispensare potest, ut potest episcopus.

R. 5. Idem plane dicendum est, si Sergius subditus est, cui superior dispensationem hanc concessit. Quod certe valet etiam de parocho, qui occasionem habuerit recipiendae dispensationis ab episcopo.

R. 6. Restat videre num re vera negare debeamus missam ex sola devotione celebrandam esse rationem excusantem cur Sergius potius cenetur, quam recitet horas canonicas. Id negandi satis gravem esse rationem ex sola illa Gobatii auctoritate fateor qui, cum alias auctor sit satis benignus, hic non audeat in benigniorem partem cedere. Tamburini rem non solutam relinquit; sed interrogationes tantum movet, quibus solutioni viam sternat: „Si de consilio ageretur, facile illi consilium dares, ut ieiunus et incenatus horas alias solito Deo gratiores persolveret; sed de obligatione agimus, non de consilio. Obstringamne hunc ieiunare nolentem? Ius cenandi, quo homo fame et negotiis oppressus gaudet, dixerimne necessitatem levem, an potius gravem? Deinde, quid melius: recitatio haec officii an sacrificium diei sequentis, quod omittere absque dubio deberet parochus, si propter recitationem comedere non ante mediam noctem posset?"

Rem *meliorem*, immo incomparabiliter meliorem esse sacrificium missae quam recitationem horarum canonicarum media hora continuatam quilibet sine ullo dubio fatebitur. Sed quaeritur num liceat propria voluntate propter rem meliorem non praeceptam rem praeceptam omittere. Censeo probabile esse posse Sergium obligationem rei minus bonae in casu, quo moraliter impossibile fuerit utrumque praestare, in *obligationem rei longe melioris* sponte commutare. *Voveat* igitur sequenti die celebrare missam, et mea opinione eam pro recitatione horarum in nostro casu substituere potest: quando deest occasio habendae dispensationis. Ita ille qui *inculpabiliter* horas distulit.

R. 7. Nihilominus practice vix opus erit ad hoc confugere. Nonne poterit habere cibos quos potando brevissimo tempore sumere possit, ita ut nihilominus tempus suppetat persolvendarum horarum?

PAROCHI OFFICIA.

Casus. (238)

Sabellius parochus initio sui muneris strenue inculcavit parochianis ut, si quis serio aegrotaverit, statim se vocandum curet; sed cum multi sibi nolint fateri se serio aegrotare, non raro serius admonetur Sabellius, neque pauci sine sacramentis vitam finiunt. Ad contiones, cum iam longam habeat consuetudinem, non solet ultra quadrantem se praeparare; in missa autem binationis quam dicere debet, cum in ecclesiam totus populus simul convenire nequeat, omittit saepe verba facere, quamquam ab ordinario sermo ad 10 fere minuta praescriptus sit sub poena amittendi ipso facto privilegii binandi; binare pergit, ita secum reputans: si minus ex privilegio, iam ex lege binationem faciam. Instructionem puerorum et puellarum committit sororibus scholarum, sibi reservans examen ante 8 dies primae communioni praevios, ubi generatim pueros bene instructos reperit.

QUAERITUR 1° quaenam sint praecipua officia parochi.

2° quid de Sabellio sit iudicandum.

Solutio.

AD QUAESITUM 1^m R. Parochi ut spiritualis patris familiae sibi creditae est imprimis: 1. vitam spiritualem communicare iis qui familiae accrescant;

2. vitam spiritualem suorum conservare, restituere, augere;

3. vitam spiritualem in exitu in tuto collocare.

Ad 1um igitur debet curare ut infantibus mature baptismus conferatur, atque obstetrices et matres sciant in periculo baptismum necessitatis, eumque etiam foetibus abortivis, conferre.

Ad 2um. Debet parochus a) pro populo orare et missam offerre suis diebus; b) debet pericula et scandala auferenda curare, quantum potest; c) debet impigrum se ostendere ad conferenda sacramenta, maxime paenitentiae et eucharistiae, et monere ut matrimonia christiane ineantur; d) debet populum instruere contionibus, puerosque doctrinam christianam docere vel docendos curare, sive in ecclesiam convenientes sive domi reclusos.

Ad 3um. Debet aegrotorum curam habere praecipuam atque non solum sacramentis moribundorum eos munire, sed etiam studere ut in ipsa agonia et morte vel ipse assistat vel alia persona pia, quae bene calleat, quomodo moribundus iuvetur variis virtutum actibus, praesertim, si forte opus fuerit actibus caritatis et contritionis. Cf. *Th. m.* II, 644 sqq.

816 Ad quaesitum 2^m R. 1. Recte quidem monuit Sabellius parochianos ut, si quis aegrotaverit, mature curet se advocandum ad administranda sacramenta, vel quemlibet sacerdotem ad excipiendam confessionem; recte autem non egit hac monitione fisus aliam curam neglegens. Nam debuit ipse prospicere et inquirere, praesertim postquam comperit parochianos hac in re neglegentiores esse.

R. 2. Quod praeparatione unius quadrantis contentus esse *soleat* in habendis contionibus, certe laudabile non est, etiamsi propter longam consuetudinem semper habeat in promptu quod dicere cum fructu possit. Si enim accuratius se praepararet, sine dubio cum maiore fructu et magis ad praesentes necessitates verba ad populum faceret: Deo autem rationem reddere debet etiam de *neglecto* fructu. Aliter dicendum, si quando necessitas urget.

R. 3. Omittens parvam exhortationem in missa binationis sine dubio laesit praeceptum sui superioris, quod, ut patet, iuste latum est: nisi tamen vires ita superet ut Sabellio moraliter evadat impossibile. Verum ex sese una alterave omissio res gravis non est, cum communis theologorum sit sententia, ut propter violatam legem saltem diebus dominicis et festis contionandi, a Trid. synodo latam, peccatum grave committatur, requiri ut omissio fiat notabiliter vel ultra mensem continuum, vel ultra tres menses discontinuos. Neque rigorosius praeceptum dioecesanum peculiare debemus interpretari. Neque poena addita arguit rem pro singulis vicibus esse gravem.

817 R. 4. Difficilior videri potest agendi modus Sabellii, quod, etiam exstincto hac ratione privilegio, nihilominus binare pergat. Re vera, haec condicio, quod totus populus in ecclesiam simul convenire non possit, a Bened. XIV habetur pro *causa canonica*, quae sufficiat ut fiat binatio; neque episcopus, ut hanc causam recognoscat et pro legitima declaret, indiget speciali S^ae Sedis privilegio quo possit facultatem binandi suis sacerdotibus concedere. Quapropter Sabellius non ita male ratiocinatur se *privilegio* non indigere. Indiget enim, si severe rem sumimus, *sola recognitione causae* ab episcopo facta: hanc autem recognitionem causae adesse neque cessare exstincto privilegio, iure dicit. Hinc eum *hac* in re peccati non arguam. Immo suspicor dioecesanam illam dispositionem sic ab ordinario intellegi ut nolit eo ipso binationem cessare, sed ut velit in tali casu novum recursum ad se fieri.

R. 5. Quoad instructionem puerorum partem quidem sui oneris committere potest sororibus; verum non debet nec potest iis plenam curam mandare. Nam de integritate et exactitudine non potest esse ita certus; atque ipsa puerorum instructio una est ex praecipuis officiis parochi iisque per se personalibus. Sed ut graviter peccet, debet periculum esse defectus in ipsa doctrina et instructione.

SACRAMENTUM MATRIMONII.
SPONSALIA.
SPONSALIUM CONDICIONES NECESSARIAE (I).

Casus. (239)

Drusius petit Ludmillam a parentibus in matrimonium. Quod illi, praesente sed tacente Ludmilla, annuunt atque de dote cum ipso conveniunt. Ludmilla ausa non est contradicere, sed cogitabat monialis fieri, idque exiens e cubiculo, dum de dote tractatur, ancillis continuo narrat. Drusius, cum postea id audit, indignatur seque liberum ratus aliam puellam quaerit atque cum ea ditiore nova sponsalia formaliter init. Interim Ludmilla a proposito religiosae vitae declinans, queritur de fide sponsalitia fracta et ipsa matrimonium cum Drusio urget.

QUAERITUR 1° quid requiratur ad sponsalia constituenda.
          2° quomodo sponsalia valida dissolvantur.
          3° utra conventio in casu praevalere debeat.

Solutio.

AD QUAESITUM 1ᵐ R. 1. Quae requirantur ad sponsalia constituenda generatim ex sola natura rei determinantur seu ex sponsalium definitione. Raro enim lex vel consuetudo localis ultra id certas condiciones vel formas praescribit. Definiuntur autem sponsalia ut „futuri matrimonii mutua promissio". Nihilominus est specialis lex pro Hispania, ut *sponsalia non valeant*, nisi contracta sint publica scriptura. Cf. *Th. m.* II, 660 not. Quae lex nunc extensa est ad Americam Latinam: v. *Acta et decreta conc. plen. Americae Lat.* anni 1899 § 592 not.

R. 2. Unde sequitur: Promissio debet esse 1) vera, non ficta; 2) libera, non metu extorta; 3) mutuo significata et acceptata; 4) circa matrimonium et physice et moraliter possibile.

R. 3. Promissio, quae externe se non prodit ut ficta, praesumitur esse vera: quapropter in foro externo ex hac parte tam diu habetur pro vera et valida, dum fictio probetur. In foro autem interno seu conscientiae praesumptio cedere debet veritati; fictio autem iniuste adhibita ad damnum alteri causatum reparandum obligat. Cf. Rosset, *De sacramento matrimonii* II, 826.

R. 4. Promissio parentum pro filiis minoribus praesumitur pro veris sponsalibus, nisi filius seu filia, cum primum factum parentum cognoverint, ex sua parte contradixerint. Rosset ib. n. 829.

R. 5. Promissio debet esse indubiis verbis vel signis facta, ita ut in dubio standum sit pro libertate seu pro non contracta obligatione sponsalium. In interpretandis signis videnda est loci consuetudo.

R. 6. Cum bonis moribus repugnet quaelibet in assumendo vitae statu coactio, promissio certi status vitae utcumque non libere facta fundamento obligandi caret. Quapropter in foro externo quidem metus omnino levis non censetur sponsalium valori obstare; at in foro conscientiae saltem iudicandum est, posse sponsalia rescindere eum qui metum passus sit, *si* re vera ille metus fuerit sponsalium causa.

R. 7. Cum sponsalia dicant obligationem ad futurum matrimonium, valida esse non possunt, si utcumque matrimonium sit vel impossibile vel illicitum: nam neque ad impossibilia neque ad illicita potest oriri vel exsistere obligatio. Si quando igitur certum aliquod matrimonium fuerit res sive graviter sive leviter illicita: huius matrimonii promissio sponsalitia est *nulla*.

Similiter si quod matrimonium ab Ecclesia est prohibitum, sponsalia non sunt valida. Immo si exsistit impedimentum facile dispensabile, sponsalia ex mutua promissione non oriuntur, nisi petita et obtenta dispensatione eaque libere ab utroque promittente acceptata. Ad quam acceptandam non est obligatio ex se vi antecedentis promissionis, potest esse ex aliis circumstantiis et vi promissionis propter certas circumstantias factae. *Th. m.* II, 660.

Ad quaesitum 2^m R. 1. Ut sermo possit esse de sponsalibus dissolvendis, supponuntur sponsalia vere exsistere: immo minor causa vel ratio sufficit ut sponsalia possint solvi, quam ut eorum valor a principio impediatur. Sunt autem duo genera causarum, quibus sponsalia dissolvantur; unum earum quae ipso facto sponsalia exstinguunt; alterum earum quae ius dant alterutri sponsorum ex sua parte ab iis recedendi.

R. 2. Ipso facto exstinguuntur sponsalia: 1) ex utriusque sponsorum consensu; 2) impleta condicione resolutoria vel temporis lapsu, si quod ad finiendam obligationem fixum fuerit; 3) electione status perfectioris, adeoque assumpto statu clericali ordinis *sacri* vel emissis votis perpetuis in religiosa communitate (privatum votum perpetuae castitatis in foro quidem externo non sufficiet, ut pronuntiari possint sponsalia soluta; sufficit in foro conscientiae, nisi votum emittatur fraudulenter, scilicet cum intentione quaerendae dispensationis quo liceat ad alia sponsalia aliasque nuptias transire); 4) probabiliter inito matrimonio extraneo: videlicet certum est matrimonio, etiam iniuste inito, esse standum; atque alteri sponsorum statim inesse ius etiam ex sua parte alius ineundi matrimonii. Solum quaeritur si matrimonium iniuste initum alterius compartis morte solutum fuerit, antequam alter priorum sponsorum iure suo usus sit vel postquam eius etiam matrimonium morte compartis sit solutum, utrum, inquam, in tali casu priora sponsalia reviviscant, si prior sponsorum iniuste derelictus ita velit, an maneant etiam contra eius voluntatem exstincta. Quod posterius non certum quidem sed probabile esse, rationibus hinc inde discussis, habes apud Ballerini-Palm. tr. 10, sect. 8, n. 264—274. Rationes praecipuae alias in iure admissae sunt: 1) quod obligatio strictior (matrimonialis) exstinguat minus strictam (sponsalitiam); 2) quod ea quae initio constiterunt postea exstinguantur, si in eum casum inciderint, a quo incipere non potuerunt. Status scilicet matrimonialis est *de se perpetuus*, ac propterea censetur *exstinguere*, non solum suspendere, illa iura et debita quae huic statui repugnant. Quodsi forte status matrimonialis dissolvatur praematuro compartis obitu, id per accidens est neque rei naturam mutat.

Quae cum ita sint, et probabilitatem tum internam, tum externam auctoritatis gravissimorum theologorum, isti sententiae conciliaverint: ille cuius interest post matrimonium iniuste initum et per accidens solutum priora sponsalia non reviviscere, cogi nequit ut nihilominus illis sponsalibus stet per secundum matrimonium.

Aliter plane, si matrimonium illud iniuste attentatum fuerit invalidum. Nam in hoc casu ille qui ita agit non solvitur ab obligatione priorum sponsalium, ipse autem horum sponsalium non retinet ius.

R. 3. Ius *rescindendi* sponsalia *invito etiam altero sponsorum*, oritur in genere ex rebus ita mutatis, vel antea ignotis nunc detectis, ut, si antea exstitissent vel cognitae fuissent, a sponsalibus omnino absterruissent. Haec in supra dictis iam aliquatenus tacta sunt; referuntur autem in primis ad defectus *morum*, *sanitatis* vel notabilis defectus corporalis, ad status nobilitatem vel etiam *magnam* divitiarum mutationem.

AD QUAESITUM 3ᵐ R. 1. Si semel constiterit de sponsalibus vere contractis, propositum ingrediendae religionis non sufficit ut sponsalia solvantur; sed debet intercedere religiosa professio, etiamsi non sit in ordine stricte dicto. Neque in foro externo aliter *constiterit* de solutis sponsalibus nisi per ipsa illa vota. In foro tamen conscientiae ea pro solutis haberi posse censeo per ipsum votum ingrediendae religionis, etiam late sumptae, *ibique* profitendi atque perseverandi. Nam si votum castitatis privatum in foro conscientiae eam vim habet, non est cur eiusmodi religionis votum illum effectum non habeat.

R. 2. Sed hoc est illud ipsum de quo quaeritur, utrum scilicet in nostro casu inter Drusium et Ludmillam veri nominis sponsalia exorta sint necne. Promissionem parentum *pro* filiis valere est iuris praesumptio, sed praesumptio tantum, ita ut, si de contrario constet, praesumptio nihil valeat. De dissensu Ludmillae plene constaret, si coram parentibus contradixisset. Verum, si statim coram ancillis contradixit, earum testimonium, si plures sunt, idem probare et evincere potest. Quare tum in foro conscientiae sponsalia erant nulla, tum in externo foro ea nulla fuisse potest ostendi.

R. 3. Quodsi igitur sponsalia non solum rescindibilia ex parte Ludmillae, sed simpliciter nulla erant, ne Drusius quidem ulla obligatione tenetur. Quare Ludmilla postea, mutato consilio, frustra reclamat; neque licebit Drusio alteram puellam, quacum vera sponsalia deinde contraxit, repudiare, ut Ludmillam in matrimonium ducat.

R. 4. Si autem res ita agebatur ut Ludmilla apud parentes nihil repugnaret, apud ancillas vero contra matrimonium quidem loqueretur, ita tamen ut ipsius dissensus non posset probari: in foro externo conventio illa haberetur pro sponsalibus inter Drusium et Ludmillam; adeoque postea, poscente Ludmilla, Drusius adigeretur ad matrimonium cum ea. Quod sane Drusio culpae non verteretur, verti deberet Ludmillae; siquidem haec committeret iniustitiam contra alteram puellam, si ipsa re vera certo dissenserat quidem, idque etiam *externe*, atque tantummodo ob defectum testium complurium res non potuisset demonstrari. Aliter, si non ostendit dissensum, sed solum rem suspensam reliquit. Nam in hoc casu mutatio consilii ne ipsi quidem Ludmillae culpae atque iniustitiae verti potest.

SPONSALIUM CONDICIONES NECESSARIAE (II).

Casus. (240)

QUAERITUR: Num et quomodo res praecedentis casus mutetur, si Ludmilla vix *undennis* facta a parentibus Drusio despondeatur. Ludmilla nihil opponit, sed videtur potius gaudere. Post aliquot menses autem, iniecta cogitatione de vita religiosa, detestatur palam coram pluribus sponsalia. Quo audito Drusius rei pertaesus cum Bertha sponsalia facit; sed anno elapso et Bertha matrimonium urget, et Ludmilla, quae animum denuo mutavit, se opponit. Quid iuris in hoc casu?

Solutio.

R. 1. Ex iis quae exponuntur concludi debet sponsalia Ludmillae cum Drusio valere: saltem valent in foro externo; atque idem tenendum est in foro interno, nisi *certum* sit Ludmillam, non obstante externa consensus specie, dissensisse interne.

R. 2. Quodsi sponsalia valida ab initio fuerint, Ludmillae, ut impuberi, fas non erat tempore impubertatis recedere; c. 8 et 11, X 4, 2. Cf. *Th. m.* II, 662. Quapropter quod post aliquot menses coepit Ludmilla sponsalia detestari, ratio non est cur sponsalia nulla vel fuerint vel evaserint.

R. 3. Hinc sequitur neque Drusium potuisse per voluntatem etiam ex sua parte recedendi dissensum mutuum complere, ita ut sponsalia quasi *ex communi consensu dissoluta* haberentur. Hoc, quamdiu Ludmilla impubes erat, fieri non potuit. Potuit igitur Drusius solum ex tali causa recedere, quae sibi dederit ius, *invita comparte*, recedendi. Sed dissensus ille *inanis* per aliquod tempus a Ludmilla manifestatus talis causa non erat.

R. 4. Pubertatis annos adepta Ludmilla habuit facultatem infra triduum (a cognita hac facultate) pro libitu recedendi: quo facto, sponsalia fuissent soluta. Sed tum temporis certe noluit. Sive igitur Ludmilla post pubertatem sponsalia positivo consensu rata habuit et confirmavit, sive non positive dissensit, cum sciret se posse dissentire, sponsalia evaserunt firma, ita ut exinde neque ab una neque ab altera parte *nisi communi consensu* dissolvi potuerint. Relinquitur tamen etiamnunc ante matrimonium facultas illa intacta, quae oritur ex electione status perfectionis vel ex mutata sponsorum condicione.

R. 5. Ex omnibus patet secunda Drusii sponsalia, utpote contra ius Ludmillae, fuisse invalida, ac proin debere Drusium, si Ludmilla insistat, *cum ea* inire matrimonium, Bertha relicta.

SPONSALIUM EFFECTUS.

Casus. (241)

Carolus, Titiae amore captus, ut haec liberiorem secum agendi modum permittat, dicit: „Non aliam ducam nisi te": quod illa subridens data dextera confirmat. Carolus vero, mox oblitus eorum quae dixerat, etiam Titiae sororem ad liberiora sollicitat: quae omnem libertatem agendi repellit, nisi formaliter sibi promissum fuerit matrimonium. Quod Carolus facit.

QUAERITUR 1° qui sint sponsalium effectus.

2° quid de Caroli promissionibus censendum sit, et quibus debeat stare.

Solutio.

AD QUAESITUM 1ᵐ R. 1. Contractis sponsalibus oritur obligatio ut fidem sibi servent: quae obligatio peccatis contra castitatem cum extraneis certo laeditur, et laeditur certo graviter si puella fit gravida; num in aliis casibus, quando huius rei periculum non attenditur, praeter castitatem graviter laedatur iustitia, non constat certo. *Th. m.* II, 664.

R. 2. Altera obligatio est ut mox, videlicet ad rationabilem alterutrius petitionem, matrimonium ineatur, seu ne longiores morae trahantur nisi ex gravi causa vel mutuo consensu. Immo etiam propter morum honestatem urgendum est ut matrimonium diu ne differatur.

R. 3. Factis sponsalibus oritur publica honestas inter alterutrum sponsum et alterius consanguineos primi gradus, quae constituat impedimentum matrimonii dirimens, ita ut sponsus valide ducere non possit sponsae suae matrem, filiam, sororem, nec sponsa nubere possit sponsi sui patri, filio, fratri. Atque id valet, quam primum sponsalia valida facta sint, etiamsi forte postea sint resoluta. *Th. m.* II, 663.

AD QUAESITUM 2ᵐ R. 1. Verba Caroli erga Titiam prolata non continent absolutam matrimonii voluntatem expressam; non enim Titiae *absolute* promittit matrimonium, sed solum condicionate, si velit utcumque matrimonium inire. Ergo ex parte Caroli non habetur sufficiens promissio. ∗Quidquid igitur Titia intendit, quidquid putavit: sponsalia vera non adsunt. Cf. Gasparri, De matrimonio[2] I, 28.

R. 2. Titia quidem, si Caroli promissio sufficiens adfuisset, sua agendi ratione tacite satis accepit et repromisit; verum haec unilateralis promissio non sufficit ad sponsalia. Atque ex admissa liberiore agendi actione ostenditur quidem Titiam esse deceptam, sed non ostenditur sponsalium valor.

R. 3. Promissio inter Carolum et Titiae sororem, quatenus promissio est, sine dubio omnia in se continet quae ad valida sponsalia requiruntur. Quaeri tantum potest num obstiterit impedimentum quominus obligationem sponsalitiam cum sorore Titiae inire possit. Obstare posset publica honestas, si vera fuissent cum Titia sponsalia; sed cum vera non fuerint, non obstat. Obstare posset peccatum cum Titia peractum, maxime cum communis sententia sit ex promissione matrimonii etiam ficta, si hac ratione puella violata sit, oriri obligationem eam ducendi.

Attamen, si interim supponamus non adfuisse copulam perfectam cum Titia, quod ad promissionem attinet, eam ne fictam quidem habemus, sed vitium in promissione apertum. Quapropter ex hac parte non adest obligatio matrimonii. Et quoniam cum Titiae sorore, ut supponitur, facta est promissio matrimonii vera et formalis, dubium esse nequit quin soror Titiae ius habeat ut secum Carolus ineat matrimonium.

R. 4. Verum si cum Titia habita esset perfecta copula, contra matrimonium cum Titiae sorore obstaret affinitas, neque sponsalia essent valida. — Quodsi Titia concepisset a Carolo, iam ex hac sola causa Titia potius quam soror ducenda esset, neque suadenda esset dispensatio ab affinitate cum sorore Titiae contracta. Immo etsi Carolus, antequam cum Titia peccaret, cum sorore sponsalia iniisset, eaque valida, potius suadendum esset ut peteretur dispensatio ab impedimento publicae honestatis quod contra matrimonium cum Titia exstaret, quam dispensatio ab affinitate cum Titiae sorore, atque haec ipsa inducenda esset ut iuri suo, si quod supersit, potius cederet. Cf. Rosset l. c. n. 1030.

SPONSALIUM VALOR EIUSQUE VITIUM (I).

Casus. (242)

1. Pancratia, puella catholica, iam 25 annos nata est, neque umquam a catholico iuvene ei oblatae sunt nuptiae. Nuper ei Camillus protestans nuptias obtulit. Quod puella acceptat atque repromittit Camillo, si modo condiciones ab Ecclesia catholica impositas velit implere. Cum Camillus se iis acquiescere respondisset, Pancratia impetravit dispensationem canonicam ad ineundum matrimonium mixtum. Praeparatione ad nuptias fere finita, inopinato infortunio Camillus interiit. Sed Rembertus, eius frater, qui optimos mores Pancratiae perspexerat, se loco fratris ad nuptias offert.

2. Quirinus, nobilis iuvenis, amore Rosaliae famulae captus, cum ea iniit sponsalia. Quod cum parentes cognoverint, vehementer resistunt: quapropter, ne parentes offendat, Rosaliae nuntium mittit et Clarae diviti matrimonium promittit.

QUAERITUR 1° quid de sponsalibus in casibus notatis.

2° possitne Pancratia Remberto, Clarae Quirinus matrimonium promittere.

Solutio.

AD QUAESITUM 1^m R. 1. Si promissionem inter Pancratiam et Camillum consideramus, Pancratiae promissio obligationem nubendi Camillo non induxit, vel saltem *nondum* induxit, antequam dispensatio ad hoc mixtum matrimonium data fuerit. Nam licet condicio illa aetatis superadultae et morum honestas, qua Camillus ceteroquin praeditus videtur esse, ratio esse possit tum petendae tum concedendae dispensationis a lege, quae mixta conubia prohibet; quamdiu lex illa sublata nondum erat, nuptias cum Camillo inire Pancratiae non licebat, ac proin obligationem ad eas ineundas contrahere impossibile erat. Verum in hac obligatione vinculum sponsalium consistit. Ergo sponsalia vera et valida facere Pancratiae erat impossibile. Cf. Gasparri l. c. n. 11.

R. 2. Sed, etiamsi nondum pleni iuris facta fuerint sponsalia inter Pancratiam et Camillum, quaeri potest num fuerint sponsalia condicionata, ita ut facta dispensatione seu condicione impleta, evaserint eo ipso vera et valida. Quod, mea sententia, debet negari, praesertim in hoc casu *mixti matrimonii* promissi. Nam cum Ecclesia haec matrimonia per se abhorreat atque aegre admodum permittat; cum natura sua seu lege naturali raro plene licita, vix non semper ut minus bona dissuadenda sint: dispensationem Ecclesiae ita intellegere debemus ut integrum semper maneat dispensato, indulgentia renuntiare atque meliora consilia sequi. Fac enim Pancratiae interim offerri convenientes nuptias a iuvene catholico: quis dixerit Ecclesiam, quam primum dispensatio ista data fuerit, velle potius ut matrimonium cum acatholico iuvene ineatur quam cum catholico! Immo merito dubitari potest an, matrimonio mixto nondum inito, propter mutatas istas condiciones dispensatio Pancratiae data eo ipso corruat. Quae signa sunt non per ipsam dispensationem datam sponsalia Pancratiam inter et Camillum firma evadere. Saltem ea firma evadere non est certum; probabile omnino est contrarium. Cf. Th. m. II, 660 et 668.

R. 3. Immo, si post acceptam dispensationem Pancratia cum Camillo promissionem matrimonii renovavit, raro etiam tum puto veri nominis sponsalia oriri, nisi aliunde exsistat obligatio per matrimonium reparandi iniuriam aliter non reparabilem. Quae obligatio facilius adesse potuerit in iuvene catholico erga acatholicam puellam quam vice versa. Alioqui enim obligatio mutua ad matrimonium fere semper claudicat, cum vi solius promissionis catholica pars *firmam* matrimonii cum acatholica ineundi obligationem contrahere non possit. Nam semper pro arbitrio potest id eligere quod per se moribus christianis melius convenit et removet periculum spirituale. *Th. m.* II, 668.

R. 4. Sponsalia Quirinum inter et Rosaliam quod attinet, si ea sit condicionis disparitas ut iustum dissensum gravem parentum Quirinus praevidere debuerit: non potuit licite Rosaliae matrimonium promittere. Quod autem non licet promittere, ad id implendum non contrahitur obligatio. Ergo sponsalia, cum sine obligatione ad matrimonium non exsistant, invalida debent censeri. *Th. m.* II, 671; Gasparri l. c.

829 AD QUAESITUM 2^m R. 1. Quod Pancratiam spectat, non minus indiget dispensatione, ut cum Remberto acatholico inire ipsi liceat matrimonium, quam indigebat circa matrimonium cum Camillo nunc defuncto. Nam dispensatio data non erat ad matrimonium mixtum quodlibet ineundum, sed ad matrimonium hoc determinatum cum Camillo.

R. 2. Verum quidem est, si ratio sufficiens dispensandi aderat quoad matrimonium cum Camillo, etiam sufficiens erit ad matrimonium cum Remberto. Solum quaeri potest num in petenda dispensatione addi debeat iam antea intercessisse matrimonii promissionem et dispensationem cum Camillo defuncto, Remberti fratre. Quod practice fieri debere censeo. Primo aspectu videtur impedimentum publicae honestatis exsistere; ex qua causa fieri debeat haec prioris promissionis commemoratio in supplicibus libellis, ut etiam ab hoc impedimento concedatur dispensatio. Verum ex supra dictis in hoc non est adeo insistendum. Attamen, licet dubitari debeat de valore *sponsalium* inter Pancratiam et Camillum, et, quod consequens est, de publicae honestatis impedimento, num inter Pancratiam et Rembertum vere exsistat; nihilominus alia est ratio, cur haec prior promissio manifestanda sit. Est natura sua res longe gravior, *secundo* seu iterum dare licentiam ad matrimonium mixtum, quam semel seu prima vice, idque ad illud matrimonium, contra quod, si minus vera publica honestas sensu canonico, tamen huius publicae honestatis externa species exsistat. Quae rationes necessariam faciunt manifestationem prioris dispensationis cum omnibus circumstantiis. Quamquam ex altera parte hae ipsae circumstantiae videntur motivam causam continere, cur dispensatio *in hoc singulari casu* facilius concedatur. Quod confert quidem ad id, ne re ipsa taceantur; sed non elevatur manifestandi necessitas ex eo quod non teneamur manifestare quae dispensationem reddant faciliorem. Haec ratio scil. afferri nequit, ut in petitione dispensationis circumstantia dispensationis similis iam habitae supprimatur; nam lex non respicit id quod est in singulari casu per accidens, sed quod rei inest communiter et ex ipsa eius natura.

Breviter inde concluditur: Pancratia Remberto firmiter promittere matrimonium non potuit.

830 R. 3. Quaestio de Quirino ex dictis ad Quaesitum 1^m R. 4 facile solvitur. Si enim ea erat disparitas inter Quirinum et Rosaliam,

ut promissio matrimonii huic facta non obligaret, nihil obstat quin nunc fiat, idque valide, matrimonii promissio erga Claram. Immo etiamsi sola adfuerit Quirino facultas dissolvendi promissionem Rosaliae datam, ipsa etiam invita, similiter potest Clarae matrimonium valide promittere; haec enim nova promissio implicite et exercite est prioris dissolutio.

SPONSALIUM VALOR EIUSQUE VITIUM (II).

Casus. (243)

Hilarinus, propter insignes fraudes coniectus in carcerem, custodi carceris, qui curiosus de eius vita studet indagare, fictas ostendit litteras quibus se probet e familia praenobili ortum, se infelici casu fortuito ad penuriam subitaneam redactum nunc poenas luere suae imprudentiae; sed auxilio cognatorum se brevi ad magnam fortunam rediturum esse; demum se offert ad ducendam filiam custodis, si hic sinat ipsum elabi. Cui pater et filia gaudentes consentiunt, atque mutua fit promissio. Hilarinus cum filia custodis aufugit: quae sequenti die nullum amplius Hilarini vestigium reperire potest.

QUAERITUR num Hilarinus ad matrimonium promissum teneatur, veraque exsistant sponsalia.

Solutio.

R. 1. Ex parte filiae custodis certo non exsistit obligatio. Haec enim insigniter decepta est; et quamvis ille error condicionis non videatur impedimentum esse dirimens matrimonii, sponsalia tamen sine dubio facit dissolubilia ex parte eius quae fraudem passa est.

R. 2. Sed si filia custodis etiam post detectam fraudem suam promissionem sustinet atque ratam habet, quaeri potest num Hilarinus ex sua parte teneatur, cum fraus commissa non videatur eum a contracta obligatione liberare. Et re vera ex hac ratione, quod puella decepta sit, nullitatem sponsalium repetere nequit.

R. 3. Verum ex facto narrato valde probabilis enascitur coniectura Hilarinum serio non promisisse; quod si ita est, sane vera non sunt sponsalia, neque deceptio puellae tanta est ut ex obligatione reparandae iniuriae oriatur necessitas standi promissioni illi fictae.

R. 4. Demum sumere possumus Hilarinum re ipsa serio se puellam ducturum esse promisisse, sed eum postea tandem, nactum maioris lucri occasionem, promissi paenituisse. Quod si sumimus, quaeri potest num *propter metum* promissio matrimonii fuerit invalida.

Metus certe talis non erat qui matrimonii impedimentum dirimens constitueret. Quapropter si fuisset promissio *de praesenti,* idque in loco a clandestinitatis lege libero, matrimonium valeret. Nam metus, licet fuerit gravis, non erat incussus in ordine ad matrimonium ineundum, neque erat iniuste incussus; matrimonium libere electum fuisset ad excutiendum metum *iuste incussum*.

Hinc *concludo*, quamquam sponsalia ex metu longe facilius corruunt quam matrimonium, in nostro casu ne sponsalia quidem propter metum evasisse invalida; ex mutatione autem circumstantiarum facile fieri potuisse vel posse ut eiusmodi promissio evadat *rescindibilis*, etiam ex parte Hilarini.

SPONSALIUM VALOR EIUSQUE VITIUM (III).

Casus. (244)

Polydorus post emissum votum suscipiendi sacros ordines et ingrediendi religionem puellam per promissionem matrimonii ad peccatum induxit reddiditque gravidam. Confessarius haeret anceps utrum Polydorus teneatur adhuc votis suis an promissione matrimonii. Quapropter:

Quaeritur 1° debeatne Polydorus puellam illam ducere.

2° indigeatne ad hoc dispensatione a votis suis.

3° quid esset dicendum, si puella non concepisset.

Solutio.

833   Ad quaesitum 1ᵐ R. 1. Practice nihil relinquitur nisi ut causa ista per matrimonium inter puellam et Polydorum componatur, sive putaveris vota illa desiisse, sive censeas per dispensationem votorum obligationem esse exstinguendam.

R. 2. Ratio autem responsi prioris non petitur ex ipsa promissione in se spectata; haec enim est eo momento, quo fit, invalida, utpote contra fidem Deo datam atque in rem illicitam directa; neque tractu temporis potest convalescere, quod ab initio erat nullum. Sed ratio cur Polydorus urgendus sit ad matrimonium cum puella seducta ineundum peti debet ex obligatione reparandae iniuriae illatae et natae prolis educandae. Cf. Rosset l. c. n. 1011 sqq.

834   Ad quaesitum 2ᵐ R. 1. Dispensatione opus non est, si factis illis suppositis vota desierint vel suspensa fuerint. Facta illa hunc effectum habere, suaderi potest ex sola hac ratione, quod videatur exsistere *obligatio* ad matrimonium eaque voti obligatione sit fortior seu urgentior. Videndum igitur est num ista obligatio re vera exsistat. Id autem ita esse est saltem probabile. Iam 1) ex communi theologorum doctrina ille, qui promissione matrimonii etiam ficta a puella stuprum extorsit, ad eam ducendam tenetur: cf. *Th. m.* I, 997; S. Alph. VI, 647. 2) Haec obligatio est *ex iustitia*, quia puella fictione ista in summum dedecus coniecta exsistet, nisi nupserit seductori; ergo per solum matrimonium re vera initum reparari deceptio potest. Porro iustitiae obligatio urgentior est quam obligatio fidelitatis, cuiusmodi fuerit obligatio voti. Cum igitur obligatio ad matrimonium in nostro casu obligationem votorum vincat, vota non obstant quin matrimonium ineatur, adeoque in rigore dispensatione a votis opus non est.

Matrimonium praecedentia: — Sponsalia.

R. 2. Neque in rigore opus est dispensatione, ut liceat matrimonium consummare, vel ut liceat reddendo et petendo debitum coniugaliter vivere.

Dispensatione quidem opus esset, etsi non ad ineundum matrimonium neque ad reddendum debitum coniugale, tamen ad petendum illud, si votum perpetuae castitatis esset emissum. Verum hoc emissum non est.

Solummodo difficultatem creat dispositio iuris quo liceat, quoad 835 ingrediendam religionem, etiam post contractum sed nondum consummatum matrimonium, religiosae vitae propositum exsequi. Ex quo videtur sequi, nisi huius voti facta fuerit dispensatio, per ipsum matrimonium votum nondum desiisse, sed debere Polydorum, postquam fictam suam promissionem *ineundi* matrimonii impleverit, nihilominus voto suo religionis ineundae stare. Attamen re ipsa hac ratione satisfieret quidem fictae illi *promissioni,* sed non repararetur damnum puellae illatum, cum probrum puellae corruptae et fornicariae ei inustum maneret, atque non magis sed minus etiam alterum inveniret, quocum post solutum matrimonium ratum novum matrimonium iniret, quam si Polydorus eam numquam duxisset.

R. 3. Attamen votum ingrediendae religionis et suscipiendorum sacrorum ordinum *per se* suspensum tantum manet. Nam si forte coniux obierit vel utcumque ius matrimoniale perpetuo amiserit: votorum obligatio in Polydoro per se reviviscet: nisi per accidens propter diuturnum statum coniugalem atque officia inde contracta, v. g. educandorum filiorum ad statum clericalem et religiosum, parum aptus evaserit. Quare ut in eiusmodi eventibus votum certius non reviviscat, opus erit *dispensatione,* si quae causae sunt, quae absolutam a votis dispensationem suadeant. Alioquin enim ne summus pontifex quidem hanc absolutam dispensationem dare solet vel potest. Exspectari tamen potest dum eiusmodi res evenerint, quae votum resuscitent; nam, circumstantiis illis exortis, facilius patebit num dispensandi ratio exstiterit.

Ad quaesitum 3ᵐ R. 1. Ex modo dictis tertia quaestio iam fere 836 soluta est. Obligatio enim ducendae puellae non tam ex concepta prole quam ex iniuria puellae illata deducitur. Quae quidem gravior est, si proles fuerit concepta, attamen sola corruptio virginitatis satis magna reputatur, ita ut ob eam solam regulariter matrimonii obligatio sit urgenda.

Ergo Polydorus eodem modo teneretur ad matrimonium.

R. 2. Solummodo in extraordinario eventu res nonnihil mutatur. Nam si forte brevi post initum matrimonium uxor moreretur neque proles esset nata vel non superstes, longe facilius votorum obligatio resuscitaretur, atque longe facilius, quam in aliis adiunctis, Polydorus tum ad implenda vota induci deberet; minor enim apparet ratio cur in eiusmodi circumstantiis dispensatio a votis sit concedenda.

Lehmkuhl, Casus conscientiae. II. 31

SPONSALIUM VALOR EIUSQUE VITIUM (IV).

Casus. (245)

Iovita puella perhonesta cum Claudio iuvene suae condicionis sponsalia iniit. Cum multa iam sint parata pro matrimonio mox celebrando, comperiunt Iovitae parentes Claudium esse hominem irreligiosum ac morum pravorum. Quare insistunt ut Iovita Claudio renuntiet. Qua reluctante, ipsi sumunt arrham donaque sponsalitia quae Iovita non pauca acceperat, eaque omnia colligata Claudio remittunt. Ille vero, id ferens indigne, postulat damni reparationem temporalis, cum et multas fecerit expensas nunc inutiles et, probro affectus a sponsa eiusque parentibus, longe difficilius similem sponsam reperiat.

QUAERITUR 1° sitne iusta causa a sponsalibus recedendi.
2° rectene egerint Iovitae parentes.
3° quid de Claudii querelis iudicandum sit.
4° quid, si ante sponsalia Iovita vel eius parentes Claudii condiciones cognoverint.

Solutio.

837   AD QUAESITUM 1ᵐ R. 1. Si defectus corporales, immo solius fortunae, evadere possunt causae sufficientes cur a sponsalibus, invito comparte, recedere liceat, multo magis defectus graves morales causae esse debent legitimae sponsalium dissolvendorum.

R. 2. Immo nisi adsit spes certa omnino comprimendi influxum pravum quem vir ille in futuram prolem, ne dicam coniugem, exercere possit, eiusmodi matrimonium vix umquam licitum erit. Est enim de tali matrimonio, etiamsi sponsus nomen catholicum servaverit, fere eodem modo iudicandum atque de matrimonio mixto, quod Ecclesia per se semper detestata est.

R. 3. Unde patet et Iovitae inesse ius vel etiam obligationem Claudio valedicendi, nisi ostenderit seriam conversionem, et Iovitae parentibus incumbere non solum ius sed etiam obligationem consensus sui retrahendi.

838   AD QUAESITUM 2ᵐ R. 1. Ex dictis sequitur parentes iure suo paterno usos esse, cum dona sponsalitia filiae collata sponso remitterent eique hoc modo abrenuntiarent, si filia annos maiorennitatis nondum attigerat: plene enim paternae suberat potestati.

R. 2. Quodsi filia iam erat maior, legaliter quidem parentes impedimentum matrimonio cum Claudio ineundo opponere non poterant, poterant in conscientia. Proin coram Deo male non egerunt, immo bene, quando renitentem vel cunctantem filiam morali coactione adiuvabant ut, quod in conscientia facere debebat, re exsequeretur. In modo tamen agendi potestatem suam in filiam, quae erat sui iuris, excesserunt. Sufficere debebat ut graviter filiae matrimonium interdicerent atque sponso, immo demum ipsi filiae, interdicerent domo sua.

AD QUAESITUM 3ᵐ R. 1. Querelae Claudii in foro conscientiae nullius sunt momenti. Ipsius culpa est, quod pravis moribus imbutus animos parentum Iovitae a se alienaverit. Mutet mores, et fortasse mutabitur illorum consilium. Quamquam vix umquam in tali casu agnoverim obligationem reassumendi sponsalitiam fidem.

R. 2. Si quando querelae ad tribunal ecclesiasticum deferrentur: nullus esset iudex ecclesiasticus qui non plenissime Iovitam absolveret. Quodsi forum saeculare rationes illas non agnoverit pro legitimis, ob quas impune recedere liceat a sponsalibus, atque fortasse ad damnum aliquod reparandum parentes Iovitae vel Iovitam damnaverit: haec sententia in se erit iniusta neque in conscientia ligabit, immo pro restitutione facta occultae compensationis ius secum trahet.

AD QUAESITUM 4ᵐ R. 1. In ultima suppositione nihilominus tum parentes tum Iovita male egissent, sponsalia sive ineundo sive approbando. Quodsi sola Iovita condicionem noverit, parentes postea demum cognoscant atque re cognita contradicant, hic solus parentum dissensus Iovitae causa est a sponsalibus recedendi. Atque etiam si omnes rem antea cognoverint, matrimonium nihilominus — nisi accedat gravissima causa excusans — malum manet, neque promissio sponsalitia obligat.

R. 2. Verum illud discrimen statuendum est: si sponsalia cum cognitione moralis condicionis sponsi inita sunt, ius recedendi non erit, si forte Claudius mores mutaverit atque serium propositum vitae catholicae ducendae ostenderit. Etsi enim supra dixerim hanc mutationem non inferre obligationem standi sponsalibus, eo quod vita praeterita detecta sufficiens ratio recedendi sit et maneat, in nostro casu talis morum mutatio obligationem hanc infert, quia ex praeteritis nihil iuris colligi licebit, sed solummodo ex malis futuris, quibus tunc cautum erit.

R. 3. Immo si in hypothesi *Quaesiti quarti* Claudius solummodo cautionem daret catholicae futurae prolis educationis atque religionis exercitii in uxore nullatenus impediendi: vix recedi poterit a matrimonio sine damni propter expensas exorti reparatione. Attamen absolutam matrimonii obligationem ne tum quidem ausus sim imponere; potius suaderem ut nihilominus matrimonium omitteretur, maxime cum eiusmodi promissa periculum impediendi religionis exercitii prolisve male educandae non penitus auferant.

SPONSALIUM SOLUTIO.

Casus. (246)

Tetradius sponsalia inierat cum Lucia, cum Petrus medicus patri Luciae illud matrimonium dissuadeat, tum quod Luciae, viribus debiliori, conveniret per aliquot annos ampliores vires sumere, tum quod Tetradius — cui curam medicam adhibere debuisset — morbo pessimo laboraret qui periculum inficiendae uxoris secum traheret. Quae omnia Petrus profert non sine secreto consilio Luciam, puellam honestam et divitem, post aliquot annos suo filio matrimonio iungendi. Atque ita evenit.

QUAERITUR 1° causae a Petro allatae sintne singulae iustae ad dissolvenda sponsalia.

2° licueritne Petro haec cum Lucia eiusve patre communicare, ut ipsius filius Luciam sponsam acciperet.

3° quid, si, causis non omnino veris, priora sponsalia dissoluta atque cum filio Petri nova sponsalia vel ipsum matrimonium inita essent.

Solutio.

841 AD QUAESITUM 1^m R. 1. Si Lucia revera propter vires debiles ex usu matrimonii grave damnum obitura erat, haec erat ratio non dissolvendi sponsalia, sed exsecutionem differendi; quodsi sponsus differre noluerit, ex parte Luciae ratio erat dissolvendi, sed tantum ob *grave* damnum re ipsa timendum. Ex mutuo vero consensu leviora etiam incommoda causa esse possunt matrimonii differendi, si modo interea praecaventur peccandi pericula.

R. 2. Posterior ratio morbi, quo inficti poterat uxor, ex se sola causa erat iustissima sponsalia dissolvendi, sive ex culpa Tetradii sive sine eius culpa morbus contractus sit.

In nostro casu id tantum difficultatem generare potest, quod notitia morbi hausta sit ex iniusta revelatione secreti quod in muneris sui exercitio medicus cognovit. Sed etiamsi sumamus medicum laesisse iustitiam: cum Lucia eiusque pater ex sua parte iniustitiam non commiserint neque Tetradii secretum invaserint, sed oblatum acceperint, durum fuerit propterea eos excludere ab usu talis notitiae quo se a gravissimo damno defenderent. — Immo ipsi potius dissolvendo sponsalia ab iniustitia se defendunt, quam Tetradius illaturus erat, cum defectu pernicioso non manifestato matrimonium petiturus.

842 AD QUAESITUM 2^m R. 1. Ratio illa, quod Luciam filio suo reservare voluit, Petro ius non dedit quidquam faciendi quod non aliunde *iure* posset facere. Ergo omnino videri debet num aliunde iustam causam habuerit ita agendi, sicut re ipsa egit. Quodsi habuit, etiamsi non tenebatur ita agere, poterat spe illa determinari ad id re faciendum quod aliunde sibi licuit.

R. 2. Obiicere debiles Luciae vires potuit secundum rei veritatem, sed nullatenus ultra veritatem. Ideoque nisi Luciae re vera *grave* detrimentum timendum erat, hanc rationem Petro non licuit *urgere*. Poterat tamen semper, si re ipsa conveniebat sanitati Luciae ut differretur matrimonium, id consulere.

R. 3. Difficultas est quoad revelationem morbi Tetradii quem Petrus non novit nisi ex secreto *commisso*, quod aliis secretis strictius obligat. Hic, ut fatear, Petrus debuit aliter procedere. Antequam rem patri Luciae communicaret, debebat ipsum Tetradium monere ne matrimonio proposito Luciam iniuria afficeret, sed ut ab illo matrimonio desisteret; alioquin se amicitia erga patrem Luciae cogi ut valetudinis condicionem illi declararet. Hoc modo Petrus secreti legi qua tenebatur melius consuluisset. Quodsi dein Tetradius a matrimonio nolluisset desistere, Petrus poterat utique rem totam Luciae revelare: nam cum periculo inficiendae compartis matrimonium inire, hac condicione silentio pressa, nihil aliud est nisi iniustum damnum inferre, ad quod ab amico propulsandum secretum etiam commissum revelare licet, immo revelandi *potest* esse obligatio. Verum etiam leges positivae et damnum medico oriturum, qui secreti non sit terax, debent considerari.

AD QUAESITUM 3^m R. 1. Quod dicitur de ultima suppositione, 843 sponsalium dissolutionem inductam esse causis non omnino veris, innuit eas supponi nihilominus *ex parte* fuisse veras. Quare omnino distingui debet utrum, quatenus fuerint verae, adhuc iustam causam a sponsalibus recedendi praebuissent, eamque talem ut propter illam Lucia re ipsa dissolvisset sponsalia, annon. Si primum, nulla amplius est pro quopiam obligatio, nisi in quantum iniusta accesserit famae denigratio.

R. 2. Si ne in tantum quidem causae verae erant, veritas manifestanda, et si nova solum sponsalia contracta sunt, haec *utpote nulla* relinquenda atque priora sustinenda et per matrimonium mox ineundum implenda sunt.

R. 3. Quodsi vero matrimonium iam est initum aliud, Petrus, 844 qui culpabili mendacio causa est impediti matrimonii, damna temporalia, si cui exorta sunt, debet reparare. Damnum pro Lucia eiusve patre vix aderit vel, si adfuerit, non aestimabitur, si matrimonium cum Petri filio felix evasit; potest adesse pro Tetradio, si videlicet deiectus a possibilitate ducendae Luciae matrimonium aeque sibi favens postea non possit inire. Magis etiam damnum illud re vera patitur, quod oritur ex expensis factis — si quas fecit — pro praeparatione matrimonii brevi celebrandi.

R. 4. Demum si aliud quidem matrimonium initum non esset, sed Lucia, falsis Petri denuntiationibus permota, condicionem suam ita mutasset ut hac sui mutatione induceretur ad nunc nolendum matrimonium cum Tetradio, etiam, postquam denuntiationis falsitatem cognovisset, cum alias prorsus promissis suis fidelis mansura fuisset: Petrus vix non eodem modo, ut in R. 3, Tetradio damnum, si quod patitur, teneretur reparare.

DEFECTUS SPONSORUM DETECTI.

Casus. (247)

Respicius cum Eleutheria sponsalia contraxerat, cum et ipse labatur in fornicationem cum meretrice, et Eleutheria ab altero iuvene corrumpatur. Cuius rei cum confessarius ex utroque paenitente notitiam habeat, secum reputat quid consilii capiendum sit, si sponsis ipsis suspicio factorum oriatur.

Quaeritur propterea 1° debeantne sponsi eiusmodi defectum sibi revelare.

2° sitne ille defectus ratio alterutri sponsalia dissolvendi.

3° peccata illa post sponsalia commissa habeantne malitiam gravem luxuriae superadditam.

Solutio.

845   Ad quaesitum 1^m R. 1. Si sponsa fornicatione gravida facta est certo ab alio viro, vix non semper debet aut desistere a matrimonio aut defectum revelare, cum alias et iniustitia committatur prolem adulterinam inferendo in familiam, et causa gravissimi dissidii creetur. Quodsi ante matrimonium puella occulte pareret, prolique bene consuleret, ita tamen ut ipsius maternitas maneret omnino tecta, de graviditate non aliter iudicandum est ac de fornicatione sine sequelis.

R. 2. Existimo vix non idem dicendum esse de viro qui ex fornicatione pater exstiterit, nisi hoc futurae uxori ita possit occultare ut in rei notitiam postea non veniat, atque nihilominus debitam curam illegitimae proli omnino impendere valeat et impendat.

846   R. 3. Si agitur de fornicatione sequelis carente: distingui solet fornicatio sponsi a sponsae fornicatione. Quae a sponso patrata fuerit, non est necessario manifestanda, quia defectus ille in sponso non ita aestimatur, ut habeatur pro gravi deceptione. Sponsa vero ex fornicatione re vera censetur longe deterior facta; atque difficulter viro cui nubat rem potest celare. Nihilominus circumstantiae perpendendae sunt. Nam si ex adiunctis et ex cognita sponsi indole prudenter iudicatur sponsum, maritum factum, rem aliquantum quidem indigne laturum, ita tamen ut brevi res componatur neque gravis discordia oriatur: sponsa non est sub gravi urgenda ut hac revelatione sibi praecidat spem matrimonii aliter valde sibi convenientis. Idem dic, si sponsa possit artificio aliquo impedire ne deprehendatur a viro ille defectus (cf. S. Alph. VI, 865).

R. 4. Quae de fornicatione sive cum sequelis coniuncta sive ab iis immuni dicta sunt, valent etiam de puellae oppressione violenta et sine puellae culpa facta: quia non solum *moralis* defectus est, qui aestimatur, sed in sponsa maxime aestimatur integritas corporalis.

847   Ad quaesitum 2^m R. 1. Facilius datur *ius* recedendi a sponsalibus propter defectum, sive nunc exortum sive nunc demum detectum, quam datur *obligatio gravis* sive ante sponsalia sive post sponsalia defectus revelandi. Videntur quidem haec esse reciproca atque niti in libertate quoad matrimonium integra servanda, ita ut excludi debeat quaelibet deceptio defectusque occultatio, qua libertas illa laedatur atque circumveniatur: nihilominus haec ipsa ratio servandae libertatis ducit ad distinguendum ius et iuris usum.

Sunt scilicet complures defectus qui dant *ius* repudiandi certa sponsalia; sed non omnes qui ius habent, in quolibet ex his defectibus *iure suo uti solent.* Quapropter quando satis certo praevidetur in aliquo casu eum ex sponsis, de cuius iure agitur, iure suo non esse usurum, vel de utendo suo iure ne cogitare quidem posse, ille graviter non laeditur in iure suo, si occultatione talis defectus ei subtrahitur facultas eligendi inter usum et non-usum sui iuris. Hinc est ut in tali casu seu defectu ius quidem adfuerit, si defectus cognitus sit, obligatio gravis cum proprio damno revelandi huius defectus non adsit.

R. 2. Qua distinctione facta, dicendum est omnino fornicationem sponsalia subsequentem parti innocenti, sive sponsus est sive sponsa, dare iustam causam a sponsalibus recedendi.

R. 3. Practice idem dici debet de fornicatione antecedente, quae nunc demum detegitur. Communiter quidem auctores statuunt longe maius ius oriri sponso ex fornicatione sponsae nunc cognita, quam vice versa sit ius sponsae. Sed quando demum sponsa illum sponsi defectum *tam graviter* fert ut *velit propterea* recedere, dici debet esse rem subiective ita gravem ut recedere etiam liceat. Cf. *Th. m.* II, 670. S. Alphonsus quidem VI, 861 ita dicit: „Si fornicatio fuerit ante sponsalia, certum est apud omnes posse virum, cognita fornicatione sponsae, eam relinquere. E converso non potest mulier rescindere sponsalia ob fornicationem sponsi cum alia ante habitam . . ., nisi . . . vir insuper prolem ex alia habuerit, vel etiam nisi ipse noscatur fuisse *deditus huic vitio,* cum pluribus feminis se commiscendo." Attamen Ballerini-Palm. tr. 10, sect. 8, n. 299, postquam idem retulerit, pergit, idque merito: „Addunt alii idipsum dicendum, si sponsaliorum tempore consensum non fuisset sponsa praebitura, si fornicarium esse scivisset; tunc enim esset error dans causam contractui atque adeo deesset consensus [i. e. saltem ille consensus plene liber, qui in sponsalibus, ut *firma* sint, requiritur]. Et ob hanc causam sunt qui censent *universim posse ob hanc causam resilire etiam sponsam **quae virgo honesta sit;*** quia talis procul dubio non aeque intendit nubere viro impudico quam pudico: Schmalzgr. n. 176. Idcirco mulierem renuentem in hoc casu confessarius obligare ad nuptias non debet." Cf. etiam Gasparri l. c. n. 81.

R. 4. Si ex utraque parte fornicatio cum aliena persona facta fuerit, ex communi sententia sponsae ius non inerit invito sponso recedendi, quia maiorem iniuriam intulit, quam passa est; sponso autem nihilominus ius recedendi vindicatur, utpote qui *gravius* laesus sit. Sunt tamen qui dicant, si de fornicatione *subsequenti* agatur, *neutrum* posse cogi ad matrimonium, eo quod obligatio sit *incerta:* cui opinioni subscribo saltem pro illo casu quo sponsus prior crimen commiserit, siquidem eo ipso *obligatio* sponsae standi sponsalibus exstinguitur, neque ratio certa est cur haec exstincta obligatio sequenti sponsae crimine reviviscat. Cf. Ballerini-Palm. l. c. n. 304.

R. 5. Quod de fornicatione dicitur, etiam transfertur ad solos tactus impudicos *qui post sponsalia admittantur,* ita ut propter illos libere habitos sponsus certo possit sponsam relinquere, atque etiam sponsa omnino honesta sponsum, qui hoc modo gravem suspicionem fidelitatis non servandae praebet. Baller.-Palm. l. c. n. 302 et 303.

Nam si de his peccatis ante sponsalia commissis agitur, ut causa sint resiliendi, debent accedere circumstantiae aggravantes, quae gravem arguant levitatem morumque corruptionem neque locum relinquant fundatae spei servandae in futurum fidelitatis.

850 AD QUAESITUM 3ᵐ R. 1. Hac in re secundum S. Alphonsum VI, 847 *triplex est sententia probabilis: prima*, quae docet *ab utroque* committi malitiam gravem iniustitiae, luxuriae superadditam; *secunda*, quae id docet *de sola sponsa; tertia* quae id docet *de neutro*: pro qua tertiae sententiae probabilitate etiam Lugonis iudicium (*De paenit*. disp. 16, n. 178) est: „Omnes illae tres sententiae sunt probabiles, nec facile est aliquam ex iis efficaci argumento impugnare."

R. 2. Ballerini quidem l. c. n. 149 sqq. hanc ultimam sententiam eiusque probabilitatem acriter impugnat, atque externam probabilitatem huic opinioni vindicatam niti in multis falsis allegationibus, talique falsa allegatione et Lugonem et S. Alphonsum deceptos esse. Ratio autem quae putatam illam probabilitatem evertat, ea est quod sponsalia dent non ius quidem in re, sed ius ad rem, atque sine omni dubio saltem sponsam corruptam longe deteriorem et viliorem factam esse pro sponso quam sponsam intactam; efficere autem rem *ad quam* alter habeat ius longe deteriorem, esse gravem iniustitiam; adeoque saltem a sponsa [et ab eo qui cum ea peccet] gravem committi non solum luxuriae sed etiam iniustitiae peccatum.

851 R. 3. Haec quidem ratio gravissima est, atque certo evincit eum qui sponsam alienam vi corrumpat non solum contra puellam, sed etiam contra eius sponsum grave committere iniuriam, cum non solum sponsus ius habeat ad sponsam intactam, sed etiam sponsa ius habeat ex amore et fidelitate erga sponsum omnem violationem a se repellendi. — Idem dic ex supra dictis n. 823, si attenditur ad periculum concipiendae prolis. In quo casu a peccantibus iustitiam contra sponsum graviter laedi censeo.

Verum si extra hunc casum de sponsa libere peccante agitur, primum durum fuerit vel suspicari tantos theologos, ut S. Alphonsum et Lugonem, ex sola externa auctoritate falso assumpta inductos esse ad asserendam contrariae opinionis probabilitatem, vel immo ad approbandas rationes in se futiles et falsas. Videntur igitur vidisse rationem, non quae *omnem* iniustitiam ab illo peccato auferat, sed quae reddat *dubiam* iniustitiae *gravitatem mortalem*, atque proin auferat obligationem, hanc speciem malitiae superadditam in confessione exprimendi.

Haec autem ratio quaerenda est in verbis S. Alphonsi l. c.: „Si enim haec [sponsa] committeret iniustitiam [mortalem] fornicando, non posset deinde matrimonium contrahere, nisi manifestaret vitium occultum sui corporis . . .; sed ad hoc non tenetur (vide dicenda n. 865)."

Quae doctrina completur l. c. n. 865: „Quaeritur an pars laborans defectu occulto sufficienti ad solvenda sponsalia teneatur illum manifestare ante sponsalia, vel iis contractis ante matrimonium? ... Si defectus non redderet nuptias noxias, sed tantum minus appetibiles, nempe si sponsa esset pauper, quae reputatur dives ..., corrupta, quae virgo: tunc, esto ipsa non possit decipere virum fingendo se immunem a tali defectu, tamen non tenetur defectum manifestare.... Unde dicunt praefati auctores, quod sponsa ab alio corrupta, etiamsi interrogaretur a sponso an fuerit ab alio cognita, poterit dissimulare et negare per restrictionem non pure mentalem, ... additque *Diana* posse illam sine peccato, aut saltem sine mortali, uti aliquo artificio, quo impediat ne vir deprehendat esse corruptam. Excipiunt tamen etc."

Unde patet, *communiter loquendo,* auctores non habere illam iniuriam seu iniustitiam gravem, si sponsus accipiat puellam corruptam quam putabat virginem et quam vel vix cogniturus sit esse corruptam vel quam, si corruptam cognoverit, non gravi odio prosecuturus sit neque in gravi discordia cum ea victurus. Sed si haec vera sunt vel saltem probabilia, probabile est sponsam, etiam fornicatione post sponsalia admissa non contrahere malitiam *gravis* iniustitiae contra sponsum.

DISSENSUS PARENTUM CONTRA SPONSALIA (I).

Casus. (248)

Godolius et Crispina sibi mutuo matrimonium promiserunt: quo audito, mater Godolii, quae Crispinae indolem ferre non poterat, omnino contradixit seque ait non amplius illum habituram pro filio, si hoc ineat matrimonium. Quare Crispinae mittit repudium. Sed Crispina, quae corporis sui usum Godolio concesserat, se ab ipso concepisse contendit neque sponsalium rescissionem vult admittere. Godolius igitur, inter malleum et incudem positus, quaerit a confessario quid sibi sit faciendum.

QUAERITUR 1° quinam dissensus parentum iure obstet sponsalibus.
 2° num possit vel debeat Godolius contra voluntatem parentum matrimonium inire.

Solutio.

AD QUAESITUM 1ᵐ R. 1. Parentum dissensus potest esse iustus aut iniustus. Ille dissensus iustus, qui in tam gravi nititur causa, ut propter matrimonii disconvenientiam parentes repugnare *debeant,* ita obstat sponsalibus ut valida non evadant. Nam in eo casu matrimonium illud filio est illicitum, ac proin eius promissio invalida.

R. 2. Potest exsistere dissensus iustus quidem, non tamen ita ut parentes sese opponere teneantur, sed ita ut iure possint. Qui dissensus, saltem si ante sponsalia notus non est, sponsalia non facit ex se irrita, facit autem ut sint rescindibilia vel ut debeat filius seu filia ea rescindere.

Dixi: saltem si dissensus ante sponsalia notus non erat; nam si antea notus erat neque spes eum mutandi, sponsalia potius dici debent ab initio irrita, quia sunt promissio rei illicitae.

Quando vero dissensus sit iustus, quando non, a prudenti causarum aestimatione pendet: facilius erit iustus contra filios minores, quam contra maiores.

R. 3. Dissensus parentum iniustus ex se ne rescindibilia quidem facit sponsalia: verum, dissensu existente et permanente, facile accedunt rationes ex eo oriundae, quae pro filio sive filia gravissimae sunt atque facultatem a sponsalibus recedendi contribuunt. Hae sunt: iustus timor gravis et diuturnae discordiae, exheredatio, grave scandalum. Cf. Gasparri l. c. n. 85; Rosset II, 1064.

853 AD QUAESITUM 2^m R. 1. Si solummodo adest ingeniorum discrepantia inter matrem Godolii et Crispinam, haec non est iusta ratio interdicendi matrimonii, utut sit interdicendi communis contubernii cum matre Godolii.

R. 2. Nihilominus, etsi ex parte matris causa dissensus iusta non sit, si mater illas minas non solum terrendi causa profert sed serio, atque consueta sit minas suas exsequi, haec pro Godolio ratio est cur liceat a sponsalibus recedere, si sola vis et obligatio sponsalium in quaestione est. Id magis etiam valet, quando pater eodem modo obstat.

854 R. 3. Difficultas autem nunc est, quia non agitur de solis sponsalibus, sed de reparando damno quod Crispinae per copulam illatum est.

Quodsi promissione matrimonii, non solum vera, immo etiam ficta, Crispina inducta fuerit ad admittendam copulam, theologi vix non uno ore obligant virum ad ducendam puellam, cum aliter iniuria illata reparari nequeat. Atque in tali casu censeo generatim posthabendum esse parentum dissensum.

Si vero post copulam libere admissam demum secuta est promissio matrimonii, res non modice mutatur. Nam in hoc casu Godolius ex damno illato Crispinae non tenetur, cum huius damni periculo Crispina libens et volens sese exposuerit; tenetur tamen cum Crispina ad alendam et educandam prolem futuram. Cui si satis provideri possit, suadendum quidem Godolio est, ut Crispinam ducat, sed gravissimo suo damno non est obligandus.

R. 4. Etiam in ipso casu, quo promissione matrimonii Crispina ad peccandum inducta fuerit, esse potest ut Godolius nimium damnum ex dissensu parentum pati debeat. Quodsi ita est, etiam tum reparare quidem alio modo omnino debet damnum Crispinae illatum; sed, si id facere possit et fecerit, a matrimonio potest excusari: S. Alph. III, 642 sqq. Nimirum, pro condicione Crispinae, obligatio primo adesse potest curandi ut Crispina peregre exsistens clam pariat et delictum suum possit celare; dein praeter debitam curam proli impendendam obligatio exsistere potest procurandi ut Crispina aeque bene nubere possit, collata etiam, si opus sit, ampla dote. Cf. *Th. m.* I, 997.

DISSENSUS PARENTUM CONTRA SPONSALIA (II).

Casus. (249)

Sedulia, puella 20 annorum, mediocris fortunae, cum data occasione cognovisset iuvenem similis fere condicionis et ab eo peteretur ad matrimonium, promissionem mutuam cum eo facit. Sed parentes Seduliae, qui eam iuveni longe ditiori destinaverant, omnino contradicunt. Quare confessarium adiens perplexa quaerit quid sibi faciendum sit.

Quaeritur habeatne Sedulia causam sufficientem ut a suis sponsalibus recedat iungaturque iuveni a parentibus electo.

Solutio.

R. 1. Disputatur num supervenientes divitiae excusent a sponsalibus cum comparte pauperiori contractis ex ratione disparitatis status mutui. Qua in re discessus a sponsalibus alias convenientibus sane dissuadendus est omnino. Nihilominus si excessus divitiarum valde magnus evaserit, obligatio standi prioribus sponsalibus non potest urgeri. S. Alph. VI, 876.

R. 2. Minus etiam convenit, condicione propria non mutata, sponsalia relinquere, ut ditiori adhaereatur. Verum nec hoc quidem, si offeratur matrimonium cum comparte *longe* ditiori, peccati proprie dicti accusari potest: S. Alph. ibid., si modo aliae condiciones in utroque casu fere eaedem sunt.

R. 3. Dissensus parentum ex sese habet aliquid causae cur a sponsalibus recedatur; ergo ille dissensus, etsi non sit omnino iustus, seu etsi divitiae alterius compartis non sint *cum excessu* maiores, tamen aliquid ponderis addit: adeoque facilius in hoc casu permissum erit Seduliae priora sponsalia relinquere.

R. 4. Unde patet confessarium in casu non posse obligatione Seduliam urgere ut maneat in sponsalibus suis, si ipsa mavult recedere; verum si ipsa mavult prioribus suis sponsalibus stare: dissensus parentum, nisi graves exoriturae sint inimicitiae, non est tanta causa ut a sponsalibus alioquin iustis et convenientibus Sedulia teneatur recedere. Quodsi aetas minorennitatis obstet, quominus statim exsecutioni dari possint priora sponsalia, nihil relinquitur nisi ut, adhibitis cautelis contra peccati pericula, matrimonium nonnihil differatur. *Th. m.* II, 671.

BANNA.

BANNORUM OBLIGATIO.

Casus. (250)

Parochus iustum numerum eorum qui ad matrimonium proclamandi sunt, conscripsit in libello, quem tradit ante concionem sacerdoti extraneo concionaturo. Qui, cum characterem parum intellegibilem legere vix posset, saepe in proclamandis sponsis haeret, aliqua nomina plane non potest pronuntiare, proinde dicit: „et reliquos quos hic scriptos non possum legere".

QUAERITUR 1° quae sit obligatio bannorum.

2° valeatne ista proclamatio in casu.

3° quid faciendum? praesertim cum aliqui sint, qui iam eodem die dominico matrimonium celebrandum indixerant.

Solutio.

AD QUAESITUM 1^m R. 1. Missis legibus civilibus hac in re latis, lege ecclesiastica praecipitur ut 1) ter fiant proclamationes, 2) eaeque diebus dominicis et de praecepto festivis, 3) in ecclesia parochiali vel ecclesiis parochialibus sponsorum, 4) inter missarum sollemnia. Cf. *Conc. Trid.* sess. 24, cap. 1 de ref. matr.

R. 2. Proclamatio fieri debet in ecclesia parochiali omnium earum parochiarum, in quibus uterlibet sponsorum domicilium vel quasidomicilium sive *facti* sive *iuris* habet.

Quae distinctio domicilii *iuris* a domicilio facti attenditur praecipue in iis qui aetate *minores* sunt: hi enim pro domicilio iuris habent domicilium parentum. — Milites, nisi sint minores, proclamari debent et in domicilio iuris, in eo loco, ubi (quasi-)domicilium habebant ante susceptam militiam, etiamsi illud reliquerunt. — Vagis pro domicilio iuris reputatur locus vel originis vel ille ubi diutius commorati sunt; sed ante eorum matrimonium episcopi attestatio debet adesse.

R. 3. Obligatio illa omnino gravis est; laesio autem admittit parvitatem materiae tum 1) si una tantum ex tribus proclamationibus omittatur (S. Alph. VI, 990; *Th. m.* II, 673), tum 2) si circumstantiae illae praescriptae non formaliter quidem sed aequivalenter impleantur. Quae autem materia parva est, haec accedente graviore causa sine ulla culpa potest praetermitti.

AD QUAESITUM 2^m R. 1. Proclamatio relate ad eos quorum nomina nullatenus ab auditore intellecta sunt, per se valida non est, ut patet, minus etiam eorum quorum nomina nullatenus sunt pronuntiata.

R. 2. Quando tamen supponis parvam parochiam, ubi omnes sciunt et retinent omnes sponsos semel proclamatos: si acciderit haec nominum suppressio in iis quorum secunda vel tertia proclamatio agebatur, censeo generale illud dictum: „et reliquos quos hic scriptos non possum legere", continere satis iteratam proclamationem.

AD QUAESITUM 3^m R. 1. Parochus quidem, si praesens erat, statim debuit defectum supplere; si aberat, accersi debuit ut suppleret. Verum si supponis haec fieri non potuisse vel propter stuporem facta non esse: in hoc casu iam

R. 2. Statim eodem die quo ultima facta est proclamatio, matrimonium inire non convenit quidem; immo impediri debet saltem quando sponsi sunt ex diversis et dissitis regionibus, ita ut testimonium proclamationum alibi factarum nondum possit adesse; atque etiam si in uno solo loco proclamationes fuerint necessariae, per unum saltem diem maxime convenit exspectari. Quodsi ratio omnino extraordinaria cogeret ut eodem die matrimonium celebraretur, saltem exspectari per aliquot horas deberet: sic datur opportunitas recipiendi depositionem eorum, si qui sint qui habeant quod matrimonio opponant. Ad quam rem habet Gasparri l. c. n. 190: „Parochus debet aliquid temporis post ultimam publicationem exspectare, ut fideles queant ab ultima publicatione impedimenta revelare. In statutis nonnullarum dioecesium praescribitur diem esse exspectandum, in aliis biduum, in aliis triduum. Parochus sequatur statutum vel usum suae dioecesis, sed ad minimum unum diem exspectet." Similiter monet Ballerini-Palm. l. c. n. 902 et Lacroix VI, 3, n. 480. — Alioquin si iam omnia parata sunt ad nuptias, neque tempus est opportunum extra missam supplere, est ratio satis gravis cur praetermittatur haec ultima proclamatio et nihilominus ad nuptias liceat procedere.

R. 3. Si agebatur de nominibus eorum quorum matrimonium futurum *prima vice* proclamandum erat: sane postea, ac si nihil actum fuerit, ter proclamatio habenda est, neque ob casum nostrum una ex iis omitti debet.

R. 4. Ceteroquin, si in vesperis aliave devotione pomeridiana satis magnus numerus fidelium confluxerit, ibi fieri potest proclamatio in missa sollemni omissa: S. Alph. l. c. n. 991; *Th. m.* l. c.

UBI BANNA FIERI DEBEANT.

Casus. (251)

Marina Aquisgranensis, 19 annorum, a tribus mensibus Coloniae in famulatu degit, postquam per tres annos Dusseldorpii famulam egerat; intendit matrimonium contrahere cum Ioanne Moguntino, qui post matrimonium Dusseldorpii habitare intendit, domo ibi iam conducta.

Quaeritur 1° ubinam proclamationes fieri debeant, attentis circumstantiis, prout Marina parentibus sit orbata aut non orbata.

2° quid, si Marina iam per annum Coloniae famuletur.

Solutio.

Ad quaesitum 1ᵐ R. 1. Certum est in actualibus habitationis locis utriusque sponsi proclamationes fieri debere, adeoque tum Moguntiae tum Coloniae in propriis parochiis, si sponsorum alteruter ibi contraxit quasi-domicilium; sed si Marina tantum precario modo Coloniae moratur, *lege communi* necesse non est ut ibi fiant proclamationes, nisi lex dioecesana id pro tali casu etiam praescribat.

R. 2. Certum insuper est ratione Marinae sponsae, utpote in aetate minori, proclamationes fieri debere in loco domicilii parentum. Quare, si illi in vivis sunt et Aquisgrani habitant, ibi in parochia parentum etiam proclamationes faciendae sunt; alioqui si Marina quidem nata est Aquisgrani, parentes vero alibi habitant, ibi, non Aquisgrani, proclamationes fiant oportet. Cf. Rosset l. c. n. 1105.

R. 3. Si vero parentes defuncti sunt, certe sunt alii in quos paterna potestas transiit: quapropter in eorum loco domicilii est Marinae domicilium iuris, ubi proclamationes fieri debeant.

R. 4. Magis dubitari potest num etiam in priore domicilio, i. e. in parochia Dusseldorpii, ubi Marina antea habitabat, proclamationes fieri debeant. Nam generalis regula statuitur, eos qui *a brevi tempore* domicilium mutaverunt, proclamari debere non in solo actuali domicilio, sed etiam in priore (*Th. m.* II, 674); breve autem tempus certe est quod non attingit spatium 6 mensium; immo pro variis locis et consuetudinibus tempus valde diversum statuitur quod reputetur pro adeo longo ut proclamatio in priore domicilio possit omitti, videlicet tempus *sex mensium* usque ad *quinque annos*. Dubium autem excitari potest utrum Marina quae, utpote in minore aetate, alibi etiam domicilium iuris retinuerit, vere dici possit habuisse Dusseldorpii domicilium. Sed affirmari debet adfuisse non domicilium quidem stricti nominis, sed quasi-domicilium. Sumamus etiam Marinam semper Dusseldorpii vixisse precario modo, ius sibi retinens quovis mense famulatui renuntiandi: si ita fuerit, in rigore quidem neque omnia adfuissent quae requirantur ad quasi-domicilium, in quo debet adesse animus alicubi manendi per maiorem vel saltem magnam anni partem; sed in casu matrimonii propter solam commorationem 6 mensium et ultra testimonium status liberi ex eo loco requiritur ac proin propter solam diuturniorem commorationem *expedit* fieri proclamationes, omissa inquisitione de animo tamdiu manendi, idque lege particulari potest *praescribi* [1].

860 Ad quaesitum 2^m R. 1. Si Marina ultra sex menses degerit in novo famulatu Coloniensi, non indiget proclamatione Dusseldorpii facienda, nisi ibi domicilium retinuerit, etsi inde attestatio parochi de statu libero offerri debet. Nam ex compluribus Conciliis provinc. Romae approbatis (cf. *Th. m.* l. c.) haec statuitur norma: „Pro iis qui transitorii officii vel studiorum, famulatus causa in uno loco *ultra sex menses* degunt, *domicilium retinentes in altero,* in utroque loco proclamentur": ergo, qui domicilium non retinuerunt in altero priore loco, non debent in utroque loco proclamari, sed sufficit ut proclamentur in loco habitationis actualis.

R. 2. Fieri vero potest ut Marina domicilium Dusseldorpii retinuerit, si ibi iam cum Ioanne sponsalia inierat. Fac enim, ut ibi cum Ioanne famulante contraxerit familiaritatem, sed quo honestius

---

[1] S. Off. ad Orientales d. 29 Aug. 1890: „Publicationes faciendae sunt in loco domicilii vel quasi-domicilii. Expedit etiam ut fiant in loco originis, si contrahentes ibidem morati fuerint post adeptam aetatem ad matrimonium contrahendum idoneam: atque insuper in locis, ubi saltem per 10 menses commorati fuerint, nisi iam a pluribus annis domicilium fixerint in loco ubi matrimonium contrahendum est." Gasparri n. 163.

matrimonium iniret atque periculum peccandi declinaret, Dusseldorpio recesserit ad tempus Coloniam, quam primum Dusseldorpium matrimonii ineundi domiciliique figendi causa reditura. Si haec in animo habuit, numquam vere reliquit domicilium seu quasi-domicilium Dusseldorpiense, cum retinuerit animum mox redeundi, praesertim si in domo illa iam locata partem bonorum suorum reliquerit. Quodsi ita res fuerit, necessarium omnino erit, Dusseldorpii quoque proclamationes facere tum ratione Marinae tum ratione Ioannis.

FINIS BANNORUM. — IMPEDIMENTORUM REVELATIO.

Casus. (252)

Themistor parochus, rogatus a sponsis, promittit se post primam bannorum publicationem sequenti dominica publicationem pro *secunda et tertia* vice facere velle: cum pridie illius dominicae vespere Paula quaedam ad eum accedat, protestans sibi a sponso fidem matrimonii datam esse. Cui Themistor respondet se procedere debere in hac causa, nisi sibi allatum fuerit prohibitorium ex parte episcopi. Impossibile sane est Paulae, rem adeo celeriter apud episcopum componere. Feria enim II post factas publicationes matrimonium publicatum contrahetur.

Servatius, cum audiat Annam et Paulum publicari ut sponsos, qui intendant mox matrimonium contrahere, recordatur Paulum antea alteri puellae matrimonium promisisse atque etiam Annam fuisse sponsam alterius; scitque ex certis relationibus patrem Annae cum matre Pauli circa tempus conceptionis Pauli adulterino consortio usum esse, atque a non longo tempore matrem Annae cum Paulo turpiter egisse.

Quaeritur 1° quis sit bannorum finis et quae obligatio indicandi obstacula matrimonio contrahendo contraria.

2° in *primo casu* Themistor rectene an minus recte egerit.

3° ad quid in *secundo casu* teneatur Servatius.

Solutio.

Ad quaesitum 1ᵐ R. 1. Finis bannorum est, ut patefiant, si quae sint contra matrimonium obstacula, videlicet impedimenta quae hoc matrimonium prohibeant, vel quae illud redditura sint nullum.

R. 2. Ex fine intento sequitur adesse obligationem per se gravem, qua teneantur omnes qui sciant aliquod impedimentum inter sponsos exsistere, illud manifestare, nisi sciant ab aliis manifestationem certo fieri vel factam esse. Gasparri l. c. n. 174 sq.

R. 3. Excusantur autem ii qui timere debent ex revelatione grave periculum vel damnum sive pro se, sive pro suis, sive pro societate seu ratione scandali — adeoque etiam ii qui notitiam habent ex secreto sibi in officio vel consilii causa commisso; similiter excusantur ii quorum revelatio esset inutilis. Verum si quando revelatio fieri nequeat, adhibenda est privata — si fieri possit — monitio eorum quorum interest. Gasparri n. 177 sq.

R. 4. Haec revelatio, quamquam absolute efficax etiam esse potest si fiat post ultimam publicationem bannorum, nihilominus quam primum facienda est, ne ulteriore dilatione difficultas augeatur vel efficacia per improvisam matrimonii accelerationem eludatur.

R. 5. Si agitur de impedimento aliorum sponsalium adeoque de iure tertii, sufficit illi tertiae personae de proclamato matrimonio notitiam dare: nam si haec ipsa, notitia accepta, nihil opponat matrimonio isti, ius suum abdicasse censetur eo saltem sensu ut nolit amplius matrimonium alienum impedire. — Attamen qui mavult, vel cui facilius est rem parocho referre, id facere potest, ut per parochum res componatur.

862   Ad quaesitum 2^m R. 1. Themistor promittens se secundam et tertiam proclamationem eodem die facturum, unam proclamationem praescriptam aequivalenter omisit: quod nisi gravis causa ius ad epikiam dederit, peccatum erat, *ex se* tamen non grave.

R. 2. Verum per accidens potest esse grave, v. g. si quando instat periculum ne forte matrimonio intento et accelerato irreparabiliter laedatur ius tertiae personae. Quod re vera in nostro casu obtinet, si querelae Paulae sunt fundatae. Quapropter Themistor, postquam audierit Paulae protestationem, promissione sua neglecta seu retractata, non potuit illa die omnes proclamationes finire, vel saltem non procedere ad matrimonii assistentiam.

R. 3. In genere enim parochus, si quod impedimentum sive dirimens sive impediens inceptis proclamationibus manifestatur, causam sistere debet, rem examinare atque quam primum ad Ordinarium deferre. Quod in nostro casu parochus facere debebat.

R. 4. Solum si 1) Paula obiecerit quidem sponsalia *secum* inita, sed matrimonium secum contrahendum non vel non amplius intendat; aut 2) si ex parte sponsi sufficientes causas haec cum Paula facta sponsalia dissolvendi adesse *pateat*, Themistor male non egit, siquidem obstacula obiecta erant iniusta. Si autem res dubia manet: omnino causa discutienda vel componenda est sive amica transactione sive iuridica Ordinarii sententia, antequam ulterius procedatur. Cf. *Th. m.* II, 672.

863   Ad quaesitum 3^m R. 1. Quod Servatius scit de prioribus sponsalibus, quae sive Anna sive Paulus inierant, sufficit ut ii quorum interest hoc noverint. Quare si id iam obtinet, Servatius circa hoc nullam habet obligationem; alias aut illos ipsos aut parochum moneat.

R. 2. Quod autem Servatius scit de turpi consortio, gravissimi momenti est, propter quod coniunctio inter Annam et Paulum omnino impediri debeat, si possit; est autem simul adeo diffamans ut potius permitti debeat matrimonium materialiter nullum, quam ut haec crimina spargantur in vulgus.

Scilicet ex priori illo consortio adulterino aliquo modo probabile est Paulum et Annam esse fratrem et sororem ex eodem patre, quamvis in iure sit contraria praesumptio. Et quoniam, si ista vera sunt, exsistat impedimentum indispensabile, impossibile est ut dispensatione difficultas removeatur; sed superest ut matrimonium non attentetur. Servatius igitur, nisi ipse monere possit matrem Pauli vel patrem Annae, ut sua interposita auctoritate coniunctionem istam interdicant quaesito aliquo praetextu, moneat parochum, ut ille idem conetur. At si Paulus et Anna a parentibus se permovere non sinant, durius videtur eorum patrem vel matrem obligari, ut se coram iis diffament atque ita matrimonium attentatum impediant, maxime cum propriam turpitudinem asserenti credi non debeat.

Ex alio vero consortio turpi Pauli cum matre Annae Paulum inter et Annam orta est affinitas primi gradus, quae ex sese impedimentum matrimonii dirimens constituit. Quod impedimentum pro se sumptum dispensabile quidem est; attamen in nostro casu, si ad parochum pervenerit huius impedimenti notitia simul cum notitia prioris impedimenti, ratio est urgens cur propter solum affinitatis impedimentum Paulum repellat ab ineundo matrimonio, etiam silens de illo impedimento consanguinitatis, atque Paulo persuadeat dispensationem a suo affinitatis impedimento non esse sperandam. Re vera enim in libello supplici, quem Romam mitteret, exprimere parochus deberet, subesse simul cum affinitate probabiliter impedimentum consanguinitatis primi gradus, quod iuris quidem praesumptione ignoretur, re tamen non sit exclusum: quibus expositis numquam dispensabitur ne ab affinitate quidem, ne ansa detur matrimonio nihilominus invalido.

DISPENSATIO A BANNIS (I).

Casus. (253)

Baldus Blandinae a se violatae matrimonium promiserat: quod in dies differt, immo parat iter diuturnum promissione nondum impleta. Quare Blandina adit parochum supplicans ut statim omissis proclamationibus matrimonio assistat; aliter se timere ne Baldus promissis non maneat fidelis neve ipsa in ignominiam cadat. Parochus annuit; verum ab ordinariatu propter omissas proclamationes graviter reprehenditur.

Quaeritur 1° quis ob quas causas a proclamationibus dispenset.
2° quid de agendi ratione parochi iudicandum sit.
3° quid, si Blandina, ad ordinariatum re delata, ab eo repulsam iam tulerat.

Solutio.

Ad quaesitum 1ᵐ R. 1. Ordinariorum est in proclamationibus 864 dispensare, idque non solum propter generalem regulam, secundum quam eorum est in rebus legum ecclesiasticarum quae frequenter occurrunt dispensare, sed etiam ex expressa dispositione iuris Tridentini „nisi *Ordinarius* ipse expedire iudicaverit, ut praedictae denuntiationes remittantur, quod illius prudentiae et iudicio S. Synodus relinquit".

R. 2. Quando ex iure in pluribus locis proclamationes fieri debent atque in diversis dioecesibus, sufficit dispensatio unius Ordinarii, eius videlicet, in cuius territorio matrimonium initur. *Th. m.* II, 675; Gasparri l. c. n. 183. Hoc contra non paucos auctores satis probabile est. Nam quia Ordinarius non dispensat in propria lege, sed in lege universali, adeoque potestate a S. Sede *delegata,* non est ratio cur haec dispensandi potestas ad proprios dioecesanos restringi *debeat,* maxime cum agatur de actu qui in propria dioecesi publice exercetur.

R. 3. Cum dicatur dispensationem relinqui prudentiae et iudicio Ordinarii, patet requiri quidem causam, at non gravem, ut Ordinarius legem bannorum remittere possit: si modo finis legis, i. e. certitudo de impedimento non exsistente, satis in tuto collocetur.

R. 4. Sed distinguuntur causae gratiosae et causae necessariae. Gratiosae dicuntur si Ordinarius condescendit cum personis iisque ex gratia, sine causa graviter urgente, legem remittit. Necessariae causae hae sunt, in quibus propter grave damnum vel incommodum, quod legis observantia in particulari casu secum habeat, Ordinarius tenetur legem eiusve rigorem remittere. Causam remittendi sive plene sive ex parte praedictas proclamationes Synodus Trid. l. c. affert: „si aliquando probabilis fuerit suspicio, matrimonium malitiose impediri posse, si tot praecesserint denuntiationes". Similes causae communiter habentur: 1) si periculum est ne vir derelinquat puellam a se violatam; 2) si delato tantisper matrimonio, infamia et dedecus sequatur; 3) si propter iter instans matrimonium nequeat differri; 4) si propter condiciones omnino dissimiles sponsi publica proclamatione ludibrio exponantur; 5) si, civili matrimonio iam contracto, vir nolit in proclamationes ecclesiasticas consentire, vult tamen ritum ecclesiasticum concedere.

Ad quaesitum 2ᵐ R. 1. Ab omni publicatione longe difficilius dispensatur quam ab una alterave. Nihilominus rationes valde urgentes etiam ad omittendas omnes publicationes sufficiunt. Si vero ab una alterave tantum publicatione dispensatur, ultima publicatio fit sub forma: „secundo et tertio publicantur", vel „unica pro trina denuntiatione publicantur"; quo certius urgeantur ut, qui forte habeant quod matrimonio obiiciant, quam primum id indicent.

R. 2. Si re vera res urgebat, in casu narrato gravissima erat ratio cur in gratiam sponsae a proclamationibus dispensaretur. Quare, si tam cito Ordinarius adiri non potuit, licuit parocho epikia uti atque, certus de impedimento non exsistente, sponsos statim ad matrimonium admittere. Neque subsequens obiurgatio facit, ut re vera reus fuerit.

R. 3. Si absolute possibile quidem fuerit, antea adire Ordinarium, parochus vero noverit eum difficiliorem esse in danda dispensatione, in casu *evidentis* necessitatis in foro conscientiae tuto agere potuit per epikiam. At quoniam in foro externo omiserat recursum per se necessarium, pati debuit reprehensionem secuturam, immo etiam poenam forte infligendam.

Ad quaesitum 3m R. Difficilius etiam esset parochum excusare, si recursu iam habito ad ordinariatum dispensatio esset denegata. Nam inferioris non est reformare iudicium superioris. Id solum concedi potest, si quando parochus detegeret novam aliquam circumstantiam, quae graviorem faceret rationem dispensandi et quae ab ordinariatu perpendi non poterat, in eiusmodi suppositione causam redire ad idem plane quod dictum est ad Q. 2m R. 3.

DISPENSATIO A BANNIS (II).

Casus. (254)

Drusillus homo nobilis provectioris iam aetatis a puella 16 annorum condicionis inferioris peccatum extorserat promissione matrimonii. Puella concepit urgetque matrimonium ineundum. Post multas tergiversationes demum consentit Drusillus sub condicione 1) omittendarum proclamationum, 2) ineundi matrimonii occulte et ad laevam manum, ut aiunt; alias enim se ludibrio exponi.

Quaeritur sitne ratio haec admittendi.

Solutio.

R. 1. Ex parte puellae sine dubio est iustissima causa petendae dispensationis et facultatis matrimonii; alioqui manebit in dedecore et forte sine auxilio per totum vitae decursum.

Quare si Drusillus seriam ostendit voluntatem ineundi cum puella ista matrimonii neque graviora mala ex eo oritura esse praevidentur: nihil est, quod opponatur et cur non facile et statim concedatur ab episcopo facultas sine proclamationibus negotium absolvendi.

R. 2. Num vero Drusillus invitus urgeri vel cogi possit, non est ita clarum. Nam adiuncta videntur esse ea ut promissio illa matrimonii non potuerit rationabiliter haberi pro vera et seria. Quod si ita est, obligandus quidem est Drusillus ut alio modo, quantum fieri possit, damnum et deceptionem quam puella ex simplicitate passa fuerit reparet; ad matrimonium autem cogi non potest. Immo si ex una parte nimia est disproportio inter Drusillum et puellam, ex altera parte huic pro sua condicione fere possit fieri reparatio: ex aliis adiunctis iudicari debet, sitne matrimonium istud suadendum an dissuadendum. Si dissuadendum, superioris non est illud per dispensationem a proclamationibus efficaciter promovendi.

Si suadendum est matrimonium, superioris utique est momentaneam Drusilli voluntatem per dispensationem ab omnibus rebus praeviis facere efficacem, antequam ipse eam mutaverit.

R. 3. Quod matrimonium ineatur morganaticum et occultum, ex se quidem illicitum non est; attamen provideri debet ne oriatur scandalum, quasi coniuges illi vivant in concubinatu. Quod si talis rumor taleque scandalum timendum est, legitima matrimonii coniunctio debet reddi publica.

MATRIMONII CONTRACTUS.
CONSENSUS MATRIMONII CONDICIONATUS.

Casus. (255)

Maura cum Faustino in Transsilvania init matrimonium, hac facta stipulatione ut pro usu matrimonii Faustinus non eligat nisi dies ad concipiendum minus aptos, et ut, quando nihilominus secuta fuerit conceptio, sibi liceat prolem abiicere et in orphanotrophio collocare. — Faustinus vero, Calvinianus, persuasum sibi habet licere matrimonium, si forte evadat nimis grave, dissolvere atque aliud inire; neque si contrarium scivisset, matrimonium contrahere ausus esset.

Quaeritur 1° qui requiratur consensus ad matrimonium verum efficiendum.
2° quid operetur consensus condicionalis.
3° sitne matrimonium, de quo in casu, validum.

Solutio.

Ad quaesitum 1ᵐ R. 1. Requiritur ante omnia consensus *verus:* quae igitur voluntario repugnant, etiam repugnant consensui quo verum matrimonium efficiatur. Voluntario autem praeter errorem et metum, de quibus inter impedimenta dirimentia sermo recurret, praeprimis obstat *fictio*. Quare qui *ficte* consentit, etsi fictio illa non appareat, efficit ut matrimonium sit *nullum;* quodsi fictio illa possit probari et re ipsa probetur, etiam in foro externo matrimonium pro nullo habetur; alias in externo foro habetur pro vero atque fingenti erit generatim obligatio revalidandi matrimonii.

R. 2. Requiritur *con*sensus, i. e. *mutuus;* id enim in omni contractu suo modo necessarium est; atque magis etiam in hoc bilaterali contractu, qui in mutua iurium traditione et acceptatione consistit. Hinc si alterutrius consensus vitiatus est, neuter effectum suum est sortitus, quamquam ius et obligatio ex iniuria vel damno illatis oriuntur.

R. 3. Requiritur consensus *externus:* id enim et ratio contractus et ratio sacramenti postulat. Nam contractus mutuus fieri nequit, nisi alter alterius voluntatem intellexerit, alter alteri, quid offerat et acceptet, manifestaverit. Neque sacramentum efficitur, nisi sit signum externum, est autem consensus seu contractus ipse sacramentum; ergo consensus ille debet esse externus.

R. 4. Requiritur consensus *de praesenti,* i. e. de *re praesenti* seu de praesenti iuris traditione et acceptatione: alioquin habentur sponsalia. Idque adeo verum est ut etiam in consensu condicionato condicione futura nihilominus voluntas actu praesenti declarata effectum suum producat, impleta condicione, matrimoniumque constituat sine alia nova declaratione. *Th. m.* II, 685.

Ad quaesitum 2ᵐ R. 1. Hac in re distinguenda est condicio de futuro a condicione sive de praesenti sive de praeterito. Nam in ultimis condicionibus condicio quoad rem statim verificatur aut falsificatur, atque proin consensus in se eo ipso evasit aut verus et efficax, aut inefficax et nullus: etsi forte contrahentes rei veritatem nondum sciant sed postea demum cognituri sint.

R. 2. Condicio de futuro generatim, si condicio stricto sensu sumitur, ita ut ab eius verificatione pendeat ipsa consensus veritas et efficacia, est aut suspensiva aut resolutoria. Resolutoria in matrimonio admitti nequit, siquidem est contractus ex sese indissolubilis. Quare quaevis resolutoria condicio, si re vera ita intenditur, ab alterutro facta id efficit ut matrimonium sit *nullum,* utpote essentialiter vitiatum. Verum si talis condicio manifestata non est neque potest probari, status idem est atque in consensu ficto qui probari nequeat.

Quaelibet condicio *resolutoria* matrimonio apposita pertinet ad aliquam ex turpibus condicionibus sensu latiore, substantiae matrimonii contrariis.

Condicio autem mere *suspensiva* tamdiu suspendit effectum consensus dati, donec fuerit impleta. Eo ipso autem quod fuerit impleta, sive actu necessario sive libero, sive honesto sive inhonesto, dummodo consensus neuter retractatus sit, effectus, i. e. vinculum matrimoniale, producitur, etiam insciis contrahentibus.

R. 3. Condicio saepe latiore sensu sumitur pro quolibet *modo* 870 contractui addito, ad quem contrahentium alter alterum velit adstringere. Quomodo illa in matrimonium influere possint, de hoc tene sequentia:

1) Condiciones seu modi honesta in pactum deducta observanda quidem sunt, nisi remittantur; sed in ipsum matrimonium eiusve valorem effectum non exercent, nisi sint suspensiva.

2) Condiciones seu modi turpes superadditi *in pactum deducti,* si substantiae matrimonii obstant, faciunt matrimonium invalidum; si eius substantiae non obstant, *habentur pro non-adiectis,* idque in foro externo, quod etiam in foro interno valebit, nisi constet condicionem ab alterutro habitam esse pro condicione stricta resolutoria: in dubio quidem ad cautelam, quantum fieri possit, consensus sincerus renovandus erit.

3) Si eiusmodi modus superadditus, etiam substantiae matrimonii obstans, mente quidem est conceptus ab alterutro contrahentium, sed non in pactum deductus, in foro externo habetur *pro non-adiecto* matrimoniumque censetur validum. Pro foro interno idem dic quod modo sub 2). — Quod idem observandum est, si alteruter pravam stipulationem se inducere velle manifestavit, alter vero contradixit, atque ita matrimonium est initum: nam forum externum in favorem matrimonii sentit, praesumens priorem contrahentium pravae stipulationi renuntiasse.

R. 4. Pacta autem turpia, substantiae matrimonii contraria, sunt: 871 ea quae repugnant *fidei, sacramento, proli,* seu quae excludunt matrimonii *unitatem, indissolubilitatem, finem* seu prolis procreationem et conservationem. Qui scilicet eiusmodi matrimonii condiciones essentiales excludit, vel contraria paciscitur, *non vult* tradere ius matrimoniale; non enim vult tradere ius vel exclusivum (sed distribuere in plures mulieres), vel perpetuum (sed solum ad tempus, postea alteri pro arbitrio traditurus), vel ne ipsum quidem essentiale ius eiusque complementum. Proin contractum matrimonialem exsurgere impossibile est.

Frequentior igitur illa condicio turpis in pactum deducta, quae efficiat matrimonium nullum, est, si sponsi in pactum deducant: matrimonii abusum, quo impediatur conceptio; vel prolis conceptae extinctionem, nataeve abiectionem: his enim finis essentialis in usu iuris matrimonialis *contrarie* excluditur, qui est procreare et educare prolem. Aliter omnino est, si in pactum deduceretur ex amore castitatis perfecta continentia seu non-usus iuris matrimonialis: quod esset matrimonium verum quidem, sed virgineum.

872   Ad quaesitum 3^m. Ex regulis ad Q. 2^m datis matrimonium in casu propositum, seu potius singulae condiciones diiudicandae sunt.

R. 1. Si in prima condicione sola sistimus, ex ea matrimonium non evasisse nullum censeo. Nam eligere tempus minus idoneum, coniugibus in matrimonio, saltem ex graviore causa et sine peccato gravi, *licet;* quare non est pro contracturis condicio *turpis*. Neque finis matrimonii, educatio prolis, simpliciter excluditur, cum difficilior quidem reddatur sed omnino possibilis, immo non ita raro efficax, maneat prolis conceptio.

R. 2. Secunda condicio, si simpliciter erat „prolem *abiicere*", seu neglecta omni eius cura, eam probabili interitui devovere, habetur pro condicione turpi substantiae matrimonii contraria, cum per matrimonium non momentanea tantum procreatio prolis, sed conservatio generis humani intendatur, quae requirit necessariam curam atque aliqualem saltem prolis educationem. — At quoniam in nostro casu illud „prolem abiicere" declaretur subsequenti additione „in orphanotrophio eam collocandi", puto eam conditionem esse pro parentibus quidem, communiter loquendo, turpem, tamen non excludi matrimonii finem essentialem, eo quod ipsa hac in orphanotrophio collocatione cura summe necessaria iam habeatur. Censeo igitur ex hac pactione non constare de matrimonii nullitate; pactionem autem illam non obligare.

873   R. 3. Tertia illa condicio, quod Faustinus sit in persuasione suae sectae sibi licere ex quibusdam causis a matrimonio contracto recedere, si esset in pactum deducta, vel etiam a solo Faustino ita mente concepta, ut expresse statueret sic inire coniunctionem cum Maura, ut sibi pro libitu liceret recedere: sane fecisset coniunctionem *nullam* seu invalidum matrimonium.

Verum ita res se non habuit; sed mansit sola Faustini *opinio*. Hanc per se non sufficere ut reddat matrimonium nullum, ex eo debemus concludere, quod non solum apud acatholicos christianos, qui in compluribus casibus matrimonialis vinculi solutionem fieri posse praetendunt, sed etiam apud infideles, qui neque unitatem neque indissolubilitatem matrimonii norunt, veri nominis matrimonium cum prima saltem femina fieri posse et reapse communiter fieri, Ecclesia tenet.

Atque pro Transsilvania exstat resp. S. Off. d. d. 2 Oct. 1680 (cf. Denzinger, Enchiridion, ed. 6, n. 1485) ad dubium „An sit validum matrimonium contractum inter catholicam et schismaticum cum intentione foedandi vel solvendi matrimonium" R. „Si ista sint deducta in pactum, seu cum ista condicione sint contracta matrimonii, sunt nulla: sin aliter, sunt valida." Ergo neque voluntas contra matrimonium agendi, neque opinio huius rei quasi licitae; sed voluntas ineundi matrimonii non aliter quam cum iure sic agendi retento matrimonium destruit seu facit invalidum.

Neque hanc voluntatem in nostro casu Faustinus, ut videtur, habuit, sed fortasse *habuisset,* si cogitatio incidisset. Plus enim non eruitur ex ea observatione eum matrimonium contracturum non fuisse, si illud insolubile esse scivisset. Fateor tamen, si eiusmodi erant circumstantiae et illa revera dispositio animi, matrimonium evadere practice *dubium:* sed ideo matrimonium non solvitur sed obligatio exsurgit illud meliore consensu reddendi certius. Quodsi constat cum errore illo de matrimonii solubilitate adfuisse voluntatem *praevalentem* veri matrimonii, de huius valore nullum potest dubium excitari.

CONDICIO TURPIS IN MATRIMONIO.

Casus. (256)

Rufus, Rufinus, Rufinianus acatholici potius libidinis causa matrimonium inire cupiunt. Cum sponsis suis de condicionibus matrimonii antea conveniunt: 1) Rufus, ut proles nascitura educetur in Calvinismo; 2) Rufinus, ut proles suscepta abortu abigatur; 3) Rufinianus, ut conceptio evitetur: postea matrimonium consueto modo rite ineunt.

QUAERITUR 1° quid discriminis sit, prout in contrahendo matrimonio res turpes in pactum deducantur aut non deducantur.
2° quid in casu proposito de matrimoniis illis iudicandum.

Solutio.

AD QUAESITUM 1ᵐ R. 1. Ex dictis in casu priore, ut de matrimonii nullitate propter appositas circumstantias turpes in foro externo constet, res turpes debent 1) esse contra substantiam matrimonii, videlicet sive contra eius *unitatem,* sive contra eius *indissolubilitatem,* sive contra prolis *susceptionem vel conservationem;* 2) debent esse deductae in pactum.

R. 2. Quodsi igitur hae res illicitae in pactum non deducantur, sed *iura* matrimonialia sibi mutuo dare sponsi voluerint, etiamsi conceperint nihilominus voluntatem contra haec iura matrimonialia agendi: peccatur quidem, sed non est invalidum matrimonium. Quare contracto matrimonio nihil superest, nisi ut ista peccaminosa voluntas relinquatur.

R. 3. Sumitur tamen neutrum ex sponsis abusum matrimonii pro *condicione sine qua non* in mente habuisse. Quod si alteruter habuisset, obiectum contractus matrimonialis *intentione* contrahentis esset vitiatum; atque, deficiente vero consensu interno, matrimonium non posset enasci. Sed in foro externo illa mens non sumitur adfuisse, nisi condicio turpis *deducta fuerit in pactum*.

R. 4. Aliae condiciones turpes seu peccaminosae quae sunt matrimonii essentiae extrinsecae, etsi in pactum deducantur, v. g. mutua promissio furti vel fraudis vel cuiuscumque criminis, in foro externo habentur pro aliquo adiecto seu pro *modo* addito, quo contractus matrimonialis non vitietur: qui modi additi pro *non adiectis* habentur et, ut patet, exsecutioni dari nequeunt.

R. 5. Id in foro quoque interno iudicandum est, nisi alteruter contrahentium illam promissionem rei illicitae seu obligationem ad eius exsecutionem habuerit pro condicione sine qua non. Nam si ita, obiecto contractus admixtum fuisset aliquid impossibile: quod impedit quominus contractus utcumque validus fieri possit. Quodsi hac in re serium dubium exsistat, in foro interno renovatio consensus matrimonialis, eiusque veri et puri, privatim facienda est.

875 Ad quaesitum 2^m R. 1. Condicio Rufi substantiam matrimonii non attingit: propagatur enim et conservatur genus humanum etiam apud haereticos vel infideles. Quare matrimonium illud, quantum ad hoc caput attinet, validum est censendum: impia tamen condicio relinquenda seu emendanda est.

Quodsi seriam promissionem sponsae circa impiam hanc educationem Rufus pro conditione sine qua non habuisset, matrimonium erit validum in casu quo sponsa hanc voluntatem habuit re vera; non erit validum in casu quo voluntatem habuit fictam. — Si autem Rufus stultam habuit voluntatem qua voluerit valorem matrimonii dependere a futura impletione illius impii promissi vel a vera et firma *obligatione* implendae promissionis: matrimonium est utique invalidum. Sed intentio adeo stulta non solet concipi, neque umquam in foro externo praesumitur; sed debebit plane probari.

R. 2. Condicio Rufini non immediate inficit obiectum iuris matrimonialis, cum supponatur exerceri semper recte actus generationi aptos; attamen impedit quominus ius illud ad actus matrimoniales oriri possit. Finis enim matrimonii est non prolem procreare quae statim exstinguatur, sed prolem permansuram in hominem rationalem sese evoluturam. Qui ergo statuunt inter se prolem forte nascituram interimere, contra finem essentialem matrimonii delinquunt neque *iura matrimonialia* exercenda sibi vindicare possunt, utpote quae, fine essentiali excluso, non exsistant. Matrimonium igitur Rufini invalidum est.

R. 3. Etiam magis Rufiniani matrimonium est censendum invalidum. Nam iura *matrimonialia* sponsae dare ne in mente quidem habuit. Quae iura consistunt in legitima exigenda copula: quam Rufinianus exclusit. Ergo *nullum* ius nullumque vinculum matrimoniale est exortum.

R. 4. Aliud, ut iam antea in casu superiore dicebatur, omnino est, si qui amore castitatis omni usu matrimonii renuntiant vel etiam mutua conventione renuntiant. Id enim fieri posse, salva substantia matrimonii, exemplum B. Mariae V. et S. Iosephi ostendit. Neque ex parte rei quidquam repugnat. Ius enim matrimonii legitimum datur et accipitur atque *radicaliter* retinetur, quamquam mutua conventione usu huius iuris sese abdicant. Quare qui postea suam coniugem ad copulam cogeret, fidem datam vel etiam iustitiam promissionis laederet, immo si promissio voto confirmata esset, laederet *religionem;* attamen fornicationem vel adulterium non committeret.

MATRIMONIUM CUM IGNORANTIA INITUM.

Casus. (257)

Ludovica, puella pie et innocenter educata, nupsit Camillo, viro nobili. Qui, cum post celebratum matrimonium coniugale debitum peteret, gravem tulit repulsam, Ludovica querente se numquam de tali re cogitasse neque umquam se in eam esse consensuram. Apud confessarium interrogans de remedio audit sibi viam patere ad eligendam vitam religiosam: quam actuali suae condicioni praefert... Relicto igitur viro, novitiatum adit monialium scholarium, quae, expleto novitiatus biennio temporanea vota, post aliud quinquennium perpetua vota emittere solent. — Verum Camillus, qui caelibem vitam ducere non vult, agit apud iudicem ecclesiasticum, ut vel uxor sibi reddatur vel facultas fiat alius ineundi matrimonii.

Quaeritur 1° sitne coniunctio Ludovicam inter et Camillum pro matrimonio valido habenda.
2° liceatne Ludovicae vitam religiosam amplecti.
3° quaenam sit in tali casu viri condicio.
4° quid ad ipsum casum propositum dicendum.

Solutio.

Ad quaesitum 1ᵐ R. 1. Difficultas, quae moveri potest contra matrimonii valorem, repeti potest solum ex errore substantiali, qui — ut dicitur in tractatu de contractibus in genere, ex natura rei contractum reddat nullum. — Verum in nostro casu contractus matrimonialis oriebatur non tam *ex errore* quam *cum ignorantia;* nam plus quam probabile est adfuisse voluntatem generalem ineundi matrimonii, *sicut ineunt ceteri,* etsi illa voluntas generalis non *adfuisset,* si substantia matrimonii cognita fuisset. Neque tamen videri debet in diiudicando valore matrimonii initi, quid contrahentes facturi fuissent in certa hypothesi, quae re ipsa non obtinuit, sed quod *fecerint,* etsi hoc cum ignorantia fecerint.

R. 2. Hinc est cur S. Rom. Congr. constanter tenuerit et teneat eiusmodi matrimonia pro validis habenda esse. Quodsi forte hoc in singulari casu a vero ex parte rei discrepet, tamen non sequitur grave quoad matrimonii valorem incommodum, quippe quod facile validum videatur fieri saltem per subsequentem putativorum coniugum, vel solius uxoris, tacitum consensum qui in quolibet actu coniugali implicite contineatur. De cetero cf. *Th. m.* II, 823 sq.

878 AD QUAESITUM 2ᵐ R. 1. Per ignorantiam rei matrimonialis Ludovica, rigorose loquendo, ius nullum acquirit, nisi forte dicas ius confugiendi ad S. Sedem eamque remedium rogandi. Quod aliquando in tali casu datur per solutionem matrimonii rati, nondum consummati.

R. 2. Verum Ludovica a *communi iure* non excluditur, secundum quod licet per bimestre coniugalem vitam differre, ut de capessenda vita perfectiore in religioso ordine deliberetur. Ideoque, antequam matrimonium copula carnali fuerit consummatum, Ludovica ius habet assumendae vitae religiosae eiusque experimentum facere in novitiatu ordinis religiosi a S. Sede approbati.

R. 3. Sed quoniam ingressus in solam religiosam congregationem non eodem modo quo ingressus in ordinem religiosum stricte dictum vinculum matrimoniale solvit seu compartem ad ineundum aliud matrimonium liberum reddit: consultius est adire S. Sedem ilico, ut, si Ludovica re ipsa mavult religiosam vitam amplecti, S. Sedes statim solvat matrimonium ratum, nondum consummatum, quod alias sola sollemni votorum professione solvitur.

879 AD QUAESITUM 3ᵐ R. 1. Vir ante solutum matrimonii vinculum per professionem *sollemnem* nequit novum matrimonium inire, eique necessitas exspectandi imponitur num re ipsa Ludovica per professionem statum religiosum assumat. Quod nisi fiat neque summus pontifex sua auctoritate matrimonium quod ratum tantum est solvat, Ludovica cogenda est ut redeat et vitam ducat coniugalem.

R. 2. Attamen, nisi a S. Sede res citius componatur, vir postulare potest ut, exacto unius anni novitiatu, Ludovica aut in stricti nominis ordine sollemniter profiteatur atque ita matrimonium solvat, aut expleto anno ad se redeat. Interim autem mulier cogi nequit.

880 AD QUAESITUM 4ᵐ R. 1. Rationes tum ex parte mulieris tum ex parte viri, ne diutius teneatur vitam caelibem ducere, suadent ut S. Sedes adeatur pro solutione vinculi matrimonii rati, nondum consummati.

R. 2. Iudex ecclesiasticus igitur, si S. Sedes non aditur, cogere nequit Ludovicam ut ad virum redeat; attamen cogere potest ut experimentum sumat ordinis stricte dicti, quo fieri possit ut post annum per sollemnem professionem matrimonium solvatur.

R. 3. Quodsi S. Sedes, non exspectata Ludovicae religiosa professione vel in religione perseverantia, matrimonium solvat, solet in simili casu addere prohibitionem ne mulier possit in posterum matrimonium novum inire sine Sacrae Congr. Rom. interventu.

RITUS SACRI IN QUIBUS MATRIMONIIS ADHIBENDI.

Casus. (258)

Iunipero parocho se sistunt matrimonii ineundi causa sequentes: 1) Cantia cum sponso acatholico, qui post datam fidem de catholica prolis educatione cum benedictione sacerdotali contrahere cupiunt, postea in ecclesia acatholica matrimonium celebraturi, quod sponsus officii causa et ad conservandam pacem cum sua familia agere debet; 2) Cantiana cum sponso francomurario catholice baptizato, qui confiteri renuit, sed, ad augendam celebritatem, cupit accipere cum sponsa sollemnem benedictionem in missa, in qua, si opus sit, non renuit sumere ss. eucharistiam; 3) Cantianilla cum sponso atheo e secta Calviniana oriundo, cui parentes puellam desponderant: de cuius baptismo graves omnino sunt rationes dubitandi, sed qui, cum Iuniperus moneret de baptismo saltem valide suscipiendo, hunc religiosum ritum deridet, at placendi sponsae gratia paratus est eum admittere.

QUAERITUR 1° qui in quibus matrimoniis religiosi ritus adhibendi sint.

2° quid ad casus propositos, seu quomodo parochus cum singulis agere debeat.

Solutio.

AD QUAESITUM 1ᵐ R. 1. Sponsis, si sunt ambo catholici in unione et pace Ecclesiae viventes, adhibendi sunt ii ritus sacri qui in Rituali et Missali adnotantur: sollemnis illa benedictio in Missali notata tum tantum, quando tempus et personarum condicio id permittit. Contrahere matrimonium sine parochi seu sacerdotis interventu, nisi impossibilitas sit et necessitas urgeat, semper et ubique erat et est grave peccatum catholicis. *Th. m.* II, 693.

R. 2. Sollemnis igitur illa Missalis benedictio non datur in secundis nuptiis feminarum, si quando in primis suis nuptiis eam receperint; neque datur in matrimoniis, si quae tempore clauso contrahuntur; neque extra missam, nisi forte singulare plane privilegium Roma datum fuerit eam dandi extra missam.

Quando haec sollemnis benedictio *matrimonio* convenit neque recepta est: hortandi quidem sunt coniuges, non tamen obligandi, ut postea eam recipiant. *Th. m.* II, 694.

R. 3. Matrimonium mixtum vel eorum quorum alteruter sponsorum non est in pace et unione cum Ecclesia, si coram parocho celebrandum est, *per se* celebrandum est assistentia *passiva,* extra ecclesiam, sine ullo ritu et veste sacro.

R. 4. Nihilominus, si ad evitanda maiora mala ita expedire ordinariis videtur, licebit aliquem ritum sacrum adhibere (in favorem videlicet partis catholicae in pace cum Ecclesia viventis), eumque in ecclesia et, *si necessarium fuerit,* omnem qui in Rituali notatur, excepto semper ss. missae sacrificio sollemnique benedictione per se infra missam danda. Ita ex *Instruct. iussu Pii IX data a. 1858;* v. *Collectanea S. Congr. de Prop. Fide* n. 1430.

Sacramentum matrimonii.

Ex quo patet Ecclesiam *malle* ut omnis ritus sacer exsulet; quodsi ad maiora mala impedienda aestimetur necessarium aliquam sacram caerimoniam adhiberi, ut ille restringatur, quantum liceat; summum autem, quod permitti possit, esse illam ritualem benedictionem quae extra missam fiat.

Nihilominus non singulorum parochorum est decernere quid fiat, sed ordinariorum est definire quid ut agatur expedire iudicaverint. Et quamquam hac in re eorum conscientia oneratur, tamen perpendere possunt et debent ritus sacri adhibendi datam esse *facultatem*, quo mala graviora, scandala, perturbationes impediantur. Quodsi eiusmodi rationem adesse putaverint, tuto uti possunt indulgentia concessa; sed curare debent opportunis instructionibus et monitis ut fideles subditi hanc alta mente repositam teneant persuasionem matrimonia mixta ab Ecclesia per se abhorreri eaque esse pericula magnorumque malorum uberem fontem, ac proin, ut in singularibus casibus licita evadant, non sufficere ut cautiones praescriptae dentur, sed requiri ut praeterea causae graves exsistant ob quas tot pericula et mala possint permitti. Cf. *Collect. S. Congr. de Prop. Fide* n. 1433. 1434. 1436.

883   Ad quaesitum 2^m R. 1. Quoad *Cantiae* matrimonium, si abstrahitur ab illo ritu acatholico subsecuturo, seu si ille ritus exsularet: morem dioecesanum in contrahendis matrimoniis mixtis seu in illis ritu sacro cohonestandis Iuniperus parochus sequi potuit.

R. 2. Nunc autem respici debet illa voluntas adeundi etiam ministrum acatholicum. Supponitur in ecclesia acatholica ministrum peracturum esse ritum sacrum, atque illam matrimonialis consensus renovationem ritibus quasi-sacris circumdatam esse acatholici seu haeretici ritus communicationem vel professionem. Nam si minister acatholicus tantummodo ut minister civilis et politicus ageret, qui ad civiles matrimonii effectus reddendos securiores adiretur — etsi forte *in* templo haeretico, ut in loco civili lege pro matrimoniis contrahendis constituto, consensum politicum recipiat —: res non erat illicita, ut compluries *S. Officium* declaravit. E contrario autem idem *S. Off.* toties etiam declaravit illicitum esse adire ministrum haereticum, quando ille *ut* minister *sacris addictus* agit, vel quando illa consensus declaratio seu renovatio tamquam acatholici ritus professio habetur vel talis professio inde colligitur: cf. *Collect. S. Congr. de Prop. Fide* n. 1431. 1444. Quando igitur tale quid a nupturis actum vel propositum fuerit, parochus catholicus eos generatim monere debet de gravi peccato atque censura contracta vel contrahenda, neque ipse ullum ritum sacrum adhibeat; immo eorum qui haereticum ritum *notorie* iam perfecerint vel se perfecisse parocho aperte declaraverint, consensus renovationi ne passive quidem interesse per se et generatim licebit, nisi pars catholica facti paenitens resipuerit et a censuris fuerit absoluta. Cf. *S. Off.* l. c.

884   R. 3. Nihilominus, si nupturi expresse nihil dicunt, neque res nota parochove plane certa sit, parochus autem rem suspicatur: ipsius

est perpendere num forte pars catholica in bona fide exsistat, monitio autem nihil videatur profectura esse. Quodsi ita iudicaverit — et re ipsa difficillimum erit in casu enarrato, si res iam apud sponsos fuerit conclusa, eam retractare vel impedire — neque scandalum sit secuturum; potius totam rem dissimulet atque assistat matrimonialem consensum daturis etiam cum omni ritu sacro, ut supra dictum est.

Ita enim habetur tum in *Instr. S. Off.* d. 17 Febr. 1864, tum in *Instr. S. Off.* d. 12 Oct. 1888 *(ad epp. rit. orient.)* datis: „Sciant insuper animarum pastores, si *interrogantur* a contrahentibus, vel si *certe noverint* eos adituros fore ministrum haereticum sacris addictum ad nuptialem consensum praestandum, silere se non posse, sed monere eosdem debere sponsos de gravissimo peccato quod patrant. Verumtamen ad gravia praecavenda mala, si in aliquo peculiari casu sacerdos seu parochus non fuerit interpellatus a sponsis, an liceat necne adire ministrum haereticum vel schismaticum, et nulla fiat ab iisdem sponsis explicita declaratio de eodem adeundo, praevideat tamen eos forsan adituros ad praestandum vel renovandum consensum, atque insuper ex adiunctis in casu concurrentibus praevideat monitionem certo haud esse profuturam, immo nocituram, indeque peccatum materiale in formalem culpam vertendum: *tunc sileat,* remoto tamen scandalo, et dummodo aliae ab Ecclesia requisitae condiciones ac cautiones rite positae sint, praesertim de libero religionis exercitio parti catholicae concedendo, necnon de universa prole in religione catholica educanda. — Quodsi sponsi ad parochum seu sacerdotem catholicum pro benedicendis nuptiis accedant, *postquam* eas coram ministro haeretico vel schismatico celebraverint, idque *publice notum* sit vel *ab ipsis sponsis notificetur,* catholicus sacerdos huic matrimonio *non intererit,* nisi, servatis, ut supponitur, ceteroquin servandis, pars catholica facti paenitens praeviis salutaribus paenitentiis absolutionem a patrata culpa (a contractis censuris) rite prius obtinuerit."

R. 4. Quoad matrimonium *Cantianae* parochus, si qua spes adhuc est, omnino adlaborare debet ut eam ab isto matrimonio retrahat; alioquin, si tempus est — ut esse sane debet, quia banna debebant praecedere —, ad ordinarium recurrat eiusque iudicium sequatur.

R. 5. Si autem fingamus recursum esse impossibilem, vel si quaeritur quid demum ordinarius statuere summo iure possit, dicendum est:

1) Quantum fieri potest, cooperatio parochi catholici restringenda est ad *passivam* assistentiam; cf. *Instr. S. Off. ad Epp. Brasiliae* d. 5 Iulii 1878 in *Collect. S. Congr. de Prop. Fide* n. 1863; *Th. m.* II, 696 n. 1.

2) *Generalis* autem regula hucusque a S. Sede non est praescripta, sed d. 21 Febr. 1883 *S. Off.* dixit pastoribus id esse in casibus particularibus statuendum, quod magis expedire in Domino iudicaverint; cf. *Th. m.* II, 714 nota.

3) Quapropter non solum, si id ad praecavenda maiora mala putetur necessarium, peragere potest parochus ritus sacros ut in matrimoniis mixtis; sed, adiunctis ita urgentibus, si quando francomurarius mansit externe catholicus, potest ipsum s. missae sacrificium celebrare; *regulariter* tamen a missa abstinere debet. „Pastores caute et prudenter se gerant; et debent potius in casibus particularibus ea statuere, quae magis in Domino expedire iudicaverint, quam generali regula aliquid decernere; *omnino vero excludatur celebratio sacrificii missae, nisi quando adiuncta aliter exigant"*; l. c.

Unde pro casu matrimonii Cantianae sequitur repellendum quidem esse sponsum francomurarium a s. communione; neque facile concedendam esse missae celebrationem cum sollemni Cantianae benedictione. Sed si haec ultima prohiberi nequeant, nisi quis gravia mala velit suscitare: tandem ea agere licebit, maxime cum necessarium non sit sponsos in missa nuptiali, quae cum sollemni sponsae benedictione celebratur, s. communionem sumere: cf. S. R. C. 21 Mart. 1874 (*Coll. Gard.* n. 5482) et decr. 30 Iunii 1896 (*Decr. auth.* n. 3922, vi): „Missa pro sponsis, et in ea benedictio nuptialis, fieri potest etiam in casu quo sponsi infra hanc missam s. communionem non percipiant." Optat quidem Ecclesia ut ss. eucharistia infra eam missam sumatur. Verum in nostro casu, cum sponso s. communio dari nequeat, sufficiens ratio est pro sponsa, si alioquin disposita est, s. communionem praemittendi, ne in ipsa communi nuptiarum sollemnitate sola appareat ad s. mensam accedere.

R. 6. Quoad matrimonium *Cantianillae* primo dici debet sponsalia nullatenus esse valida. Dein, antequam utcumque admitti possit puella ad hoc matrimonium ineundum, inquiri debet num certi quid possit comperiri de sponsi baptismo. Quodsi certo probetur baptismum nullum esse sive invalidum, matrimonium iniri nequit, nisi propter graves causas obtenta fuerit a S. Sede dispensatio non a matrimonio quod dicitur *mixtum*, sed ab impedimento dirimenti disparitatis cultus.
— Si vero dubium de baptismo *rite collato* solvi non potest, censetur non obstare impedimentum dirimens, sed impediens tantum, atque licebit, stantibus causis proportionatis et datis cautionibus consuetis, matrimonium contrahere post obtentam dispensationem ad contrahendum matrimonium *mixtum*. Cf. *Th. m.* II, 752 et *resp. Rom.* ibi allata.
— Ceterum cum vir ille sit atheus atque plane irreligiosus, evidens est gravissimas causas requiri ut Cantianillae tali viro nubere liceat, maxime cum cautiones et condiciones, quas Ecclesia requirit, plene praestari vix possint neque absit umquam periculum pro uxore et prole.

Ceterum quod sponsus iste incredulus, sacris irridens, nihilominus baptismum recipere velit, ut sponsae placeat, nullatenus attendendum, neque ipse ad baptismum admittendus est, qui certissimae profanationi, immo etiam nullitatis periculo exponeretur.

RITUS SACRI IN MATRIMONIIS CONTRAHENDIS.

Casus. (259)

Zephyrinus parochus magnae civitatis, cum in celebrandis matrimoniis non possit omnium desideriis satisfacere pro compluribus sponsis unicam tantum dicit missam „pro sponso et sponsa"; eamque etiam, omissa tamen sollemni benedictione, dicit, si quando tempore clauso eveniat ut matrimonium contrahatur, quam benedictionem sollemnem hoc in casu postea dare solet, clauso tempore elapso, post laudes vespertinas.

QUAERITUR 1° quae sint leges de missa pro sponso et sponsa et de sollemni matrimonii benedictione.

2° Zephyrinus rectene egerit, an in quibus male.

Solutio.

AD QUAESITUM 1ᵐ R. 1. De sollemni illa benedictione iam dictum 887 est in casu praecedenti eam neque extra missam (nisi singulare exstet privilegium) neque tempore clauso esse dandam; S. R. C. d. 23 Iunii 1853 et 14 Aug. 1858 v. *Collect. Gard.*, ed. 3, n. 5191 et 5275, et d. 31 Aug. 1839 ibid. n. 4868; nov. ed. *Decr. auth.* n. 2797 et 3079.

R. 2. Missa pro sponso et sponsa, quamquam sequitur normam missae votivae privatae, etiam quando canitur, nihilominus non excluditur diebus communibus *ritus duplicis,* sed solis diebus dominicis et omnibus festis I vel II cl. atque etiam iis diebus ritus *dupl. vel inferioris,* quibus festum I vel II cl. excluditur: cf. *decr. gen.* 3 Mart. 1818 et d. 12 Apr. 1822 (*Gard.* l. c. n. 4544. 4587) et nuper decr. gen. de missis votivis n. VI (inter nov. ed. *Decr. auth.* n. 3922).

R. 3. Sed missa illa omnino prohibetur diebus omnibus temporis clausi, neque umquam dici potest, etiam tempore alias legitimo, nisi infra illam missam re ipsa detur sollemnis illa benedictio. S. R. C. l. c. in R. 1: eo quod illa benedictio habeatur *pro parte illius missae.*

AD QUAESITUM 2ᵐ R. 1. Nihil impedit quominus dici possit missa 888 illa pro pluribus matrimoniis celebrandis. At, si parochus stipendium missae accipit, monere debet se huic stipendio sic non posse satisfacere, et si volunt singuli singulas missas sibi applicari, declarare debet se postea demum missas singulas posse celebrare ad ipsorum intentionem, non missam nuptialem; vel, si vult, tot missas quot accepit stipendia, omnes et singulas applicando ad omnium intentionem.

R. 2. Zephyrinus recte egit, tempore clauso omittens sollemnem benedictionem, sed recte non egit, eo tempore nihilominus celebrans missam pro sponso et sponsa; immo ne in missa quidem diei specialem ex missa nuptiali commemorationem ei sumere licuit, quod tantum potest, si tempore non clauso sollemnis quidem benedictio datur, sed propter ritum diei missa votiva pro sponso et sponsa prohibetur.

R. 3. Item recte egit Zephyrinus inducens novos coniuges ut, quam primum fieri liceret, sollemnem benedictionem etiam post matrimonium minus sollemniter contractum reciperent (de quo vide dicta supra n. 881); sed perperam egit, eam post laudes vespertinas impertiendo, cum infra missam nuptialem danda sit.

PRIVILEGIUM PAULINUM.

Casus. (260)

Getulia mulier infidelis, cum Petrus vir eius in numerum catechumenorum admitti petit, omnino resistit ac, quoties a catechesi domum reducem videt virum, protestatur se cum christiano simul vivere nolle; immo ipso die quo demum baptizatur, non exspectato eius reditu, recedit. Petrus autem mox deficit ad sectam acatholicam ibique Annam ducit, quae ad eandem sectam transierat et propterea a Flavio viro ethnico erat dimissa. Post annum, catholico missionario fidem praedicante, non solum Petrus cupit reconciliationem cum Ecclesia, sed etiam Anna et Getulia et Flavius parati sunt ad fidem catholicam profitendam. Iam quaeritur quibus matrimoniis nunc standum sit; aliis verbis:

QUAERITUR 1° quid sit privilegium Paulinum et quis eius sensus.

2° potuerintne Petrus atque Anna hoc privilegio uti.

3° quid practice ad casum dicendum sit.

Solutio.

889 AD QUAESITUM 1^m R. 1. Privilegium *Paulinum* (1 Cor. 7, 12 sqq.) illa est facultas qua coniux baptizatus propter discessum coniugis infidelis, seu propterea quod coniux infidelis nolit cum baptizato pacifice cohabitare, habeat potestatem novum inire matrimonium atque per novum matrimonium solvere matrimonium prius. Haec est libertas in favorem *fidei* seu *baptismi* concessa.

R. 2. Discessus ille nondum solvit matrimonium, sed solo matrimonio alio a parte baptizati legitime inito solvitur matrimonium prius. Discessus autem intellegitur vel realis *discessus* quo discedens ostendat se nolle cum parte fideli amplius convivere, sive hoc fit ex odio fidei sive ex alia causa, cuius ansam iustam pars fidelis non dederit (cf. *S. Off.* 1 Aug. 1759 in *Th. m.* II, 706); vel *cohabitatio ea quae sit in contumeliam creatoris* seu qua pars infidelis tentet partem baptizatam ad defectionem aliove modo scandalum praebeat gravis peccati.

890 R. 3. Quando autem, ut saepe fit, non constat *de mente infidelis* vel de causa discessus eo quod fortasse infidelis non persistat neque persistere velit in separatione a parte fideli, facienda est a fideli seu ab auctoritate ecclesiastica interpellatio partis infidelis, velitne pacifice cohabitare. Immo pro circumstantiis Ecclesia postulare potest ut interrogetur velitne intra certum spatium ipse ad fidem converti, et ut huius rei negatio habeatur pro denegata cohabitatione pacifica.

R. 4. Quodsi propter difficultatem sciendi ubi infidelis versetur, atque faciendae interrogationis, interpellatio locum habere vix potest:

Ecclesia permittere solet nihilominus novum matrimonium, quo in casu solet dici *dari dispensationem ab interpellatione.*

R. 5. Etsi pars infidelis cum baptizata diu pacifice habitaverit, sed postea animum mutet: baptizatus etiam tum privilegio Paulino uti potest.

R. 6. Privilegium illud, vi cuius per novum matrimonium ineundum solvi potest prius initum, ad solum matrimonium in infidelitate contractum spectat, non ad illud quod fortasse, Ecclesia dispensante, initum fuerit baptizatum inter et non baptizatum. Quod quoad vinculum solvi amplius non potest, postquam consummatum fuerit. *Th. m.* II, 706.

AD QUAESITUM 2^m R. 1. Quamquam privilegium illud *fidei* privilegium dicitur, et suo modo recte dicitur: tamen *baptismo* inhaeret. Quare catechumenus nondum baptizatus eo uti nequit.

R. 2. Immo, ut ex sententia S. Sedis anno 1876 lata practice deducitur, hoc privilegium baptismo ita inhaeret ut *baptizatus* contra infidelem seu non baptizatum pacifice cohabitare nolentem illo privilegio uti valide possit, etiamsi ipse in haeresi vel haeretica secta sit implicatus. Cf. K o n i n g s, *Theol. mor.*, 5. ed. (1882), II, pag. 394 (δ); *lib. period. Mogunt. „Der Katholik"* anni 1883, I, 280.

AD QUAESITUM 3^m R. 1. Getulia aperte ostendit se cum Petro baptizato amplius cohabitare non velle. Quare Petro facultas est ineundi aliud matrimonium cum persona habili. Neque hoc ius quoad valorem actus amittit per hoc quod se acatholicae sectae adiungit.

R. 2. Si constat sectam, cui Anna se adiunxit, rite solere baptizare, per baptismum susceptum Anna acquisivit ius valide ineundi novum matrimonium cum viro baptizato, postquam prior eius vir infidelis seu non baptizatus eam repudiaverit.

R. 3. Quare Petrus et Anna prioribus suis matrimoniis non impediebantur quin inter se mutuo sese matrimonio coniungerent, eorumque matrimonium sic initum validum est, si aliud non intercesserit ecclesiasticum impedimentum, imprimis clandestinitas: nam de aliis impedimentis dirimentibus vix suspicari possumus. Si ergo in illa regione lex clandestinitatis non urget, aut saltem pro christianis acatholicis non viget: matrimonium inter Petrum et Annam validum censendum est. Neque subsequens Getuliae vel Flavii ad fidem conversio vinculum matrimoniale semel contractum potest solvere; sed ipsi, non solum post suum baptismum, sed post ipsum matrimonium Petri et Annae, liberi sunt ad nova matrimonia cum comparte habili ineunda.

R. 4. Aliter plane dicendum erit, si ex aliqua causa matrimonium inter Petrum et Annam fuerit invalidum. Nam in hoc casu priora matrimonia in infidelitate contracta, scilicet inter Petrum et Getuliam atque inter Annam et Flavium, adhuc subsistunt; neque post fidem ab omnibus susceptam amplius solvi possunt, nisi forte ex gravi causa per potestatem Rom. pontificis tamquam matrimonia rata tantum. Fide enim et baptismo matrimonia tum subsistentia non solvuntur sed confirmantur.

PRIVILEGIUM PAULINUM ET POTESTAS ROM. PONTIFICIS.

Casus. (261)

Ricca, mulier Iudaea, ad fidem conversa, a viro qui nolebat converti separata, vitam caelibem et piam eligit, nolens tamen professionem religiosam facere; Abraham autem vir Blancam sibi delegit coniugem alteram, quacum post annos vult etiam ad fidem catholicam se convertere et in matrimonio manere.

QUAERITUR 1° an matrimonium inter Riccam et Abraham in Iudaismo contractum etiamnunc exsistat.

2° quodsi exsistat, teneaturne Abraham, post suam et Blancae conversionem ad fidem, ad Riccam reverti Blancamque relinquere.

3° quodsi id affirmatur, sitne Ricca cogenda ut ad Abrahamum catholicum factum revertatur.

4° num summus pontifex hoc inter Abrahamum et Riccam exsistens matrimonium sive ante sive post Abrahae conversionem solvere possit, ita ut Abraham et Blanca, postquam baptizati fuerint, rite inter se possint matrimonio copulari.

Solutio.

893 Est haec celeberrima causa *Florentina*, quae, Lambertinio (qui postea creatus est s. pontifex Bened. XIV) fungente munere secretarii S. Congr. Conc., ab illa S. C. die 29 Martii 1727 discussa est, ut late refertur in op. Bened. XIV, *Quaest. canon.* q. 546.

AD QUAESITUM 1^m R. Dubium non est quin matrimonium inter Abraham et Riccam olim initum adhuc subsistat. Solutio enim facta esse deberet vel ab Abrahamo, vel a Ricca. At a neutro solutio re ipsa facta est.

Non ab Abrahamo viro: qui nullatenus potuit vinculum solvere. Utut enim olim in Vetere Lege Iudaeis permittebatur libellus repudii atque matrimonii initi solutio ob certas causas: haec indulgentia diu sublata est, cum per evangelii promulgationem Christus Dominus *omnia* matrimonia revocaverit ad primaevam puritatem unitatis et indissolubilitatis.

Non a Ricca: nam licet illa, nolente viro cum conversa pacifice cohabitare, ex privilegio Paulino libera sit ad ineundum aliud matrimonium, aliud tamen matrimonium inire non tenetur, neque matrimonium primum antea solvit quam ineat novum. Quod egregie S. Thomas evolvit 4 *dist. 39, q. 1, art. 5*, dicens crimen nolentis pacifice cohabitare solvere quidem compartem *a servitute* quae impediat ab alio matrimonio, sed nondum solvere matrimonium prius; hoc enim solvi per matrimonium sequens.

894 AD QUAESITUM 2^m R. Ex prius dictis sequitur, eo quod Abrahae matrimonium cum Ricca subsistat, matrimonium cum Blanca non sub-

sistere; et quamquam, dum in Iudaismo ambo versabantur, putare poterant cum aliqua specie veri sibi vetere more iudaico licere divortium a vinculo, atque matrimonium cum Blanca esse legitimum, nihilominus post fidem susceptam haec in se erronea esse ignorare nequeunt. Dubium igitur nullum est quin Abraham, quantum ad ipsum attinet, si revocatur, teneatur ad Riccam redire. Atque ita in alia causa *Florentina* a S. C. C. 1 Iulii 1679 et 13 Aprilis 1680 omnino decisum est: cf. Bened. XIV l. c. discussio *secretarii* n. 10.

AD QUAESITUM 3^m R. 1. Ex responso ad 2^m sequitur, rebus sic manentibus, Abraham, cum a Blanca debeat separari, debere aut caelibem vitam ducere, aut posse Riccam revocare ad vitam coniugalem. Quod posterius revera obtinebit, nisi pro Ricca exsistat causa perpetuae separationis a toro et cohabitatione. Quae num exsistat, examinandum iam est.

R. 2. In matrimonio christiano propter duas causas hoc divortii perpetui ius alterutri conceditur, scilicet propter alterutrius adulterium et propter iuridice declaratam defectionem a fide. — Quas duas causas analogice transferre possumus ad matrimonium nostri casus, seu ad ius Riccae contra Abraham.

Adulterium quidem re ipsa exsistit. Coniunctio enim Abrahae cum Blanca obiective est et erat adulterina. Nihilominus haec causa in nostro casu Riccae ius perpetui divortii a toro non conciliat. Nam iuridice non censetur adulterium ita formale ut ius coniugale plene exstinguat. Legem habemus c. 8 *(Gaudemus)* X, 4, 19: „Quod si conversum ad fidem et illa conversa sequatur, antequam propter causas praedictas legitimam ille ducat uxorem, eam recipere compelletur. Quamvis quoque secundum evangelicam veritatem, qui duxerit dimissam, moechatur: *non tamen dimissor poterit obiicere fornicationem dimissae pro eo* quod *nupsit alii post repudium,* nisi alias fuerit fornicata." Quamquam canon ille de viro primum converso ad fidem loquatur, qui postea debeat recipere uxorem; tamen par est causa viri et uxoris; ac proin in nostro casu Ricca Abrahae nequit obiicere adulterium propterea, quod dimissus duxerit Blancam.

R. 3. Verum inde nondum fit non subesse praeter adulterium aliam causam divortii. Timorem iurgii et inimicitiarum rationem esse posse cur etiam in casu nostro simili Ecclesia decernere possit separationis prorogationem, Ben. XIV l. c. aperte fatetur ex communi sententia. Immo Ben. XIV ib. affert neque improbat sententiam theologorum Salmanticensium, secundum quam fieri liceat perpetuam separationem propter voluntariam persistentiam in infidelitate post factam interpellationem, etsi postea, mutata voluntate atque infidelitate deposita, etiam haec altera pars christianam fidem susceperit. Cf. Salm. tr. 9, c. 4, p. 2, § 2, n. 51.

R. 4. Attamen ita fieri non posse censeo, si sola *privata* coniugis primum conversae interrogatio atque repulsa alterius facta fuerit. Nam alioquin cap. *Gaudemus* modo laudatum vix intellegitur. Si vero interpellatio facta fuerit *iuridica* atque coniux tum in infidelitate remanens eam reiecerit, iudicis ecclesiastici est declarare num repulsa haec tanti sit pensanda ut coniugi fideli tribuat ius perpetui divortii, etiam pro casu quod infidelis postea se converterit necdum altera pars statum vitae cum coniugali consortio repugnantem assumpserit.

897   Ad quaesitum 4ᵐ R. 1. Solutio quaestionis quae hic proponitur pendet multum ab altera quaestione, videlicet utrum privilegium *Paulinum* de quo supra n. 889 sqq. (quo matrimonium infidelium, cum unus coniugum ad fidem sese converterit, alter nolit cum conversa parte pacifice cohabitare — vel immo, cum interpellata nolit convertere —, a coniuge converso *solvi potest*) sit iuris divini immediate, an mediate tantum, immediate vero iuris apostolici et ecclesiastici. Nimirum si prius obtinet, non ilico quidem concludi potest summum pontificem non posse hanc in favorem fidei datam concessionem extendere atque ad similes casus applicare; at ex illo textu S. Scripturae 1 Cor. 7, 12—15 et ex data illa dissolvendi matrimonii facultate in hac explicatione *eruere* non possumus *certam* pontificis potestatem. Sed si textus ille refert privilegium mediate divinum tantum, legitime ex eo solo sequitur favorem illum fidei divinitus concessum *a R. pontifice demum determinandum* atque ad certos casus *pro suo arbitrio applicandum* esse, ita ut non solum coniugi converso facultatem dare possit per novum matrimonium prius matrimonium dissolvendi, sed ut ipse etiam pro potestatis suae plenitudine vinculum prioris matrimonii solvere ex gravi causa possit, sive pars conversa novum velit inire matrimonium sive non, atque ut haec matrimonii solutio ex apostolicae potestatis plenitudine facta non subiaceat illis condicionibus quibus subiacet solutio privatim per novum matrimonium partis conversae facta.

898   R. 2. Haec textus 1 Cor. 7 interpretatio certe probabilis est. Sed ne in sola probabilitate haereamus, aliunde *certo* probari potest Romani pontificis potestas qua ultra limites Paulini privilegii in favorem fidei matrimonium infidelium post conversam partem alterutram vel utramque solvere possit, idque probatur ex ipso exercitio et doctrina summorum pontificum.

S. Pius V constit. *Romani pontificis* d. d. 2 Aug. 1571 Indis fecit facultatem, „ut baptizati et in futurum baptizandi cum uxore, quae cum ipsis baptizata fuerit et baptizetur, remanere habeant, tamquam cum legitima uxore, aliis dimissis". Neque tamen certum erat hanc fuisse uxorem legitimam ante baptismum; nam, ut idem summus pontifex ait, „saepenumero contingit illam non esse primam": neque constabat primam nolle converti vel nondum esse conversam, nam: „difficillimum foret primam coniugem reperire". Ergo privilegium Paulinum *suis* limitibus circumscriptum applicationem non habet: ac proin nihil restat, nisi ut summus pontifex sua apostolica auctoritate ad solvendum matrimonium cum priore coniuge verisimiliter adhuc consistens utatur.

Similiter Greg. XIII 25 Ian. 1585 de ipsis illis matrimoniis infidelium dicit: „Nos attendentes huiusmodi conubia inter infideles contracta vera quidem, non tamen adeo rata censeri ut necessitate suadente dissolvi non possint", concedit conversis ut *novum ineant matrimonium,* hac quidem cautione ne *temere* laedatur ius prioris coniugis: „dummodo constet, etiam summarie et extraiudicialiter, coniugem absentem moneri legitime non posse, aut monitum intra tempus in eadem monitione praefixum suam voluntatem non significasse." Matrimonia vero ea apostolica dispensatione contracta firma esse declarat summus pontifex contra quamlibet reclamationem prioris coniugis legitimae: quod esse non posset, nisi summus pontifex illud prioris matrimonii vinculum solvere posset et solvisset. „Quae quidem matrimonia", ait summus pontifex, „etiamsi postea innotuerit coniuges priores infideles *suam voluntatem iuste impeditos declarare non potuisse, et ad fidem etiam tempore transacti secundi matrimonii conversos fuisse,* nihilominus rescindi numquam debere, sed valida et firma esse." Idem fecit et declaravit Urb. VIII. Cf. *Th. m.* II, 707.

Unde patet clarissime Romanos pontifices sibi vindicasse potestatem sua auctoritate solvendi ex gravi causa fidei favente matrimonium in infidelitate contractum, tum quando alteruter coniugum ad fidem conversus fuerit, tum quando conversus sit coniux uterque, matrimonium autem post utriusque conversionem nondum consummatum.

Verba Gregorii XIII tanta necessitate hunc sensum postulant ut adversarii cogantur sensum miro modo contorquere. Ita Pontius (v. Ben. XIV l. c. n. 38) censet Gregorium XIII solummodo dicere velle post matrimonium, apostolica dispensatione contractum, fidem non amplius adhiberi coniugi priori apparenti atque dicenti se iam fuisse conversum neque potuisse voluntatem suam tempore in monitione praefixo declarare; atque ita ex iuris praesumptione, quae sit iuris et de iure, hanc non-declarationem voluntatis haberi pro denegatione pacificae cohabitationis. — Verum quis credat Ecclesiam facere hanc *praesumptionem iuris,* quam in multis casibus evidenter probari possit a vero re ipsa recedere; atque Ecclesiam ex praesumptione adeo futili iudicare consuevisse contra ligamen matrimonii iure divino et naturali consistens!

R. 3. Ex disputatis patet quaestionis quartae nostri casus solutionem eandem esse debere, sive sola Ricca sive etiam Abraham ad fidem conversus fuerit; neque dubitari posse de R. pontificis potestate in genere num possit eiusmodi matrimonium solvere, sed totum negotium reduci ad hoc utrum ex adiunctis colligatur causa adeo gravis ut possit summus pontifex in hoc casu sua generali potestate uti.

Et revera, ut acta in archivis Romanis testantur, non obstante iudicio et consilio Lambertinii secretarii, aliorum iudicium praevaluit, atque summus pontifex, soluto matrimonio Riccam inter et Abraham, huic permisit cum Blanca post omnium conversionem christianum matrimonium inire. Cf. Ballerini-Palm. l. c. n. 709.

DIVORTIUM A TORO ET COHABITATIONE.

Casus. (262)

1. Inter Camillum et Constantiam coniuges, primo amore post annum exstincto, graves exoriuntur dissidiae, ita ut Camillus opprobria et convicia in uxorem congerat gravioresque minas contra eam proferre consueverit. Quibus rebus Constantia pertaesa ad id adducitur ut domum paternam repetat neque permoveri possit ut redeat ad virum.

2. Anatolius, cum Zita legitimo matrimonio iunctus, in adulterium incidit cum ancilla. Qua re cognita, Zita se separat a viro neque de reconciliatione quidquam vult audire. Sed cum ipsa quoque postea labatur, Anatolius, se ex sua parte etiam causam separationis habere censens, sacros ordines suscipere cogitat. Quod possitne fieri et qua ratione quaerit.

3. Remigius vir catholicus et Lambertus lutheranus post Vaticanum concilium transierunt ad partes fallibilistarum. Quod cum uxores, datis etiam minacibus litteris, impedire non potuerint, sese a maritis separant. Utraque, cum prolem quaeque suam in tuto collocasset, sese religiosae congregationi, emissis votis, adiunxit.... Verum elapsis aliquot annis viri uxores suas e latebris revocare conantur et ius suum paternum in filios vindicare.

QUAERITUR 1° quae sint causae separationis coniugum a toro et habitatione.

2° quid iuris sit in casu separationis sive quoad innocentem sive quoad reum.

3° cui inhaereat ius et obligatio educandae prolis.

4° quid de singulis casibus iudicandum sit.

Solutio.

AD QUAESITUM 1^m R. 1. Separatio a toro vel etiam a cohabitatione alia est, quae fit mutuo utriusque coniugis consensu: alia, quae fit ex iure unius contra alteram partem. Ex mutuo consensu fieri potest ex quacumque rationabili causa, si modo abest ab utroque coniuge periculum incontinentiae, maxime ex amore vitae perfectioris.

Causae autem ex quibus alterutri contra alterum ius separationis oriatur, quaedam sunt quae dant ius *perpetuae* separationis, quaedam quae solum *temporaneae* separationis ius creant, videlicet ita ut cessante causa ius separationis cesset.

R. 2. Causae *perpetuae* separationis sunt 1) adulterium moraliter certo et formaliter commissum, non condonatum neque per mutuam infidelitatem iniuria suo modo destitutum; 2) haeresis vel apostasia superveniens iuridice declarata.

In haeresi et apostasia iudicis sententia saltem criminis declaratoria requiritur ut coniugi innocenti liceat *perpetuo* recedere atque etiam post resipiscentiam forte secuturam cohabitationem plenamque reconciliationem denegare. Nam ut, quamdiu *persistat alter in haeresi*, innocens recedere possit vel pro adiunctis debeat, sententia iudicis non requiritur. Iudicis sententiam intellegi sententiam ecclesiasticam in tota hac matrimoniorum causa, per se planum est neque speciali mentione indiget.

In adulterio (cui aequiparatur quaelibet innaturalis etiam carnis divisio) sufficit privata notitia, etiam per indicia tantum vehementia, ut *tori* communio perpetuo denegetur; ut autem *habitationis* separatio fiat, quaedam saltem requiritur criminis publicitas, cum alias scandalum ex separatione facile oriatur. — Haec quidem summo iure fieri possunt. Nihilominus tum propria infirmitas seu incontinentiae periculum, tum caritas erga reum iubere possunt coniugalis vitae restaurationem.

Ad quam restaurandam seu ad repetendam partem ream parti innocenti semper erit ius. Pars igitur rea reiecta, si repetatur ab innocenti, *tenetur* redire: nisi forte, exsistente periculo, exspectare possit cautionem, ne reversa crudeliter tractetur.

Immo si pars innocens, quae iure suo utens alteram compartem eiecit, ipsa in crimen lapsa etiam rea effecta fuerit, repeti ab altera potest atque vocata redire tenetur, saltem si separatio facta fuerit privata; quodsi separatio facta est iuridica, iuridica repetitionis forma potest exspectari. Quae in casu lapsus utriusque coniugis sane ad rem est, ne grave incontinentiae periculum atque scandalum protrahatur vel crescat. *Th. m.* II, 712.

R. 3. Causae *temporaneae* separationis praeter dicta revocantur ad periculum animae et ad periculum vel omnino grave incommodum corporale. Hinc, si coniux sollicitatur ad grave peccatum, vel si pro condicione sua notabiliter male tractatur sive grave malum timere debet, recedendi facultate potitur.

Quodsi periculum in mora est, pars innocens privato iudicio fidens statim recedere potest; alioqui *per se* exspectanda est sententia iudicis. Verum si causa aperta est et nota, separationem sine iudicis interventu facere non potest omnino illicitum dici. Laymann l. 5, tr. 10, p. 3, c. 7, n. 18; *Th. m.* II, 713. — Nihilominus confessarii et parochi est, quam primum fieri possit, suadere atque urgere reconciliationem mutuam.

AD QUAESITUM 2^m R. 1. Quid iuris sit praeter ea quae iam ad Quaesitum 1^m explicata habes, respicit fere solum casum perpetuae separationis. Nam qui ius habet separationis perpetuae non revocabile, si summum ius spectas, transire potest ad *statum* quo reditus ad coniugalem vitam sibi fiat impossibilis. Aliis verbis, potest sacros ordines suscipere vel in religioso ordine profiteri. Neque tamen in hoc casu coniux reiecta religiosum ordinem ingredi vel castitatem vovere tenetur; tenetur tamen caste vivere vitam caelibem.

R. 2. Quodsi pars innocens ordinem sacrum vel professionem religiosam susceperit, ac proin ipsa sibi reditum ad vitam coniugalem impossibilem reddiderit: nihil obstat quin etiam pars adultera ad meliorem frugem conversa religiosam vitam possit suscipere.

Immo ad sacros ordines vel ad vitam religiosam transire *pars rea* potest etiam: 1) si pars innocens interpellata absolute denegaverit reconciliationem; 2) si interpellata consentit in electionem status perfectionis, quam pars rea intendit; 3) si, habita notitia illius intentionis quam gerat pars rea reiecta, pars innocens, cum facile possit, nihil contradicat; 4) si ultra biennium partem adulteram non repetiverit.

Aliter, si pars adultera contra ius innocentis statum cum coniugali vita incompossibilem elegerit. Nam in eo casu, quando ab innocenti repetitur, statu suo novo non obstante redire ad vitam coniugalem debet.

903   Ad quaesitum 3ᵐ R. 1. Ius divino-naturale et ecclesiasticum postulant ut, si quis coniugum non fuerit vel non manserit in fide catholica, educatio prolis spectet in omni casu ad catholicam compartem, sive illa innocens est sive criminis rea. Gravissime enim laederetur religio et ius infantium, si quis eorum acatholicae religioni addictus extra viam salutis poneretur. *Th. m.* II, 713; S. Alph. VI, 976.

R. 2. Si uterque coniux catholicus est et in fide catholica permansit, ius educandae prolis apud innocentem manet, sive vir est sive mulier; ab expensis autem saltem ex parte ferendis reus sane non eximitur. Quando vero bonum prolis in certo casu huius ordinis mutationem postulaverit, iudicis ecclesiastici erit rem pro bono prolis decernere.

R. 3. Non raro iura civilia seu civilis auctoritas id sibi sumunt ut de educanda prole decernant atque, apud quem coniugum separatorum filii permaneant, definiant. Quo in conscientia ius non creatur. Verum haec rerum publicarum condicio causa esse potest cur coniugi catholicae non liceat tuta conscientia ius suum prosequi, quod alioquin habuerit ad postulandam separationem tori et cohabitationis. Si enim, ea agente, periculum est ne iudex civilis post separationem filios educandos patri acatholico addicat, abstinere debet a postulanda separatione, nisi forte contra iudicis sententiam filios patri efficaciter subtrahere possit seu subtraxerit.

904   Ad quaesitum 4ᵐ R. 1. Quod *Constantiam* attinet, imprimis eius condicio atque etiam Camilli, eius viri, indoles spectanda sunt. Si Constantia est femina nobilior vel, etsi non sit nobilior, si vere timere debet ne Camillus minas exsequatur: sane vitio ei verti nequit quod a viro fugiens domum paternam repetiverit. — Si autem ex una parte Camillus non consueverit eiusmodi minas quas profert exsequi, ex altera parte femina inferioris condicionis est, ita ut quaedam contumeliosa verba non adeo graviter ferri soleant: ratio sufficiens ad separationem non aderit.

Practice vero in *omni* casu parochus vel confessarius 1) cavere debet ne facilius contra Constantiam pronuntiet eamque *gravis* peccati arguat: nam vel ex dictis causa iusta exsistit, vel a Constantia causam iustam esse putatur, neque prudentiae erit id corrigere. 2) Nihilominus in *omni* casu adlaborandum est ut fiat reconciliatio, facta cautione a viro, ne coniugem reducem male tractet: nam in eiusmodi separatione raro aberit periculum incontinentiae: et revera, cessante causa separationis seu cessante periculo malae tractationis, redeundi gravis obligatio est. Etsi igitur ab initio a declaranda gravi obligatione parochus prudens abstinuerit, si femina postea flecti nolit, gravis mutuae reconciliationis obligatio generatim dissimulanda non est.

R. 2. Si de Anatolii adulterio constiterit, *Zita* summo suo iure utitur, quando in perpetuum denegat coniugale consortium; neque, si in deneganda reconciliatione — exclusis inimicitiis et odio — persistat, a parocho vel confessario absolute urgeri potest. Nihilominus pro circumstantiis reconciliatio multum suadenda est, ne Anatolius in peius ruat; maxime vero, si Zita ipsa in periculo labendi versatur, non solum suadenda est reconciliatio, sed etiam vel ea est iubenda vel alia remedia contra lapsus periculum omnino sunt adhibenda.

Postquam autem Zita revera lapsa fuerit, Anatolius ius habebit Zitam repetendi, Zita redire tenetur, nisi forte separatio facta fuerit iudicialis, atque iudex ecclesiasticus putet se non debere reditum urgere.

Verum, ut in casu narratur, Anatolius videtur ad meliorem frugem se recepisse; neque ipse de restauranda vita coniugali cogitat, sed de amplectendo statu perfectiore. Quod sine dubio exsequi potuerat, cum Zita interpellata de reconciliatione eam absolute negasset. At ex ea denegatione ius uxoris repetendi virum, quamdiu ille statum perfectiorem non assumpserit, non est exstinctum. Num iure suo uti velit, apud ipsam est, etiam post proprium lapsum. Qui lapsus proprius fortasse animum mutavit reconciliationisque desiderium induxit. Quapropter puto omnino Anatolium, si etiamnunc perfectiorem statum sive sacrorum ordinum sive religionis suscipere intendit, huius propositi notitiam Zitae dare debere. Quodsi, re cognita, non contradicit, licentia illa quae ex priore Zitae agendi ratione Anatolio orta erat perdurare dicenda est. Ecclesiasticorum autem superiorum erit dispicere num potius propter Zitae periculum uterque, Anatolius et Zita, adigendus sit ad restaurandam vitam coniugalem: quae post susceptos sacros ordines vel religiosam professionem iure impossibilis evasura est.

R. 3. Uxor *Remigii* iure suo usa est, cum sese a viro post eius a fide defectionem separaverit, neque nunc, cum de viri reditu ad fidem catholicam sermo non sit, tenetur ad eum redire, neque licebit viro haeretico filios educandos tradere.

Attamen quod proprio marte vitam religiosam elegerit, non omnino recte egit. Ut enim assumere posset statum religiosum, qui excludat pro quovis tempore atque quibusvis eventibus reconciliationem cum viro, indigebat iudicis ecclesiastici sententia. Quam quidem etiamnunc potest supplere. Alioquin, si vir sincere ad fidem catholicam redierit, ius habebit uxoris suae repetendae; neque uxor per vota emissa a vita coniugali restauranda excusaretur, nisi forte propter circumstantias supremus iudex ecclesiasticus rem cum Remigio aliter composuerit.

907 R. 4. Quod ad uxorem *Lamberti* attinet, eius condicio sane est deterior. Nam uxor sciens matrimonium mixtum inivit; proin viri haeresis causa separationis esse nequit; quod autem ab una haeresi in alteram transeat, statum non mutat. Bene quidem fecit uxor, filios susceptos educandi causa in tuto collocare; neque mariti postulatis obsecundari debet, quando filios reclamat, volens eos sectae acatholicae tradere, vel saltem eorum religionem et educationem in periculum inducens. Attamen ius denegandi consortii coniugalis uxor non habuit neque nunc habet, nisi accesserit viri adulterium. Nisi igitur adulterium viri probare possit, ad virum qui uxorem suam repetit redire tenetur, non obstantibus votis religiosis, quae impediunt quidem quominus coniugale debitum ei liceat petere, non autem quominus debeat reddere. Optimum tamen erit, recursu Romam facto, votorum solutionem plenam petere: quae cum in religiosa congregatione, non in ordine stricte sumpto, emissa sint, manserunt simplicia, faciliusque per summum pontificem propter causam gravem solvuntur. Immo existimo in isto casu facile evenire ut propter errorem in admittente professio religiosa atque proin omnia vota sint in se *nulla:* summum igitur consulenda est dispensatio *ad cautelam;* eaque dispensatio videtur, maxime propter emissum votum castitatis, esse secundum praesentem Ecclesiae disciplinam usualem.

MATRIMONII IMPEDIMENTA IMPEDIENTIA.

RELIGIO INTER BAPTIZATOS DIVERSA (MATRIMONIA MIXTA).

SPONSALIA CUM ALTERO.

Casus. (263)

Edeltrudis virgo multum nobilis cum iuvene nobili sponsalia inierat, cum in matrimonium petitur a principe acatholico, facta spe ut cum prole catholice educanda etiam magna pars populi catholicae fidei uniatur. Sponsus in dissolvenda sponsalia non consentit. Quapropter pater Edeltrudis litteris ad S. Sedem datis petit dispensationem ab impedimento mixti matrimonii et ab impedimento sponsalium.

Quaeritur 1° matrimonium mixtum qua lege sit illicitum.

2° quae sit ratio et qui modus dispensandi ab impedimento matrimonii mixti.

3° possitne summus pontifex dispensare ab impedimento sponsalium.

4° quid in matrimoniis mixtis contrahendis observandum sit.

Solutio.

908 Ad quaesitum 1ᵐ R. 1. Matrimonium mixtum etiam inter eos quorum uterque baptizatus est, seu matrimonium inter partem catholicam et acatholicam christianam lege positiva Ecclesiae reprobari indubium est. Testis inter alios est Bened. XIV *Declar. de matrim.*

Hollandiae d. 4 Nov. 1741, ubi § 3 loquitur de „istis detestabilibus conubiis quae S. Mater Ecclesia semper damnavit atque interdixit"; similiter Pius VIII in *Brevi ad episcopos Rhenanos* d. 25 Martii 1830: „Ignotum vobis non est Ecclesiam ipsam a conubiis huiusmodi quae non parum deformitatis et spiritualis periculi prae se ferunt, abhorrere", et „ut canonicae leges matrimonia eadem prohibentes religiose custodirentur." Greg. XVI in *litteris ad archiep. Frib.* d. 23 Maii 1846 loquitur „de *deploranda* in istis regionibus catholicos inter et acatholicos matrimoniorum frequentia." Cf. Leo XIII, const. *Arcanum.* Anteriores Ecclesiae prohibitiones v. apud Feije, De matr. mixtis p. I; Bangen IV, 6 sqq. ex Gasp. n. 443.

R. 2. Matrimonia mixta communiter prohibita sunt lege naturali 909 et divina, eo quod periculum secum ferant generatim non leve pro parte catholica deficiendi a fide vel in ea frigescendi, atque periculum acatholicae filiorum educationis.

R. 3. Quae pericula cum pro adiunctis cessare vel multum diminui possint, vel aliquando propter summi boni communis spem, adhibitis cautelis, licite possint subiri: legis divino-naturalis prohibitio potest in certis casibus cessare; atque in his casibus ab ecclesiastica lege per S. Sedem dispensatio, si petitur ex graviore causa, dari solet.

R. 4. Quominus vero cum aliquibus theologis veteribus consentire possimus, quasi in regionibus mixtis ubi diversis confessionibus liberum religionis exercitium conceditur ecclesiastica lex contra mixta matrimonia cessaret atque divino-naturalis communiter non subsisteret: prohibent tum recentiores aetatis documenta pontificia, tum tristis experientia, quae in ipsis mixtis regionibus ex matrimoniis mixtis catholicae religioni regulariter magnum damnum oriri docet. Cf. Ballerini-Palm. l. c. n. 1089 sqq.

AD QUAESITUM 2ᵐ R. 1. Ecclesia igitur *ex sua parte* non raro 910 rationem habere potest et habet relaxandae legis *suae*, etiam quando lex divino-naturalis vel non, vel non plene cessaverit, permittens quaedam mala, ut maiora praecaveantur. Quae rationes sunt v. g. periculum ne alias pars catholica omnino a fide desciscat, matrimonium civiliter iam contractum. Quare non semper ex dispensatione per Ecclesiam data arguere licebit ad matrimonii mixti liceitatem: ad quam demum licebit concludere, si pars catholica, expositis sincere rationibus et adiunctis, sese submissam omnino exhibeat, sive S. Sedes concesserit sive denegaverit licentiam.

R. 2. Et re vera Ecclesia in quibusdam circumstantiis permittere vel optare potest eiusmodi matrimonium, si quod magnum bonum commune Ecclesiaeque dilatatio ex eo speretur: in quo casu periculum non leve a parte catholica subiri Ecclesia permittere potest, firma tamen manente voluntate partis catholicae et propriae servandae fidei et prolis in ea pro viribus educandae.

Ceteroquin consuevit Ecclesia, ut liceat dispensatione uti, has condiciones postulare, videlicet ut *cautio detur* etiam a parte acatholica 1) de libero religionis exercitio catholicae comparti concedendo,

2) de prole universa in catholica religione educanda; ut pars catholica addat 3) se pro viribus curaturam esse alterius partis conversionem: quae cautio qua forma sit danda, ordinariorum est praescribere, dummodo moraliter certa et secura reddatur eius exsecutio. Num aliquando ob gravissimas causas haec danda cautio possit omitti, S^{ae} Sedis est iudicare. Gasparri l. c. n. 452. 453.

911 R. 3. Causae igitur ob quas dispensetur a lege ecclesiastica matrimonia mixta prohibente, possunt esse publicae vel privatae. Causam publicam seu spem magni boni communis esse causam omnino gravem et sufficientem patet: quae publica causa olim sola admittebatur. Nunc autem ex causis etiam privatis dispensatio conceditur. Causae vero privatae requiruntur sane graves: quae, ut supra dictum est, possunt exsistere ex parte concedentis, etsi non exsistant ex parte petentis seu ex parte sponsorum.

R. 4. Quare per se quidem peccant sponsi, qui sine causa gravi dispensationem ad ineundum matrimonium mixtum petunt, etiamsi cautiones ab Ecclesia postulatae in tuto positae sint, et qui timore maioris mali superiores movent ad dispensationem nihilominus concedendam. Verum prudentis confessarii et parochi est videre quousque apud sponsos, qui mixti matrimonii propositum conceperunt, id urgere possit vel debeat, ne forte ex peccato materiali formale efficiat. Ceterum quando ipse supplices litteras pro habenda dispensatione ad superiores eccl. dirigit, si minor est causa ex parte sponsorum, ipsius est addere hunc timorem, si exstiterit, ne denegata dispensatione res peior fiat. De cetero causae sive ex se sive cum aliis coniunctim iustae sunt: impossibilitas habendi alium sponsum; ratio educandi filios ex matrimonio mixto morte compartis soluto, qui alias catholice vix educabuntur; violatio puellae facta; similia.

R. 5. Dispensatio illa ineundi matrimonii mixti reservatur S^{ae} Sedi, ita ut ordinarii iure proprio facultatem dispensandi non habeant, sed indigeant privilegio a S. Sede accepto: quod in regionibus mixtis inter quinquennales facultates solent recipere. Gasparri l. c. n. 451.

912 Ad quaesitum 3^m R. 1. Impedimentum sponsalium nititur in iure naturali, quod sponsi mutuo acquisiverunt ad implendam promissionem, et quod matrimonium cum tertio reddat illicitum. Quapropter communiter non est superioris ecclesiastici, hac in re concedere licentiam, quia ius acquisitum aliorum sartum tectum servari debet.

R. 2. Nihilominus accidere potest ut superior Ecclesiae, imprimis supremus Ecclesiae pastor, ius privatum possit exstinguere, id suadente vel postulante causa religionis publicaque utilitate. Quodsi circumstantiae sint eiusmodi, supremo iudicio illius priora sponsalia exstingui atque alius matrimonii contrahendi facultas dari possunt.

R. 3. Magis etiam id obtinet in dubio utrum exstiterit pro alterutro sponsorum causa a sponsalibus initis recedendi, etiamsi altera pars recedere nolit. Quod ecclesiastico iudicio atque suprema sententia definiri potest. Quae iudicandi facultas pro diversis condicionibus vel ab ordinario exerceri potest vel summo pontifici reservanda est. — Confessarius vel parochus solummodo ut consiliarius declarare potest pro foro conscientiae in causa clara et certa, quid alterutri sponsorum liceat, ita tamen ut alter possit recursum ad superiorem iudicem interponere; quo interposito, parochus rem suspendere debet neque interim matrimonium contrahendum potest permittere.

R. 4. Ex iis quae dicta sunt patet in nostro casu potuisse R. pontificem, sed non ordinarios locorum, iudicare num ratio sit cur etiam invito priore sponso sponsalia Edeltrudis solvantur, atque illi facultas concedatur ineundi mixti matrimonii.

AD QUAESITUM 4^m R. 1. Quando ad confessarium vel parochum 913 defertur voluntas partis catholicae ineundi matrimonii mixti, nisi sunt rationes *cogentes* quae faciant illud matrimonium debitum vel quasidebitum: quo recentior adhuc est illa voluntas, eo fortius insistat ad dissuadendum et pro viribus impediendum istud matrimonium, expositis periculis atque Ecclesiae legibus. Prudentia tamen suadebit ita verbis moderari ut, si forte conatus frustretur, relinquatur via evadendi. Videlicet parochus et confessarius ita agant ut non constituatur pars catholica in persuasione se a mortali peccato immunem esse non posse, etiamsi, datis necessariis cautelis, dispensatio ecclesiastica fuerit obtenta.

R. 2. Quando igitur conatus fuerit incassus, parochi plerumque erit, si de cautione necessaria danda dubium morale non relinquatur, exquirere causas et dirigere litteras supplices sive ad ordinarium sive ad S. Sedem pro imploranda dispensatione.

R. 3. Dispensatione data, catholicae parti eam communicabit, facta mentione, prout res se tulerit, dispensatione non obstante manere rem in libero arbitrio positam neque obligationem matrimonii illius ineundi adesse. Quodsi matrimonii illius ineundi voluntas permanserit, quae praxis servanda sit in proclamationibus et in ipso matrimonio ineundo, consuli debet lex vel consuetudo dioecesana.

R. 4. Nimirum quoad ritum celebrandi matrimonii consule quae supra dicta sunt in casu 258 n. 881 sqq.

R. 5. Quoad proclamationes etiam praefertur sane mos omittendi 914 omnino proclamationes; verum si hoc fieri non possit, licebit, religionis sponsorum mentione non facta, proclamationes solitas facere. Qua in re exstat responsum *S. Officii* d. d. 4 Iulii 1874 de matrimoniis mixtis inter catholicos et infideles: „Posse fieri proclamationes in matrimoniis de quibus agitur, quatenus Apostolica dispensatione contrahantur, suppressa tamen mentione religionis contrahentium". Nihilominus simul significabatur ex mente S. Officii esse haec: si alia via certitudo status liberi contrahentium acquiri possit, *magis expedire*, in quibusdam saltem casibus, ut detur dispensatio a bannis, quo evitetur periculum admirationis et scandali; quare id prudenti arbitrio episcoporum relinqui (*Collect. S. Congr. de Prop. Fid.* ed. a. 1893, n. 1223). Quodsi in matrimoniis mixtis inter christianos et nonchristianos demum liceat proclamationes facere, a fortiore pro circumstantiis occurrentibus id licebit in matrimoniis mixtis inter catholicos et acatholicos baptizatos.

TEMPORA CLAUSA.

Casus. (264)

Adolfus, cum, antequam proficiscatur, cum Carolina matrimonium contrahere cupiat, fer. II Paschatis illud celebrare volens, in Quadragesima ut proclamationes fiant a parocho petit. Qui id sine episcopi dispensatione facere non audet. Re tandem composita, Adolfus statuto die, utpote festivissimo, cum summa pompa, sollemni convivio, choreis vespertinis matrimonium celebrat.

Quaeritur 1° quae sint tempora clausa.
2° quid illis temporibus iure interdicatur.
3° num Adolfus peccaverit.

Solutio.

Ad quaesitum 1^m R. 1. Tempus clausum sunt tempora quaedam sollemniora ad recolenda potissima religionis christianae mysteria instituta atque frequentiori orationi vel paenitentiae dedicata, quibus certae res profanae ecclesiastica lege prohibentur. Sunt igitur illi dies Deo divinoque cultui specialiter reservati atque pro eo clausi, cum certa negotia profana excludantur.

R. 2. Eiusmodi tempora nunc, i. e. a Tridentino concilio, exsistunt haec: 1) ab Adventu usque ad festum Epiphaniae (6 Ian.) incl., 2) a die Cinerum usque ad Dominicam in Albis incl.: *Trid.* sess. 24, c. 10 *de ref. matr.*

Ad quaesitum 2^m R. 1. Iure communi seu universali interdicitur non ipsum matrimonium coram parocho consueto ritu contrahendum, sed 1) sollemnis illa benedictio quae intra missam dari solet, 3) externa pompa atque profana festivitas occasione nuptiarum agenda.

R. 2. Iure particulari in compluribus regionibus illis temporibus clausis etiam ipsa matrimonii celebratio interdicitur: a qua lege ob iustas causas ordinarius potest dispensare.

Ad quaesitum 3^m R. 1. Quominus in Quadragesima proclamationes matrimonii fiant, nulla lege prohibetur. Idque non solum verum est de lege Ecclesiae universali, utpote quae ne matrimonium quidem simpliciter contrahendum prohibeat, sed etiam de iis locis, ubi viget particularis lex quae quamlibet matrimonii celebrationem temporibus clausis interdicat. Nam cum quis ibi primo die post elapsum tempus clausum matrimonium velit celebrare, vix non debet proclamationes circa finem quadragesimalis temporis incipere.

R. 2. At feria II Paschatis pro matrimonio sollemniter celebrando vel in diversis locis pro matrimonio utcumque celebrando tempus clausum nondum est finitum. Quapropter, si in loco Adolfi lex illa simpliciter matrimonium prohibens viget, ordinarii dispensatio necessaria est, ut in casu Adolfi matrimonium celebrari liceat. A lege autem sollemnitatem profanamque festivitatem prohibente non solet dispensari, neque facile excogitari potest causa, qua deficiente episcopus in hac lege universali certo non potest dispensare. Cf. Bened. XIV, *Instit.* 80, n. 15; Rosset, *De matrim.* t. II, n. 1221, ubi affertur *decret.* d. d. 26 Martii 1859, episcopum non posse dispensare, ut tempore clauso detur benedictio matrimonii sollemnis.

R. 3. Ex quibus patet Adolfum recte non egisse, cum tantam profanam instituerit laetitiae significationem. Verum gravis culpae non videtur arguendus esse, nisi ratio scandali pro ratione loci accesserit. Videlicet: 1) Gravis quidem prohibitio est sollemnis matrimonialis benedictionis; sed hanc factam esse non narratur, atque hac in re, si commissa esset, potius parochus quam Adolfus esset arguendus. 2) Convivia lautiora, si intra limites modestiae manent, nullatenus prohibentur: quae, si ne tempore quidem Quadragesimae, nisi quatenus obstet ieiunium, stricte prohibentur, multo minus ipso festo Paschatis sunt prohibita. 3) Reliqua pompa, si pro adiunctis nimis immoderata et excessiva est, sub gravi quidem prohibita est tempore clauso; verum festum Paschatis hac in re sane plus permittit quam tempus quadragesimale, maxime ubi reliquae profanae festivitates atque laetitiae significationes prohibitae censeantur solis temporibus paenitentiae, i. e. in Adventu et in Quadragesima. — Si vero infra hebdomadam paschalem profanae festivitates, imprimis choreae publicae, a consuetudine loci omnino non admittantur, has si Adolfus instituerit, etiamsi alioquin honestas, meo iudicio a gravi peccato alienus non est; mitius dixerim de choreis, quae agantur intra parietes domesticos. Cf. S. Alph. VI, 938; Marc, *Inst. Alphons.* n. 1991; Rosset l. c. n. 1214.

VOTA PERFECTIORIS VITAE.

Casus. (265)

Romulus iuvenis emisit votum servandae castitatis et loco ineundarum nuptiarum potius suscipiendi sacros ordines vel in saeculo vel in ordine religioso: cum in inopinata occasione chorearum infeliciter cum puella peccat. Quae cum se ab ipso gravidam factam esse, falso quidem, dicat, eum inducit, ut quam primum ineatur matrimonium. Confessarius consultus, qui facultates papales non habet, censet in hoc casu opus non esse dispensatione suadetque matrimonium. Quo inito, Romulus comperit se esse deceptum; quaerit nunc num votis adhuc teneatur atque religiosum ordinem debeat ingredi.

QUAERITUR 1° quae sint vota, quae constituant matrimonii impedimentum impediens et quousque impediant.

2° quae sit obligatio eius qui nihilominus matrimonium contraxit.

3° quid ad casum et ad dubia Romuli sit respondendum.

Solutio.

918. AD QUAESITUM 1^m R. 1. Omnia illa vota impediunt seu illicitum reddunt matrimonium, quae sive directe sive indirecte obligant ad continentiam, seu quibus promittitur Deo vitae status matrimonio perfectior. Sunt autem vota haec: 1) votum non nubendi, 2) votum virginitatis, 3) votum castitatis, 4) votum suscipiendorum ordinum sacrorum, 5) votum ingrediendae religionis.

R. 2. Vota illa, etiamsi omnia matrimonio ineundo obstant, non obstant tamen eodem modo. Nam *votum virginitatis:* 1) si semel laesum fuerit, non amplius matrimonio ineundo obstat; 2) per se theoretice loquendo numquam obstat matrimonio virgineo, si uterque contrahentium hoc intendat; practice autem id rarissimo admittitur propter pericula quae tale matrimonium plerisque afferat. — Dein *votum castitatis* non impedit matrimonium simpliciter, nisi sit perpetuae castitatis; nam si votum respicit castitatem ad tempus tantum, tempore elapso matrimonium non amplius impeditur. Cf. *Th. m.* II, 719 sqq.

919. AD QUAESITUM 2^m R. Obligatio eius, qui votum violans matrimonium inivit, pro diversis votis diversa est:

1) Qui contra votum non nubendi matrimonium inivit, votum graviter violavit, at illud in posterum observatu impossibile reddidit; ac proin statim potest matrimonio uti.

2) Qui contra votum virginitatis servandae matrimonium iniit cum altero illud votum ignorante, vel saltem non ex sua parte virginitatem promittente, graviter quidem peccavit, si habuit vel habere debet animum matrimonii consummandi, attamen videtur statim *posse* coniugalem vitam ducere sive reddendo sive petendo debitum coniugale; post terminum spatii bimestris a iudice ecclesiastico fortasse praestitutum ad deliberandum de capessenda vita religiosa elapsum, sed frustra elapsum, coniugalem vitam ducere *debet. Th. m.* II, 720.

920. 3) Qui, emisso voto castitatis *perpetuae,* nihilominus matrimonium iniit, ut in priore casu graviter peccavit. Sed aliter se habet quoad matrimonii usum. Nam ex se numquam potest *petere* debitum coniugale, neque illud reddere quotiescumque compars ius amiserit vel quamdiu illud nondum acquisiverit plene. Ergo ab usu matrimonii, non solum a consummato usu, totaliter abstinere debet a) per primum bimestre, quo tempore compars exigendi coniugalis debiti ius non habet, sed utrique coniugi ius competit de capessendo statu religioso deliberandi; b) si forte compars per adulterium vel incestum iure suo privatus fuerit. Verum practice expedit, immo vix non necessarium est ad evitanda peccandi pericula, ut rogetur ab ecclesiastica auctoritate dispensatio a voto castitatis: quae in hoc casu ab episcopo iure ordinario concedi potest, sed cum restrictione „in ordine ad usum matrimonii", scilicet ita ut licite non solum reddi sed etiam peti possit debitum coniugale, verum: a) ea quae coniugalem castitatem laedant, etiam sub voto maneant prohibita; b) ut, matrimonio per compartis mortem soluto, votum plene reviviscat. — Modus, quo etiam nunc post initum

sed nondum consummatum matrimonium observari integre votum possit, erit ingressus in religionem. At quoniam hanc rem longe maiorem non voverit, ad id non tenetur, sicut neque ille tenetur qui vovit virginitatem.

4) Qui, stante voto suscipiendorum ordinum sacrorum, matri- 921 monium iniit, similiter fere, ut antea, graviter peccavit, cum, moraliter loquendo, voti implendi impedimentum volens sibi creaverit. Religionem ut ingrediatur non tenetur, cum haec res promissam rem longe excedat; quamquam eligendo religionem votum implet. Inito matrimonio statim illud potest consummare, cum castitatem in se non voverit, et ea voti impletio, quae in quibusdam circumstantiis possibilis manet, per matrimonii consummationem non redditur impossibilis. — Tenetur autem adhuc, atque in posterum stante matrimonio, votum suum implere: a) si quando uxor dederit potestatem atque ipsa condiciones ab Ecclesia requisitas implere parata est; b) si quando uxor crimine suo ius coniugale perpetuo amiserit: — nisi tamen propter onera quae sibi tamquam patrifamilias incumbant vel aliter ad suscipiendos ordines ineptus evaserit.

5) Qui voto ingrediendae religionis ligatus matrimonium iniit, 922 generatim peccat, eo quod grave periculum subeat voti laedendi aut compartis decipiendae. — Ex specialibus circumstantiis tantum atque gravibus causis haec pericula abesse vel permitti possunt. — Toto igitur bimestris tempore, quod ius eccles. concedit, tenetur a consummando matrimonio abstinere atque consummando peccat, non tamen peccat exercendo actus imperfectos coniugibus licitos, si nullum consummati actus periculum secum ferunt: nam perfectam castitatem nondum vovit. Immo matrimonio nondum consummato ei continenter incumbit obligatio implendi voti seu ingrediendae religionis, etiam comparte non consentiente. Post consummatum autem matrimonium non amplius peccat sive reddendo sive petendo debitum coniugale, sed voti implendi obligatio tum demum pergit urgere, cum compars consenserit atque ex sua parte cautiones ab Ecclesia postulatas implere velit, aut ex crimine commisso ius coniugale perpetuo amiserit: nisi forte, ut sub 4) iam dixi, propter alias obligationes contractas vitae religiosae amplectendae incapax ipse evaserit.

AD QUAESITUM 3ᵐ R. 1. Non recte dixit confessarius, ratus dis- 923 pensatione opus non esse. Esto, in suppositione puellae per Romulum gravidae factae, si fuerit *iniuria* illata, posse exsistere obligationem, ut *per matrimonium* iniuria reparetur: nihilominus etiam tum necessaria est dispensatio, ut Romulus in matrimonii usu non sit impeditus. Quae quidem dispensatio, si matrimonii ineundi *obligatio* exstiterit, sufficit episcopalis, i. e. quam episcopus iure ordinario dare potest; si obligatio non exstiterit, papalis dispensatio requiritur, vel dispensandi facultas per privilegium papale episcopis aliisve data. Haec quoad votum servandae castitatis. Iam ad aliud votum considerationem vertamus.

R. 2. Cum copula antematrimonialis non faciat matrimonium consummatum, ante consummatum autem matrimonium coniugibus per se insit ius amplectendi status religiosi: non est dubium quin Romulo *ius* competat etiam nunc religionem ingrediendi. Nam huic iuri solummodo obstare posset obligatio educandae prolis; verum quoniam, ut casus dicit, proles re ipsa non exsistat vel non a Romulo exsistat: ius ad perfectionis statum amplectendum integrum manet.

924   R. 3. Matrimonium vero ex illa deceptione non redditur nullum: quapropter quaeri potest num, matrimonio non obstante, Romulo etiam ius competat suscipiendi sacros ordines extra statum religiosum. Si enim ius illud ei competit, etiam obligatio manet. Quod, stante matrimonio, non licebit nisi aut consentiente uxore cautioneque ab ea data, aut exstincto iure uxoris matrimoniali. Sitne ius illud exstinctum, non est nisi aliis verbis quaerere, possitne Romulus postulare perpetuam a toro separationem. Censeo id fieri posse omnino, si puella prolem ab altero susceperat; alias, i. e. si nullo modo prolem susceperat, non posse.

R. 4. Quando igitur postulare potest perpetuam a toro separationem, hac apud iudicem ecclesiasticum petita et impetrata, voto suo satisfacit accipiendo ordines sacros in saeculo.

R. 5. Potest autem sine dubio voto suo etiam satisfacere, separatione iuridica non petita, si nimirum amplecti vult statum religiosum; verum ad id non tenetur absolute, cum alterutrum tantum vovit, sacros ordines aut in religione aut extra religionem.

925   R. 6. Restat demum ut quaeratur utrum, si Romulus ius perpetuae separationis a toro ex deceptione non habeat, atque ita sola via, qua votum suum suscipiendorum ordinum impleri possit, sit ingressus in religionem, utrum, dico, ad hunc *teneatur*. Quod solvi debet ex obligatione quae oritur ex voto disiunctivo. Haec autem obligatio per se semper relinquit facultatem eligendi ex rebus sub disiunctione promissis; ita ut, postquam ex alterutra re promissa una casu facta fuerit impossibilis, omnis obligatio cesset, si electio nondum facta fuerit. Attamen si id acciderit *culpa* ipsius voventis, eo ipso iure suo eligendi se abdicavit atque ad alteram rem praestandam voti obligationem contraxit. Quare dicendum est in nostro casu Romulum, nisi obtinuerit dispensationem a voto suo, teneri vi voti nunc determinate ad statum religiosum amplectendum. Cf. S. Alph. III, 224; Marc n. 632; *Th. m.* I, 453.

NB. Quae Romulus, si uxorem relinquere velit, observare debeat secundum leges civiles, ne difficultates et molestias patiatur, in sua regione videre debet; neque haec tangunt conscientiam per se, sed per accidens tantum.

OBSERVATIO LEGUM MATRIMONIALIUM CIVILIUM.

Casus. (266)

1. In conferentia sacerdotum discutitur quaestio de civilibus legibus matrimonii. De qua Caius haec exponit:

Catholici tenentur oboedire civili auctoritati, nisi quando praecepta sunt contra altiorem legem divinam. Contra quam neque est se sistere civili

Impedimenta matr. prohibentia — quo sensu leges civiles. 531

magistratui, neque abstinere a certis matrimoniis; quare graviter peccant qui impedimenta civilia non servant vel consensum suum magistratui non annuntiant: debent igitur et ecclesiasticae et civili legi sese subicere. Quod eo magis tenendum esse Caius putat, quia in civitatibus hodiernis quam plurimi sunt acatholici vel certo non vel dubie baptizati, pro quorum matrimoniis sola auctoritas civilis sit competens potestas; neque tamen in civili tractatione catholici a reliquis civibus discrepare debent.

2. Paphnutius parochus, disserens quotannis secundum monitum Ecclesiae publica contione de sacramentis, etiam de matrimonio populum instruit atque maxime de impedimentis dirimentibus, tum de iis quae statuit Ecclesia, tum de iis quae civilis auctoritas constituit; utraque, monet, observanda sancte esse, et civilia impedimenta eo magis, quod pia mater Ecclesia post violatas suas leges facile soleat indulgere, auctoritas civilis longe difficilius; insuper mali exempli esse, si sint catholici qui infringant leges quas ipsi acatholici atque Iudaei religiose servent.

QUAERITUR 1° rectumne sit axioma Caii.
    2° qualis quo fonte oritura sit obligatio civilibus matrimonii legibus sese conformandi.
    3° in acatholicorum matrimonia iurene auctoritas civilis potestatem exerceat.
    4° rectene Paphnutius populum instruat pro praxi.

Solutio.

AD QUAESITUM 1^m R. Axioma verum est, quatenus excludit obligationem, si quando civilis auctoritas aliquid praecipiat lege divina prohibitum; sed verum non est, quatenus in *solis* illis rebus obligationem oboediendi negat. Sunt enim causae in quibus neque teneantur neque licite possint oboedire; at sunt etiam causae in quibus possint quidem oboedire sed non teneantur, nimirum illae quae versantur circa rem quidem non malam sed civili auctoritati non subiectam vel eius limites excedentem. Quodsi eiusmodi res alii auctoritati subiacet, haec eandem illam rem in se non malam extrinsecus malam potest reddere, ita ut in ea civili auctoritati ne liceat quidem amplius oboedire.

AD QUAESITUM 2^m R. 1. Dogma catholicum est causas matrimoniales spectare ad iudices ecclesiasticos ex *conc. Trid.*, sess. 24, c. 12, nimirum causas in matrimoniis christianorum occurrentes easque quae ipsum matrimonium spectant. Quod cum salva fide negari nequeat, consequens est, ut in iis, quae ipsum matrimonium christianum spectant, civilis auctoritas nihil iure possit. Sensum enim definitionis esse illas causas matrimoniales ad *solos* iudices ecclesiasticos spectare, exclusa potestate civili et mere humana quacumque, non tantum aperta ratio suadet, sed etiam authentice constat per complures summorum pontificum declarationes: cf. Pesch, Praelectiones dogm. t. VII, n. 881; Sasse, De sacramentis t. II, de matr. thes. 13.

R. 2. Attamen in iis quae verum legitimumque matrimonium *consequuntur,* seu in ordinandis rebus temporalibus, civilis potestas auctoritatem legiferam habet: quoad ipsa vera et legitima matrimonia

34*

civilis potestas iudicium Ecclesiae agnoscendi ius habet et obligationem. *Th. m.* II, 656.

R. 3. Quapropter si quando civilis auctoritas Ecclesiae iudicium de veris legitimisque matrimoniis non agnoscit, vel proprio iure quaedam decernit atque praescribit, limites sui iuris transgreditur atque aliquid committit quod subditorum conscientias ex se nullatenus ligat. Immo in ea re oboedire per se ne licet quidem, quatenus eiusmodi lex illiusque observatio tendat in ecclesiastici iuris despicientiam; vel si liceat, non licet nisi cum formali vel tacita protestatione contra alieni iuris arrogantiam.

R. 4. Quodsi igitur lex civilis non praecipit rem in se malam atque protestatio contra violatum ius Ecclesiae evidens est: periculum gravis mali, quod ex neglecta lege civili immineat, ratio est cur catholicis civibus sese legibus istis conformare liceat, et cur, cum liceat, cura suorum rerumque suarum ad id obliget. Ergo non ipsa lex civilis in eo casu obligat; sed lex naturalis, quae dictat habendam esse a quolibet curam sui ipsius atque suae familiae, est quae obligat.

928 R. 5. Inde sequitur, in iis rebus, quas lex et divina et ecclesiastica permittat, legibus matrimonialibus civilibus se conformare, saepe esse *obligationem gravem*, quando scilicet ob defectum agnitae legitimitatis fama vel spes hereditatis graviter laeditur.

Generatim igitur tenentur catholici: 1) magistratui civili se sistere, non ut coram eo matrimonium contrahant, sed ut contractum notificent: vel, si inique cogantur *antea* se sistere, ut notificent matrimonium *contrahendum*, quod nomine „civilis matrimonii" cum omnibus veri et legitimi matrimonii sequelis absurde vocatur; 2) abstinere ab iis matrimoniis pro quibus civilis agnitio sperari nequit, nisi forte eae sint circumstantiae in quibus temporale damnum non sit aestimandum, neque famae defectus incurratur. *Th. m.* II, 724 sq.

Quibus concordat *Resp. S. Off. ad Vic. Ap. Iamaicae* d. d. 12 Ian. 1881: „Curandum a missionariis, ut matrimonium contracturi observent praescriptiones etiam civiles, quae ad ordinem moralem, quoad effectus civiles matrimonii, conservandum conducant. Quodsi contingat ut missionariorum monita nihil proficiant, vel specialis occurrat difficultas, res est ad Vicarium Ap. deferenda, cuius erit iudicare, utrum huiusmodi sit casus ut matrimonium permitti debeat, non obstantibus civilibus praescriptionibus." (*Collect. de Prop. F.* n. 1450). Similiter in *concilio plen. Americae Latin.* anni 1899, append. n. CXXIX.

929 Ad quaesitum 3^m R. 1. Sine omni dubio matrimonium non solum certo baptizatorum, sed etiam eorum qui *dubie baptizati sunt*, legi et iudicio Ecclesiae subicitur. Quod non plane idem dicit, ac illa matrimonia omnibus impedimentis canonicis affici; sed dicit ea iis legibus canonicis affici, quibus ut afficerentur Ecclesia voluit.

Ratio autem *asserti* est: 1) Ius universalius et altius praecedere iuri inferiori et minus universali debet illudque vincere. At ius Ecclesiae est maxime universale, cum spectet saltem inchoative totum orbem totumque genus humanum, et altius est quolibet iure mere humano et naturali, cum supernaturalem finem spectet atque in hunc finem immediate divinitus sit institutum.

2) Quando societas quaedam solet suis membris baptismum conferre vel quando actus baptizandi circa aliquem positus est; valere debet sententia illa: „standum est pro valore actus", in quantum scilicet actus illius valore humana societas mutuaeque relationes et obligationes reguntur. Alioquin actum esset de certitudine rerum humanarum. Si quis igitur re ipsa defectus occurrerit, *iuris* defectus, qui ex eo sequeretur, naturaliter suppletur superiore potestate, i. e. a Deo ut auctore naturae, si agitur de causis mere naturalibus, a Deo ut positivo auctore Ecclesiae, si causa est ecclesiastica [1].

R. 2. Si vero agitur de matrimoniis infidelium, qui baptismum nullatenus susceperunt, sententia satis communis ea est, quae auctoritatis supremae civilis iurisdictionem in matrimonialibus causis agnoscat. Inter alios est sententia *S. Thomae* 4, dist. 39, q. 1, a. 1 ad 4: „In quantum (matrimonium) est officium naturae, statuitur lege naturae; in quantum est sacramentum, statuitur iure divino; in quantum est officium communitatis, statuitur iure civili; et ideo ex qualibet dictarum legum potest persona effici ad matrimonium illegitima." Nixa hac sententia, S. C. de Prop. Fide (v. *Collectan*. n. 1447) declaravit matrimonium inter infideles, quod carebat sollemnitate lege regionis necessaria, *invalidum* novumque matrimonium viro ad fidem converso permisit. Immo instructio a consultore confecta, quam approbatam esse *non constat,* longe lateque exponit „Principes saeculares, sive fideles sive infideles, plenissimam potestatem retinere *in matrimonium subditorum infidelium,* ut scilicet, appositis impedimentis, quae iuri naturali ac divino diversa non sint, eadem non solum quoad effectus civiles, sed etiam quoad coniugale vinculum penitus rescindant."

R. 3. Nihilominus in ipsa hac sententia opus videtur esse distinctione. — Nam negari nequit omnes theologos catholicos atque ipsam S. Sedem repetere exclusionem auctoritatis civilis a causis substantiam matrimonii spectantibus a sacro matrimonii charactere. Matrimonium eo ipso, quod a Christo evectum est ad rationem sacramenti, solius Ecclesiae utpote potestatis religiosae iurisdictioni subicitur. Verum matrimonio ab initio non sacramenti quidem ratio inerat, at inerat ratio rei sacrae. Quod a Leone XIII in litt. encycl. *„Arcanum"* d. d. 10. Febr. 1880 effertur, et ex hac ipsa ratione patet, quod semper fuerit „futurae Incarnationis mysterii adumbratio". Quidquid igitur putaveris circa ordinem mere naturalem, qui re ipsa non exsistit neque exstitit umquam: si spectatur ordo rerum, qui de facto exsistit et qui saltem destinatione supernaturalis est pro omnibus, matrimonium ut res sacra seu religiosa haberi et tractari debet, adeoque etiam infidelium matrimonium debet subiacere auctoritati *religiosae.* Si igitur a civili potestate regitur, id iure fit, non quatenus civilis potestas politica est, sed quatenus de facto simul religiosa est. Quodsi in statu

---

[1] Inde minime sequitur baptismum dubium valere sicut baptismum certum quoad effectus supernaturales, quos ut in anima suscipientis producat institutus est.

naturali in societate humana auctoritas politica et religiosa non uni atque eidem subiecto collata, sed a diversis subiectis exercenda esset, matrimonii causae a subiecto religiosae potestatis, non politicae, regerentur.

931 Ad quaesitum 4^m R. 1. Recte agit Paphnutius, cum populo identidem explicat leges Ecclesiae de matrimonio, immo non de solis dirimentibus, sed etiam de impedientibus impedimentis convenit populum instruere: inter quae primum locum tenere debet impedimentum mixtae confessionis religiosae.

R. 2. Recte etiam egit Paphnutius, cum attentos auditores redderet ad leges civiles; nisi enim eae servantur, non solum ipse parochus, qui contra leges contracturos admittit ad ritus religiosos matrimoniales, sed ipsi coniuges gravissima subeunt incommoda et mala pro se suaque prole, quae ut legitima non agnoscitur atque a hereditate legali repellitur.

932 R. 3. Ex dictis supra ad Q. 2^m iam colligitur Paphnutium minus recte egisse, immo egisse *male*, adeo extollendo civiles leges, quasi illae *per se* suaque propria auctoritate parochianos adstringerent. Nam illae leges quoad christianorum matrimonia sunt iuris alieni seu ecclesiastici usurpatio, quando aliquid de matrimonii valore constituunt. Quod *suo iure* possunt, illud est ut cives etiam christiani teneantur auctoritatem publicam de matrimonio *rite contracto* certam reddere modo a lege assignato, quo fruantur coram lege civili omnibus legitimi matrimonii iuribus.

Si quid ergo amplius leges civiles requirunt, ad id christiani non tenentur vi legis et vi oboedientiae legibus debitae, sed vi caritatis erga se et prolem suam, ne sine causa iniustis vexationibus sese exponant. Quod sane secundum rei veritatem parochus suos docere debet, ne paullatim discant male sentire de mutuis iuribus inter Ecclesiam et civilem auctoritatem. *Prudenter* quidem haec debet explicare, ne videatur civilem auctoritatem in se carpere atque subditorum animos contra eam commovere; nihilominus hanc non potest cum detrimento iurium ecclesiasticorum extollere.

R. 4. Imprudenter igitur saltem egit, monendo populum Ecclesiam post violatas suas leges longe facilius indulgere quam civilem auctoritatem; sic enim indirecte animantur infirmiores ad leges sanctissimas parvipendendas et neglegendas. Potius debebat ad eas custodiendas *a fortiori* excitare, rationem sumens a lege civili; quam si propter sola evitanda mala temporalia omnes tam sollicite servarent et servare in conscientia non raro deberent, multo magis propter legem per se coram Deo obligantem statuta Ecclesiae esse servanda.

R. 5. Quod autem Paphnutius exemplum sumat a Iudaeis et acatholicis, qui praeeant in sollicita custodia legum civilium matrimonialium, etiam incaute et *male* facit. Quo enim haec comparatio tendit, nisi supponatur utrosque, videlicet fideles baptizatos et nonbaptizatos, *eodem modo* his legibus teneri? Quod falsissimum est. Nam baptizati certissime non tenentur illis legibus *per se*, sed summum *per accidens;* alii autem tenentur, etsi non certe, tamen probabiliter *per se,* ut dictum est supra ad Q. 3^m, ac proinde auctoritas publica *suo iure* utitur, si pro non baptizatis certas leges ipsum matrimonium eiusque valorem spectantes ferat, modo ne repugnent legi divinae.

IMPEDIMENTA MATRIMONII DIRIMENTIA.
ERROR IN MATRIMONIO.
Casus. (267)

Pancratius amore sui captaverat puellam nobilem, quae tamen asserit se nolle sine consensu parentum matrimonium inire: quam ut inducat, Pancratius se iactat apud puellam eiusque parentes filium certi comitis ditissimi, cuius familia patri puellae nota erat. Pater igitur cupiens cum hac familia intimius iungi, ab ipso illo comite litteris petit consensum in illud matrimonium inter ipsius filium suamque filiam: quibus litteris fraude interceptis, Pancratius dextre fingit responsum omnium votis secundum, ita ut brevi post matrimonium cum magna sollemnitate celebretur. Paucis hebdomadis elapsis fraus et error detegitur. Sed oritur quaestio:

1° qui sit error impedimentum matrimonii dirimens.

2° in casu subsistatne matrimonium inter Pancratium atque illam puellam nobilem, vel quid iuris illa eiusque pater habeat.

Solutio.

AD QUAESITUM 1^m R. 1. Error, qui ex sese sit impedimentum 933 dirimens, est error de persona praesenti, quacum specietenus matrimonium initur, vel etiam error in personam redundans. Cum enim inter certas et determinatas personas matrimonium ita ineatur, ut persona illa determinata sit ipsum obiectum essentiale circa quod versetur contractus: error supra dictus est circa contractus essentiam, adeoque consensum natura sua efficit nullum.

R. 2. Error de condicione servili, seu potius eius ignorantia in altero contrahente *libero,* quando est condicio servilis vero et stricto sensu, *iure ecclesiastico* reddit matrimonium nullum. Quando igitur vir liber duxit mulierem, quae, cum putaretur a viro libera, erat re ipsa serva sensu stricto, matrimonium non valet; vel si mulier libera nupserit viro re ipsa servo, qui putabatur a muliere esse liber (cf. c. 2 X 4, 9; *Th. m.* II, 752). Quod impedimentum nostra aetate rarissimam habet applicationem.

R. 3. Error in condicione personae generatim non facit matri- 934 monium invalidum, etiamsi error condicionis talis fuerit, ut, si fuisset condicio nota, matrimonium locum non habuisset. Nam consensus demum datus est; nec quaeritur quid factum fuisset, sed quid factum re ipsa sit. Exceptio est: 1) si certa quaedam condicio habebatur ut condicio sine qua non, ita ut consensus non absolute sed condicionate datus sit neque condicio illa sit verificata; 2) si condicio, circa quam sit erratum, redundat in personam, ita ut ex illa condicione non impleta exsurgat error ipsius personae seu appareat non esse eam individuam personam, quacum contrahere alter intenderat: quod evenit, si alter contrahens ex certa quadam condicione vel qualitate principaliter *intenta* veniat in notitiam et determinationem personae individuae quacum contrahat; non evenit, quando condicio seu qualitas intenta superveniat notitiae et determinationi personae, nisi statuatur illa qualitas *pro condicione sine qua non*.

935   Ad quaesitum 2^m R. 1. Si tractatum inter puellam et Pancratium consideramus, abstractione facta interventus parentum puellae, non videtur ille error adesse qui redundet in personam. Puella amore Pancratii rapiebatur, antequam quidquam de eius stirpe noverit; videtur igitur haec suppositio nobilis prosapiae puellae non fuisse res substantialis neque condicio sine qua non, sed ratio impellens et magis incitans. Sed error in tali re non facit matrimonium nullum.

R. 2. Gravior quaestio est, si respicimus consensum et intentionem patris puellae. Quodsi ille consensus patris propter errorem et fraudem fuerit nullus, illa nullitas inficere videtur ipsius puellae consensum, utpote quae declaraverit se nolle matrimonium inire sine consensu patris. Pater autem principaliter videtur intendisse coniunctionem cum nobili familia sibi nota, ideoque *eius* consensus omnino restrictus fuisse ad filium illius familiae; ac proinde consensus quoad matrimonium cum Pancratio deceptore videtur fuisse *nullus* seu *invalidus*.

R. 3. Ita revera pro nullitate matrimonii standum esset, si consensus patris esset consensus *matrimonialis pro filia*. Verum ita non est. Inspici igitur debet consensus puellae, quem dederit in ipso contrahendo matrimonio cum Pancratio, num forte dederit *tunc* consensum non absolutum sed dependentem a consensu patris. Quod est plane improbabile. Praevius ille consensus quo *promittebat* matrimonium non erat absolutus; sed consensus praesens quo contraxit matrimonium *fuisset* quidem non absolutus sed dependens a voluntate patris, si suspicata esset deceptionem; sed nunc, cum de vero patris consensu non dubitaret, *absolute* consensum dedit de praesenti circa matrimonium cum Pancratio. Matrimonium igitur valet neque declarari potest nullum.

R. 4. Quod superest remedii, id solum est, ut puella valedicere possit cohabitationi cum Pancratio. Deceptio enim illa gravis ratio est postulandi perpetuam separationem a toro et cohabitatione, ita tamen ut, altero vivente, neutri liceat ad secundas nuptias transire. Verum si forte matrimonium nondum esset consummatum, recurri potest ad summum pontificem pro matrimonii rati tantum solutione.

MATRIMONIUM EX METU INITUM (I).
Casus. (268)

Edelberga puella a matre gravissimis minis adigitur nubere Paulo, quem detestatur; conqueritur apud famulam, sed demum coacta in Ecclesia consentit. Sed a coniugali vita cum Paulo abhorrens, prioribus mensibus semper denegat debitum, demum comminatione mortis ad copulam cogitur et, cum oppositionem inutilem esse videat, abhinc viro obsecundat: post annos, cum iam tres filios Paulo peperisset, cognito impedimento metus, instituit actionem de matrimonii nullitate.

Odilia pariter ad matrimonium coacta, cum sciat metus impedimentum, sine multis ambagibus consensum simulat; postea vero vir, cum reluctantem aliter non possit ad coniugalem vitam inducere, necem minatur: quo perculsa Odilia internum dat consensum atque viro obtemperat. Postea nihilominus de nullitate matrimonii agit.

QUAERITUR 1° qui sit metus irritans matrimonium.

2° possitne et quomodo tale matrimonium postea confirmari seu sanari.

3° quid ad casus sit dicendum.

Solutio.

AD QUAESITUM 1ᵐ R. 1. Iniustus metus gravis ad ineundum matrimonium incussus vel protractus vel quae vera fuit matrimonii causa, nullum facit matrimonium, saltem ex iure ecclesiastico, probabiliter ex ipso iure naturae. Ius naturae enim exigit, ut consensus ex tali iniusto metu datus ius firmum non pariat, sed obligatio inde exorta ad libitum eius qui metum passus sit possit excuti. Quod si ita est, matrimonii obligatio ab initio debet esse *nulla*, cum, quam primum constiterit, solvi amplius non possit. *Th. m.* II, 735.

R. 2. Metus debet esse *gravis*, saltem relative: quo fit ut parentum preces importunae facilius quoad puellam gravem metum indicent quam apud virum. Ceterum qui metus censeatur gravis, vide in *Th. m.* I, 24.

R. 3. Debet esse metus *iniuste incussus*. Quare qui aliunde ad certum matrimonium tenetur, cogi sane potest, si recedere velit, intentatis etiam poenis et malis, quibus ad implendam obligationem inducatur. Neque tamen ille, cui iuste detur optio inter matrimonium vel alium illatae iniuriae reparandae modum, cogi potest determinate ad matrimonium: quod si fieret, metus esset iniustus, matrimonii irritans.

AD QUAESITUM 2ᵐ R. 1. Perdurante metu, sicut iniri valide nequit matrimonium, ita neque sanari potest matrimonium invalide contractum.

R. 2. Cessante metu, consensu libere dato matrimonium ex nunc reddi potest validum. Id autem ita intellegendum est ut 1) novus consensus independens a priore consensu ideoque *cum cognitione nullitatis prioris consensus* saltem ab eo poni debeat, qui metum passus est, altero huius rei vel nullitatis matrimonii ignaro; 2) ut novus consensus fieri debeat ab utroque et publice seu in forma Tridentina, si de metu iniuste incusso publice constet, vel ita constet ut in publicam notitiam venire possit. *Th. m.* II, 737.

938   Ad quaesitum 3^m R. 1. Matrimonium Edelbergae certe invalidum est, etsi ipsa puella metu adacta verum consensum ex sua parte dederit atque de matrimonii sui nullitate nihil sciverit.

R. 2. Mulier, cum *putaret* matrimonium validum esse, nihilominus prioribus mensibus ius habuit denegandi matrimonii consummationem, non tamen indefinite. At potuit etiam statim viro obsecundare; ac proin nulla est ratio eam peccati incusandi, quod ob metum necis demum in vitam coniugalem consenserit.

R. 3. Certum pariter est matrimonium re vera mansisse invalidum et nullum. Nam, si abstrahimus a quaestione num *potuerit* Edelberga in adiunctis datis vero consensu matrimonium validum facere, re ipsa illud non revalidavit, quoniam ad illud revalidandum debebat praecedere notitia vel serium dubium de valore consensus primitus dati. Attamen de ea re in plena fuit ignorantia. Quapropter *iure suo* agit Edelberga etiam post annos sollicitans declarationem matrimonii nullitatis; nihilominus officia erga prolem imponere possunt obligationem caritatis et pietatis, ut potius cessante metu libere in matrimonium consentiat.

939   Quoad *secundum* matrimonium R. 4. Odilia etiam invalide contraxit, neque prohibebatur quin cum restrictione consensum exprimeret seu simularet, vel potius *dissimularet dissensum*.

R. 5. In subsequentibus Odiliam difficulter excusare possumus. Cum de declaranda matrimonii nullitate agat, sumi debet ipsi persuasum esse, matrimonium suum esse et mansisse nullum. Verum, si hanc persuasionem habuit, quando secundo comminatione mortis adacta consensum internum dabat, se nihilominus non poterat habere pro vera uxore, ac proin ne ex metu quidem mortis carnalem copulam *admittere* ei licuit, sed summum passive se habere. Si vero opinionem habet matrimonii sui revalidati, non amplius licet movere litem de nullitate.

Solummodo superest ut Odilia, si primo quidem putaverit se cum in mortem trudi videretur valide contrahere posse, postea autem, auditis rationibus contrariis, aliter putet. In tali casu causam suam resumere atque nullitatis declarationem sollicitare poterit. Sed quam primum hanc mentem conceperit seu matrimonium suum nullum mansisse putaverit, ab omni coniugali commercio cum viro debuit abstinere.

940   R. 6. Num autem re ipsa, qui hucusque invalide contraxit matrimonium, ad declinandam ipsam mortem corporis et animae (quam animae mortem incurreret, qui non legitime iunctus in carnalem copulam consentiret) possit manente metu valide contrahere, in utramque partem disputatur. Certum est revalidationem fieri non posse, si praeter metum aliud impedimentum publici iuris obstet, sume imprimis clandestinitatem.

Quodsi *solus metus* in quaestionem venit, *probabile* est impedimentum metus cessare, si matrimonii revalidatio solum medium est evadendae durissimae necessitatis aut moriendi aut graviter peccandi: sive pro impedimento solius iuris ecclesiastici metum habeas sive pro impedimento iuris naturalis. Quod enim ad salvanda et protegenda iura personalia libertatis statutum est, neque a positiva lege neque a lege naturali eousque sustineri debet ut vergat in summum eorundem personalium iurium detrimentum.

Porro si probabile est metum ut impedimentum dirimens desinere atque matrimonium, non obstante metu, in eiusmodi circumstantiis valide contrahi posse, licebit homini in iis angustiis posito contento esse hac probabilitate atque matrimonio uti. Cf. *Th. m.* II, 738. 739. Contrarium sentit Rosset[1], *De matrim.* n. 1331. At nostrae sententiae patronos habes Schmalzgrueber, Mazzotta, Thom. Tamburini, alios.

MATRIMONIUM EX METU INITUM (II).

Casus. (269)

1. Proba graviter aegrota Camillum medicum ad se vocandum curat: qui manifestato periculo ampliorem curam non vult impendere, nisi hic et nunc secum ineat matrimonium; quod in casu periculi superati promittit se et civiliter confirmaturum esse et coram Ecclesia benedicendum curaturum esse. Quibus Proba, ne deseratur a medico, consentit.

2. Rosa, filia Rufi viri nobilis, videt rem familiarem patris propter intricatam litem in magno periculo, neque adest advocatus peritus, qui rem feliciter tractare possit nisi unus qui offensus auxilium suum denegat. Rosa, alioquin virum istum abhorrens, amore patris et timore ducta, illum adit et, cum auxilium recusare pergat, spem facit matrimonii secum ineundi. Qua re commotus ille mutat consilium, si nunc statim fiat promissio et quam primum eius impletio. Rebus sic compositis, celebratur matrimonium, lis in favorem Rufi deciditur: quo facto, Rosa actionem instituit contra matrimonii valorem quasi ex metu initi.

Quaeritur sintne praedicta matrimonia valida an ex impedimento metus nulla.

Solutio.

R. 1. Haec quaestio indubie solvitur, si metus iniustus adfuerit 941 inflictus vel protractus in eum finem ut matrimonium de quo agitur

---

[1] Clarissimus ille auctor dictam probabilitatem conatur evertere, dicendo falsum esse *meum* suppositum, „quippe non ad servandam libertatem, sed ad evitandum peccatum mortale consummationem [matrimonii] inhibet ius naturae". At non iste est status quaestionis. Priusquam quaeratur num inhibeat ius naturae *consummationem*, quaeri debet et solvi quaestio num ius naturae inhibeat sub poena nullitatis *ipsum matrimonium contrahendum*: nam, nisi matrimonium maneat nullum, frustra quaeris de evitando peccato mortali consummationis. Neque puto falsum quicquam a me supponi, quando dico rationem, cur ius naturae metum pro impedimento dirimenti statuat, si statuit, esse protectionem efficaciorem libertatis, non autem rationem esse peccatum mortale consummationis evitandum. Sed quoniam in casu supposito ius libertatis eius de quo agitur salvari non potest, nisi ipse ille vitam amittat, ratio quam attuli pro lege cessante videtur salva consistere, videlicet: Num vere ius naturae postulat, ut libertatem meam vitae servandae necessario praeferre debeam, libertatem meam quae ilico cum vita debeat violenta morte finiri? Ad quod si non obligor, ille qui metum patitur a lege naturae non prohibetur quin valide matrimonium ineat atque illud valide initum statim consummet.

iniretur. Si ita fuerit, matrimonium certo invalidum est, quicumque consensus fuerit datus. Si ita non erat, multi iique gravissimi auctores censent sufficere ad nullitatem matrimonii, ut metus *iniustus*, etsi non in finem matrimonii extorquendi incussus, tamen *matrimonii sit causa*, eo quod matrimonium quis eligat, ut ab illo metu iniusto se liberet. Ita Baller.-Palmieri tr. 10, sect. 8, n. 1129; Lessius, *de iust. et iure* l. 2, c. 17, dub. 6; Lugo, *de iust. et iure* d. 22, n. 175; Schmalzgrueber, *ius eccl.* l. 4, tit. 1, n. 399; alii.

Facile etiam in simili casu fit, ut matrimonium sit invalidum, non ex titulo metus qua talis, sed ex defectu veri consensus.

942 R. 2. Quod igitur matrimonium Probae attinet, nisi res gesta sit in loco ubi caput *Tridentini concilii „Tametsi"* vi sua destitutum sit, matrimonium nullum est titulo clandestinitatis.

Verum si illa valori non obstat, condicio Probae et Camilli penitius indaganda est. Si adfuerint alii medici qui commode vocari poterant, agendi modus Camilli, utut iniquus et fortasse iniustus, non potest dici constituere gravem metum contra Probam.

Sed si Camillus solus erat qui posset advocari (vel — quod in timida puella potest accidere — si solus erat cui puella confidebat), curam denegare in periculoso morbo, quem diligenti cura medici superatum iri speratur, *gravem metum* sane constituit. Metus ille etiam *pro fine habet, ut matrimonium extorqueatur*, quia cura medica denegatur, nisi consensus in matrimonium praestetur. Difficultas sola est, num metus ille inferatur *contra iustitiam*. In qua quaestione certum est agi contra iustitiam, si medicus iam antecedenter ex contractu se obligaverat ad curam sive huius aegrotae sive aegrotorum in genere qui ad ipsum recursuri essent. Itaque in hoc casu matrimonium ratione metus irritantis erit certo nullum. Satis probabiliter autem nullitas etiam ad alios casus extenditur; quia, licet curam medicam impendere medicus teneatur ex caritate tantum, tamen iniustam facit pactionem, cum matrimonium ineundum non minus sit *pretium iniustum* pro cura medica, quam si pro equo ab emente postulares palatium. Recte Baller.-Palmieri l. c. n. 1127 dicit: „Si 1° persona quae metum incutit, non habet ius inferendi mala; vel 2° si non habet ius inferendi hoc vel illud malum; vel 3° non habet ius exigendi matrimonium per eam mali comminationem: *metus dicitur iniuste incussus ac proinde irritum matrimonium."*

Hinc Proba in tali casu omnino potest actionem de nullitate matrimonii instruere, etiamsi postea rei ignara diu cum Camillo vixerit. Nihilominus sententiae demum iudicis ecclesiastici stare debet. Cf. Rosset op. c. n. 1303.

943 R. 3. Difficilius causa de matrimonio Rosae componitur, quantum ad impedimentum metus attinet. Discutienda sunt haec momenta: 1) num fuerit metus *gravis*; 2) num *finis* huius metus fuerit matrimonium, vel saltem matrimonium sit *ex metu causatum*; 3) num fuerit metus *iniuste* incussus.

1) Par quidem est causa sive medici sive advocati, quando de magno damno avertendo agitur; neque quicquam interest utrum agatur de damno proprio an de damno proxime cognatis impendenti; ceterum damnum patris in filiam redundat. Ergo de metu *gravi* non est dubitandum, si quando timebatur — ut re vera fiebat — ne ille qui solus iuvare posset causam tanti momenti relinqueret.

2) Advocatus denegat suum auxilium, quod in hisce circumstantiis est gravem metum incutere. Sed cum eum incutit, nullam habet intentionem matrimonii cum Rosa extorquendi, quam intentionem ipsa Rosa sponte suggerit. Verum advocatus hanc intentionem suam facit, atque ea demum movetur ut a metu gravi incutiendo desistat, non destiturus, nisi sibi matrimonium illud offerretur. Quapropter verum videtur omnino illum metum protractum esse ex intentione huius certi matrimonii. Certius etiam est matrimonium esse *ex metu* causatum; nam Rosae sola ratio tractandi de matrimonio fuit haec ut ab impendenti malo se liberaret.

3) De metus illius, etiam ut solummodo *protractus* est, *iniustitia* idem iudicium ferre licet atque in priore casu medici qui curam suam denegabat, nisi matrimonium contraheretur. — Omnibus igitur consideratis, matrimonium Rosae cum advocato illo est, saltem probabiliter, ex ipso titulo metus irritantis nullum. Consentire videtur R o s s e t op. laud. n. 1304 dicens: „Qui experitur metum, iniit matrimonium, ut declinet a malo quod reformidat, vel ut excutiat malum quod iam suffert. Hoc dupliciter contingere potest: vel enim (1) is qui metum incussit quin de matrimonio cogitaverit, postea de illo cogitans illud offert *aut oblatum a patiente metum acceptat matrimonium;* vel (2) a tertio offertur matrimonium. . . . *In primo casu matrimonium videtur irritum.*"

R. 4. Ex narratis videtur erui posse Rosam impedimenti metus probe fuisse consciam, siquidem statim post matrimonium initum et litem compositam agit de eius nullitate. Quod si ita est, facile dubitari potest num Rosa verum consensum matrimonialem dederit. Quare si examine facto de defectu veri consensus constiterit, ex hoc capite etiam certius constabit de matrimonii nullitate.

R. 5. Si autem sumas litem, de qua agebatur, in favorem Rufi iam antea finitam fuisse; vel litem saltem ita esse productam ut de futura victoria iam constaret atque opera advocati ulterior evasisset iam non necessaria, antequam matrimonium re ipsa iniretur: dici debet metum gravem cessasse, ac proin de metu ut impedimento matrimonii dirimenti sermonem amplius esse non posse. Debebat enim in tali casu Rosa aperte declarare se nolle matrimonium inire, promissionem priorem se ex metu fecisse. Quod facere plane licuit. Quare, si nihilominus, rebus ita stantibus, coram Ecclesia contraxit, vix admittetur postea eius excusatio se ex metu consensisse vel se internum consensum non dedisse. Nihilominus, si etiam tum *internus* consensus abfuit, matrimonium corruit; sed vix aliud tum restabit, nisi ut, consensu vero dato, validum reddatur.

IMPEDIMENTUM LIGAMINIS.

Casus. (270)

Hilaria occulte nupsit Henrico, qui post tres annos felicis matrimonii duosque filiolos susceptos militiam sequi debet. — Qua finita, commercium quod per litteras cum Hilaria sustinuit paulatim exstinguitur; ipse, longe ditiore comparte reperta, in dissita regione novum matrimonium publice iniit. Decem annis elapsis, cum Henrici vestigium nullum amplius detegat, Hilaria, filiis defunctis, novum etiam in novo domicilio init matrimonium, de priore, quod morte mariti solutum sumit, nihil dicens. Aliis quinque annis elapsis fortuito comperit Henricum, alio assumpto nomine, adhuc esse inter vivos atque alio matrimonio iunctum: de qua re tenet altum silentium, dum biennio post, audita morte Henrici, conscientiae causa rem secundo marito pandit.

Quaeritur 1° quid de secundis nuptiis Hilariae et Henrici sit dicendum, et quomodo constare debeat de morte coniugis ut alteri liceat novum matrimonium inire.

2° quid de vita coniugali in secundis illis nuptiis.

3° quomodo secundum Hilariae matrimonium possit reddi validum.

Solutio.

945   Ad quaesitum 1ᵐ R. 1. Divina lege, positiva et naturali, prohibetur polygamia atque irrita est; similiter divortium quoad vinculum. Quare, vivente coniuge, impossibile est alteri novum matrimonium inire, ita ut, quantumcumque *putetur* alteruter coniunx mortuus, si revera mortuus non sit, alterius matrimonium secundum sit irritum. *Th. m.* II, 740.

R. 2. Ut *liceat* secundum matrimonium inire illudve conari, requiritur moralis certitudo de morte compartis; ut liceat *admittere* ad secundum matrimonium aliquem, publicis argumentis constare debet de prioris coniugis morte, quantum fieri potest, per testes immediatos vel documenta publica authentica; alias prudenti aestimationi iudicis ecclesiastici id committitur. Accuratiora v. *Th. m.* II, 741.

R. 3. Secunda matrimonia Hilariae et Henrici, ut patet, invalide sunt contracta, atque etiam graviter illicite. Quod maxime valet de matrimonio ab Henrico attentato, qui non solum non erat moraliter certus de obitu prioris uxoris, sed moraliter certus erat de eius vita perdurante. De subiectivo peccato Hilariae magis dubitari potest. Nam impossibile non est eam sibi persuasisse post decem annos alti silentii ex parte eius qui antea diligenter ipsi scripserat atque fidum maritum se probaverat, nihil relinqui, nisi ut sumatur Henricum esse mortuum. Obiective quidem tale silentium certum argumentum non praebet, neque in foro externo sumptum esset pro probatione, sed necessaria fuisset diligentior et publica inquisitio. Quapropter etiam subiective male egit Hilaria haec omnia tegendo et silentio praetermittendo, cum ageret de novo matrimonio ineundo. Neque a *gravi* peccato hac in re excusari potest, nisi in magna fuerit inscitia et simplicitate.

Nihilominus fieri potuit ut malae fidei quidem esset in eo quod, sciens huiusmodi pandenda esse, *hanc* legem Ecclesiae violaret, neque tamen esset malae fidei in eo quod cum dubio ligaminis impedimento novum matrimonium attentaret, siquidem *in persuasione certa* esse poterat virum esse defunctum.

AD QUAESITUM 2^m R. 1. Ut a matrimoniali vita *Hilariae* exordium sumamus, multum interest advertere, quod mox dixi de mala vel non mala fide in ineundo matrimonio secundo. Interroganda igitur est mulier cur vitam suam priorem atque matrimonium cum Henrico silentio texerit. Si compertum fuerit propterea eam ita egisse, ne forte constiterit per meliorem inquisitionem de viro nondum defuncto, censeri debet malae fidei quoad statum suum liberum; si vero responderit se de mariti morte non dubitasse, se timuisse tamen ne, notitia de priore vita data, rumores excitarentur atque ipsa famae detrimentum pateretur, sumendum est Hilariam *circa suum statum liberum* in bona fide exstitisse.

R. 2. Si igitur Hilaria de morte Henrici dubia nihilominus secundum matrimonium attentavit, quamdiu dubia manet de Henrici morte, graviter peccat vitam coniugalem sponte exercendo seu debitum coniugale petendo; verum alteri innocenti marito debitum reddere debet, quamdiu, facta pro possibilitate inquisitione, dubium perseverat.

R. 3. Si vero in bona fide Hilaria erat de suo statu libero, tenetur quidem etiam postea inquirere num revera Henricus mortuus sit, sed, dubio manente, libere ducere potest, reddendo et petendo, vitam coniugalem.

R. 4. At quam primum constiterit de Henrico adhuc superstite, plane peccat mortaliter, si quasi uxor vivit cum secundo viro; neque ex ignorantia viri excusatur. Nihil igitur restat nisi ut aut se subtrahat aut viro totam rem pandat.

R. 5. Quod *Henrici* secundum matrimonium attinet, patet eum omnino in mala fide fuisse atque scienter criminis bigamiae reum exsistere. Quare quoties coniugale debitum poscit, graviter peccat, neque reddere ei licet, quia ab initio consensum dedit necessario et certo invalidum, neque eum nunc validum facere potest, quamdiu *non constiterit* de Hilariae obitu. Cf. de his omnibus *Th. m.* II, 842—844.

AD QUAESITUM 3^m R. 1. Quando constiterit certo de morte Henrici, Hilariae matrimonium secundum reddi potest validum; non eo ipso convalescit. Videlicet consensus antea datus nihil operatus est, neque umquam operari quicquam potest: quod certo valet de consensu Hilariae, quae aliquando scivit matrimonii nullitatem, probabiliter de ipso compartis consensu, qui ferebatur in obiectum naturaliter matrimonialis vinculi incapax. Practice saltem novus consensus *mutuus* dari debet; idque certissimum fit, postquam Hilaria comparti statum nullitatis matrimonii quod hucusque veri speciem habuit manifestavit.

R. 2. Causare aliquis possit impedimentum criminis adulterii; sed hoc in nostro casu frustra quaeritur, quia, quidquid sit de eius impedimenti amplitudine, saltem requiritur adulterium *utriusque* formale seu et subiectivum et obiectivum; quod in nostro casu non obtinet. De cetero impedimento criminis confer quae infra dicentur.

IMPEDIMENTUM VOTI ET ORDINIS.

Casus. (271)

Conradus in magna urbe celeberrimoque portu confessiones excipiens tempore missionis, inter recens advectos paenitentes audit sequentes transfugas religiosos: Albertum qui post quinque annos in Congr. SS. Redemptoris peractos aufugit, Bernardum qui per 7 annos in ordine S. Francisci degerat et subdiaconus factus erat, Cunibertum qui similiter 10 annos in Societate Iesu vixit et diaconus factus immediate ante sacerdotium clam religiosam domum deseruit. Omnes isti in Americam meridionalem se contulerant, uxores duxerunt, divitiis et honoribus affluunt, statu eorum priore plane ignoto; nunc in Europam reduces res quasdam familiares componere volunt, dein in Americam ad uxores reverti. In itinere tempestate agitati et maligna febri correpti a sacerdote amplissimis facultatibus praedito ab omni vinculo quo poterat absoluti sunt; sed integram confessionem cum peragere non possent, nunc eam volunt supplere.

Quaeritur 1° quod sit impedimentum voti et ordinis.

2° quae sit facultas absolvendi seu dispensandi in articulo mortis.

3° quid de matrimoniis istorum virorum deque eorum revalidatione dici debeat.

Solutio.

948   Ad quaesitum 1ᵐ R. 1. Impedimentum dirimens voti et ordinis, sive diversum sive unum idemque impedimentum esse dixeris, utrumque nititur in *sollemni consecratione*, qua homo in Dei servitium traditur atque ad divina peragenda ministeria specialiter deputatur, statu sacro perpetuo assumpto. Quapropter a multis utrumque impedimentum sic sumitur ut dicatur votum sollemne castitatis, quod vel in sollemni professione status religiosi vel in susceptione alicuius ex ordinibus sacris sive formaliter sive implicite emittatur. Fac tamen attendas sufficere solam consecrationem per susceptionem ordinis sacri peractam, etiam sine veri voti emissione, ut dirimens impedimentum subsistat. Cf. Baller.-Palmieri l. c. n. 1143 notam.

R. 2. Quod impedimentum habes sollemniter commemoratum a *conc. Trid.* sess. 24, can. 9: „Si quis dixerit clericos in sacris ordinibus constitutos vel regulares castitatem sollemniter professos posse matrimonium contrahere, contractumque validum esse non obstante lege ecclesiastica vel voto . . ., anathema sit." Quod dixit „lege ecclesiastica vel voto", satis indicat eum qui suscipiens sacros ordines non vovisset vel vovere noluisset, nihilominus *lege ecclesiastica* ad castitatem atque eius votum teneri. Quod autem castitas ita ser-

Impedimenta matrimonii dirimentia: — Votum, ordo. 545

vari debeat ut matrimonium non tantum illicitum sed etiam invalidum sit, id non ex voto qua voto neque ex consecratione qua tali oritur sed ex ecclesiastica lege irritante. *Th. m.* II, 750.

R. 3. Votum religionis non sollemne sed simplex tantum non est impedimentum matrimonii dirimens sed prohibens tantum. Excipe votum simplex, quod in Societate Iesu post biennium novitiatus emittitur. Quod non solvit quidem matrimonium antea contractum et ratum tantum non consummatum; verum Gregor. XIII const. „Ascendente Domino" d. d. 25 Maii 1584 illud impedimentum *dirimens* matrimonii constituit: quem constitutionis valorem post Societatem Iesu restitutam praxis Romana semper sustinuit, nunc Leo XIII const. „Dolentes" d. d. 13 Iulii 1886 indubitanter confirmavit. — Verum haec non transferuntur ad professionem votorum simplicium aliorum ordinum religiosorum, minus etiam ad vota simplicia religiosarum congregationum.

Ad quaesitum 2m R. 1. Facultas, de qua quaeritur, sumenda est ex decreto *S. Offic.* d. d. 20 Febr. 1888, quo summus pontifex constituit, ut „locorum ordinarii dispensare valeant sive per se sive per ecclesiasticam personam sibi bene visam aegrotos in gravissimo mortis articulo constitutos, quando non suppetit tempus recurrendi ad S. Sedem, super impedimentis quantumvis publicis matrimonium iure ecclesiastico dirimentibus, excepto sacro presbyteratus ordine et affinitate lineae rectae ex copula licita proveniente. *Th. m.* II, 791 nota.

R. 2. Sed haec facultas ab ordinariis *habitualiter* subdelegari potest *solis parochis*, idque in casibus, ubi recursus ad ordinarium fieri nequeat atque periculum sit in mora. *Th. m.* II l. c. Reliqui sacerdotes debent in singulis casibus ad ordinarium recurrere, nisi praeferatur negotium parocho relinquere. — Si quis igitur alius quam parochus habitualiter putet hac facultate se indigere, necesse est ut eam a S. Sede specialiter obtinuerit.

Ad quaesitum 3m R. 1. Matrimonium Alberti, nisi sacrum ordinem susceperit, est validum. Nam congregatio Ss. Redemptoris habet vota simplicia, eaque ex se non perpetua sed temporanea, etsi post certum tempus iuramentum stabilitatis seu perennitatis emittatur. Quare Albertus aut lapsu temporis iam ab omni voto liber est, aut voto vel iuramento tenetur. In posteriore casu illicite etsi egerit et forte agat coniugalem vitam ducens, valide tamen in omni casu contraxit matrimonium.

R. 2. Matrimonium Bernardi duplici titulo irritum est, videlicet titulo professionis sollemnis religiosae et titulo ordinis sacri: quod impedimentum, etsi unum dixeris specie, tamen hic *numero duplex* occurrit.

R. 3. Idem dici debet de matrimonio Cuniberti, etsi vota emiserit simplicia tantum, nondum sollemnia, ut ex dictis ad Quaesitum 1m R. 3 patet.

R. 4. Nemo ex his tribus viris sacerdos est — nam de Alberto, cum de ea re sileatur, id etiam supponere licet. Attamen de Alberti

Lehmkuhl, Casus conscientiae. II. 35

matrimonio iam supra dictum est. Reliqua duo ista matrimonia non sunt ex numero eorum quae per ordinarium vel parochum nequeant absolute revalidari. Quaestio sola est num re ipsa in navi, cum viri illi de vita periclitarentur, dispensatio iis potuerit dari atque ipsa matrimonia Bernardi et Cuniberti revalidata sint. Quod sane per facultatem S. Offic. anni 1888 fieri *non potuit*.

Nam 1) in illis circumstantiis periculosi morbi per ordinarium vel sacerdotem non revalidatur matrimonium, sed dispensatur ab impedimentis, ut matrimonium valide contrahi nunc possit. Contrahere debent ipsi putativi coniuges. Quod non fit neque fieri potest, quando unus ex contracturis in mari Atlantico exsistit, alter longe distans in America versatur, rei omnino ignarus.

Sane illa facultas praecipue data est pro casibus publicis matrimoniorum coram Ecclesia nullorum, quae valida effici nequeant nisi consensu novo ab utroque nunc ponendo. Sed etsi damus, ut revera est dicendum, non excludi impedimenta occulta, posseque casum occurrere in quo compars de nullitate matrimonii aperte moneri non possit: tamen etiam in hoc casu tota res peragi nequit ab uno tantum, sed cum huius consensu de novo dato saltem coniungi debet consensus alterius, qui se ut perseverans hic et nunc externe prodat. Quod in nostro casu in matrimonio neque Bernardi neque Cuniberti possibile est. Quare, nisi confessarius in navi exsistens habuerit facultatem longe ampliorem sanandi eiusmodi matrimonia in radice, in nostris casibus nihil potuit facere, nisi post acceptam promissionem rem postea rite componendi atque etiam, si opus fuerit, a matrimonio illo nullo recedendi, viros istos a peccatis et censuris absolvere.

2) Accedit quod finis legis in nostro casu non attingitur. Finis legis est ne quis in extremis positus pereat. Sed in nostro casu dilatio huius negotii componendi non conicit Bernardum vel Cunibertum in periculum salutis. Urgeret res, si cum putativis uxoribus simul essent in navi. Sed quando simul futuri sint cum istis mulieribus, periculum mortis seu morbi periculosi diu erit praeterlapsum, adeoque tunc illa dispensandi facultas, deficientibus condicionibus necessariis pro quibus data est, applicari amplius nequit.

R. 5. Pro Conrado igitur non sufficit vaga illorum virorum indicatio, quod absolutionem et dispensationem a confessario amplissimis facultatibus instructo acceperint. Nam non potest ex hac vaga indicatione prudenter iudicare Bernardi et Cuniberti matrimonia iam valida esse facta, virosque ipsos ab omni voto omnique obligatione erga ordines quos reliquerant esse solutos. Sed quoad haec debet *suas* facultates inspicere, atque insuper attendere ad scandalum sive praecavendum sive reparandum: quod ipsum decretum S. Officii supra laudatum monet, si quando usus fit extraordinariae facultatis ab impedimento sacri ordinis vel sollemnis voti dispensandi.

R. 6. Regulariter itaque res componenda erit per recursum Romam faciendum. Et quoniam Bernardus vel Cunibertus actu non sint in proxima peccandi occasione, utpote a mulieribus, quas sibi copulaverant, interea separati, si paratos se declarant ad ea praestanda quae sacra Rom. tribunalia iniunxerint, nunc per absolutionem cum Deo possunt reconciliari. Verum attendendum est, num et per quem absolvi possint a censuris propter *apostasiam ab ordine* suo incursis: quae communiter Romano pontifici vel ordinum superioribus reservantur, sicut excommunicatio propter matrimonium post sollemne votum attentatum contracta est inter censuras papales ordinariis reservatas.

Ex casu narrato concludi quidem potest omnes illos viros utpote antea in periculo mortis constitutos in navi absolutos esse ab omni censura, neque videntur in eas reincidisse. At ex natura rei manet obligatio cum legitimis superioribus rem componendi: quod nisi fiat, in superiorum potestate est novo censurarum vinculo illos adstringere.

IMPEDIMENTUM AETATIS.

Casus. (272)

Sylvius, puer catholicus annorum tredecim, et Catula, puella protestantica duodecim annorum, in australi regione nati, ambo cum parentibus suis in civitatem quandam Rhenanam transmigrarunt. Hi igitur in vitiis enutriti, relationem sexuum satis edocti, sibi invicem fidem dant de matrimonio atque consensum de praesenti; immo Catula mox a Sylvio gravida apparet. Quod cum parentes et parochus obstupefacti comperiant, discunt ab illis quid gestum sit. Parentes plane nolunt eos ut matrimonio iunctos agnoscere, atque per civilem auctoritatem tentant eos separare et correctionis instituto tradere: quod parochus totis viribus studet impedire, cum matrimonium illud rite initum esse declaret.

QUAERITUR 1° qui defectus aetatis sit impedimentum matrimonii dirimens.

2° quo cessante, liceatne matrimonium inire.

3° quid de casu proposito sit iudicandum.

Solutio.

AD QUAESITUM 1ᵐ R. 1. Defectus aetatis iure naturae non exsistit, nisi adfuerit defectus plenae rationis vel ignorantia omnimoda matrimonii. Nam quam primum aliquis ratione plene utitur atque scit de qua re agatur, ius coniugale dare et accipere mutuo potest, etsi exercitium iuris propter vim generativam nondum evolutam differatur necesse sit.

R. 2. Nihilominus parum convenit contractum matrimonialem inire, antequam aptitudo exercendi iuris coniugalis adsit. Quare sapienter Ecclesia lege sua positiva certam aetatem fixit, ante quam matrimonium, si qui inire conarentur, esset irritum. Quam aetatem universim fixit 12 annorum pro feminis, 14 annorum pro masculis. Cf. cap. 6. 10. 14 X 4, 2.

R. 3. Qui igitur ante eos aetatis annos contraxerunt *de praesenti*, matrimonio *nullo* iunguntur, nisi „malitia" seu „prudentia" suppleat aetatem, i. e. nisi re ipsa iam physice et psychice apti fuerint ad copulam coniugalem. Alias eorum coniunctio habetur pro *validis sponsalibus,* a quibus tamen, completa pubertatis aetate, alteruter intra triduum resilire potest. Cf. *Th. m.* II, 662. 748; cp. 14 X 4, 2.

955 R. 4. Ab illo impedimento aetatis, quando malitia seu prudentia aetatem nondum supplet, solus summus pontifex dispensare potest et dispensat aliquando *ob bonum pacis* inter principes. Si malitia *videatur* supplere aetatem, episcopi est iudicare et permittere, ut matrimonium — quod tum validum erit — contrahatur. Cf. Rosset op. l. n. 1510 sq.; *Th. m.* II, 748.

Ad quaesitum 2^m R. 1. Vix completa aetate ab Ecclesia statuta, nondum fit ut *licite* iniri possit matrimonium. Nam sane ea aetate non ubique iam adest facultas generandi expedita; verum, antequam nupturientes in ea condicione sint, contrahere et cohabitare generatim non licet.

R. 2. Neque consultum est aetate debiliore contrahere, etiamsi absolute fieri potest; quamquam neque expedit aetatem nimis provectam exspectare, quod sane bonis moribus conservandis non favet.

956 Ad quaesitum 3^m R. 1. Factum deplorandum ostendit puerum et puellam fuisse vere nubiles; quapropter de possibilitate validi matrimonii inter eos oriundi dubitari non potest. Parentes igitur omnino prohibendi sunt ne praepropere vel omni conatu illud matrimonium civiliter dissolvendum tentent, cum forte coram Ecclesia sit validum. Quod tentamen a gravi crimine immune non fuerit.

R. 2. Re ipsa Sylvius et Catula inter se privatim atque clandestino consensu matrimonium contraxerunt, *si* et ipsi verum et mutuum consensum dederunt, et Ecclesia eum lege sua validum habuit. Quapropter videri debet, non solum 1) num verum consensum mutuum sibi dederint de praesenti, sed etiam 2) utrum consensus clandestine datus sufficiat, an lex Tridentina de clandestinitate valori obstet. Priorem quaestionem enarratio casus affirmat; et nisi diligens examen contrarium *evicerit,* huic externae apparentiae standum est. Posterior quaestio facile solvitur ex eo quod agitur de matrimonio mixto. Utut enim in loco, de quo agitur, lex Tridentina de clandestinitate publicata est, pro mixtis matrimoniis pro tota archidioecesi Coloniensi cum suffraganeis huius provinciae ecclesiasticae dioecesibus dispensatio ab hac lege per Pium VIII facta est. — Hinc, nisi defectus intentionis invicte ostendatur, omnino recte dixit parochus matrimonium illud, utpote illicite quidem sed valide contractum, solvi amplius non posse.

AETAS SENILIS.

Casus. (273)

Odilo, fere septuagenarius, uxore ex qua iam a 15 annis prolem non genuerat defuncta, de novo cogitat matrimonio cum vidua iuvenili 30 annorum. Parochus dissuadet propter ludibrium cui res exponatur, neque sibi in animo esse ullam proclamationem omittere; cum Odilo instet, dicit se procedere non posse nisi consulto ordinario.

Quaeritur 1° num Odilo a matrimonio ineundo repellendus sit.
2° quid de parochi modo agendi sit dicendum.

Solutio.

Ad quaesitum 1^m R. 1. Propter senilem aetatem impedimentum 957 matrimonii dirimens habetur, quando, etiam remedio, si opus fuerit, adhibito non obstante, copula seminisque effusio haberi nequeat; alias, etsi proles soleat non amplius generari, non adest impedimentum dirimens.

R. 2. Quodsi de impedimento non constet, sed senex ipse spem rationabiliter retinet, non potest ei matrimonium interdici. Neque solent senes ab Ecclesia a contrahendo matrimonio impediri. — Neque etiam hac in re compars decipitur, nisi nullitas matrimonii certa fuerit. Alias enim scire debet ad filios generandos non amplius solere senes esse aptos, et coeundi facultatem esse labilem. *Th. m.* II, 748. Gasparri, n. 262 et 512.

Ad quaesitum 2^m R. 1. Dissuadere matrimonium parochus potuit 958 non solum Odiloni sed etiam viduae iuveni, cum haec periculo se exponat, ne vita coniugali defraudetur, immo mox iterum vidua exsistat. Insuper proponere potuit matrimonium intentum admirationem et dicteria facile excitaturum esse.

R. 2. Quod addit se proclamationem nullam omissurum esse: si haec declaravit, dispensatione ab ordinario non exsistente, fecit quod facere obligabatur. Nam cum neque necessaria neque urgens ratio adesset proclamationes minuendi, nihil omittere potuit nisi ex dispensatione ordinarii. Quam dispensationem petere non tenebatur, sed ipsis nupturientibus id relinquere potuit.

Quodsi ipsi nupturientes demum ordinarium adierint atque facultatem obtinuerint, ut proclamatio unica *pro tribus* fieret, parochi non erat amplius resistere, sed, quod episcopus decreverat, debebat exsequi.

R. 3. Alioquin autem, quod nullo modo voluerit proclamationes incipere neque ad matrimonium procedere nisi post recursum ad ordinarium, nimis obstitit nupturientibus, qui persistebant in voluntate matrimonii ineundi. Nam absente ecclesiastico impedimento, parocho non licet matrimonium impedire vel cum molestia sponsorum differre. Cf. Gasparri l. c.

DISPARITAS CULTUS.

Casus. (274)

Felicitas puella catholica, amore Galli viri protestantici capta, matrimonio ineundo consentit; datis cautionibus et facultate obtenta, contrahunt civiliter, religiosam caerimoniam suppleturi. Post civilem actum Gallus Felicitati pandit se esse ex Iudaeo protestantem factum, ex humanis rationibus et suo rogatu ministrum abstinuisse a formali baptismo; atque se etiam insistere debere ut primus ex filiis futuris in religione avita patrum suorum educaretur. Obstupefacta mulier declarat religiosum igitur contractum matrimonii esse differendum, donec difficultates nunc exortas composuerit.

Quaeritur 1° impedimentum mixtae religionis quod sit dirimens, quod impediens tantum.

2° possitne matrimonium istud iniri, quibus condicionibus.

3° quae consulenda sint puellae.

Solutio.

959   Ad quaesitum 1ᵐ R. 1. Inter baptizatum et non-baptizatum vel vice versa exsistit matrimonii dirimens impedimentum, idque dirimens ex solo iure ecclesiastico. *Th. m.* II, 751.

R. 2. Inter baptizatos autem diversae professionis religiosae seu christianae non dirimens exsistit impedimentum, sed prohibens tantum. Ita quidem, si baptismus certus est.

R. 3. In dubio baptismi, quantum ad matrimonium attinet, *baptismi valor praesumitur*, longe aliter ac si quaeritur de personali salute per *certum* baptismum reddenda securiore; — idque sive dubium in se insolubile fuerit, sive propter adiuncta per accidens exsistentia nunc saltem non potuerit solvi. Verum in posteriore casu, si postea baptismus forte detegatur certo nullus, recurrendum est ad S. Sedem, quae praescribet quid faciendum sit; in priore autem casu videtur matrimonium non solum *praesumi*, sed ex praesumptione iuris *re ipsa ita subsistere*, ac si baptismus fuerit certus. *Th. m.* II, 752: cf. etiam quae supra dicta sunt n. 289.

960   Ad quaesitum 2ᵐ R. 1. Matrimonium quidem civile nihil est nisi forte in locis, ut lex Trid. de clandestinitate non viget, ab utroque nupturiente verum coram Deo matrimonium intendatur. Aliter autem civile matrimonium mera caerimonia est nihil efficiens nisi effectus civiles, cum propter clandestinitatem canonicam matrimonium efficere nequeat. Neque tamen generatim licet intentionem illam veri matrimonii habere, quando verum matrimonium possibile est, cum sit quaedam sacrae rei profanatio.

R. 2. Sed in nostro casu aliud impedimentum obstat, a quo, ut apparet, dispensatio non sit obtenta neque petita. Dispensatio habita est ad ineundum licite matrimonium *mixtum* inter duos baptizatos; hic vero habemus baptizatam feminam, virum non baptizatum. Quapropter recte dixit puella religiosum matrimonii contractum vel rectius ipsum matrimonium coram Deo et conscientia validum nondum posse contrahi.

961   R. 3. Requiritur igitur dispensatio ab impedimento mixtae religionis seu *disparitatis cultus*, nisi vir sincere velit converti. Quae dispensandi facultas est apud S. Sedem, eaque in regionibus tantum dissitis, maxime infidelium, Ordinariis ad tempus concedi solet. — Verum haec dispensatio ut detur, necessaria est magis etiam causa

Impedimenta matrimonii dirimentia: — Cultus dispar., consanguinitas. 551

gravis, quam si dispensatur in matrimonio baptizatorum *mixtae confessionis;* atque eadem etiam cautio, ne ius catholicae educationis prolis quicquam laedatur. Quae in nostro casu, cum contra priora promissa vir eam iam statim convellere tentet, vix seria obtinebitur.

R. 4. Non nego in gravissimis circumstantiis fieri aliquando posse, ut dispensatio ad ineundum matrimonium concedatur, cautione a viro acatholico non data, sed facta seria tantum promissione partis catholicae, fore ut omnibus quibus potuerit viribus adlaboret, ut filii omnes et catholice baptizentur et catholice educentur. Nimirum stipulationi acatholicae filiorum educationis *consentire* impium est; pro causae gravitate licitum esse potest, *periculo* talis tristis eventus sese exponere, imprimis propter causam publicam vel etiam gravissimam privatam (cf. supra n. 908). Verum in casu causae graves publicae et communes nullatenus videntur adesse, neque privata causa gravissima. Eiusmodi causa gravissima privata in aliis quidem circumstantiis excogitari potest. Haec adesset v. g., si Felicitas rem comperisset demum post annos, cum iam plures liberos a Gallo suscepisset, sine sua cura in certius etiam periculum perversionis coniciendos. Sed, ut causa nunc exsistit, nisi vir mutaverit consilium, dispensatio non est speranda.

AD QUAESITUM 3^m R. 1. Non solum consulendum, sed plane in- 962 iungendum est Felicitati, ne se gerat pro uxore neve ullatenus Galli libidini satisfaciat, utpote quae illius uxor non sit.

R. 2. Inde sequitur Felicitatem debere, si possit, se ilico a Gallo separare, atque paternam domum repetere; etiam ilico, si spes est vincendi, iudicialem matrimonii civilis solutionem postulare; quae spes non videtur exclusa, cum actrix insigniter decepta sit ab homine Iudaeo qui se christianum finxit. (Cf. *Cod. civ. Germ.* §§ 1334 et 1568).

R. 3. Quodsi ex una parte civilis solutio denegetur, atque lex ad cohabitandum cogat, ex altera parte Gallus prioribus suis promissis stare nolit: consilium capiendum est, ut Felicitas fugiat atque investigationibus Galli subducatur.

CONSANGUINITAS.

Casus. (275)

Samuel iuvenis vult Susannam ducere puellam sibi cognatam; nam pater Samuelis et pater Susannae fratres sunt, mater autem Susannae consobrina est matris Samuelis. Petita et obtenta est dispensatio in gradu 2° et 3^{io} mixto consanguinitatis. — Rectene?

QUAERITUR 1° quae sit consanguinitas matrimonii dirimens.

2° quid ad casum dicendum.

Solutio.

AD QUAESITUM 1^m R. 1. Consanguinitas est vinculum, quod est 963 inter eos qui ex eodem sanguine procreati sunt, seu ex eadem stirpe,

i. e. iisdem progenitoribus descendunt. Verum non computatur in indefinitum, nisi sumas descensum directum inter progenitores et progenitos — quae dicitur *linea recta;* in linea collaterali, i. e. quoad eos quorum unus ab altero non descendit, qui ipsi tamen ab iisdem progenitoribus ortum ducant, consanguinitas computatur ad eos gradus usque in quibus ecclesiasticum impedimentum dirimens exsistit.

R. 2. Impedimentum ecclesiasticum matrimonii dirimens exsistit: 1) in linea recta in indefinitum; 2) in linea collaterali usque ad gradum *quartum* secundum computationem ecclesiasticam, i. e. usque ad generationem quartam *inclusive;* idque sive ortus reducatur ad eundem patrem *et* matrem communem, sive ad eundem patrem *vel* matrem communem, scilicet sive duae personae de quarum cognatione agitur, habuerint eundem patrem (vel avum vel proavum vel abavum) *et* eandem matrem (vel aviam vel proaviam vel abaviam), sive solummodo eundem patrem vel etc. *aut* eandem matrem vel aviam etc. Similiter idem est, utrum ortus fuerit legitimus an illegitimus. Cf. cap. 8 X 2, 14; *Th. m.* II, 754. 755.

R. 3. Non tamen totum consanguinitatis impedimentum est ecclesiastici iuris tantum. Nam in linea recta certissime iuris naturalis impedimentum dirimens est inter parentes et filios, immo videtur esse in linea recta in indefinitum; probabiliter etiam inter fratres et sorores seu in primo gradu lineae lateralis de iure naturali est, nisi, ut erat in initiis generis humani, ad procreationem seu conservationem generis talis coniunctio sit necessaria. In eo vero discrimen observandum est impedimentorum iuris naturalis et iuris ecclesiastici tantum, ut in his Ecclesia (saltem summus pontifex) dispensare possit, in illis non possit.

AD QUAESITUM 2^m R. 1. Petitio minime recte facta est; nam non habetur ex una tantum causa consanguinitas, quae sit in tertio gradu attingente secundum, sed consanguinitas duplex, cum ex parte patrum Samuel et Susanna sint consobrini seu cognati in secundo gradu, ex parte matrum autem, quae invicem consobrinae sunt, adest consanguinitas in gradu tertio.

Quapropter dici debuit exsistere inter sponsos *duplicis* consanguinitatis impedimentum: gradus simplicis secundi et gradus simplicis tertii; immo accurate edoceri debet consanguinitas eiusque origo, hoc fere modo:

```
           Samuel                              Susanna
             ex                                   ex
             |                                    |
   Anna Ruben cum Frid. Sommer        Camillo Sommer cum Carolina Prinz

                          ex Aegidio Sommer

             ex                                   ex
   Steph° Ruben et Francisca Prinz      Herberto Prinz et Amalia Hirt

                          ex Roberto Prinz
```

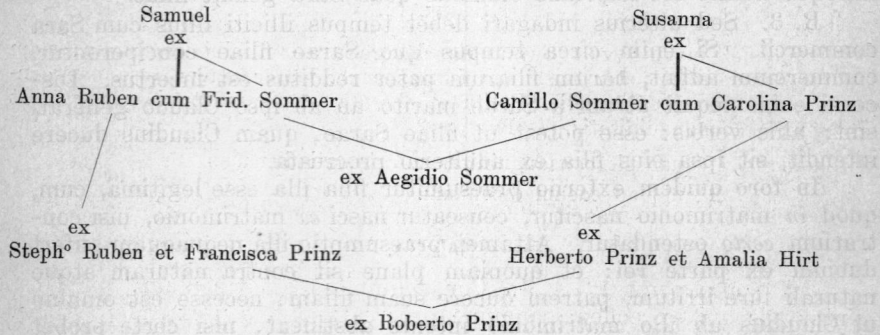

vel inverso ordine, si ponis sponsos *infra*

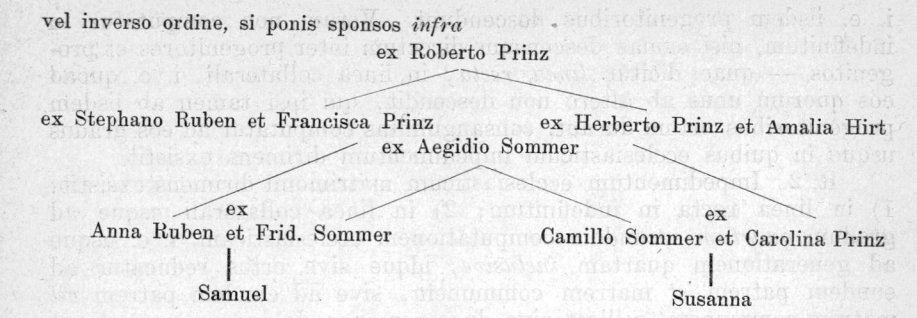

ex Roberto Prinz

ex Stephano Ruben et Francisca Prinz   ex Herberto Prinz et Amalia Hirt
                  ex Aegidio Sommer

ex   ex
Anna Ruben et Frid. Sommer   Camillo Sommer et Carolina Prinz
          | |
        Samuel   Susanna

R. 2. Quapropter cum impedimenta rite indicata non sint, tota dispensatio est irrita, atque denuo peti debet. Neque sufficit ut nunc circa solam consanguinitatem secundi gradus dispensationem petas, quasi iam obtenta sit in consanguinitate tertii gradus. Nam nisi omnia impedimenta *simul* indicantur, dispensatio nihil valet.

CONSANGUINITAS ET AFFINITAS DUBIA.

Casus. (276)

Claudius matrimonio iunctus per annos pravum commercium habuit cum Sara etiam matrimonio iuncta. Post mortem uxoris intendit ducere filiam natu maiorem Sarae, unamque ex suis filiabus filio Sarae nuptui dare.

QUAERITUR 1° possintne matrimonia illa iniri, an obstent impedimenta.

2° quid sit faciendum, si revera matrimonia illa fuerint inita.

Solutio.

AD QUAESITUM 1ᵐ R. 1. Ex eo quod Claudius cum Sara carnale commercium habuerit, primo et ante omnia solvenda oritur quaestio, num fuerit copula perfecta. Nisi enim fuerit, abest fundamentum omnis cognationis vel affinitatis.

R. 2. Si adfuit copula perfecta, Claudius affinis saltem factus est consanguineis Sarae idque usque ad secundum gradum inclusive; adeoque affinis est imprimis omnibus quas Sara genuit filias.

R. 3. Sed ulterius indagari debet tempus illiciti illius cum Sara commercii. Si enim circa tempus quo Sarae filiae conciperentur, commercium adfuit, harum filiarum pater redditus est incertus. Discerni enim nequit utrum a Sarae marito an ab ipso Claudo generati sint; aliis verbis: esse potest ut filiae Sarae, quam Claudius ducere intendit, sit ipsa eius filia ex adulterio procreata.

In foro quidem externo praesumitur filia illa esse legitima, cum, quod *in* matrimonio nascitur, censeatur nasci *ex* matrimonio, nisi contrarium *certo* ostendatur. Attamen praesumptio illà nequaquam aufert dubium ex parte rei; et quoniam plane sit contra naturam atque naturali iure irritum, patrem ducere suam filiam: necesse est omnino ut Claudius ab illo matrimonio intento abstineat, nisi certe probet eam suam non esse filiam. Quod si probaverit, indiget dispensatione ab affinitate primi gradus, a qua, cum sit ex copula illicita nec nota, dispensatio non adeo difficulter conceditur.

967. R. 4. Si similiter de eo filio Sarae, cui Claudii filia nubere vult, certo constat eum non posse esse filium a Claudio generatum, huic matrimonio nihil obstat, neque adest impedimentum. Si vero dubium non solvitur, num forte ille sit etiam Claudii filius: etiam huius matrimonii spes omnis abicienda est. Nam in hoc casu inire vellent matrimonium qui essent inter se fortasse frater et soror. Verum etiam haec consanguinitas primi gradus in linea collaterali censetur impedimentum indispensabile, cum sit, quamquam non certo, tamen probabiliter iuris naturalis, neque a iuris naturalis impedimentis ipse summus pontifex possit dispensare.

968. AD QUAESITUM 2^m R. 1. Quoad matrimonium ipsius Claudii, si attentatum esset, solutio est facilis. Nam pro diversis adiunctis de quibus, num adsint, inquiri debet:

1° si non antecessit umquam copula perfecta, cum impedimentum dirimens non exstiterit, matrimonium est validum.

2° si vero perfecta copula antecessit, neque ulla facta est dispensationis petitio, matrimonium est invalidum.

3° si vero in sumptione 2da petita est dispensatio eaque data, res tota pendet ab eo utrum consortium turpe locum habuerit re vera tempore pro conceptione eius Sarae filiae quam Claudius duxit apto, an post huius filiae nativitatem. Nam ordinaria dispensatio eum casum respicit, quando orator cum matre suae sponsae *post huius nativitatem* copulam habuit: quare si ita data est dispensatio, copula vero illam nativitatem antecessit, ex sola non verificata condicione essentiali dispensatio *nulla est*. Quare etsi clare probare possit Claudius possibilitatem suae paternitatis relate ad sponsam excludi, nihilominus videtur novo recursu novaque concessione indigere, ut dispensatio ac proin matrimonium cum Sarae filia consistat. Attamen Ballerini docet, clausulam illam quidem apponi, „ut caveatur periculum, ne quis propriam filiam ducat uxorem. At satis impleta condicio censeri potest, si copula cum matre eo temporis spatio, puta biennio, praecesserit, ut illud periculum prorsus absit." V. l. c. n. 1339.

R. 2. Quoad matrimonium filii Sarae et Claudii filiae, *si* adest impedimentum, illud est indispensabile; neque dispensationis petitio locum habet neque concessio. Certe de illo vix constabit; sed aut constabit non adesse impedimentum, aut res dubia manebit. Si circa tempus pro conceptione illius filii aptum Claudius cum Sara peccavit, dubium quidem sed probabile est illos duos qui contraxerunt esse fratrem et sororem; si peccatum alio tantum tempore factum est, nulla est consanguinitas inter nuptos.

969. R. 3. Quodsi revera, dubio illo exsistente, matrimonium attentatum est: ipsi contrahentes hanc rem videntur ignorasse et ignorare, neque Claudius vel Sara eos de ea re poterant convenienter instruere,

cum gravissimam infamiam suam revelassent; attamen omni possibili modo illud matrimonium impedire debebant, idque etiam, si aliter non possent eos disiungere, indicantes generali aliqua ratione impedimentum dirimens exsistere.

Verum ita ante factum; post factum res gravissima difficultate involvitur, cum ex una parte, si matrimonium nullum est, continuo peccata materialia committantur a coniugibus putativis, ex altera parte, quia matrimonium non certo nullum est, separari atque novo matrimonio iungi cum aliis non possint.

In quo casu melius est peccata materialia permittere quam putativos coniuges perturbare vel eos cum scandalo seiungere. Quare alto silentio tota res tegi *debet.* Immo si ipsis nuptis postea res nota fieret: nihilominus post matrimonium contractum et consummatum, cum dubium de eius valore solvi non possit, ex praesumptione iuris (immo ex praesumptione *iuris et de iure*) censendum est matrimonium validum eiusque usus legitimus. Cf. *Th. m.* II, 729 et 843.

Videlicet *quoad factum* probabile quidem sed non certum est, nuptos esse fratrem et sororem; *quoad ius* etiam probabile sed non certum est, consanguinitatem primi gradus lateralem esse impedimentum dirimens ex iure naturali atque ita indispensabile. Atque haec sola dubia in considerationem veniunt; nam impedimenti lex, *quatenus iuris ecclesiastici est,* in dubio insolubili censetur cessare.

AFFINITAS ET PUBLICA HONESTAS.

Casus. (277)

Heraldus et Wimmerus fratres ducere volunt prior Idam, posterior Linam sorores. Sponsalibus initis, Heraldus id efficit ut sponsae mutentur eo quod ita singulorum aetati magis conveniat, re vera autem, quia ipse cum Lina peccaverat. Heraldus igitur Linam ducit, sed, matrimonio nondum consummato, eligit vitam religiosam. Quo facto, Lina, ne per complures annos caelebs manere debeat, a summo pontifice petit et obtinet dispensationem a vinculo matrimonii rati, atque, restaurato amore Wimmeri, huic nubit. Heraldus, novitiatu fere elapso, religionem deserit atque nunc loco Idae ducere tertiae sororis filiam proponit.

QUAERITUR 1° quid sit impedimentum affinitatis et inter quos exsistat.

2° quid impedimentum publicae honestatis et quos afficiat.

3° quid ad casum sit dicendum.

Solutio.

AD QUAESITUM 1^m R. 1. Affinitas vinculum propinquitatis est inter eum qui carnalem copulam habuit et consanguineos eius quacum habuit, et vice versa inter quemlibet et eos qui cum illius consanguineis carnale commercium habuerunt.

R. 2. Quae affinitas eousque censetur adesse, quousque impedimentum matrimonii dirimens extenditur; ulterius non amplius vocatur affinitas. Latius autem patet haec affinitas quae ex legitimi matrimonii commercio ortum ducit, quam quae orta est ex commercio illegitimo seu extramatrimoniali. Nam in posteriore casu complectitur 1^m et 2^m gradum tantum, in priore usque ad 4^m gradum inclusive extenditur.

R. 3. Affinitas ex commercio illegitimo extramatrimoniali orta ex solo iure ecclesiastico matrimonium dirimit, atque etiam affinitas ex legitimo matrimonio orta, si forte excipias 1^m gradum lineae rectae: controvertitur enim utrum haec relatio inter novercam et privignum, vitricum et privignam, vel inter nurum et socerum, socrum et generum ea sit quae iam ipso iure naturae matrimonium faciat nullum, an secus. Certum est in istis affinitatis casibus numquam dispensari; in aliis autem gradibus omnibus dispensationis exempla occurrunt. Cf. *Th. m.* II, 763.

971   AD QUAESITUM 2^m R. 1. Publica honestas est relatio affinitati similis, seu ex similitudine affinitatis inducta. Videlicet si statuis loco carnalis commercii *sponsalia* vel *matrimonium tantum ratum,* habes pro affinitate publicam honestatem atque matrimonii impedimentum dirimens publicae honestatis.

R. 2. Haec autem publica honestas ex sponsalibus ad 1^m gradum restringitur ex *Trid. concil.* sess. 24, c. 3 *de ref. matr.;* ex matrimonio rato nondum consummato ad 4^m gradum inclusive extenditur, sicut affinitas ex matrimonio consummato. Cap. *unic.* X, 4, 1 in 6to; const. S. Pii V *Ad Romanum* d. d. 1. Iulii 1568.

Insuper nota publicam honestatem ad sponsalia *valida* restringi, atque sublata est, quandocumque et quomodocumque sponsalia fuerint *invalida;* verum publica honestas ex matrimonio nondum consummato etiam ad matrimonium *invalidum* extenditur, quod in facie Ecclesiae celebratum est vel veri matrimonii speciem prae se fert: non oritur ex matrimonio propter defectum consensus nullum, neque ex matrimonio mere civili; neque umquam contra ius prioris sponsae. *Th. m.* II, 766.

972   R. 3. Ut sponsalia inducant impedimentum publicae honestatis, sufficient sponsalia *utcunque* valide contracta, sive publice sive privatim, sive manifeste sive occulte inita.

Sunt quidem qui putent ex occultis sponsalibus privatim factis impedimentum non oriri, cum finis legis, videlicet *publicae honestatis* custodia desit. Attamen neque totaliter finis legis deest, neque fine legis in casu particulari cessante, eo ipso cessat lex; insuper praxis curiae Romanae omnino contraria est, atque *S. Offic.* in resp. ad archiep. Quebec. d. d. 11. Aug. 1852 declaravit etiam ex clandestina matrimonii promissione hoc impedimentum oriri. V. Gasparri, *De matrim.* n. 705—715.

973   AD QUAESITUM 3^m R. 1. Quoad primi facti speciem nihil obstat quin duo fratres duas sorores ducere possint; ac proin valori illorum sponsalium per se nihil erat adversum.

R. 2. Quoad mutationem sponsarum sane obstabat publica honestas ex utraque parte, quam primum priora sponsalia fuerint valida.

R. 3. Sed nunc obicitur copula Heraldi cum Lina. Quae si antecessit priora sponsalia, Heraldus affinis factus erat cum Ida, et Lina affinis facta erat cum Wimmero: ita ut priora sponsalia inter illos non fuerint valida neque induxerint publicae honestatis impedimentum; proin mutationi sponsarum non solum nihil obstat, sed haec sola via est duas illas sorores matrimonio iungendi cum his duobus fratribus.

R. 4. Si vero copula Heraldi cum Lina secuta est priora sponsalia, neuter cum neutra matrimonium inire potest, quamquam priora sponsalia inita fuerint valide. Nam quominus Heraldus retineat seu ducat Idam sponsam suam, impedit impedimentum superveniens affinitatis, atque similiter quominus Lina nubat Wimmero. Quominus autem sponsae mutentur, impedit impedimentum publicae honestatis. Ideoque, ut proposita matrimonia contrahi possint, semper recurrendum est pro dispensatione.

R. 5. Cum nihilominus Heraldus cum Lina matrimonium inire saltem tentaverit, idque, ut ex casu sumere licet, in facie Ecclesiae, sumi debet impedimenta mansisse occulta neque a sponsis fuisse ut impedimenta cognita vel manifestata, aut dispensationem esse factam. In utroque casu autem ex hoc matrimonio non consummato oritur impedimentum publicae honestatis usque ad 4^m gradum inclusive secundum ea quae ad 2^m Quaesitum dicta sunt. Quapropter postea, etsi matrimonium ipso facto nullum fuerit, vel eius solutio potestate apostolica sit facta, Lina non potest fratri Heraldi seu Wimmero nubere sine dispensatione ab impedimento publicae honestatis obtenta; insuper adest impedimentum affinitatis primi gradus lineae transversalis ex copula illegitima cum Heraldo, fratre Wimmeri, a quo petenda est dispensatio a Paenitentiaria, idque ita ut simul mentio fiat alterius impedimenti publici vel dispensationis ab eo obtentae. Sed neque Heraldus potest sine dispensatione accepta ducere neptem Linae, siquidem etiam huic matrimonio obstat 1) publica honestas quae ex matrimonio rato non restringitur ad primum gradum, sed usque ad quartum extenditur; obstat 2) affinitas ex copula extramatrimoniali cum Lina secundum superius dicta, quae ad secundum quidem gradum tantum se porrigit, neptem tamen comprehendit.

PUBLICA HONESTAS ET AFFINITAS.

Casus. (278)

Titius paganus duxit Maeviam paganam; sed matrimonio non consummato, Maevia moritur. Post cuius mortem Titius ad fidem christianam conversus vult Maeviae sororem ducere, quae etiam christianam fidem susceperat.

Quaeritur 1° exsistatne inter illos duos impedimentum publicae honestatis.
2° quid iuris esset, si Titius matrimonium cum Maevia consummasset, vel si extra matrimonium consortium cum ea habuisset.

Solutio.

975 AD QUAESITUM 1ᵐ R. 1. De tali casu interrogata *S. Congr. S. Officii* d. 26 Sept. 1837 respondit „impedimentum non subsistere": cf. Rosset, *De matr.* n. 1989.

R. 2. Si ratio quaeritur, ea esse debet, quia non solum hoc impedimentum qua matrimonii dirimens totam suam vim habet a solo iure ecclesiastico; sed etiam ipsa haec „publica honestas" seu coniunctio quaedam et relatio moralis inter illos quos publica honestas afficit, ex lege positiva Ecclesiae, non ex ipsa natura subsistit. Hinc in non-baptizatis ne illa quidem quasi-affinitas quae radix et fundamentum est istius impedimenti dirimentis adest: quapropter, cum Maevia defuncta sit pagana et postea demum Titius et soror Maeviae christianam fidem susceperint, inter eos nullum exstat impedimentum, quod matrimonium prohibeat vel irritum reddat.

976 AD QUAESITUM 2ᵐ R. 1. Si Titius matrimonium cum Maevia consummasset, affinis factus esset affinitate naturali et civili cum consanguineis Maeviae, speciatim cum eius sorore. Haec affinitas deleri nequit, ac proin pergit exsistere post baptismum. Etsi igitur, cum esset paganus, cum sorore Maeviae defunctae etiam tum pagana matrimonium validum inire potuisset neque ab eo matrimoniali vinculo per baptismum solveretur: tamen nunc, cum baptizatus sit necdum illud matrimonium inierit, legibus Ecclesiae ligatur, quae irritant matrimonium cum affine.

977 R. 2. Si vero Titius non in legitimo matrimonio, sed extra illud illicito modo consortium carnale cum Maevia habuisset ante baptismum, civilis affinitas non oriretur; oriaturne in eo casu naturalis, an ecclesiastica tantum, disputatur. *S. Officium* resp. d. d. 26 Aug. 1891, priorem sententiam secutum, consequenter declaravit, si qui ante baptismum ex crimine affinitatem contraxerint, eos post baptismum susceptum non posse inter se matrimonium inire nisi habita dispensatione, eo quod teneantur affinitatis impedimento dirimenti. Quare practice eorum sententia sequenda non est, qui cum Lugo (*Responsa mor.* l. 1, dub. 4, n. 29) putant non esse nisi ecclesiasticam affinitatem, eam oriri non posse ex crimine a nonbaptizatis commisso, etiamsi hi postea ad fidem conversi baptizati fuerint.

Responsum *S. Officii* est hoc: „Affinitatem, quae in infidelitate naturaliter contrahitur ex copula tum licita tum illicita, non esse impedimentum pro matrimoniis quae in infidelitate ineuntur: evadere tamen impedimentum pro matrimoniis quae ineuntur post baptismum, quo suscepto, infideles fiunt subditi Ecclesiae, eiusque proinde legibus subiecti." Ita *ad vic. ap. Nankien.;* vide *Acta S. Sedis* XXV, 704.

Attamen cum generale decretum non exsistat, res non ita clara est ut contraria Lugonis sententia evaserit plane improbabilis. Quare in circumstantiis difficilioribus, maxime post factum, etiam haec Lugonis sententia usui esse potest. *Th. m.* II, 763.

IMPEDIMENTUM CRIMINIS.

Casus. (279)

1. Cunibertus, cum uxore sua non in bona pace vivens, cum aliis feminis Thecla et Syra familiariter agit, utrique condicionate promisit matrimonium, si quando solutus fuerit, atque compluries cum illis peccavit; immo cum Syra civile matrimonium iniit, priore matrimonio civiliter soluto, post Syrae mortem brevi secutam Theclam ducere intendit.

2. Getulia, occiso viro in bello, ab hostibus capitur ethnicis. Quorum dux, eius amore captus, eam ducere vult. Quod se facere non posse vivente eius uxore cum declarasset, dux ille uxorem suam e medio tollendam curat; postea baptizari vult et Getuliam ducere.

QUAERITUR 1° quid sit impedimentum criminis.

2° contrahaturne ab ignaris.

3° quid ad casus propositos debeat dici.

Solutio.

AD QUAESITUM 1^m R. 1. Impedimentum *criminis* tribus modis inducitur per adulterium et coniugicidium seu machinationem mortis: primus modus seu primum impedimentum dicitur *"neutro machinante seu patrante"*, si solum adest adulterium cum promissione matrimonii futuri; secundus modus seu secundum impedimentum dicitur *"uno patrante"*, si cum adulterio coniungitur coniugicidium ab uno adulterorum patratum, etsi promissio matrimonii afuerit; tertius modus dicitur *"utroque patrante"*, si videlicet etiam sine adulterio sed intuitu matrimonii inter se ineundi duo conspiraverunt in coniugicidium.

Quodsi adulterium accesserit et promissio matrimonii cum coniugicidio, habes duo impedimenta.

R. 2. Ut *primum* impedimentum „neutro patrante" adsit, requiritur 1) ut fuerit adulterium ex utraque parte formale seu cum scientia alterutrum esse coniugatum, 2) ut fuerit adulterium completum, 3) ut promissio fuerit vera seu sincera cum acceptatione ac repromissione, 4) ut fuerit stante eodem matrimonio promissio cum adulterio coniuncta nec suspensa atque ita ut, si forte promissio adulterium antecesserit, promissio non sit revocata.

R. 3. In *altero* crimine coniugicidium, i. e. interfectio alterutrius coniugis debet esse 1) re secuta, 2) ab alterutro eorum quorum matrimonium nunc in quaestione est sive physice sive moraliter causata (mandato, iussione), 3) ex intuitu seu intentione ineundi matrimonii cum coniuge viduata, atque ita ut de hac intentione aliquo modo externe constet.

R. 4. In *tertio* crimine debuit esse 1) interfectio re secuta et causata ut antea, 2) conspiratio utriusque in hanc necem, 3) intentio matrimonii ab alterutro saltem habita ut antea. Cf. *Th. m.* II, 767 sqq.

AD QUAESITUM 2^m R. 1. Certum est non requiri utriusque, quando peccant, legis ecclesiasticae impedimentum creantis cognitionem; saltem sufficere debet, ut unus eorum seu is in cuius crimine vel criminis complemento impedimentum nititur, legis matrimonium irritantis conscius sit. Id certum fit ex c. 1 *(Laudabilem)* X 3, 33, quo impedimentum sustinendum esse dicitur in casu cum infideles cum christianis mulieribus in necem maritorum earum conspirati essent, atque postea ipsi ad christianam fidem perducti. Sufficit igitur, ut *unus* impedimento teneatur, cum infideles teneri non potuerint.

R. 2. Quando vero neuter reorum legem ecclesiasticam irritantem sciverit, probabile videtur impedimentum hoc, quod habeat rationem poenae, non exsistere.

R. 3. Quam sententiam post factum saltem confessarius sequi potest, ne illos qui cum isto impedimento ignorantes contraxerunt quasi de nullitate matrimonii moneat, sed vel totam rem silentio premat, vel post impetratam cautelae causa dispensationem demum iterandum consensum suadeat. Ante factum, nisi res difficilior fuerit, consulendum est ut secundum alteram sententiam causa agatur, ita ut ad matrimonium contrahendum non procedant nisi post dispensationem pro cautela obtentam. Cf. *Th. m.* II, 770.

980 AD QUAESITUM 3^m R. ad *primum casum.* 1. Condicio ceteroquin honesta efficit quidem ut promissio nondum evadat vera promissio, antequam condicio sit impleta; sed condicio „si quando solutum fuerit primum matrimonium" est condicio, quae *semper* in promissione adulterorum intellegitur; quare haec, etiamsi *formaliter adiecta* sit, non impedit quominus impedimentum oriatur.

2. Sed cum dicatur Cunibertus utrique feminae matrimonium promisisse, suspicio oritur de promissione *non seria.* Quod certum quidem non est, siquidem promissionem primae feminae factam potuit Cunibertus per secundam promissionem annullare velle, ita ut et prior et altera promissio, cum fieret, esset vera et sincera. Nihil igitur restat nisi ut de intentione habita Cunibertus recte examinetur. Si autem post promissionem Syrae serio et ex animo factam cum Thecla, cui prius promiserat, demum peccavit neque huic promissionem renovavit, censendum est hanc priorem cum Thecla factam promissionem non amplius substitisse neque cum adulterio satis fuisse coniunctam.

981 3. Cum Syra ex multiplici ratione Cunibertus invalide contraxit. Nam primum aderat impedimentum ligaminis cum priore uxore, quod civili divortio non poterat solvi; dein impedimentum clandestinitatis obici potest, etiamsi prior uxor iam defuncta esset, cum forma civilis non sufficiat ad legitimam formam coram Deo, nisi forte Cunibertus a lege Tridentinae formae immunis fuerit et cum Syra per actum civilem verum matrimonium intenderit; tandem etiam post mortem prioris coniugis obstat huic matrimonio impedimentum criminis „neutro patrante", cum de adulterio et promissione satis videatur constare. In promissione quidem defectus sinceritatis obici potest; verum hic non est supponendus sed probandus. Immo Cunibertus, si vivente priore uxore Syram duxerit, post prioris uxoris mortem matrimonium

cum Syra proprio marte sanare non potest, etiamsi antecedens promissio defectu sinceritatis affecta esset, siquidem „attentatum matrimonium" loco promissionis crimen adulterii complet ad constituendum impedimentum dirimens.

4. Aliter dicendum est, si, defunctis et prima uxore et Syra, Cunibertus Theclam vult ducere. In quo casu distingui debet: Si adulterium cum Thecla primum accidit, cum promissionem matrimonii iam fecisset Syrae, anterior promissio Theclae facta, etiamsi seria *fuit*, censetur nunc esse retractata atque ita non amplius complet adulterium cum ea habitum ad constituendum impedimentum; inducit impedimentum, si post promissionem serio factam cum ea peccavit, antequam Syrae matrimonium promitteret.

R. *ad alterum casum.* Nisi dux ille militaris cum Getulia conspiravit in inferendam uxori suae necem, seu nisi etiam Getulia istius coniugicidii rea sit, impedimentum dirimens non subsistit. Aliter ne habemus quidem crimen „uno patrante"; insuper ille „patrans", cum crimen committeret, non erat christianus factus; quapropter lege ecclesiastica non tenebatur neque poenam ecclesiasticam poterat incurrere; neque per subsequens baptismum poenae fit obnoxius. Ut autem ex casu narrato elucere videtur, Getulia criminis ignara est; sola enim declaratio duci data se ipsi nubere non posse vivente ipsius uxore, non continet suasionem et exhortationem ad coniugicidium. Si vero Getulia reipsa alia addidisset quibus incitaret ducem ad coniugicidium, quo ipsi nubere posset, aut eius consilium, quod ille ex se concepit, intentione matrimonii adiuvasset: impedimentum criminis subsisteret, eo quod Getulia christiana per legem ecclesiasticam inhabilis facta esset ad virum illum matrimonio sibi iungendum.

In hac casuum solutione ab ignorantia vel cognitione legis ecclesiasticae abstraximus. Quapropter si casus eiusmodi practice occurreret atque simul ignorantia ecclesiasticae legis exsisteret, etiam magis, saltem urgente necessitate, censeri posset impedimentum non subsistere.

IMPEDIMENTUM RAPTUS.

Casus. (280)

Fridericus fingens se filium nobilis principis Albinam 20 annorum dementat spe matrimonii atque cum illa clam sponsalia init. Sed cum parentes, qui homini non plane fidunt, matrimonio obsistant, ambo inito consilio aufugiunt. Fridericus, cum ita puellam teneat in sua potestate, condicionem suam veram exponit eamque, quae nunc contradicere non audet, civiliter ductam adducit ad sui loci parochum cum amicis peregre ad mensam assidentem: ubi ambo suum consensum matrimonialem declarant.

QUAERITUR 1° qui raptus sit impedimentum matrimonii dirimens.

2° num matrimonium in casu nullum sit ratione raptus.

3° quid de assistentia parochi quae locum habuit.

Solutio.

983   AD QUAESITUM 1ᵐ R. 1. Inter raptorem, i. e. eum qui sive physice sive moraliter, iussione vel mandato, sibi feminam rapit, et raptam mulierem valide matrimonium iniri nequit, quamdiu mulier manet in potestate raptoris, seu quamdiu ab eo non fuerit separata atque in loco tuto et libero constituta.

R. 2. Abductio feminae debet esse 1) *de loco in locum*, non tantum ab uno cubiculo in aliud parum distans; 2) *matrimonii causa*, non ex alio fine qui dein det ansam seu occasionem cogitandi de matrimonio; 3) *muliere invita*, cum alias esset potius fuga mulieris: attende tamen eam quae fraude circumventa consentiat esse re vera invitam — id quod in puella, maxime nondum sui iuris, nisi contractus de nuptiis praecesserint, obtinere praesumitur; 4) iniusta: si enim conventio de matrimonio praecesserit, ex qua viro *ius* ad ducendam feminam oritur, non censetur raptus exsistere. Cf. Gasparri n. 537—563.

984   AD QUAESITUM 2ᵐ R. 1. In casu matrimonium nullum dicendum est ratione raptus. Nam neque sponsalia praecesserunt valida, neque Albina censenda est libere consensisse in abductionem seu fugam. Condicio enim iuvenis ficte proposita talis est, quae merito censeatur determinasse consensum sponsalitium, et quae saltem parentibus *iustam causam* det contradicendi: — quorum alterutrum sufficit, ut sponsalia dicantur invalida. Insuper, cum sponsalia sint invalida, consensus puellae in fugam censetur fraudulenter obtentus neque plane libere datus: immo etsi puella postea veram condicionem iuvenis edocta nihilominus persistat in voluntate ei nubendi, id sanare quidem potest defectum prioris consensus, sed nondum efficit, ut ille prior consensus fuerit verus atque libere datus: dedisset forte puella etiam antea consensum plane liberum in matrimonium iuveni ignobili promittendum, sed re ipsa dedit circa matrimonium cum nobili iuvene ineundum.

R. 2. Aliter dicendum est, si sponsalia vera et valida adfuissent. In quo casu neque ab invita puella facta esset fuga, neque abductio fuisset in puellam iniusta, etsi forte parentibus tum a filia tum a iuvene iniuria quaedam fuerit illata. Cf. *Th. m.* II, 771. 772.

985   AD QUAESITUM 3ᵐ R. Assistentia parochi ea erat ut valori matrimonii non obesset. Erat enim parochus proprius cum compluribus qui testium munere fungebantur; iique utriusque consensum satis intellexerunt. Nam parochus proprius est ille, qui est parochus illius loci, in quo alteruter sponsorum habet domicilium; isque *ubique* valide assistit.

Modus autem assistendi ad valorem is tantum requiritur ut percipiatur certe quid agatur; non requiritur ut parochus vel testes specialiter vocentur ad assistentiam. Sed et parochus et amici ad mensam assidentes, fortasse obstupefacti, tamen non poterant non percipere mutuum consensum a Friderico et Albina datum.

IMPEDIMENTUM CLANDESTINITATIS. — ASSISTENTIA MATRIMONII PER DELEGATIONEM.

Casus. (281)

Hortulanus et Silvana, cum in suo loco matrimonium inire convenienter non possent, acceperunt a suo parocho facultatem contrahendi coram sacerdote sibi bene viso; eandem facultatem Romana et Hercules ab episcopo habuerunt. Cum una alterave vice frustra tentassent peregre ecclesiastico ritu coram parocho matrimonium inire, ex inopinato apparent in confinibus dioecesis, quo ex compluribus dioecesibus ad conferentiam sacerdotalem convenerant, in sacerdotum conventu ibique declarant suum consensum mutuum, repugnantibus sacerdotibus omnibus qui aderant. Tumultu facto, sacerdotes reliqui recedunt, solusque parochus remanet cum singulis paribus: qui inspecta facultate nupturientium ipse haeret anceps circa valorem et nullitatem matrimoniorum.

QUAERITUR 1° qui sit parochus proprius cuius assistentia in contrahendo matrimonio ex Concilio Trid. requiritur.
2° quae delegatio requiratur et sufficiat.
3° quid ad casum sit dicendum.

Solutio.

AD QUAESITUM 1^m R. 1. Parochus proprius, cuius assistentia vel delegatio ad assistendum requiritur, est parochus proprius sive sponsi sive sponsae. Quodsi ex loci consuetudine solus sponsae vel solus sponsi parochus aditur, id ex decentia fit, non tangit matrimonii valorem.

R. 2. *Proprius* dicitur parochus ex domicilio vel quasi-domicilio sponsorum, ita ut qui habet plura domicilia vel quasi-domicilia coram quolibet suorum parochorum contrahere possit.

Immo quasi-domicilium quoad matrimonium non raro *latius* sumitur quam in aliis negotiis. Sensu proprio quasi-domicilium acquiritur per actualem habitationem cum animo ibidem permanendi per maiorem anni partem, i. e. saltem per sex menses, idque statim acquiritur, generatim tamen ex habitatione per mensem peracta argumentum sumitur ad probandam atque confirmandam voluntatem quam quis dicit se habere diutius, i. e. per requisitum tempus, ibi permanendi. Habitatio per mensem facit *praesumptionem* nupturientes verum dicere, si contendunt sibi in animo esse per maiorem anni partem ibi commorari.

Lex localis est pro statibus foederatis Americae septentrionalis, ut sufficiat *simplex commoratio per mensem* sine ulteriore intentione vel inquisitione, ut post eam coram parocho loci eiusque delegato matrimonium contrahi possit.

Alibi videtur praeparari communi lege norma quae in particulari casu iam statuta est, ut, *post commorationem sex mensium* quomodolibet peracta in certa parochia, ibidem coram parocho matrimonium valide contrahi possit.

Decretum S. Officii in singulari causa civitatis N. d. d. 9 Nov. 1898, approb. et confirm. d. 11 eiusd. m. a Leone XIII, est hoc: „Orator acquiescat, et addatur: Se conferentes in civitatem N. ex alio loco vel paroecia, dummodo ibi commorati fuerint in aliqua paroecia per sex menses, censendos ibidem habere quasi - domicilium in ordine ad matrimonium, quin inquisitio facienda sit de animo ibi permanendi per maiorem anni partem." Ita *Acta S. Sedis* XXXI, 746.

987 AD QUAESITUM 2ᵐ R. 1. Delegatio debet esse vere *data*, non sufficit praesumpta, eaque, nisi a superiore delegati detur, a delegato *acceptata:* quae tamen acceptatio fieri potest vago modo et universaliter; sicut etiam delegatio fieri potest vel particularis vel generalis.

Dixi: „nisi a superiore detur": nam in eo casu acceptatio proprie dicta non requiritur, sed sufficit generalis voluntas se subdendi superiori; immo summus pontifex potest reluctantem habilem testem constituere in tali re quae non requirat personalem actum ex parte testis.

R. 2. Relate ad contracturos delegatio debet esse determinata, idque in individuo si de particulari delegatione agitur; alias fieri potest delegatio universalis.

R. 3. Delega*ri* non potest nisi sacerdos; delega*re* potest tum parochus tum ordinarius dioecesanus (ergo etiam vicarius generalis et sede vacante capitulum seu vicarius capitularis), tum summus pontifex.

988 AD QUAESITUM 3ᵐ R. 1. Delegatio ex parte delegantis in utroque casu satis data erat; nam possunt sponsi dirigi ad quoslibet sacerdotes, in quo casu delegatio compleri debet electione per sponsos facta et sacerdoti electo per eos notificata.

R. 2. In *primo* casu delegatio a parocho data nullum sacerdotem constituit legitimum testem, nisi qui delegationem positivo actu acceperit. Quod re vera locum non habuit. Nam nullus ex sacerdotibus congregatis voluntarie astitit declarationi sponsorum, neque antea iis data erat delegationis generalis notitia. Ergo illud matrimonium inter Hortulanum et Silvanam censendum est nullum.

989 R. 3. In *secundo* casu idem dici debet ex parte eorum sacerdotum qui ex alienis dioecesibus erant: nam cum hi episcopo deleganti non essent subditi, per solam voluntariam acceptationem legitimi testes constitui poterant. Aliter videtur dicendum ex parte parochi qui remanserat. Nam hic est episcopi delegantis subditus atque in habituali dispositione sequendi voluntatem sui ordinarii, quod sufficere videtur, ut legitimus testis matrimonii a Romana et Hercule contrahendi, etiam se inscio, fuerit constitutus. Neque difficultatem creare censeo hanc circumstantiam, quod etiam ipse ille parochus positive

repugnaverit seu contradixerit. Nam vix possibile est id accidisse, antequam consensum matrimonialem datum perceperit; sed postea demum contra id quod factum est ipse cum reliquis sacerdotibus est protestatus. Verum, si ante factum seu per solam delegationem ex parte episcopi et suam ipsius habitualem erga episcopum subiectionem legitimus testis iam erat, subsequens protestatio id irritare non potuit.

Neque videtur obstare quod sponsi coram omnibus sacerdotibus congregatis simul consensum suum dederint, neminem specialiter designantes coram quo tamquam teste auctorizato voluerint contrahere. Nam certe voluerunt contrahere coram eo coram quo valide possent; atque si plures essent, coram eo vel iis qui rite consensum perciperent: quapropter designatio ex parte sponsorum sufficiens erat, atque etiam sufficiens testium numerus. Sufficit enim ut tres testes consensum matrimonialem perceperint, inter quos saltem unus qui fuerit testis auctoritativus; percepisse autem omnes consensum quem sponsi exprimerent, eorum repugnantia et contradictio satis ostendit.

R. 4. Inter Hortulanum igitur et Silvanam coram legitimo parocho vel delegato matrimonium renovandum seu revalidandum est. Pro circumstantiis et inquisitionibus factis de intentione et declaratione aliorum sponsorum, Herculis et Romanae, consultum quidem esse potest, ut ad cautelam similis renovatio fiat; attamen de nullitate nullatenus constat, immo tanta est pro valore matrimonii eorum praesumptio ut etiam practice ut coniuges agere possint.

IMPEDIMENTUM CLANDESTINITATIS.—PEREGRINI VEL VAGI.

Casus. (282)

1. Remus, in Americam emigraturus, in itinere familiaritatem cum Huberta iniit, eamque, cum parata sit secum proficisci, initis sponsalibus secum ducit atque in ipsa nave, hortante sacerdote, qui ab episcopo portus unde solverat navis, facultatem accepit ministrandi sacramenta in quibuslibet casibus recurrentibus, ritu ecclesiastico eam ducit uxorem.

2. Titius et Anna, Colonienses, cum domi ex parte cognatorum impediantur quominus matrimonium inter se ineant, conveniunt, ut tentent num forte in itinere contrahere possint. Titius igitur, qui nomen interim dederit sectae fallibilistarum, Londini civiliter cum Anna contrahit; quo facto, Parisios se conferunt ibique, domo commorandi causa conducta, post mensem contrahunt ritu ecclesiastico, silente Titio de sua apostasia, cum religionem universim parum curet. Immo, matrimonio contracto, statim cum uxore sua Germaniam repetit ibique, suadente uxore, pudet eum fallibilistarum sectae, neque, si quam adit ecclesiam, aliam adit nisi catholicam.

QUAERITUR 1° qui sint habendi pro peregrinis vel vagis in contrahendo matrimonio.
2° quid de eorum matrimoniis notandum.
3° quid de matrimoniis de quibus in casu primo et secundo.

Solutio.

990 AD QUAESITUM 1^m R. 1. *Peregrini* sunt ii qui alicubi retinent domicilium vel saltem quasi-domicilium, sed qui extra illud actu versantur. *Vagi* autem ii dicuntur, qui nullum domicilium neque quasi-domicilium retinent, sed iis relictis novum nondum acquisiverunt, sive illud quaerunt atque petunt, sive vagantes vivere intendunt. Amittit autem domicilium acquisitum qui re *discedit* cum animo amplius non revertendi. D'Annibale I, 83.

R. 2. Attende tamen quoad matrimonium contrahendum pro domicilio acquisito iam haberi commorationem etiam precariam per sex menses vel unum mensem, ubi hoc concessum sit secundum dicta n. 987.

991 AD QUAESITUM 2^m R. 1. Aliter dicendum est de matrimonio peregrinorum non-vagorum, aliud de matrimonio vagorum.

Peregrini igitur indigent licentia sui parochi seu eius delegatione (i. e. alterutrius sponsorum), ut coram parocho loci aliove sacerdote contrahere possint, idque semper quoad liceitatem; atque etiam ad valorem matrimonii id requiritur, saltem si in loco ubi contrahunt lex Tridentina viget.

R. 2. Etsi in loco ubi matrimonium contrahitur lex Tridentina non viget, si viget autem in utriusque sponsorum domiciliis: etiam tum matrimonium a peregrinis sine proprii parochi delegatione valide contrahi nequit, si sponsi in fraudem legis se eo contulerint. — Utrum idem dicendum sit, si *casu* aliqui peregre exsistant, vel ex alio omnino quam matrimonii fine se extra patriam contulerint, disputatur. Communius affirmatur, sunt tamen graves auctores, qui contradicant. Cf. G. Arendt, De coniugio clandestine inito (Romae 1900), imprimis p. 16 et 26. — Declarationes sub Urbano VIII datas habes *Th. m.* II, 780.

R. 3. *Vagi* debent contrahi coram parocho loci eiusve delegato, ubi exsistunt. Id ad valorem requiritur, si in eo loco lex Tridentina viget; non requiritur ad valorem, si Tridentina lex ibi non viget et alteruter sponsorum vagus est.

992 AD QUAESITUM 3^m R. *ad primum casum.* Ex supra dictis Remus effectus est vagus; ergo ubicumque contrahere matrimonium valide potest coram parocho loci eiusve delegato. In mari autem aut nulla habetur parochia, aut, si navem in mari exsistentem ad aliquam parochiam revocare licet, certo iura parochialia habet et delegare potest episcopus loci ex quo navis solvit. Si prius sumimus — quod recte fit —, ad valorem matrimonii in nave ineundum non requiritur parochi eiusve delegati assistentia; si posterius, matrimonium initum *est* coram legitime delegato; nam generalis illa facultas, cum late sit intellegenda, non solum administrationem sacramentorum proprie dictam comprehendit, sed omnem sacerdotalem circa sacramenta actionem, ideoque etiam assistentiam matrimonio praestandam. Attamen sacerdos ille licite tum tantum testem egit et benedictionem

impertiit, si modo ex nullis aliis causis matrimonium illud fuerit illicitum. Sed generatim talis celebratio pro illicita habenda est, siquidem proclamationes ab Ecclesia praescriptae praecedere non possunt; neque ab iis per epikiam abstrahi potest, nisi forte in casu necessitatis v. g. matrimonium statim celebrandum medium esset auferendae occasionis peccati, quae aliter esset permansura.

R. *ad secundum casum.* 1. Cum intentio in id ferri videatur ut 993 matrimonii ineundi causa sponsi iter suscipiant, casus noster comprehenditur responso ad 2^m ex resp. sub Urb. VIII datis. Quapropter matrimonium Londini initum, ex hoc solo capite, invalidum censeri debet, si interim abstrahimus ab apostasia Titii.

2. Renovatio, Parisiis facta, siquidem delegatio parochi Coloniensis non adfuerit, eodem vitio laborat, eo quod animus in domo Parisiensi per sex menses saltem habitandi aberat: qui animus si adfuisset, matrimonium valeret, quippe coram legitimo parocho quasi-domicilii contractum. Sine illo animo parochus *proprius* dici nequit ex simplici habitatione per mensem continuata ab iis sponsis qui alibi domicilium retinent, nisi id fuerit speciali lege concessum: quam Parisiis non exsistere patet ex declarata per S. C. C. nullitate matrimonii, de quo *Anal. eccles.* VIII, 62 sqq. et 194 sqq.

3. Sed si nunc attendimus defectionem Titii ad sectam acatholicam, 994 cum matrimonium contraheretur, erat matrimonium mixtum: ratione matrimonii mixti sponsi in suo domicilio legi Tridentinae subtracti erant quoad matrimonii valorem; sed neque Londini, utpote ubi promulgatio facta non sit, lege Tridentina *irritante* erant adstricti. Ergo Titius acatholicus factus cum Anna catholica Londini valide poterat matrimonium inire. Si igitur *civiliter* contrahentes verum matrimonium coram Deo intenderunt, valide contraxerunt. — Verum id non videntur voluisse, siquidem postea ritu ecclesiastico matrimonium celebrare conati sunt.

Demum causa devolvitur ad illam celebrationem Parisiis peractam. Ubi cum lex Tridentina valeat, neque acatholici baptizati ab ea eximantur, matrimonium validum non erit, nisi contractum sit coram parocho *proprio* eiusve delegato. Parochus autem *proprius* vocari Parisiensis non potuit.

IMPEDIMENTUM CLANDESTINITATIS. — EIUS EXTENSIO.

Casus. (283)

Hyginus, Lutheranus, Parisiis ducit mulierem suae sectae. Postea in Germania fidem catholicam edoctus atque amplexus, ab uxore ob hanc causam derelinquitur: quae, habita sententia divortii civilis, alteri nupsit. Hyginus, caelibem vitam difficilius servans, etiam de novo matrimonio cogitat.

QUAERITUR 1° possitne Hyginus privilegio Paulino uti.
    2° quid sentiendum sit de matrimoniis Protestantium atque de priore Hygini matrimonio.
    3° quid, si primum illud matrimonium in Germania vel Dania contractum esset, aut a Germanis vel Danis.

Solutio.

995 AD QUAESITUM 1ᵐ R. 1. Hyginus si sumitur validum contraxisse matrimonium, non potest uti privilegio Paulino, nisi constet suum suaeque uxoris baptismum acatholicum fuisse invalidum. Nam matrimonium infidelium seu non baptizatorum, non vero matrimonium christianum, etsi haereticorum, in favorem fidei solvi potest. Videlicet qui non-baptizati ad christianam fidem transeunt atque baptismum suscipiunt, si propter hanc rem vel ab altero coniuge derelinquuntur vel recedere coguntur ob negatam *pacificam* cohabitationem, iique soli in favorem fidei fruuntur facultate ineundi novi matrimonii, ita ut hoc ineuntes novum matrimonium matrimonium prius irritum faciant seu solvant.

R. 2. Haec autem facultas quae vocatur privilegium Paulinum, utpote ab ipso 1 Cor. 7, 12—15 propositum, ita fidei christianae annexum est ut ipsis iis faveat qui ab infidelitate ad sectam christianam haereticam transierint atque ibi rite fuerint *baptizati,* quia per hoc nondum quidem integre voluntaria actione, attamen pleno *iure* verae fidei atque verae fidei praeconi, Ecclesiae Christi, subiecti sunt. Cf. quae dicta sunt supra cas. 260 n. 891.

996 AD QUAESITUM 2ᵐ R. 1. *Sumpsimus* Hygini matrimonium esse validum. Sed, *num sit re vera,* id ipsum quaerendum est. Ratio dubitandi esse potest ex parte baptismi dubii. In ordine ad matrimonium ineundum praesumitur quidem baptismum Protestantium validum esse, donec certo probetur contrarium. Si igitur constat alterutrius coniugis baptismum fuisse invalidum, alterius vel certo validum vel non certo invalidum: matrimonium Hygini invalidum est ex disparitate cultus.

R. 2. Alia ratio est ex parte clandestinitatis. Cum Parisiis lex Tridentina vigeat neque abolita sit pro acatholicis baptizatis: Hygini matrimonium, quod certe contractum est sine praesentia parochi catholici, pro invalido habendum est, ita ut eius novo matrimonio nihil obstet. *Th. m.* II, 782.

997 AD QUAESITUM 3ᵐ R. Aliter de causa iudicandum est, si agitur de matrimonio in Germania vel in Dania contractum.

Quodsi in Dania contrahitur, defectus formae Tridentinae seu clandestinitas nullatenus obstat valori, siquidem lex Tridentina ibi non est publicata, prout a concil. Trid. praescribitur, ut lex illa irritans valeat.

In Germania tempore publicationis Tridentini concilii multis in locis Protestantes habuerunt suum religionis exercitium atque separatam societatem religiosam: quare, etiamsi ibi lex Tridentina publicata est, id pro catholicis factum est, non pro acatholicis: quapropter etiam ibi matrimonia haereticorum vel mixta sine praesentia parochi catholici sunt valida.

In locis vero ubi acatholici tum temporis separatam societatem religiosam cultumque publicum non habebant, ex se quidem eorum matrimonia sine praesentia parochi catholici sunt invalida. Attamen aliquibus in locis per dispensationem valida evaserunt matrimonia saltem mixta.

Paucis igitur, valida sunt matrimonia haereticorum sine forma Tridentina:

1) in locis ubi numquam lex Tridentina rite publicata est;
2) in locis, ubi forte post huius legis publicationem religio catholica penitus exstirpata fuit atque diu iacuit;
3) in locis ubi tempore publicationis legis Tridentinae acatholici exercitium cultus publici separati iam possederunt;
4) in locis pro quibus data est S^{ae} Sedis dispensatio.

Ex his resolves facile num matrimonium primum Hygini atque compartis fuerit validum, necne. Quodsi validum, sequitur Hyginum nullo modo posse matrimonium aliud inire, dum mulier olim ducta in vivis fuerit.

ADDENDA.

Ad n. 58 nota *decr. S. Officii* d. 21 Aug. 1901 modo publicatum, v. *Anal. eccl.* X, 9:

Plures medici in nosocomiis, aut alibi casu necessitatis, infantes, praecipue in utero matris, baptizare solent aqua cum hydrargyro bichlorato corrosivo (gallice: *chloride de mercure*) permixta. Componitur fere haec aqua solutione unius partis huius chlorati hydrargyrici in mille partibus aquae ($^1/_{1000}$)... Ratio autem cur hac mixtura utantur est, ne matris uterus morbo afficiatur.

1. Estne baptisma cum huiusmodi aqua administratum certo an dubie validum?
2. Estne licitum, ad omne morbi periculum vitandum, huiusmodi aqua sacramentum baptismi administrare?
3. Licetne etiam tum hac aqua uti, quando sine ullo morbi periculo aqua pura adhiberi potest?

Resp.: „*Ad 1. providebitur in 2.*
    Ad 2. Licere, ubi verum adest morbi periculum.
    Ad 3. Negative."

Index alphabeticus.

(Indicantur numeri marginales.)

A.

Abiectio prolis stipulata facit matrimonium invalidum 872.
Ablutio quae requiratur in baptismo 58 sq.
Abortivus foetus. Eius baptismus 95 sq.; de quo instruendae obstetrices et matres 815.
Abortus crimen inducit irregularitatem aliasque poenas 739; — stipulatus in conventione matrimonii hoc invalidum facit 875.
Abrumpere missam 278; eius rei causa 279 sq.; agendi modus 238.
Absens num absolvi possit 299, 301 sqq.
Absolute et condicionate conferre sacramenta 4.
Absolutio sacramentalis in forma iudiciali danda 293 sqq.; — condicionata num fieri possit 296 sq.; vel debeat 300; ob quas causas 297; — valida cum effectu gratiae suspenso 331 sqq.; — indirecta 357, 493; — quantum distare possit a confessione 586 (cf. **Unio**); — in distantia 300—303; — danda, differenda, neganda 514 sq. (Cf. **Occasio. Relapsus.**)
—— in indulgentiis 634. (Cf. **Reservatio . . .**)
Acatholicus. Acatholici baptismus 73, 91 sqq.; num repetendus 7, 10; — ut patrinus 80 sqq.; — num et quando absolvendus 626. Cf. **Haereticus.**
Acolythatus 685.
Actualis intentio 43.
Actus externus sitne in confessione accusandus 338.
Additio in forma sacramentorum 13; — in missa 274.
Adulterium ut causa divortii 895, 900, 905; — dat facultatem transeundi ad vitam perfectionis evang. 902; aliquando etiam reo *ibid.;* — ut impedimentum matr. dirimens 978 sq.
Adultus. Adulti baptismus 69, 70; — baptizandus simul sumit s. communionem 174.
Adustio in exercenda arte medica clericis interdicta 772; — quando inducat irregularitatem 747.
Aetas pro ordinibus 703, quis dispensare possit 715; — pro ancillis clericorum 777; — pro ineundis sponsalibus 954; — pro matrimonio 954, 956; ex dispensatione 955; — senilis quoad matrim. 957.
Affinitas impedimentum matr. dirimens 966, 970 sq., 976 sqq.; — in infidelitate contracta 976 sq.; — ex commercio illicito quando dispensabile, quando non 863.
Alcool quantum vino pro missa admisceri possit 119.
Aleatorius ludus clericis prohibitus 768 sq.
Alta voce indebite uti in missa 275.
Altare ad celebrandam missam necessarium 256; — fixum et portatile diversimode sumitur sensu liturgico et canonico *ibid.;* altaris portatilis privilegium 253 sqq.; — consecratio et exsecratio 256 sqq.; — privilegiatum et in eo celebrandi obligatio 225, 226.
Alumni v. **Convictores.**
Amentia. Eius periculum inducit irregularitatem 756.
Amicitia cum Deo includitur in caritate 306.
Angustiae v. **Perplexitas.**
Anticipatio in horis canonicis 783; — ab ordinando 799 sq.
Applicatio missae pro quibus liceat 191 sqq.; — quando facienda 198, 199, 201; — quomodo determinanda 200 sq.; — ex oboedientia 230 sqq.; — pro populo 204 sqq.; — pro stipendio v. **Stipendium.**

Apostasia inducit irregularitatem 738, 740, cf. **Haeresis,** — ut causa divortii 900 ; — ab ordine quomodo absolvatur 953.
Apostolica benedictio in articulo mortis quid sit 659; — quando dari possit 31, 660, 662 ; eius condiciones necessariae 660 ; — non repetenda manente eodem periculo 662.
Approbatio confessarii. Notio 414; — errore vel fraude data vel accepta 415 sq. ; — a superiore suspenso data 440 ; — a quo danda 419, 441 ; — specialis pro monialibus 419.
Aqua quae apta materia baptismi 58; — rosacea 62.
Articulus mortis quam late sumatur 453. Cf. **Periculum.**
Assistens in baptismo temere repetito quo sensu sit irregularis 728.
Assistentia parochi in matrimonio 988; — cuius parochi necessaria 986, 991; — delegati 988; — qualis requiratur 985, 988.
Attentatio matrimonii ut impedimentum dirimens criminis 981.
Attentio, quae requiratur in conficiendis sacramentis 16 ; — interna et externa 793 ; — in horis canon. quae necessaria 794; — externa quibus impediatur 796, quibus non 797.
Attributa Dei, quae constituant motivum caritatis et contritionis perfectae 305 sq.
Attritio in sacramento paenitentiae sufficiens 313 sqq. Cf. **Contritio. Dolor.**

B.

Banna ante matrimonium 856 sqq.; — quomodo fieri debeant 856 sq.; — ubi 859 sq.; — ad quem finem 861 ; — omissa quale peccatum 862; — omissa ex dispensatione per episcopum 864 sqq.; causae disp. gratiosae et necessariae 865, 867 ; — omissa per epikiam 866 ; — fieri possunt tempore clauso 916; — omitti solent in matrimoniis mixtis 914.
Baptismus 58 sqq. Eius materia remota 58, 62; — mat. proxima seu ablutio qualis 61; — forma 59; — intentio in suscipiente 44, 45 ; — in domo privata collatio 67, 68. — adultorum 69, 70, 74 sq.; — filiorum acatholicorum 91 sqq.; — filiorum ex matrimonio mixto 71, 81 sqq. Baptismi minister 25 ; — ab acatholico ministro collatio num certa 7, 10; num permittenda 73. — Baptismi collati occultatio 73 ; — conferendi instructio a parocho danda 815. —

——— dubius 63 (cf. **Condicio**) ; — num imponat obligationem confessionis integrae 288 sqq.; — censetur validus in ordine ad matrimonia ineunda 289, 886; — subicit iurisdictioni Ecclesiae 290.
——— temere repetitus inducit irregularitatem 6, 728 ; idem ab haeretico susceptus 728. Cf. **Caerimoniae. Cognatio spiritualis. Patrinus.**
Barbam nutrire quomodo clericis interdictum 762, 764.
Bellum. Ex quonam oriatur irregularitas 747 sq. Absolutio sacramentalis in eo 303.
Benedictio Apostolica v. **Apostolica.**
——— utensilium pro missa 259, 260 *not.*, 263 sq.; — matrimonii 881 sqq.; sollemnis 881. 887; cum missa coniungenda 887, 888; post tempus clausum supplenda 888.
Beneficium eccles. ut titulus sustentationis in ordinibus conferendis 707 ; — ut titulus conferendorum ord. 709. Beneficii fructuum restitutio propter neglecta sacra officia 786 sqq.
Bibliopola mercaturam agens cum stipendiis missarum 219 sqq.
Bigamia vera, interpret., similitudinaria 749 ; — inducit irregularitatem *ibid.* sqq.
Binatio. Causae 233 sqq., 817 ; — sine privilegio 817 ; — quoad remunerationem 227 sq.
Bona fides (v. **Monere**); — alterutrius putativae coniugis impedit illegitimitatem prolis 744; — possitne exsistere in eo qui non satis certus de morte prioris coniugis alterum init matrimonium 946.
Breviarium quale adhibendum 782. Breviario carens ad quid obligetur 806 sqq. Cf. **Horae canonicae.**
Bursa corporalis 259, 262.

C.

Caecus quomodo irregularis 757.
Caelibatus annexus ordinibus sacris 779 sq.; — etiam a nolente servandus 780 ; — eius qui ex metu ordines suscepit 702. Eius custodia 777 sq.; eius votum impedit matrimonium 918, ad quid obliget eum qui nihilominus contraxit matrimonium 919.
Caerimoniae baptismi in b. condicionato 69, 70; — in b. adulti *ibid.*; — missarum, obligatio 267 sqq.; — in administrandis sacramentis 69 sq., 680, 685 sqq., in matrimonio 881 sqq.
Calix ad celebrandam missam necessarius 259 — consecratus 263, 264.

Index alphabeticus. 573

Capellanus extra dioecesim non absolvit valide 421.
Castitas p e r p e t u a. Votum prohibet matrimonium 918; — ad quid obliget seductorem 923 sq.; eum qui v. laesit per matrimonium contr. 919.
Casula ad celebr. missam necessaria 259. Eius materia 260; — color 260, 262.
Celebratio missae obligatoria 202 sqq.; — sub dio 255. Cf. **Missa.**
Cena D o m i n i. Fer. V in ea quoad missas 240 sqq.
Censura impedit ministrum ab administrandis sacramentis 54; — auferenda ante absolutionem sacram. 293; — violata per exercitium ordinis sacri inducit irregularitatem 732 sq.
Cerei qui requirantur pro missa 259.
Chirurgica operatio sitne ratio dandae extr. unctionis 674; — clericis interdicta 772; — quae inducat in clericum irregularitatem 747.
Chorus. Quoad officium divin. pro quibus religiosis obligatio 781, 785.
Chrisma quale sit materia confirmationis 102.
Ciborium consecrandum oblivioni datum 128; — purificari possitne post ablutionem sumptam 172.
Cingulum pro missa requisitum 259.
Circumstantiae peccatorum in confessione explicandae 335, 340 sqq.
Civiles l e g e s de matrimonio num et quomodo obligent 926 sqq., 932; — de matrimonio non-baptizatorum 930.
Clandestinitas matrimonii impedimentum dirimens 986 sqq.; — num lex praeteriri possit 527.
Clericus creatur per tonsuram 681. Cf. **Irregularitas. Ordines.**
Clinici irregulares 755.
Cognatio s p i r i t u a l i s ex baptismo 72, 88 sq.; — quale impedimentum matrimonii dirimens ex baptismo et confirmatione 76, 78 sq. (cf. 110).
—— Cognatae mulieres quaenam a clericis ad cohabitandum possint admitti 777.
Cohabitatio cum mulieribus quae a clericis cavenda 777 sq., — pacifica denegata ab infideli coniuge 889, 893; — soluta per divortium 900 sq.
Communio, S. Eius obligatio 150 sq.; — dispositio 153 sqq., eaque corporalis 163 sqq.; — paschalis liceatne non-ieiuno 175 sq.; — frequens 145 sqq., 148 sqq., regulae 146; — laicalis a sacerdote 203; — in oratorio privato 254; — ad lucrandas indulgentias necessaria 640 sqq. Cf. **Eucharistia.**

Communitas possitne laedi laesione sigilli sacramentalis 551, 560 sq.
Commutatio satisfactionis sacram. 392 sq., 395; — votorum in iubilaeo 655, 657.
Complex. Eius peccatum sitne accusandum in confessione 366 sqq.; est obiectum sigilli sacram. 537. Complicis nomen inquirere confessario prohibitum 370, 537; licet per accidens 371.
Concubinarius publicus repellendus a sacramentis 34.
Condemnatoria sententia 753 sq.
Condicio. Condicionata sacramenti collatio 4; *qua* condicione 53; — de futuro 20; — in baptismo 64 sqq., 69; in eo patrinus 88 sqq.; cf. **Baptismus.** — in absolutione v. **Absolutio;** — in matrimonio 869 sqq.; — resolutoria facit matrimonium nullum 869; — turpis quae faciat matr. nullum, quae habeatur pro non adiecta 870 sq., 874 sq. — Condicionis error num et quando invalidum reddat matrimonium 934 sq.
Confessarius. Confessarii munus 500 sqq., 514 sqq., 520 sqq., 530 sqq., 583 sqq. Confessarii copia quando censeatur deesse 154 (obligatio inde oritura *ibid*). Confessarius prohibens confessionem apud alium 356; — cum alio loquens de rebus paenitentis 554 sq.
Confessio sacramentalis 281 sqq., 334 sqq.; — integra materialiter et formaliter 334 sqq.; — sincera 345 sqq.; — sufficiatne amica enarratio peccatorum 383 sqq.; — num necessaria in baptismo condicionate repetendo 288 sqq.; — generalis necessaria 372; suadenda 373; dissuadenda 374; — eius methodus 375 sq.; — manca in rudibus 593 sq.; — moribundorum 620; — num necessaria ante confirmationem 106, 107; — quoad indulgentias lucrandas 640 sqq.; — ante celebrationem 153; — num ante alia sacramenta ministranda vel suscipienda *ibid*. 2.
Confirmatio 100 sqq.; — peregrinorum 111; — qua obligatione conferenda 101, qua suscipienda 116.
Coniugicidium ut impedimentum matr. dirimens 978 sqq., 982.
Consanguinitas quae impedimentum matr. dirimens 963 sqq.; — dirimens iure naturae 863, 964; — dubia 863.
Consecratio ss. eucharistiae 131 sqq.; — in missa, num intra eam possit mutari applicatio 201; — secreto at non nimis secreto dicenda 275, 277; — repetitio 276.
—— a l t a r i u m 256 sqq.; — calicis et utensilium missae 263.

Consiliarius quis teneatur ad sigillum sacramentale 558.
Consuetudinarius cf. **Recidivus;** — ante ordines suscipiendos 684, 697.
Contagio. Contagionis tempore obligatio administrandi sacramenta 29 sqq., 55.
Contio a parocho praeparanda 802, 816.
Contritio sensu lato et stricto 308; — qualis requiratur in sacramento paenit. 309; — debeatne renovari, si post absolutionem accusatur peccatum oblitum 408; — perfecta quo motivo niti debeat 304 sqq.; — sufficit peccatori ad sacramenta administranda 22, 26, 27; ad sumenda non semper 2; sufficiatne conatus 26, 27.
Conversi ad fidem catholicam debeantne integre confiteri 288 sqq.
Convictores regularium a quo possint absolvi 460 sqq.
Copia confessarii quando deesse censeatur 154.
Corporale ad missam necessarium 259.
Correctio fraterna pro superiore obligatoria 342; — complicis paenitentis num confessario liceat 537; — proprii errorris 569; — errorum in confessione excipienda commissorum 583 sqq.
Corruptio materiae sacramentalis 10, 60 sq.; — formae sacramentalis 12; — in baptismo 60; — verborum in recitando breviario 809, 811.
Crucifixus pro missa 259.
Cultus disparitas impedimentum matr. dirimens 959 sqq.; — dispensatio cum qua cautela 961.

D.

Damnati capitis num extrema unctione donandi 674.
Deceptio puellae quae obliget ad matrimonium 833 sqq.; — quae suspendat votum vitae perfectioris *ibid.*; — in sponsalibus quid efficiat 831 sq.; — in matrimonio v. **Error.**
Declaratoria sententia criminis 753 sq., 788.
Defectus. Irregularitates ex defectu 725, 747 sqq.; — post sponsalia detecti qui dissolvant 837 sqq., 841; — supervenientes 845 sqq.; — quos sponsi sibi invicem debeant manifestare 845 sq., 851.
Defensio cruenta num inducat irregularitatem 743, 748.
Deformes qui sint irregulares 757.
Defuncti. Eorum solamen per missam 186 sqq.; — haeretici, num missa pro iis applicari possit 194—197; — infantes non-baptizati a missae fructibus excluduntur 193. Defunctorum officium recitari debet die commemorationis OO DD (2 Nov.) 784.
Delegata iurisdictio 418—420; — tamquam expedita cognita at nondum notificata 423; — facultas assistendi matrimonio qualis 987 sq.
Denegare sacramenta 33 sqq., 518; — irrationabiliter 28, 30.
Denuntiatio seductoris obligatoria 371.
Diaconus in statu peccati sollemniter ministrans in missa 23; — ut minister baptismi 731; — ut minister distribuendae ss. eucharistiae 140, 731.
Dilatio missarum 216 sqq.; — absolutionis sacramentalis 514 sq.
Dimissoriales litterae pro ordinatione 709, 712 sq., 718, 719.
Discessus coniugis infidelis qui liberum faciat fidelem 889, 890.
Dispensatio ab horis canonicis 803, 805; — a bannis 864 sq.; — ab impedimentis dirimentibus matr. in periculo mortis 950, 952.
Dispositio ad sacramenta suscipienda 1, 2; — dubia 52; — quomodo ministro constare debeat 51 sqq.; — ad ss. eucharistiam 153 sqq.; — in confessione 518; — quomodo constare debeat in articulo mortis 52, 620 sqq.
Dissimulatio in sacramentis 37 sqq.; — in absolutione 40, 41; — in interrogationibus 346.
Distantia in qua absolvi possit 300—303.
Distractio in sacramentis 16; — in missa 16, 277; — in horis canonicis 797. Cf. **Attentio.**
Distribuere ss. eucharistiam in statu peccati 23.
Divitiae sintne causa recedendi a sponsalibus 855.
Divortium a vinculo in favorem fidei 889 sq., 892; — a toro et cohabitatione 900 sqq.; — perpetuum et temporaneum *ibid.* 901. Educatio prolis in casu div. 903; — propter deceptionem in matrimonio 935.
Dolor in sacramento paenit. 308 sqq.; particularis quid efficiat 330 sqq. Cf. **Attritio. Contritio.**
Domicilium, titulus ordinationis 709; — quoad proclamationes 859; — quoad matrimonium ineundum 986; — quomodo amittatur 990.
Domus privata num locus dandi baptismi 67, 68.
Dubium diversi generis (in repetendis sacramentis) 8; — in baptismo 63 sqq.; num secum habeat obligationem confitendi 288 sqq.; ligat nihilominus le-

Index alphabeticus. 575

gibus Ecclesiae 929. Dubie consecrata particula 126. Dubium peccatum num excludat a s. communione 155 sq.; — quomodo possit vel debeat esse materia sacramenti 284 sqq., 349 sqq.; — absolvi potest, etsi alias reservatum sit, a quolibet confessario 353. Dubia absolutio propter sacramentum informe 332 sq.; propter dubiam iurisdictionem 447 sqq.; — in casibus reservatis 486 sqq.; — quoad censuras 353, 488; — homicidium quando inducat irregularitatem 742; — in recitandis horis canon. 801, 803, 804 sq.
Duellum inducit irregularitatem in duellantem et patrino 741.

E.

Ebrietas, materialis. Conicere in — 344; — e b r i o s u s absolutus et ad ss. eucharistiam admissus 518 sq.
Educatio prolis in casu divortii 903; — in haeresi inficiatne ipsum matrimonium 875; — catholica in matr. mixto 910; — num semper in tuto posita esse debeat 961.
Effectus peccati in confessione explicandus 338 sq.
Efficax dolor quo sensu requiratur in confessione 309.
Eleemosyna in iubilaeo quomodo largienda 649, 653.
Emendatio. Quomodo de ea constare debeat in confessione 518. Cf. **Relapsus.**
Energumeni irregulares 756.
Ephemerides pravae legine possint 522.
Epileptici irregulares quamdiu 758.
Episcopales c a s u s. Absolutio eorum 493, 495.
Episcopus minister confirmationis 101, 109; — qui debeat approbare ad excipiendas confessiones 419, 441 (cf. **Approbatio**); — quos possit approbare 446; — ipsemet peregrinus indigeatne approbatione 442; — iure communi absolvit a casibus papalibus occultis 494; — proprius pro ordinatione 709; — pro religiosis 712 sqq.; — a quibus dispensat irregularitatibus et poenis 494, 742, 759; — licentiam dat clerico ad quam negotiationem 767; — dispensat a bannis ante matrimonium 864 sq.
Error c o m m u n i s quando secum trahat iurisdictionem certo 430, 433, quando probabiliter 432; — paucorum non sufficit ad supplendam potestatem 432, 433; — in sponsalibus 819, 820, 845 sqq.; — in matrimonio, qui dirimat 933, 934;

— qui det ius separationis a toro et cohabitatione 935.
Ss. Eucharistia 118 sqq. Eius consecratio 131; — materia 118 sq.; — asservatio 134 sqq.; — expositio 138; — distributio 144 sqq., erga moribundos 139 sqq.; — sumptio requirit confessionem post lapsum 153; excusatio ab hac lege 154, 157, 159 sq.; — possitne administrari ab haeretico 56, 454 sq. Cf. **Communio.**
Examen c o n s c i e n t i a e confessioni praemittendum 378 sqq.; eius defectus gravis 379, 381; — supplendum a confessario 594; — immoderatum 382.
—— pro a p p r o b a t i o n e confessarii 426. Ad examen revocatio 427, 434.
Excommunicatus. Excommunicati vitandi sepultura polluit locum sacrum 251.
Excusatio a confessionis integritate 364 sq.; — a confessione praemittenda ss. eucharistiae sumptioni 154 sqq.; — ab horis canonicis 802 sqq.
Exorcistatus 685.
Expositio s s. e u c h a r i s t i a e 138; — publica et privata *ibid.*
Exsecratio loci sacri 251; — altaris 257 sq.
Externus actus sitne in confessione explicandus 338.
Extraordinarius c o n f e s s a r i u s v. **Moniales.**
—— e x t r a o r d i n a r i a d o n a qui praetendit quomodo tractandus 616.

F.

Fama. Eius periculum excusetne ab integritate confessionis 364 sqq.; — aliena vel complicis num excuset 366 sqq.; qua cautela 369; — non integra inducit irregularitatem 753 sq.
Familiares regularium a quo absolvantur 460; — episcopi hoc titulo quando ordinari possint 709.
Familiaritas cum altero sexu periculosa 599, 602.
Famulatus sitne circumstantia speciem peccati mutans 342.
Famuli ubi proclamentur ante matrimonium 859, 860.
Fautores haereticorum irregulares 738. Cf. **Haeretici.**
Femina ministrans vel respondens ad missam 265.
Feria V et VI hebdomadae maioris 240 sqq.
Festa in quibus est obligatio applicandi pro populo 204.
Fictio sacramentorum 37 sqq.; — quale peccatum 39; — in matrimonio num aliquando liceat 38, 939.

Fidei a c t u s eliciendus ante baptismum 53; — privilegium in matrimonio v. **Paulinum** priv.
Filii infidelium v. **Infideles.**
Finis pravus in confessione accusandus 340.
Foetus abortivus quoad baptismum 95 sqq.; in eo baptizando instruendae obstetrices et matres a parocho 815.
Folia publica prava possintne legi 522.
Forma sacramentorum. Mutationes 11 sq. Formae unio cum materia 14 sq. (De cetero cf. singula sacramenta sub suis nominibus).
Fornicatio sponsorum cum extraneis qualem habeat malitiam 850 sq.; — quae sit causa rescindendi sponsalia 847 sqq.; — habita inter sponsos quam imponat matrimonii obligationem 854.
Francomurarius num in bona fide relinquendus 523; — se sistens matrimonio ecclesiastico more celebrando 885.
Fraus commissa in approbatione ad confessiones 415 sq.; — in quaerenda absolutione a casibus reservatis 484 sqq.; — in matrimonio clandestino 991.
Functiones sacras peragere in statu peccati 23, 27; — parochiales quoad stipendii remunerationem 213.
Furtiva ordinatio quas secum ferat poenas 732 sqq.

G.

Gratiae s t a t u s sitne necessarius ad lucrandas indulgentias pro defunctis 644 sq.; — ante administranda vel suscipienda sacramenta 2, 22, 153.
Gratitudo sitne motivum contritionis perfectae 304, 307.
Gravida femina post mortem sectioni subicienda 97—99; — sponsa ad quid teneatur 845.
Gubernatio externa nequit fieri ex notitia confessionis 548 sq.

H.

Habitatio actualis quam diuturna excuset a bannis in priore domicilio 860; — quae sufficiat ad matrimonium coram parocho loci lege sive communi sive particulari 986.
Habitualis intentio 43; — quando sufficiat in sacramentis suscipiendis *ibid.;* — sufficit in applicatione missae 199.
Habitus clericalis 760; obligatio et excusatio *ibid.*, 764.
Haeretici irregulares 738, 740; — irregularitatem extendunt ad fautores, ad filios, nepotes *ibid.;* — reconciliandi cum ecclesia per confessionem integram 288 sq. Haereticorum baptismus 69, 70. Pro haereticis quando missam applicare liceat 194, 196. Ab haereticis baptizati quomodo irregulares 728; — cum catholico matrimonium ineuntes 882 sqq., 886; — subiaceantne legibus matrimonialibus Eccles. 997; — censentur valide baptizati in ordine ad matrimonium 886; — participes sunt privilegii Paulini quoad matrimonium 891, 995 sq. —— haeresis ut causa divortii 900, 906, 907.
Herus seductor quam malitiam contrahat 342.
Homicidium polluit locum sacrum 251; — voluntarium et casuale 742; — inducit irregularitatem 741 sqq.; — dubium quale inducat irregularitatem 742.
Honestas publica ex sponsalibus 825, 971 sq., 974; — ex matrimonio non consummato 971 sq., 974; — ut impedimentum matrimonii dirimens *ibid.*, — num ab infidelibus contrahatur 975.
Horae canonicae 781 sqq. Qui obligentur ad eas 781; — neglectae quale peccatum 783; — inducunt obligationem restituendi fructus beneficii 786 sqq; — recitandi tempus 783; modus 790 sqq.; excusatio 801 sqq., 813 sqq.; dispensatio 803, 805, 812; cum missa commutatio 813 sq.
Hostiae pro missa 122, 125. Cf. **Particulae.**

I.

Ieiunium naturale num requiratur ante confirmationem 107; — ante s. communionem eiusque interpretatio 163 sqq., 173, 174. A ieiunio excusati ante communionem 167 sqq.; — 171 sq., num aegroti non periculose decumbentes 175 sq.; — dispensatio a R. Pontifice 177. —— ecclesiasticum non solet fieri die dominica 390; — pro iubilaeo praescriptum 649.
Ignorantia per confessarium auferenda an toleranda 520 sqq.; — confessarii faciatne confessionem invalidam 512 sq.; — in casibus reservatis quae excuset 489 sqq.; — quae excuset ab irregularitate 725 (restrictio 738, 743, 753 sq.); — in impedimento criminis 979; — rei matrimonialis faciatne matrimonium nullum 877, est causa solvendi per S. Pontificem 878.
Illegitimi qui censeantur 744; — sunt irregulares *ibid.;* — quomodo recipiantur ut legitimi 745.

Index alphabeticus.

Impedimenta matrimonii impedientia 908 sqq.; — dirimentia 933 sqq.; — civilia quo sensu obligent 926 sqq.; — revelanda qua obligatione 861.
Impediti quomodo absolvantur a reservatis et a censuris 492 sqq.
Impetratorius fructus missae 184, 185, 187, 188.
Implicita intentio 43 sq.
Impositio manuum v. **Manus** impositio.
Impuberes quoad sponsalia 821, 822.
Incisio in arte medica clericis interdicitur 772; — quae inducat irregularitatem 747.
Indignitas ministri sacramentorum 21 sqq.; — in aliis functionibus sacris 23; — quomodo reparanda 22; — in urgente necessitate 24. Cf. **Gratiae status.**
Indirecte absolvere 357.
Indulgentiae. Notio 633; — pro defunctis 634, 643 sqq.; — efficacia 635, incerta 636, in iubilaeo certior 650; — continent exercitium multarum virtutum 637 sqq. Opera praescripta 640 sqq. Preces quibus annectantur, quomodo recitandae 647 sq.
Infamia facti et iuris 753; — irregularitatem inducit 753 sq.
Infantes quoad baptismum 25, 43; — quoad confirmationem 100; — sine baptismo defuncti fructum missae incapaces 193.
Infideles quoad missae applicationem 194; — sepulti polluunt locum sacrum 251. Infidelium filii quando baptizandi 45, 91 sqq.; — quando sui iuris quoad baptismum 93. Infidelium matrimonia num subiaceant auctoritati civili 930 sq.; solubilia in favorem fidei 889 sqq., 892, 995 sq.
Informata conscientia. Suspensio ex ea 736 sq.
Informe sacramentum 3; — sacr. paenitentiae 331, 333.
Inhabilitas 726; — ad beneficia eccl. ex abortu inducta 739.
Instruere paenitentem 520 sqq.; — novellum confessarium sine laesione sigilli 555; — officium parochi 815.
Integra confessio v. **Confessio;** — causae excusantes 361 sqq.
Intentio actualis, virtualis, habitualis, interpretativa 43, 46: — influit in formam sacramentorum 11—13, 60; — ministri quae necessaria 17, 18, 64; — externa 19; — in suscipiente 43 sqq.: in baptismo 44, in ordine 47 sqq.; — retractata 49; — dubia 53; — in oratione horisque canonicis necessaria 795.
Interpellatio coniugis infidelis quoad discessum 890.

Interpres debeatne adhiberi in confessione 362.
Interpretatio facultatum 450; — reservationis 479 sq., 486.
Interpretativa intentio 43, 46.
Interrogatio in confessione ius confessarii 345, 347, 502, limites *ibid.* 355, 368; — supplet confessionem 363, 382; — in confessione generali 375; — obligatio confessarii 500 sqq.; — caute facienda 508 sqq.
Interruptio in sacramentali ritu 14, 15; — per verba extranea *ibid.;* — missae quomodo differat ab abruptione 278; causae 279 sq., quid postea agendum *ibid.*
Interstitia in ordinibus suscipiendis 721.
Irregularitas 725 sqq.; — ex delicto et ex defectu 727; — excusatio 725, 743, dispensatio 734, 740, 744, 753, 759.
Iteratio sacramentorum condicionata 4, 5; — baptismi temere facta inducit irregularitatem 6, 728.
Itinerans religiosus cui confiteri possit vel debeat 457 sq.
Iubilaeum maius et minus 649. Iubilaei opera praescripta 649 sqq., 653 sqq., eorum commutatio 652; — favores annexi 654 sqq., eorum usus iteratus 655; quid requiratur ut auferant reservatos casus et censuras 498.
Iudicialis notitia pro absolutione sacramentali necessaria 384, 385; — de peccatis auditis qualis 504 sqq., 511 sqq.
Iurisdictio. Notio 417; — ordinaria et delegata, vicaria et propria 418; — R. Pontificis, episcopi, parochi *ibid.*, 420; — probabilis iure 431, 447, eius interpretatio 450, usus 448; — dubia 447; — quam diu duret 422, 424; — in moribundos 451 sqq.

L.

Laicus num graviter peccet baptizans in statu peccati 25.
Laudare paenitentem indirecte potest laedere sigillum 541 sq., 545.
Laxae conscientiae qui est, quomodo confiteri debeat peccata dubia 351, 352.
Lectio prava. Num bona fides in ea toleranda 522.
Lectoratus 685.
Lenitas. Lenitatis defectus qui inducat irregularitatem 747 sq.
Licentia paenitentis quae auferat sigilli secretum 556, quae non 559; — limitata 557; — debita at negata 568.
Ligamen quam diu dirimat subsequens matrim. 945 sqq.; — dubium quoad iura matrimonialia *ibid.*

Lingua. Linguae ignarus quoad absolutionem sacramentalem 361 sqq.
Litaniae. Obligatio recitandi pro clericis sacrorum ordinum 784.
Locus celebrandae missae 249 sqq.; — ut circumstantia in confessione accusanda 340, 343.
Ludus qui clericis prohibitus 768 sqq.
Lumen pro missa requisitum 259.

M.

Malitia peccati quomodo in confessione explicanda 335 sqq., 338 sqq.
Manipulus ad missam requisitus 259.
Manus impositio in confirmatione 105; — in ordinatione essentialis 688, 690 sq., eaque cum tactu physico *ibid.*; — impositio et extensio 691 et *notas;* — adstantium presbyterorum non essentialis 691.
Mappa altaris quae requiratur ad missam 259.
Mare. Celebratio in eo 253, absolutio 443 sq., matrimonii contractus 992.
Massa communis, titulus sustentationis pro ordinandis 708.
Materia et forma sacramentorum. Eorum unio 14, 15. De cetero quaere singula sacramentorum nomina.
Matrimonium. Quo consensu 868 sqq.; — condicionatum 869 sqq.; — occultum num liceat 867; — virgineum 876; — ratum tantum dissolvitur professione religiosa sollemni 878 sqq., dispensatione R. Pontificis ib., 892, 897 sqq., 935. Eius ritus 881 sqq., 887 sq.; impedimenta impedientia 908 sqq.; imp. dirimentia 933 sqq.; revalidatio 937 sq., 947.
Media adhibita sintne in peccatis distincte accusanda 340, 344; — adhibenda ab occasionario vel recidivo 596, 607.
Medica ars quae clericis prohibita 772 sqq.
Medicus quoad caesaream operationem 98, 99; — quoad secretum officii 841 sqq.
Mendacium. In puero 510 (qui dedocendus); — in confessione 345 sqq., 354 sqq.
Mensae titulus in ordinandis 708. Cf. **Titulus sustentationis.**
Mercatura cum stipendiis missarum prohibita 219 sq.
Metus in ordinatione num eximat ab oneribus 702; — in sponsalibus qui faciat ea nulla vel rescindibilia 819; — qui faciat matrimonium invalidum 936 sqq., 941 sqq.; — quando desierit, quomodo inficiat matrimonium 944; — mortis detne potestatem matrimonii revalidandi 940 *c. nota*, facultatem dispensandi 950.
Milites absolvendi quando in cumulo in qua distantia 303.
Minister sacramentorum. Eius probitas 21 sq.; — consecratus et necessitatis 22, 25; — indignus num adiri possit 54 sqq.; — officium habet ministrandi 28 sqq., 144, denegandi 33 sqq. (cf. **Attentio, Intentio**).
—— serviens ad missam quam necessarius 265.
Missa. Missae fructus generalis, specialis 183, num infinitus 184, 190, divisibilis 190, quibus applicabilis 191 sqq. Missae qualitas 225 sq. (cf. **Votiva**); — dilatio 218; — missarum reductio 210.
Missale qua necessitate requiratur 259, 262.
Missio. Missionis titulus pro sustentatione in ordinandis 708.
Missionarius quoad applicationem missae pro populo 206 sqq.
Mixtum matrimonium. Sponsalia eius num valeant 826 sq.; — quomodo ineatur 882; — cautelae 910; — revalidandum 883 sq.; — generatim illicitum 908 sq.; — causae excusantes 910; — dispensatio reservatur per se R. Pontifici 911.
Monere paenitentem quando necessarium 520 sqq.
Moniales. Earum confessarius specialiter approbandus 419, 468 sqq.; Monialium extra claustra degentium 469; — confessarius extraord. 471 sq.; — quale ius habeant exigendi confessarium extraord. 474 sq.; — quomodo in confessione tractandae 615 sqq.
Mora interiecta inter formam sacramenti materiaeque applicationem 14, 15.
Moribundi curandi quoad sacramenta 30 ad 32; — visitandi a parocho 627 sqq., 815. — dubie dispositi 53, 620, 631 sq.; — quomodo absolvendi 622, saepius 629; — quoad confessionem 630; — sensibus destituti 621 sqq.; — absolvi possunt a sacerdote alias iurisdictione carente 451 sqq., ab haeretico 55, 454 sq.; — quando *petere* possint sacramenta ab indigno 55; — benedictione apostolica donandi 31, 659 sqq.; — quando matrimonio iungendi 36, 950.
Mors. Mortis periculum 453; — in quo liceat infantes infidelium baptizare 91 sqq., absolvere a peccatis et censuris 451, dispensare a quibus impedimentis matrim. 950; — coniugis quomodo probari debeat ante novum matrimonium 945 sqq.;

— dubia coniugis quid iuris faciat iis qui novum matrimonium inierint *ibid.*
Mortuorum sacramenta quae vocentur 1.
Mulier ministrans ad missam 265. Cum ea cohabitatio a clericis cavenda 777 sq.
Mutatio in essentiali ritu sacramentorum 11 sq.; — voluntatis v. **Emendatio, Propositum.**
Mutilatio quae inducat irregularitatem 743; — proprii corporis facilius irregularem facit *ibid.*

N.

Nativitas Domini, festum, admittit tres missas 236 sqq.; num media nocte 248.
Navigantes a quo absolvantur 443 sq.
Necessariae veritates quomodo cognosci et memoria teneri debeant 593. — Necessaria materia confessionis 281.
Necessitas celebrandi post gravem lapsum 159 sqq.; — quae sufficiat ad dandam absolutionem a reservatis 492; — sacramenti paenitentiae 1, 281, 290 sq., 663.
Negotiatio quae clericis sit interdicta 766 sq.; dispensatio 767.
Neo-conversus quis debeat integre confiteri 288 sqq.
Neophyti quam diu irregulares 755.
Nocturni horarum canonicarum quando recitandi 783; — possintne separari 790.
Novitius possitne confiteri apud exterum sacerdotem 465 sqq.; — a quo possit ordinari 710, 714; — num teneatur ad horas canonicas 781.
Numerus peccatorum in confessione dicendus 336 sq.

O.

Oblivio in accusandis peccatis 357 sqq. (cf. **Omissio**); — num impediat reservationem auferendam 497 sq.; — satisfactionis sacramentalis 404 sq.
Obstetrix quoad baptismum 64 sqq.; — instruenda a parocho 815.
Occasio peccandi quid sit 595; — debeatne in confessione indicari 345, 347 sq.; — vitanda 596; — remota facienda 613; — apud moribundos 631 sq.
—— **Occasionarii** peccatores quomodo tractandi 595 sqq.
Officium divinum v. **Horae** canonicae.
Omissio in missa quae gravis 271 sqq., 277; — in confessione 357 sqq. Omissa peccata quomodo deleantur 357, quando accusanda 358 sqq., num impediant accessum ad s. communionem 358.
Onania stipulata in conventione matrimonii quando hoc reddat nullum 875.

Operatio caesaria v. **Sectio.**
—— chirurgica v. **Chirurgia.**
Oratorium publicum et privatum 249 sqq.; — quoad s. communionem 254.
Ordinatio. Ordo. Qui sit sacramentum 682, 685. Ordinum minorum ritus 685 sq., probabilis collatio sufficit 687; — maiorum dubia collatio quae imponat obligationem repetendi 687, 690; — dubia num et quando impediat celebrationem primitiarum 695; — quam intentionem in suscipiente requirat 44, 47 sqq., 700; — ex metu suscepta 701 sqq., num obliget ad caelibatum et reliqua onera 702. Ordinum onera annexa 760 sqq.; — aetas 703 sqq.; — titulus 707 sqq.; — tempus ordinarium 720, extraordinarium 721. Ordinis usurpatio quae inducat irregularitatem 729 sqq.; — illicitum exercitium quod irregularitatem causet 732 sqq. Ordinum suscipiendorum votum impedit matrimonium 918, ad quid obliget eum qui nihilominus matrimonium iniit 921; — ut impedimentum matrimonii dirimens 948.
—— Ordo religiosus diffamatus ex rebus confessione sacramentali notis 551 sq. — Apostasia ab ordine v. **Apostasia.**
Origo ut titulus ordinationis 709.
Ostiariatus 685.

P.

Pacificae cohabitationis denegatio quale ius det coniugi 889, 893.
Pacta matrimonialia turpia quomodo inficiant matrimonium 871 sqq., 874 sq.
Paenitens. Cum eo loqui de rebus confessionis sine eius licentia est contra sigillum sacramentale 553.
Paenitentiae sacramentum num reviviscat 3, 333; — materia 281 sqq.; — necessaria forma 293, defectuosa 293—295, deprecatoria num valeat 294 (cf. **Absolutio**).
—— Paenitentia sacramentalis v. **Satisfactio.**
Palla requiritur in missa 259.
Palmarum dominica. Eius missae abbreviatio 273.
Panis qualis sit materia ss. eucharistiae 118 sqq.
Papales casus. Qui absolvantur ab episcopis 494; — quomodo absolvantur in necessitate occurrente 492.
Paramenta missae 260 sqq.
Parasceve. Feria VI in —, functiones sacrae 240 sqq.; — quoad s. communionem 244.

37*

Parentes propriam prolem baptizantes 72; — filium baptizandum offerentes 92; — num contrahant impedimentum cognationis spiritualis 72. Parentum condicio circumstantia mutans speciem peccati 342. — sponsalia facientes pro filiis 821, 822; — repugnantes sponsalibus filiorum 837 sqq., 852 sqq., 855.
Parochus. Eius officia 815; — obligatio conferendi sacramenta 28 sqq., celebrandi pro populo 204 sqq., instruendi et corrigendi 815, erga aegrotos 627 sqq. Parochi iura 213; eius iurisdictio in suos 420, 434, 438 (possitne ea privari 434). — possitne apud quemlibet sacerdotem confiteri 441; — possitne in bannis dispensare 866; — assistens matrimoniis ineundis v. **Assistentia.**
Particulae pro consecratione 125; — quando afferendae 127; — dubie consecratae 126 sqq.
Particulare motivum in dolore sufficiatne pro sacramento paenitentiae 311.
Passio Domini. Eam omittere in missa 273.
Patrinus in baptismo 75 sqq.; — in baptismo condicionato 88 sq.; — acatholicus possitne admitti 80 sqq.; — in confirmatione 110.
Paulinum privilegium in matrimonio 889 sqq.; 995 sq.
Peccati status v. **Indignitas.**
Peccator occultus et publicus quoad sacramenta 33, 34.
— in articulo mortis 34, 622.
Peccatum ut materia sacramenti paenitentiae 281; — dubium 284, 286, 287; — in genere 286, 287, 361 sq., 594; — veniale (quid practice servandum) 284 *not.*; — iam antea accusatum 284; — post absolutionem ilico accusatum debeatne denuo **absolvi** 407; — quale obiectum sigilli sacramentalis 533, 539, 542; — alienum sitne obiectum sigilli 534; — publicum 539 sq.
Pensio titulus sustentationis pro ordinando 707.
Peregrinus qui sit 990; — quoad reservata peccata 483 sqq. Peregrini sacerdotis approbatio et iurisdictio 441; — religiosus a quo absolvatur 456; — matrimonium contrahens 991, idque in fraudem legis *ibid.* 993.
Perfectionis status. Eius electio quomodo dissolvat sponsalia 820 sq., 918 sqq.; — eligibilis post divortium 902.
Periculum mortis facultatem dat et obligationem baptizandi infantes 91 sqq.; — cuilibet sacerdoti suppeditat iurisdictionem 451 sqq.

Periculum apostasiae 92, causa dispensandi ab impedimentis matrimonii 910.
Perplexitas propter sigillum sacramentale 549 sq., 569 sq., 571 sq.
Persona, circumstantia in confessione quando accusanda 341 sqq.
Personalis obligatio applicandi pro populo 204.
Perturbatio in ordinando 48 sqq.
Pii paenitentes si declinant confessarium eiusve interrogationes 355; — si prae se ferant extraordinaria Dei dona 616 sq.; — si graviter labantur 618 sq.
Planeta v. **Casula.**
Poenae temporales quae praebeant sufficiens motivum attritionis 315.
Pollutio loci sacri 251, 252. — Pollutionem passus quando eam accusare debeat in confessione 339.
Portiunculae indulgentia 638. — Confessio pro ea valet a die 30 Iulii facta 640.
Praesentia qualis requiratur pro absolutione sacramentali 299 sqq.
Praesumptio. Ex praesumptione possitne confessarius iudicare de peccatorum gravitate 505 sqq.
Preces indulgentiis ditatae quomodo recitandae 647 sq., pro satisfactione sacramentali imponi possunt 399.
Presbyteratus 688 sq.; — facilius repetendus in dubio 50, 690 sqq.; — non repetendus ob inanem scrupulum 50 sq., 692, 694.
Primitiae celebratae a non-ieiuno 169; — post probabilem ordinationis valorem 695.
Privatio iuris acquisiti 739, 788.
Privatum oratorium 250, 253 sq.; — quoad s. communionem 254.
Privilegiatum altare 636. Obligatio in eo celebrandi 225, 226. — Privilegiatus confessarius num adiri debeat pro absolutione 491, 495.
Probabilis iurisdictio v. **Iurisdictio.**
Probitas in conficiendis sacramentis 21 sqq.; — ministri consecrati et solius necessitatis 22. Cf. **Gratiae** status.
Proclamationes matrimonii v. **Banna.**
Promissio etiam ficta quando obliget ad matrimonium 825, 833 sq.
Propitiatorius fructus missae 186—189.
Propositum in sacramento paenit. sufficiatne implicitum 327 sqq.; — quas habere debeat condiciones 321 sqq.; — circa peccata venialia 325, 326; — num constet cum timore relapsus 322—324; — cum relapsu re secuto 514 sqq.
Publicus peccator quoad sacramenta 33 sq., 622, 625; — quoad sepulturam 35; — publicum oratorium 249.

Pueri quando confirmandi 100, 103; — quando ad primam s. communionem ducendi 150, 151; — ad confessionem 588 sq.; — extrema unctione donandi 666.
Purificatio ciborii post sumptam ablutionem 172.
Purificatorium pro missa 259.

R.

Raptus quando et quam diu sit impedimentum matrimonii dirimens 983 sq.
Realis obligatio applicandae missae pro populo 204.
Recens peccatum ut antiquum accusare 346.
Recidivus 605; — quomodo tractandus in confessione 606 sqq. (cf. **Relapsus**); — fallere potest in emendatione 609, — absolvendus an differendus 608, 610, 612, 614.
Recitatio in missa qualis esse debeat 275; — in horis canonicis 790 sqq.
Reductio missarum 210, 224.
Regionis mores narrare quid inferat quoad sigillum sacramentale 543.
Regularis quoad ss. eucharistiam distribuendam 142; — quoad approbationem excipiendae confessionis 425 sqq.; — quoad revocationem iurisdictionis 426, 427; — valide absolvit approbante episcopo sine venia superioris 435; — peregre exsistens a quo absolvendus 456 sq. (Cf. **Religiosus**.)
Relapsus debeatne confessario declarari a paenitente 345, 347, 355; — quomodo fundet praeiudicium contra paenitentem 606 sq.
Religiosus a quo possit ordinari 712 sqq.; — quo titulo sustentationis 708, 713; — lato sensu 712; — qui teneatur ad horas canonicas 781 sq. (cf. **Regularis**).
Reservatio. Reservata. Notio 477 sqq.; — strictae est interpretationis 479 sqq.; — in dubio 486 sqq.; — in ignorantia 489 sqq.; — excusetne a confessione ante celebrationem missae 160 sqq.; — a quo absolutio danda 481, in iubilaeo 498, 654—656, in casu necessitatis et impedimenti 492 sqq., num in confessione invalida 497 sq., in casu oblivionis *ibid.*
Resignatio exstinguit iurisdictionem 438.
Restitutio ob neglectas horas canonicas 786 sqq.; modus huius rest. 788, 789.
Restrictio (mentalis) in confessione 345 sqq., 354 sq.
Retractatio intentionis in sacramentis suscipiendis 49.
Revalidatio matrimonii, quae consensus renovatio necessaria 529; — quomodo facienda 937 sq., 947; — matrimonii ex metu invalidi 937 sqq.
Reviviscentia sacramentorum 1, 2; — extremae unctionis 665.
Revocare coniugem post divortium quando 894, 900, 905.
Ritus cf. **Rubricae.**
—— Rituum S. Congregatio, auctoritas 268. — Ritus matrimonii 881 sqq., 887 sqq.; — in matr. mixtis 882 sqq.; — acatholici si adhibentur 883, 884.
Rubricae missae quomodo obligent 267 sqq.
Rudes quomodo tractandi in confessione 593 sqq.

S.

Sabbatum. S. maioris hebd., missa et functiones 240 sqq.
Sacerdos ut minister sacramentorum consecratus 22 sqq. — ut minister confirmationis 109, 111. Cf. **Presbyteratus.**
Sacramenta v. singula sub suis nominibus.
Sacrilegia sacerdotis in statu peccati exsistentis 26, 27; numerus 27.
Sanguinis effusio polluit locum sacrum 251.
Satisfactio sacramentalis 386 sqq.; — proportionata 388 (causae excusantes 389); — immoderata 387, 390; — qua gravitate imponi debeat 388, 406; — qua gravitate obliget 391, 395; — acceptanda et implenda qua obligatione 391, 394; — commutabilis 392 sq.; — possitne imponi opus aliunde debitum 396, indulgentiis ditatum 399, omissio boni operis 412, opus ab alio praestandum 402.
—— Satisfactorius fructus missae 186—190.
Scandalum quod excuset a lege ieiunii ante missam vel communionem 168, 169.
Schedulae confessionis denegatio quando sit laesio sigilli 576 sqq.
Schismaticus quoad missae applicationem 194; — sacerdos num valide confirmet 113 sqq.
Scientia ab ordinandis requisita 704, 756.
Scripta confessio sitne obiectum sigilli 579.
Scrupuli quomodo tractandi a confessario 615; — sintne obiectum sigilli 535, 538; — excusentne a celebranda missa 203; — in ordinatione 47 sqq.; — in recitandis horis can. 810, 812.
Sectio caesarea matris defunctae 97—99. Cf. **Chirurgica** operatio.
Semen. Seminis humani effusio polluit locum sacrum 251.

Seminarista ficte agens ad quid teneatur 684; — in vitiis habituatus 699.
—— **Seminarium**. Educatio in eo praescribi potest clericis 705.
Senectus quando sufficiat ad dandam extr. unctionem 674.
Sententia condemnatoria et criminis declaratoria 753 sq.; — non requiritur, ut restitutio fieri debeat ob neglecta officia eccles. 788.
Sepulchrum altaris quid vocetur 257 sqq.
Sepultura eccles. danda vel deneganda 35; — non-baptizati et excommunicati vitandi polluit locum sacrum 251.
Servitium ecclesiae titulus sustentationis pro ordinandis 708.
Sigillum altaris in consecratione 257, 258.
—— saramentale confessionis 530 sqq.; obligat semper 562 sqq.; — vincit quaelibet praecepta divina et humana contraria *ibid.*; — postulat responsi dissimulationem vel negationem 574 sq., idque cum restrictione mentali *ibid.*; — violatur directe vel indirecte 531 sqq., indirecte 541, 543 sq., 546, 598; — eius obiectum 534 sqq.; — etiam adstringit post mortem confitentis 559; — quosnam adstringat 557, 562, 579 sq.; — laeditur aliquando etiam non manifestato nomine paenitentis 560 sq.; — laedi nequit ut alterius laesio impediatur 555; — non obligat, si ipse paenitens dederit licentiam 556 sqq. (Cf. **Licentia**.)
Simulatio sacramentorum 37 sqq.; — quale peccatum 39; — in danda s. eucharistia 40, 42; — in contrahendo matrimonio 38.
Sinceritas confessionis eiusque defectus 345 sqq., 355.
Socius sitne adhibendus in horis can. 808.
Sollemnis missae mutatio in privatam 185; — matrimonii celebratio 887 sq.; prohibita tempore clauso 917.
Sollicitatio ad peccatum quando constituat occasionem proximam 597 sq.
Solutio quae fit in indulgentiis 633 sq., 636.
—— vinculi matrimonialis quando 878, 889 sqq., 892, 897 sqq., 935.
Species peccatorum confitendae 335.
Spectacula scenica ut occasio peccandi 604; — clericis prohibita 763, 765.
Sponsalia 818 sq., 824; — defectus 826 sqq.; — invalida et rescindibilia 819, 820; — quando per S. Pontificem 912; — rescindi possunt per electionem vitae perfectionis 820 sqq., 918 sq.; — condicionata quae condicione impleta fiant valida 827; — inducunt impedimentum dirimens publicae honestatis 823, 971 sq.; — impediunt matrimonium cum altero 912; — cum acatholica persona num valeant 826; — contra parentum voluntatem 600, 838, 852 sqq.; — aliena si obiciuntur, quid parocho faciendum 862.
Sponsi. Conversatio mutua 599 sqq.; — eorum fornicatio cum persona extranea quam habeat malitiam 850 sq.
Status peccati cf. **Indignitas**.
Stipendia missarum manualia et fundata 212 sqq.; — transferre 209; retenta parte non licet 207, 209, 211 sqq.; — in casu binationis 227 sqq.; — mercaturam agere 219 sqq. — Stipendium dare aut missae assistere quid praeferendum 189.
Stola in administratione sacramentorum 680; — pro missa requiritur 259, 260.
Submissa voce uti in missa 275 sq.
Superior num possit invalidam facere absolutionem suorum subditorum 466 sq.; — quam cautus esse debeat in sigillo sacramentali 548 sq. — **Superiorissa** possitne impedire accessum confessarii extraordinarii 473, 475 sq.
Supernaturalis dolor quo sensu requiratur in confessione 309.
Supplet Ecclesia. Quid sit 429; — quando 430 sqq.
Surdus. Surdaster. — Quomodo sit irregularis 757, 759; — quoad horas canonicas 792.
Suscipientes sacramenta. Intentio necessaria 43 sqq. De cetero v. singula sacramenta sub suis nominibus.
Suspensio ab informata conscientia, quando laesa inducat irregularitatem 736 sq.
Sustentatio. Sustentationis titulus pro ordinandis 707 sq., 710 sq.

T.

Taberna ut occasio proxima peccandi 603. — Tabernas adire clericis quomodo interdictum 763, 765.
Tabernaculum ss. eucharistiae 135, 137.
Tacentes peccatum num absolvantur 40—42.
Tactus physicus in manuum impositione quoad ordinandos 691 *not.*; — instrumentorum in ord. 689, 692 sqq.; — sufficit aut calicis aut patenae ad valorem 692; — deficiente pane vel vino non sufficit *ibid.*, 694; — hostiae immediatus non requiritur 692.
Telegraphus. Iurisdictio per eum 423.
Telephonium. Absolutio possitne dari per teleph. 301, 303.

Index alphabeticus.   583

Tempus pro missa 245; — ut circumstantia peccati 340, 343, 346; — angustum excusetne ab integritate confessionis 364 sqq.; — pro ordinatione 720 sqq.; — pro horarum canon. recitatione 783, 798 sq.; — clausum ratione matrimonii 915 sqq.; — non admittit sollemnem matr. benedictionem neque missam specialem 887 sq.
Territorium alienum. In eo confirmationem episcopus confert valide sed illicite, sacerdos delegatus etiam invalide 109, 111.
Testimoniales litterae pro ordinandis 716 sq.; — speciales esse debent in ordine ad omnes sacros ordines 719.
Testis baptismi collati aliquando necessarius 9, 10.
Timoratus circa confessiones peccatorum dubius 351, 352.
Titulus sustentationis in ordinatione 707 sq., 710, 711; — ordinationis 709, 712 sq.
Tonsura quid sit 681; aetas requisita 703. — Tonsuram gerere quae clericis obligatio 761, 764.
SS. Trinitas. Trinitatis invocatio pertinet ad essentiam formae baptismi 59; — an in confirmatione 105.
Truncatus pede, manu etc. quomodo irregularis 757.
Turpia apud pueros caute indaganda 509, 590; — pacta in matrimonio, condiciones, modi 870 sqq., 874 sq.

U.

Unctio extrema. Eius reviviscentia 3, 665; — est sacramentum per se vivorum, per accidens mortuorum 663 sq.; — suscipienda qua intentione 46, 665; — ab haeretico 454; — condicionate conferenda quomodo 665; — quibus danda 665, 666, 672, 674. Eius materia 667 ad 669; — forma 667, 670, abbreviata 671, 673; — qua obligatione conferenda 676, 677, quibus ritibus 680; — repetenda 679; — qua obligatione suscipienda 675.
—— in confirmatione 102, 105.
—— manuum in ordinatione presbyteri 689.
Unio formae et materiae sacramentorum 14, sq.; inter dolorem et absolutionem 310, 312.
Universalitas doloris 309, 330, 332.
Usurarius publicus repellendus a sacramentis 34.
Usurpatio ordinis sacri quae inducat irregularitatem 729 sqq.
Utensilia pro missa 259 sqq.

V.

Vagi qui sint 990; — quomodo contrahant matrimonium 991 sq.
Venatio quae clericis interdicta 775 sq.
Veniale peccatum. Quonam dolore retractandum in sacramento paenit. 316 sqq., 319; unum sine altero 317; — num sufficiat dolor de multitudine 320; — quomodo *proposito* vitandum 325 sqq.; — quando obiectum sigilli sacramentalis 542; — quomodo obstet effectui indulgentiarum 636, 639.
Vestes sacrae 260 sqq.; — a quo benedicendae 263.
Viaticum 150—152; — repetendum 152; — dari potest non ieiunis 163, 167. Viatici necessitas excusetne celebrantem non ieiunum 170.
Vicaria satisfactio possitne esse sacramentalis 402.
—— iurisdictio quid sit 418.
Vicarius apostolicus quoad applicationem missae pro populo 208.
Vinum de vite materia essentialis sacrificii missae 118 sq.; — acescens 121, 124.
Virgineum matrimonium 876.
Virginitas. Virginitatis votum quomodo impediat matrimonium 918, 919.
Virtutes sintne obiectum sigilli sacramentalis 536.
Visitatio ecclesiarum in iubilaeo 649.
Vitandus v. Excommunicatio.
Vivorum sacramenta quae sint 1.
Vocatio divina ad sacerdotium 696 sqq.; — detne ius ad sacros ordines accipiendos 706.
Vomitus timendus quomodo prohibeat s. communionem vel missae celebrationem 178, 179; — si acciderit, quid de sacris speciebus faciendum 180.
Vota sintne obiectum sigilli 538; — quae commutari possint in iubilaeo 650, 657; — quae sint impedimenta matrimonii prohibentia 918 sqq.; — quomodo suspendantur propter puellae deceptionem 834; — quae sint impedimenta matrimonii dirimentia 948, 949.
Votiva missa. Qua obligatione dicenda 225 sq.; — diebus vetitis (Dom. Palmarum) num celebrari possit 273; — pro sponsis 887, 888.

W.

Westmonasteriense concilium de baptismo acatholicorum 10.

Sumptibus ac typis **B. HERDER**, typographi editoris pontificii, Friburgi Brisgoviae, prodiit:

THEOLOGIA MORALIS.

AUCTORE

AUGUSTINO LEHMKUHL S. J.

EDITIO NONA, AB AUCTORE RECOGNITA ET EMENDATA.

CUM APPROBATIONE REVMI ARCHIEP. FRIBURG. ET SUPER. ORDINIS.

2 tomi in 8⁰. (XXXVI et 1716 p.) Pretium: *M.* 16 = *Fr.* 20; a dorso corio religati *M.* 20 = *Fr.* 25.

Volumen I. **Continens theologiam moralem generalem et ex speciali theologia morali tractatus de virtutibus et officiis vitae christianae.** (XX et 818 p.)

Volumen II. **Continens theologiae moralis specialis partem secundam seu tractatus de subsidiis vitae christianae. Cum duabus appendicibus.** (XVI et 898 p.)

„... Quant aux détails d'exécution et de forme, ils sont soignés avec un esprit de méthode et d'analyse presque raffiné, ce qui rend l'étude et la consultation de notre manuel d'un usage extrêmement profitable et facile. Aussi bien nous l'affirmons, sans crainte d'être démentis: *l'ouvrage du P. Lehmkuhl ne demande qu'à être connu pour avoir droit de cité dans les Grands-Séminaires ainsi que dans les Presbytères.*" (Le Moniteur de Rome. 1884. No. 48.)

"We repeat, *no modern work on Moral Theology can compare with Father Lehmkuhl's two volumes* for completeness; they should be found in the library of every Priest." (The Bombay Catholic Examiner. 1889. No. 3.)

Eiusdem auctoris

Compendium theologiae moralis. *Editio quarta ab auctore recognita.*

Cum approbatione Rev. Archiep. Friburg. et Super. Ordinis. 8⁰. (XXIV et 618 p.) Pretium: *M.* 7 = *Fr.* 8.75; a dorso corio relig. *M.* 8.60 = *Fr.* 10.75.

In uno mediocris molis volumine lector integram theologiam moralem nervose explicatam inveniet cum omnibus fere quaestionibus practicis, iisque etiam ex iure canonico, liturgia, theologia pastorali, quas in maiore opere eiusdem auctoris: ‚*Theologia moralis*' in duos tomos distributo tractatas habet; pro uberiore autem capienda eruditione et intima rerum notitia remittitur ad ipsum opus maius eiusque numeros marginales. Quare illud pro copiosiore studio et pro profundiore intelligentia eorum, quae confessario scitu necessaria sunt, deserviet; pro prima autem institutione eorum candidatorum theologiae, qui breviore tempore ope professoris in nostra disciplina instrui debent, et pro adiuvandis iis, qui, in cura animarum toti occupati, ad recolendam theologiam moralem adeo necessariam furtim tantum temporis particulas quasdam impendere possunt, hoc erit Compendium.

Sumptibus ac typis B. HERDER, typographi editoris pontificii, **Friburgi Brisgoviae**, prodiit opus:

INSTITUTIONES THEOLOGICAE
DE
SACRAMENTIS ECCLESIAE.

AUCTORE

IOANNE BAPT. SASSE S. J.

CUM APPROBATIONE REV. VIC. CAP. FRIBURG. ET SUPER. ORDINIS.

2 volumina. 8º. (XXXVI et 1084 p.) Pretium: *M.* 15.20 = *Fr.* 19; a dorso corio relig. *M.* 19.20 = *Fr.* 24.

Volumen primum: De Sacramentis in genere. — De Baptismo. — De Confirmatione. — De SS. Eucharistia. (XVI et 590 p.)

Volumen alterum. Opus posthumum cura *Aug. Lehmkuhl* S. J. De Poenitentia cum appendice de Indulgentiis. — De Extrema Unctione. — De Ordine. — De Matrimonio. (XX et 494 p.)

Primum omnem operam in id converti, ut dogmata fidei, quae sunt principiorum instar pro scientia theologica, ex fontibus revelationis invicte demonstrarem. Quare argumentis ex S. Scriptura deducendis peculiarem curam adhibui atque verbum Dei traditum, prout in doctrina Conciliorum, Romanorum Pontificum, Patrum Ecclesiae, in liturgiis et usu practico, in consensione theologorum, in sensu et consensu fidelium se manifestat, diligenter examinavi. Neque minus cordi mihi fuit, ut partes theologiae scholasticae, quae quaerit intellectum dogmatum, sollicite exsequerer.

Hac autem methodo totam et integram doctrinam, quam exponendam suscepi, complexus sum, ita ut vix ulla quaestio alicuius momenti a scholasticis auctoribus proposita desideretur. (Ex praefatione auctoris.)

„... The doctrine is clearly set forth, and references to the Fathers are numerous and pertinent. In fact, the author never neglects the positive side of his treatise, as the erudition displayed throughout the work goes to prove....

The divisions are well mapped out, the style is clear and concise, and the whole work commends itself to a student's attention. One rises from a perusal of the various points discussed, with a good idea of the doctrine and an abundant acquaintance with theological opinion."

(The Catholic University Bulletin, Washington 1899. Nr. 2.)

„C'est sur la tombe du P. Sasse qu'il nous faut déposer l'éloge que mérite ce second et dernier volume de sa théologie sacramentaire. Confrère et ami du défunt, le P. Lehmkuhl, dont la Théologie morale est aujourd'hui en si grande faveur, a été chargé de compléter et de publier ces derniers traités du P. Sasse, et il l'a fait avec soin. Une cinquantaine de notes, modestement reléguées au bas des pages, sont de lui; partout le texte de l'auteur a été scrupuleusement respecté.

La fin de l'œuvre du P. Sasse ne le cède point à la première partie dont nous avons rendu compte en son temps; nous y retrouvons la même **exactitude doctrinale**, la même **érudition** sévèrement contrôlée et principalement une égale **limpidité de méthode**. Ce souci d'une parfaite **clarté d'exposition** est bien le caractère personnel du P. Sasse; sous ce rapport, il n'a été égalé par aucun des grands auteurs qui ont écrit avant lui sur la théologie sacramentaire...."

(Revue des Sciences ecclésiastiques. Lille 1899. No. 473.)

Sumptibus ac typis **B. HERDER**, typographi editoris pontificii, **Friburgi Brisgoviae**, prodiit:

PHILOSOPHIA LACENSIS
SIVE SERIES INSTITUTIONUM
PHILOSOPHIAE SCHOLASTICAE
EDITA

A PRESBYTERIS SOCIETATIS JESU

IN COLLEGIO QUONDAM B. MARIAE AD LACUM

DISCIPLINAS PHILOSOPHICAS PROFESSIS.

CUM APPROBATIONE REV. ARCHIEP. FRIBURG. ET SUPER. ORDINIS.

11 volumina in 8⁰. *M.* 66 = *Fr.* 82.50; a dorso corio religata *M.* 84.70 = *Fr.* 105.90.

Singulae partes etiam separatim veneunt.

Institutiones Iuris Naturalis seu Philosophiae Moralis universae secundum principia S. Thomae Aquinatis ad usum scholarem adornavit **Th. Meyer** S. J. Duo volumina. (LVIII et 1350 p.) Pretium: *M.* 15 = *Fr.* 18.75; a dorso corio religata *M.* 18.60 = *Fr.* 23.25.

    PARS I: *Ius Naturae generale*, continens Ethicam generalem et Ius sociale in genere. *M.* 6 = *Fr.* 7.50; relig. *M.* 7.60 = *Fr.* 9.50.

    PARS II: *Ius Naturae speciale*. *M.* 9 = *Fr.* 11.25; relig. *M.* 11 = *Fr.* 13.75.

Institutiones Logicales secundum principia S. Thomae Aquinatis ad usum scholasticum. Auctore **T. Pesch** S. J. Tria volumina. (LXVI et 1792 p.) Pretium: *M.* 18 = *Fr.* 22.50; a dorso corio religata *M.* 22.80 = *Fr.* 28.50.

Institutiones Philosophiae Naturalis secundum principia S. Thomae Aquinatis ad usum scholasticum. Auctore **T. Pesch** S. J. *Editio altera.* Duo volumina. (XLVIII et 850 p.) Pretium: *M.* 10 = *Fr.* 12.50; a dorso corio religata *M.* 13.50 = *Fr.* 16.90.

Institutiones Psychologicae secundum principia S. Thomae Aquinatis ad usum scholasticum accommodavit **T. Pesch** S. J. Tria volumina. (XLVIII et 1444 p.) Pretium: *M.* 15 = *Fr.* 18.75; a dorso corio religata *M.* 19.80 = *Fr.* 24.75.

Institutiones Theodicaeae sive Theologiae Naturalis secundum principia S. Thomae Aquinatis ad usum scholasticum. Auctore **J. Hontheim** S. J. (X et 832 p.) Pretium: *M.* 8 = *Fr.* 10; a dorso corio religatum *M.* 10 = *Fr.* 12.50.

Sumptibus ac typis B. HERDER, typographi editoris pontificii, **Friburgi Brisgoviae**, prodierunt:

PRAELECTIONES DOGMATICAE

QUAS

IN COLLEGIO DITTON-HALL HABEBAT

CHRISTIANUS PESCH S. J.

CUM APPROBATIONE REV. ARCHIEP. FRIBURG. ET SUPER. ORDINIS.

Novem tomi in 8°. Pretium: *M.* 48 = *Fr.* 60; a dorso corio religati *M.* 62.40 = *Fr.* 78.

Tomus I. **De Christo legato divino. De ecclesia Christi. De locis theologicis.** Institutiones propaedeuticae ad sacram theologiam. *Editio altera.* (XIV et 404 p.) Pretium: *M.* 5.40 = *Fr.* 6.75; a dorso corio relig. *M.* 7 = *Fr.* 8.75.

Tomus II. **De Deo uno secundum naturam. De Deo trino secundum personas.** *Editio altera.* (XIV et 386 p.) Pretium: *M.* 5.40 = *Fr.* 6.75; relig. *M.* 7 = *Fr.* 8.75.

Tomus III. **De Deo creante et elevante. De Deo fine ultimo.** *Editio altera.* (XII et 378 p.) Pretium: *M.* 5 = *Fr.* 6.25; relig. *M.* 6.60 = *Fr.* 8.25.

Tomus IV. **De Verbo incarnato. De Beata Virgine Maria. De cultu Sanctorum.** *Editio altera.* (XII et 352 p.) Pretium: *M.* 5 = *Fr.* 6.25; relig. *M.* 6.60 = *Fr.* 8.25.

Tomus V. **De gratia. De lege divina positiva.** *Editio altera.* (XII et 324 p.) Pretium: *M.* 5 = *Fr.* 6.25; relig. *M.* 6.60 = *Fr.* 8.25.

Tomus VI. **De sacramentis in genere. De baptismo. De confirmatione. De ss. eucharistia.** *Editio altera.* (XVIII et 418 p.) Pretium: *M.* 6 = *Fr.* 7.50; relig. *M.* 7.60 = *Fr.* 9.50.

Tomus VII. **De sacramento paenitentiae. De extrema unctione. De ordine. De matrimonio.** *Editio altera.* (XIV et 438 p.) Pretium: *M.* 6 = *Fr.* 7.50; relig. *M.* 7.60 = *Fr.* 9.50.

Tomus VIII. **De virtutibus in genere. De virtutibus theologicis.** *Editio altera.* (X et 320 p.) Pretium: *M.* 4.80 = *Fr.* 6; relig. *M.* 6.40 = *Fr.* 8.

Tomus IX. **De virtutibus moralibus. De peccato. De novissimis.** (X et 366 p.) Pretium: *M.* 5.40 = *Fr.* 6.75; relig. *M.* 7 = *Fr.* 8.75.

Qui tomi etiam separatim veneunt.

CATHOLIC THEOLOGICAL UNION
BX1758.L45   C001 V002
CASUS CONSCIENTIAE AD USUM CONFESSARIORU

3 0311 00044 2454